本案例集为 2016 年贵州省研究生教育创新计划项目《“语文学科基础与前沿问题”课程案例库建设》（黔教研合 ALK 字〔2016〕09）阶段性成果
2015 年黔南师院高层次人才研究专项项目成果

中学语文案例教学的理论与实践

（上　册）

白红兵　主编

西南交通大学出版社
·成　都·

图书在版编目（CIP）数据

中学语文案例教学的理论与实践. 上册 / 白红兵主编. —成都：西南交通大学出版社，2021.9

ISBN 978-7-5643-7796-0

Ⅰ. ①中… Ⅱ. ①白… Ⅲ. ①中学语文课－教案（教育） Ⅳ. ①G633.302

中国版本图书馆 CIP 数据核字（2020）第 210502 号

Zhongxue Yuwen Anli Jiaoxue de Lilun yu Shijian（Shang、Xia Ce）

中学语文案例教学的理论与实践（上、下册）

白红兵 **主编**

责任编辑	居碧娟
封面设计	原创动力
出版发行	西南交通大学出版社 （四川省成都市金牛区二环路北一段 111 号 西南交通大学创新大厦 21 楼）
发行部电话	028-87600564　028-87600533
邮政编码	610031
网　　址	http://www.xnjdcbs.com
印　　刷	四川煤田地质制图印刷厂
成品尺寸	185 mm × 260 mm
总 印 张	29.25
总 字 数	624 千
版　　次	2021 年 9 月第 1 版
印　　次	2021 年 9 月第 1 次
书　　号	ISBN 978-7-5643-7796-0
套　　价	128.00 元

前言

2011年年底，黔南民族师范学院获得“服务国家特殊需求人才培养项目——学士学位授予单位开展培养硕士专业学位研究生”试点资格，2012年实现首次招生，今已十年！

我始终认为，贫困地区办教育，对人、财、物等诸多方面都是巨大考验，开办研究生教育更是如此。我作为研究生导师，有幸见证我校研究生教育从无到有、从少到多的全过程。

教育硕士研究生培养需要具有一定的理论深度，但最终要落实在“实践”上，招考试题、课程设置、学位论文等所有环节都侧重实践，着力发现基础教育存在的问题，并提出具体解决方案，是教育硕士培养的重要手段和特色，尤其是安排为期一个学期的顶岗实习，随着教育硕士研究生学制改为三年，顶岗实习期限也延长为一年，研究生在读期间得到从学生成长为准老师的平台，实现从学生到老师的无缝衔接。

由于培养方案和教学场地所限，教育硕士研究生在课程学习阶段不便开展教学实践，但纯理论学习并不符合教育硕士研究生培养目标，必须吸纳实践因素。类似的“困境”在法学、管理学等学科中同样存在。

当学生不能走进实践的时候，就把实践“请进”课堂，这就是案例教学。

要进行案例教学必须有足够数量的教学案例，为此，全国各专业方向的“专业学位研究生教育指导委员会”（简称“教指委”）推出“中国专业学位教学案例中心案例库”，在全国范围内征集教学案例。

我校积极响应教指委号召，动员所有研究生导师申报省级科研课题，校级课题也在政策层面为案例编写提供支持，比如我校“2018年重大专项计划项目”明确注明一篇入库案例可以结题，无需其他附加条件。

依托课题，文学与传媒学院学科教学（语文）专业方向研究生在导师支持下，投入案例采集与编写。

现实生活中，通常真实的不典型，典型的不真实，案例采集与编写偏偏要挑战这一常规，既要真实性，又要典型性，好比纪实文学创作。

为了化解这对矛盾，学科教学（语文）研究生深入教学一线，采集案例素材，对素材进行合理化加工、改造，使情境氛围接近现实，语言使用准确生动，案例线索合乎情理，人物性格鲜明突出，解决方案高效实用。

这样，案例教学过程中，学生面对的好似一个既生动形象又贴近现实的“文学作品”，案例探讨过程，也是润物细无声地受到感染，最后达到以情动人效果的过程，理论教学被置换为“文学教学”，更重要的是，虽然远离教学一线，但一线教学实践真真切切地走进了研究生教学课堂。

研究生在这样的情境下学习，不再是纸上谈兵、闭门造车，而是把理论学习和实践教学融会贯通在课程教学中，把“理论及其应用”的教育硕士研究生培养理念贯彻在日常教学中。

“把科研论文写在黔中大地上”，不是口号，而是科研工作的出发点和归宿，从现实需求和实际工作中存在的问题出发，经过科研工作者的创造性工作，最后又回到现实。

对教育工作者来说，最大的现实就是培养于国、于家、于人、于己都有用的人才。如何培养人才，则是困扰全社会的重大问题，教育界的探索从未停止，案例教学可算一次小小的尝试，效果如何就交给时间去检验，当前唯愿尽心、尽力，不负时代，不负韶华！

目录

第一篇　作文教学

L 老师“文质并重”作文教学探索之路 ·· 002
M 中学 C 班作文模式化改变之路 ·· 012
M 中学个性化写作之路探索 ·· 024
S 老师的基于言语形式的写作教学探究 ·· 035
M 老师的高中语文阅读写作一体化教学·· 047
让作文教学回归生活本真——X 中学 W 老师的教学案例··················· 058
X 老师以读促写教学方法初探··· 067

第二篇　阅读教学

H 老师文言文阅读教学探究··· 078
C 老师对叶圣陶写作教学思想的探索 ··· 089
详训诂，明句读——W 老师文言文句读教学探索 ····························· 102
Q 中学火花式阅读教学的探索··· 114
G 老师古诗词精读策略在高中语文古诗词教学中运用研究 ·················· 126
C 老师在高中散文阅读教学中所遇的难题 ····································· 136
Z 老师在古诗词阅读教学中的传统文化传承 ·································· 147
Q 老师的整本书阅读教学探索··· 158
Z 老师群文阅读教学提升学生思维能力探索之路······························ 171
L 老师在阅读教学中培养学生的创造性思维探索······························ 183

第一篇

PART ONE

作 文 教 学

L老师“文质并重”作文教学探索之路

罗宁[①]

【摘　要】当前的高考满分作文存在着较为严重的文质分离现象，学生过于重视语文作文形式的华丽，忽视作文内涵，文章内容苍白无力。这种文质分离现象非常普遍，它的出现与当前老师的教和学生的学有关，从实质上看有浓厚的功利色彩。针对该现象，L老师通过多年的研究探索，提出作文应当以“文质并重”为标准进行衡量。本文将从“对作文追本溯源”“作文教学日趋成熟”“教学累累硕果”三方面出发，对L老师“文质并重”作文教学探索之路进行描述与展示。

【关键词】文质并重；高考满分作文；作文教学探索

背景信息

新课标指出，“写作是运用语言文字进行书面表达和交流的重要方式，是认识世界、认识自我、进行创造性表述的过程”。作文是表情达意的工具，是作者生活情感的外露，是其生命力、创造力的文字外化。作文表现的是个体生命的独特性和丰富性，因此作文应当是多彩的，应当是朝气蓬勃的。但是翻阅市面上的作文书，我们不难发现当前的作文存在较为严重的文质分离现象。一些老师和学生重视给作文加上华丽的“外衣”，它们有着统一的套子、统一的思想、统一的思维模式，但作文内涵被严重忽视，文章显得苍白无力，充满假、大、空的内容，人文精神严重缺失。因此，全面落实新课标，“着重培养学生的观察能力，想象能力和表达能力，重视学生的思维能力，发展创新性思维。鼓励学生自由地表达、有个性地表达、有创意地表达，尽可能减少对写作的束缚，为学生提供广阔的写作空间”，显得尤为重要。在写作教学中，老师应鼓励学生积极参与生活，体验人生，关注社会热点，激发写作欲望。引导学生表达真情实感，不说假话、空话、套话，避免“为文造情”是摆在每一个高中语文老师面前的艰巨任务，老师们任重道远。

L老师所在的H中学是一所农村重点中学，学校的学生属于中等水平，与该中学所在城市重点中学学生相比，H中学的学生基础较为薄弱，因为大多成绩优异的学生

---

① 作者简介：罗宁，女，重庆合川人，重庆市两江新区鸳鸯小学老师，黔南民族师范学院2016级学科教学（语文）专业方向研究生；导师：白红兵教授。

编制说明：按照调研学习及当事人的要求，本书对案例所涉及的学校名称、人员及相关数据做了必要的掩饰性处理；各案例仅供教学之用，无意提倡或暗示某种教学理念、方法或体制更为有效或合理。

都被选进市重点中学就读。H 中学学生知识积累量与他们相比，是较为贫乏的。可是 H 中学的学生与该市普通中学比，则更容易通过书店、图书馆等校外途径获取知识，课外阅读量又相对丰富。然而这个学校的许多老师高考作文教学与传统教学无异，依然是“套子”学习。L 老师是该校语文教研组的骨干成员，她认真负责，一直是教尖子班学生，是年级中的佼佼者，现在所教班级是高中一年级，也是该校的重点培养班级之一。在 L 老师看来，她的学生们语文整体水平较高，因此她坚持将自己对作文的探索研究成果融入日常教学中，希望自己的学生能真正学会写作文，做到收放自如。L 老师为何会选择将“文质并重”作为作文优劣的评判标准呢？在探索过程中，她遇到了什么样的问题呢？她探索出了怎样一种作文教学方式呢？最终效果如何呢？

案例正文

一、对作文教学追本溯源

面对高考，许多老师都选择为学生的作文打造“套子”“模块”，让学生的作文可以瞬间吸引阅卷老师眼球。当然，L 老师所在的 H 学校的语文老师们也是这样做的。作文一直是语文教学的“老大难”问题，多年来众多老师为其殚精竭虑，却收效甚微。可是这块“难啃的骨头”在语文试卷中所占比例却越来越大，这不禁让语文老师头疼。有的老师出于无奈，有的老师受功利心驱使，总之，为了解决作文问题，语文老师们开始对作文进行模式化教学，将作文装在“套子”里。

这种“套子”一开始备受阅卷老师青睐，但是久而久之，随着模式化的作文愈演愈烈，阅卷老师发现学生们的作文千篇一律。仔细一看，学生的整篇文章都在用华丽的形式引人注目，其内容却又不尽如人意，甚至有些学生仅仅是开头与结尾写得好，其他部分却让人不忍直视。H 中学是一所农村重点中学，学生的资质都属于中等水平，甚至有些学生是中等偏下水平，老师们深知想让他们快速提高作文分数非一日之功，出于惰性与功利心的驱使，老师们便教学生在作文中使用模板，以腾出时间攻克其他能快速抓分的板块。

L 老师在语文老师岗位工作多年，了解学情，教学经验丰富，从教多年来，一直致力研究高考作文并小有成就。在她看来，高考场上的作文不是一个应试题，应该是学生日常积累的自然流露，所以需要从日常课内、课外等多方面着手培养。她之所以会开始研究作文，一方面源于自己本身就爱好写作，另一方面则是源于多年来的语文高考作文阅卷经历。L 老师在阅卷中发现，学生们在高考作文中为了讨巧，滥用题记、排比句、文言、古诗等形式，将作文套路化、模式化，使得高考作文千篇一律。一些学生开篇就写：“你，是燃烧的红烛，不住地，淌下一串串像红的泪，直到最后一缕火苗熄灭。你，是易碎的粉笔，却忘我地消耗着寸寸身躯，直到落下最后一丝粉尘。你，是无私的春蚕，不停地，吐出一根根柔亮的丝，直到耗尽短暂的生命。——题记（给所有的老师)”“我们在过去与未来，在时光的边缘，寻找属于自己的梦。只因为在梦里，听见花开的声音”“人生就像一条河流，快乐和悲伤是河流的两岸；人生犹如一幅画卷，冷色和暖色的交织才成就画的璀璨夺目；人生就如一支乐曲，快慢缓急，才涤荡出震撼人心的音符”“游鱼在水中欢快地嬉戏，你不必担心它呼吸不到新鲜的空气，而将它捞出水面。/小苗在雨中淋漓地享受，你不必担心它会被无情的暴雨淋倒，而给它打上雨伞。/鸟儿在空中自由地飞翔，你不必担心它会被残忍的天敌吃掉，而将它养在笼中”，等等，以诸如此类形式作为开头的文章在高考作文中比比皆是。L 老师说道：

> 高考作文之所以呈现这种令人唏嘘的状态，实质上是老师与学生的功利心在作祟。其实作文是最能够看出学生语文能力的形式。语文中学习的字词句段都是为学生的写作打基础，而且学生写作对于语文老师而言是一个很好的教育通道，学生能够通过写作表达自己，老师也能从学生的文辞中看出学生的某些心理与性格特点，这对于老师的教育十分有益。因此我觉得作为一名语文老师，重视作文，倾力打造文质并重的作文，将其真正融入学生的生活必不可少。

然而，L 老师在提出作文应该以“文质并重”为标准时，仅仅受到一部分老师的赞同，大部分老师都认为这只是作文的一种理想状态而已，在现实中不可行，对于学生应付高考也不利。不仅如此，L 老师作文教学的推行也遭遇了学生的信任危机。起初由于教学方法不健全，致使学生作文成绩不太理想。在班级中，L 老师提倡“文质并重”标准，并将这个标准应用于学生日记、作文以及考试之中，然而学生由于被动学习，受老师影响较深，出现“邯郸学步”的情况，不知道应该怎样写作文，最终导致作文分数较低。但是 L 老师始终坚持作文应该是表情达意的工具，其内容应表现个体生命的独特性和丰富性，应当是多彩多样的，所以不给学生提供模板。在学生作文的修改标准上，L 老师将“作文”定义为“文章”，用文章的标准来衡量学生的作文。

自古以来，文人们就是以文质并重为评判标准。如《论语·雍也》中曾提及：“子曰：‘质胜文则野，文胜质则史。文质彬彬，然后君子。’”其意谓若过于质朴，则显得粗鄙；若过分注重文饰，则给人浮夸不实的感觉。君子应该质文兼备，两者配合得恰到好处。就文辞而言，便是应该有文采，注意修饰，但又不能过分。还有刘勰在《文心雕龙》中也尤为强调内容的纯正和形式的要约。不仅如此，从文学史上历次文学改革也可以看到，改革的主要内容集中于文章的内容与形式不相符合时应力求两者平衡。如南朝文坛存在过分注重辞藻以致妨碍内容表达的弊病，于是宇文泰、苏绰等人提倡复古，希图将文章推向质朴一面。从传统上看，众多古人对文章的评判标准都是“文质并重”“内容与形式兼顾”。甚至，文学史上最优秀的作品都是文质并重的，都是与传统的文学审美标准一致的。因此，L 老师认为，文质并重就是文章的一种理想状态。语文的高考满分作文本应成为“文质并重”的典范，却在现实中背离了这一传统，走上了“重形式、轻内容”的歧途。因此，为了改善作文中存在的文质分离现象，L 老师便将“文质并重”作为文章的评判标准并对其推行方式进行积极探索。

二、作文教学日趋成熟

在L老师看来，造成高考满分作文文质分离现象的原因主要有三点：

第一，老师缺乏文质并重的观念。这一方面由于老师自己缺乏一定的文学理论素养，未接受过有关作文应该追求“文质并重”标准的教育；另一方面是老师自身在专业能力发展上有所缺失，没有积极思考文章应以“文质并重”为评判标准。

第二，老师日常未围绕“文质并重”标准展开作文教学。许多老师在对学生进行作文教学时，有时会让学生摘抄好词好句，但是并没有给学生详细讲解什么样的词句才算得上是“好”，学生只能判断形式优美、便于背诵或者是易考内容就是好的，继而对这类词句进行积累。这种现象就是形成“文质分离”的原因之一。

第三，老师在作文写作中未用“文质并重”的标准要求学生。为了吸引人，有些老师会要求学生重视语言的华丽，注重文章开头使用题记、排比句等形式。这些形式会让学生在应试中获得不俗的分数，这会让学生重视华丽的形式而不太关注内容。老师的这些教学观念对学生影响深远，重要表现之一就是学生面对市面上形形色色的小说，在选择时尤为偏爱语言形式优美的小说，而容易忽略小说内容的丰富性和深刻性。总的看来，老师的实际做法从本质上看是功利性的。

通过以上三个层面的原因分析，L老师决定为这三个层面的缺失一一提出解决策略。经过她多年的研究，这些策略最终都被融进她的高中语文日常教学中，只是每到高一的第一次作文课，L老师都会专门上一堂以“什么是作文”为主题的作文教学课，旨在从一开始就为学生树立“一篇好文章应该是文质并重”的理念。她告诉同学：

> 如果需要真正将作文的内容与形式分个主次，一定是内容大于形式，因为形式的存在是为内容增光异彩的，就像我们会被一个人的外表所吸引，但那只是暂时的，只有一个人的内在丰富，才会在时间的流逝中让人越品越醇美。

在L老师看来，这堂作文课只是给学生从观念上起到“醍醐灌顶”的作用，给学生注入一种意识，以便为日后写片段、小作文、大作文和阅读课外书打好基础。

L老师的这堂作文课主要以对比研究为主，她以两篇文章作为课堂导入，这两篇文章分别是高考的满分作文和名家写的小短文，都采用匿名的形式展示。在L老师看来，使用这种方式作为“什么是作文”主题的课程导入，会让学生在迥然不同的两种风格中获得强烈的对比感。L老师说，“现在高考作文的阅卷老师对于拥有华丽形式，但内容却是情感虚假、苍白无力的作文已经产生疲惫感，甚至排斥与厌恶，老师们都希望在高考中看到一股‘涓涓细流’，而这种文章首先就需要情感的真挚。可是，在中学课堂上，由于受到功利心的影响，老师和学生一味地追求华丽形式，力争在高考中夺人眼球，因此文质分离现象在语文的作文板块中表现得尤为突出。”L老师希望自己的学生将作文视为情感自然流露的途径，而不是一个在高考中夺取高分的工具。因此对比这两种类型的文章，意在让学生自己领悟到什么才是作文应有的状态。L老师选择了梁实秋的《馋》和某省高考满分作文《我想生活在唐朝》两篇文章让学生对比，学生在看到满分作文时，觉得这个作者有深厚的文化底蕴，能够将自己所学的古诗都用在文章上，而且整篇文章都用的排比句，使得文章显得一气呵成、气势磅礴。在看到梁实秋的《馋》时，学生们认为这篇文章写得很有意思，语言质朴，行文简略，因为文章以白话形式写出，其中还夹杂着民间土话，因此整篇文章接地气，写得很实在。

当L老师询问学生“哪篇文章更受你们喜爱时”，大部分同学认为《我想生活在唐朝》这篇文章写得好。这时L老师便知道这群学生受传统作文套路观念影响较深，她开始引导学生对这两篇文章进行赏析。

L老师：孩子们，你们为什么觉得《馋》这篇文章不好呢？

同学：因为它的文辞很朴实，没有什么亮点。

L老师：理由很充分，但我想接下来请大家跟我一起走进这篇文章，先说说这篇文章写了什么事情呢？

生异口同声地回答：馋。

L老师：馋？这个内容还有点意思呢，大家再看看文章中写了有关馋的哪些内容呢？

A同学：罗马暴君尼禄，英国的亨利八世，馋鸡腿；埃及废王法鲁克，馋二十个荷包蛋；一位老父亲馋拌梨丝。

B同学：作者馋北平羊头肉的风味，小时候的作者馋糯米藕，作者朋友馋乳猪。

C同学：北平人馋春饼、黄花鱼、大头鱼、青蛤、藤罗饼、玫瑰饼、枣泥大花糕、菱角、莲蓬、藕、豌豆糕、驴打滚、爱窝窝、水晶肘、烧羊肉、嫩黄瓜、蒜头、糖炒栗子、炮烤涮羊肉、大螃蟹，总之是馋一年四季的事物。

L老师：大家找得非常准确，现在请大家说说你觉得这篇文章哪里接地气呢？

B同学：因为这位作者写了很多食物，而且这些食物是我们常见的，所以很接地气。

L老师设计“请大家说说你觉得这篇文章哪里接地气”这个问题，源于L老师想要学生自己发现这篇文章最优秀的地方在于以小见大，用一些很平常的食物与事件写出了众多馋相。生2回答之后，L老师在之后的提问中又引导学生对文章的形式进行了探究，意在指引学生感受到这篇文章虽表面上看起来文辞流畅质朴，但全文无处不显示着作者超高的文字驾驭能力。语言的色彩、节奏，文言的简略，白话的流畅，民间的土话，文人的押韵等各种形式交织在一起，这篇文章简直是一张制作精美的四季菜单。

散文的语言本身就是一种本色的语言，其重要特征在于朴素、自然、流畅、干净，无论是绘景状物还是叙事记人，作者信笔写来都是采用的白描手法，而且散文在情趣的描绘上也是耐人寻味的。但正是因为它的这些特征，使得知识积淀不深的高中学生有些云里雾里，无法从这些简单的白描手法中感受到作者高超的文字功底。因此L老师对学生步步引导，使学生明白好文章不在于华丽文辞的堆积，而是像散文大家一般，用白描的手法将人事物写得耐人寻味，使人读来获得美的享受。由于多年来高考作文千篇一律，因此如今阅卷老师更期待看到情感真挚、修辞运用合理的作文，这也就是“文质并重”的标准。

此时 L 老师顺水推舟，告诉同学们，文章的精妙之处就在于将各种类型人物的馋相形象生动地写了出来，因此在写作时，写作内容的选择不需要很典型。大家可以像这位作者一样从身边的小事写起，选取一件小事然后对其进行横向扩展，将会成就一篇充满乐趣的文章。这种写作形式最重要的一个好处就在于情感的真挚。

接着，L 老师引导学生从情感上分析满分作文和《馋》这篇文章，大多学生都觉得《馋》这篇文章情感要丰富真挚一些，而满分作文这篇文章，由于作者过于重视文字的优美，只顾将诗句以排比的形式展现出来，真正从情感上看却不似《馋》这篇文章那样感人。

L 老师让学生将两篇文章进行对比后，继而展示出这堂课的主题“什么是作文”，让学生分小组进行探讨。其实在最开始探索文质并重的作文的教学时，L 老师是先让学生谈谈“什么是作文”，然后再展示文章，旨在让学生更加生动形象地感受到真正的好作文的标准。但后来 L 老师发现学生素质不同，对这个问题的回答有所差异，而且学生们的答案天马行空，甚至还有些同学对于作文的看法标新立异，若是一一进行引导修正耗时太多。因此 L 老师便先展示出例子，相当于缩小学生的思考范围，继而让同学们讨论“什么是作文”这一个主问题。针对这一问题，学生能通过之前对两篇文章对比的总结进行回答。

L 老师：请同学们分享看法，你认为什么是作文？

小组 1 代表：作文应该是情感与内容都非常丰富的。

L 老师：内容丰富是什么样子的呢？

小组 1 代表：有思想内容，有思想主题，在写具体内容时，使用了多种修辞方法。

L 老师：是的，如同第一小组分享的那样，作文就应该是有形式、有内容的，那么在你们看来，在作文中这两者的关系应该是什么样的呢？

同学：紧密联系、不可分离。

L 老师：没错，作文就应该做到文章的内容与形式并重，孔子曾说，“质胜文则野，文胜质则史。文质彬彬，然后君子”。我们在写作中不能顾此失彼，应该尽力兼顾二者，就像《馋》这篇散文，具备散文形式特点，在具体内容上又是那样丰富多彩。

L 老师在引出这堂课“文质并重”这一个主题后，让学生将一件发生在自己身上的事情以片段的形式写出。有些学生又开始犯难了，不知道应该写什么，他们认为自己每天都过着三点一线、日复一日的生活，没有什么可写的。这时 L 老师引导学生像作者写的《馋》这篇文章一样，采用将自己与他人作对比的方式，发现其中的不同。

写完后 L 老师让学生自选修辞手法对文章进行修改，修改后再互评，互评后让学生对自己的文章从内容与形式上进行反思。

L 老师让学生先写发生在自己身上的事情，是希望学生养成从日常生活中挑选事件以给文章注入感情的习惯。这一环节虽基础，却起着关键性的作用，因为学生在高考作文写作中之所以情感虚假就是因为内容虚构性太大。许多学生缺少一双发现生活的眼睛，他们一旦遇见命题作文，就会为了迎合命题而脱离生活。

L 老师认为，作文虽然是艺术，但也是生活，毕竟艺术就是来源于生活的。众多名作家的文章情感真挚丰富，皆是因为他们写的都是发生在自己身上的事情，这也是为什么我们学习一篇文章需要结合作者的生活背景来分析的原因所在。当学生写好事件后，L 老师要求他们另起一段，为作文添加形式。这个过程是为了潜移默化地改变学生一到写开头，满脑子想的就是排比句、题记等形式，然后在形式的基础上添加内容的习惯。

L 老师希望学生通过这种训练，在脑子中先形成内容，再思考如何为内容穿“漂亮衣服”。让学生互评，是为了让学生看别的同学是怎么写的，起到为自己的作文查缺补漏的作用。互评后反思是希望学生们可以通过看别人的文章和别人的评价来思考如何改进自己的作文。而且在添形式时另起一段，也是方便学生反思时将两段相互对比，明白作文应该是“文质并重”的。这一个“写事件—添形式—互评—反思”的教学方式是 L 老师在作文教学探索路上取得的成果，她将四个环节作为作文教学的经典步骤。

作为辅助，L 老师对于语文课上所有的写作片段都会以“文质并重”的标准去要求学生。L 老师也会教学生应该怎样选择课外书，一方面应该多加重视如名著以及相关语文杂志等书。学生可通过阅读它们开阔自己的眼界，提高语文写作水平。另一方面是对于网络小说，L 老师会专门选择一些有代表性的进行客观评价，教会学生在阅读此类书籍时应注重其故事性的丰富以及行文的逻辑性，切勿陷入为辞藻而辞藻的怪圈。

三、教学累累硕果

L 老师的这堂作文课教学内容丰富，第一是希望学生可以从观念上改变对传统作文的看法，树立“文质并重”的作文评判标准。完成这个教学目标后，她的学生会用“文质并重”的标准来重新衡量自己的作文，而且在课外书的选择上，他们能分辨哪种书籍对他们是有益的。第二是需要学生在对两篇文章进行对比时拥有一定的赏析能力，不然无法真正发现两篇文章的优劣，这个设计让她的学生在学习作文时还学会了如何赏析文章。第三是要求学生先用白描手法记叙一件真实的事情，然后为事件描写添加修辞手法，接着让学生互评，再自我反思。第四是从课外阅读上对学生提出要求，这让学生学会对书籍进行衡量。第五是将“文质并重”的要求贯穿于整个语文教学，这一做法在 L 老师看来就是将写作与整个语文教学紧密联系，这样学生就可以随时将自己所学的内容与写作相联系。

L 老师的整堂课从理念到实践，全方位地对作文进行要求，旨在引起学生对作文的重视。一开始 L 老师的这种教学方式让其他老师觉得费力耗时不讨巧，对于高考而言不实用，但是 L 老师坚持认为“写作应当是跟随学生一辈子的一种能力”。因此在她的语文课上，写作能力的掌握是必需的，L 老师也时常在讲阅读或诗歌时，让学生采用文质并重的形式进行相关的小练笔。多年来，她的学生的写作能力稳步提升，许多学生在写作方面是全校学生中的佼佼者，有些甚至在大学毕业后专门从事文字工作。

结　语

自古以来文质并重就是评判文章优劣的标准，是文人学者们追求的理想状态。然而当前高考作文中存在的文质分离现象却与之背道而驰，本应成为“文质并重”典范的高考作文走上了“重形式，轻内容”的歧途，这些与老师的教和学生的学有着不可分割的关系。其实许多老师都知道作文不应该套路化，但是由于功利心作祟，不得不放弃作文这块“难啃的骨头”，因此作文的蜕变之路茫茫，语文老师任重道远。

如今通过语文课程的不断改革，作文套路化问题已经得到重点关注，一些学生使用作文模板的现象也有所减少，一些语文作文阅卷老师开始在批阅作文时将着眼点聚焦到作文的内容上，但是不可否认，文质分离的现象依然存在。为此，L 老师通过多年对作文的探索，决定将“文质并重”作为作文评改标准，并用这一标准去要求她的学生，尽管过程艰辛，但最终她也取得了一定的收获。

可是，L 老师仅仅是个例，而且 L 老师的教学方法还存在耗时长、教学任务重等缺陷。这让我们不禁深思，L 老师的这种作文教学是否能够逐步改善？面对重重挑战，L 老师应如何取得更大的成功？

【案例思考题】

1. 以“文质并重”作为作文评价标准，在具体实施上还有哪些教学方法？
2. “文质并重”评价标准在未来的推行中还会遇到什么难题？
3. 在高考的指挥棒下，“文质并重”评价标准应该怎样被运用到实际教学中？
4. L 老师的教学方法有哪些需要改进之处？

【案例使用说明】

1. 适用范围

适用对象：中小学语文老师；汉语言文学专业、语文教育和语文课程教学论及相关专业专科生、本科生、研究生。

适合课程：（1）中学一线“语文”课程；

（2）大中专“中学语文教材教法”课程；

（3）教育专业学位研究生课程，如“课程与教学论”“语文课程与教材分析”“语文教学设计与案例分析”“语文学科基础与前沿问题”等。

2. 教学目的

（1）明确当前作文的缺失之处；

（2）提出行之有效的作文评价标准；

（3）从观念上树立正确的作文评价标准，并在实际行动中执行。

3. 要点提示

（1）相关理论

① 作文写法相关理论；

② 老师专业发展理论。

（2）关键知识点

作文当前面临的困境、导致作文困境的因素、突破作文困境的有效策略、老师作文教学有效策略可行性以及改进措施。

（3）关键能力点

整体了解影响作文文质分离现象的因素，寻找改善当前作文现状的策略，以促进老师指导作用与学生主体意识的发挥。

（4）案例分析思路

通过 L 老师对作文“文质并重”标准推行策略的有效探索，明确影响当前作文文质分离的相关因素，寻找突破困境的教学措施。从课内到课外，从观念到行动，都需要老师与学生意识到“文质并重”作文评价标准的重要性，也要让学生认识到写作的真正意义。

4. 教学建议

时间安排：中学标准课 3 节共 120 分钟。布置和预习 1 节，上课讨论 1 节，作文修改展示 1 节。

环节安排：提前 1 周利用 1 节课时间布置预习内容→学生分为 4 ~ 6 个小组→小组自由思考讨论→各组集体或派代表回答问题→上课展示汇报→老师点评→学生写作→作文互评互改→作文展评。

人数要求：60 人以下的班级教学。

教学方法：小组讨论为主，讲授点评为辅。

工具选择：摘要卡片、多媒体、案例打印资料。

组织引导：老师布置任务清晰，预习要求明确；提供给学生必要的参考资料；学生课上讨论及存在困难时，需要及时指导评价并给出建议。

活动设计建议：课前计划 3 节课，要求学生课前预习，搜集相关知识点和能力点的资料。

上课前做好教学准备，将桌椅分组摆成弧形，为每个小组准备编号和姓名的桌签；每个小组提供一张小组讨论记录表，包括每个人的发言记录和综合的观点；老师准备好点评的资料和提纲。下课后老师根据课堂效果及时总结得失，以便改进后续的教学行为。

5. 推荐阅读

[1] 叶圣陶. 怎样写作[M]. 北京：中华书局，2007.
[2] 王运熙，顾易生. 中国文学批评史新编[M]. 上海：复旦大学出版社，2011.
[3] 余树财. 满分作文 装在套子里的“文”[J]. 教育科学论坛，2010（12）.
[4] 赵年秀. 高考满分作文潜伏的教育危机[J]. 湖南人文科技学院学报，2011(02).
[5] 王荣生. 写作教学教什么[M]. 上海：华东师范大学出版社，2014.

M 中学 C 班作文模式化改变之路

杨振杰[1]

【摘　要】学生作文模式化是现今全国中学语文教学中普遍存在的问题，其产生和愈发严重有多方面原因：除了中学生缺乏观察和体验生活的时间和精力，还因为老师对作文教学缺乏探索的热情和创新，以及僵硬的教学体制。M 中学 C 班教语文的 L 老师作为刚入职不久的新老师，他用了一个假期的时间来进行反思和学习探究，最终在自我努力和外部支持的合力之下，在探索改变的道路上做出了不少新的努力和尝试。这些努力和尝试带来的变化既有作文课堂外的，也有作文课堂内的，并且初见成效。

【关键词】作文模式化；改变探索；中学语文教学

背景信息

2011 年《普通高中语文课程标准》提出写作版块的教学目标：“多角度观察生活，对自然、社会和人生有自己的感受和思考”，“以负责的态度陈述自己的看法，表达真情实感，培育科学理性精神”，又要“观点明确，内容充实，思路清晰连贯，结构合理，在实践中发展形象思维和逻辑思维，发展创造性思维”，“学习综合运用多种表达方式，推敲、锤炼语言，表达力求准确、鲜明、生动”。写作教学就应鼓励学生富有创新地表达，写出富有个性化的文章，有个性就有真情。因此，如何摆脱模式化对促进语文素养的提高是起关键作用的。这就要求学生写贴近生活的文字，说真话，进而抒发真情实感。抓住细节，文章才能摆脱空洞。

我国提出建设创新型国家的战略目标，创新与一市一地一国的兴旺息息相关。作为培养人才的学校更应该发挥作用，但是许多教育活动却在有意无意地走向模式化的误区。其中就有作文模式化的问题，显然，这是对学生主体性行为和创造性思维的禁锢和重大打击。如果这种现象长期得不到根本性改善，最终影响的不仅是教育，更会影响到创新型大国的建设。

教育界关于作文模式化的讨论从来没有停止过。作文教学不经意地进入了这样的误区：由于思维定式而使文章结构样板化、语言套用化、人物脸谱化等。

---

① 作者简介：杨振杰，男，广东茂名人，茂名市龙岭学校老师，黔南民族师范学院 2016 级学科教学（语文）专业方向研究生；导师：李华斌教授。

为此，专家和一线老师们展开了各种教学实验。专家的理论依据与一线老师的实践相结合，互补不足，诞生了作文改革方案。作文改革近几年进行得有声有色，但很多改革其实又限制了学生的想象力，把作文细化到一些条条框框当中，加速作文向同一个模式发展。大家都在关注作文教学改革的问题，但作文为考而教、为考而学的偏向使作文教学几乎走上了纯用技巧做表面文章的歧途，失去了应有的生命力和积极意义。

L 老师所在的学校为一所“县级重点中学”，他所带的班级为高二年级的某个“重点班”。该班学生无论是课堂纪律、自律性、语文基础还是总体语文成绩都较好，这也为 L 老师的改革奠定了一个良好的基础。但是该班学生同样面临着作文模式化的问题，如若视而不见，将对学生的发展和教学实践效果产生不良影响。抱着负责任的态度，L 老师做出了不少新的尝试和努力。

这些尝试得以成功，有外部支持的因素，更重要的还是来自他深厚的写作功底和丰富的教育教学理论知识。陶行知的“生活教育”理论所主张的“生活即教育”“学校即社会”“从做中学”，叶圣陶的写作教学理论所主张的“求诚”为核心的文德观、写作是基于语言的训练、“通而且好”的作文测评观，魏书生的“六步教学法”的教学实践，还有西方的图式理论等都给了他很多全新的认识和实践上的借鉴。

案例正文

一、作文模式化

（一）“真情流露”与“没有真情”——“学生：教我如何爱你？”

高中作文的要求越来越高，既要“多角度观察生活，对自然、社会和人生有自己的感受和思考”“以负责的态度陈述自己的看法，表达真情实感，培育科学理性精神”，又要“观点明确，内容充实，思路清晰连贯，结构合理，在实践中发展形象思维和逻辑思维，发展创造性思维”“学习综合运用多种表达方式，推敲、锤炼语言，表达力求准确、鲜明、生动”。作文在考试中所占的分值比例很大，也使其成为影响考试成败的关键。

但在“要求”与“分数”之间，M 中学的师生陷入了苦恼。一方面，M 中学实行寄宿制，学生过的是学校与家之间的“两点一线”的生活，而且绝大多数时间都在学习，何来时间和精力“观察生活，感受和思考自然、社会和人生”？另一方面，老师要完成教学计划，在“不能落下进度”和“考试拿高分才是王道”的要求下，也没有时间和精力提供给学生更多的课外资源。

在这种情况下，学生在“真情实感”与“考试分数”之间必须做出选择。如 L 同学所说：“好痛苦，我也想写一些有关我自己的真实的东西，但是好像都没有，一直以来都是在学校待着。有一次写‘难忘的记忆’，我写了初中和闺蜜冬天去吃雪糕的事情，但是老师却说这有什么难忘的，最后得到的分数不高。从那以后，我也不敢写了。”

概括来说，现代作文教学中的模式化现象是指：一是主题概念化；二是见识小气化；三是材料大众化；四是结构模式化；五是语言口语化；六是详略随意化；七是思维雷同化；八是人物脸谱化。

在调查中，笔者也发现了一个现象：从拿分数的角度出发，M 中学 C 班的老师让学生写议论文，议论文的结构较简单，即摆出论点，以论据证实，得出结论。学生需要多看作文书，积累可以论证的素材，写下来全班的作文平均 40 分。即使是要写记叙文，也有固定的套路：“惨一点最好”，“成语多用点，修辞手法多用点”，“龙头、凤尾、猪肚”，“移花接木别人的故事，修修补补”……

于是，每次作文收上来，看到的几乎都是“一样的配方，熟悉的味道”。

在“园丁赞歌”主题中，一律都是“春蚕到死丝方尽，蜡炬成灰泪始干”，“老师的爱如冬日的阳光，温暖我弱小的心灵”，事迹都是“老师拖着病体坚持上课，最后倒在讲台上”“老师在寒冷的冬天背着发高烧的我去看病”“老师对学习不好的我坚持不懈地教导，终于使我的成绩赶了上去”……

在“自信论”主题中，第一段把自信比喻成“航灯，指引前进方向”“生命的甘泉”“充满生机的春姑娘”等，论据部分都是“爱迪生坚持 1000 多种材料试验成功灯泡”“斯坦门茨的‘知道在哪个地方划线，价值 9999 美元’”“童第周坚持自我终成伟大的生物学家”等事例，结论一律是肯定、赞美和号召。

“问渠那得清如许，为有源头活水来。”源头的“活水”断流，导致了作文的贫乏空洞。

（二）陈旧的作文教学模式——“老师：我也无奈。”

老师肩负着完成课时计划、单元计划、中期计划、学期计划等教学任务，任务的完成与否直接与他们的绩效挂钩，在集体备课、年级学科组统一教学进程的情况下，要想做出某些教法的革新可谓困难重重，对此很多老师说：“我也是无能为力。”

而 L 老师以减轻学生负担为目标的课改和各种教法改革，无形中增加了学生负担。一方面，高考作文的中心地位毫无动摇，为了服务这个中心，很多老师相信考试、作业和补课不能减少，否则定会造成学生成绩下滑。因此，在“减轻学生负担”的理念下，也要变相恢复这些考试、作业和补课；另一方面，高考成绩的排名和学校的声誉直接挂钩，因此，学校领导班子对考试和教学做了很多限制，要求立下“军令状”。在这些频繁的考试和堆积如山作业中，老师的创新性也无从发挥。

除了这些外在原因，更重要的是高中老师本身对作文教学并无热情，在繁重的教学任务面前，对作文采取一种应付的态度，对学生的作文都是抱着“打个分数，写个评语，集体评讲即可”的心态，而对很多问题则是视而不见。

二、改变之路如何开启?

(一)课堂外的改变

1. 新来的L老师

刚师范学校毕业不久的L老师在进入M中学担任语文老师后也陷入了沉思，高中正是朝气蓬勃的时候，而学生们的思想却有僵化的危险。这与新课标提倡的“思考·领悟”“应用·拓展”以及“发现·创新”的课程目标相去甚远。

是随波逐流还是做第一个吃螃蟹的人?身边的老师说:“这也不是你一时半刻能改变的问题，这是全国各地都普遍存在的问题，你又能怎样呢?”话虽如此，但是这位刚刚踏出校园不久、棱角尚未磨平的老师还是在积极思考着改变的法子。

为了找到新的思路和方法，在新学期开始之前的暑假，他做了很多工作:

(1)阅读了大量有关写作和写作教学的专著和论文，从中寻找科学理论的支撑;

(2)咨询了他读研究生时的导师还有研究写作方面的教授，寻求“智囊团”的帮助指导;

(3)做了很多在线的问卷调查，分析学生、老师和家长方面的想法和意见。

做了这些准备工作后，他在自己的学年教学计划上增加了许多新的东西，但成效如何，L老师自己也没有把握，只是“尝试着自己努力看看”。

2.“平地惊雷”

第一，“睁眼看世界”——报刊进班级。

高中生不同于小学生和初中生，一方面他们从未成年步入成年的阶段，另一方面他们具备了一定的思辨能力和知识储备。因此，他们很有必要去接触和了解外面的世界正在发生什么。L老师的思路是:“既然我无法改变他们两点一线的生活，我能做的就是改变课堂，使他们能充分了解这些‘真实的’和‘正在发生’的事情，最重要的是让他们明白这些事情不是与他们毫无关联的。”

因此，L老师做的第一件事就是订阅了《新华日报》《南方人物》《南方科技报》三种报刊，让学生阅读。L老师的解释是:“《新华日报》能让学生了解国内外的新闻事件，《南方人物》能让学生看到具体人物的具体事情，《南方科技报》则能让学生获得科普知识，培养他们的科学理性精神。”

另外，在读报和获取信息上，班级实行“早早看报”和“晚晚读报”。

“早早看报”即把全班划分成三大看报小组，组内看完后组间互相传递互看，看报在课外的任何时间皆可，并不影响上课时间。不久，同学们的思想逐渐活跃，有关这些人物、新闻事件的讨论开始从无到有，从有到激烈……

在看报上，他们会讨论一些热点事件。比如难民涌入欧洲，一些同学说这是欧洲咎由自取，到处支持和参与战争的恶果；而另一些同学则说，这些难民在欧洲会带来许多问题。大家都在报纸上寻找证据，互不相让。

但这样争论下去，明显没有尽头，因此，L 老师在晚自习后会用 5~10 分钟会对这一天的热点事件进行一个简单的总结，以“稍稍平息战火”，同时还会对学生进行相应的引导。就如“欧洲难民危机”，L 老师在做总结时说：“我们会有各种各样的观点，这都是你们的亲身体验，老师不会支持谁，但是正如你们在本学期的《思想政治》上所学到的，国家利益才是决定国家行动的根本因素，恃强凌弱、战乱也是国家利益的产物，但是受难的是你们所看到的人民……”

第二，亲身体验——喜怒哀惧不一样的含义。

作文中的喜、怒、哀、惧，因为套路化和模式化早已变成刻板和麻木的印象。

喜怒哀惧是人的基本情绪，L 老师尝试了很多饶有趣味的活动去重新唤醒学生的这些基本情绪体验。体育课上，他把全班学生带到操场上，分为两组，两组间举行接力赛跑，这可需要组内所有队员的团结、配合才能完成。学生们个个精神抖擞，蓄力待发，很怕因自己而连累了一组人。比赛开始后，组内的队员都鼓足了士气拼命为赛跑的队友加油打气，接力棒交给自己后便铆足了劲往前奔，胜出组大声高呼，输的组则士气低落，有的还开始寻找问题甚至指责某个队友……L 老师抓住时机问：“你们现在的感受怎么样。”同学们开始七嘴八舌，蜂拥而起，争着要跟老师分享他们此刻的心情。L 老师说：“我现在听不了那么多呢，你们回去写篇东西告诉我你们现在的心情吧。”与以往学生听到写作文就垂头丧气不同，这次学生都积极地响应。

在交上来的作文中，L 老师果然看到了很多与平常不一样的东西：有的兴奋快乐，有的垂头丧气向老师倾诉，有的则感慨团结的重要性。L 老师很高兴，因为这都是他们真实的情感体验，而不是脸谱化和模板化的东西了。

此后，“有趣的东西”越来越多。课后，他们常常会一起去看篮球赛和足球赛等，为赛场上的拼搏和努力的人呐喊，开始一点点明白“不畏惧对抗”和“自信”的真正含义……

在家里，他们会问爸妈“你们是不是爱我”，但爸妈的回答很多都是打趣：“你是石头蹦出来的娃，我爱你什么？”但是老师要求他们对爸妈的日常生活进行观察，于是他们发现在日常的唠叨中，在不经意间，会故意给多一点生活费；也开始逐渐明白：爱，不一定是雪夜送医院，不一定是临别前断人心肠的叮咛，不一定是为了孩子而忍辱负重……爱，可以是平凡和不露痕迹的。

（二）课堂内的改变

离开了课堂上的常规教学，课堂外的努力也大打折扣。如果说课堂外的改变是“器”，那课堂内的改变便是“道”，是改变的核心所在。打开了体验和观察现实生活的关口，“活水”的源头被打开了。但是该怎么疏通“渠道”，让“活水”流向学生的心灵？

传统的作文教学目标模式一般可以概括为：老师出题（不能变）——学生写作（不情愿）——老师批阅（不快乐）——老师讲评（不愿听）。一方面，这种低效的作文教学模式循环下去，学生的写作热情和兴致逐渐消磨殆尽，而老师也陷入了疲于奔命；另一方面，在一些写作知识和写作技巧上，学生也并没有得到提升，有时还会陷入不能表达或表达不够好的局面。

在反思这些问题之后，L 老师做出了一些尝试：

第一，语言运用教学。

一篇好的作文，语言运用得当，达到的效果自然不言而喻。在一次作文课上，L 老师就以流行的电影文化为例说明了语言运用得当的重要性："我发现同学们都很喜欢周星驰的电影，作文中'你走先'和'你食先'这种说法经常出现，但你们知不知道这样的用法其实是不符合普通话语法规范的，充斥着语法错误的文章又怎么能算得上一篇好文章呢？"

除了对学生的语法有要求之外，L 老师着重抓的方面还有以下几方面：

（1）对修辞的引导教学。修辞可以使文章更为生动。每一种修辞都具有不同的作用，如比喻可以增强事物形象性，反问可以增强语气，夸张能通过联想增大或缩小客观的事物增强表达效果，等等。因此，L 老师常让学生，特别是一些文笔不怎么好的学生通过有无修辞的对比认识修辞的重要性。如在一篇文章中，学生这样写道："星星很明亮。"过于平白。经过修改变为："星星在天上闪动着。"L 老师还是感到不满意，让他再加入一个修辞试试。句子就变成了："星星如明眸般在浩瀚的天空中俯视着大地，那样的感觉，让心灵也跟着明亮起来。"修辞的使用，明显使文章的语言生动了起来。

（2）对描写的引导教学。用生动和具有表现力的语言把事物的形象表现出来，这便是描写，描写如果成功，文章自然真实动人。描写又有人物描写、景物描写、场面描写、细节描写等。而 L 老师认为，人物描写是描写写作的基础，因为人物描写中包含的肖像描写、动作描写、心理描写、语言描写等也可以渗透和运用于其他的描写中。

一次作文题目是《我的父亲》，很多同学在写的时候，都说自己父亲"高矮相宜""不胖也不瘦""不大不小的眼睛"。这样描写只能使文章流于一般。L 老师曾开玩笑地说："如果按这样的标准去寻人，会不会满大街都是爸爸了？"这就是没有抓住人物的主要特征，描写人物要善于抓住每个人最独特、不同于他人的地方。因此在作文讲评时，L 老师要求学生根据表达的需要，重点描写外貌，不要眉毛胡子一把抓。这样改写之后，就成了"父亲身材虽然矮小，却很健壮，好像有使不完的力气""平平常常的脸上，是一双坚定有神的大眼睛，似乎可以看进我的内心"等较为精彩的片段。

（3）要求做好课内外的语言积累。课文中很多人物和事例都是写作的素材，很多诗词的恰当运用也能为文章增色不少。因此，L 老师也要求学生准备一个本子记录这些可能用得上的素材。

第二，个性化的内容要求。

（1）选材要新，力求与众不同。有时面对一些既定的材料或题目，要想突出个性、突出创新，就要在所选取的材料上下功夫。别人经常用的材料无疑是没有新鲜感的，而这时 L 老师的“报纸进课堂”就发挥了很大的作用。如在一次年级考试中，作文题是“如何看待忍让”，L 老师观察到的变化是：“与其他班学生的历史人物和旧材料相比，我们班的学生运用了马云四次找工作被拒、俞敏洪三考北大落榜等当下典型人物来说明挫折可成为成功的一个因素，又运用佛山小悦悦被撞而无人理会等事件来说明忍让到无底线的危害性，我感觉这是一个很好的变化。”

（2）从不同的写作角度切入。角度是指观察和分析事物的着眼点，是学生立意和构思的出发点。面对同一则题目或材料，角度的切入点不同，表现的效果也千差万别。L 老师提道：

> “一个年轻人过河，船太沉，需要丢掉一样物品才能安全过河。面对金钱、健康、美貌、名誉、才学、诚信等七样物品，年轻人毫不犹豫地扔掉了诚信。”我们通过分析知道七样物品都是我们人生的重要财富，诚信是一种优秀的品质，不应该被抛弃。所以学生都能把文章中心定在“诚信”。大部分学生都在大段大段论述诚信的重要性，这种立意趋向于同一种模式，就算所选的材料不同，也难以突出个性和创新。但是有一位学生的作品把“诚信”写成一个人，让记者采访落水获救后的“诚信”，文章采用访谈的形式，表达了“诚信”仍然被大多数人所关注，这种美德仍然是社会主流。

（2）要求学生发挥文体的优势。学生写作的主要作文文体可分为议论文、叙事文、说明文、应用文几种，前面提到的由于传统教学中老师太注重让学生写议论文，结果导致学生麻木。而在这一方面，L 老师赞扬和认同的是新文体的尝试，不拘泥于议论文。如 L 老师提道：

> 2009 年，武汉有一名考生的古体长诗《站在黄花岗陵园的门口》被评为“最牛的满分作文”。他巧用古体诗的形式，有韵律节奏，让人大开眼界，自然独领风骚。

文体优势发挥得好，当然是最有个性的。大胆采用有独特写作方式，又有创新，这样写出来的文章才有个性，才有自己的特点。自然作文就不会陷入同一种模式了。

（3）掌握写作内容和新的结构安排方法。构思，即开笔前的一系列思考活动。在作文内容和结构的安排上，L 老师传授了几种方法供学生参考：先抑后扬法，即打破常规，格调上先降后升，明抑暗扬，制造波澜冲突；悬念设计法，通过铺设悬念，增加情节起伏，推动情节走向紧张；首尾呼应法，开头和结尾互相照应，起前后连接的作用，使文章结构更加完整；逆向思考法，即反向思考问题，以新的思维方式表达自己不同的思维和体会。这些构思和文章安排方法经常出现在课文教学中，但是很多老师并没有引导学生运用到自己的写作中去。因此，L 老师做的就是精心准备这些方法，然后认真地传授给学生。

第三，对学生思维能力创新的培养。

思维能力直接决定文章是落入俗套还是有所创新，在这个方面，L 老师做的主要有以下几个方面：

（1）引导学生批判性思考问题。辩证法是高中学生在《思想政治》中已学习的，但是运用到思考和评价现实的事物和人物时，很多学生并不能很好地处理。L 老师把“辩证否定”运用到了作文的思维教学方面：“看待一个人时，你首先的态度就是要‘否定’，因为是没有完人的，而且人们总是喜欢往好的方面看，而好的方面大家都去写，就很容易成了歌功颂德。你‘否定’一个人或者一件事，又要找到证据去证明，这就需要我们去积累，所以很多时候，我们的作文就是在积累素材去‘否定一个人’，但是如果当你发现这个人做的这件事没有什么可以否定时，你就只能‘酸溜溜’地写他好的东西了。”

这番话一出，全班大笑，辩证看待原来也可以这样有趣。

（2）插上联想和想象的翅膀。联想和想象可以把很多看似无关的事物联系起来，从而使思维更加灵活、眼界更加开阔、文章更加充实、构思更为精妙。受益于宽松的课堂气氛和充分的课外开放资源，学生的思维都比较活跃，L 老师便经常要求学生们发挥联想和想象，经常和学生在课外讨论一些热点的问题，发散其思维；在课堂上，也经常把很多无关的东西联系起来促进学生认识。在讲《西游记·石猴诞生》时 L 老师问学生：“石头里蹦出孙大圣之前，究竟来自哪里？又发生了什么故事？”学生的反应十分热烈，L 老师抓住机会，让他们简单地写在本子上然后分享。

（3）让学生写自己想写的东西。学生讨厌作文的一个原因就是无话可说，一些题目和给定的材料是他们不想写和不感兴趣的，这就很难写得出什么佳作了。学生的灵感来源于他们的生活，L 老师的做法就是在他们面对这些他们不想写或者不感兴趣的话题时，要求他们思考他们身边感兴趣或者喜欢的事，从中找切入点。对此，L 老师说：“从生活中选取原汁原味的写作素材，能再现丰富多彩的生活，能表现生动活泼的内容，也能打动人和说服人，关键是要找好切入点。”

第四，开放式的作文评价方式。

（1）个性化的作文评语。老师的作文评价一般是评语的方式，而传统教学中，很多老师因为各种原因，在评语上很容易流于形式。有时学生饱含感情地写了一篇文章，得到的却是模式化和硬邦邦的评价。这对他们的写作热情和创新都是沉重打击。在评语方面，L 老师看得比较重要，即使对于一些质量确实不怎样的作文，也不忘写上注意事项和“继续努力”。L 老师的评语一般由几部分组成：一是标出文章好的地方，二是标出文章有待改进的地方，三是老师建议，为学生拓展和深化思路提供简短的看法，四便是老师自己的感想、支持和鼓励。

（2）灵活的作文评价方式。传统教学中，语文老师是学生作文的唯一阅读者和评价者，但这种模式也存在一些问题：老师的个人主观性会比较强，而且反映不及时，不利于学生对自己作文的正确认识。而 L 老师的做法为老师不包办代替，让学生以双重身份（老师和学生）交换批阅，遵循“自测”和“自评”的原则。

由于班上学生的写作水平存在差异，L 老师把班上同学分为若干小组，每组内都有写作水平较高的学生和文笔较差的学生。每次作文，小组成员自己选拔和推荐最佳作文，然后和其他组进行交流和对比。老师再给予整体指导，从大方向上把握。通过小组内的讨论和鉴赏还有小组间的交流和对比，学生在观摩和学习中更能增进理解和发现问题，有利于提高他们的写作能力。

（3）举行作文竞赛。作文竞赛对提高学生写作兴趣具有积极意义，L 老师也利用一些时间来举办班级作文竞赛。作文完成之后，统一挂在班级墙上，然后全班逐一对每篇作文进行浏览打分。平均分最高者胜出，可得到一定的奖励。

三、改变路上经历如何？

L 老师在班级推行的新的作文教学尝试，一路以来，教学成效如何？

（一）成绩初显

首先，这种新的尝试，给学生带来的最直接感受就是有了思考和发挥的空间。M 同学说：“与以往有很大不同，以往的写作我会觉得害怕，感觉有一种无奈的感觉，因为写的东西往往不是我想写的，每次都想着应付完了就行了，但是 L 老师给予了我们很多新的想法和发挥的空间，他也很尊重我们的想法。”

其次，学生在写作过程中，也逐渐消除了“分数”与“真情”之间的矛盾：老师和父母，朋友和同学……身边的人物和事物不再是脸谱化和模式化的，关于他们真实观察和真实感觉的描写开始出现在作文中；在一些给定的材料写作中，新鲜和时代性的材料也开始出现在学生的作文之中；有关写作的一些技巧性的东西也被学生运用了起来。

最后，在一些竞赛中，学生们也取得了不错的成绩。

2014 年，在学校举办的作文比赛中，该班的陈同学和杨同学取得第一名和第三名的好成绩。

2015 年，L 老师指导的一名学生在“春苗杯”全国中学作文竞赛中获得全国第一名的好成绩。

2015 年，该班的陈同学代表学校参加全市中学作文竞赛，斩获第二名。

该校教研组甚至外校的教研组也组织了多次语文老师听课，学习 L 老师的新做法。

除此之外，该班很多同学也在学校文学社担任重要职务，参与投稿、编辑等。

这对 L 老师来说，无疑是对他努力的一个有力肯定，当初尝试前悬在心里的石头也落了下来，但新的担心也伴随着他……

（二）隐忧

L 老师的隐忧来自他的改革能不能延续的问题，因为他所能教的只是一级一班，他的影响力也只是局限在一级一班，当学年结束，他的改革如若没有得到新任老师的延续，那么作文这个板块的教学就很容易重新步入模式化的误区。

而作为一名刚进入老师岗位没多久的新老师，L 老师所做出的新的改变也常常被一些老老师说成“刚入职时的热情”。老师们刚入职时凭借热血与激情，确实往往能做出很多打破常规的创新，但是随着教龄的增长和对四周环境的认识“越来越深”，老师们的热血和激情又会被逐渐打磨，直至消磨殆尽，成为“不求有功但求无过”的“老老师”。

L 老师的隐忧也正来源于此：究竟他新的尝试和新的做法能不能坚持得下去？他的热血和激情又是否能贯穿于他整个的职业发展之路？在老师的专业发展大概要经历的四个阶段中，他正处于第一个摸索阶段。其后漫长的职业发展，他又能做成怎样？而他辛苦摸索出来的新的东西，又能对这个学校的整体作文教学改革乃至整个教育界的作文改革产生什么影响？是成为微不足道的一粒尘埃还是熠熠生辉的星星？这是他心里没有底的。毕竟在现行的考试制度下，作文只能成为考试的一个附庸，这就必然会埋没和掩盖很多他孜孜以求的东西：学生情感、理智、态度、价值观等。这是他不想看到却又现实存在的无法跨越的问题。

但是作为一名新老师，在意识到这个问题的同时，他也在心里暗暗下了决心：让自己的热血和激情最大限度地持续下去吧！

（三）前进路上的力量支持

在教育教学上，一个好的创新和试验，如果创新者仅是循心而为，没有科学的理论和有经验人士的指导，或得不到被实验群体的支持，很容易产生顾此失彼、头重脚轻、难以为继等问题，新的尝试或改革最终也会大打折扣甚至无疾而终。

而 L 老师比较庆幸的是：他遇到了一位比较好的教研主任和分管校长，这使得他获得了有力支持。老老师开玩笑地说：“这些新的东西也让我们找回了当年刚进学校时的激情。”因此对他的一些做法表示了支持，并以自己丰富的教学经验为他提供了很多新的思考和灵感。最重要的还是 L 老师的个人魅力，他教学风格宽松民主，幽默风趣，同时能跟学生打成一片，在学生心中树立了良好的师者形象，这使得他的创新能够得到学生的积极响应和深入学习。当然，关于写作知识和其他各方面的学习和研究不能间断，看书看报、读论文、写教学反思、写教学论文仍是 L 老师对自己的严格要求。

正是有了这些不同的“力量”形成的“合力”，L 老师的新的尝试才能获得不错的成绩。

结　语

学生作文模式化是现今全国中学语文教学中普遍存在的问题，这个问题的产生和愈发严重的发展态势有多方面的原因。L 老师作为一名刚入职未久的老师，对此做出了不少新的努力和尝试，带来了很多课堂内外的新变化，也取得了一定的成绩。一方面，他不甘于现状、积极思考和敢于创造；另一方面也获得了外部各种力量的支持。内因和外力的结合才有了创新的发展。

我们所有人都应思考：这条新的尝试和努力之路只是一级一班的经验，要想长久地走下去并推广到其他各地各校又会产生什么样的反应？在未来的发展中，M 中学的作文改革之路还会遇到什么样的困难？那些困难又将如何解决？L 老师的担忧又该如何解决？面对上述问题，L 老师和 M 中学固然应该认真思考，但是更重要的是广大的老师和学校都必须行动起来，积极探索改变之路。

【案例思考题】

1. 作文模式化产生的原因和难以根除的原因是什么？

2. 要真正解决普遍性的作文模式化问题，除了案例中提到的课堂内外的改革外，还需要考虑哪些问题？

3. 面对 L 老师的作文教学改革，如果你是该校的行政领导，你会持怎样的态度？

4. 如何看待老师专业发展与责任心的关系？

【案例使用说明】

1. 适用范围

适用对象：中学语文老师，中学教研管理人员。

适合课程：语文教育，作文教学，老师专业发展。

2. 教学目的

（1）积累关于学校作文教学方面的知识和经验；

（2）掌握学校作文教学改革的方法及策略；

（3）形成加强创新作文教学乃至整个语文教学的意识，增强分析相关问题、解决问题的意识与能力；

（4）培养学校作文教学创新建设的创新性思维品质。

3. 要点提示

（1）作文教学理论

陶行知“生活教育”理论，叶圣陶作文教学理论，孙绍振作文教学思想，魏书生教学理论，图式理论。

教学改革理论：人本主义教学改革理论，组织变革动力和阻抗。

组织学习理论：组织愿景与组织学习，组织战略设计与组织学习。

老师专业发展理论：老师专业发展阶段，老师信念、老师情感、老师知识和老师能力。

（2）关键知识点

作文模式化，中学作文改革，老师专业发展，师生合作方式。

（3）关键能力点

整体了解作文教学改革的能力，领导教学变革的决策推动能力，促进学生发展的规划能力。

（4）案例分析思路

通过对M中学作文教学建设过程中的问题与不足进行分析，引导学生朝着有利于学生创造性和主体性的作文教学发展，并为其他学校有效应对学校作文教学改革建设中出现的问题提供借鉴。

4. 教学建议

时间安排：一学年中的语文教学时间。

环节安排：利用课堂渗透和课外辅助。

人数要求：60人以下的班级教学。

教学方法：讨论和学生思考为主，讲授点评为辅。

工具选择：报纸、多媒体、课外实景。

组织引导：老师布置任务清晰，预习要求明确。

提供给学生必要的参考资料。

给予学习者必要的调查和辩证思考技能训练，便于工作展开。

师生合作，老师给出指导。

活动设计建议：课前让学生得到充分的自由阅读和观察；上课时对学生得到的素材和思考的问题进行点拨，传授写作相关理论知识并根据学生作文中出现的问题进行相关引导教学；下课后老师及时总结案例教学的得失，以便改进后续的教学行为。

5. 推荐阅读

[1] 陶行知. 普及现代生活教育之路及其方案[M]. 上海：生活教育社，1945.

[2] 孙绍振. 直谏中学语文教学[M]. 广州：南方日报出版社，2003.

[3] 吴庆麟. 教育心理学——献给老师的书[M]. 上海：华东师范大学出版社，2003：1-68.

[4] 魏书生. 语文教学探索[M]. 河南：河南大学出版社，1990.

M中学个性化写作之路探索

余琼娜[①]

【摘　要】作文，即作者沿着一定的思路，加以特殊的情感，用文字的形式把对主题的看法巧妙地表达出来的过程。写作是语文教学的重要任务之一，教学生把作文写好是老师的重要职责。M中学非常重视教学改革，在作文教学方面从探索新的教学思路和教学形式出发，提出了一整套创新型作文教学模式。这里主要从“作文教学之瓶颈”“作文创新之寻路”“个性化写作教学之探索”三个方面对M中学如何探寻作文教学的新模式进行描述。

【关键词】作文教学；思路转变；教学创新；信息化

背景信息

随着高考制度的改革，语文写作在考试中的分量越来越大。然而，学生在写作方面仍存在很多问题，其中较为突出的是作文模式化，主要表现为：内容单一、结构雷同等。这严重违背了新课标所提出的发展学生个性的主张。

作文教学大都是在高考的指挥棒下进行的，老师教作文模式化、定式化。学生写作文缺乏真实的思想情感，主题单一、千篇一律。语文老师在作文教学上缺乏具体、科学、个性的教学规划，学生学习思路混乱，不能形成系统的学习方案。作文学习出现断层，基础不扎实，又没能得到充分的训练，作文水平越来越差。有些老师不能身体力行，在写作上越发生疏，自身写作兴趣不浓厚，给学生带来了不好的影响。一部分有经验的老师长期不更新教学理念、教学思想，传授给学生的也是过时的、难以激发学生兴趣的旧知识，这会严重挫伤学生写作的积极性，禁锢学生写作思路。在语文作文教学中，有的老师甚至违背新课标提倡的教学的人文性，未能将语文的工具性和人文性统一起来。

M中学的作文教学中也曾出现诸如此类的问题。面对这个问题，教育者不得不反思，教学模式不能不改进。在此背景下，M中学开始进行语文教学革新。M中学，建校历史悠久，环境优美，景色宜人，学风浓厚。学校领导一直致力于教学模式的创新，紧跟新课改步伐，改变传统的语文作文教学模式，力求走出一条创新型路子。学校领导对老师和学生进行调查、对作文课堂深入了解以及结合新课标的要求展开了教学改

---

① 作者简介：余琼娜，女，广东茂名人，茂名市第十中学老师，黔南民族师范学院2016级学科教学（语文）专业方向研究生；导师：余成林教授。

革，实现了作文教学模式化的转变，让学生的作文体现出个性化特征，改变了以往作文内容单一、形式雷同、思维闭塞等状况，学生的写作兴趣高涨，优秀的作品脱颖而出。

案例正文

一、作文教学之瓶颈

在高考压力下，作文模式化、套路化的现象越来越严重。作文模式化问题成了语文写作的一大障碍。一篇优秀的作品必然有其可取之处，一个优秀的作者必然思绪飞扬，不受模式禁锢，不走套路。然而，个性化写作有难度，需要老师引导。CC 老师是 M 中学的一位年轻语文老师，虽然年轻但是学历高，授课效果佳，是 M 中学很有影响力的老师。以下是 CC 老师的作文课堂。

上课铃响了，语文老师 CC 为了让学生尽快进入状态，开始提问一些与本次作文相关的问题，以便调动学生的积极性。

CC 老师：你最喜欢的季节是什么？
（学生们都积极地举起手来）
A 同学：我喜欢春天，因为春天到处鸟语花香，充满希望。
B 同学：我喜欢冬天，因为冬天可以打雪仗，冬天很安静。
C 同学：……
D 同学：……
CC 老师：同学们的回答各有千秋，棒极了！

学生的激动劲儿很快就过去了，课堂重新回归平静。

课堂很自然地进入下一个阶段——朗诵范文。范文开头是表达对某个季节的喜爱，中间是谈在这个季节发生的趣事，结尾再次抒发对这个季节的热爱。接着，CC 老师问学生这些文章写得好不好，好在哪里。学生对此好似司空见惯，被叫起来讲话的学生无一例外，都是说着各种好。有的说开头开得好，直接点题；有的说结尾总结得好，再次点题；还有学生说过程写得好，记叙的事情很有趣，很难忘。学生的评价里，没有一个不同的“声音”，评价很一致，都是“写得好”。

接下来就是学生实战的时间了，听老师读了那么多优秀的文章之后，个个都摩拳擦掌想把自己的文章写得像老师读的那些范文一样好。作文题目很明确，就是“我最喜欢的季节”。学生受到老师鼓舞之后，有的冥思苦想自己的写作思路；有的低头疾笔写着胸中所感；还有基础差点的学生抓耳挠腮，恨不得赶紧下笔写出一篇漂亮的文章。不管怎么样，每个学生都好像在朝着同一个目标前进，那就是老师所介绍的“标准的好文章”。

时间过得很快，写作时间过去了，学生的作品被老师收了上来。老师充满了期待，打开一篇篇“作品”批阅。可是，结果并不让人喜悦，各种问题呈现出来。其中最严重的问题就是学生模仿范文的倾向比较突出，作文模式化、套路化问题相当严重，主要表现在以下几个方面：在内容上，写四季就用“天街小雨润如酥，草色遥看近却无”“小荷才露尖尖角，早有蜻蜓立上头”“空山新雨后，天气晚来秋”“忽如一夜春风来，千树万树梨花开”这几句诗词。人人所见如是，内容雷同。M 中学学生大都生长在城市，怎么都会对“蜻蜓”这种飞虫那么熟悉呢？这样的写作无疑脱离了现实生活，感受也是不真实的，是受范文影响、模式化写作的表现。同样，大片的“梨花”也是 M 中学的学生很难见到的，又怎会都有“千树万树梨花开”的感觉呢？或许只是为了向“范文”看齐，堆词砌句、装点卷面罢了。在文体上，大都局限于老师课前所读范文的文体——记叙文，围绕叙述自己在某个季节所发生的难忘的事情为中心展开。议论文、散文、诗歌等文体没有一个学生尝试。在结构上，都是采用三段论的形式成文。开头点明喜欢的季节，中间叙述在这个季节所发生的事情，结尾抒发对季节的喜爱之情。三段论，全文“顺理成章”，让读者读了前一部分就能想到后一部分，不留悬念、没有波澜，读来平淡如水，不能引起读者的阅读兴趣。

面对这种状况，CC 老师很是犯愁，当然这也是许多班级都存在的问题。于是 CC 老师便主动与其他老师联系起来找到学校相关领导商讨这个问题的解决办法。

二、作文革新之寻路

学生模式化写作等问题引起了学校领导和老师的关注。为了找出作文教学的新路子，校领导派出本校学科带头人到全省各知名中学学习，深入作文教学课堂，吸纳作文教学经验，与优秀的老师交流，写调研报告。不仅这样，校领导还鼓励学校老师代表走出去，到 H 省参加语文写作学术论坛，在论坛上学习教学经验，与智者交流，获取解决问题的思路。老师们返校后，总结反思，开会讨论，共同制定出一套改革写作教学的方法。

（一）转变教学思路，引导学生进行个性化写作

M 中学深深地认识到，随着社会的发展，信息量越来越大，学生的知识储备并不局限于课堂老师的口授，网络信息、电子读物、课外图书、电影电视甚至社会热点都可以成为学生写作素材的来源。学生还未形成正确的价值观念，在大量的信息面前还不知道如何选择与利用。信息化对他们来说是一把双刃剑，它一方面丰富了学生的知识，一方面又容易诱导学生走向盲从。这个时候，老师的作用是非常重要的。老师的作用不仅在于传授科学文化知识，还在于帮助学生明是非、辨对错、选方向、促创新，把身边资源利用到写作中去。传统的老师只是一味地传授知识，那是因为生产力和社会环境的局限，学生的消息相对闭塞，主要依靠老师的传授。而今，我国社会生产力

大大提高，社会环境开放，消息通达。学生作为社会的新生力量，也在主动汲取着新的信息。可以说，很多知识已经渐渐归为常识。老师要传授的内容，大多情况下学生可以通过现代化的工具、手头资料或者自学的方式获得。但是，这不代表学生不再需要老师，而是老师的角色发生了改变。老师讲的部分少了，好像闲了，其实不然，老师从以前“管家”的身份转变成了“智者”——指点迷津的引路人。身份的转变伴随着任务的转变。现今的学生自学能力提高，老师不需要在资料的查找、搜寻上劳心费力。学生主动，家长协助，社会上各种各样的图书资料数量丰富，质量良好。老师应该做的是发现学生的问题，解答疑难，并帮助其端正思想，做一个思维灵活的有创造力的人。

作为学生学习中的引路人，语文老师要在作文教学的过程中承担起开拓学生写作思路的责任。模板作文固然有可取之处，但是教育的本质是“培养创新型人才”，而不是复制前人的辉煌，止步不前。况且，经典的作品早已耳熟能详，模仿出来的作品味同嚼蜡。教学过程中，老师要适时提醒学生充分利用手头资源，如网络信息，电子读物，阅览室，图书馆，电影院，社会生活体验等。网络信息可以为学生提供最新的写作素材；电子读物、阅览室和图书馆可以提高学生的文学素养；电影是浓缩的精华，可以为学生带来间接体验，丰富学生的想象力，充实学生的感情。只有利用好身边实实在在的资源，才能写出真真切切的作品。只有充满情感的文章才是有灵魂的。

（二）制订教学计划，划分教学任务，全面实现个性化写作

校领导本着这种思想，主张各位老师在作文教学中创新路子，不拘泥于传统教学形式，从学生的个性发展出发，制订能够吸引学生兴趣的教学方法，课堂多留机会给学生表达思想，突出学生的课堂主人翁意识，引导学生进行个性化写作，鼓励原创。学科带头人要做好督促和考核工作，鼓励老师出点子，找思路，最大限度地把学生的注意力长久地集中在课堂上，增加课堂教学的趣味性，发掘学生感兴趣的、能够打开其思路的教学形式，引导学生走进课堂，进入情景，激发其真实情感，鼓励学生创新创造、说实话、表真情。老师要善于从学生角度出发，多与学生进行心理交流，善于发现学生的兴趣，借助新的教学形式激发学生的写作灵感，从写作的内容、语言、形式、结构、感情等方面培养学生的创新意识，鼓励学生突破旧有的写作形式，学会选用适合主题的写作风格，注入感情把作文写活。学生全力配合学校工作，开动大脑，积累素材，勇于转变写作思路，以手写心，做自己的代言人。全校师生共同努力，全面实现个性化写作。

三、个性化写作教学之探索

在学校的重视下，在校领导的指导下，在学科带头人的鼓励下，在老师们的努力下，M 中学作文教学进行了一系列的创新，并取得了相关成果。

（一）集体大讨论之去模式化写作思维

M 中学的一堂作文课，年轻的语文老师 CC 以不同的教学形式展开。那是周五的下午，同学们都兴致勃勃地做好上课准备，满怀期待地端坐在自己的位置上。几张圆形的桌子让我觉得很有意思，围坐在一起的学生也不是平日的同桌，但是他们看起来并不陌生，坐在那里，议论纷纷，仿佛在等待老师来了之后作一场盛大的演讲。而笔者作为一个旁观者，带着各种疑团等待着老师来揭开这节作文课的神秘面纱。

很快，老师来了，还带着几份上节课学生的作品，叫道："春桃、夏荷、秋菊、冬梅。"有四个学生纷纷起身，去接过老师手里的四份作品。原来，CC 老师按照学生作文基础的不同，将其分成四组，并由《红楼梦》里面的"海棠社""桃花社"获得灵感，以四季具代表性的植物为名，成立了"春桃社""夏荷社""秋菊社""冬梅社"四社。学生们分组，进行作文课的学习、讨论、分享、竞赛。而接过老师手里四份作品的学生就是四社的社长。

接下来社长分别读这四篇文章。四篇文章读完之后，老师提出问题："此四篇作文有哪些可取和不可取之处？此四篇作文的异同分别是什么？"四位社长带领自己社里的成员开始对此四篇文章展开激论。十分钟之后，大家都形成了自己的答案。笔者向这四社的桌子看去，每个桌子上都有一张写满文字的纸，想必是各社针对四篇文章的讨论结果。老师说："开始分享你们的答案吧！"春桃社一名社员自信地站起来，拿着社里的讨论成果谈起本社的看法：A 篇，语言优美，但有点啰唆；B 篇，结构整齐，符合常见作文的形式，但是缺乏新意；C 篇，内容丰富，但主题不明确，让人弄不明白在写什么；D 篇，整体挺好的，就是议论太少了，好像不太深刻。四篇文章的共同之处是按照常见的三段模式展开，分别是：开头点题、中间叙事、结尾抒情。而且，都是记叙文文体。不同之处是：四篇的侧重不一样，有的侧重语言描写、结构形式、内容填充，还有的侧重整体效果。春桃社话毕，紧接着的夏荷社、秋菊社、冬梅社也各自派代表起身发言。

四社发言完毕，老师指出："大家表现得都很好，都看到了这四篇文章的主要问题：个性不突出，不具代表性，不能自成一家，虽然在数量上是四篇，实则与一篇无异。同学们，大家心里都明白，这样的文章意义不大。可是，老师想跟大家讨论的话题是为什么写文章的时候总会按照模式、套路写呢？为什么不能有自己的创新呢？同学们，老师不是在批评你们，老师是在给大家分析原因。请大家放松心情，哪位同学有看法，可以站起来分析一下。"在老师的鼓励下，有同学站起来说道："老师，我知道作文在高考中的分值最大，所以我想把作文写好，得高分，以此来提高我的语文成绩。然而，我觉得写得像范文那样是最保险、最能得高分的，所以我写作的时候就会有意识地向范文靠近。""还有同学要分析吗？"老师继续尝试让学生说出心里话。"我说。"一个小伙子怯怯地站起来，"老师，其实我是喜欢自己写文章的，可是因为上次考试我按照自己的想法写，结果得分特别低，我就开始怀疑自己了，以后写文章就不敢照着自己的想法来了。”接着，又有三五个学生站起来分析自己的看法。虽然发言的学生不同，但是原因是相似的，总结起来就是照着范文的样式写文章有安全感，不劳心。老师说道：“同学们，我很能理解你们的心情。在高考的重压下，你们很容易选择一些现成的东西，而不是自己思考、创新。但是，你们有没有想过，这样下去，你们的思维会变成什么，会变成别人的思维，你们也将成为别人的附属品。脑子里没有自己的东西，只是在模仿别人，这样的作文不仅不能得高分，而且还会禁锢你们的思想，削弱你们的想象力。所以，同学们，你们现在要做的事情就是去模式化写作思维。只有把思路摆正了，才能激发主动性、想象力，才会注意到身边的点滴，才能认真的感受生活，写出真情实感的文章，也只有这样的文章才最能打动人，最有希望拿高分呀！”

（二）个性化写作之口头创作训练

在上次课的去模式化写作思维之后，同学们有了很大的改变，但是只有思想上的转变，没有实际行动还是不行。于是，CC 老师趁热打铁进行了一个小时的训练。这个训练的形式特殊，意义不可小觑。这位年轻的老师有一套属于自己的个性化教学方式，个性化作文教学自然有助于培养出个性化的写作方式。

第二节作文课，CC 老师并没有直奔主题，而是与学生进行“对句”游戏。要求是双方所对内容情感基调要一致，字数、句式、形式均不限。老师起头：“我爱大海，更爱它奔流的雄姿，无言的奉献，无休止的向前。”学生们积极对答。前排一位男同学站起来大声对道：“我偏不爱外露的大海，我更偏爱我所钟情的草地。它柔软如女子的心田，它成片如无尽的思念。”老师笑了，并表扬他敢于挑战老师、勇于创新。学生开心地坐了下来，认真听着老师的下一句。老师起了一句：“最初的梦想紧握在手上，最想要去的地方，怎么能在半路就返航；最初的梦想绝对会到达，实现了真的渴望，才能够算到过了天堂。”年轻老师的这一唱词着实让学生惊讶，多少年来，能有几位老师会以这样新颖的形式展开教学活动呢。不过，惊讶之余，学生们也没有放松警惕，依旧认真思索。突然，后边一位女同学站起身来对答：“寻梦？撑一支长篙，向青草更青处漫溯；满载一船星辉，在星辉斑斓里放歌。”同学们鼓掌称赞，老师也表扬该生才思敏捷，不被上句的形式所禁锢，而是利用诗歌的形式对答。同学们都仰头看着老师，等待下一句。可是，老师画风突变，让学生先起一句，老师和其他同学对答。这时候，一个坐在角落里的学生站起来了，说道：“学习差，差学生，一差再差，不想学习。”同学们哄堂大笑，感觉不可思议。笑毕，老师语重心长地说道：“这位同学说了心里的难题，渴望大家帮忙解决，看来她还是很希望进步的，大家还不赶紧想办法帮忙？”老师没有批评说闲话的学生，也没有让回答问题的学生尴尬，还不忘“对句”游戏，着实令人佩服。不一会儿，就有一位男同学起身对答，说道：“学习好，好学生，越学越欢喜，着实停不下来。”同学们大都表示赞同，老师说道：“这位同学的对答很好，可是还有没有更好的，可以为第一位同学解决问题的？”在老师的激励下，又有一位同学起身回答道：“想学好，在思路；能学好，在行动；你来帮，我来扶；有难题，找老师；关键处，在自己。”大家都笑了，看来是默认了这个答案。课堂进行得井井有条，很能吸引学生的注意力，并能最大限度地把学生的注意力吸引到主题上且长时间保持注意力。这种对话教学法，令新老师在短时间内了解了学生的性格和文学功底，为进一步进行教学设计提供了有效信息。果不其然，在下一节课上，同学们很配合这位老师，作文也敢于大胆创新，各种文体、各种结构一时间百花齐放，作文的质量也大大提高。

在课堂接近尾声的时候，CC 老师说：“同学们，知道为什么我们要以口头作文的形式上课吗？”学生一脸迷茫。于是 CC 老师解释道：“口头作文，是一种形式自由的作文。它不会限制人们的思想，可以带给人们灵感与及时想象，最能锻炼你们的个性化写作。在这次口头创作中我们用到了歌词、诗句、美句、对仗语等。同学们表现出色，不仅对仗完整，还敢于挑战老师，勇于创新，这说明你们已经具有了去模式化写作的意识，这种意识已经在影响你们的创作了，真为你们的进步高兴。”

（三）个性化写作之书面表达实战演练

CC 老师清楚地知道考试只认书面成绩，作文考试成绩提不上来就不能最终实现个性化写作。CC 老师也明白，学习需要循序渐进，个性化写作的训练也需要步步跟进，是时候进行书面训练了。于是，CC 老师再一次创新教学形式。

这次作文课一开始，CC 老师就给学生播放了一部影片《肖申克的救赎》，同学们都看得非常认真，看来对这部电影很感兴趣。经过老师的细心观察，好多学生还流下了感动的泪水，有些学生则是皱眉触目，好像很为主角担心。剧情的紧凑使学生们全神贯注，就连老师为大家分发稿纸的动作都被忽略了。电影结束的时候，老师突然打开了灯，同学们颤了一下，仿佛还沉浸在剧情中。老师跟同学们分享了自己的看法，同学们也七嘴八舌地谈论着，谈论着自己的所感所悟所得。由此，老师趁着学生还在情景之中，布置了一份作业，作业内容是让学生写一篇揭示本部影片主题的文章，文章主题不唯一，要求真情实感，不能大而不实，形式不限。同学们都非常感兴趣，拿起桌上的稿纸，思绪飞扬……不久，已经有很多学生完成了，老师走过去收作业。完成作业的同学议论纷纷，显然意犹未尽。在第二周的作文评讲课上，老师念出了这样一段话：

> 亲爱的安迪，你好吗？我希望有如你这样的一个人，有如你一般的才华横溢，有如你一般的不安分，有如你一般的善良，有如你一般的不言弃。我知道，你是背着冤屈坠入监牢里的；我知道，你是忍着哭泣打造地下通道的；我知道，帮着典狱长洗黑钱、做假账是你本不愿意的。虽然，在这 19 年里，你并没有流下软弱的眼泪，可是安迪，我仿佛听见了你的哭泣。因为，我知道，你，安迪，作为一名有为青年恨透了那发霉了的黑暗的畸形的呆滞的监狱。你，安迪，本属于一个辽阔的地方，大抵像阳光明媚的墨西哥海滨那样的一个地方。安迪，我不会有常

人的眼光，也不会用世俗的标准看待你进监狱这件事情。反之，我要向你学习，学习你身上的常人所没有的气节。真正有理想的人不会为了人生中的一两件糟糕的事而屈服于现状。不被现实打压，勇敢反抗，争取真理和胜利恰好说明了你无比的自信。我喜欢你不被突如其来的厄运弄得手忙脚乱的样子；我喜欢你做事情不仅思路清晰还能付出行动并为之坚持下去的样子；我喜欢你到哪里都能把知识转化为能力的样子；我喜欢你以真心换真心对待朋友的样子；我喜欢你……

这位同学的文字让笔者很感动，不是因为流畅的文字，不是因为舒缓的语气，而是因为笔者从这文字里看到了把知识转换为能力的意识，设身处地为别人着想和不随波逐流的独立人格。同学们就是要有自己的看法，而不是随波逐流，迷信权威，遵循套路。善于发现的人才能写出个性化的文章；有个性的人才是有魅力的；有独立人格的人生才是丰富多彩的。希望同学们在以后的写作中，善于发现，勇于创新，突破模式化写作，创作出个性化的文章。

（四）转换角色，从高处审视个性化写作

写作就像是一次劳动，作品是学生集劳力与脑力于一身的结晶。作品的质量参差不齐，在这个时候老师要如何评价呢。M 中学 CC 老师是这样处理的，为了增强学生的主体意识，帮助他们全面认识个性化写作，CC 老师决定转换角色。首先按照写作水平把学生分成 S 组和 T 组。S 组成员写作水平略好，T 组成员写作水平欠佳。两组成员互相批改，最后再由老师统一批改。

课堂上，老师对作文批阅水平较高的学生进行了公开表扬。然后由学生针对作文上的批改意见发问，可以向老师或者学生批阅者发问，只要是自己不理解的地方都可以提出，评阅者需要给出解释。紧接着，是 5 分钟的思考时间。5 分钟后，就有一名学生发问："为什么学生的评价和老师的意见相差甚远，就这水平还改别人作文呢。"发问者话毕，全班都安静了下来，安静得能听见呼吸声。同学们都若有所思，或是觉得这位发问者胆子太大，敢公然说那种话；或是觉得发问者的话在理，等着看老师怎么收场；或是等着批阅者的解释，等着看热闹也说不定。一切都充满了不确定，那一瞬间是真安静。就在这时，批阅者站了起来，坦然地说道："我只是以自己的理解批阅作文，没有想太多。我自己的作文水平虽然不高，但我确实是认真地批阅每一篇文章。"就在这时，大家又沉默了。老师开始讲话："这篇作文我印象很深，可是这位同学并没有阅错，两种评价之所以不同是因为角度不同。他是从写实的角度，认为作品所言太不真实，说出的道理不能使人信服；老师则是从虚实结合的角度出发，认为写作是一种艺术，艺术之美不局限于现实，但也不能脱离现实，是在现实基础上形成的带有改造的创作活动。正如这篇文章所言——因为朋友的离开，不能相见而伤心痛苦到一星期不吃喝。乍一看来，是有点不可思议，但是细想去，一个有着十几年交情的好友要离开自己去另一个地方，想到多年不能再见，不能再像以往那样亲密无间是何等痛苦，进而滴水不进也是可以说通的。而且这样写更能反衬出他们的深情厚谊和对友人的依依不舍。”这位小作者不拘泥于现实的写法，语言比较尖刻，但感情却又真实，一切都合情合理，这也正是个性化写作的表现。此时，同学们好似茅塞顿开，七嘴八舌道：“海内存知己，天涯若比邻；我寄愁心与明月，随风直到夜郎西；桃花潭水深千尺，不及汪伦送我情……”这时，学生批阅者也如梦初醒，站起身向发问者表示歉意：“是我思虑不周，没有弄懂作者本意，没有领会到个性化写作的深意，真是惭愧。”发问者也大气地回复：“子非鱼，安知鱼之乐？”此时，全班笑成一团。

最后，老师总结道：“其实，没有哪一位同学是天生的才思敏捷，个性化写作也非一朝一夕之事，需要多些观察，多些思考，多些启发。通过互评作文，开阔视野，可以帮助同学们跳出自己的小圈子，从高处审视作文写作，也有利于同学们突破模式化写作的禁锢。通过批阅作文，老师发现很多学生都是有潜力的，只是自己还未发现或者发现了不知道如何运用，这就需要大家的帮助了，同学们互相交流思想，分享对生活的感悟，交流经验，互相学习，把对方当作自己的亲人一样对待，不保留、不狭隘，相信我们班的作文水平一定会有一个质的飞跃。”

通过此案例，教育者应有所反思。新课标之“新”正是“创新”，没有改变何来创新。一味因循守旧并不是继承优秀文化成果的最好方法，我们过去的教学的确有很多可取的地方：基础扎实、学生规矩、课堂完整等。但是，时代在改变，学生在改变。如今的社会，科技发达，信息丰富。如今的学生已不是当年的学生，如今的社会也不再是当年的社会。社会要发展靠的是人才，人才的塑造靠的是教育，教育取得成就靠的是“创新”。作为新时代的老师，作为学生的领路人，我们要善于引导学生进行个性化创作，实现学生的自我蜕变。

结　语

在高考的指挥棒下，学校唯成绩马首是瞻，老师以高效率为宗旨，素质教育被越抛越远，由此造成了教学目标固化、教学形式单一、学生思维得不到拓展、模式化写作问题突出的现状。社会各界应共同努力，为教育事业的发展贡献一分力量。考试制度、学校教育、家庭培养强强联手，真正做到让学生有时间走进生活、体验生活，丰富个人经历、抒发真情实感，这才是对学生最好的解压。写作是一门艺术，艺术来源于生活又高于生活，当学生把学习和生活结合起来了，好的作品也就出现了。社会还在发展，学生的身心也在成长，M 中学的教学改革还没有结束，它必将伴随教育始终，必将有进一步的创新。面对未来的挑战，M 中学依然任重道远！

【案例思考题】

1. 除了案例中所提到的问题之外，高中作文教学中还有哪些问题亟待解决？
2. M 中学解决问题的方案可行吗？在实际操作中会遇到哪些障碍呢？

3. M 中学的革新手段解决问题的力度如何？还有其他更好的解决方法吗？

4. 怎么认识信息化社会对学生价值观的影响？

5. 为了解决学生写作中的问题，学校、家庭、社会的合力该如何有效利用起来？

【案例使用说明】

1. 适用范围

适用对象：教育行政人员，教育专业的硕博导师、研究生、本科生，教育研究者，教育爱好者，中小学老师。

使用课程：教育管理学、老师专业发展。

2. 教学目的

（1）培养关于写作教学的新思路；

（2）掌握写作教学的革新方法与策略；

（3）关注学生的身心发展，与时俱进，培养问题意识和解决问题的能力；

（4）进行学校的创新创造建设。

3. 要点提示

（1）相关理论

领导行为理论：领导者的行为对领导有效性的影响；

组织学习理论：共同的愿景，行动学习，个体创造性；

老师专业发展理论：老师情感、老师知识和老师能力。

（2）关键知识点

领导能力，问题意识，自我反思，创新创造。

（3）关键能力点

了解教育教学背景的能力，发现问题与解决问题的能力，创新创造的能力。

（4）案例分析思路

针对目前教学实际存在的问题，结合 M 中学自身情况，挖掘作文教学模式化的原因，寻求作文教学的出路，创新作文教学革新的方法为解决作文教学中的问题提供借鉴。

4. 教学建议

时间安排：中学标准课 8 节，个性化写作导学 2 节，训练 6 节。

环节安排：开拓个性化写作思维 2 节→口头创作 2 节→书面表达 2 节→师生评论 2 节

人数要求：35 人左右的班级教学

教学方法：师生交流、影像资料、小组谈论、学生自评为主，老师指导为辅。

活动建议：

（1）课前引入个性化写作的概念，全校师生加大个性化写作的宣传，构建个性化写作氛围。

（2）课堂讨论按照抽签方式决定先后顺序，学生的座位以小组为单位分为若干片区，桌子呈圆形或者环形摆放，小组长位居中间。人手一张白纸，组长两张，每个人都需要记录讨论信息，然后由组长汇总。教室放置相关的录像设备，老师事先准备好自己的点评参考资料和记录本。

（3）课后，老师及时总结并进行反思，以备改进教学。

5. 推荐阅读

[1] 朱晓斌. 写作教学心理学[M]. 杭州：浙江大学出版社，2007.

[2] 祁寿华. 西方写作理论、教学与实践[M]. 上海：上海外语教育出版社，2000.

[3] 巴巴拉·明托. 金字塔原理：思考、写作和解决问题的逻辑[M]. 王德忠，张珣，译. 北京：民主与建设出版社，2002.

[4] 荣维东. 写作课程范式研究[D]. 上海：华东师范大学，2010.

S 老师的基于言语形式的写作教学探究

陈瑶①

【摘　要】从关注优秀的言语表达方式入手，关注文质兼美的文章中所巧妙运用的独特的字词、意味深长的标点、特殊的句式、新颖的题目、巧妙的结构和高超的谋篇能力，使之成为中学写作课堂的教学内容。让学生学会选词、学会巧用句号逗号、学会造句、学会画龙点睛、学会构思，并且建立一定的文体图示。探寻言语形式对写作教学内容的启示，对于如今僵化的中学写作教学课堂具有一定的指导意义。

【关键词】言语形式；中学写作；教学内容

背景信息

随着改革的深入，写作教学受到更加广泛的关注。奋斗在教育第一线的老师和教育理论研究者们对写作教学中存在的问题有自己的发现和认识。这些问题中最突出的就是一些学生表达能力弱化、写作能力低下。一些学生的基本功不扎实，也不能用所学的某一文体完整地表情达意，也不能写像样的日常应用文。笔者在贵州省黔南州平塘县平塘民族中学实习期间，通过对学生作文的评改，也发现这样的问题。对于这种现象，有学者曾感叹：“学了 12 年语文，居然写不好一张字条。”要改变这一现实，我们必须进行改革，并且要加快改革的步伐。

写作，是学生语文学生中不可或缺的一部分，也是人类世界的一种对话方式，是我们生存必不可少的交流方式，是生活的一部分。写作又是个人知识储备、思想情感、智能和语言的综合作用及表现，是衡量学生语言水平的重要尺度。因此，写作教学的重要性不言而喻。

当前，写作教学的状况仍不容乐观。自新一轮的课程改革启动以来，专家和语文教学第一线的老师们改革热情高涨，一方面推动了改革的深入，另一方面也使语文教育中存在的种种问题更多地暴露出来。笔者注意到，写作教学是语文教学改革的重点之一，从写作教学新理念到写作教学新方法以及写作教学的内容，从理论研究到对时间反思，都得到了广泛的关注。但是，不可否认，我们的写作教学中还存在着寻求写作教学模式化、迷信写作技巧、忽视写作过程、忽视写作源头——生活、认为写作不是靠教等错误观念。

---

① 作者简介：陈瑶，女，贵州普安人，兴义市第九中学老师，黔南民族师范学院 2017 级学科教学（语文）专业方向研究生，主要从事学科教学（语文）研究；导师：周旭东教授。

S 老师是高一年级的语文老师，他是一名在学校已经任教 13 年的优秀老师。在不断的探索、总结中逐渐成长。他刚开始进行语文学科教学的时候使用过不同的教学方法，也走过不少的弯路。在随后的教学生涯中，S 老师结合语文学科自身的特点和学生的学习情况以及当下高考的实际情况，在语文写作教学中慢慢摸索出自己的一套教学方法——基于言语形式的写作教学模式。这一模式主张在语文写作教学的过程中加强学生写作意识的培养，将文本解读融入写作教学当中，培养学生的写作能力。作为一名高中语文老师，S 老师认为学生在高中阶段时间紧、任务重，所以在语文的写作教学中既要让学生享受学习的快乐，又要使学生的学习过程具有效率。

案例正文

一、基于言语形式的写作教学之探索缘由

作文，是作者运用语言文字准确地、有条理地、完整地反映客观事物特征、事物变化过程，表达思想情感的一项高级思维活动。写作文是内在思维向外输出的活动，而导致学生心中有所想却无从下笔这一问题的原因大致有两种：一是由于学生内心的思维不够成熟，对世界和自身对世界的感觉与态度的把握还不够准确和清晰，所以不能形成一定的语言文字来表达自己的思想感情；二是学生的表达能力弱化，不能很好地驾驭语言文字来准确地表达自己的思想情感。写作能力是一个综合性的能力，首先要求对于所写的内容有正确的理解和看法，要有清楚的思路，而且能清楚、明确、有条理地表达自己所要表达的内容，要有足够的语言能力，包括掌握足够的字、词和写出通顺、流畅的语句的能力。可见，要写好一篇作文，知道“要写什么”固然十分重要，但“怎么写”甚至是“怎么写更好”才是写好一篇作文的关键所在。

中学写作教学内容的选择，一直都是困扰中学语文老师的难题，难以确定写作课堂上的教学内容导致了写作教学过程中的随意性。长期以来，我国的语文教学便有着“重方法、轻内容”的倾向。重方法即“怎么教”，轻内容即“教什么”，这种在一定程度上成了语文课堂高耗低效的症结所在。王荣生教授指出：“当语文教学内容选择的不够科学合理时，方法越高明，离教学目标就会越远。”说明只有老师确定了写作课堂的教学内容，知道要“教什么”，在写作教学过程中进行有序、系统的教学，才能达到预定的教学目标。

可见，从言语方式入手，是走出写作教学内容难以确定的困境的有效途径之一。S 老师的写作课堂从言语形式的角度出发，确定了写作教学内容，在如何将文质优美的文章表达形式内化为学生自己的表达能力方面进行了一些探究。

二、关注运用独特的字词，学会选词

S 老师决定在自己的写作课堂上让学生在解读文本、关注文中独特字词的同时，也要意识到，这样恰如其分的表达方式是可以运用到自己的写作当中的。

S 老师：字词的本身并没有好坏高下之分，关键在于它在相关语境中所表达出的那种意蕴。（说着，S 老师展示了一张 PPT，上面是《端午的鸭蛋》的一个小片段）就拿汪曾祺《端午的鸭蛋》的其中一句为例——筷子头一扎下去，吱——红油就冒出来了。同学们可细细地品味一下这句话，说出你觉得写得好的地方。

只见同学们有的皱起了眉头，有的一只手托着腮，看着老师展示的文段认真思考老师提出的问题。

A 同学：老师，我觉得这里的‘冒’字用得特别好！

S 老师：可以具体说说吗？

A 同学：这里的‘冒’字写出了鸭蛋的特点油多的特点，油多，鸭蛋自然也就味美了。

S 老师：说得很好，这里的‘冒’字写得十分传神。除了 A 同学提到的这里，还有同学有其他的见解吗？

B 同学：老师，我来说说吧。这里的‘吱’字用得很好，写出事物的特色神韵，有情有趣，如闻其声，如观其状，如闻其香，蠢蠢欲吃之感跃然纸上。同时还把儿童吃蛋时的动感与快感的体验所带来的乐趣淋漓尽致地表现出来了。

B 同学说到这里，全班响起了热烈的掌声。

S 老师：B 同学分析得非常好，这里的“吱”字用得十分的巧妙，可谓一字绘声。

S 老师（展示下一张 PPT，是《小嘎子和胖墩儿比赛摔跤》的文段，并将其中“虎势儿一站”“塌着腰，合了裆，鼓着眼珠子”“推拉拽顶”“钩”“别”“推”“摔”等字词用红色字体标出）。请同学们品味一下老师标红的词句，并谈谈你们的感受。

C 同学：老师，我发现这些都是动词！

S 老师：我们同学有了新发现，那么你可以跟同学们分享一下你的感受吗？

C 同学：我感觉作者用词特别准确，让读者觉得这一系列动作仿佛是亲眼所见一样。

S 老师：嗯，不错！C 同学看出了作者用词准确。还有其他感受吗？

C 同学摇了摇头，S 老师示意他坐下。

D 同学：老师，我来谈谈吧。这一课行文干脆泼辣，简明流畅，最大的特点是抓住人物摔跤时的动作凸显人物性格。通过对这些动词的揣摩品读，小嘎子的机灵使巧、求胜心切，小胖墩儿的力大无穷、憨厚耿直跃然纸上。

课堂上再次响起热烈的掌声。

这堂写作课的最后，S老师以《英子和柜子比赛憋气》的视频为突破口，指导学生运用课堂中学习的动作描写来写这场比赛，当场品评。学生个个都写得生动活泼，趣味十足。在这样有趣生动的写作课堂中，使学生进入了写作的情境之中，兴趣和积极性都被调动了起来。随后指导学生运用学会的动作描写来写这场比赛，将知识转化为了具体的写作能力，保证了写作课堂教学的有效性。

可见，在中学写作的课堂上，老师要引导学生理解课文是如何运用言语形式，以及这样运用语言所表达出的意蕴，并尝试将其运用到自己的写作当中。要将品读特殊言语形式表达意蕴的知识转化为具体的写作技能以及写作能力，老师的引导占据着十分重要的地位。

三、关注意味深长的标点，学会巧用句号逗号

关注了文章当中独特的字词，引起了同学们极大的兴趣，接下来，S老师将继续带着同学们一起探寻言语的奥秘。PPT上再次展现了汪曾祺《端午的鸭蛋》中的一段："端午一早，鸭蛋煮熟了，由孩子去挑一个，鸭蛋有什么可挑的呢？有！"

S老师：同学们听我说说看，一个"有"字，干脆利落，石破天惊的一个感叹号，让人不由想起童年的种种趣事，感叹号则是毋庸置疑的语气，夹杂着欣喜和自豪之情，王安忆评价此句："以稚童的语气呼之欲出，真是世故到了天真的地步。"说到这里，同学们是否有了一些感受，那么我们接着来品味下面的文段。

S老师接着展示，在文章《桥》中，"黎明的时候，雨突然大了。像泼。像倒。""老汉清瘦的脸上淌着雨水。他不说话，盯着乱哄哄的人们。他像一座山。"

S老师：同学们可以谈一谈，你看了这里有什么体会吗？

教室里安安静静，没有人发言，同学们似乎被这个问题给难住了。

S老师：同学们看看，文段中的句号频繁出现，那如果我把它们都改成逗号，通不通呢？

教室里顿时热闹了起来，有人说通，有人说不通。

S老师：其实，光从句子是否通顺这个角度来说，改成逗号是可以的。但是有同学说改成逗号不通，那应该也是有意识到改成逗号之后哪里不太对了？

E同学：作者加句号自然是有他的用意的。

S老师：那你能说说作者有什么用意吗？

E同学：这个我还需要思考一下。

S老师（示意他坐下）：其实认真比较一下，我们来分别读一下改成逗号和没有改成逗号的原句。

同学们在一遍遍的朗读中，S 老师耐心引导，学生便能感受到句号的使用更突出了山洪的来势汹汹、老人的沉着冷静。在这里，普普通通的句号不但烘托了文章的紧迫气氛，更体现出老书记的人格魅力。在这堂课中，可以看到，平时学生们对标点符号的运用不是特别注重，学生在这方面的语感有所欠缺，因此导致了在本堂课上不能很敏感地对标点符号的变化有所体会。

叶圣陶说："标点很要紧，一个人标点不大会用，说明他语言不够清楚。"标点在符合语法规则以及准确达意方面具有十分重要的意义。除了基础的字、词、句之外，标点符号是书面语言必不可少的有机组成部分，区区一个标点符号，能使言语形式所表达的情意更加准确，更为生动。指导学生一步一步地体悟出标点在文章中起到的不凡的情感表达效果，不仅仅是为了语言的规范化，而且还能使文章在通顺、流畅的基础上，表情达意更准确更动人，文章也有无穷韵味。

四、关注特殊的句式，学会造句

文章中一些违反常态的特殊句段往往抒发的是作者某种比较强烈或特殊的情感，这些不太合常理却万分合情的句段恰恰是全文最精彩、情感最为充沛的地方。S 老师认为，这个部分应当引导学生加以关注。

S 老师给同学们展示了梁晓声在《慈母情深》中使用的这样一个句段，并让同学们仔细品读。"背直起来了，我的母亲。转过身来了，我的母亲。褐色的口罩上方，一对眼神疲惫的眼睛吃惊地望着我，我的母亲……"

F 同学：该语段中'我的母亲'出现了三次，这里是运用了反复的手法。

S 老师：对，这里是运用的是反复，那么作者想强调什么呢？

F 同学：强调感情。

S 老师：强调什么样的感情？

F 同学：老师，我说不好，需要思考一下。

S 老师（示意 F 同学坐下）："我的母亲"运用了反复的手法，而且还是出现在句子的后面。同学们思考一下，可不可以将"我的母亲"换到句首？同学们觉得哪种表达方式更好呢？

同学们讨论了起来，后面大部分同学还是认为原文中的表达方式效果更好一些。

S 老师：作者为什么要这样写？他要表达的是什么？

S 老师没有急着让同学们马上给出答案，而是进行了以下教学设计：

（1）自由读，指名读，读正确。

（2）提问：此时在我眼前出现的是一位怎样的母亲？

指名说—朗读（疲惫、疲倦、辛苦），板书"这就是我的母亲，瘦弱疲惫的母亲"。

（3）再去读读这句话，能发现这句话的特别之处吗？（三次“我的母亲”分别放在句子后面。

① 按照我们平时的习惯，“我的母亲”说一次就够了。

试比较：“我的母亲背直起来了，转过身来了，褐色的口罩上方，一对疲惫的眼睛吃惊地望着我……”

② 自由读一读。

③ 质疑：比比两句话哪句更精彩。为什么呀？（是啊，它就像是电影中的慢镜头，每个动作都让我们看得那么清楚，那么细致，一遍又一遍在心中呼喊着“我的母亲”，让人感受到了作者对母亲的心疼和难受）

学习和积累语言，是写好作文的重要前提。有些学生希望通过背诵来积累一些经典的好词佳句，来提高自己的写作能力，但并不能完全理解“好词佳句”到底好在哪里，运用起来也会觉得效果差强人意。学生不理解“好词佳句”的妙处何在，就将其生搬硬套地放在文章中，不仅达不到提高文章质量的目的，反而会使文章看起来千篇一律，失去个性与特色。所以，我们应该看到漂亮的词语和精美的句式后面，是对语言文字出色的驾驭能力。

写作课堂上增加了这样品味言语形式的教学过程，才能够使学生发现“佳句”到底好在哪里，驾驭语言文字的能力也并不是“不可教”的，可引导学生发现语言规律并加以运用，从而提高学生遣词造句的写作能力。

五、关注新颖的题目，学会画龙点睛

古人有云：题者，额也；目者，眼也。就是说，题目是文章的前额和眼睛，那么题目的重要性就不言而喻了。S老师认为新颖别致的题目会给文章增色不少，题目是文章内容和读者情感心理之间的第一个接触点，能提供给读者欣赏文章内容独特的视角。所以，要提高学生的写作能力，学会选择一个新颖的题目，也是非常重要的。

S老师选择林海音的《冬阳·童年·骆驼队》展示给同学们看。

S老师：同学们看看，这篇文章的题目是不是比较特别？

全班同学：是的。

S老师：同学们可以从这个题目得到些什么样的信息呢？

G同学：文章应该写三个板块：冬阳、童年、骆驼队。

S老师：确实，从表面看，我们会直觉文章应该写三个板块：冬阳、童年、骆驼队。那请同学们通读课文，仔细看一下能反映作者同年的意象都有哪些。

全班同学（讨论之后给出答案）：老北京的冰糖葫芦、北海的白塔、香山的红叶和骆驼。

S老师：好的，那么其中出现次数最多的意象是哪一个呢？

全班同学：骆驼。

S 老师：很准确。林海音把大量的文字用来描写骆驼，单“骆驼”一词就出现了近 20 次，还有用“它们”代替“骆驼”的有近 10 次，加在一起大约 30 次。可以看出，这篇课文的并不是分成三个板块来写的，骆驼是文章的主线又是主要意象。留在林海音记忆中的童年生活肯定不止骆驼，还有老北京的冰糖葫芦、北海的白塔、香山的红叶等，但她为什么只写骆驼？

H 同学：说明在林海音看来，骆驼是最能反映她童年的意象。

S 老师：那么，“骆驼”这个意象有什么样的特质呢？

H 同学：安静、缓慢、沉默，并且骆驼队是流动的。

S 老师：归纳得非常好。骆驼队是流动的，暗示着在季节交替中童年一去不返。正是骆驼的安静、缓慢、沉默，跟《城南旧事》故事的风格节奏高度融合。同学们可以看看，新颖的题目对于一篇文章来说，不仅可以吸引读者，而且还能提供给读者欣赏文章内容独特的视角。因此，为文章选择一个好的题目是非常重要的。

纵观人教版高中课文，许多课文题目取得十分新颖别致。例如《爸爸的花儿落了》《“精彩极了”和“糟糕透了”》《通往广场的路不止一条》《金色的脚印》《用心灵去倾听》《跨越百年的美丽》《真理诞生于一百个问号之后》等新颖别致的题目吸引着读者。指导学生细读细品，帮助学生深入理解文章的内容，了解作者的写作意图。这样不仅不能够培养学生的审题能力，而且还能让学生看到隐藏在这些好题目后面，作者是如何安排语言文字来表达自己的思想情感的。

六、关注巧妙的结构，学会构思

结构是文章的骨架，好的文章自然要通过合适的结构形式表现出来，好的结构能使文章前后钩联，成为一个有机的整体。所以，要写好一篇作文，构思好结构是必不可少的。

S 老师展示了林海音的《爸爸的花儿落了》结尾：“走过院子，看那垂落的夹竹桃，我默念着：爸爸的花儿落了。我已经不再是小孩子了。”接着又展示了文章的开头：“我的襟上有一朵粉红色的夹竹桃，是临来时妈妈从院子里摘下来给我别上的，她说：‘夹竹桃是你爸爸种的，戴着它，就像爸爸看见你上台一样！”

S 老师：同学们看一下这里运用了什么手法。

I 同学：这里运用了首尾呼应的手法。这段结尾与文章开头相互照应。

S 老师：对，那么你可以谈一谈运用这样的手法对于作者的表达情感来说，有什么样的好处吗？

I 同学：文章的开头写了爸爸的病重，文章的结尾虽未明写爸爸的离世，但爸爸的花儿落了，一方面暗含爱花儿的“爸爸”去世了，另一方面则是把“我”比喻成爸爸的花儿，表明爸爸的死讯让“我”长大了，同时也写出了“我”的童年一去不返了。

S老师：分析得十分透彻。那么除了情感表达方面，那么这样的表现手法对于文章结构来说有什么样的好处呢，可以说说吗？

I同学：文章首尾呼应，使文章结构浑然一体。

S老师：说得很好，看来对于一篇好的文章来说，结构是十分重要的。

紧接着，S老师展示了人教版高中语文必修一中巴金的《小狗包弟》的第一自然段。

S老师：这里写了一个艺术家与狗的故事，大家思考一下，这个故事跟文章接下来的事情有没有必然的联系？

问题一抛出，同学们七嘴八舌地讨论了起来，有部分同学觉得有必然的联系，有同学觉得没有。

S老师：如果将第一自然段删去的话，会不会影响作者与包弟这个故事的完整性？

全班同学：不会。

S老师：那么作者为什么要写这个故事，并且把它放到第一自然段呢？不能马上给出答案也没有关系，我们一起来看看第一自然段写了什么内容。

J同学：第一自然段交代了事情发生的背景，说了一个艺术家与狗的故事。

S老师：说得对，如果除去“文化大革命”背景，这本是一个平淡无奇的故事——狗的习性本来如此。但放在“文化大革命”这一时代背景当中，这件事就显得惊心动魄。这个部分的内容原本与包弟并无直接关系，但是这个故事不仅给读者提供的背景是社会的，也是心理的。

J同学：在这样黑暗残酷的现实中，人情冷漠似乎是最正常不过的事，是一只小狗撕破了现实，照出人心的冷酷、人道的沦丧。人已经不懂得尊重和爱护人，狗却还懂得。

S老师：说得很好。接下来的故事也是发生在同一背景下的，那么是怎样的呢？

J同学：作者为了避免被害，就要牺牲一只狗。作者将自己与包弟的故事和艺术家与狗的故事进行了对比，深化了文章的主题，对自己进行了无情的剖析。

S老师：非常好，那么这样的结构安排有什么好处呢？

L同学：倘若没有这段貌似“与主体无关”的故事，我们不能看到作者与包弟的故事是另一种类似于艺术家与狗的更悲惨血腥的结局，也难以感受到作者的沉重、痛苦和深深的忏悔。所以说，第一自然段不可简单看成是用一个关于狗的故事来引出下文，而是要看到其中作者更深的用意。

S老师：说得很好。所以说，第一自然段不可简单看成是用一个关于狗的故事来引出下文，而是要看到其中作者更深的用意，从而学习这种精巧的构思。《小狗包弟》整篇文章虽自然顺畅，语言朴素自然，但思想和主题十分深刻，这与文章结构的巧妙安排是分不开的。

S 老师认为，在中学语文的课本中不乏结构精巧的文章，老师需要利用好这些资源，不仅要让学生看到这些成功文章结构的精妙之处，还要学会这样的构思，从而提高学生的谋篇能力。

七、关注谋篇能力，建立文体图示

现代图式理论认为，不少“缺少作文脑细胞”的学生，他们大脑中既不缺少作文材料类的陈述性知识，也不缺少写一般作文的一般程序性知识（如怎样审题、立意，先写开头等），而是缺少关于这篇文章写完之后应该是“什么样子”的知识。自然脑子里有再好的内容，缺少了这样的知识，学生的谋篇能力就弱，这直接影响了写作能力。

每一种图式都不同程度地提供了学生言语的、内容的以及时空等写作范式或“样子”，而文体图式最要紧。这里文体的图式也就是形式的图式，就是作者认为的文章写完之后应该是“什么样子”的“标准样式”。不同的图式及写作目的会表现出相异的结构图示来，具体有故事图示，即用语言材料表达的一系列有联系的事情，如故事讲情节的开端、发展、高潮和结局等。说明文图式，即说明的或空间或时间的顺序结构，这一语篇结构的图式，显然不同于故事。

S 老师给学生展示了人教版高中语文必修二中优秀的抒情散文代表作——朱自清的《荷塘月色》中描写荷花的段落：“曲曲折折的荷塘上面，弥望的是田田的叶子。叶子出水很高，像亭亭的舞女的裙。层层的叶子中间，零星地点缀着些白花，有袅娜地开着的，有羞涩地打着朵儿的；正如一粒粒的明珠，又如碧天里的星星，又如刚出浴的美人。”

S 老师：请同学们找出文中描写荷花的词语。

全班同学：袅娜、羞涩。

S 老师：有同学可以具体说说吗？

M 同学：作者用上“袅娜、羞涩”二词，在作者的眼里荷花俨然已是仙子一般了。作者用细致的工笔和绝妙的比喻，对荷叶的形神进行一番令人神往的描绘。

S 老师：说得非常好，荷花、荷叶的优美形象似已展现眼前了。

紧接着，S 老师展示了周敦颐的《爱莲说》：“出淤泥而不染，濯清涟而不妖，中通外直，不蔓不枝，香远益清，亭亭净植，可远观而不可亵玩焉。”

S 老师：再请一位同学来总结一下这篇文章中荷花的形象。

N 同学：文中几次以菊、牡丹反衬莲之美，还把菊花的隐逸、牡丹的富贵同莲花的高洁相对比。周敦颐寥寥数笔，将莲花拥有的外表挺直、不牵扯攀附的高尚品质写了出来，如傲然不群的君子一样，决不被俗人们轻慢玩弄。

S 老师：说得非常好。那么同学们思考一下，为什么一样的荷花，在两位作者的笔下体现出来的特点不一样呢？

同学们被这个问题给难住了，都在低头思考问题。

S 老师：《荷塘月色》是什么文体？
全班同学：散文。
S 老师：什么散文？
同学：抒情散文。
S 老师：那么《爱莲说》是什么文体？具体一点。
同学：议论散文。
S 老师：非常好，提示到这里，有没有同学想谈一谈你的想法？
P 同学：《荷塘月色》中高洁坚贞的荷花给人的感觉明显是不同的。前者为抒情散文，作者着重描绘了淡月辉映下荷花的晶莹剔透，绿叶衬托下荷花的忽明忽暗以及荷花纤尘不染的美质。全篇笔墨重在描写朦胧月色下的荷塘，作者心系美景，怡然自得之情顿生。而后者为议论散文，在文中几次以菊、牡丹反衬莲之美，还把菊花的隐逸、牡丹的富贵同莲花的高洁相对比。周敦颐寥寥数笔，将莲花拥有的外表挺直、不牵扯攀附的高尚品质写了出来，如傲然不群的君子一样，决不被俗人们轻慢玩弄。作者将莲花称为“花之君子”，通过对莲的形象和品质的描写，歌颂了莲花坚贞的品格，从而表现了作者洁身自爱的高洁人格和洒脱的胸襟。
S 老师：P 同学说得非常好。可看出，不同的文体图式及写作目的，会表现出相异的结构图示来。所以，学生应该建立一定的文体图式，具有敏锐的文体意识，这样才能根据不同文体的表达需要来选择得法合体而又足以表情达意的言语形式。

行文之前，首先确定要写什么文体，也就是确定这篇文章的文体图式，才能对文章写完之后是“什么样子”有一定的预见性，从而在写作过程中更好地进行谋篇布局，使文章的结构更加的完整有序。建立起文体图示，可以提高学生的写作能力，并且在语文教学过程中有意地培养文体意识，有助于提高学生的语文素养。

结　语

老师应该引导学生认识到，“言语形式”对“言语内容”具有塑造作用，好的“内容”也需要好的“形式”进行呈现。必须精选一些适宜学生水平的文质兼美的文章让学生反复诵读直至烂熟于心，必须使这些文章的语言风味、表达方式完全成为学生自己的表达习惯。作文教学应致力培养学生的思想，使学生能够想得清楚、想得有条理。S 老师注意到了选择“文质兼美”的文章对提高学生写作技能的重要性，但是并没有明确地指出一条能够将这些“文质兼美”的文章中优秀的表达方式内化为学生自己的表达习惯的途径。立足于言语形式来选择中学写作教学内容，是将优秀的言语形式内化为学生自己的表达方式，切实提高学生写作技能的可行之路。如此一来，确定了写作教学的内容，就较好地克服了写作教学的随意性、盲目性，使写作教学更加具体化、系统化和规范化。

【案例思考题】

1. 语文老师确定中学写作教学内容存在哪些困难？
2. 在引导学生将阅读与写作相结合有哪些好的方法？
3. 在此次案例教学中，老师该如何更加科学地对学生写作进行评价？

【案例使用说明】

1. 适用范围

适用对象：中小学语文老师，语文教育师范类本科生、教育类硕士生。

适合课程：学生写作能力提升、老师写作教学的探索与发展。

2. 教学目的

（1）提升学生的写作能力；

（2）培养老师语文教学的整体意识、关联意识；

（3）培养老师组织写作教学内容的能力，进行有效的写作课堂教学；

（4）培养学生的语言运用能力，提高语文综合素养。

3. 要点提示

（1）相关理论

基于言语形式的写作教学探究：从言语方式入手，确定写作教学内容，在如何将文质优美的文章表达形式内化为学生自己的表达能力方面进行了一些探究。

（2）关键知识点

充分利用优秀文本的方法、写作教学内容的确定方法，阅读与写作相结合。

（3）关键能力点

促进学生读写结合，提高写作技能和语文综合素养，老师发现问题、解决问题的能力。

（4）案例分析思路

S 老师的基于言语形式的写作教学探究，是将“文质兼美”的文章中优秀的表达方式内化为学生自己的表达习惯的途径。立足于言语形式来选择中学写作教学内容，是将优秀的言语形式内化为学生自己的表达方式、切实提高学生写作技能的可行之路。

4. 教学建议

时间安排：高中标准课6节，240分钟。

人数要求：40人左右的班级教学。

教学方法：讲授法，练习法。

工具选择：多媒体。

组织引导：老师布置任务清晰，练习要求明确，重点突出。

提供给学生必要的参考资料。

学生课下讨论需要及时指导并给出建议。

活动设计建议：立足于言语形式来选择中学写作教学内容，是将优秀的言语形式内化为学生自己的表达方式，切实提高学生写作技能的可行之路。老师布置的写作练习应当符合该堂课的教学目标，并且在批改本次练习时，重点应该放在学生是否将本堂课的教学重点落实到写作中，批改后及时进行反馈。下课后老师及时总结案例教学的得失，以便改进后续的教学行为。

5. 推荐阅读

[1] 朱建军. 中学语文课程读写结合研究[M]. 上海：华东师范大学出版社，2010.

[2] 黄麟生. 中学语文教学论[M]. 桂林：广西师范大学出版社，2001.

[3] 皮连生. 知识分类与目标导向教学——理论与实践[M]. 上海：华东师范大学出版社，1998.

[4] 丁新明. 语文名师写作教学内容确定的研究[M]. 合肥：安徽师范大学出版社，2014.

[5] 郑桂华，王荣生. 写作单元样章[J]. 语文学习，2006（10）.

M老师的高中语文阅读写作一体化教学

马瑶瑶[①]

【摘　要】阅读是运用语言文字获取信息、认识世界、发展思维、获得审美体验的重要途径。在中学语文教学中，阅读所占的比重较大，教学内容也最为丰富。语文教学的基础——听、说、读、写能力的培养是相互联系、密不可分的，阅读既连接着字、词、句、段的基础教学，又关系着学生语言表达和书面表达能力的发展，它是语文教学的中间环节。阅读是写作的基础，写作是阅读的提升。因此，在语文阅读教学中可以将写作训练穿插其中，这不仅有助于学生阅读能力的提高，也可以逐渐提升学生的写作能力。
【关键词】高中语文；阅读；写作；教学

背景信息

改革开放以来，随着我国经济的深入发展，社会对人才的标准提出了更高层次的要求。在传统的阅读教学中，写作对于学生来说是一个大难题，他们往往苦于找不到合适的写作素材，这源于他们在平时的学习中缺乏对阅读教学中相关素材的积累和关注。其中既有老师方面的因素，又有学生自身的因素。一方面，部分老师在教学过程中对语文这门学科的整体性把握不是很到位，全局意识和关联意识不够强烈。部分老师将语文教学中的听、说、读、写视为相互独立的分支，忽视了各学习板块之间的内在关联性，在教学中过于关注学生阅读能力的发展而忽略了语文学科的整体性，这往往容易造成阅读与写作教学的割裂，造成读与写的脱节、思维方式的僵化等不良现象。另一方面，学生在语文学习中容易被动地接受老师所讲授的内容，缺乏自己的思考和对所学知识的灵活运用。

在对新课程改革的不断反思与发展的基础上，传统的注重学生知识积累的局面已渐渐被打破，开始转向以注重学生知识与能力双重发展为目标的教学。阅读写作一体化教学更注重学生读与写关系的统筹，它帮助学生将自己的所听、所学、所悟经过自己心灵的内化，灵活自如地表达出来，这既加强了学生对于阅读的理解，又锻炼了学生的书面表达能力，使学生的知识与能力得到双重的发展。阅读写作一体化教学模式是将阅读与写作有效整合于课堂教学之中，在阅读教学中渗透写作教

① 作者简介：马瑶瑶，女，河南汝州人，黔南民族师范学院2016级学科教学（语文）专业方向研究生；导师：周旭东教授。

学，让阅读给写作以好的案例示范；同时以写作带动阅读，通过写作来促进学生对于阅读的理解，体现得最为明显的就是M中学老师的阅读写作一体化教学模式在课堂上的运用。

M老师是高一年级的语文老师，他是一名在学校任教3年的优秀骨干老师。他的成长源于在教学中敢于不断地探索和总结。作为一名高中语文老师，M老师认为高中阶段学习时间紧、任务重，既要让学生享受学习的快乐，又要使学生的学习过程具有效率。在他刚开始进行语文学科教学的时候运用过多种教学方法，也走过不少弯路。但是，在不断地尝试和锻炼中，M老师结合语文学科的特点、授课班级的学情以及高考模式等综合因素，在语文阅读教学中慢慢摸索出自己的一套教学方法——阅读写作一体化教学模式。这一模式主张在语文阅读教学的过程中，加强学生写作意识的培养，将写作融入阅读教学当中，在提高学生阅读能力的同时，注重培养学生的写作能力。

案例正文

一、阅读写作一体化模式的由来

现在的高中语文教学以高考作为参照目标之一来组织教学活动，阅读部分在高考语文试卷中所占的比重较大，这也使许多老师将更多的时间和精力投入教学活动中。长此以往，这种教学认识会造成学校、老师、学生对写作训练的忽视。从大多数学校课程的安排上我们就可以看到这一现象——学校正常的课程安排大概是每两周进行一次作文课，剩下的课程则是阅读教学课。可见，在实际的教学过程中，学生的阅读课往往多于写作课，这个差距是非常明显的，并且学生自身对于写作课也是“唯恐避之不及”的态度。以上种种原因都导致了学生写作的困难。这些情况也是许多刚入职老师面临的难题，M老师在刚成为语文老师的时候，对学生的学习情况没有多少了解，在教学安排上根据语文学科自身的特点入手，将语文学科的教学分为听、说、读、写四个部分。但是，在实际的教学过程中，M老师慢慢发现了这种教学方式中存在的问题。

（一）问题的提出

在2013年的某一天上午，M老师像往常一样走进教室。今天他要讲的是一篇古文——《论语·子路、曾皙、冉有、公西华侍坐》。

M老师按照语文教参上面的顺序安排课堂教学，采取“导入新课—朗读课文—字词讲解—段落释义—人物形象分析—中心思想的总结—课后习题的训练”的模式完成本课程的要求，在课堂随练中设置了一道关于《论语·子路、曾皙、冉有、公西华侍坐》的试题，试卷的问题是：“请用白话文将《论语·子路、曾皙、冉有、公西华侍坐》

这篇课文描述出来，必须体现出文中人物的性格特征和心理活动。”测验结束后，M 老师对此次测验进行了评改。经过测验、评改，M 老师发现这个班级的同学在语言表达、写作方面存在一些问题，主要出现以下几种情况：个别学生直接放弃了测试；有的同学仅对课上讲授的字词进行了释义；有的学生则是按照课文注解的提示进行堆砌式的翻译，语言的表述不通顺，没有逻辑性；有的同学语言组织错乱，没有对人物的性格和心理活动进行刻画。看到以上答题情况，M 老师的心情很沉重，他在心里问自己："为什么学生在语言表达、写作方面的情况如此糟糕？"在担忧的同时，他不得不寻找造成这种结果的原因是什么。

（二）问题的分析

M 老师将学生的测验题统一收上来，对每一个同学的试卷都进行了深入的分析，并且和每一个学生进行面对面的交流，对他们试卷中存在的疑惑进行了认真的记录。随后 M 老师对这些调查结果进行深入细致的分析，从老师自身和学生两个方面进行辩证思考和反思。

首先，M 老师着手分析学生产生消极写作的原因。他认为主要包含以下两个方面：一方面可能是由于学生对于课文理解不够透彻，没有真正读懂课文；另一方面可能是因为这些学生的书面表达水平较差，并且在平时的学习中也没有得到应有的训练和指导。但是学生产生这些问题的原因也应该是多方面的，除了学生自身努力程度之外，应该也与老师的教学存在着一定关联。M 老师开始思考："是否与自己的教学有很大的关联？为什么学生在考试中的作文分数也总是上不去？"带着这些疑问，M 老师开始了自己的探索之路。

其次，M 老师开始对自己的教学过程、教学方法进行回顾。他渐渐意识到自己在平时的阅读教学中好像并没有重视对学生写作方面的练习。在平时的教学中，M 老师自己也缺乏阅读写作一体化的意识，因此在一定程度上影响了学生对于写作部分的重视，同时也引起了学生对写作的畏惧。学生与写作的接触也仅仅是在两周一次的作文课上，他感觉到在每次的写作课上学生的作文总是千篇一律，好像无话可说、无从下笔。久而久之，他们对写作产生了一种害怕的心理，因此才造成了这样的一种结果。M 老师结合以往学生的作业情况和上课状况反思自己的教学，并且开始思考在语文教学中如何处理好"读"与"写"的关系；究竟采用什么样的方法才能使学生在阅读教学的过程中提升写作能力；如何将写作训练和阅读教学有机地融为一体。

最后，M 老师将他从学生那里所了解到的问题结合自己的教学反思进行了总结、整理，通过与其他优秀老师交流沟通，此时的 M 老师才意识到语文教学整体性、系统性的重要性。语文学科是一个整体，各个部分既有自己独特的个性特征，也有着一定的共性问题，不能把彼此割裂开来。它们之间既相互独立又相互渗透，彼此互为基础、密不可分。所以 M 老师开始深入地反思自己的教学行为，明白在以后的教学过程中要处理好听、说、读、写教学之间的关系。

（三）解决的对策

M 老师已经意识到自身存在的问题，他开始着手研究解决此问题的对策。他认为应在阅读教学中加大学生的写作力度，克服学生对于写作的畏惧，让学生积极地投入语文写作中。M 老师的教学目的是希望学生在阅读的过程中通过自己对文本的感受，加深对文本的内容的了解，从而更敏锐地探寻、感知人物的精神世界。另外，应加强对学生写作意识的培养，让学生在阅读过程中养成写作的习惯，以文本为范例，将阅读的文本作为写作素材灵活地运用到写作中去，打开学生对阅读认识的一个新的视角，学会活学活用、举一反三，克服畏难情绪，真正爱上写作。M 老师设想采用小组分组合作的学习方法，将写作引入阅读教学中，采取读与写的结合加深学生对于文本的理解，让学生积极地参与到课堂教学中，将注意力聚焦在教学活动中，避免像以往那样被动、消极地接受知识灌输。此外，在教学过程中要注重展示每个小组的写作成果，还要重视对学生写作成果的点评，这也是提高学生写作水平的关键因素之一。M 老师认为老师在研读课文时应遵循文章体例，选取切合体例的独特视角，确定最佳的立意。换句话说，老师对一篇文章讲解的切入点其实就是一篇作文的题目，这样为学生认识和思考文章提供了一个全新的角度，也让老师自己的课堂充满个性，变得鲜活生动，调动了学生学习的兴趣和主动性。

二、阅读写作一体化的运用

M 老师将阅读写作一体化教学模式运用到他授课的另外一个班级中，以下以他的《论语・子路、曾皙、冉有、公西华侍坐》教学为例。

在经过教学反思后，M 老师决定采取全新的教学方式——阅读写作一体化教学模式在另外一个班级授课。2013 年的某一天上午，M 老师带着他的教科书和课件提前走进了教室。上课之前，M 老师与同学进行了沟通交流，表明了自己的想法和意见，并得到了同学们的大力支持，课堂教学活动正式开始。M 老师利用课前的 5 分钟时间对上一节课的讲课内容做了一个总结回顾，接着又通过导课的方式引出了今天要讲的内容。

M 老师：一片破土的嫩芽，留下春的印象；一片明媚的阳光，留下夏的印象；一片微黄的落叶，留下秋的印象；一片快乐的雪花，留下冬的印象。春夏秋冬，四季轮回。有些东西注定转瞬即逝，有些东西注定留下千年的印象。千年之前孔子及其弟子的一次畅谈在千年之后流传为千古的佳话，今天我们就与这些哲人来一次跨越千年的对话，这篇课文我以“千年印象，侍坐千年”为主题进行解读，现在让我们一起走进今天的课文《论语・子路、曾皙、冉有、公西华侍坐》。

M 老师：在赏析这篇课文之前，我们先通过大声诵读的方式朗读一下这篇课文。

在老师的要求下，全体学生积极、准确地完成了课文的朗读。

M 老师：我先对同学们课下的预习做一下检测，我先提问几个比较基础的问题，看看同学们掌握得如何。

生（全体）：好。

M 老师：《子路、曾皙、冉有、公西华侍坐》这篇文章出自哪里？这是一部什么样的作品？是由谁编纂而成的？主要讲述的内容是什么？孔子的思想核心是什么？在政治、教育上的主张是什么？

生（全体）：《论语》，语录体散文，孔子的弟子及其再传弟子，孔子与弟子及其门人的对话，“仁”，在政治上主张实行仁政，在教育上主张因材施教和有教无类。

M 老师：通过同学们快速、准确的回答，我发现你们对课文基础性知识掌握得非常好。不过我希望你们课下有时间的话能够多看看《论语》的其他篇章，语文素养的养成不是课上的一次教学就能够完成的，本篇课文的教学只是一个引导，需要你们课下不断地学习与积累，要多读书、多思考。通过上一节课我们对文中字、词、句的疏通以及同学们课下的预习及课外资料的搜集整理，现在我想请同学们根据课文的内容，用散文化的语言描绘出你眼中的“侍坐印象”。我们现在按之前分好的六组进行小组间的合作学习，每个小组之间的成员可以相互讨论切磋写作的时间大致为 10 分钟，10 分钟之后，每组推荐一位同学上台发言，其他同学可以对他描写的“侍坐印象”进行补充。

A 同学：夜阑人静，远远望去只有一间房屋的灯还亮着，隐约地从屋子里传出几个人的说话声。和着微弱的灯光不觉走进一看，有几个人席地而坐、围坐一团，有些手舞足蹈，有些温文儒雅，有些谦恭有礼，有序而又热烈地谈论着自己的志向，呈现着一派祥和、温馨、热闹的场景。

B 同学：秋雨绵绵，小雨淅淅沥沥地下着，孔子和他的众位弟子在依山傍水的长亭中围坐着，众人倾听着美妙的琴声一起欣赏着眼前这幅秋雨美景。面对如此充满诗情画意的场景，孔子不禁有感而发：“你们还是各自谈一下自己的志向吧。不要因为我比你们年长，你们就不说了。”众位弟子在老师的提议下开始畅谈自己的志向。

C 同学：孔子带着他的众位弟子一起周游列国，在游说歇息的途中，孔子开始询问他的学生们各自都有什么样的志向。他的弟子刚开始时还是有些拘谨，为了打消他们的顾虑，孔子说道：“不要因为我比你年纪大你们就有所隐瞒，大家应该畅所欲言、各抒己见。”不自觉中诞生了一场流传千古的佳话。

D 同学：在炎炎夏日的夜晚里，一行人坐在千年的古松下纳凉，一位白衣翩翩的公子在忘情地抚琴，一位鹤发童颜的老者手持着茶杯，闭着眼沉醉在杯中的茶香和耳边的琴韵里，回味悠长。半晌，老者回过神来开始询问他的众位弟子：“你们各自都有什么样的志向啊？”在老者的提议下，他们开始了关于这个话题的探讨。

E 同学：在大雪纷飞的午后，屋里的桌子上还摆放着朵朵怒放的梅花，在飘散着缕缕梅香的室内，有几人围坐在火炉旁取暖畅谈。一位和蔼可亲的老者慈爱地看着他的众位学生并问道：“你们可以各自畅谈一下你们的志向。”众位学生在老师的询问下发表了各自的观点，众人在轻松愉悦的氛围中结束了这次畅谈。

F 同学：立春时节的一天上午，天空中点缀着朵朵白云，田野间的蜜蜂在嗡嗡嗡地闹着，偶尔飞来几只调皮的蝴蝶在逗引着小路间的孩子们奔走追赶。不远处一位老者带领一群学生在河边的草地上席地而坐，老者让他们谈论一下各自的志向。在谈论的过程中，他们的表情时而严肃，时而面露微笑，时而充满着坚定，呈现出一幅生机勃勃、安乐祥和的景象，这与大自然所呈现出来的美好交相呼应。

M 老师：上面六位同学通过描绘侍坐图，都表达出了自己的观点和看法，也发挥了各自的想象。从以上同学的发言中我们可以看出：A 同学和 D 同学提出的侍坐时间是在晚上，F 同学设想的时间是在上午。当我们仔细阅读文本时发现它好像也没有给出具体、确切的时间，所以说你们每个人安排的侍坐时间都是合理的。有的同学将侍坐场景设置在室内，有的设置在室外，有的想象是在春天发生的，有的想象在夏天发生的，有的想象在秋天发生的，有的设想在冬天发生的，这些观点可谓争奇斗艳、各有千秋。通过对“侍坐印象”的描写，同学们能够开动你们的大脑去想象不同的时间和场景，这说明你们都在用心地思考、用力地刻画，文笔和语言都很唯美、语句流畅。下面我就和同学们一起分享一下我心中的“侍坐印象”。

M 老师：几千年前的一天下午，风和日丽，晴空万里，空气中到处都弥漫着杏花的香味，微风徐徐吹来，杏花在空中纷纷扬扬地飞舞，好似与微风一起在空中嬉戏、舞蹈。在这棵杏树下，一位大师带着一群可爱的学生席地而坐，意气风发。他们一个个都是满怀理想的青年才俊，他们都围坐在老者的身旁，一起畅谈着各自的志向……通过对侍坐的描绘，你认为孔子给你留下什么样的印象？

E 同学：和蔼可亲、有智慧、谦虚。

M 老师：回答得很好，（展示出自己的 PPT）亲切随和、循循善诱、谦虚温厚，那孔子的四位弟子给你留下什么样的印象呢？

F 同学：子路鲁莽、急躁；冉有谦虚；公西华谦恭；曾皙洒脱高雅。

M 老师：F 同学的回答抓住了人物的主要性格特征，回答得非常好。（展示 PPT——子路：自信而率真；冉有：谦虚谨慎；公西华：谦恭有礼；曾皙：洒脱自然、卓尔不群）在分析完人物的性格特征之后，我们开始继续向下学习。原文中曾皙用语言给我们描绘了一幅充满欢声笑语、安乐祥和的春游图，那么请用优美的文字描写出曾皙的“春游图”以及给你留下的印象。

G 同学：暮春时分，已经换上了春天的单衣，和五六个成年朋友加上六七个小孩一起去沐浴春风，一起在沂水中嬉戏，在舞雩台上吹风，这是一件多么惬意的事情啊！

K 同学：春天到了，开始穿上了春天衣服，邀请五六个好友和六七个小孩一起踏青。我们一起去沂水沐浴，去舞雩台上吹风，尽兴而返。

M 老师：同学们翻译的都还不错，基本上把要翻译的重点字词已经翻译出来了。值得注意的是在翻译时注意对句子进行打磨，保证语句的通顺和语义的正确。下面我展示一下我的翻译："暮春时节，微风习习，吹动我轻薄的衣裳。我要邀约上五六位情投意合的朋友，带上六七个小孩，一起去领略春天的气息。我们将去沂水中戏水，洗去尘土，到舞雩台上吹吹风，临风起舞，兴尽时放歌而归。"曾皙描绘的春游图与其他人的志向有何不同呢？

L 同学：其他几位都是说自己如何治理好国家，而曾皙没有这样说。他只说和百姓一起过太平祥和的生活。

M 老师：这位同学回答出了一些要点，但是更准确地来说应该是曾皙给我们描绘了一幅"太平盛世图"。其他三人强调的是怎样治国，而曾皙直接描述了治国的结果。他描述的这幅图是治国的最高境界，这里民风淳朴，天下太平。它好比陶渊明的桃花源，它好比庄周的逍遥游。它超脱现实、逍遥闲适、回归自然。简简单单，寥寥数语，却在中国的文学史上留下千年的印象，阳光、亮丽，映照千年！（进行 PPT 展示）那么多人都表达了自己的志向，思考孔子为何"哂"由而"与"点？各个小组现在开始分组讨论，综合你们小组成员的观点整理出你们小组的观点。5 分钟之后派小组代表上讲台上陈述出你们小组的观点。

各小组进行紧张、激烈的讨论。

A 同学：孔子"哂"由是笑他的轻率鲁莽，不经过深入的思考就第一个站起来开始发表他的志向。孔子"与"点是因为曾皙说出了孔子内心对于治理国家的想法。

B 同学：孔子"哂"并不是真的嘲笑子路的有勇无谋，而是传达出孔子对子路的一种喜爱，就像是长者对于自己孩子的一种宠溺。孔子"与"点是因为曾皙所描绘的这幅"春游图"正是孔子心中所向往、期待的大同社会。孔子的政治主张就是实行仁政，想让老百姓过上讲信修睦的安乐生活。

C 同学：孔子"哂"由是因为子路的"率尔而对"，但是孔子的这个笑并不是嘲笑的意思，孔子的哂笑是因为对子路的了解，也是对他坦率的欣赏。"孔子与点也"是因为曾皙所描绘出的暮春郊游的图景既是曾皙的人生理想，也可以说是儒家所向往的"礼治"的社会理想，只是他是用一种委婉的方式表达出来。他的想法暗合了孔子的观点，因为孔子一直主张礼治，反对法治。曾皙的观点刚好暗合了孔子的想法，所以"孔子与点也"。

D 同学：孔子哂笑子路是因为孔子话音刚落，子路就“率尔而对”抢先发言，而孔子主张治理国家要讲究礼让，没有礼让就没有一切，纵有天大的政治才干，也不能治理好一个国家。可是子路说话一点也不谦让，所以孔子哂笑子路。“孔子与点也”是因为曾皙的春游图所描述的是古代的一种祭祀仪式，在礼崩乐坏的春秋末期，能对古礼作如此具体生动的描绘，以此来寄托自己的理想，这在孔子看来是十分难得的彼得我心者，因而内心狂喜而情不自禁地喟然赞叹了，所以“孔子与点也”。

E 同学：孔子哂笑子路是因为孔子不满意子路的回答，因为子路在回答的过程中没有遵循周礼的要求，在孔子刚问完问题之后就站起来回答，没有一点谦让礼敬之意，所以说“孔子哂由”。“孔子与点也”是因为曾皙的回答契合了孔子内心的想法，他的春游图展现出孔子理想中的社会景象，让孔子心声向往忍不住地赞叹“吾与点也”。

F 同学：孔子哂子路是因为子路的鲁莽轻率，遇到问题就不假思索地回答。孔子笑他是因为不赞赏他的性情急躁。“孔子与点也”时候因为曾皙的暮春郊游图虽然没有直接写治国的理念和方法，但是它曲折地展示出了一幅安居乐业、秩序井然的盛世图景。曾皙的从容不迫、逍遥自在引起了孔子的无限赞叹。

M 老师：各个小组的观点都有其合理性的地方，将你们回答的要点综合起来就基本上概括出了答案的要点。（展示 PPT）孔子“哂”由并不是真正地在嘲笑子路，作为一代德高望重、富有才学修养的名师，不可能会嘲笑自己的学生，这样的解释也与孔子本身的性格、品德不相符。孔子的哂笑是因为对子路了解，也是对他坦率的欣赏。对此我们应该从整部《论语》去把握，切忌以偏概全。从整本书综合来看，孔子对子路是一种欣赏的态度。曾皙所说与子路等三人完全不同，他既不讲从政，也不讲出使会盟，而是刻画了一个场面，描写一个场景。但是在这幅富有诗情画意的描写中曲折地表达出了曾皙的理想。“孔子与点也”一是因为曾皙说出了孔子内心对于未来社会的期许，契合了孔子内心的想法；二是因为曾皙描绘出的春游图是太平盛世的缩影。那时候的人们安居乐业、民风淳朴、自由太平，这暗合了孔子的政治主张；三是因为曾皙的春游图仍是在讲治国，只不过他讲的是治国的结果。曾皙的高明之处在于他能将政治与道德的两种理想熔为一炉，而出之以春风沂水、一片和煦春光，既可为政治上的理想寄托，也可引申为道德上的修养追求，使读者大有仁者见仁、智者见智的思考余地，所以说“孔子与点也”。一次看似无意的闲聊，一次师生之间自由随性的谈心，却好比一阵清风，拂面，一场春雨，润人心。一次侍坐，注定一坐千年，千年印象，万世仰望，这就是《侍坐》，这就是孔子！孔子作为一代伟大的思想家、教育家，学而不厌，诲人不倦，被后代尊称为“圣人”。从古至今，孔子的思想主张对我国的政治、文化、教育等方面都产生了深远的影响，并且在世界上也享有盛誉。读了这篇课文，老师也颇受启发，我觉得我们班级的同学也可以开展一次“侍坐”，大家一起来谈一谈自己的理想或者是对于未来的规划，这对我们的现在的生活、学习和未来的发展都是很有帮助的。我们就把这次讨论安排在今天晚上的第二节自习课，同学们在课下的时候也可以思考一下或者是用笔写出来，到时候大家一起来畅谈一下自己的志向。这节课我们就圆满结束了，同学们的表现都很棒，希望下节课大家继续努力。

结　语

语文课程是一门学习语言文字运用的综合性、实践性课程，工具性与人文性的统一是语文课程的性质要求，在教学过程中老师应该处理好工具性与人文性之间的关系。阅读写作一体化教学是语文教学方法的一次尝试，本案例所提供的阅读与写作一体化教学模式可以为语文教学做出一点探索。语文课程的学习不仅是字、词、句、篇、章知识的积累，更是学生文学素养和综合能力的培养与提升。在我们目前的中学语文教学中，听、说、读、写的分离式教学是大多数老师经常采用的，这种教学模式有其存在的合理性，但也存在着一些不足。这需要我们广大的一线老师在教学实践中不断地去反思我们的教学方法、教学过程，要以学生语文素养的养成为着力点，引导学生树立正确的世界观、人生观、价值观，培养学生的问题意识、探究意识和审美能力，为创新型人才的培养打下坚实的基础。

【案例思考题】

1 .长期让学生对语文写作产生畏惧的原因有哪些？
2. 除了阅读写作一体化教学之外，还有哪些方法可以提升学生的写作能力？
3. 语文教学过程中应该如何完成对听、说、读、写部分之间的教学设计？

【案例使用说明】

1. 适用范围

适用对象：中小学语文老师，语文教育师范类本科生、文学类硕士生和博士生。
适合课程：学生写作能力提升、老师教学的探索与发展。

2. 教学目的

（1）提升学生的语言表达和写作能力；
（2）培养老师教学的整体意识、关联意识；
（3）培养老师的创新能力，增强分析相关问题、解决问题的意识与能力；
（4）培养学生的语言运用能力和团队意识。

3. 要点提示

（1）相关理论

阅读写作一体化：将阅读与写作教学紧密地联系在一起，促进语文学科之间的整体建构；

小组合作学习理论：各小组之间的分组理论依据、活动的开展、活动的评价。

组织学习理论：组织愿景与组织学习，组织战略设计与组织学习；

老师教学的探索与发展理论：老师教学发展阶段、老师知识和老师能力、老师自己发现问题并解决问题的能力。

（2）关键知识点

老师的阅读教学方式，阅读写作一体化，小组合作学习，学生的阅读学习方式。

（3）关键能力点

整体了解学生阅读、写作水平的能力，老师发现问题、解决问题的能力，促进学生阅读与写作的能力。

（4）案例分析思路

M 老师的阅读写作一体化教学模式主张在日常的语文阅读教学过程中加入写作训练，帮助学生在阅读中树立作文写作意识，使学生在阅读学习中完成作文素材的积累，提高语言表达和书面表达的能力。

4. 教学建议

时间安排：高中标准课 3 节，120 分钟。布置和预习 1 节，上课讨论 2 节。

环节安排：提前一周利用一节时间布置预习内容→将学生分为 4～6 个小组→小组查阅资料、课下讨论→各组形成方案→上课汇报→课上学生研讨→老师点评。

人数要求：40 人左右的班级教学。

教学方法：案例教学讨论为主，讲授点评为辅。

工具选择：多媒体、录音笔。

组织引导：老师布置任务清晰，预习要求明确。

提供给学生必要的参考资料。

给予学习者搜集资料技能训练，便于课下查找资料。

学生课下讨论需要及时指导并给出建议。

活动设计建议：

（1）课前计划一节课，要求学生在课下预习，搜集相关知识点和背景信息资料。

（2）上课前做好教学准备。将桌椅分组摆放，为每个小组准备编号和姓名的桌签。每个小组提供一张小组讨论记录表，包括每个人的发言记录和综合的观点。同时，通知相关人员做好录音工作。老师准备好点评的资料和提纲。

（3）下课后老师及时总结案例教学的得失，以便改进后续的教学行为。

5. 推荐阅读

[1] 王荣生. 文言文教学教什么[M]. 上海：华东师范大学出版社，2014.

[2] 孙绍振. 如是解读作品[M]. 福州：福建教育出版社，2015.

[3] 王荣生. 语文教学内容重构[M]. 上海：上海教育出版社，2007.

[4] 王荣生. 阅读设计的要诀[M]. 北京：中国轻工业出版社，2014.

让作文教学回归生活本真
——X 中学 W 老师的教学案例

冯满玉[①]

【摘　要】写作，即运用语言文字表达对某一事物的看法及自己的情感。在新课改的背景下，写作教学一直是大多数学校的短板，多数学校并未从真正意义上去实施写作教学，因此，写作教学便出现一些状况，例如学生对写作不感兴趣、写作教学效率不高等。基于此，就要从写作本身出发，寻求真正意义上的写作。本案例是某一中学老师的作文教学案例，从两个方面进行展开叙述，必须深入了解作文教学的基本理念和内涵，进而学会观察生活、体验生活，进而详细探讨了作文教学生活化的意义，以便促进学生的个性化写作及写作过程中的创新能力。

【关键词】写作；教学；生活

背景信息

语文，从学科性质上讲，是工具性和人文性的统一，是一个国家优秀文化的重要载体；从学科门类来说，它是一门重要的人文学科。学好语文是学好其他科目的基础。从古至今，语文在我国教学中占有举足轻重的地位。通俗地讲，它既是规范语言文字的基础，也是我们用来继承、积累和开拓精神文明财富的一门学科。作文作为语文学科的重要组成部分，是学生语文知识和语文能力的综合表现，也是学生个性的重要表现形式。新课标明确指出写作的总目标："能具体明确、文从字顺地表达自己的意思，能根据日常需要，运用常见的表达方式写作。"因此，写作对提高学生的语文素养具有不可忽视的作用。作文训练可以使学生的语言表达能力增强，能够发展学生的发散思维，从而使学生形成健全的人格。

自古以来，我国就十分重视文化的传承与发展，我国既是一个文章大国，又是一个文章古国，有无数的文人墨客为我们留下了无数文化瑰宝，在写作方面也做出了巨大贡献。例如，《文心雕龙》对如何做文章进行了系统的阐述。它考察先秦至齐梁各体文章的写作，论述了文章的本质、起源，文体和创作，影响深远。因此，在新课标进行得如火如荼的情况下，作为新时代的老师，我们又该怎样进行写作教学呢？我们又应该如何让作文教学回归我们的生活呢？

---

① 作者简介：冯满玉，女，贵州遵义人，现工作单位：贵州省实验中学，黔南民族师范学院 2017 级学科教学（语文）专业方向研究生；导师：郑江义教授。

叶圣陶先生早就说过："生活充实，才会表白出、抒发出真实的深厚的情思来。"与此同时，新课标也指出："要多角度地观察生活，发现生活的多姿多彩"。是的，生活是写作之本源，先有生活及体验，才有文字记录，这也是语文教育界关于让作文教学回归生活的热切呼声。但在中高考指挥棒的影响下，这种教学理念并没有得到有效实施，学生在写作中甚至还出现了一些严重的问题。其中较为突出的是学生为了博取老师的眼球，通常会在作文中使用生僻词语和华丽的修辞。尤其是在写人记事类作文中，学生不追求真情实感，而是采取传统的"三段论"模式，使得作文千篇一律，结构雷同，使作文教学偏离了"立诚"倾吐的轨道，与新课标的精神相违背。面对此问题，教育工作者不得不进行反思，写作教学模式不得不改进。在此背景下，贵州省 X 中学 W 老师的教学课堂开始使作文回归生活之路。

贵州省 X 中学，始建于 1956 年，已有 60 多年办学历史，是五所贵州省省级示范性高中（一类）之一，是北京大学、清华大学等 20 多所国内名校的"优质生源基地"，是贵州省首家"小平科技创新实验室"项目学校；2007 年被中华人民共和国教育部、人事部授予"全国教育系统先进集体"，2014 年被国家体育总局评为"国家级体育传统项目学校"，2015 年被教育部授予"全国心理健康教育特色学校"。W 老师是在校多年的老老师了，目前已年过六旬。据说是因为他在工作上兢兢业业，教学成效得到大家的认可，于是校领导请求 W 老师继续留下来教学。他看起来十分和蔼可亲，偶尔幽默，尽管年龄稍大，但他的教学方法却没有落伍，他的课堂上总是行云流水，妙趣横生。

案例正文

一、作文教学的基本理念

作文，是一个人表达思想的最直接的产物。作文教学一直以来都是衡量学生语文素养的重要尺度，是现代社会进行交际的有效工具。在高考的指挥棒下，作文所占分值大，但作文教学却容易受到忽视。作文教学改革以来，尽管在教学方法上有所突破，但成果还是收效甚微，学生的作文始终未走出技巧和套路，老师的作文教学并未从其理念和内涵上进行变革。因此，作文教学首要突破的是学生作文的个性化以及学生在写作中的自主性，让学生易于动笔、乐于表达。

（一）写作教学要以学生为主体，培养学生的自主性和创造性

作文教学始终占据语文教学的重要地位，在整个过程中，都应该把学生放在主体地位，让学生真正参与到活动中，防止老师包揽。老师从制定教学计划、教学目标、教学要求开始，都应该让学生参与其中，让学生与学生进行讨论。尤其是在作文批改评价这一块，让学生自己操作，既增加了透明度，也大大提高了学生对写作的兴趣，这便符合了新课标对作文教学的基本要求。

“叮铃铃……”上课铃响了，W 老师还是像往常一样，准时走进教室，接着就是学生课前三分钟的演讲。今天的这位同学的演讲题目是《学会在玩中学》。他的演讲十分贴近生活，主要讲了他自己在玩游戏中的经历，言外之意就是他在玩游戏的同时学到了一些东西，提高了他思维的敏捷性。他演讲完毕后，先是其他同学点评，再是 W 老师点评。

W 老师说：处处留心皆学问，知识无处不在，就看我们是否能够融会贯通。

演讲完毕后，W 老师为了让学生尽快进入状态，于是便提出了一系列与本次作文相关的问题。

W 老师：同学们，在我们语文这一学科中，最主要的也是听说读写，在这四个技能中，“写”是最难的输出方式，也是最难掌握的技能，因为我们都知道，写是对一个人语言水平的全面检验，我们写了这么多年的作文，从小学的看图写话到高中的话题作文，你们觉得在哪一方面是自己最难突破的？

学生们沉思了一会儿，然后陆续大胆发言。

A 同学：有时候，给我一个话题，我不知道如何下手，我担心自己写跑题。

B 同学：书到用时方恨少，我每每开始写作，我就发现我头脑里储备的知识实在太少了。

C 同学：我养成了一种思维定式，我写作文就是按着“三段式”进行套作，有时候自己读起来都是干巴巴的，没有情感可言。实在写不出新颖的东西来。（全班哄堂大笑）

D 同学：……

E 同学：……

W 老师：同学们都很不错，能够大胆地说出自己在写作过程中遇到的症结，但同学们就没有想过要去解决这类问题吗？

全班同学都无奈地摇了摇头。W 老师便进一步按照计划开展课堂教学，说道：“既然同学们都没有想过这类问题，那老师就和同学们一起来解决。”这堂课上，同学们都十分有精气神，像是干枯的小草在渴望甘霖似的。老师接着说道：“写作其实并没有我们想象的那么难，只要我们主动去思考，去发现生活，找到自己的兴趣点，那么行文就是如鱼得水。生活处处皆作文，在平时的生活中，哪怕是一件不起眼的小事情，我们都要学会擅长记录，捕捉细节，久而久之，养成一个良好的习惯，我们遇到的难处就迎刃而解了。”

听了老师的这番话后，学生 A 主动站起来对老师说：“那老师你给我们布置一个小话题，我们当场试试看。”同学们也赞成。W 老师说：“这堂课我就不布置写哪一个话题，同学们自由发挥，根据自己的兴趣，留心观察，写一段真情实感的话。”“唰唰唰”

同学们都在奋书疾笔，都在朝着共同的目标前进，老师也很期待，看看同学们都能写出什么。时间到，老师把练习册收上来，结果并没有让老师满意。其中最严重的问题还是进行套作的比较多，学生并没有从实际出发，取材狭隘，有不少同学瞎编乱造，大致内容都是记流水账一般，毫无逻辑可言。例如有同学写军训，只是一一陈述事件，完全没有情感的穿插，显得十分没有韵味。总之，都是写得不贴近生活，可以说是一团糟。

针对以上的情况，W老师也很犯愁，觉得再怎么样都要首先提高学生的写作能力，让学生主动写作，进而提高学生的创造性。

（二）注重培养学生的写作思维能力，在作文表达上要凸现其个性化

在几次语文摸底考试中，X 中学的语文教研组老师们发现学生的写作水平普遍不高，于是教研组召开了一次研讨会，还抽调了几位老师去省写作协会进行专业的培训，相互探讨，都希望能让X学校的学生的写作水平有所改善。

W老师认为，学生写作水平低下，不仅与学生的主动性有关，也与他们的思维能力密不可分的。大多数同学不擅长思考，这也是其中的一大症结。

在当今网络时代，学生对信息的获取是十分方便的。针对大量的信息，W老师认为，学生一定要懂得筛选。信息化是一把双刃剑，语文老师作为学生的领路人，务必要引导学生进行正确的择取，要学会去糟粕，取其精华。

目前，越来越多的教育者开始注重对学生思维能力的培养。鉴于学生写作思维的缺乏，W老师想到了情境教学法，替学生创造一个情境，进而促进学生主动思考。

这天阳光明媚，润红的骄阳为晴天增加了一抹色彩。W老师走进教室，说道："今天这节课我们不在教室上，我们去学校的后山。"同学们都乐开了花，一蹦一跳地跟着W老师走出教室。

到了学校后山，风景优美，暮春时节，当然是鸟语花香，都显现出一幅欣欣向荣的局面，小草也悄悄地钻出地面。站在山顶，一眼望去，到处都是一片绿油油的，这儿一片，那儿一片，给陡峭的山坡点缀出新的绿意。同学们心情大好，像很久没有见过太阳似的。有的哼着歌曲，十分享受这样的景色；有的坐在地上聊天，嘻嘻哈哈，处于放松的状态。

W老师在一旁"享受美景"的同时，也在观望同学的一举一动，像是在沉思什么。这时，W老师站起来说道："同学们，我看你们也在此美景中沐浴得差不多了，接下来我有一个任务要交给大家，希望大家认真对待，用心完成。同学们都停下来，仔细听W老师说话。"W老师接着调侃道："对于你们来说，有时或许给你们换一个环境，你们才有创作灵感，干脆你们也像东晋时期的靖节先生一样隐居山林得了，说不定灵感来了就成为大诗人了。"同学们顿时哈哈大笑。笑过后，同学们仍旧耐心地听W老师讲。W老师又继续说道："今天带同学们来除了享受美景以外，我希望同学们仔细观察，哪怕是看到一朵花也好，听见鸟的声音也罢，写一篇小作文，要求充满真情实感。

同学们开始思索，他们四处观望，大概也是想要写出像样的东西出来。W 老师在一旁陪同着。过了不久，同学们纷纷把自己的成果交到老师手里，然后自觉地围成一圈，等待老师“审查”。

这时的 W 老师，几乎是看一篇则点一次头，脸上露出久违的笑容：“同学们这次作文进步了不少，并不是像之前一样，写得肤浅而俗套，看来同学们还是有所领悟，在这次写作中，大家都有话可说，并把自己的情感融入其中，同时也让阅读的人身临其境。”W 老师还抽取了几篇写得不错的当作范文念给同学们听。例如以下这篇是 B 同学的作文片段：

你终于来了，你迈着轻盈的步伐慢慢而来。你那神奇的魔力给大地披上绿色的新装，小草被你唤醒长出嫩绿的枝芽，听，那是你美妙的歌声，你在欢快地歌唱，一阵清风拂过，温暖了我的心房。我原本冷寂的心扉被你打开，我怀揣着一颗激动的心去找寻你，那便是你呀。你像情窦初开的少女，鼓动着飘逸的长裙，把幸福与安乐送到人间，你又像温柔贤惠的母亲，用勤劳的双手，把大地装扮得五彩缤纷，让此刻我看到的世界充满青春活力……

W 老师念到这里就停了下来，说道：“虽然这位同学的文字简短，也并没有十分完美，但他的这段文字使我们读起来十分舒缓，我们要设身处地地移情，不要随波逐流，要有自己的所见所想。在中学阶段的我们还是未成年人，思维依赖性还较强，几乎都处于被动的状态，因此。我这样做为了充分调动你们写作的积极性，给你们创造情境，把你们的情绪引入其中，让你们学会主动思考，要善于发现、善于思考、勇于创新，老师尽量给你们搭建一个充分展示你们个性的平台，使你们的成果均带有个性色彩。”同学们也好像悟出了一些道理，一个劲地点头，跟着 W 老师开心地下山了。

二、作文教学生活化

（一）多角度观察生活，在生活中积累素材

叶圣陶先生就说过：“写作这件事离不开生活，生活空虚到什么水平，才会做成什么文章。”同时也说过：“写作的根源在于生活，脱离了生活，写作就无从谈起。”在写作的过程中，要与生活实际结合起来。在网络上时常有这样一句话：“没有生活，再高妙的作文，都是‘螺蛳壳里做道场’。”的确，当我们走进大多数中学的教室，都会发现有成堆成沓的资料书参考书放在桌子上，有时候只安放得下凳子和学生本人。学生成天在课本中埋头苦学，没有闲暇走进生活，享受生活，这便导致学生的写作几乎没有任何“旁逸斜出”，学生对现实生活和客观世界缺乏真正的接触和融入。随着现实社会生活的“缺失”，学生的体验就少，因此写出来的东西自然就经不起推敲，拿不上场面。理论来源于实践，写作也是同样的道理，只有去生活中体验真谛，才会有所收获。

经过上一次 W 老师带领同学们去后山过后，同学们在写作这方面的领悟能力有所提高，能够主动去观察生活，用心感受生活，并用心积极积累素材。鲁迅先生就曾经说过：“如要创作，首先要观察。”可见。写作训练同样的需要遵循这一规律。就拿拟作文标题来说，一定要考虑到学生的生活和需要。叶圣陶谈过，在作文的时候，训练写作的人需要心平气和地问自己两个问题：第一，平时对学生的训练是否适应他们当前的积累，不能阻碍他们，实则必须要诱导他们。第二，平时给学生的题目，以及学生自己想写的某些方面，是不是切近学生的所见所闻，以及理解和思考？总而言之，是要贴近学生的生活的。在这两方面，W 老师是做得十分周到的，并没有完全把写作症结归咎于学生，而是带领学生一起训练，让学生自己学会挖掘生活素材。W 老师经常会对同学说，观察是写作的前提，要让作文有如临其境的感觉。观察是生活的基础，也是发挥想象的基础，在任何情况下，都要做生活的有心人，要从自身的生活中积累素材，这是积累作文素材的一个重要途径。当然，我们不仅是积累就好了，我们还要学会合理使用素材，给你一则素材，你能联想到什么呢？这也是最重要的。倘若有素材可用，可你不知道如何使用，那这则素材对你来说就是无用的。

（二）注重情感，在情感引导中，鼓励学生说真话，抒真情

文章不是无情物。在写作中，我们虽然学会了在生活中积累素材，合理运用素材，但还要注意抒写真感情、真体验，假大空是作文的大忌，因此，王国维在《人间词话》中就强调：“大家之作，其言情也必沁人心脾，其写景也必豁人耳目。其辞脱而口出，无矫揉妆束之态，以其所见者真，所知者深也。”倘若学生的作文情感真挚，在个性的基础上创新，必定会给读者留下深刻而美好的印象。

新课标提出，要“丰富生活经历和情感体验”“有自己的感受和思考”“感情真实健康”“表达真情实感”。W 老师一直跟着新课标的节奏，培养学生高尚的道德情操，帮助他们形成正确的价值观和积极的人生态度。

写作是对生活的一种记录，是用文字留住自己对生活的思考的一种痕迹，因此，说真话是写作的基本特点，尤其是在记叙文中，说真话抒真情是十分重要的。我们都学过朱自清的《背影》，其中最熟悉的片段，是一个普通的父亲给儿子买橘子时爬月台的一个背影。作者详细地描写了父亲的体形、动作，是如何走、如何穿过铁道的。对父亲的感情就穿插在这些细节描绘中，并且结尾用“我的眼泪很快地流了下来”这一句抒发作者对父亲的感情，情真意切，真实动人，这才是文章应有的态度。因此，我们需要做生活的有心人，留心观察，善于发现，才是生活的真谛。

X 中学学生的作文水平经过教研组和 W 老师的共同努力，已得到很大的改善。相信刚进高中的他们，在这三年的训练中，总会实现质的飞跃。

W 老师又把同学们都召集在一起，说道：“每次我在批改你们作文的时候，发现少数同学，在他们的作文中，我分明感觉到他们在说真话，行文的过程中却表现得不自然。每次我在分发你们的作文册时，你们几乎不会相互借阅，而是看了分数和评语后

就悄悄地塞进书包里，这是不恰当的。针对你们的这种情况，我想我们应该组织一次作文批改公开化、透明化的活动。现在，我出一个半命题的题目，给同学们一节课的时间写出来，以‘我心目中的……’为题，可以写人，也可以写物。要求说真话，抓住细节描写的特征，抒发出你们心中的真感情。”W 老师停了一下，继续说道：“这节课写出来以后，下节课你们分成几个小组，大家相互评阅，指出优缺点。”同学们好像习惯了老师评阅作文，一听说是同学间相互评阅，有的脸上表现得十分惊讶；有的脸上没有任何表情，表现得非常漠然。

W 老师示意可以写了，教室只听见写字的声音。一节课很快就过去了，同学们都开始相互讨论，说自己写得怎样怎样，像是在让对方评的时候“手下留情”。很快，同学们都已经按照他们平时的作文水平分成了 A、B 两组，每个同学都在认真地看对方写的作文，生怕评论错了。

经历了半节课的时间，同学们的作文都已经改出来了，这时 W 老师就让两个组的成员各自进行讨论，对于刚才评改作文时的遇到的问题以及个人想法，大家都畅所欲言。这时，A 组的一个男同学大胆地站起来，说道：“在这次相互评改作文中，我收获颇多。首先，我能够借鉴其他同学的作文，取他人之长，补自己之短。其次，也拓宽了我的思维能力，在这之前，我连我自己写好的作文都不想看，更何况去看他人的。通过这次互评，我不得不认认真真地看每一份作文，然后形成自己的见解。最后，我学会了合作探究的学习方法，我与同学们交流得更多，看同学的作文让我们从文字交流升华到了心灵交流。因此，我希望在接下来的日子里，还可以继续实施。”说完，全班响起了掌声。接着，另一位同学胆怯地站起来，小声地说道：“这次互批作文，增进了我与同学们的交流，以后我再也不是一个人。”同学们也为这个内向的姑娘鼓起了掌声。学习委员也站起来说道：“通过这次作文，我发现我们的写作水平不同往常，大家的作文读起来都是十分贴切的，有感动，有温暖，尤其是××同学写的我心目中的父亲，我在改的过程中不禁潸然泪下，全文都凸显出真挚的情感。”

通过同学们的这次活动和发言，W 老师也感觉到了同学们的变化，也看了同学们相互评改的作文，虽然不标准，但是每个同学都有自己独到的见解，这是值得肯定的。于是说道：“无论是写作，还是批改作文，都是一场脑力劳动，是智慧的结晶。同学们都肯动脑，在这次活动中也表现得不错。我之所以让同学们相互批改作文，一来是为了让你们能够在写作的过程中提高综合素养，二来能让你们在写作时有独到的见解，写自己想写的，不拘泥于其他，且不能将生活与写作分开。”

教育者应该严格根据新课标精神，要求学生“参与生活，发现生活”。不仅要学会创新，还要将写作与生活相结合起来。纸上得来终觉浅，我们始终要深入生活中去经历体验，从而开阔视野、更新思维和获取素材。 托尔斯泰曾经说过：“优秀作家的文章都是蘸着自己的血肉写出来的，真诚的文章是从作者的心里流出来的，而不是硬挤出来的，只有动了真情，才能写出有真情实感的东西。”因此，作为教育者，要引导学生面向生活，关注生活，参与社会实践，多一点真情体验。同时，以饱满的热情和独特的视角去观察周围事物，与之建立感情，再将情感融进去，写出自己的独特体验。

结　语

新课程标准下的作文教学，要注重重构学生的精神世界，引导学生走进生活，让生活成为学生的写作内容，使学生与生活进行有效对话。其中最关键的是让学生参与到实践中去，捕捉生活的方方面面，对生活进行思考。当学生把学习和生活相结合起来，便能实现课程标准的科学性以及整体平衡性。对于 X 中学的作文教学，老师们还需要继续共同努力。

【案例思考题】

1. 通过作文教学，如何有效地使学生的写作与生活相结合？

2. 在作文训练的过程中，如何引导学生进行深度思考？

3. 在案例中，W 老师是怎样引导学生进行写作的？你认为这种方法可行吗？为什么？

4. 你认为写作中学生面临的难题在哪里？应该如何突破？

【案例使用说明】

1. 适用范围

试用对象：中小学语文老师，师范类专业的本科生、硕士生。

适合课程：写作教学、中学语文课程研究。

2. 教学目的

（1）掌握相关的作文教学方法。

（2）培养学生的写作情怀及其文化素养。

（3）关注学生的精神世界，培养学生在写作方面的创新能力，引导学生发现问题。

3. 关键要点

（1）相关理论

教学行为理论：老师引导学生进行有效教学，共同学习。

组织学习理论：共同的愿景，行动学习，个性化发展。

人本主义学习理论：以学生为中心，创设情境，协作学习。

（2）关键知识点

发现能力，合作探究能力，有效创新。

（3）关键能力点

了解教育教学背景的能力，发现问题与解决问题的能力以及创新能力。

（4）案例分析思路

针对当前作文教学的实际情况，结合 X 中学自身存在的相关问题，寻求作文教学的本真，积极与学生共同探讨，使作文教学与生活有效结合，进而提高学生的写作能力，写出“真作文”。

4. 教学建议

时间安排：中学标准课 3 课时，布置预习 1 课时，上课讨论 2 课时。

环节安排：提前一周利用一个课时布置预习内容→学生分成 4 个小组→小组进行资料查询讨论→形成各自的解决方案→上课进行汇报→课堂上学生研讨→老师点评。

人数要求：40 人左右的班级教学。

教学方法：小组讨论为主，老师指导点评为辅。

活动设计建议：

（1）课前按计划要求学生完成案例阅读，搜集相关知识点的资料，走访案例学校或者情形类似的学校。

（2）上课前，做好相关教学准备，提供学生相关的教学场所，将桌椅分组摆设，每个小组找到自己的编号和姓名，同时给每一组提供一张小组讨论记录表，记录每一小组的个人发言和综合观点。同时，通知相关工作人员做好录制工作，老师准备好点评的提纲以及资料。

（3）下课后老师及时总结案例教学的优缺点，以便改进后续的发展行为。

5. 推荐阅读

[1] 何明. 写作教学论[M]. 长春：东北师范大学出版社，2005.

[2] 王文彦. 蔡明. 语文课程与标准[M]. 2 版. 北京：高等教育出版社，2006.

[3] 陈秀玲，张洁. 中学语文课程标准与教材分析[M]. 北京：北京科学出版社，2013.

X老师以读促写教学方法初探

王雅竹[①]

【摘　要】高中语文教学中，读写的有效结合提高了学生学习的主动性，促进了学生的学习。而阅读则为写作积累了一定的素材，为写作打下了基础。课本中的课文篇目，从语言、表达技巧到内容等都有很多可取之处，值得学生思考，去学习。读和写结合，二者产生互补，就会让学生全面成长。老师们也应该使二者在教学相互结合，提升教学效率。

【关键词】高中语文；阅读；写作 以读促写

背景信息

新课标提出，我们要学的不仅仅是文字和语言，更是我们在生活实际中如何运用文字。要想更好地运用语言文字，首先得学好文字和语言，学习并把握好基础的字、词、句，从而组织好简单句子，在阅读的过程中了解语言文字，学会应用语言文字，时间长了，就会在自己的脑海中积累一定的句式以及优美的文章，从而学会不同的表达技能，形成一定的阐述要领。语文教育家叶圣陶先生认为写作能力与阅读能力密切相关，积极倡导学生大量阅读、充实自己，才能更好地表达自己的想法与感情。

正如我们所知的，许多名作家之所以会有高水平的作品问世，不是一朝一夕就迸发出来的，都是在阅读了大量文学作品以后，有了足够的文学积累，才写出来的。阅读会提高一个人的知识水平，在阅读的过程中，要发挥自己的想象。高中生在得到提升之后，往往想要表现自己，面对繁忙的学业，这种表现欲望往往没有地方释放，因此每次写作对于他们来说就是一个很好的机会，把自己心里的想法写出来，并且，阅读之后进行一定量的创作，有助于提高他们的写作能力，丰富他们言语素材的积累。

对高中生来说，在分析完课文内容之后，要深刻地体会思想情感，学习作品中的写作方式，最后在自己的写作中加以运用。再加上学生思维活跃，他们掌握了更加丰富的材料，能够更加立体全面地显示他们的个性。“以写促读”，即让学生利用阅读所积攒的知识来写文章，从而提高写作水平。这种教学方法，也会促进中学生对于阅读与写作这两者关系的理解，而这种理解也和高中生的生活相结合，就会促进他们对文化的理解，从而变得越来越好。他们阅读得越来越多，创作越来越精彩，他们的视野

① 作者简介：王雅竹，女，山西吕梁人，黔南民族师范学院文学与传媒学院2018级学科教学（语文）专业方向研究生；导师：郑江义教授。

就越来越宽，思维也越来越活跃，学习和利用语文知识就会更加方便。

X 老师是高一年级的语文老师，他在学校已经任教 4 年，是优秀骨干老师。他在刚开始教语文的时候使用过各种各样的教学方法，有的对学生来说有效果，有的也是一些弯路。但他不断探索，不断总结经验和教训，在之后的教学过程中，X 老师结合语文学科自身的特点和学生的学习情况以及当下高考的实际情况，在语文阅读教学中慢慢摸索出一套教学方法——以读促写教学模式。这一模式主张让学生通过学习课文篇目中的语言、表达技巧、内容等，去和写相结合，二者产生互补，让学生全面成长。

案例正文

一、以读促写教学模式的由来

在高中语文教学中，作文题的要求体现了一定的自主性，比如说自己拟定题目，自己选定立意的角度，以及自己选择文体。由此就有一部分老师认为写作变得这么自由，学生就只要上去自由发挥即可，不必做专门的强化训练，正好把时间用到其他模块的教学上，这样作文课就被上成了其他课或者语文阅读课。老师不够重视写作，即便是作文收上来了，也不认真批阅，往往草草了事。这些都造成了学生写作上的困难。X 老师在这几年的教学中，一直采用听说读写教学模式，但渐渐地，他发现这种教学方式存在很大的问题。

（一）问题的提出

周四，X 老师和往常一样去给学生上课。今天，他要上的内容是郁达夫的《故都的秋》。在课堂上，他先激发兴趣，导入新课，利用关于秋的景色图片和诗文导入。随后让学生听朗读音频整体感知。学生跟读时 X 老师提示学生注意语速、语调和感情，培养学生的语感。

读完以后，X 老师展示思考题，设疑：作者为何将“淡红色”的牵牛花视为最次？听得到青天下驯鸽的飞声还静吗？如果改换一下，你觉得好不好，为什么？

学生初步了解分析鉴赏散文的思路：一切景语皆情语。借景抒情，以情驭景。学生学会了初步的分析方法，就进入下一阶段的阅读探究：故都秋天的景物应该是丰富多彩的，可是作者为何只选取了这几处景物来写呢？提示学生试从主客观两方面来分析。之后归纳可得出：作者所选的景物都是作者感情的体现物，顺利得出“以情驭景、以景显情、情景一体”的结论。最后学习完成后，布置作业：以借景抒情的手法来描写夏。意图是锻炼学生的动笔能力，进一步突破教学难点，掌握借景抒情手法。周五下午，X 老师把学生写的作文收回来全部批阅，批阅完成后，他发现学生们写的远远低于他的想象，写得枯燥无味，缺乏感情，让人感觉学生们就是为了完成作业而进行写作，质量极低。这让他感到很头疼。于是一个大大的问号出现在他脑海：为什么他的学生们在语言表达方面这么差呢？写出来的作文为什么会如此枯燥无味？作为高一学生，写的作文不应该是这样的水平。他开始寻找原因。

（二）问题分析

首先，在教学中，许多老师把心思和时间都集中在了读上面，认为写作课太难教，不知道如何下手，从而忽略了写作的教学，并把规定的写作课也用来讲解课文内容。对于高中生来说，一味吸收老师所讲解的，而没有一个输出的机会，久而久之，学生所学习的内容就得不到运用，都是为了完成任务而学习，没有任何意义。

老师们也都强调只有大量阅读，丰富自己的头脑，学习并领悟文章的各种表达方式和技巧，写作时才能水到渠成。但在语文实际教学中，读与写一直是相互分离，没有得到很好的互补。我们很少正确认识并且研究这一模式，课中鲜有二者的互补方式，即使有，也是死板不灵活，老师们不创新，不吸引学生的兴趣，听之任之，学生就不想写作，就更谈不上利用阅读来提高学生的读写能力。而且一味地要求学生们对经典文章进行熟读背诵，不去深入把握文章结构，更不去让学生抓住其中的表达技巧，长时间下来语文课就枯燥无味，很多学生就失去了阅读的兴趣，这些都是不正确的教学方法带来的后果。老师们不懂得创新教学方法，秉承着为考试而教学的理念，一味地采用那些陈旧死板的方法，学生们就学不到有实际意义的知识，更会使学生对学习产生厌恶感，不会提高写作水平。

其次，在写作教学中，老师们都是为完成任务而完成任务，忽视内容。语文老师们在教学中忽视多方面发展学生的能力，而是一味地觉得只要多读，写作能力自然就提高了，因而在平常的写作训练中，只是简单要求学生把课本中的写作练习做一做，不会另外要求学生来进行写作。另外，老师们在教学中缺乏对学生的写作指导，有的老师甚至取消写作课，进行课文内容的学习，这样会造成学生写作的被动，学生所写出来的内容枯燥无味，没有新意，甚至文章内容支离破碎。学生写作的这些问题，说明我们的语文教学中读与写是分离的。

（三）解决对策

X 老师意识到自己的问题，就开始研究相应的策略。他认为要想让学生写好作文，主要要提高两方面的功底：一是语言，一是写作素材。

语言方面，学生们要想写好文章，就必须多阅读，只有大量阅读才能在写作的时候有话所写。语文教育家叶圣陶先生曾经以唱戏为例来说明语文的基本功。这个比喻用到语文的学习中是很合适的。要想写好文章，也需要一定的基本功。那么写作的基本功是什么呢？不言而喻，一是字，二是词，三是句，四是标点，五是段落篇章。这五种缺少一样都不能构成文章。尽管对这些基本功了解很深，但是提笔忘字、词不达意、标点用错、段落大意不明的现象是多之又多。提笔忘字，平常认识的字很多，但是真正开始写作的时候许多字就记不起来。字数少一点还好说，查字典可以解决，但是如果需要查的太多了，在查的过程中就会产生烦躁感，影响发挥，造成厌恶情绪。因此，字这个难关必须解决好，每天多学几个字，下一番功夫，汉字这个难关迟早会被攻破。再就是词不达意，汉语文化的博大精深，经常会有许多词都是近义词，虽然是近义词，但还是会有细微差别，所以在写作的过程中，如果不准确了解词义，很容易闹出笑话。在平常的学习中，多多留意书本中的词语，不要轻易放过，随时留心积累，时间长了，词汇量就会越来越丰富，在写作的时候也就信手拈来。每篇文章都是由一个一个的句子构成的，要想写出一篇好文章，句子要合乎语法，还要造得好，同样的话，可以用不一样的方式说出来，就彰显出了语文的魅力。同样，同一个句子，标点用在不同地方，就会让人产生不同的想法，因此，标点一定要用好。整个文章是由段落构成的，因而在写的时候就要注意其中的布局，合理安排段落次序，注意段落的内部格局，使得写作完整、连贯而又和谐。

在阅读文章之前，首先要把生字难词查好，在掌握了基本词意之后，可以进行朗读。在朗读的过程中，要求把字音读好，根据文章句意把语调语气读对，在读对读准的基础上，严格根据原文意思，不任意删减改动一个字。经过多次朗读之后，对这篇课文就了如指掌，自然可以做到背诵如流。朗读，可以培养我们的语感，让我们形成敏锐而又健康的语感，加深我们对文章内容的理解。

除了朗读之外，我们还应该默读，分析揣摩，欣赏体会。从一字一句到篇章结构，都要仔细品味，在细细品味中领会文章内容，从而与我们的日常生活中观察到的现象联系起来加以验证，也可以与其他书或者作品中有关联的道理或者事物加以联系，进行对比验证，这些方法都会促进我们的理解。

这些基本功的练习，平日里一定要多加注意，这些基本功与写文章是相辅相成的，二者不可偏废，互相配合，才能取得更大的成就。

高楼大厦是由一块块砖构成的，文章也是由一个个素材组成的。对于同学们来说，如何积累丰富的素材是他们学习过程中的共同问题。学生写作中如果素材缺失，就会胡编乱造，乏味，犹如流水账，那么应该如何增加学生的素材呢？

第一，活动激趣。中学生活泼好动，课外生活也极其丰富精彩。因而，作为老师，在教学过程中要多接触学生，了解他们的喜好，不要把学生局限于紧张的学习中。老师作为他们的领路人，应该抓住学生的特点来因材施教。对于中学生爱动的这个特点，应该尊重学生，让学生多参加一些活动，从活动中观察人的行为，观察环境，从而在活动完了之后让学生用自己的话进行描述，让学生的思维动起来。此外，语文老师也可以利用课堂，毕竟老师与学生更多的接触是在课堂上，在课堂开始之前可以利用小游戏来吸引学生的注意力，或者可以举办一些活动，引起学生的兴趣，由此来让学生深入观察。同时，老师也可以利用课堂来引导学生观察人物的言行，让学生更多地观察，从而更好地积累。最重要的是，老师在开发学生观察力的同时，要考虑学生的兴趣，一个人只有对一件事、一个东西充满了好奇心，才会认真投入，因此，抓住学生的兴趣，让学生多方面积累，从而进行有水平的创作。

第二，阅读补充。除了上面我们所说的激发学生的兴趣之外，我们更要注意的是让学生多阅读，因为只有广泛的阅读才能丰富头脑，学生才能更好地写作。这样的话，老师可以分两个角度来进行提升他们的能力。

首先，老师应该从课内阅读开始，课本中的文章语句优美，有着丰富的教育意义，学习价值也很高。老师应该引领学生，带着学生选择最正确的学习道路，学习课内的文章，把握文章主旨，领会思想感情，学习结构层次，积累精美语句，课上的这些学习可以提升学生的语言应用能力，让学生在之后的写作中进行更好的创作。

其次就是课外阅读方面了。毕竟课本内的知识是有限的，而我们处在一个知识无边的世界里，如果只局限于书本这个小小的世界里，那我们的生活也会枯燥无味，课外的阅读也要注意。对于同一个事物，不同人的脑海里会形成不同的画面，就会进行不同的创作，从而产生不同的作品。我们面对这些，更需要跟随自己的感觉，多阅读，对他们的作品深入分析，细细咀嚼，从而在我们自己的头脑中形成一套属于自己的写作方式。老师应该为学生养成良好习惯打下坚实的基础，为以后的学习和创作铺路。

第三，以写助积。大量阅读和积累素材都是为了学生们可以更好地写作，只有运用到实际中才会知道在学习的过程中到底缺乏哪方面的知识，以便于以后学习。在写作的时候用好素材，学生就会产生满足感，就会觉得学习的有所成就，在以后的学习中就会更加积极主动地积累素材，然后应用。同样，如果在写作时没有很好地应用素材，学生就会产生挫败感，这对学习很不利。如果想让学生们很好地利用自己所学的内容，以写助积就是个很好的办法。学生们在这个过程中会变得想写，写的东西越多，质量也越容易上去。老师可以从多个角度来让学生学好写作，在写好的同时累积素材。

（四）对策中需注意的问题

X 老师认为虽然找到了相应的对策，但在这个过程中，还要注意老师。教学过程中有老师的教，有学生的学，而老师在这个过程中的地位也发生了变化。以往老师居于主体地位，而现在老师是处于引导地位，学生处于主体地位。老师一定要尊重学生。首先，老师可以充分引导学生注意阅读积累，再根据自己感兴趣的方面来写作。要注意引导学生先把握住文章的精髓，了解其思想内容，然后对文本进行适当的补充或者删减，组成自己想要的内容。因此，老师应该让学生在了解了文章之后，充分地表达自己的看法。

只有充分阅读之后，学生才能创作，老师应该引导学生积极阅读，让学生深入文本，了解文章段落结构，在几番深读之后再进行总结，把自己在书本中所学的内容内化为自己的知识，这样就可以在以后的学习生活之中自如应用。这样，在长时间锻炼之后，学生各方面水平都会有所提升。

此外，要注意开发学生的创造性。在“以读促写”这个过程中，老师应该做的是，依据学生的特点有效激发他们的创新力。从多个角度带领学生进行观察，开发想象力，让学生把自己的想法说出来，也可以记录下来，让学生之后可以回顾，这样的方法，不仅可以塑造学生的思维方式，同时也让学生敢于表达自己。

同时，在教学过程中老师应该注重学生的语言表达能力，充分利用手头资源，比如课本内容或者课外遇到的好的话题，都可以讲给学生听，让学生们找相关的内容进行阅读或者带进课堂，在课堂上相互交流表达，小组之间互相探讨，每个人都有不同的想法，各种不同的想法相互碰撞之后就会产生一些新颖的观点。这种合作也有可能会处理到他们在学习时碰到的难题，缓解他们心里的压力，让他们变得轻松而又快乐，这样也会有效率。

二、以读促写教学模式的运用

X 老师将他的阅读写作一体化教学模式运用到他的课堂中，下面以他对《故都的秋》的讲授为例。

在经过深思熟虑之后，X 老师郑重决定采取全新的教学方式——以读促写教学模式重新给学生讲解课文。X 老师带着他的教科书和课件提前走进了教室。在上课之前 X 老师与同学进行了沟通交流，表明了自己的想法和意见，并得到了同学们的大力支持，于是课堂教学活动正式展开了。

X 老师展示秋的景色图片，并进行诗文导入，让学生充分领略秋天带给人的强烈感受。

X 老师：秋天是个多情的季节，它撩拨起文人们的无限情思。秋天里，有人感伤，有人豪迈。历代文人们关于秋天的诗句有许多，请同学们说出几句。(使学生温故而知新，产生了强烈的求知欲望)

A 同学：王勃的“落霞与孤鹜齐飞，秋水共长天一色”。

B 同学：刘禹锡的《秋词》:“自古逢秋悲寂寥，我言秋日胜春朝。晴空一鹤排云上，便引诗情到碧霄。”

C 同学：杜甫的《登高》:“无边落木萧萧下，不尽长江滚滚来。”

D 同学：柳永的“多情自古伤离别，更那堪，冷落清秋节。今宵酒醒何处？杨柳岸，晓风残月”。

X 老师：(补充毛泽东的《沁园春·长沙》,“看万山红遍，层林尽染。漫江碧透，百舸争流。鹰击长空，鱼翔浅底，万类霜天竞自由。”)这首词写出了文人豪迈的情怀。看来，文人们眼中的秋天各有特色。现代作家郁达夫笔下的秋天会呈现什么样的色彩呢？（出示 PPT“《故都的秋》”)

老师播放录音朗读，要求同学们认真听，体会作者的感情。训练美读，学生可以跟读，提示学生注意语速、语调和感情，培养学生良好的语感。另外，本文是现代散文史上的名篇，感情浓厚，意味隽永，文辞优美，好的诵读、美读能将学生带入故都特有的意境之中。

X 老师：听了朗读，我们发现，故都那么多的风景名胜，作者很少提及，金碧辉煌的故宫、雄伟的八达岭长城等更是只字不提。那么，他关注的是什么样的秋景呢？请同学们快速阅读 1～2 段，说说哪句话最能概括故都的秋的特点。

全班同学：是“可是啊，北国的秋，却特别地来得清，来得静，来得悲凉”。

X 老师（出示幻灯片“清、静、悲凉”）：请同学们浏览一遍课文，看哪些段落集中描写了故都的秋景？

（生浏览 3～11 段）

X 老师指明一位同学朗读 3～11 段，要求其他同学注意听。男同学勾画作者描写的景物，女同学勾画表示景物色彩的词语。X 老师提问：这些景物可概括为几幅图景？用最简洁的语言概括。请同学们按小组讨论，各组选出代表发言。

一学生朗读。读完之后其他学生讨论。

X 老师：请第一小组代表发言。

A 同学：可概括为五幅图，依次为槐树落叶、秋蝉残声、秋风、秋雨、秋天果树。

X 老师：请第二小组代表发言。

B 同学：我们小组认为可概括为五幅图景，分别为小院清晨、槐树落蕊、秋蝉残鸣、秋风秋雨、秋天果树。

X 老师：出示幻灯片五幅图景。这五幅图景，都有表现悲、凉、清静的意境的。这些景物，作者给它们上了什么色彩？（指一女生回答）

C 同学：有蓝、白、青、淡红、紫黑、碧绿、淡绿微黄等。

X 老师（补充）：还有灰，“灰蒙蒙的天底下”。（出示 PPT“色彩”）

X 老师：偏重冷色调。正如清代大学者王国维所说“一切景语皆情语”，选取这些色彩表明作者内心的冷清、孤独。我们来看看，《故都的秋》表达了郁达夫什么样的思想感情呢？作者偏偏选取那些灰暗的景物，这是为什么？

（学生讨论）

A 同学：这和作者的经历有关。他喜欢这样的景物。这些景物和他的心情相合。

B 同学：是那个时代影响了他这样去写。

X 老师：对。这和作者的生活经历有关。（出示 PPT“作者简介”）郁达夫 3 岁丧父，家中生活艰难。7 岁入私塾。家中有藏书 4 万卷，他在青少年时期就全都读过了，因此有着厚实的古典文学的基础。青年时代，随长兄赴日留学，十年客居日本，其间饱受屈辱和歧视。1921 年，他与郭沫若、成仿吾等发起成立创造社。作为一位多才的作家，他的小说、散文、诗词都很有成就，形成了自然畅达和热情坦荡的风格。在文学上，他提倡“静的文学”，主张“文学作品，都是作者的自叙传”。所以，他的作品体现着极强的“主观色彩”。这篇散文，秋中有情的眷恋，秋中有情的落寞，是最自然不过的了。当然，这样说也就是和他的个性有关了。

郁达夫性情沉静，有些忧郁的气质。另外，也与写作背景有关（出示 PPT“背景介绍”）。郁达夫是个热忱的爱国主义者，他积极投身抗日救亡活动。1933 年 4 月，由于国民党反动派白色恐怖的原因，作者从上海移居杭州。1936 年 2 月，他离开杭州赴福州。这段时间里，他思想苦闷，创作枯竭，过的是一种闲散安逸的生活，并花了许多时间到处游山玩水，写下许多游记散文。1934 年 7 月，郁达夫“不远千里”从杭州经青岛去北平，再次饱尝了故都的“秋味”，并写下了本文。当时的中国，连年内战，民不聊生，郁达夫也是居无定所，颠沛流离，饱受人生愁苦和哀痛。因此，作者描写心中的悲凉，已不是故都赏景的心态，而是对整个人生的感悟。请同学们阅读课文第 2 和第 12～14 段。文中除了大量描写北方的秋景外，也写了江南的秋天，说说南国的秋天有什么特点。

C 同学：草木凋得慢，空气来得润，天的颜色显得淡，并且又时常多雨而少风。

（X 老师出示 PPT“慢、润、淡”）

X 老师：为什么要多次提到南国之秋？

D 同学：为了和北国的秋作对比。

X 老师：（出示答案）烘托对比北国的秋天。以南国的慢、润、淡烘托故都秋色的味浓厚，以南国秋的“色彩不浓，回味不永”来烘托北国秋的色彩浓重，读来让人有身临其境之感。这篇散文，郁达夫以他鲜明的思想、独特的视角、细腻的笔触，为我们描绘了一幅多姿多彩的北国之秋图，为中国现代散文艺术宝库增添了色彩。请同学们课外阅读郁达夫的《北平的四季》，并且以借景抒情的手法来描写春。

结 语

在语文教学中，正确认识阅读与写作的关系，给予学生正确的引导，如果把二者分离开来，只能是有害而无利，教学中应该结合起来，改变以往教学中的缺陷，这样的话也会增强他们的这两种能力，同时提高。同时，老师如果要想让学生更好地学习，就得找一些新的方式，不断总结概括，在实践中发现新知，让他们有个好的习惯，让他们变得想学，爱学。

【案例思考题】

1. 造成学生写作困难、写作水平低下的原因是哪些？
2. 如何引导学生去读，从来激发学生有兴趣、真情实感地写作？
3. 语文教学过程中应该如何完成对听、说、读、写部分之间的教学设计？
4. 如何在引导学生的过程中注意学生的主体地位？

【案例使用说明】

1. 适用范围

适用对象：中小学语文老师，语文教育师范类本科生、文学类硕士生和博士生。

适合课程：学生写作能力提升、老师教学的探索与发展。

2. 教学目的

（1）提升学生的语言表达和写作能力；

（2）培养老师教学的整体意识、关联意识；

（3）培养老师的创新能力，增强分析相关问题、解决问题的意识与能力；

（4）培养学生的语言运用能力和团队意识。

3. 要点提示

（1）相关理论

以读促写：利用阅读来促进写作，把阅读教学与写作教学紧密地联系在一起，促进语文学科之间的整体建构。

小组合作学习理论：各小组之间的分组理论依据、活动的开展、活动的评价。

组织学习理论：组织愿景与组织学习，组织战略设计与组织学习。

老师教学的探索与发展理论：老师教学发展阶段、老师知识和老师能力、老师自己发现问题并解决问题的能力。

（2）关键知识点

小组合作学习，学生的阅读学习方式，老师的阅读教学方式，以读促写。

（3）关键能力点

整体了解学生阅读、写作水平的能力，老师发现问题、解决问题的能力，促进学生阅读与写作的能力。

（4）案例分析思路

X 老师的以读促写教学模式主张在日常的语文阅读教学过程中加入写作训练，帮助学生在阅读中树立作文写作意识，使学生在阅读学习中完成作文素材的积累，提高学生的语言表达和书面表达的能力。

4. 教学建议

时间安排：高中标准课 3 节，120 分钟。布置和预习 1 节，上课讨论 2 节。

环节安排：提前一周利用一节时间布置预习内容→学生分为 4 ~ 6 个小组→小组查阅资料、课下讨论→各组形成方案→上课汇报→课上学生研讨→老师点评。

人数要求：40 人左右的班级教学。

教学方法：案例教学讨论为主，讲授点评为辅。

工具选择：多媒体、录音笔、录像机。

组织引导：老师布置任务清晰，预习要求明确。

提供给学生必要的参考资料。

给予学习者搜集资料技能训练，便于课下查找资料。

学生课下讨论需要及时指导并给出建议。

活动设计建议：

（1）课前计划一节课，要求学生在课下预习，搜集相关知识点和背景信息资料。

（2）上课前做好教学准备。将桌椅分组摆放，为每个小组准备编号和姓名的桌签。每个小组提供一张小组讨论记录表，包括每个人的发言记录和综合的观点。同时，通知相关人员做好录像或者录音工作。老师准备好点评的资料和提纲。

（3）下课后老师及时总结案例教学的得失，以便改进后续的教学行为。

5. 推荐阅读

[1] 王荣生. 阅读教学设计的要诀[M]. 北京：中国轻工业出版社，2014.

[2] 王荣生. 语文综合性学习教什么[M]. 上海：华东师范大学出版社，2014.

[3] 王荣生. 写作教学教什么[M]. 上海：华东师范大学出版社，2014.

[4] 王荣生. 语文老师专业发展十四讲[M]. 上海：华东师范大学出版社，2014.

[5] 程翔. 程翔与语文教学[M]. 北京：中国人民大学出版社，2011.

第二篇

PART TWO

阅读教学

H老师文言文阅读教学探究

郝林辉①

【摘　要】古诗文是我国古代文学的精华所在，古诗文包括文言文和古诗两个部分，本文主要研究文言文部分。在基础教育阶段，我们必须重视文言文教学中的优秀传统文化传承。学生学习古代散文，不仅可以学习古代汉语的知识，还可以感悟人生哲理，接受文学熏陶和滋养，提升个人人文素养。本文旨在研究高中文言文教学过程中出现的实际问题，分析问题出现的缘由，结合学生自身的兴趣，不断进行文言文教学尝试，为改变当今活力丧失的文言文教学困境贡献一分力量。

【关键词】文言文；阅读教学；探究

背景信息

著名语言文学家、教育家王力先生在《古代汉语》中指出："文言是指以先秦口语为基础而形成的上古汉语书面语言以及后来历代作家仿古的作品中的语言"。文言文，也就是用文言写成的文章，即上古的文言作品以及历代模仿它的作品。文言文作为一种定型化的书面语言，沿用了两三千年，从先秦诸子、两汉辞赋、史传散文，到唐宋古文、明清八股，都属于文言文的范围。也就是说，文言文是中国古代的书面语言，是现代汉语的源头。

由此，我们可以知道，文言文是古人用来表情达意、抒发情感的实际载体，而文言文中的实词、虚词、特殊句式、固定用法及历史典故，都是一系列文字细胞，寄托着作者对人生世事、周遭经历和故国家园的点滴感悟和深切体会。如果学生能够在古人的文言世界中遨游，理解古人的生平经历，从而走进他们的精神世界，学习其坚忍不拔、忍辱负重、礼待他人和尽忠孝悌的伟大品质，这样，文言学习将不再是痛苦的事情，而是一次又一次与伟人的交流，熏陶和滋养，不仅可以有效地完成教学任务，也可以和古人在文化、文学、文字中迸发出知识的火花，产生更多的共鸣。

在基础教育阶段的教学实践中，语文老师应当重视文言文教学活动，尤其是体会文言文中的"忠孝文化"。同时，由于文言文的内容和表达距离今人较远，学生们难以产生认同感和深刻体悟，所以也必须加强学生的文言文内容的生活化、实际化体验。

① 作者简介：郝林辉，女，陕西汉中人，黔南民族师范学院2018级学科教学（语文）专业方向研究生；导师：白红兵教授。

H 老师深知，文言文在高中语文教材中的地位举足轻重，具有较大的占比。不仅教材编者肯定了其重要性，高考指挥棒也在一次又一次人生大考中见证了文言文阅读的绝对地位。

《普通高中语文课程标准》(2017 年版)中明确要求，“学生借助注释、工具书独立研读文本，梳理常用文言实词、虚词和特殊句式，学习中国古代优秀作品，体会其中蕴含的中华民族精神，为形成一定的传统文化底蕴奠定基础，学习从历史发展的角度理解古代作品的内容价值，从中汲取民族智慧；用现代观念审视作品，评价其积极意义与历史局限。”高考指挥棒的影响加上考纲“理解常见文言实词在文中的含义；理解常见文言虚词在文中的意义和用法；理解现代汉语的不同句式和用法；理解并翻译文中的句子”的要求，使 H 老师对文言文教学愈发重视，同时也就当下文言文教学进行了一系列的探索。

H 老师是 Z 中学的一名高中语文老师，虽然他参加工作才三年，但是在教学实践中已经显示出了积极主动的干劲和坚持不懈的恒心。Z 中学是陕西省一所重点中学，它是一所坐落于巴山腹地、柳林河畔的县级中学。H 老师在三年一届的教学轮回中积攒了一定的经验和心得，同时也向前辈同事们虚心请教学习。因此，短短三年，通过他的不断努力和坚持，他任教的班级对语文学习的热情不断高涨，成绩显著提升。正是同学们的积极反馈，更加坚定了他继续进行文言文教学革新的信心。于是，H 老师认真研读新课标要求及考纲要求，同时阅读大量书籍和文献，摩拳擦掌，积极投身于高中文言文的教学实践中。

案例正文

一、寻找病症

(一)发现问题

在这几年的教学实践中，H 老师也经历过迷茫、焦虑的不良状态，最终顶住压力，努力钻研教材，了解学生，学习前辈教法，及时调整自己的身心状态，在和学生们的互相适应的过程中共同进步。他有一个明显的感觉，即语文课堂上存在一个现象：上现当代散文、小说的选节内容时，大家热情高涨，十分有兴趣，但是一旦课堂内容是文言文及古诗词时，大家就略显沉默，积极性不高，课堂死气沉沉。这是为什么呢？H 老师不断地反思：作为一名语文老师，自己对古代文学十分感兴趣，因此在讲课时十分昂扬，也在努力调动课堂气氛，讲授的内容也是自己精心挑选过的，努力让学生能够在思考讨论中感到文言文的乐趣所在，可是学生在课堂上的表现为什么不如预期呢？为了找出问题所在，H 老师铆足了劲儿，下足了功夫，做了一系列调查工作。

首先，H 老师整理并总结了个人三年的教学经验；其次他对不同年级、不同班级的语文老师进行了访谈调查，接着又对三个年级的学生进行了问卷调查。最终 H 老师结合数据资料，初步找出了高中文言文教学出现的以下几个问题：

（1）文言文课上成了句读课、翻译课。

（2）文言文课缺乏情境性、生活性。

（3）文言文课上完之后留下了繁重的课业负担，死记硬背，应付考试，没有意义。

（二）究其原因

H老师努力站在学生的立场去分析文言文教学中出现的问题，并且积极探究原因。同时他也深刻认识到，课堂是一个双向互动的过程，只有学生和老师都充分投入参与到课堂中去，这节课才是有意义有价值的。既然如此，那么为什么会在文言文课堂上出现这些问题，为什么学生会对文言文课堂感到无兴趣？

为了一探究竟，H老师在自己的班级举行了一次以“我想上怎样的文言文课”为主题的班会。当H老师在黑板上写下这几个字后，学生们都面面相觑，沉默之后依旧是沉默。H老师知道同学们也许会存在畏惧心理，不敢说出内心的想法，也许同学们对此没有任何思考和想法。

这时，H老师没有生气，只是很平静地对学生们说：“今天我来召开这样一个班会，只是为了让大家在学习文言文的时候更加开心，不那么痛苦，这样老师在了解了你们的内心想法之后，老师才会根据你们的需求改进课堂。这样，大家都能在课堂上学有所获！”这个时候，有一个平常性格沉稳的男生举手发言了。他说：“H老师，我对您个人没有偏见。我也承认您上课已经很努力地调动大家的积极性，文言文课堂更是如此。但是，我在文言文课堂上宁愿自学，因为您教授的内容，我已经提前预习，所以上课的时候您讲的内容对我而言已经是旧知，我的思维就无法再和您同步了……”老师听完，很认真地在笔记本上记录：学生学习能力和水平层次有差异，要注意分层次教学。

随即，H老师对这位男生说：“W同学，首先我对你的自学能力提出表扬，也希望你继续保持这个好习惯，但是温故而知新，才是学习积累知识的最佳搭配，也希望你能够注意这一点。”W同学频频点头，若有所思的样子。

“其他同学呢，也请大家说说心里话，刚刚这位同学已经给大家带了个好的开头。”H老师微笑着环顾教室里的每一个同学。

“老师，我理想中的文言文课堂就像央视节目《中国诗词大会》那般精彩刺激，激烈角逐，瞬间让人发散思维，屏住呼吸，全神贯注，认真思考，但同时我也知道自身能力有限，知识储备不足，在观赏节目的时候我就发现自己很无知，望而却步……”

“老师，我也来说说我心中的文言文课堂。其实我对古诗词还挺感兴趣的，特别是一些缠绵悱恻的诗词。但是一旦遇到文言散文，我顿时觉得此为长篇大论，了无生趣，头皮发麻，所以我希望文言文能不能上得更加通俗易懂，不纠结于断句和翻译呢？”

“老师，我们现在学的文言文篇幅逐渐变长，但是在老师的分析教学下，我们得到的也是一些干巴巴的知识点，对于其情感方面的领悟实在太少，我就觉得是为了考试而学习，十分干涩。”

“老师，我现在特别害怕上文言文课，因为上完之后，我就知道又要背书了，我记不住呀。可能是我太笨了，背诵实在是太痛苦了，从而导致我十分厌恶文言文课……”

H 老师感到十分欣慰，同学们敢于说真话，表达自己内心真实地想法，既能够增进师生之间的相互了解，也能实际改善和解决部分问题。这样的班会十分有意义。

此时，H 老师的笔记本上记录下了一条又一条学生的反馈：① 学生学习水平和能力分层化。② 学生渴望刺激有趣的课堂，但自身知识储备不足。③ 文言文课堂按部就班，死板无趣，不够通俗易懂，学生具有畏难情绪。④ 老师教学无趣，与现实生活脱节。⑤ 老师未能传授给学生如何理解性学习与记忆，导致学生害怕背诵，从而抵触文言文的学习。⑥ 受考指挥棒影响，老师专注文言文的句读、翻译等细节部分，缺乏宏观格局和人文情怀。

通过这次班会，H 老师对班上学生们有了更加深入的了解。他打算根据学生们反馈的情况，制定一个系统的文言文教学流程（当然他也处在摸索的阶段），为创造更好的文言文教学而不懈努力。

二、对症下药

（一）课前预习

前面说到在班会中，第一个发言的男生说到老师没有考虑到分层次教学。于是，H 老师在正式上课之前提前布置预习任务，让学生们在课下分工合作，共同完成预习任务。这种预习凸显了两大好处，一是学习习惯好的同学依旧会自觉主动进行预习；二是学习自觉性差的同学也会在老师的督促下预习。总的来说，无论是主动还是被动，都对有效开展新课学习有帮助。这次 H 老师要上的文言文篇目是人教版高中语文必修五的《陈情表》，老师在课前就布置了预习任务：① 借助注释、工具书，解决不认识的字词，疏通文义。② 利用互联网、工具书了解文章创作背景和作者生平经历，提前感知文章情感基调。③ 思考《陈情表》中“陈情”的原因，了解文体“表”的特点及文中的具体体现。全班共计 40 名同学，H 老师布置预习任务后，学生们纷纷行动，积极搜集资料，同时也对文章进行了初步的诵读，有了基本的了解。大家都期待着这次文言文新探索课堂的开始。

（二）循因导入

H 老师抓住《陈情表》一文的关键——忠孝文化，循此导入了课堂。

H 老师首先引用了《增广贤文》中的一句古训——“羊有跪乳之恩，鸦有反哺之义。”接着，H 老师继续说着：“这是什么意思呢？这些都是表现感恩的故事。具体是指乌鸦长大后，会本能地喂养、照顾自己的母亲；小羊羔吃奶的时候总是跪着，仿佛是在感谢母羊对自己的养育之恩。动物都是如此，更何况人呢？今天呀，咱们就共同走入李密所写的《陈情表》，去看看他是如何表达自己的拳拳孝心的。”

紧接着，班级的同学们踊跃发言，各自展示着自己认真搜集来的资料。有的同学展示了《陈情表》的写作背景：司马集团灭蜀后，为巩固政权，提出以“孝”治天下，同时为了笼络西蜀人士，大力征召西蜀名流到朝中做官，李密是亡蜀降臣，如若不应诏，违逆皇命，将会惹来杀身之祸。此文正是李密借照顾祖母之由，言辞恳切，拳拳之心，感人肺腑，既能典型的突出自己的“孝心”，让皇帝感动之余，又能准许他留待家中侍奉祖母。有的同学展示了李密的生平：他命运多舛，身世可怜，父亲早亡，母亲改嫁，无兄弟，全靠祖母一手抚养长大，以“孝”闻名。

通过课前的预习工作，结合 H 老师的循因导入，顺理成章地让学生们感受到这篇文言文的感情基调是至纯至孝至爱。这两个步骤的紧密结合让老师和学生都感到了文言文的教学也是需要技巧和方法的，原来文言文可以这么有趣。《普通高中语文课程标准》中要求：感受作品中的艺术形象，理解欣赏作品的语言表达，把握作品的内涵，理解作者的创作意图，结合自己的生活经验和阅读写作经历，发挥想象，加深对作品的理解，力求有自己的发现。H 老师发现，紧扣着课标要求，学生不仅可以有效地理解文言文的主要内容和创作基调，也能深刻感知作者的情感意图，对人物形象和故事都有了自己的见解和思考。

（三）诵读评论

H 老师的有效导入整体上为这堂课奠定了情感基调，让同学们能够带着对祖母的孝敬、对李密的敬佩、对生活的感恩，继续深入学习。于是，H 老师赶紧趁热打铁，让同学们进入诵读讨论阶段。在第一和第二个环节，同学们已经对李密和祖母的情感线索有了大致的了解。此时，H 老师将全班同学分为四个小组，每个小组十人。整篇文章共四段，一、三小组按照顺序，各自诵读两段；二、四小组当评委进行点评。小评委们听得很认真，在朗诵组的同学读完之后，评委组的学生们也做出了点评。

他们一致认为第三小组的同学们读出了李密的深切情感，十分感人，语速缓慢，情感真挚，令人动容。受到了其他同学的赞扬，第三小组的同学们十分开心，同时也更加增强了对学习这篇文言文的兴趣和信心。第一小组的同学们也没有气馁，因为他们知道自己在体味情感和表达情感方面的不足，下定决心好好体会李密在文中的深情表达。

小组比赛朗读、点评之后，全班同学的学习热情进一步高涨，大家都认真钻研文本，结合搜集到的资料和课文注释，努力想要把这篇文言文吃透消化。

（四）热烈讨论

第一节试验课很快就结束了，H 老师和同学们十分高兴。课上，同学们努力参与课堂、认真学习的干劲儿令 H 老师十分感慨。课下，同学们仍旧对李密与祖母的情感、李密逻辑严密的说辞十分感兴趣，这种思考一直延续到了第二次试验课。这次，H 老师开门见山，提出以下几个问题，引导学生们对《陈情表》进行讨论分析。

（1）本文陈情的原因是什么？具体在文中是怎样进行“陈情”的？陈情的语气和句式有什么特点？

（2）对高三学生而言，寒假仅有 20 天，除去走亲访友，拜年聚会，朋友小聚、外出旅游等安排外，时间所剩无几，希望老师少布置作业，甚至干脆不要布置作业，学生应该如何陈情、表达自己的愿望呢？

（3）其他同学点评该同学的陈情方法和效果。

H 老师提出这几个问题后，就将课堂时间交给了学生们。同学们带着问题继续深入分析这篇文章。在同学们积极讨论时，H 老师也走近同学们，给予合适的引导，让学生们更好地理解大意。大家讨论了十分钟后，每个小组都派了代表进行发言。

《陈情表》一文陈情是为了孝敬祖母，先孝而后忠。首先，李密抓住晋朝崇尚孝道的这一关键进行陈情——“伏惟圣朝以孝治天下”，“孝道先行”。其次，消除晋武帝的忧虑，“本图宦达，不矜名节”。最后，晓之以理，动之以情，“但以刘日薄西山，气息奄奄，人命危浅，朝不虑夕。是臣尽节于陛下之日长，报养刘之日短也，乌鸟私情，愿乞终养”。环环相扣，让晋武帝感念于李密的孝心、难处与忠心，从而让他先尽孝再尽忠，忠孝两全，岂不美哉！文中陈情的语气根据对象而确定，李密是与皇帝对话，因此语气必须要委婉，放低身段。文中句式多为四字、偶句为主，长短句搭配，逻辑严密，十分恰当。

在 H 老师的引导和总结之下，同学们和 H 老师一起归纳了《陈情表》一文的行文逻辑、特点及意图。同学们也为自己能够理清晦涩难懂的文言文逻辑和行文技巧感到激动与自豪。通过这样的分析，同学们也能够更加深刻地感受到“臣无祖母，无以至今日；祖母无臣，无以终余年。母孙二人，更相为命。是以区区不能废远”的深情厚谊。

接下来，同学们联系生活实际，根据老师创设的情境进行陈情，这让学生们感到十分有新意，参与热情高涨。

A 同学说可以先为老师送去祝福和贺卡，表达学生对老师辛苦付出的理解、尊重和感恩；其次和老师谈谈寒假计划，分析时间都去哪儿了，确实没有多余的时间去完成作业；最后向老师保证，会在亲朋相聚、外出旅游之际，尽己所能努力去复习旧知，希望老师尽量少布置作业，最好是不要布置作业。

B 同学听了 A 同学的“陈情”后，评论说：“首先他尊师重道，礼待老师，送祝福送关怀，谈心交流，不知不觉间拉近与老师的距离，接着拉家常聊天谈论寒假时间去哪儿了，让老师知道时间确实短，安排繁杂，但是情感交流确实很重要，并非是自己懒惰不思进取，这些陈情的步骤都恰如其分，但是最后的愿望表达过于直接，对出现的问题也没有提出具体的其他方案，没有办法让老师信服。”

紧接着，C 同学评论说：“我同意 B 同学的说法，A 同学最后在表达自己的终极愿望时，应该转换语气，变为反问句，如‘老师，像这种情况，我应该怎么办呢？’，这样就可以将问题抛给老师，既要考量到学生的难处，也要顾及自己的教学情况，相信老师会做出合理的抉择。”

……

H 老师看到同学们结合自己生活实际模仿学习并运用《陈情表》一文中的陈情技巧和方法，感到十分高兴。这说明同学们真正理解并运用到了陈情的技巧，同时又不盲目学习，加入了现实生活中的需求，也加入了个人的见解，更加具有时代性。

课标中要求“以自主、合作、探究性学习为主要方式，凸显学生学习语文的根本途径，力求改变老师大量讲解分析的教学模式”“提高学生探究、发现能力”“注重发展语感，增强对语言规律的认识，不追求知识点的全面与系统，切忌违背学生自主学习的精神”等，H 老师采取的一系列文言文课堂新探索正是紧扣上述要求，力求在实践中让学生感受语文魅力，传承文化知识。

虽然很多时候学生会觉得反复的诵读讨论点评会浪费时间，但是在不知不觉中，同学们相互听取各自的见解，点评他人，指出不足并讨论策略，这就充分践行了课标的要求。这样的文言文课堂不再是枯燥无味、长篇累牍，了无生趣，不再是语文老师一个人的独角戏，也不再是学生的噩梦。

（五）总结归纳

《陈情表》一文主要是李密在皇帝“诏书切峻，责臣逋慢”的严峻情况下，根据晋武帝所倡导的“孝义至上”的政治主张，有条不紊地罗列出自己的身世处境、实际情况，用真切地语言和情感打动皇帝，让皇帝念及孝道，恩准他侍奉祖母，陪伴在侧。

H 老师引导学生在预习、导入、诵读评论、讨论、总结这五个环节中不断深入感知《陈情表》一文，让每一位学生都能够体会这篇文言文语言、结构和情感的美。

三、教学效果

课后，H 老师和同学们进行了深切的交谈，了解了他们对这种文言课堂学习的感受。同学们十分乐于接受这种教学，并期待以后的文言文课也能这般开展。这种持续反馈让 H 老师更加坚定了在文言文阅读教学上必须不断探索，最终形成真正意义上的教学策略。

虽然 H 老师讲授的《陈情表》一文，能够在学生中得到极好的效果，同时让学生们感受到“至纯至善至美”的“忠孝文化”，让学生们在实际生活中也能受益匪浅，感悟良多。但是 H 老师也注意到了一些问题:《陈情表》一文选自人教版必修五第二单元，这一单元还有其他三篇文言文，分别是《归去来兮辞》《滕王阁序》和《逍遥游》。这一文言文单元在学生们高二阶段将被讲授，虽然高二阶段的学生已经对文言文的文义疏通及理解方面有了大量的积累，但是按照 H 老师调研情况可知：学生们的知识储备不足，学生们在学习这一单元时，必将遇到一定的理解障碍，尤其是情感理解和生活体验方面，因此让学生们有更多的生活体验、情感理解迫在眉睫。可是学生们高中三年，都坐在书斋中，苦读各门功课，畅游题海，好不容易空余出来的时间也要用来放松娱乐、整理内务，也就是“劳逸结合”。那么，学生们怎么能体会到生活的酸甜苦辣咸滋味，情感的丰富多变呢？如何让未经世事的童真学生们，最大限度地体会人生百态，丰富情感，成为H老师心中的困惑和难题。

H老师也是一个年轻的老师呀，面对这个难题，凭他一人之力，无力解决。于是，H 老师相信集全校老师的力量，一定可以讨论出一个合适的方法。终于，通过几个月的思考、讨论和总结，H老师对学生们提出了以下几点要求：

首先，同学们课余要多读经典书籍，如果不能亲身经历，那么从文字海洋中读取理解也是可以的，站在巨人的肩膀上必将领略到不同风景。其次，要多参加集体活动，珍惜每次和亲朋好友欢聚一堂、外出旅游，与老师相处的机会，积累丰富的情感体验。再次，要珍惜自己的情感起伏变化，从发现到调节到恢复的每个环节，都要善于联想，让每个情绪细胞变得不寻常，充满人生的意义。最后，在文言文课堂中，学生要紧跟老师的思维，探索每个主人公的精彩人生，同时要结合生活实际，发挥最大的实际效用。正如“艺术源于生活却高于生活”，同学们也要相信古人的文言作品也是他从自己的生平经历中提炼出来，要尝试理解作者的想法和心境，不要产生畏难情绪。

有的时候，作为语文老师，要学会等待，要学会给学生们时间，让他们逐渐积累，成长，只有这样，在上课的时候，学生们才能更加深刻地理解文本的含义，从而走出书本，走进生活，不再是读死书、死读书。只有这样，晦涩的文言文阅读教学才不再是老大难问题，学生和老师才能相得益彰，共同收获人生的精彩！

H 老师让同学们积累了一段时间之后，再讲到《归去来兮辞》的时候，学生们就十分理解五柳先生对人生的豁达之情，并且也善于联系实际，对生活中的烦心事看得淡了，心也就更加轻松了。当讲到《滕王阁序》之时，学生们根据整齐的骈文句式、华丽的辞藻，还有王勃 的生平经历，通过联系，感知到了山川的壮丽、生活的美好，同时也能感受到王勃对生活的热爱，自然而然也能理解王勃乐观豁达的情怀，从而延伸到实际生活中，培养自己乐观豁达的心性和远大志向。同样，庄子的《逍遥游》一文极具特色，想象奇特，色彩浪漫，超脱旷达，境界高远，但是庄子的境界过于缥缈和高远了，作为老师，需要及时提醒和点拨学生：大家正处在积极奋斗的学生阶段，只要能够体会理解庄子的精神就好了，不必深刻追求。

通过一段时间的文言课堂尝试，学生们培养了文言兴趣，也积累了相应的文言知识。在后续的文言课堂教学中，H 老师发现，同学们不仅逐渐理解了文本的含义，也烙上了“个性化”的特征，这令人十分高兴！经过 H 老师的不懈努力和实验推广，Z中学的语文成绩不断进步。

结　语

文言文阅读教学的困境一直存在，因此，在实践中不断改善和解决问题是每个教育者的心愿。文言文是古人传情达意的载体，他们的文字中寄托着人生抱负、社会形势、传统文化和中华美德等人文精髓，只有用合适的方法去教学，才能让文言文重新焕发生机，重新让国人对文言文产生兴趣，以古文影响今人，让优秀传统文化得以传承下去。同时我们也必须考虑到高考语文试卷中，文言文阅读占比大，这就说明了文言文的重要性。如果学生在日常课堂学习中对文言文阅读兴趣不高，理解出现障碍，语文考试成绩就很难有所提升，失去高考竞争力，无法在人生大考中书写辉煌一页。这种情形是十分严峻的。

当然，H 老师在此不是强调分数的重要性，而是兼顾人文情怀和实际情况。语文老师必须担起传承和弘扬优秀传统文化的重任。为此 H 老师通过一系列的文言文阅读教学探索，决定按照“预习—导入—诵读—讨论—总结”五个流程讲授，其中穿插学生互评、自主分析探究、结合生活实际，去深刻体会文言文中的精髓，更好地学习文言文，体会其魅力，从而促进自身的进步。尽管过程艰难，也曾遇到十分棘手的问题，但是经过和学校老师的不懈努力，学生们终于拥有了锋利的“宝剑”，能够轻而易举地抓住文言文的关键，同时进行“个性化”的思考和表达。这种自主思考能力不仅对于学习文言文帮助很大，也对学生们今后的漫漫人生路大有裨益。

【案例思考题】

1. 导致文言文教学困境的主要原因是什么？

2. 学生通过“课前预习”“循因导入”“诵读评论”“热烈讨论”“总结归纳”几个环节是否能够真正转变对文言文阅读厌烦的心理？

3. 文言文阅读教学中“评论”这一环节应该怎样去完善，如何更好地提高学生对于文言文关键点的理解？

4. 除了H老师提出的五步文言文阅读教学方法以外，还有那些文言文阅读教学方法？

5. H 老师的文言文阅读教学方法在当今时代存在哪些不足？

【案例使用说明】

1. 适用范围

适用对象：中学语文老师，师范教育专业本科生、学科教学（语文）硕士生。

适合课程：中学语文、中学语文教育教学、古代汉语、古代文学、中国文化概要。

2. 教学目的

（1）明确当前文言文阅读教学的困境。

（2）提出紧扣《普通高中语文课程标准》的文言文阅读教学策略。

（3）密切联系学生实际，发挥文言文阅读的实际效用。

（4）多方面促进学生体验生活，丰富情感，更好理解文言文内涵，倡导个性化思考和表达。

3. 要点提示

（1）相关理论

文学体式理论；

孙绍振文本解读分析方法论；

老师专业发展理论；

老师知识与老师能力。

（2）关键知识点

文言文阅读教学出现了哪些具体问题，突破传统文言文阅读教学的束缚和限制，文言文阅读教学的有效策略。

（3）关键能力点

调研高中文言文阅读教学困境的原因，寻找改善当前文言阅读教学现状的策略，创造多样的情感体验和生活情境，解读文本同时注入个性化思考与表达。

（4）案例分析思路

在对文言文阅读教学阅读困境、原因及有效策略进行探索的过程中，H 老师身体力行，积极研究，投身实践，通过一系列主客观结合的调查研究，总结归纳出导致文言文教学效果低下的多种因素，并制定了教学策略——“课前预习”“循因导入”“诵读评论”“热烈讨论”“总结归纳”。明确文言文阅读教学的核心关键是学生要拥有足够的生活体悟和情感体验，真正将文言文的文本意义和社会生活实际有机联系起来，真正理解文言文的“血与肉”。

4. 教学建议

时间安排：中学标准课 4 节，180 分钟。检查预习工作、导入课堂花费一节时间，诵读评论、热烈讨论、归纳总结各 1 节。

环节安排：提前 1 周利用早读课、课余的时间让同学们预习内容，搜集资料→学生分为 4 个小组→小组查阅资料，自行交流想法→同学在整体感知大意的情况下，诵读互评→老师引导，深入分析文言文内容、语言及情感→将文言文与生活实际有机整合，加深对生活的感悟→理解性教学，总结归纳全文要旨，延伸至生活真谛。

人数要求：40 人左右的班级教学。

教学方法：加强学生生活体验，丰富情感为主，但要求不能脱离文本，老师对学生的思考要进行适当点评。

工具选择：多媒体。

组织引导：老师布置任务清晰，预习要求明确。

学生存在问题时及时给予建议与帮助。

活动设计建议：

课前计划 4 节课，要求学生课前预习，上课前做好教学准备。

将全班分为四个小组，每个小组在相应环节都要进行代表发言，特别是在诵读环节，要感悟课文的句式之美、情感之真，点评组和诵读组要各司其职，认真表现。在点评过程中老师要注意听取学生的想法，理解准确到位，要进行及时反馈。在讨论环节，老师要注意适时引导学生将文言文和实际生活联系起来，帮助学生利用真实生活更好地理解文本所想表达的含义。

5. 推荐阅读

[1] 李宏发. 基于新课标的文学类文本“问题情境”教学策略初探——试以古典散文《陈情表》为例[J]. 语文教学通讯，2018（9）.

[2] 陈寿江. 论陈情表的写作意图、身份意识和读者意识[J]. 教学大参考，2015（10）.

[3] 武维强，马心忠. 新课改下高中语文教学中渗透“孝文化”课堂导入地思考[J]. 教学策略，2017.

[4] 周靖雯. 中文言文中传统文化教学策略研究[D]. 沈阳：沈阳师范大学，2018.

[5] 杜泽琛.“生命课堂”理念下高中语文阅读教学策略研究[D]. 兰州：西北师范大学，2016.

[6] 许翠翠. 基于文体分类的高中文言文教学策略研究[D]. 武汉：华中师范大学，2017.

C 老师对叶圣陶写作教学思想的探索

王凯旋[①]

【摘　要】写作教学是语文教学中的重点，在各种考试中占了较大比重。然而在长期应试教育的影响下，当今中学写作出现了统一套路和模式化的特点，以分数为本而不以人为本。叶圣陶先生的写作教育思想为 C 老师教学和学生写作提供了指导与方向，他提倡阅读是写作的基础、生活是写作的源泉、“求诚”的写作态度。C 老师由此出发，探索叶圣陶写作教学思想对当代中学写作教学所存在问题提供的方法论指导。本案例主要从“热爱阅读”“观察生活”“真诚自我”三个环节，对 C 老师探索叶圣陶写作教学思想进行描述。

【关键词】写作教学；中学写作；叶圣陶

背景信息

语文是一门关于语言文字综合性、实践性运用的课程。语文课程要全面提升学生的语文素养，离不开听、说、读、写的能力的训练，其中，写作作为“写”的主要方式，更是语文素养中多种能力的集中体现。

写作教学是语文教学中的重点，更是难点。学生写作难，老师教授难。然而，在长期应试教育的影响下，中学写作逐渐忽视了以人为本，变成以分数为本。中、高考作文变得统一套路和模式化，千篇一律，华而不实。作文中没有自我生活的轨迹，也没有自我真情实感的表达。

叶圣陶先生在《阅读是写作的基础》中指出：“阅读与写作，吸收和表达，一个是进，从外到内，一个是出，从内到外，当然与吸收有密切的关系。”阅读是写作的基础，是一个吸收的过程；写作是吸收后的表达，是倾吐。简而言之，要先从阅读中吸收言语经验，才能在写作中进行言语表达。

叶圣陶先生在《作文论》中指出：“作文这件事离不开生活，生活充实到了什么程度，才会做成什么文字。”写作是主体通过文字表达自我的一种行为，最初是为了传达信息观点，或是记录某些人或事，进而表达自我的情感。这些都与生活密切相关。写作素材源于生活，一篇优秀的作文，一定离不开作者生活中的所见所闻、所思所想、

---

① 作者简介：王凯旋，女，贵州都匀人，黔南民族师范学院 2018 级学科教学（语文）专业方向研究生；导师：郑江义教授

所经历过的点滴。

叶圣陶先生在《作文论》中提出了作文上的求诚："从原料讲，要是真实的、深厚的，不说那些不可征验、浮游无着的话；从写作讲，要是诚恳的、严肃的，不取那些油滑、轻薄、卑鄙的态度。"前者要求写作主体在作文中的情感表达与内心真实想法一致；后者则要求作文与做人的统一，不去弄虚作假。求诚、求真实，是写作应该具备的态度。

中学生面临多科目、高强度的学习和中、高考应试的压力，大多数学生平时都处于三点一线的生活环境，每天仅活动于宿舍、食堂、教室，少有多余的时间和精力去自主写作，大多数的写作活动都是在老师的要求下进行的。如此一来，学生的写作充满了被动性，写作只是为了应付考试与完成教学的要求，学生很少得心应手地去写自己内心真实的感受，渐渐失去了写作的兴趣和动力。

优秀的写作材料来源于丰富的生活经验。由于生活单一、学业压力巨大，M 班的学生缺少对生活中点滴的观察和体验，在提笔写作的时候，脑子里空空洞洞，仿佛没有值得描写的美丽景色，没有愿意在文章中倾诉的事例，也没有想要抒发的真情实感。

在以成绩定成败的教育环境下，大多数老师更愿意选择高效、快速提高学生写作成绩的教学方法，传授投机的写作技巧，使作文全篇优美华丽。"快速提分干货""高考作文模板""满分作文实例""万用写作素材"等名词使人耳熟能详，而日积月累、循序渐进的培养写作能力的教学方法则被渐渐遗弃。

由此可见，许多中学语文老师在写作教学上渐渐偏离了叶圣陶先生的写作思想，对叶圣陶写作教学思想的探索迫在眉睫。

E 中学创建于 1974 年，有着丰厚的历史文化底蕴，建校四十多年来培养了大量优秀学子，成为市级重点学校。

C 老师是刚走上工作岗位一年的新老师，带领的 M 班是一个成绩较为普通的班级。班里学生共 55 人。C 老师从小热爱写作，闲暇时喜欢写随笔和日记，对于写作有着自己的心得和见解。C 老师走上工作岗位后，认真研读了《叶圣陶语文教育论集》，结合新课标的要求，从写作活动的本质和功能出发，对写作教学之路进行探索。

案例正文

一、"热爱阅读"

阅读是写作的基础，众所周知，要多阅读才能写出好文章。语文教科书上有名著导读专题，C 老师也鼓励学生阅读国内外优秀文学作品。然而，面对学业压力的中学生们真正有时间和兴趣进行的课外阅读有多少呢？因此，C 老师认为，在短暂的教学时间内，提升学生课内外阅读的质量尤为关键。引导学生进行有效阅读，从中吸取促进人格成长的因素，才能从本质上提升学生的写作能力。

（一）提高课内阅读的质量

同学们抱怨没有时间进行课外阅读，课后属于自己的时间要用来完成多门科目的作业和复习。面对这样的状况，C 老师决定从课本入手，着眼于每个学生都会接触到的语文书上的课内阅读。被编进教材的课内阅读本文，大多是值得反复细读学习的经典名篇，能够促进学生的人格成长。在课内阅读教学中，C 老师通过挖掘教材资源来对 M 班的学生进行人格培养，提升学生学习和阅读课文的质量。

这一天，C 老师在进行小说阅读教学，教学的篇目是林海音的《爸爸的花儿落了》。

C 老师：同学们，童年是人一生中最美好也最短暂的阶段，我们每个人都曾经历过童年。那么，在这篇文章里，小英子向我们讲述了童年时她和爸爸之间的哪些故事？

A 同学：小英子懒惰晚起想逃学，被爸爸狠狠打了一顿；还有在爸爸的鼓励下独自到银行去寄钱。

B 同学：小英子独自到银行汇款事件。

C 同学：爸爸很爱花。

D 同学：毕业典礼前到医院探望父亲，毕业典礼后父亲去世了。老高的话，以及小英子说“爸爸的花儿落了”，暗示了父亲的去世。

C 老师：找出文中最让你感动的事件，然后再与大家一起分享，读给大家听，并谈谈你的理解。

E 同学：“我走出教室，站在爸爸面前。爸爸没说什么，打开了手中的包袱，拿出来的是我的花夹袄。他递给我，看着我穿上，又拿出两个铜板来给我。”

F 同学：“爸爸气极了，一把把我从床上拖起来，我的眼泪就流出来了。爸爸左看右看，结果从桌上抄起鸡毛掸子倒转来拿，藤鞭子在空中一抡，就发出咻咻的声音，我挨打了。”

C 老师：同学们看看，作者描写了英子与爸爸的这一系列事件，都是什么样的事情？

G 同学：是一系列的回忆，回忆与爸爸之间发生的小事。

C 老师：你说得很对！从这一系列小事中，我们可以看出什么呢？

H 同学：可以看出爸爸的爱！爸爸的爱是严厉的，是无声的，却也是真实存在的。

C 老师：在该小说中，作者以参加小学毕业典礼的过程为主线，穿插了对往事的回忆，从中表现了父爱的伟大，抒发了对父亲的深切感激和怀念之情，全文哀而不伤，含而不露。我们每个人都有父母，有亲人。作者写的正是子女与父母之间的事，是每个人都可能遇到的事情。大家有没有注意过我们身边的人和事？

我们的父母也曾为我们做过许多事情。让我们一起回忆回忆，父母曾做过哪些让我们感动的事。我们来回忆一下自己的生活，课后将自己与父母之间发生的小事情写成一篇作文。

在教学朱自清的散文《背影》时，C老师也引导学生体会了作者情感的。

C老师：同学们读完课文后，我看到有的同学沉默，有的同学流泪，大家都已经被作品深深地打动了。我想请大家来谈一谈文章中最令你感动的地方。

A同学："父亲走后，我的眼泪又来了。"这个地方也很令人感动。作者原来并不理解父亲，觉得父亲说话不漂亮。现在作者理解了父亲的苦心和爱，在离别的时候，儿子终于忍不住流泪了。

C老师：儿子理解了父亲，望着父亲离去的背影，他流泪了，在这泪水里，有对父亲的感激，有对父亲往后日子的担忧，更有依依不舍离情别绪。

B同学："我北来后，他写了一信给我，信中说道：'我身体平安，惟膀子疼痛厉害，举箸提笔，诸多不便，大约大去之期不远矣。'我读到此处，在晶莹的泪光中，又看见那肥胖的、青布棉袍黑布马褂的背影。唉！我不知何时再能与他相见！"

C老师：是的，作者用朴素的文字，描写父亲做的一些平凡的事，把父亲对儿子的爱表达得深刻细腻，真挚，令人感动，表现出父亲的关怀和爱护。联系实际想一想，我们的父母很多时候何尝又不是这样呢？然而，许多时候我们忽视了他们的爱，我们下意识地认为父母的爱理所应当，不在意甚至很排斥。父母的爱是生活中最平常的，却也是最实在的。其实父母的爱就在我们生活的点点滴滴之中，也许他们只是早起对你的一句问候，也许只是每天为你做的一顿平凡的晚餐。我们在一天天长大，应该学会体谅父母，试着回报他们的爱：大家可以试着在父母下班回家后，给他们捶捶背、揉揉肩，为父母泡一杯茶、洗一次碗。用心观察父母会有怎样的反应，把自己的感受写成一篇小作文。

C老师引导学生在阅读时体会作者的情感表达，反复品味文章，结合自身的生活经历，在作文中表达真情实感。

（二）提高课外阅读的质量

学生根据自己的兴趣进行课外阅读，在阅读中也要注重提高阅读质量。C老师鼓励学生根据兴趣爱好写些读书笔记，记录摘抄自己喜欢的句段，探讨作品的思想和深意，从中获得现实生活的启示。

这一天，C老师让同学们在语文课前三分钟上，分享自己的阅读积累。

A同学：我最近阅读了明代小说家吴承恩的《西游记》，这部小说的故事情节大家都很熟悉，我在阅读原著时发现，除了精彩的情节跌宕起伏，牵动人心，其中章回体诗词也值得我们朗诵积累。在这部小说的第一章，我积累了一些佳句，对仗工整，描写精妙："林中有寿鹿仙狐，树上有灵禽玄鹤。瑶草奇花不谢，青松翠柏长春。仙桃常结果，修竹每留云。""一派白虹起，千寻雪浪飞；海风吹不断，江月照还依。冷气分青嶂，馀流润翠微；潺湲名瀑布，真似挂帘帷。""鸿蒙初辟原无姓，打破顽空须悟空。"

C 老师：这位同学分享得非常好！阅读和背诵是能够提升学生写作水平的方法，这和杜绝千篇一律的文风并不矛盾。面对他人优秀的习作，我们要合理学习，揣摩他人语言风格的精妙之处和文学特色，再结合自己的体验多尝试写作，相信大家一定会有一个质的飞跃！

高质量的课外阅读能够陶冶学生的情操，提升学生的思想视野，促进写作水平的提升。具体来说，首先，熟悉优秀作品的语言风格，揣摩体会他人描写的精妙之处，并探讨其写作思路；其次，将阅读和背诵的优秀作品内化，在此基础上进行写作训练，锻炼自我的思维能力，结合自己真实体验和感受多写多练，面对试题时才能思如泉涌，写出优秀的作品。

二、"观察生活"

很多学生认为写作是一件难事，面对题目自己无话可说。其实是在本质上就误解了写作文的目的，没有去思考写作文到底是要去写什么。C 老师认为写作的重点并非华丽辞藻的堆砌，也并非绝佳的结构套路技巧，而是能够让学生表达自己内心真实的意愿，引导学生从生活中出发寻找写作的思考方向，找到自己想要表达的内容。

这一天，要上一堂作文课，同学们坐在教室里等待 C 老师布置题目。然而，C 老师没有给出话题，更没有给出作文命题。

C 老师：想问一下大家，现在每周的写作文任务，对你们来说难吗？

同学：难！不知道写些什么！不难！给出题目就能写！

C 老师：请大家说说，写作文都难在哪儿？

A 同学：不知道写些什么。

B 同学：语言很平淡，写不出精美的句子。

C 同学：无话可说，是一种煎熬。

D 同学：要花太多时间

……

C 老师：从大家给出的回答来看，写作文好像真的很难。组织语言难，找写作素材难，编写过程难，最难的是“不知道写什么”，说到底，写作文难就难在“取材”上。

叶圣陶先生在《〈文章例话〉序》中说：“生活就如源泉，文章犹如溪水，泉源丰盈而不枯竭，溪水自然活泼地流个不歇。”写作是一种表达对世界认知的活动，生活就是写作的源泉。

C老师：现在网络上，有这么一句调侃的话：“每年到了高考写作文的时候，屈原就要跳河，勾践就要尝胆，韩信就要受辱，苏轼就要被贬，贝多芬就要耳聋，陶渊明就要种田，最可怜的是司马迁，无论什么主题什么语境，只要需要论据，他就要出现……”写作材料与自己的生活经验无关，这样的习作抒发的情感虚假，内容也十分空洞，没有表达自身真实存在的价值观取向，纵然看似取巧获得高分，实际却是经不起细致推敲的，也不可能成为经典优秀的作文。

听了这话，全班哄笑，同学们觉得似曾相识。

C老师：同学们，现在有许多人为了应付作文考题，想走捷径以取得高分，只能写一些千篇一律的材料。我们在寻找写作素材时，要扩大生活的范围，走出课堂，学会观察生活、热爱生活、感悟生活。来自生活的写作素材，是你们最易于获取的，也是真实且生动的。

A同学：我知道了，从生活中的点滴出发，走出课堂，课下的任何事情都可以被记录。

C老师：没错，大家要投入生活的激流，将生活与写作结合，只要是你们自发的、真实的、感兴趣的事物，都可以成为写作内容。大家想一下，你们热爱的事情有哪些，是不是可以写成文章.

B同学：老师，我喜欢旅游，我可以写风景和记事的游记。

C同学：老师，我喜欢读书，我可以写从阅读中获得的感受，也就是读后感。

D同学：老师，我喜欢玩游戏！我是不是可以写玩后感？

（全班哄笑）

C老师：没错，玩游戏能带给你快乐的体验，你可以将这个过程记录下来，并谈谈游戏带给你哪些快乐的感受，为什么能感到快乐。

C老师让学生根据自己的喜好选择，形式自由不限，随笔、周记、日记、感想、总结，都可以常写常练习。C老师教学生要做生活的有心人，细心观察，学会记录，懂得珍惜世间万物，学会把握点滴美好，将生活中的美好与自己的内心融为一体，下笔的感受也将如泉水涌现。

C老师：生活中可写的事物多不胜数，四季更替、春华秋实、天色变幻、山川河流、草木花叶，都是可以下笔描写的美丽景色；与亲人、朋友、同学之间发生的点滴小事与触动心弦的事件，都会给我们带来不同的体验感受。通过参与学校组织的运动会、文化节、社团活动，既能培养我们的兴趣爱好，又能增进集体荣誉感；通过社会实践活动，亲自参与社会服务、调查访问等。这些生活中的事物，都能够成为大家的写作素材！

从观察生活到热爱生活再到感悟生活，生活经验丰富了，写作素材也就随之增多了，作文取材时不再会脑内空无一物。

三、“真诚自我”

现如今，为了追求高分、快捷、速成，许多中学生的写作变得模式化，辞藻堆砌、投机取巧、千篇一律的典故引用，作文变得华而不实。叶圣陶先生说：“作文绝不是把一些很好听、很漂亮的花言巧语写在纸上就算完事的，必须根据经验，从实际生活里流注出来，那才合乎所以要作文的本意。”所以，帮助学生提升写作能力，首先要帮助他们转变观念，让他们认识到写作是为了自己，为了自己的生活和学习，绝不是为了应付考试。

一天，C 老师在给 M 班的同学们上作文课，展示了一篇高考满分作文。

妈妈：

我好想您。昨天终于见到了您，看见您那张写满欣慰又略带疲惫的脸，我非常心疼且由衷地感激您。我知道，只因您想亲自为我送考、加油而急匆匆从西藏赶回湖南。可以想见您在千里迢迢的青藏铁路上彻夜颠簸的情景、您在列车上与他人格格不入的服饰和您那双对我殷切期盼的眼睛。我知道，您的心在谁的身上，谁就能成为您的风景！妈妈，您知道吗？我看到您的那一刻，此前对您的所有的埋怨，都烟消云散了。

妈妈，说实话，我怨恨过您。您是一名光荣的人民老师，却让我错过了三年的母爱。三年前，我顺利进入高中，您却在这样重要的时刻，选择进藏支教。那样的环境，您一待竟是三年。

临走前，您说您要和我共同奋斗，只要三年。我完成我的梦想，您奉献您的事业。我挽留您，哭泣着说：“妈妈，那边又苦又累，还接连好几天不能洗澡。您不要去了，留下来陪我好吗？”您朦胧的双眼中满是痛苦的抉择，您抱着我，久久不语。

之前，您曾去过一次西藏。圣洁的布达拉宫让您流连，最具有传奇色彩的拉姆拉措湖则令您倾倒。但我知道，最令您放不下的是那里的孩子们。您小心翼翼地捧出他们的照片。蓝天白云下瘦弱不堪的孩子们，用典型的高原红的脸努力向您微笑。我知道，正是这些微笑成了您日夜牵肠挂肚的思念。

而正是这份思念使您不顾阻拦地报名援藏支教。您说我有最好的读书环境，而那些可怜的孩子也需要一个平等的改变命运的机会。

我不再挽留您，您拖着厚厚的行李箱离开，去您说的心灵的仙境，临行前您对我说的依旧是最初的加油，您只愿我也能在三年的学习中找到心灵的仙境。望着您的笑容，我若有所思。

网络不通，交通不便。一年之内我只接到您寥寥可数的几个电话。您说："没有水又经常停电的日子的确很艰苦。可我过得很坦然、很惬意。"是啊！您让藏族的孩子们分享了原本只属于我的最朴实最真切的母爱：您教他们识字，陪他们成长，引导他们做人，给他们改变命运的机会，从而实现您事业的梦想。我知道您的坦然，了解您的幸福，也体会到了您和我共同培育的心灵的仙境。

妈妈，昨天见到您，您还拿出藏族孩子们为我缝制的祈福娃娃。他们让您告诉我，谢谢我这位姐姐给了他们一个好妈妈，并祝我考试顺利。那上面还有针线勾出的歪歪扭扭的"我爱您"的藏语。望着那些祈福娃娃和妈妈您略带歉意却又幸福的脸庞，我一度泪如雨下。

妈妈，今天我是在高考的考场里，思索、书写着我的人生答卷。我会带着您给予藏族孩子的这样一份爱与希望从容向前，会学着妈妈您那样执着于自己的信念，去奉献、回报社会，也会学妈妈您那样倾心于自己的事业，去打造真正属于我的心灵的风景。

最敬佩您的女儿

2018 年 6 月 7 日

C 老师：大家读完这篇作文，最大的感受是什么？

E 同学：这篇作文情感很真挚，我读完感到被作者对母亲的感情打动。开篇就直抒胸臆，直接表达了"我好想您。昨天终于见到了您，看见您那张写满欣慰又略带疲惫的脸，我非常心疼且由衷地感激您"。

C 老师：不错，情感真挚！作者对母亲的爱一点一滴流于笔尖。除此之外大家还有什么感受呢？

F 同学：作者写的事让人没有距离感。

C 老师：如何理解呢？

G 同学：读完他的文章，让人觉得很真实，不像有一些范例作文那样全篇都在讲大道理，作者写的就是对自己母亲的寄语，比如这一句："妈妈，说实话，我怨恨过您。您是一名光荣的人民老师，却让我错过了三年的母爱。

三年前，我顺利进入高中，您却在这样重要的时刻，选择进藏支教。那样的环境，您一待竟是三年。”作者写母亲去支教的事，也就是母亲在工作和自己在学习时发生的事，语言也让人觉得就像平常亲近的人在和我们说话一样，最后通过“心灵的仙境”升华了文章的主题。

C 老师：您说得非常不错。我们读完这篇文章之所以觉得感动，是因为作文用质朴的语言表达了自己对母亲深沉的思念与爱。大家读完觉得很真实、很诚挚。足以证明，一篇好的文章是离不开“真诚”的。

不少感同身受的同学赞同地点了点头。

C 老师：文品与人品是息息相关的，对于一个虚情假意、言不由衷的人而言，写作是一件很痛苦的事，因为无法下笔诉说自己的真实想法与真情实感，便体会不到写作的乐趣。

C 老师认为，作为老师要注重培养学生的人品，培养学生独立自主写作的好习惯，杜绝抄袭和照搬，教导学生写作贵在求诚、求真实，心里是怎样想的，就怎样下笔去写。作文的内容，要与写作主体的思想、性情、环境等一致，表达自己内心真实的情感。

随着网络时代的飞速发展，网络写作广泛流行于青少年之间。从 21 世纪初的兴起的博客、个人网站、QQ 空间，再到后来风靡网络的微博、朋友圈……网络交流平台给学生提供了表达自我的空间。

学生惧怕写作，内心真实想法不敢写在纸上给老师看；学生厌恶写作，厌倦了墨守成规的命题作文和写作作业。C 老师认为，应在学习生活中鼓励学生根据爱好来进行网络写作，帮助学生树立正确的价值观，传递积极正确的思想，在良好的三观指引下，让学生敢于写作，能够在自己的小天地抒发内心真情。

这一天，C 老师在写作课上了解学生主动写作的情况。

C 老师：同学们，大家平时除了完成老师布置的写作作业，有没有自己主动写作的习惯呢?

同学们大多数沉默不语，似乎不愿意回答这个问题，或者回答“没有”。

C 老师：老师说的写作不一定是成篇的、系统的、完整的文章，日常生活中的小练笔和即时写下所思所想也都是写作。

A 同学：老师，我喜欢写日记。我有一个日记本，每天都会把发生的事情和心里的感受写上去。

B 同学：老师，我喜欢玩微博，我会拍照片发在微博上，配上文字记录生活。

C 老师：大家说得都很棒，你们所作所写的，都是写作的一部分。

C 同学：老师，我在网上写武侠小说，有空就会更新连载，也有不少人在阅读我的小说，鼓励我继续连载。

D 同学：老师，我喜欢写诗，还有自己尝试创作歌词。

C 老师：真棒！咱们班真是人才济济！同学们写的小说和诗歌一定很精彩！你们愿意将作品分享给同学们，大家私下共同欣赏吗？

A 同学：不太愿意……我不想给别人知道我的想法。

C 同学、D 同学：愿意，可以大家一起看了后，共同欣赏学习，也能给我一些意见，让我有更多进步的空间。

C 老师并没有强迫学生，而是选择尊重学生隐私，说道："没关系，不想给别人看自己的隐私是情理之中的事。老师希望大家能保持这些习惯，让写日记带给你的快乐一直保持着。千万不要让写作成为一件痛苦的事。"

说到了生活中的写作习惯，学生们不再沉默，开始接二连三地发言踊跃。C 老师认为，学生们有自发性的写作行为，可见其对于写作不是没有兴趣的。

C 老师：在平时的各类作文辅导和满分作文中，有我们常见高考作文的惯用套路技巧：考前背诵美文佳句，套用作文模板，开篇先拟题记，再分单元层次进行写作，加入社会热点或万用素材，最后引用古诗文点缀升华全文……这样的写作技巧我们屡见不鲜，毕竟能够使学生在有限时间内写出大致看来优秀的文章。辞藻堆砌，分层写作，看似语句优美，逻辑严谨，实际上却是东拼西凑以成文的，写作主体本身的写作能力并没有得到提高。写作技巧固然重要，但许多人忽视了其本质作用：写作技巧是为了修饰文章，使文章锦上添花的，使用技巧并不是学习写作的本质。

H 同学：老师，您说得对。我们的写作思想被禁锢了，其实只要稍稍转变，发自内心、投入真实的写作，作文一定会有大进步。

新课标倡导培养学生的个性，中学生的想象力和创造力正在蓬勃发展，老师不要一味地给学生布置规定性的写作任务，让学生绞尽脑汁地去写漂亮的高分文字，而应培养学生潜在的创造性思维，将其运用在写作中。奇思妙想，创作故事，吐露内心的奇幻世界；记录生活，拍照配图，描写不被错过的美景、人物、事件；心有感受，抒发胸怀，豪情壮志，真实表达青少年的激情与活力。总之，一定是自己真心实意的写作。

C 老师认为，老师要转变教学思路，要让学生自主命题多写作，循序渐进地培养写作的习惯和爱好，让学生自发性地真正爱上写作。对于高中生，要提倡阅读后的思考，引导学生关心时代和身边的大小事，多练多写多修改。无论如何，都需要让学生拥有长时间、高质量的文字功底积累，最终面对考试作文时也能得心应手，写出富有活力的文字。

此外，要积极引导学生关心社会，树立崇高的人生理想和价值观。在正确三观的引领下，关心现实生活背景，了解当下时代洪流，做一个有辨别事物和独立思考能力的人，写出富有生命力的好作品。

结　语

叶圣陶先生的写作教育思想，为老师教学和学生写作提供了指导与方向。他提倡阅读是写作的基础、生活是写作的源泉、“求诚”的写作态度，对当代中学写作教学所存在的问题仍能提供方法论指导。新课标也提出：“写作教学应贴近学生实际，让学生易于动笔，乐于表达，应引导学生关注现实，热爱生活，表达真情实感。”这与叶圣陶先生的写作思想相符，写作教学应遵循叶圣陶先生所提出的写作建议来进行，回归它原本的意义。

对于面临中高考的学生而言，在有限时间内写出一篇真正优秀的作文，绝非一朝一夕可以练成。让学生在考试中写出优秀的作品，仍需要老师进行大量的实践和学生进行长时间的积累。要提升学生课内外阅读质量、引导学生观察热爱感悟生活、注重做人与作文统一、树立正确的价值观、开拓新式写作教学、挖掘创造性思维、培养写作的习惯与爱好。学生要在忙碌的学习生活中充实自己的精神世界，学会独立思考，敢于多写多练多修改，让写作的本身意义与写作主体回归自然和初心。

【案例思考题】

1. 中学生写作存在的主要问题及主导原因是什么？

2. 学生通过“热爱阅读”“观察生活”“真诚自我”三个方面是否真正能够转变写作模式化、套路化的问题？

3. 叶圣陶写作教学思想在被运用时，是否能真正在有限的课余时间内有效提升阅读质量？

4. C老师的写作教学方法还存在哪些不足？

【案例使用说明】

1. 适用范围

适用对象：教育行政人员，教育专业的硕博导师、研究生、本科生，教育研究者，教育爱好者，中小学老师。

使用课程：教育管理学、老师专业发展。

2. 教学目的

（1）探索实践叶圣陶的写作教学思想；

（2）让写作本身和写作主体回归自然与初心；

（3）尝试脱离模式化、套路化的写作现状。

3. 要点提示

（1）相关理论

叶圣陶写作教学思想中的：“阅读是写作的基础”“生活是写作的源泉”“‘求诚’的写作态度”。

（2）关键知识点

阅读质量的提升；观察生活的写作；做人与作文的求诚。

（3）关键能力点

树立正确的价值观、开拓新式写作教学、挖掘创造性思维、培养写作的习惯与爱好。

（4）案例分析思路

针对目前教学实际存在的问题，结合 E 中学自身情况，挖掘作文教学模式化的原因，寻求作文教学的出路，创新作文教学革新的方法，为解决作文教学中的问题提供借鉴。

4. 教学建议

时间安排：中学标准课 8 节，个性化写作导学 2 节，训练 6 节。

环节安排：开拓个性化写作思维 2 节→口头创作 2 节→书面表达 2 节→师生评论 2 节

人数要求：55 人左右的班级教学。

教学方法：师生交流、影像资料、小组谈论、学生自评为主，老师指导为辅。

活动建议：

（1）课前引入叶圣陶写作教学思想，全校师生加大宣传，构建回归自然和初心的写作氛围。

（2）课堂讨论按照抽签方式决定先后顺序，学生的座位以小组为单位分为若干片区，桌子呈圆形或者环形摆放，小组长位居中间。人手一张白纸，组长两张，每个人都需要记录讨论信息，然后由组长汇总。教室设置相关的录像设备，老师事先准备好自己的点评参考资料和记录本。

（3）课后，老师及时总结并进行反思，以备改进教学。

5. 推荐阅读

[1] 叶圣陶．叶圣陶语文教育论集[M]．北京：教育科学出版社，1980.

[2] 叶至善，叶至美，叶至成．叶圣陶集 1～25 卷[M]．南京：江苏教育出版社，1994.

[3] 朱省果．叶圣陶写作教学理论研究[D]．湖南：湖南师范大学，2012.

[4] 李淦．叶圣陶作文教学观的应用研究[D]．江西：江西师范大学，2013.

[5] 中华人民共和国教育部. 普通高中语文课程标准（实验稿）[S]. 北京：人民教育出版社，2003.

[6] 中华人民共和国教育部. 全日制义务教育语文课程标准（实验稿）[S]. 北京：北京师范大学出版社，2001.

详训诂，明句读

——W 老师文言文句读教学探索

李婧妍[①]

【摘　要】文言文是相对五四运动后的白话文而言的。文言指以先秦口语为基础而形成的上古汉语书面语言及历代作家仿古的作品中的语言，文言文即用文言写成的文章。文言文在现代语文教学中也占据着重要地位，是学生借以学习古代文化、了解古人遣词造句艺术的重要载体。这不仅体现在文言文在教材中所占篇目多，更体现在高考所占比重大。正是由于文言文的重要性，很多老师在教学时以“得高分”为目的，形成了一套固定的教学模式，导致文言文教学方法在多年内未得到应有的改进。W 老师十分关注文言文教学的方法，针对现有文言文教学模式提出了一系列新的教学策略。本案例主要从句读、训诂、赏析等方面对 W 老师的教学改进进行描述。

【关键词】文言文教学；句读；教学策略

背景信息

广义的文言文是相对白话文而言的概念，王力先生在《古代汉语》中指出：“文言是指以先秦口语为基础而形成的，上古汉语书面语言以及后来历代作家仿古的作品中的语言。”而文言文就是指以文言写成的文章，包括诗、词、曲、赋、骈文等多种文体。课堂教学中所说的文言文通常指古文而不包括古诗词。上至先秦诸子散文，后到明清八股文章，这些古文曾经是古代学校教育的重要载体，如今也是现代语文教学中的重要组成部分。文言文具有“言文分离”的特点，古时人们的口头语和书面语有很大区别，在数千年的历史中，人们日常交流中所使用的口头语发生了较大的变化，但书面语却始终保持着较为稳定的面貌。文言文作为贯通古今的书面载体，具有较为规范稳定的格式和简练精干的语言风格。

人教版高中语文必修五册教材中共收录课文 65 篇，其中文言文就有 17 篇之多，在每一册书中均有分布。而在高考中，以全国卷为例，古文部分历年所占分值都在 35 分左右，其地位可见一斑。许多一线老师在进行文言文教学时出于应对考试的目的，在长期的教学中形成了一套固定而“高效”的教学模式：首先介绍写作背景、作者生

---

① 作者简介：李婧妍，女，湖北荆门人，黔南民族师范学院 2018 级学科教学（语文）专业方向研究生；导师：李朝阳教授。

平；接着对文章逐字逐句进行翻译，积累文言常识如文言实词、虚词的含义及用法等，“字字落实，句句清楚”；最后再简单地梳理文章的具体内容，并对文章的写作手法、思想感情做分析。这种教学具有“重言轻文”的特点，但是否能够帮助学生更好的读懂文言文、读会文言文，达到课标要求的教学目的呢？

《普通高中语文课程标准（2017 年版）》（以下简称“新课标”）提出了“学习任务群”的概念，多个任务群皆涉及对文言文学习的要求。应当明确的是，文言文可以帮助学生了解古代的语言现象，把握古今词汇的异同，看到汉语在五千年历史长河中的发展演变，丰富语言积累，提高语言运用能力。文言文也是中国古代文学作品的载体，通过学习和阅读文言文，既可以了解古代的历史文化知识，又可以提高学生的审美鉴赏水平和艺术感知力。鉴于此，结合文言文重要的价值和新课标对文言文教学提出的要求，老师在教学文言文时不仅应当引导学生梳理文言词汇、句式，积累文学常识，完成知识的储备，更要带领学生分析和把握文言文语言运用的技巧、叙事的艺术，培养学生的审美鉴赏能力。最为重要的是通过对文言文的学习，掌握借助工具书独立阅读和赏析文言文的能力。

L 中学是湖北省一所省重点中学，历史悠久，学生素质好，教学质量高，在当地颇有名气。L 中学一直以来都将发展学生的综合素质作为首要任务，积极支持和响应新课改的实施。因此，新课标刚一下发，学校便要求老师们认真研读，以便尽快应用至实际教学中去。

W 老师是 L 中学的语文老师，刚从大学毕业不久。刚刚踏上工作岗位的她正巧赶上新课标的推广施行，在认真研读后，对文言文有着浓厚兴趣的 W 老师对于文言文的教学有了新的思考。文言文不同于白话文，具有言文分离、精炼简洁的特点，其用词习惯和语法与白话文有很大差别。现在的教学模式对于文言文的讲解重点过分集中在文言实词、虚词的意义用法等方面，而忽视了其作为“文”的艺术和审美价值，存在“重言轻文”的问题。针对上述问题，W 老师试图对文言文教学的方法做出改进。

案例正文

一、追根溯源

W 老师认为现在的文言文教学模式并不能很好地帮助学生提高文言文阅读和学习的能力。W 老师决定先从研究现有的文言文教学模式出发，看一看它对学生文言文阅读能力的提高是否起到作用，又存在哪些问题。

W 老师首先花费了一个学期的空闲时间到全校的各个班级听课，同时在网络上搜集优质公开课、优秀教学案例等进行学习，并认真做好笔记；在办公室和同事们就文言文教学中遇到的问题进行交流与讨论，虚心向有经验的老老师们讨教。W 老师也充分利用学校的图书馆，研读学习了大量关于文言文的理论知识和教学知识。在一个学期的努力后，W 老师总结了以下问题：宏观层面上，在新课标修订的过程中，文言文所占比重持续扩大，古诗文背诵推荐篇目由15篇增加到72篇，其中文言文32篇，较现行的人教版高中语文教科书必修五册中所选文言文的数量增加了一倍。与文言文在语文教学中越来越受到重视的情况相对的是教学的巨大压力，文言文佶屈聱牙，阅读理解难度大，学生抵触心强。如何在有限的课时内完成所有篇目的教学任务是老师面临的挑战。因此在教学文言文时，老师往往倾向于使用套路化的教学方法，以求尽快完成教学任务，突出文言文中的考点。而高考的文言文部分主要考查学生对文言文进行翻译的能力，这也就导致了文言文教学出现“重言轻文”的倾向，即重视对文言词汇、文言句式和文学常识的积累而忽视对文言文写作手法、艺术价值的赏析。

微观层面上，不论是老师的文言文教学还是学生的文言文学习都存在问题。老师教学中存在的问题包括：教学模式单一；教学深度不足，仅停留在字词句篇的翻译和背诵默写阶段；教学内容零散不成系统。而对于学生们来说，兴趣的缺失、学习主动性差和文言基础薄弱是造成文言文学习困难的主要原因。

通过对文言文教学中存在的问题进行总结，W老师相信，只要紧扣问题进行教学，一定能改善文言文教学的现状。于是W老师开始了不懈的尝试。

二、初步准备

经过一个学期的潜心研究后，W老师发现了现在的文言文教学中存在的一些问题。针对这些问题，W老师决定在自己所带班级中尝试新的教学方法。正巧这学期学校让W老师接手新入学的高一B班，看着刚从初中升入高中的学生们一张张朝气蓬勃的脸庞，W老师感到充满了干劲。

为了使新的教学方法有更强的针对性，W老师首先在高一C班旁听了一节《烛之武退秦师》，在听课的同时仔细观察学生们的反应。C班的语文老师是位有多年教龄的老老师H，非常重视文言文的教学。H老师遵循常规的教学方法，首先介绍《左传》的历史地位，而后便让同学们朗读课文。W老师观察发现很多同学在朗读时并不投入，只是在机械地读，更有个别同学眼睛盯着书却并没有开口。接着再听朗读的内容也出现了些许错误的读音。据此W老师判断，学生对朗读课文有一定的抵触情绪，没有认识到朗读在学习文言文的过程中起到的重要作用，而且课前可能缺少预习或者预习不到位。

接着H老师便开始疏通字词，将课下注释中的每一个注释都细细讲解，再代入文章中逐句翻译，碰到翻译不出的字词又进行详细的补充。整堂课学生们的目光就在课本、参考书、黑板三点间穿梭。老师讲一处，学生们就埋头记在课本上。H老师还会时不时叫学生起来翻译文章中的某一段话，学生往往照着参考书念完了事。一堂课下来，老师向学生们灌输了满满的文言知识，学生课本上也记得满满当当。但旁观的W老师感到一节课听下来十分疲惫，接收到的知识繁多而杂乱，很难消化，更别说学生们了。

第二节课，H 老师首先带同学们复习了一遍上节课学习的文言常识，接着请几位学生接力将整篇文章从头到尾翻译了一遍，概括段落大意，分析烛之武说服秦伯所用的技巧，最后分析了郑侯、秦伯、烛之武等主要人物的人物形象。就这样，H 老师用两课时的时间结束了对《烛之武退秦师》的教学。课后，H 老师给学生们布置了配套的练习作业，内容包括《烛之武退秦师》的文言常识考察以及一篇某年高考语文卷的文言文阅读真题。W 老师也借阅了学生交上来的作业，发现他们对于课内讲解过的知识点回答得较好，对于课外的文言文，答题情况却不容乐观。据此 W 老师认为，按照原有的教学模式，学生被机械地灌输了课内的文言常识，但文言实际阅读能力的提高并不明显，学生并不能将课堂上学到的知识灵活运用到课外文言文的阅读中。

接着，W 老师回到了自己的班级上。同学们上语文早读时通常都在背诵文言文和古诗词，由于文言文等篇目在课本中分布较为分散，很多学生选择直接拿古诗文的专题资料进行背诵。W 老师注意到不少学生会随意翻看整本资料，边看边摇头，还有同学不时发出啧啧的感叹。于是 W 老师走上去和其中一位性格开朗的男同学聊了起来，询问他为什么这样感慨。男同学胆子大，诚实地说道："老师，这些课文都好长啊，看着都难，和我们以前学过的文言文根本没法比。"旁边的女同学也小声说道："这么长的文言文也要背吗？感觉背不下来。"W 老师又询问了一些同学，发现大家都有类似的想法。很多同学认为文言文难懂，而以往接触到的教学方法更是让同学们感到十分无趣，一提到文言文就想到大量需要背诵的篇目和文言常识。升入高中后看到篇幅更胜以往的文言文，一开始就存在很大的抵触情绪，更别说提起兴趣了。

在了解了这些情况后，W 老师认为，新的教学方法要解决以下几个具体问题：

（1）能够消除学生对文言文的抵触情绪，激发学习兴趣，提升学习主动性；

（2）能够体现文言文不同于白话文的文体特征；

（3）能够体现每篇文言作品独特的文学性、艺术性。

三、量体裁衣

（一）留下悬念，预备教学

在针对上述问题进行认真准备后，W 老师决定给 B 班的学生们上一堂别出心裁的《烛之武退秦师》。《烛之武退秦师》是学生们升入高中后接触到的第一篇文言文，和初中阶段的文言文相比，无论是篇幅还是理解难度上都有质的提升。《三字经》有言："凡训蒙，须讲究。详训诂，明句读。"古时的蒙学，面对刚刚开始学习文章的学生们，私塾先生们往往从训诂句读开始。而高中的文言文教学，学生的文言水平与蒙学无异，W 老师认为可以适当借鉴私塾教学的策略。

周三早自习的时候，W 老师来到班上，将一份去掉了所有标点符号的《烛之武退秦师》原文下发给了同学们，说："同学们，我们开学以来的第一个挑战已经来临了。

今天的语文课我们将一起学习升入高中以来的第一篇文言文——《烛之武退秦师》。这一次老师想换一种不一样的方式来为大家上这节课。早自习希望大家将老师发下去的课文仔细阅读，尽快熟悉内容。”这时有一位同学问道：“老师，这课文都没有标点符号，我们应该怎么读呢？”W 老师笑着说这是个小悬念，这个问题等到上课就知道啦。于是早自习期间同学们都在仔细阅读这篇没有标点的资料，一些有心的同学还会将它和课文对照起来阅读，并将一些课下注释标注在了资料上。

（二）引入正题，激发兴趣

上午第二节课就是 W 老师的语文课。W 老师对同学们说道：“大家应该知道古时是没有标点符号的说法的，因此大家看很多书法作品是从头写到尾不留空隙，比如王羲之的《兰亭集序》。（展示王羲之《兰亭集序》的书法作品）正是由于这样的特点，古代的读书人刚刚开始学习文章的时候，首要任务就是学习句读。有没有同学知道什么叫句读？”

同学们七嘴八舌地回答开来，其中有几位同学答到了“句读就是给文章断句”的内容，老师对此予以肯定。W 老师接着又问：“那么大家猜到老师为什么要发一份没有标点的文章给你们了吗？”学生们恍然大悟。W 老师微笑着说道：“今天老师就带领大家在句读的过程中学习这篇《烛之武退秦师》。”

1. 整体把握

首先 W 老师请 M 同学将未加标点的课文全文朗读一遍，然后询问他朗读一篇没有标点的文言文和朗读有标点的文言文有什么区别，有什么需要注意的地方。M 同学回答说面对这样一篇课文，他朗读的时候没有断句的依据，但他又清楚地知道断句肯定是存在的，所以他凭借以往阅读有标点的文言文时积累的经验，在出现“也”“曰”“焉”“矣”等字的时候停顿。

W 老师请他就座，然后询问其他同学们是否知道 M 同学为何要在这几个字出现的时候停顿。大家纷纷表示因为“曰”是说的意思，后面通常跟着人物所说的话；而“也”“焉”“矣”等常作为句末语气词出现，标志一个句子的结束，因此也需要停顿。W 老师称赞说：“同学们有这样的意识老师很开心，说明大家对文言词汇的用法有一定的了解，但显然一篇文言文不可能仅仅在出现这些词的时候才断句，这些虚词也并非仅有句末语气词这一种用法，要想正确断句，我们还需要更进一步的学习。”

W 老师让学生们先在文中找出表示人名、地名、国名的字词，请同学们找到一个就大声说出来，不需要举手。任务并不难，很快学生们就找到七八个了。W 老师又对人物进行了简单的介绍。接着 W 老师让同学们给这些词语做上记号。

在明确了人物、国家、地点之后，W 老师给了 5 分钟的时间，请同学们尝试再次给文章断句。这一次 W 老师又请了 N 同学依据自己的断句朗读课文，并要求其他同学认真聆听他的断句，用铅笔在文章上做出标记。

N同学：晋侯/秦伯围郑/以其无礼于晋/且贰于楚也/晋军函陵/秦军氾南/佚之狐言于郑伯曰/国危矣/若使烛之武见秦君/师必退/公从之/辞曰/臣之壮也/犹不如人/今老矣/无能为也已/公曰/吾不能早用子/今急而求子/是寡人之过也/然郑亡/子亦有不利焉/许之/夜缒而出/见秦伯/曰/秦晋围郑/郑既知亡矣/若亡郑而有益于君/敢以烦执事/越国以鄙远/君知其难也焉/用亡郑以陪邻/邻之厚君之薄也/若舍郑以为东道主/行李之往来共其乏困/君亦无所害/且君尝为晋君赐矣/许君焦瑕/朝济而夕设版焉/君之所知也/夫晋何厌之有/既东封郑/又欲肆其西封/若不阙秦将焉/取之/阙秦以利晋唯君图之/秦伯说与郑人盟/使杞子/逢孙/杨孙/戍之/乃还/子犯请击之/公曰/不可/微夫人之力不及此/因人之力而敝之不仁/失其所与不知/以乱易整不武/吾其还也/亦去之。

W老师表示N同学读得很好，已经将绝大部分的断句都划分正确了，不过老师认为还是有个别句子的划分不够妥当，下面老师就N同学的断句来问大家一些问题。

W老师：刚才N同学读“晋军函陵 秦军氾南”，同学们觉得这句话是什么意思。

O同学：晋国的军队在函陵，秦国的军队在氾南。

W老师：好，大家知不知道“班师回朝”这个成语？这里的“师”是什么意思？

P同学：是军队的意思。

W老师：我们看文章的后文是不是有一句话“师必退”？那么这里的“师”又是什么意思呢？

Q同学：还是军队的意思。

W老师：那么由此我们可以知道，古时说军队一般用“师”这个字。大家应该知道，文言文以单音节词为主，也就是说以一个字为单位，独立表达一定的意思。而现代汉语一般以双音节甚至多音节词为主。就好比古人用“师”这一个字表达了现代汉语中“军队”两个字组合起来的意思。这是文言文和现代汉语表达方式的显著差异。大家还能不能举出一些类似的例子呢？

A同学：古代“妻”表示“妻子”，“子”表示“儿子”，“妻子”合起来就是“妻子和儿子”的意思。但是现代“妻子”就只指爱人，而不包括儿子。

B同学：古时候“学”指“学习”，“习”指“温习”，是两个不同的概念，和现代的“学习”含义不同。

W老师：看来大家掌握得很不错，那么回到我们的课文。既然“军队”已经用“师”来表达了，“军”就不会是“军队”的意思了，那么文中的“军”应该另有含义，大家可以想一想用什么意思来解释“军”这个字。

C同学：肯定和行军打仗有关。

W老师：非常对，可以想想，晋国怎样在函陵，秦国怎样在氾南？

D同学：驻军！两国把军队驻扎在这两个地方。

W老师：非常好，这里的“军”是动词，指驻扎的意思。所以在读的时候应该是——

D 同学：晋/军函陵，秦/军氾南。

W 老师：同学们肯定发现了，我们之所以没办法正确断句，是对文言词汇的含义把握不准确，下面老师再为大家补充一些注释，请大家对照注释认真在文中做好笔记，重新进行断句，然后老师会再请一位同学来展示修改过后的断句。

2. 各个击破

W 老师将整理好的课下注释打印在一张纸上分发给了同学们，又给了学生们七分钟的时间重新断句。

O 同学：晋侯/秦伯围郑/以其无礼于晋/且贰于楚也/晋/军函陵/秦/军氾南/佚之狐言于郑伯曰/国危矣/若使烛之武见秦君/师必退/公从之/辞曰/臣之壮也/犹不如人/今老矣/无能为也已/公曰/吾不能早用子/今急而求子/是寡人之过也/然郑亡/子亦有不利焉/许之/夜缒而出/见秦伯/曰/秦晋围郑/郑既知亡矣/若亡郑而有益于君/敢以烦执事/越国以鄙远/君知其难也/焉用亡郑以陪邻/邻之厚君之薄也/若舍郑以为东道主/行李之往来/共其乏困/君亦无所害/且君尝为晋君赐矣/许君焦瑕/朝济而夕设版焉/君之所知也/夫晋何厌之有/既东封郑/又欲肆其西封/若不阙秦/将焉取之/阙秦以利晋/唯君图之/秦伯说/与郑人盟/使杞子/逢孙/杨孙戍之/乃还/子犯请击之/公曰/不可/微夫人之力不及此/因人之力而敝之/不仁/失其所与/不知/以乱易整/不武/吾其还也/亦去之。

W 老师：完全正确，可见同学们的领悟能力是非常强的，完全可以凭自己的能力读懂这篇文言文。那么有没有同学说一下，N 同学之前的断句和 O 同学的断句在哪里存在差异？

M 同学："君知其难也焉用亡郑以陪邻、行李之往来共其乏困、若不阙秦将焉取之、阙秦以利晋唯君图之、秦伯说与郑人盟、因人之力而敝之不仁、失其所与不知、以乱易整不武。"这几句的断句有区别。

W 老师：很好，看来大家都有在认真听两位同学的朗读。那么老师先来分析一下为什么 N 同学会这样断句。首先 M 同学给大家开了个好头，指出在"也""焉"等词语后停顿，部分情况下这种断句方法是对的，当然也存在其他的情况。比如"君知其难也，焉用亡郑以陪邻"。N 同学在"焉"字后面断了句。看了注释知道为什么不能在这里断句了吗？

N 同学：知道了，这里的"焉"不是句末的语气词，而是作为一个疑问代词放在句首表示"怎么"的意思。

W 老师：很好，比如"不入虎穴，焉得虎子"中的"焉"就是这样的用法，请大家做好笔记。课后请大家自行总结"焉""也"等文言虚词的常见用法，归纳在笔记本上，老师要检查的哦。后面的句子有没有同学愿意来为大家分析一下出错的原因？

P 同学："行李之往来，共其乏困。"N 同学之所以没有断句，可能一是不知道行李是指出使之人，二是不知道"共"是通假字，通"供"。在看了注释之后这句话的意思就很清楚了。

Q 同学："若不阙秦将焉，取之"也是犯了简单地认为"焉"是句末语气词的错误，这里的"焉"也是表示疑问，"哪里、怎样"的意思。

R 同学："阙秦以利晋唯君图之。"这里我们不知道"唯"是表示希望的句首语气词，可能认为它是"只有"的意思。

S 同学："秦伯说与郑人盟。"这里我注意到 M 和 N 同学读的时候都读成了"shuō"，但通过注释我发现它是一个通假字，通"悦"，所以这句话不是秦伯说和郑国结盟，而是秦王很愉快，同意了与郑人结盟。

T 同学："因人之力而敝之不仁，失其所与不知，以乱易整不武。"这三句话在未加标点时都是非常明显的排比句，不断句事实上对句子的意义影响并不大，但是加上断句会使"不仁、不知、不武"的语气更加强烈，更好地表达出晋文公强硬的语气。

W 老师：非常好，能够注意到断句对人物语言带来的影响，看来同学们现在对课文的理解已经很到位了，那么这堂课的最后，我们一起打开课本，将带有标点符号的课文齐读一遍。

3. 文学鉴赏

W 老师用周三的一节语文课带领同学们探索了一遍《烛之武退秦师》的课文内容，从文言文的句读出发，让同学们尝试运用注释和工具书独立划分课文句读，在断句的过程中反复阅读和理解课文，充分尊重了学生的主体地位，符合新课标对老师教学提出的新要求。

第二课时 W 老师趁热打铁，带同学们梳理文章内容，仔细体会选文的艺术性。W 老师向学生们提出了几个问题：

（1）几个人物间是如何互相说服的，体现出人物怎样的性格特征？

（2）烛之武真的退秦师了吗？

（3）《烛之武退秦师》的叙事方式相较于同单元的《荆轲刺秦王》和《鸿门宴》有何区别？

（4）第二段烛之武与郑伯的一段对话似乎对推动事件的进展没有实质性的影响，去掉也不影响对文章的理解，作者写这段对话的用意何在？

以下是师生讨论回答的片段：

W 老师：现在，郑国被秦国和晋国的军队所包围，可以说是国难当头。这时候，佚之狐向郑伯举荐了烛之武，郑伯听从了他的建议去请烛之武，但是烛之武面对君主的命令有何反应？

U 同学：推辞。

W 老师：他为什么而推辞呢？

V 同学：烛之武认为自己年轻的时候尚且未被委以重任，现在他已经垂垂老矣，更加难当大任。

W 老师：事实上同学们觉得他有没有能力扛起这个重担？

X 同学：肯定有。

W 老师：那他为何推辞呢？

Y 同学：他其实是在发牢骚，他心中有对自己多年得不到重用的不满。

W 老师：哪里看出来的呀？

Y 同学：郑伯对他道歉说“吾不能早用子”。

W 老师：最终烛之武答应郑伯的请求了吗？

Z 同学：答应了。

W 老师：同学们，如果没有第二段郑伯与烛之武的对话，我们能不能知道烛之武多年来不受重用，怀才不遇的处境？

全班同学：不知道。

W 老师：所以有第二段和去掉第二段大家觉得在表达效果上有何不同？

A 同学：有了第二段，烛之武的人物形象更丰富立体，他不是一个脸谱化的英雄，他也会有委屈和不满，同时也更能体现出他的深明大义。

W 老师：深明大义，说得好。一个临危受命的烛之武和一个多年不受重用却依然能在危急关头挺身而出的烛之武，其中差异不言而喻。这种故意离题、不直书其事的手法叫作曲笔，也叫春秋笔法。《左传》之所以被誉为春秋三传中文学成就最高的一部，与它对曲笔手法的运用是分不开的。

……

W 老师：上节课有同学提到，晋文公最后说的话用短句更能体现他强硬的语气，表明他拒绝的态度十分坚决。那么这种态度表达了他怎样的特点呢？

A 同学：我觉得表现了他清醒理智的态度，说明他不是一个意气用事的人。

B 同学：能忍，是一个明君应该具备的品质。

C同学：我知道晋文公后来成为春秋五霸中的一位，从他这里的表现就能预见到他势必会是一位大有作为的君主。

W 老师：很好，很高兴有同学能将晋文公在这里的表现和他日后的成就联系起来，毕竟这是一部史书里的一个片段，有这种联系整体的意识是非常重要的。当然，老师也有一点补充，大家注意，晋文公在这里是怎样称呼秦穆公的呢？

B 同学：他用“夫人”指代秦穆公。

W 老师：“夫人”是那个人的意思，大家可能不是很清楚这两位国君之间的关系，他们并不仅仅是暂时的盟友，秦穆公还拥立晋文公登基，是他的恩人。同时秦穆公还与晋文公有姻亲关系，可以说这两人之间的关系是应是较为密切的。而晋文公在自己的下属面前用这样的称谓来称呼秦穆公，大家觉得表现了他怎样的心情？

C 同学：可见晋文公并不是不生气的，这种称呼很微妙地表现出了他内心的愤怒，但他还是隐忍不发，让晋文公的形象更加真实饱满了。

……

由于有前一节课学生们对文章反复、细致的阅读，在第二课时梳理文章内容时 W 老师发现学生们都对课文内容有了清晰的认识，对于老师提出的问题都能很快做出回应，而且很多同学能主动地联系历史背景对课文内容进行理解。W 老师相信在这样一堂文言文课后，学生们对于课堂上学到的知识一定能有较为牢固的掌握。当然，W 老师最终的目标是让学生能够独立阅读课外文言文。基于这个目的，W 老师给同学们布置了课后作业：

（1）课后自行整理课文中特殊的文言词汇用法，如古今异义，词类活用等；

（2）完成 W 老师下发的某年高考文言文阅读部分真题，允许使用工具书。

（3）在学习完整个单元的课文后概括三篇课文各自的叙事风格，尝试撰写文学评论。感受不同年代、不同风格的史书带来的不同阅读体验。

W 老师利用课后的语文早自习检查同学们整理出的结果，并做补充。对同学们交上来的真题练习 W 老师也做了认真的分析。真题共有四道小题，三道选择题分别考察断句、文言常识和内容理解，一道翻译题考三个句子的翻译，W 老师发现同学们的正确率有了一定的提高。

结　语

W 老师在 B 班尝试了这一教学方法感到效果不错后，在自己所带的另一个班级 D 班也进行了尝试。适逢学校举行“推门课”活动，在上课过程中随时可能会有其他老师来班级听课。一位老师在听完 W 老师的课后与 W 老师讨论，认为 W 老师的教学方式在教学短篇文言文时看似可行，但高中阶段的文言文篇幅都较长，面对长篇文言文，会拉长课时，导致无法完成教学任务。W 老师则认为，《烛之武退秦师》是学生升入高中后接触的第一篇文言文，利用这篇课文让学生接触、熟悉这种教学方式，消除学生对文言文的抵触情绪，让同学们觉得阅读文言文并不是一件十分可怕的事情，是十分有利于接下来的教学的。而在同学们熟悉了这种学习方式后，剩下的课文 W 老师就不会再进行全文句读了，会选择一些存在难点词汇的句子进行句读，帮助学生更好地学习文言课文。但对于自己的文言文教学模式，W 老师清醒地知道尚有待时间的检验。但是通过这段时间的学习和教学，W 老师感到自己收获良多，同事们也对 W 老师的教学模式提出了一些意见，W 老师希望在接下来的教学中继续改进自己的教学模式，去探索更加深奥的语文世界。

【案例思考题】

1. 为什么文言文教学会出现套路化的问题？
2. 文言文句读教学是否适用于所有文言文篇目？
3. 文言文句读教学是否适用于所有学生？
4. 在实施文言文句读教学时可能存在什么困难？

【案例使用说明】

1. 适用范围

（1）适用对象：中文系师范生、语文专业教育硕士、中学语文老师。

（2）适用范围：语文课程与教学论、语文教学设计与案例分析。

2. 教学目的

（1）明确文言文教学“字字落实，句句清楚”的弊端。

（2）提出符合新课标的文言文教学策略。

（3）能运用句读训诂的手段进行文言文教学。

3. 关键要点

（1）关键信息：案例中 W 老师采用的句读教学法。

（2）关键知识点：文言文句读教学法的具体步骤。

（3）关键能力点：把握学生心理，消除学生抵触情绪；具备相应文言常识和一定的研究能力；对语文教学现状有宏观的把控。

（4）案例分析思路

① 学员阅读案例中 W 老师听课部分，思考案例中体现的当前文言文教学普遍存在的问题。

② 学员阅读案例中 W 老师大胆尝试的部分，小组讨论，概括教学流程，分析其设计意图，提炼出 W 老师的教学模式及其具体要求；

③ 再次阅读案例，分析 W 老师句读教学的引导方式，关注句读教学的注意事项。

4. 教学建议

时间安排：两课时共 90 分钟。句读训诂 1 节，文章赏析 1 节。

环节安排：提前利用当天早读课的时间让同学们熟悉课文→朗读未加标点的课文→根据自己的判断给课文断句→参照注释给课文断句→赏析文章语言→针对知识点进行考察。

人数要求：50 人左右的班级。

教学方法：以学生知识掌握、个性发展和艺术能力培养为目标，不脱离文本，老师只在学生出现困惑时进行点评。

工具准备：《烛之武退秦师》去掉标点的原文；整理好的注释。

组织引导：老师布置任务清晰，预习要求明确。

学生存在问题时及时给予建议与帮助。

活动设计建议：

（1）利用早自习让学生熟悉课文内容。

（2）通过多次句读引导学生熟悉课文内容，及时解决学生的疑问。

（3）赏析文章时注意语言运用的细节。

5. 推荐阅读

[1] 张卫. 走进《烛之武退秦师》的语言现场[J]. 中学语文教学参考，2018（13）.

[2] 郭珺琪. 古代塾师的教育特点及对语文古诗词教学的启示研究——以伊宁市某中学为例[D]. 伊犁：伊犁师范学院，2018.

[3] 王荣生. 文言文教学教什么[M]. 上海：华东师范大学出版社，2014.

[4] 黄厚江. 文言文应该怎么教[J]. 语文学习，2006（04）.

Q中学火花式阅读教学的探索

余琼娜[①]

【摘　要】阅读，是人类特有的行为，是由作者、文本、读者组成的以语言文字为呈现方式的带有主观能动性的欣赏过程。阅读教学，是一场思想的博弈，是学生、文本、老师之间的精神交流。阅读是语文教学必不可少的一个项目或者说一种途径，它像一架桥，桥的两端分别是文本和学生，而这座桥的建设者就是老师。阅读在语文教学中一直被摆在很高的位置，却从来都是教学中的"隐君子"，一颗被埋没许久的金子，许多学校都面临着无法将这一宝贵资源妥善地利用起来的问题。这里以Q中学的火花式阅读教学为实际案例，主要从阅读教学的困境、阅读资源的挖掘、阅读理念的创设、教学成果的显现、阅读教学的未来等几个方面出发详细叙述Q中学在阅读教学方面上的探索和收获，为中学语文的阅读教学提供有效的线索和思路。

【关键词】火花式阅读；个性差异；生成教育；人文讲堂；自由创新

背景信息

关于人的价值，普罗泰戈拉曾说过："人是万物的尺度，是存在的事物存在的尺度，也是不存在的事物不存在的尺度。"我国也有"水大有气而无生，草木有生而无知，禽兽有知而无义；人有气、有生、有知亦且有义，故最为天下贵也"（《荀子·王制》）的说法。可见，不论在东方还是西方，人性都是最尊贵的，尊重人最好的体现就是尊重人的思想，这也是语文新课标所提倡的人文性。

然而，随着升学压力的加大，提高成绩被视为第一要务，新课标所主张的语文的工具性和人文性在实际教学过程中渐渐失衡，这在前几年表现得比较明显。近年来，在素质教育的影响下，学校增强了语文的人文性，但是在语文教育中，如何体现人文性、怎样把握语文教育工具性与人文性的关系、如何分配教学时间等问题亟待解决。

阅读作为语文教学中的一项重要内容，是沟通工具性和人文性的桥梁。阅读的一面是使读者心领神会，有感而发，领会文本的深意和哲理；另一面是帮助读者积累素材，在写作时有内容可写不至于抓耳挠腮。此外，阅读还可以帮助读者开阔视

---

① 作者简介：余琼娜，女，广东茂名人，茂名市第十中学老师，黔南民族师范学院2016级学科教学（语文）专业方向研究生；导师：余成林教授。

野、打开思路，提升学生的理解能力，使读者明达、开朗，在社会交流中与人和善。然而，多年来阅读教学一直处于边缘位置，许多学校的阅读教学尚未发挥其应有的作用。

Q 中学是一所具有悠久历史的示范性中学，语文组老师敏锐地察觉到阅读教学存在的问题，力图设计一套可行的方案，从关注人本身的发展出发进行火花式阅读教学。Q 中学的“火花式阅读教学”该如何打造？在阅读教学中会遇到怎样的阻碍？会如何解决问题？效果如何呢？

案例正文

一、阅读教学该何去何从

（一）阅读教学之路中断

在高考政策的改革和影响下，Q 中学语文组老师深刻认识到语文科在考试和文化传承中的分量，于是展开了对本校语文教学的研究和总结。

通过一系列学生问卷调查和老师工作交流，语文组老师发现本校阅读教学这一模块十分欠缺，学生阅读兴趣不高，老师教学方法落后，甚至有部分师生并不注重阅读，这种情况已经使语文学习产生了诸多不良后果。但是，要在短时间内重视起来，老师们有些手足无措，眼看恢复阅读教学之路即将中断，Q 中学的领导和任课老师十分焦虑。

（二）火花式阅读教学思想的迸发

Q 中学通过座谈、调查、会议总结得出阅读教学的障碍主要是学生没有兴趣。在实际教学中，学生接触到阅读的时间和机会很少，即使是课堂阅读也只是匆匆一瞥，老师往往一带而过，总结完文章大意便草草结束。在访谈时问到几位同学为何不喜欢阅读，其中 A 同学说：“阅读，对我而言就是语文课本上的东西，感觉也没什么可读的，都是老师上课要讲的，也读不出什么新东西来。”B 同学说：“平时的学习任务比较重，老师也不太支持我们占用学习时间读课外书，渐渐地就想不起来阅读了。”C 同学说：“小时候很喜欢阅读，特别是科幻小说之类的，长大了觉得失去了很多童趣，许多时间都不由得自己分配。”D 同学说：“阅读都是闲来无事的时候做的，现在哪儿有时间啊，好不容易有时间了还想睡一觉呢。”总结下来，学生阅读兴趣不浓厚大概有以下几个原因：

首先，学习时间不够，大多数时间都被学校安排的课业占用；其次，阅读内容不明确，没有书单；再次，课本上的阅读内容大都是老师给出一个中心思想，阅读无动力，没有机会抒发自己的阅读感受，得不到及时的心灵交流。

鉴于此，Q 中学找到本校阅读短板的症结所在，即“缺乏创造力”，阅读教学不重视开发学生的思路，忽略学生的个人感受，没有平等地对待学生，没有充分信任学生的学习能力，学生的个性长期遭到压制，所以学生们渐渐地缺失了阅读兴趣，缺乏创作灵感和阅读理解能力。在全校领导、老师和学生代表的共同努力下，学校最终提出了一种全新的阅读方式——“火花式阅读”。火花，即思想的光芒与灵感的迸发，火花式教学意在关注学生的个性差异，尊重学生的创造性，让其自由抒发自己对阅读的理解，突出学生的主人翁地位，让学生的阅读充满动力。

火花式阅读教学是尊重老师主导、学生主体地位的体现，在火花式阅读教学过程中，师生的思想得以交流，学生的价值得以肯定，阅读视野得以开拓，阅读知识得以积累，理解能力得以提高，师生关系得以改善，学生间的友谊得以巩固，是一箭多雕的好方案。

二、火花式阅读教学如何放光亮

（一）聚焦课堂，百家争鸣（升起火苗）

Q 中学的 J 老师是一位很有上进心的高一语文老师，在语文课上 J 老师借助课文培养学生的阅读理解能力。

《雨巷》是一首现代诗，在语文教学中颇为重要。J 老师打开课本，对同学们说：“有哪位同学淋过雨？”大部分男生都举手说自己淋过雨。老师又问：“同学们都是在哪里淋的雨？”学生七嘴八舌地谈论着，有的说是在学校，有的说是在回家的路上，有的是在去年春天里淋过毛毛细雨，有的是在夏天里淋过骤然暴雨，有的是在秋天里淋过绵绵秋雨，还有的是在冬天里淋过冷冷冰雨。

J 老师又问：“你们可曾在困境里淋过雨？又可曾在淋雨时身边恰好有一个人也淋着雨？你是否还对那人印象深刻？是否可以清楚地描述一下当时的情景？”学生们瞬间有点不知道说什么了，刚才的热闹气氛瞬间没有了。J 老师具有很强的观察力，看到学生有的羞涩地低着头，有的默默地望向窗外无人的地方，有的拿着笔在纸的扉页上随便写着几笔，便知这群高中的孩子也曾有过类似的经历。是的，高中学生大抵不是小孩子了，他们也开始经历人生了，情感已接近成人，怎会没有成人的感受和思想，但又是为什么教室的气氛变得如此尴尬，学生又为什么像是做错事情的孩子？

老师想到了之前学校开会所说的“创造力”，于是茅塞顿开，原来学生都是很有个性的，只是被一些外界的事物和闲言碎语阻碍了个性的发展，加之长期处在“一言堂”教学模式下，形成了依赖和被动，无法发展个性。J 老师主动打破了这尴尬的气氛，想直接通过课文阅读来带动学生的激情，于是一堂绘声绘色的“火花式”阅读教学在 Q 中学拉开了帷幕。

照例，J 老师让同学们熟悉原文 3 分钟，接着放了相关的视频和音频帮助学生纠正拼音、创设意境，再就是J老师用一口标准的普通话和文人独有的浪漫气质朗读了本篇文章《雨巷》。一切都顺利地进行着，仿佛与往常无异。

读罢，J老师随意叫了几名同学分段朗读本文，学生很是卖力，尽量做到字正腔圆、不回读、不停顿，一切仿佛都很流畅，学生好像也很满足，读完毫无遗憾地坐在位置上。也仿佛只有J老师敏锐地发觉，这一切都似乎带有应付了事的嫌疑，没有情感、没有投入、没有留恋，一篇好文章就这样被带过，在课堂上尚且如此，真的不敢想象在课下独自一人的时候，学生们是否真情满怀地读过一两篇文章。J老师并没有把不满的情绪表现出来，很清楚那样做毫无意义，J老师还是以赞赏的口气评价了几位同学的朗读。

接着J老师开始"多视角"分析文章："文章运用了象征性抒情手法，就'雨巷'和'姑娘'而言，同学们说说都是怎么用象征手法的。"有一位成绩颇好的学生站起来回答："就作者的写作背景来看，文章写于1927年夏，全国处于白色恐怖之中，作者又是进步活动的参与者，所以雨巷象征的是黑暗的现实社会，姑娘象征的是作者期待的志同道合的革命战士。"学生分析得有理有据，听来也很有说服力，可是只要随手翻看一些参考书，就不难发现这个答案的出处。这不是J老师想要的结果，于是他进行启发诱导，希望从学生那里得到不同的回答。

J老师说道："同学们，你们都知道现在的娱乐圈流行的是个性，就连一些电视剧也注重原创，我们的语文课堂也是这样，我们是师生关系，是亲密的朋友，老师知道你们都是很有想法的孩子，想必对这个问题都有自己的理解了，那么就让我们像古人那样进行一场百家争鸣吧。"被J老师开导后，学生们的积极性明显高涨，可以明显看到学生脸上的自信和急切的渴望。

班长站起来说："老师，我是这样理解的，既然雨巷是作者独自一个人走的，又是处在一个悠长、寂寥的环境中，这不正是我们每一个人追求理想的路吗？那姑娘忽近忽远、若隐若现不正是理想所追求的东西吗？那理想中的事物是不容易得到的。"老师笑了，同学们也笑了，表明班长的说法是很在理的。

J老师顺势问道："这条理想之路很难走吗？这条路上，你独自一个人该如何面对呢？"班长有点惊讶，或许是没有想到老师还会继续往下追问。几秒的简单思索后，班长回答说："人，来到这个世界上就是单枪匹马的，我们不应该投降，因为人有很强的活下去的意志，当一个人渐渐长大的时候，会变得贪心，想要得到很多东西，为此也将克服很多困难，但是我不怕，为了实现我的理想，我会制定一个合理的计划，这个计划由诸多大、小目标组成，我会执着地努力在理想的雨巷里，不低头，不放弃。"班长话毕，全班都响起了热烈的掌声，为班长的"雨巷"和班长的"姑娘"。

班长带了头，同学们也跃跃欲试，女H同学羞涩地站起来："我认为，雨巷是一个人的低谷，而姑娘是理想中的恋人。""接着说。"J老师鼓励道。"这个巷子不是一般的巷子，是条雨巷，布满了潮湿、阴暗的气息，加上作者所说的悠长、寂寥，可见这条巷子着实难走，作者又在这里徘徊着，说明作者也不知道该往何处走，作者的心情是十分矛盾的。于是产生了幻觉，幻想着雨中有一位姑娘，一位善解人意的姑娘向自己走来，来帮助自己排解心中的忧思。”J 老师说：“人生都有高潮和低谷，低谷很难熬过去，知心爱人也只是幻觉而已。”

接着 M 同学也站起来说：“我也觉得，雨巷是人生的低谷，可是我倒觉得姑娘不是恋人，是一个冷眼旁观者。”说完，M 同学看了看 J 老师，看到老师点头之后，继续往下说：“如果是一个善解人意的姑娘，又怎么会走近、叹息、飘过、消散而不是对作者嘘寒问暖、出谋划策呢。这明显就是一个冷眼旁观的路人。”J 老师笑了，同学们也笑了，J 老师这一次的笑是发自内心的笑。

在学生们“针锋相对”的讨论中，J 老师仿佛看到了“小百家争鸣”的盛况，看到火花式阅读教学的火苗正在升起。

教育本应如此，自由地抒发心中所思，忘情地阐述个人所想，每一个人都是如此不同的个体，集中起来的当然也是丰富多样的思想，这些思想有一个共同的名字，叫作“智慧”。

（二）你的读物，你来说（传递火焰）

火花式阅读的第二步是课外阅读，课外阅读像新鲜空气可以助燃阅读的火焰。在学校的组织和老师的鼓舞下，学生们在业余时间翻阅了不少课外读物，为此，J 老师还专门开设了三周一次的“花火四射 show”，在本次 show 上，由阅读者向听众介绍自己的读物，也称为“传递火苗”。

三周一次的“花火四射 show”让师生都很期待。在这次活动中，X 同学带来了《纳兰词》并介绍道：“纳兰性德，原名成德，字容若，号楞伽山人，满洲正黄旗人。《纳兰词》是纳兰性德的词集，词以小令见长，多感伤情调，间有雄浑之作。况周颐在《蕙风词话》中誉其为‘国初第一词手’。王国维赞其曰‘以自然之眼观物，以自然之舌言情。初入中原未染汉人风气，北宋以来，一人而已’。他的诗词华美、略带忧伤又不失现实意义，如《木兰词》‘人生若只如初见，何事秋风悲画扇’讲的是恋人之间如果能像刚恋爱的时候那样该多好！刚开始总是海誓山盟、卿卿我我，时间一长，感情淡了，也就变心了。很喜欢纳兰的词因为读起来很容易明白，写得很真实。”

接着，L 同学也拿出狄更斯的《双城记》与同学分享：“这本书给我印象最深的就是英国律师卡顿，他是一个悲剧人物，他才华横溢，讨厌这个肮脏的社会，但又无力抗争。卡顿喜欢露西，甚至做好了随时为露西牺牲生命的准备。他毫无保留地愿为她和她所爱的人做任何事，甚至抓住一切机会，为她和她所爱的人做出任何牺牲。他深爱露西，不求任何回报，只是希望露西能够不时想到自己。最后，为了露西的幸福代替她的丈夫达卡尔奈去死。虽然，这是一部虚构的小说，但是人物的塑造很到位，让我深受感动，在现实生活中又有几人能做到这样的大爱？”L 同学绘声绘色地讲完，掌声响起。

接着，同学 K 也主动站起来分享他的读物："我要跟大家分享的是人物传记《达尔文》，达尔文是一位伟大的生物学家，他的一生充满了传奇色彩，本书主要讲的就是达尔文的一生，这本书让我印象深刻的是他'保持思想自由'，在达尔文身上具体表现为富有怀疑精神和不自满、不保守，对一切事物有怀疑精神，不迷信权威，敢于提出不同的意见，提出'生物进化论'驳倒'神创论'，对自己的成就从不自满，也不让别人把自己当成伟人看待，对自己的观点不偏执，善于倾听别人的意见，不厌深思，注重深思，反复琢磨。读了《达尔文传》我明白了一个道理：没有谁是天生的名人、智者，也没有十全十美的伟人，一切的成就都源于对知识的执着追求和不厌其烦的深思，没有什么是可以不劳而获的，尤其是抽象的知识。"

通过分享课外读物，传递阅读的火焰，让同学们感受到阅读带来的温暖。J 老师看到同学们如此认真并大方分享自己的收获很是高兴。J 老师总结道："阅读，就像是在生一把火，分享阅读成果就像是传递火苗，每一个人都有不同的兴趣爱好，你们所分享的读物也各不相同，由此创造出百花争艳的局面。"

（三）敞开心扉，畅所欲言（熊熊烈火）

火花式阅读已经实施数周，先是升起火焰，而后传递火焰，现在燃起熊熊烈火了。本周要做的是敞开心扉，畅所欲言，"纸上得来终觉浅，绝知此事要躬行"，今天要阅读的是彼此的心声，也就是大家实实在在经历或者看到的故事。接着，J 老师开了个头：

> 同学们，给大家讲一个我自己的故事，你们做一次"听书人"。记得我读研究生的时候，有一次去看望在外省的姑姑，顺道去了她的工作单位。我姑姑是一个很亲切的人，虽然我们是第一次见面，但是她的热情我可以感受得到，姑姑在一个文化站工作，经过多年的努力升为主任，她在一个大办公室里工作，里面还有其他的工作人员，具体都是负责什么的，我也不太清楚。
>
> 姑姑的同事好奇地问我所学的专业，我说我是学教育的。"师范？准备以后当老师？"同事很惊讶，脸上还明显带有不屑的神情。
>
> "是的，以后是要当老师的。"我肯定地回答。
>
> "当老师有什么好的？人又累，工资又不高，不如考公务员吧，各方面都很好。"姑姑对我说，这个同事以前是一名民办老师。
>
> "可是，我喜欢教育，喜欢当老师。"我再次回答他。
>
> "什么？你喜欢？唉！"他好像不能理解。
>
> 后来我时常想起那些话，虽然不被人理解，但是我的爱好就是教育，我依然坚持初衷，时至今日我仍然心无旁骛地专注于教育事业。

J 老师说完，学生们立刻投来了敬重的眼光，一位爱说话的 C 同学终于还是发问了，他说："老师，你真的没有后悔过吗？"J老师先是一笑，随后望了望窗外飞走的小鸟，说道："每一个人的人生都有很多种选择，人往往在面临选择的时候迷茫、慌乱，生怕走错了路，迷失了方向。当然，我也曾有过这样的徘徊，考虑过别人的意见，可是我清楚地知道别人说的话听一听就好，只有自己最了解自己。做老师的这些年，我笑过，也哭过，记得初做老师的时候还时常被顽皮学生气哭，被不重视教育的固执父母搞得很无语。可是，慢慢地，我发现这个工作是很有趣的，我在这个岗位上看到每一位学生的进步、成长，也送走了一批又一批的学生，我觉得自己也在成长，我很感恩学校给我的一切，我也很庆幸当初做出了正确的选择，让如今的我如此坦然、自在。"J老师话毕，教室里响起了热烈的掌声。

老师以身作则，学生跃跃欲试。于是说书人换了，J老师也成了听众。K同学说：

我家里有一个妹妹，奶奶从小就不疼爱我们，奶奶是一个老传统，重男轻女的思想很严重，母亲把我们姐妹俩养大很不容易，记得有一次母亲有很多家务要做，就去请奶奶帮忙照看一下年龄相仿的我们姐妹俩，可是奶奶当场拒绝，说是没有时间，还要做饭吃。我从小就没有见过爷爷，爷爷去世得早，只剩下奶奶了，奶奶又没有什么重要的事情要做，可为何拒绝带我们姐妹俩，我很是不开心。还有一次姐姐发烧，出去玩的时候看到奶奶在吃面，而我们家当日没有做面，姐姐想吃就跑回家跟妈妈要，妈妈得知是奶奶做了面，就拿了自家的碗想要给姐姐要一点来吃。可是，当母亲跟奶奶要的时候，奶奶说没有了，只做了一碗。妈妈信以为真，拿着空碗回家。路上碰到奶奶的邻居，邻居问妈妈为何拿着空碗回来。妈妈把事情给邻居说了一遍，邻居惊讶地说："你是不是听错了？我刚才还看到她锅里有一大锅面呢，寻思着她今晚要吃剩饭了。"后来，母亲去亲自看了奶奶的一锅面，伤心地回了家。奶奶因羞愧自己的行为，专程端了一碗面来给姐姐吃，母亲最终把那碗面倒掉了。奶奶给我的印象是很不好的，从她那里我没有得到过一点老一辈人的关爱，所以在我初中期末考试前夕，奶奶去世的时候我没有及时回去见她最后一面。事情虽然已经过去，现在想想总觉得很后悔，当初为什么不能回去见她最后一面。

K同学已经泪流满面。

J老师说：

你的故事很感人，让人情不自禁地心疼，你向来是一个爱憎分明的 人，那样做想必也是不得已。但是我相信你是一个善良的女孩，不然你不会后悔没有见奶奶最后一面。同学们，在生活中，我们身边或多或少会有伤害自己的人，我们应该如何对待呢？是以德报怨，还是以怨报怨？答案是不确定的，因为每一个人都是独立的个体，有着独立的思想，处理事情的方式也不同，但是你们要记得：所有的恨都源于爱，爱之深，恨之切。我们可以恨，但是我们的心中不能只有恨，如此，人生才会温暖。

接着，G同学也开始讲故事，他讲的是别人的故事。他说：

我有一个邻居，从小就很聪明，尤其是在学习上，年年都是学校前两名，非常优秀。可是就在前年，她辍学了，初中毕业就辍学了，原因是父母不支持，自己又恰逢叛逆期，我们都为她感到惋惜。是的，这个人着实是可惜了，但是同学们你们谁能就此事做一下分析，为何这位同学会早早辍学，如果当时有补救措施会不会是另一种结局？

学生们立即展开热烈的讨论。两分钟后，A同学站起来说：

她辍学原因主要是内因，自己不懂得调整心态，不能适应初中的学习生活。如果当时父母及时发现她的症结所在，再联合学校共同帮助她走出困境，想必是另一种结局，说不定就能考上大学了，毕竟基础很好。

V同学说：

我认为这个学生辍学主要原因在家庭，父母不支持孩子上学，说明本就重视教育。这个学生是个好苗子，为什么没有耐心好好栽培呢？初中是叛逆期，很多孩子都有叛逆的行为，如果每一个家庭的父母都放弃自己孩子的学业，那么教育还将如何进行下去，社会上的文盲又会增加多少呢，多少孩子的前途都将会被葬送。”

J老师说：

同学们的出发点不同，都有自己的道理，老师认为学生辍学关系到学生、家庭、学校，学生是内因，但是家庭和学校作为学生的监护者不能及时发现问题并对其施以充分的帮助是不合适的，这个事件也告诉我们，发现问题要及时与家庭、学校沟通，不能自暴自弃，不然最终受伤害最大的还是自己。

通过今天的心灵对话，同学们对彼此的了解也加深了，看来每一个人都是一个称职的“说书人”，也是一个合格的“阅读者”，其实不论在课内还是在课外，只要善于发现，就能读到一本好书，而生活是一本大书，还需要我们细细品读。

（四）心头话，笔尖发（火花迸发）

火花式阅读顺利进行，但是阅读不只是为了丰富知识、开阔视野、提高素养，也为了提高学习成绩，毕竟学生是有升学压力的，J老师针对阅读的工具性，展开了“笔尖文化”的活动，主要目的是为学生的阅读感悟提供一个可以安放的地方，也帮助提高学生的写作能力和语言表达能力。

笔尖文化作品不仅可以在写作课上得到展示，还可以为期末考试加分。J老师为了鼓励学生多读多写，特意提出期末加分政策，为此学生的阅读笔记都做得满满的。在写作课的分享阶段，P同学分享了自己的阅读感悟，他的笔记记录的是读沈从文《边城》

的感悟，他这样写道：

边城，是一个安宁的世外桃源，那里没有繁华的街市，没有耀眼的霓虹，也没有经济时代的重压，只有郁郁葱葱的山野、白塔和小船，一番青翠的景色令人神往。

接着 T 同学分享她的阅读感悟，她讲的是张爱玲，她说：

读张爱玲的作品时，眼眶总是泛着点点泪花，多半是因为感动，有一句话是这样写的：‘笑，全世界便与你同声笑，哭，你便独自哭。’有人说过成功的人都是孤独的，我觉得不仅是成功人士，平凡的人也是孤独的，伤心难过总是自己的事情，而开心快乐总是一群人一起。或许只有这样的人生经历才能帮助人们成长、成熟。

S 同学也站起来分享她的阅读笔记：

我喜欢读《意林》，喜欢不经意间的一句触动心弦的话，有一句是这样写的："低调是为了生活在自己的世界里，高调是为了生活在别人的世界里。"是啊，人，不能在别人面前表现得卑微，即使心里很害怕也要坚强地面对，最起码要有底气。"跑步教会我的是自律、是克制、是不放弃、是死磕到底。"学习有时候就像跑步，跑着跑着就失去了耐心，想要放弃，然而一旦放弃就彻底失去了前进的机会，这时候坚定的意志是多么重要，只要咬着牙把冷板凳坐下去，成功就不远了。

J 老师说：

有时候阅读的感受就像灵感一般，只存在刹那，有时候我们的感受是说不出来的，尽管语言是多么万能。或许手中的那支笔才是最诚实的，它可以写下每个人心中的真情实感。

三、火花式阅读教学的成效如何

（一）Q 中学火花式阅读初放光芒

经过一个学期的火花式阅读教学实践，Q 中学全体师生的阅读能力得到了很大的提高，在省级中学生作文大赛中，一等奖和二等奖的获奖者都来自 Q 中学，而且其中的冠军是 J 老师班里的学生。

这次大赛的评比标准是围绕"语言表达能力、思想的深刻性、写作创造力"几个方面展开的，这正好是 Q 中学一个学期来"火花式阅读教学"的主要教学项目。

另外，从期末考试的情况看，J 老师班现代文阅读、文言文阅读、古典诗词阅读以及写作等板块的平均分均有明显的提高。

（二）Q 中学阅读教学的未来之路

经过一段时间的集中训练，Q 中学学生的总体阅读能力得到了明显提升，但新问题也随之产生，一些老师开始挤压阅读训练的时间，部分学生也开始出现敷衍了事的现象。

火花式阅读教学虽然在一定程度上改善了学生的阅读理解能力，也帮助学生提高了写作能力，但是在师生中间仍存在浮躁、抵触情绪，在未来的阅读路上，Q 中学仍然面临着许多新问题，Q 中学全体师生也将迎来新的挑战，阅读之路依旧任重道远。

结　语

火花式阅读教学是一种新颖的教学方式，注重学生的个性差异，善于发掘人最本真的思想，散发智慧的火花，是一种兼顾全体的新型阅读教学方式，火花式阅读教学的课堂气氛是热烈的、集体参与型的。Q 中学从小小火苗开始，集思广益传递了知识的火焰，燃起熊熊智慧之火，最终形成书面语显现于笔尖。

但是，在诸多成绩面前，我们也要思考火花式阅读教学是否可以一帆风顺地走下去，在前进的路上 Q 中学将会面临怎样的问题，将会进行怎样的改变，师生的阅读热情是否可以持续下去。

【案例思考题】

1. 除了火花式阅读教学方式，还有哪些可行的阅读方法？
2. Q 中学的火花式阅读教学模式，未来将走向何方？
3. J 老师的课堂教学方式是否可以成功促成火花式阅读？如果你是 J 老师，你会怎样做？
4. 你认为 J 老师所安排的“你的读物，你来说”和“心头话，笔尖发”两个环节是否重复？它们的区别是什么？
5. 如何看待火花式阅读教学过程中升起火苗、传递火焰、熊熊烈火和火花迸发四者之间的关系？

【案例使用说明】

1. 适用范围

适用对象：中小学校长，教育行政人员，中小学老师，教育管理专业本科生、硕士生和博士生。

适合课程：教育管理学，学校管理学，老师专业发展。

2. 教学目的

（1）培养学生的阅读主动性和理解能力；

（2）掌握阅读的相关知识和技巧；

（3）养成阅读习惯，增强发现学科相关问题、分析问题、解决问题的能力；

（4）形成具有学校特色的自由、开放的阅读环境。

3. 要点提示

（1）相关理论

领导行为理论：领导者的行为对领导有效性的影响。

组织学习理论：共同的愿景，行动学习，个体创造性。

老师专业发展理论：老师情感、老师知识和老师能力。

（2）关键知识点

火花式阅读教学，领导能力，问题意识，创新创造，自由开放，个性化。

（3）关键能力点

对学科问题敏锐的发现能力，领导学校变革的决策能力，促进形成特色学校教育的领导能力。

（4）案例分析思路

通过对 Q 中学“火花式阅读教学”建设过程的分析，总结经验和不足，为思考和寻找适合自己学校特色教育发展之路提供灵感，为解决本校尖锐的学科教学问题提供思路借鉴。

4. 教学建议

时间安排：中学标准课 10 节，生起火苗 2 节，课堂分享 8 节。

环节安排：学期末安排课外自选读物任务→第一个阅读周聚焦课本内容生起阅读火苗→第二、三个阅读周分享课外读物→第四个阅读周敞开心扉、倾听别人的故事→最后一个阅读周分享读书笔记。

人数要求：35 人左右的班级教学。

教学方法：学生分享、师生交流，老师指导为辅。

活动建议：

（1）阅读周前利用两节课，要求学生以小组为单位查阅相关阅读知识，搜集理论知识和阅读案例。

（2）课堂讨论按照自荐和轮序结合的方式决定先后顺序，学生的座位以小组为单位分为若干片区，桌子以圆形或者环形摆放，小组长位居中间。人手一本笔记，记录阅读周师生分享的精彩内容并记录自己的阅读感受。教室设置相关的录像设备，老师事先准备自己的点评参考资料和记录本。

（3）课后，老师及时总结并进行反思，以备改进教学。

5. 推荐阅读

[1] 张必隐. 阅读心理学（修订版）[M]. 北京：北京师范大学出版社，2004.

[2] 周振甫. 怎样学习古文[M]. 北京：中华书局，1992.

[3] 王荣生. 中小学散文教学的问题及改善努力[J]. 北京：课程·教材·教法，2011（9）.

[4] 刘恪. 现代小说技巧讲堂[M]. 天津：百花文艺出版社，2006.

G老师古诗词精读策略在高中语文古诗词教学中运用研究

潘柯焱①

【摘　要】古诗词是中华民族文化艺术宝库中的瑰宝，古诗词在高中语文教材中占有重要地位，让学生对古诗词有深入的把握、拥有深厚的文化积淀是全面提高学生语文素养的重要途径之一。目前，高中古诗词教学情况不容乐观，在应试教育的影响下，古诗词教学陷入讲解句意、机械背诵的僵化模式，改善诗词教学的窘境是当前亟须解决的问题。本文从精读的角度谈高中古诗词的教学，以《锦瑟》为例探究高中古诗词教学中精读策略的运用，在教学中使学生学会精读古诗词，品味语言、体会情感、感悟意蕴，读懂、读透，做到心领神会，切实提高学生的语文素养。

【关键字】精读；高中；古诗词；教学策略

背景信息

精读，是对文本的微观品读、揣摩、努力钻研，从困惑到解悟，做到心领神会的过程。古诗词是中华民族文化艺术宝库中的瑰宝，古诗词在高中语文教材中占有重要地位。古诗词精读着眼于古诗词词句本身，通过斟酌字词，玩味意象，考究典故，结合作家作品背景全方位、多角度地仔细品味其深刻内蕴，体悟作者的思想感情。精读古诗词可以让学生对古诗词有深入的把握，拥有深厚的文化积淀，是全面提高学生语文素养的重要途径之一。

目前，高中古诗词教学情况不容乐观，很多老师由于对古诗词教学的认识不够深刻，缺乏古诗词的教学经验，对古诗词的教学往往肤浅地流于字词和诗句的翻译层面，而且关于词句的翻译很多情况下采用意译，这对学生掌握古代汉语相当不利。当对全诗翻译结束后，老师就把诗表达的思想感情板书在黑板上，要求学生背诵，并不考虑学生对诗句掌握到何种程度，也不考虑学生是不是明白诗词表达出的什么情感，又是如何表达的。在应试教育的影响下，高考主要以默写填空的方式来考察古诗词。所以为了应付高考，老师一味要求学生背诵，甚至跳过古诗词的讲解要求直接背诵，古诗词教学陷于机械背诵的僵化模式。考试过后，学生们提到古诗词头脑里除了残存几句

① 作者简介：潘柯焱，女，贵州毕节黔西人，贵州省六盘水市第七中学老师，黔南民族师范学院2017级学科教学（语文）专业方向研究生；导师：李朝阳教授。

零碎的诗句外，几乎一片空白，词句意义都很模糊，至于诗词的意境、韵味更是无从谈起。显然，这远远背离了语文课程标准的要求，对古典诗词的学习仅仅停留于背诵不仅肤浅而且有害，阻碍了学生语文素养的提高。

改变诗词教学的窘境是当前亟须解决的问题。我们必须以课标为基础，努力地探索出一条正确实用的古诗词教学之路，着力提高学生的语文素养。针对当前古诗词教学中存在的种种问题，本案例从精读的角度谈高中古诗词的教学，以《锦瑟》为例探究高中古诗词教学中精读策略的运用，从古诗词预习、意象和用典的分析、字句的锤炼，主题的探讨、迁移练习等几个方面谈古诗词精读策略的运用。使学生学会精读古诗词，品味语言、体会情感、感悟意蕴，读懂、读透，做到心领神会，切实提高语文素养。将精读运用于高中古诗词的教学、引导学生精读古诗词刻不容缓。

此案例源于某省 X 县 S 中学 G 老师的课堂。S 中学是该省的省级示范性高中，与该县城中的一些中等学校相比，生源质量高，学生基础能力都比较强，每年的高考成绩都很不错。但是美中不足，由于是示范性高中，所以老师和家长们都极为重视考试成绩，因此，学校把教学重点放在英语、文科综合、理科综合等拉分较大的科目上，对语文科这个拉分差距小的科目就不够重视。加上古诗词在高考中基本就是 5 分的默写，故学校和老师对古诗词的教学并不重视，只要求机械背诵。G 老师是 S 中学有着丰富中学语文教学经验的老师，各个方面的教学业务强，多次被评为优秀老师，同时也是语文教研组组长和副校长。G 老师这几年发现了 S 中学古诗词教学存在的问题，决心改善 S 中学的古诗词教学。本文将展示 G 老师一节古诗词教学课并对其进行分析。

案例正文

《锦瑟》精读课

教学要点

第一课时：

1. 检查学生对《锦瑟》的预习情况，看学生是否对《锦瑟》作家作品背景有所了解，真正做到知人论世。

2. 为《锦瑟》教学创造情景，让学生能身临其境地赏析《锦瑟》，感受《锦瑟》的意境和蕴含的情感。

3. 分析《锦瑟》中的意象，考究其中的典故，字斟句酌，锤词炼句。

第二课时：

1. 探讨《锦瑟》的主题。

2. 同类诗词比较，深化理性认识。

教学过程

以下为第一课时教学实录：

一、预习—— 古诗词精读教学前奏

（一）穿越时空，知人论世

上课初始，G 老师播放了《锦瑟》的录音，导入新课。可是学生聆听过程中并没有太多的情感投入，录音听完了，没有多大的反应。G 老师根据多年的教学经验猜想，学生课前的预习工作肯定做得不到位。于是，G 老师就向同学们提问："关于李商隐你们都了解了些什么呢？《锦瑟》是李商隐在何种背景下写成的呢？"

结果，很多同学一脸茫然地看着老师，只有几个同学先后说出李商隐是唐代诗人，满腹才华，胸怀大志却怀才不遇。

G 老师顺势引导，既然李商隐怀才不遇，那到底是什么原因导致他不得志呢？于是同学们开始小声在底下议论，有的同学翻开参考书查阅，有的同学打开手机搜索。瞬间，教室里像炸开了锅似的，同学们展开了激烈的讨论。

这时 G 老师走到同学中间巡视讨论情况，尽管有学生邀请 G 老师参与讨论，但 G 老师只是听而不语。大概十分钟过去了，G 老师宣布讨论结束，请各小组派代表起来向大家汇报自己小组的讨论成果。

> A 组 Y 同学：李商隐尽管很有才华，但是生活年代正值李唐王朝江河日下，社会动荡不安，政治腐败。所以，空有一身才华与抱负。"
>
> G 老师：Y 同学说到了作者的一些人生境遇，为我们接下来理解《锦瑟》很有帮助，但具体有什么帮助，同学们先思考一下，我们再看看其他组的同学又有些什么讨论成果呢。
>
> B 组 L 同学：李商隐之所以会被排挤，受打压，很大部分原因是娶了王氏陷入"牛李党争"，李商隐尽管为人正直，无意参与他们之间的争斗，最后还是沦为"牛李党争"的政治牺牲品，在夹缝中艰难度日，才华不得施展，理想抱负也不能实现。
>
> G 老师：很好，B 组同学搜集的这则史料很有价值，老师先告诉大家一个小秘密，有了对这段背景故事的了解，我们接下来教学《锦瑟》就很容易了。
>
> C 组 W 同学：李商隐写这首诗的时候，他的爱妻王氏去世了，李商隐的心情很难过。
>
> G 老师：很好，其实，这首诗的主题思想历来众说纷纭，其中就有一种说法，《锦瑟》是一首悼亡诗，因为李商隐非常爱王氏，爱妻亡故后，他悲痛欲绝，所以，写下这首《锦瑟》来悼念妻子。

在 G 老师的引导下，同学们对《锦瑟》的写作背景以及李商隐的生平都有了比较清晰的认识，G 老师并没有急着进入下一个教学环节，而是为同学们总结了如何在课前进行有效的预习。

G 老师：同学们预习时，首先要阅读作品，然后借助工具书或者网络资源查阅诗人的相关背景资料和这首诗的写作背景，因为背景知识有助于我们理解文本，甚至可以毫不夸张地讲，背景知识制约着我们对作品的准确理解。特别是在预习古诗文这样的作品时，要借助注释和工具书扫清字词障碍，做到基本疏通文义，在不明白之处做记号，待上课提出与老师同学一起讨论。

（二）创设教学情景，让学生身临其境

同学们已经对作家作品背景有了比较清晰的认识，在这个基础上，G 老师第二次播放《锦瑟》的录音，这回同学们听得很入神，情绪随着朗诵产生变化，同学们神情哀伤而惆怅。

录音结束后，G 老师问学生此刻有什么样的心情。

A 同学：心情很沉重，很惆怅、很哀伤，我想，李商隐写下这首诗的时候一定非常难过，心情低落到极点，才会写出这么沉郁悲凉、哀伤凄婉的《锦瑟》。

G 老师：对，这回同学们可算是用心去聆听了，前面提到李商隐空有满腹才华却不得志，为人正直却被排挤，才华不得施展，加上爱妻亡故，因此，《锦瑟》中不可避免地流露出那种悲伤与心酸，但李商隐文学造诣极高，很有文采，因此，在遣词造句上匠心独运，在表情达意方面很含蓄，整首诗朦胧虚幻、浓丽凄美，在空灵飘缈间将迷惘、惆怅之情展现得淋漓尽致。

G 老师对《锦瑟》进行情感分析后，让同学先自己默读两分钟，然后请同学站起来尝试朗读。P 同学举手起来朗读，P 同学读得很投入、很认真，情感哀婉、凄凉，但是节奏上有些快。G 老师点评道："P 同学总体上读得不错，对《锦瑟》沉郁哀婉的感情基调把握得不错，但是在断句和节奏的把握上还存在一些问题。下去再深刻理解一下文本，解决断句问题，多听一些录音多加练习，把蕴含在文本里的真情实感用声音准确地表达出来。古诗词大多情感丰富，节奏鲜明、韵律和谐、语句凝练，要在朗读中细细品味和体会，感受古诗词含蓄、凝练的美。"

二、讨论——古诗词精读教学进行曲

同学们已经反复朗读过这首诗了，G 老师请同学分小组找出《锦瑟》中有哪些意象，出现的典故有哪些。

十分钟过去了，G 老师开始提问，同学们都不愿意站起来回答。

G 老师看到同学们的表情很茫然，立刻就意识同学们可能对意象的概念还不清楚，就问："是不是不会找意象呀？"同学们连忙点头。

G 老师：意象的营构是中国古典诗词创作的焦点，既是现实生活的写照，又是诗人审美创造的结晶和情感意念的载体。意象融入了诗人的情感，诗人通过意

象含蓄地抒发自己感情，读者只有在领悟意象寓意的过程中，才能把握诗歌的主旨，进入诗歌的意境，感知诗人的情感。

同学们在弄明白什么是意象后，几分钟后就有同学陆陆续续地找出了《锦瑟》中的意象。

L同学：首联“锦瑟无端五十弦，一弦一柱思华年。”中意象有“锦瑟”和“诗人”，这本身就是两个现实意象。锦瑟原有五十弦，高贵华美，却因“其声有适、怨、清、和”被人所恶，遭毁为二十五弦。诗人本身才华横溢，为人正直，却被迫卷入“牛李党争”，成为政治斗争的牺牲品。

G老师：其实锦瑟就是诗人悲惨命运的象征，诗人和锦瑟一样，无端被排挤，被伤害。“无端”二字道出诗人心中的无奈和忧愤之情、令人心碎的迷惘感伤，诗人的埋怨通过“无端”表现得淋漓尽致。一弦一柱足以让世人痛彻心扉，五十根弦那该是有多惆怅。一弦一柱将诗人的情感量化，形象地表达了诗人内心深处的忧伤与苦闷。同学们啊，精读，是对文本的微观的品读、揣摩、努力钻研，从困惑到解悟，做到心领神会。意象就是精读古诗词的一个重要突破口，仔细研读意象。所以，古诗词的学习一定要精读，古诗词的精读就一定要仔细品味意象。

M同学：“庄生”和“望帝”是两个意象，同时也是两个典故。

G老师：这里用了典故，李商隐是唐代诗人中用典最频繁、最精切，技巧最为复杂的。老师给大家介绍一下李商隐用典的特色，这里找几个与之对比。杜甫以前的诗人用典往往选取的是和事理相通吻合之处，李商隐用典的特色之一就是有意篡改、误解，甚至是调侃历史典故，通常对典故先解构，在重构将原典故中所蕴含的情绪、情感与自己内心深处相似的情感结合构造新意象，而使诗歌创作主观性更强烈。其中“庄生”“望帝”就是属于对典故的重构。同学们可以参看课本上的注释部分，第一个是庄子梦见自身化作蝴蝶，梦醒时发现自己仍是庄周。蝴蝶自古就是美好、自由的象征，象征灵魂的超然，比如梁祝化蝶飞。蝴蝶幼虫的丑恶形象象征现实生活的苦难，蝴蝶翩翩起舞的翅膀象征着飞向美好的世外桃源，让人的精神得到寄托，可是这只是寄托，是虚无缥缈的，等到“晓梦”后又回到残酷现实。庄生晓梦就是诗人在残酷现实中对美好生活的希冀，但是梦醒后依然很痛苦，表达了诗人无限的惆怅。第二个典故，蜀国的国君望帝，曾为蜀国治理水患立下大功，不久后禅让，隐居山林。遗憾的是，这么伟大的帝王落得个亡国身死的下场，死后望帝化为一只鸟，夜夜啼叫来提醒自己的子民下田播种的时间到了，最终口中啼血，叫声凄厉悲凉，后人取名为“杜鹃”。后世诗人常用杜鹃来表达哀怨的情感和不舍的深情，后又被引申为怀才不遇，理想抱负不能实现。

M同学：前面背景介绍中提到诗人怀才不遇、境遇窘迫，在两党斗争的夹缝中艰难生存。“望帝春心托杜鹃”使得诗人的悲伤之情、忧愤之感跃然纸上。诗人的遭遇和望帝相似，同病相怜，诗人借望帝的悲惨遭遇自比自己的窘境。“春心”

象征美好的理想和情思，“托杜鹃”表明即使春心在晓梦时消失，但诗人并不消极让春心自生自灭，而是寄托于杜鹃鸟的啼叫，唱出自己的悲哀，体现出诗人哀伤却积极的态度。

P 同学：我分析颈联“沧海月明珠有泪，南田日暖玉生烟”中借“鲛人”“美玉”两个意象比喻自己一生的遭遇，南海鲛人落泪成珠，美玉灰飞烟灭，自己空有满腹才华，随着年岁老去却不得施展，一生抱负如烟消散殆尽。

G 老师：不错，不错，孺子可教，刚才同学们找意象还挺棘手，现在看来很在行了嘛。

W 同学：尾联“此情可待成追忆，只是当时已惘然”收束全诗，诗人的情怀，不要说今天回忆起来惆怅，即使在当时也已经令人忧伤、痛苦、迷茫，如今回忆起来更加怅惘、悲伤。

G 老师：同学们太积极了，老师十分高兴，希望大家在以后的学习中都能像今天一样积极讨论。

这时，下课铃响了，同学们都意犹未尽，还沉浸在《锦瑟》的赏析讨论中。

G 老师：今天我们就上到这里，老师知道同学们还想继续赏析《锦瑟》，没关系，我们下节课接着讨论。精读就是要反复细致地揣摩词句，通过对词句的揣摩能更为深入地体会诗人的情感。请大家课后思考一下，你们觉得《锦瑟》中的哪些词句用得好，好在哪里。我们下节课来欣赏一下李商隐在遣词造句上的独特魅力。

以下为第二课时教学实录：

一、字斟句酌，锤炼字词

G 老师：上节课让大家思考《锦瑟》中写的妙的词句有哪些，妙在何处，不知道同学们有没有思考。

（讨论了几分钟）

M 同学：我个人觉得“锦瑟无端五十弦，一弦一柱思华年”中“一弦一柱”和“思华年”写得好、写得妙，因为锦瑟的一音一节都勾起诗人对往事的回忆。回忆美好的岁月，联系背景此诗写于诗人妻子去世后，那么诗人思华年还包含有对亡妻的深切怀念、对过往恩爱的回忆，但美好已经逝去，惆怅油然而生。

G 老师：分析得有道理，有自己的见解，的确，“一弦一柱”把诗人对过去的怀念写得可感、量化，让情感传达得更具体、更淋漓尽致。我们在精读古诗词的时候就是要一字一句地认真揣摩，反复玩味反复斟酌，方可感受到诗情诗意。还有没有同学分享自己品读过程中是如何锤炼的词句呀？

T 同学：“迷蝴蝶”与“托杜鹃”的“迷”“托”很值得斟酌。“迷”写出了诗人痴迷、沉醉于虚幻的梦境，越是痴迷，越是反衬出现实的痛苦。“托”字把诗人的那种难以名状的无奈与积极的态度巧妙地、形象地描绘出来。”

G 老师：分析得很到位，因为李商隐自己被现实压迫，现实中无法挣脱，所以要借助他力，托杜鹃来追寻春心。古诗词凝练的特点要求诗人在表情达意时注重对语句有极高的要求，所以，凡是优秀的古诗词一定是经过诗人苦心孤诣地锤炼而成的，因此，我们精读古诗词的时候就应该字斟句酌，锤炼词句，这样才能充分感受诗词的精髓与独特的艺术魅力。

二、主题探讨

G 老师：前面我们对《锦瑟》做了背景介绍，进行了意象分析、词句的锤炼，现在我们对《锦瑟》的主旨进行探讨。诗歌的朦胧决定了主题的多义性，关于《锦瑟》的主题历来都是争论不休的问题。现在老师先说出一种，有人说这是爱情诗，“锦瑟”是令狐楚家青衣的名字，李商隐在令狐家读书时爱上锦瑟，《锦瑟》被看作是对婢女锦瑟的告白。同学们，你们有其他不同的看法吗？

W 同学：“我觉得《锦瑟》是悼亡诗，是诗人悼念亡妻的诗，李商隐和妻子感情甚笃，妻亡后一直未娶，‘锦瑟’是亡妻王氏生前喜欢弹奏的琴。李商隐睹物思人，写下这首怀人之作。还有人言这是政治诗，诗人生活的李唐王朝江河日下，诗人有报效国家的志向，却屡屡遭受打压，眼睁睁看着国家日渐衰落内心苦闷。

G 老师：有道理，从我们对《锦瑟》的背景分析就可以想到这一层。还有人说这是一首自伤诗。有那位同学知道原因吗？

M 同学：诗人满腹才华，陷于牛李党争，在夹缝中艰难度日，才华不得施展，表达了理想抱负不能实现的无限怅惘之情，方有自伤一说。

G 老师：阅读是开放性的，我们在阅读的时候要学会个性化解读作品，而精读正有利于我们个性化解读。

三、比较阅读

为了对古诗词精读得更加彻底，可以把同类诗词放在一起赏析，运用比较鉴赏法，能突出诗词间的共同性和差异性。比较鉴赏要遵循“整体把握、求同存异、辨同析异”的原则。提高知识的分离性，防止随着时间的推移，导致知识混淆，所以，将诗词进行对比精读很有必要。以下是 G 老师以李白《行路难（其一）》为例为学生进行分析。

行路难（其一）

李白

金樽清酒斗十千，玉盘珍羞直万钱。

停杯投箸不能食，拔剑四顾心茫然。
欲渡黄河冰塞川，将登太行雪满山。
闲来垂钓碧溪上，忽复乘舟梦日边。
行路难！行路难！多歧路，今安在？
长风破浪会有时，直挂云帆济沧海。

《行路难》主要抒发了李白怀才不遇的情感，反映了封建统治者对人才的压抑。

李商隐的《锦瑟》同样也是怀才不遇的怅惘之作，李商隐在现实压迫下岁并未完全沦落，但是无奈的感情色彩尤为浓重，最终只有把美好的愿望寄托于杜鹃，“托杜鹃”态度情感是悲哀的、无可奈何的。而由于时代和诗人精神气质方面的原因，悲愤中不乏豪迈气概，失意中仍怀有希望。

李白诗却揭示得更加深刻强烈，同时还表现了一种积极的追求、乐观的自信和顽强地坚持理想的品格。“长风破浪会有时，直挂云帆济沧海”一句将诗人积极乐观的情怀表现得淋漓尽致。此诗写世道艰难，表达了离愁别绪。

通过对比可以看出这两首诗词都表达了怀才不遇的情感，但是仔细研究可以发现，李商隐与李白在表达情感方面有所不同，当然，给人的感受也就大不一样了。

在表达手法上，李商隐《锦瑟》用了大量的典故、意象。李商隐是唐代诗人中用典最频繁、最精切，技巧最为复杂的，李商隐用典很有特色，喜欢有意篡改、误解，甚至是调侃历史典故。他通常对典故先解构，再将原典故中所蕴含的情绪情感与自己内心深处的相似情感结合构造出新意象，如“锦瑟、庄生、望帝、春心”等。李白用典往往选取的是和事理相通吻合之处，“冰塞川、雪满山”象征诗人政治道路艰难。李商隐的《锦瑟》大量用了比兴。李白《行路难（其一）》不仅用比兴、象征，还用了对比，用一系列动词来描绘，形象展示内心的苦闷与抑郁及其情感的激荡变化，整首诗充满了跳跃性。精读古诗词时应该通过多方对比，找出其中的细微差别，在对比中更加深刻地领悟其中的情意。

结　语

古诗词教学中精读策略的运用，为古诗词教学提供了具体的指导，使得以往僵化的古诗词教学模式得到改善，学生古诗词学习的积极性得到提高，对精读策略的掌握与应用使得学习效果取得突破性进展，丰富了学生古诗词认知结构，让学生感受到了古诗词的魅力，弘扬了传统文化，培养了民族文化情怀，对提高学生的语文素养起到了不可估量的促进作用。因此，老师在古诗词教学中应该针对具体的文本内容艺术地综合运用精读策略，对文本进行精读讲解的同时，还应注意将精读策略潜移默化地传授给学生，让学生学会精读的方法并运用于以后的古诗词学习，实现学习的可持续性。

【案例思考题】

1. 古诗词精读中应从哪几个方面入手？
2. 应该如何有效地预习古诗词？
3. 如何对古诗词进行比较阅读？

【案例使用说明】

1. 适用范围

适用对象：中学老师，师范教育专业本科生、硕士生。

适合课程：高中语文课、老师教学技能、老师专业发展、中学语文课程教材教法。

2. 教学目的

（1）积累关于古诗词精读的知识和经验。

（2）深化古诗词精读意识，形成古诗词精读理论。

3. 要点提示

（1）相关理论

老师专业发展理论；

老师知识和老师能力。

（2）关键知识点

古诗词预习要点，古诗词教学情景设计，古诗词意象分析要点，古诗词词句锤炼，古诗词对比阅读法，古诗词主题探讨。

（3）关键能力点

深入了解古诗词精读的各个方面，充分发掘古诗词精读教学的方法，培养学生精读古诗词的能力与习惯，着力提高学生的语文素养。

（4）案例分析思路

通过分析 S 中学的古诗词教学中的弊端，深入追寻其弊端根源，寻找出解决问题的方法策略，积极投入教学实践，通过实践不断修正，探索出一条适宜于高中古诗词教学的康庄大道，全面提高学生的语文素养和语文能力。

4. 教学建议

时间安排：中学标准课 2 节，90 分钟。

环节安排：提前 1 天利用晚自习布置预习内容→学生分为 3 ~ 6 个小组→小组查阅资料自由思考讨论→各组集体或派代表回答问题→上课展示汇报→老师点评。

人数要求：60 人以下的班级教学。

教学方法：小组讨论为主，讲授点评为辅，另加必要的朗读法。

工具选择：多媒体、音频资料，案例打印资料。

组织引导：老师布置任务清晰，预习要求明确。

提供给学生必要的参考资料。

学生课上讨论需要及时指导评价并给出建议。

活动设计建议：

（1）课前计划 2 节课，要求学生课前预习，搜集相关知识点和能力点的资料。

（2）上课前做好教学准备。将桌椅分组成三角形，为每个小组准备编号和姓名的桌签。每个小组提供一张小组讨论记录表，包括每个人的发言记录和综合的观点。老师准备好点评的资料和提纲。

（3）下课后老师根据课堂效果及时总结得失，以便改进后续的教学行为。

5. 推荐阅读

[1] 王尚文. 语感论[M]. 上海：上海教育出版社，2006.

[2] 王先霈. 文学文本细度讲演录[M]. 广西：广西人民出版社，2006.

[3] 孙绍振. 名作细读[M]. 上海：上海人民出版社，2006.

[4] 贾世泽. 帮你学，高中古诗文精读大全[M]. 科学普及出版社，2007.

[5] 叶圣陶，朱自清. 精读方法举隅[M]. 北京：中华书局，2015.

[6] 全日制义务教育语文课程标准（实验稿）[S]. 北京：北京师范大学出版社，2001.

C 老师在高中散文阅读教学中所遇的难题

于珈歆①

【摘　要】散文是中小学阅读教学的主导文类。散文教学要建立学生和“这一篇”散文的链接，实质是建立学生的经验同作者的语文经验和人生经验的链接。但如今在高中散文阅读教学中，老师面临费时低效的问题，且学生处于被动接受知识的状态，在课堂上主要表现为：教学过程中不辨文体、不分类型的模式化教学或从一味因循守旧到盲目求新、创新；过于注重工具性、思想性，学生学习散文的兴致不高。随着散文阅读教学所暴露的问题愈加明显，这成为一个不能忽视的教学问题。本文基于 Y 中学 C 老师《故都的秋》教学实录分析当前散文阅读教学中存在的问题，并针对现状中出现的问题提出解决策略。

【关键词】高中散文阅读；教学现状；教学对策

背景信息

散文，即一切带有文学性质的散行文字，是与小说、诗歌、戏剧并列的一种文学体裁。其意境深邃，注重作者的生活感受，情感深切而又真挚，语言富有文采，优美凝练，是高中语文课本中一大亮点。

散文是高中语文课的主体部分，一直以来是高中语文教学中的重点和难点，它关系到学生的阅读能力、审美能力、语文素养、价值取向等诸多因素，同时也是备受高考语文命题者青睐的一种文体。《高中语文新课程标准》对散文鉴赏提出要求，要做到能感受形象，品味语言，从多个角度、多个层面发现作品意蕴，领悟散文的艺术魅力；要有自己的认知和情感体验及思考，受到文本内容、作者情感观点的感染和启迪，学习阅读鉴赏散文的有关知识和基本方法，不断获得新的阅读体验；努力探索作品中蕴含的民族心理、时代精神，了解人类丰富的社会生活和情感世界；用现代的观念和历史发展的观点审视散文的思想内容，并给予恰当的评价。

但是真实的高中语文课堂中却存在种种问题。王荣生在《中小学散文教学的问题及对策》中提出了从散文里的“个人化的言说对象”，跑到“外在的言说对象”；从散文的“独特的情感认知”，跑到概念化、抽象化的“思想”“精神”。这是在散文阅读教

---

① 作者简介：于珈歆，女，贵州贵阳人，华东师范大学附属贵阳学校，黔南民族师范学院 2017 级学科教学（语文）专业方向研究生；导师：李华斌教授。

学中最为集中突出的三大问题。

本文的案例来源于贵州省贵阳市 Y 中学 C 老师的语文课堂。Y 中学是贵阳市区的一所普通高中，学生的学习基础没有重点高中的学生扎实，但案例中真实反映了中等水平学生在学习高中散文时所面临的困难和老师在备课、上课、课后三个环节中所做的工作。

C 老师是一名刚工作满一年的年轻老师，在大学期间撰写论文时就对高中散文阅读产生了浓厚的兴趣，查阅了许多相关文献，发现了一线教学存在的问题。进入工作岗位后，C 老师打算用自己撰写论文时储备的相关知识在高中散文阅读教学中“大展拳脚”，可现实却是自己也不知不觉陷入了多种问题之中。

案例正文

一、C 老师所遇难题

（一）课前准备

C 老师在课前认真阅读老师用书，首先明确写作时代与学生相隔较远，想让学生充分把握文中的意蕴和情味，应当先对作者情况和背景进行介绍。其次紧抓文章的文眼，在此基础上对景物进行分析。最后结合作者的生平遭遇体会文章中特有的情感。有了上课思路后，C 老师查找有关郁达夫的背景资料、做好了 PPT、设计好课题中的问题环节，一切准备就绪，C 老师满心期待着第二天的语文课。

（二）课堂讲授

1.《故都的秋》第一课时

与备课时的步骤一样，C 老师首先进行作者背景介绍，让学生在了解作者情况后进入课文。跟着 C 老师让学生们自由朗读课文，一边读一边思考问题：“郁达夫笔下的‘故都的秋’是怎么样的？请从文中找出可以概括‘故都的秋’特点的词语。”学生朗读完课文后回答问题，老师总结答案分别是：清、冷、悲凉。C 老师紧接着提出下一个问题：“根据相应的特点找出相符合的场景。”学生们分别在文章中找出了符合清、冷、悲凉的场景。明确了课文共描绘了五种景象——秋晨静观、秋蝉残鸣、都市闲人、胜日秋果，找到了这节课的关键所在，于是 C 老师将事先准备好的 PPT 打开，按照课文的顺序开始讲解课文。

以下以一个场景为例——赏析“秋晨静观”。

第一步，C 老师先让同学快速默读文章的第三自然段。

第二步，C 老师向同学提问：“根据文章内容，运用联想、想象，用自己的话描述‘秋晨图’。”学生们七嘴八舌的开始讨论，这期间 C 老师还组织学生前后座为一小组讨论问题。学生们讨论后C老师再明确答案："天地之间，间或出现一两只白色或瓦灰色的驯鸽；坐在院子里的人，手捧茶碗，抬头望碧空，俯身拾牵牛，耳边不时传来驯鸽的飞动的声音。画面有静有动，绘声绘色，秋的美，秋的情趣完全融合在蓝天白云之中。"

第三步，找到重要句子后C老师抛出问题："这幅画是怎样体现出北国之秋'清、静、悲凉'的特点呢？"面对这个问题，同学们没有像之前一样热烈讨论，课堂一下变得沉闷。看到这样的场景，C老师赶忙说道："在写作时有时会调动不同的感官来描写景物，本文也不例外。请同学们以此为方向进行思考。"在C老师的提示下，学生们很快抓住了这一段的重点就是通过颜色进行景物的描写。明确这一描写的特点后，一名成绩较好的学生快速地回答问题："碧绿的天色给人一种明净高爽、了无点尘，写出了'清'的特点。"看到学生的思路"走入正轨"后，C老师大喜，急忙鼓励其他同学参与问题的思考。她说道："刚才A同学回答得很准确，其他同学请沿着这样的思路看看剩余的两个特点作者是如何呈现的。"一分钟过去了，还没有同学主动举手。C老师心里犯了嘀咕，但是为了按照教学设计的步骤进行只能再让几个成绩好的同学来回答问题。最后C老师总结道："静对着像喇叭似的（朝荣）的花朵以及听得到青天下驯鸽的飞动的声音是在写'静'；有着几分冷落和萧条的破壁，蓝、白等冷色调的牵牛花以及象征生命衰竭和凄凉的秋草体现了'悲凉'。"

第四步，赏析完"秋晨静观"的描写后，C老师播放PPT，通过图片展示和文章所描述的场景相类似的场景。C老师补充道："这就是我在网上找到最贴近作者文章场景的图片，大家一下看看这是不是我们脑海中的那一幅场景。"接着C老师要求学生根据这一段作者所用的写作手法仿句。

就这样，C老师用了一节课的时间对五个场景进行赏析，并讲授文中运用的写作手法，之后C老师要求学生将所学与实际生活结合，练习仿句，为日后的写作进行训练。

2.《故都的秋》第二课时

C老师首先回顾上一节课时总结到的故都的秋特点：冷、清、悲凉。然后C老师向学生提问："作者笔下的秋是悲秋吗？作者为何悲秋？请同学们在文中找出相关的语句来印证自己的观点。"一名同学建议可以分别在开头和结尾找到相关语句。C老师引导学生说道："作者用南国的秋和故都的秋作对比，并用博喻写出自己对故都的爱。作者在用深沉的忧思和落寞悲凉来颂秋，特别的爱给特别的你，深沉的爱给故都的秋。"就在这时，有名同学小声地说道："可是能够有闲心喝茶，静心观看四周的秋景。这是愉快的事情啊，为什么就说是悲秋呢？"听到这里，C老师连忙补充有关本文当时的历史背景，说道："1934年4月，郁达夫从上海迁居到杭州，过的是一种闲散安逸的生活，并花了许多时间到处游山玩水，写下许多的记游散文，1934年7月，中国大地连年混战，民不聊生，郁达夫本人也居无定所，颠沛流离，饱受人生愁苦和哀痛。作者不远千里，从杭州经青岛去北平，再次饱尝了故都的‘秋味’，于是写下了本文。因此文中这个‘清、静、悲凉’的北国之秋，是作者当时苦闷心灵的折射。”提出疑问的同学皱着眉似懂非懂点了点头。C 老师按照提前预设的教学内容将作者的创作背景和文章情感相结合，让学生更好地理解文中所表达的思想感情。

（三）课后疑惑

课后 C 老师为了解学生是否在课堂中有收获，利用闲暇时间找到学习能力不同的学生询问这两节课的感受和疑惑。但是得到的答案让 C 老师大吃一惊。以 A 同学为代表的学习能力较强的学生对课堂的评价是大致能够听懂，但是散文不能激发他们学习的兴趣，感觉大多数是比较枯燥的知识点。能力中等的同学回答道："上课内容主要都是围绕写作的技巧和感情，有时老师带领我们分析的情感和我自己所想并不一致，这让我很疑惑。"能力较弱的同学直接说散文让他觉得听起来枯燥、学起来无聊。C 老师真的不明白为什么自己总是不能突破散文阅读教学上的难题。

这样的散文阅读教学在高中语文课堂上几乎成为一种常态，老师拿到散文体裁的文章大多是遵循这样固定的教学模式。这样的教学对于三维目标中的每一个目标看似都有所涉及，没有什么太大的问题，可是，对作为学习主体的学生而言，这样的散文阅读教学脱离了文本本身，了解作者的思想感情变成对作者所处时代的抨击。

可以想到，这样的散文教学对于学习赏析散文的帮助并不大，学生的学习兴趣不高也可以理解。因为许多老师都像 C 老师一样把三维目标中的情感态度与价值观作为散文阅读教学的重难点，要让学生明白和理解作者当下的思想情感，这样的教学早已没有了"语文味"。

二、品一品"故都"的"秋味"

《解读语文》对《故都的秋》这篇课文有较为详尽的解读。首先老师在面对这篇课文时一定要把握到文章中的关键词，即"秋味"，文章第一段开始就提到了"故都的秋味"，之后的各段中也反复提及。文章中作者对旅游名胜古迹往往都是一笔带过，通过寻常百姓眼中的日常生活这一视角去写故都的秋。而钱理群也强调：《故都的秋》的意义在于郁达夫作为一个曾居住于北京且深知"京味"的文化人，他以北京人的眼光看北京的秋天，自觉地从中寻求审美的满足，并诉诸文字，他就成了真正的北京文化的欣赏者和表演者。众多的"阅读指导"都告诉我们郁达夫笔下的秋充满了深远的忧虑和孤独者的冷落之感。据此，大多数语文老师的课堂中《故都的秋》的主题是悲，这要比"秋"更加鲜明。秋是作为一种辅助出现，秋更大的作用是突显当下作者心中不可言说的悲凉。老师循例介绍作者在 1933 年所遭遇的变故也是为说明悲秋，将整篇课文的情感基调简单粗暴地定义为“浓浓的忧郁”。如果按线性思维进行简单推理：时代是苦闷的，因此作者必定就会时时、处处陷入单一的、绝对的社会苦闷环境下，因此我们在赏析文章时总是事先就得出“他写的每一篇作品必定是充满了单一的、绝对的苦闷感这一结论”。然而这样得到的结论，其实是偏离于作品文本自身所描写的实际，这样赏析散文的高中语文课堂非常普遍。因此，钱理群教授提出我们分析一篇作品的起点不应该是某些既定的概念，还是要老老实实地从文本开始——一字一句地阅读、体验、琢磨、品味。这本身就是一种绝妙的审美享受，因而要珍惜自己从作品的实际得出的审美体验，它正是一切分析与研究的基础和起点。

三、老师在散文阅读教学中存在的问题

其实我们不难看出 C 老师在备课时所做的努力和准备，预设的问题也有逻辑性，而非凭空想象的。引导学生共同赏析的文章中的五组场景也是围绕着“秋”这一个主题词的。但在第一课时中，C 老师的教学活动围绕着课文文本的内容开展，而分析手法的讲授时间多于学生自主感受文章的时间。到了第二课时，师生在作者的作品上自然而然笼上了一层主观色彩，老师的思路主导课堂，在此过程中老师又成为课堂的中心，学生参与的次数降低。总的说来，年轻老师在散文阅读教学中存在的常见问题有以下几点。

（一）模式化教学，忽略了散文的个性化特点

如今的散文教学陷入了这样一个封闭式思维模式中，它忽视了散文的文本特征、散文的美。即使老师有意识地注重散文的特征，却忽略了散文的叙事、写景、抒情、议论的分类而笼统教学。最终教给学生的知识，往往是一些比较肤浅的、罗列在一起的知识内容，更甚者是千篇一律的套语。学生对课文的认识看似达到了理性高度，其实对课文中一些语句的意思还不能意会，这就不可能领悟其深刻的思想内涵和丰富的感情意蕴，体味到散文的美感就更不可能。这种模式化教学不能培养高中生对语言的感知力、联想力、想象力和创造力，不能培养正确的情感态度和价值观，对于散文的鉴赏能力也是毫无帮助的。

案例中 C 老师将《故都的秋》安排为两个课时进行学习，第一个课时主要是对文本的粗略赏析，第二个课时就是跳过赏析，利用传统观念造成的思维模式将作者当时所处的社会环境与作品所表达的情感强行联系在一起。也不能说 C 老师没有预设赏析文本的空间，只是这样的空间被压缩很多。两个课时中只有一个课时在对文本内容进行赏析，还要除去导入新课、提问环节、学生小组讨论时间，事实上老师带领学生欣赏文本的时间并不多。当情感主题反客为主成为教学重难点时，这样的散文阅读教学想要达到预期的效果就很难了。主要原因是老师对于散文这一体裁的特点没有掌握。

散文阅读不仅是口头上的一句“形散神不散”。正如新课程标准中的要求一样，在语文课堂上要培养学生欣赏美的能力。从阅读教学来看，阅读教学的“这一篇”课文，不仅是学习材料，而且也是学习的对象。不同体裁的文本教学的方法和备课时的准备都是不一样的。倘若对于不同类型的文本都采用统一的模式和方法去教学，自然就忽视了文本的个性化特点。老师在面对文本时最重要的是让学生面对文本，明白学习的任务是理解、感受“这一篇”中作者所传递的认知、情感，是理解、感受文本中独特认知、情感融于一体的语句章法、语文知识。

（二）肢解文本，瓦解教学的审美目的

朗读、品读散文是进行散文阅读的前提和基础，通过散文的美感悟人生、社会，提高素养是目的。但部分老师在现当代散文阅读鉴赏课中几乎忽视了朗读、品读、感悟的过程。C 老师在课堂上带领学生在语言、结构上猛下功夫，而没看见那是一篇完整的优美散文。单纯注重语言的分析理解、结构的梳理，忽视了审美情感在课堂上的流动，忽视了对学生品味语言、感受思想和艺术魅力、发展想象力和审美力等的培养，使得教学枯燥乏味。不从整体上把握散文的美，是散文教学的一大误区。

案例中的 C 老师在课堂上主要采取提问的教学方式，《孤独的秋》是人教版必修二的一篇课文，面对的是高一下学期的学生，因此学生还需要老师引导才能够鉴赏到美的文字，这样的学习方式的确可以取得一定成效，但是课堂中老师的提问好像一个萝卜一个坑，学生的回答必须依循老师的思路进行思考，教学过程中缺少了朗读文本、鉴赏文本的环节。

C 老师将文章分为五个部分是有可取之处的，但是每一段的讲解方式都相同可能会让学生对学习感到无趣，不能过多地激发学习的兴趣。每一段分析过后总是会再回到三个有关秋天意向的词语：冷、清、悲凉，文本的感情就此被定下了悲秋的基调，学生也不可能再对“秋”有其他的体会。例如案例中展示了第一个片段秋晨静观，C 老师抓住了颜色、声音以及周围事物映照的意象，引导学生对这幅场景产生主观的认识。如果现在换一种视角再去看，同样一幅场景可能会是不同的样子。作者郁达夫用“破屋”“清晨”“浓茶”“深院”就足以把读者带入北京特有的悠闲、自得而又有些许落寞的意境、姿态与氛围之中。紧接着作者又将读者引向看天空、听驯鸽声、细数掉落的槐树叶，再同读者一起闲扯牵牛花到底什么颜色最好看。如此精细的审美眼光，加上这般幽静的审美心理，自然、生活都被充分地美化、艺术化。这样的“秋”才是作者文本中真实体现出来的。

（三）老师思维替代学生思考

散文阅读教学的实质就是将学生已有的经验与文本内容所传达的作者特殊的经验联系起来。文本中所传达的是作者独特经验，也正是因为经验之独特，我们才需要去读作品，才能够通过作品感受、体验和分享我们在日常生活中所没有的、不可能有的

人生经历和经验。

之前也提到，面对散文教学，许多老师都是用常规的教学方法和思维进行教学。郁达夫创作时所面对的社会环境是糟糕动荡的，这可能会对作者的创作产生一定的影响，但是不可能每一个作品都隐藏着作者苦闷的心情，这是文本赏析最简单粗暴的做法。案例中C老师虽然也组织过小组讨论，也有以学生为主体，老师为辅助者和引导者，但是对于情感的基调在一开始就已经明确是“悲秋”，这样一来，学生的思维模式也就固定了，文本中所有的场景都是作者伤感的表现。艺术性散文并不是科学小品，它的生命就是审美的，而审美的特点就是作者主观的感情，一种特有的、与众不同的感情。现在的教学常常是老师用自己的主观意识去代替学生的思维，强行让学生接受。这会丧失欣赏的前提。这也是许多高中语文课上学生最烦也最怕散文的原因，因为许多老师引导出的情感是学生自己体会不到的，一堂课下来学生所收获的也不多。

四、高中散文阅读教学策略

根据C老师在散文教学中表现出的问题，以下提供一些散文阅读教学的解决策略。

（一）正面应对散文，提高认识

老师首先应该对散文的内涵、分类和常用的教学方法有所掌握。如面对散文的分类时可以采取分流的方法，以读法为纲，细析小类，分化散文，把已经能够明确的文类从“文学性的散文”中剔除。其次，老师要正面积极地应对散文教学，不要走老路旧路，不用老套的方法进行教学。关注“散文”文类的解读方式，强化文体意识，对不同体式的散文有不同的对待。王荣生教授特别指出三个特别关注的关键点：关注散文的文类特征形成与“散文”文类相匹配的解读方式，或散文解读的基本取向。强化文体意识，根据文体特征，分野小类，形成可依循的相应的解读理路。细化文体研究，揭示散文文本的最要紧处，努力形成可操作的具体解读方法。这里强调的是教学立足于文本自身，而不是老师强加于文本的主观情感。

（二）激发和培养学生欣赏美的能力

学习散文最主要的目的是教会学生欣赏文中作者所描绘出的“美”，体现出语文学科独有的语言魅力。散文教学中，应启发学生的联想和想象，创造情境。想象是人们预见未来的神奇的思维能力。通过想象，人们创造出各种各样的新形象，使审美对象与学生的主观意识达到水乳交融。在教学中，这有赖于老师利用语言的提示和引导，激发学生的合理想象。通过想象，学生在脑海里将一个个方块字转化为一幅幅形象、生动的图画，感受身临其境的状态。C老师在案例中播放PPT中的照片也是进行了情境的创设，但是光有情境的创设还是远远不够的。老师还需要引导学生探究美。高中散文教学对学生进行美的教育在于引导学生感悟和欣赏蕴含在课文中的美的元素，这样不仅有助于学生更好地掌握文章的主旨思想，而且对于提高学生的审美能力、培养审美情趣也是大有益处的。审美教育不仅可以愉悦学生的心灵，更重要的是培育学生健全、完整、理想的人格，实现自我完善和自我升华。审美能力的培养主要包括培养学生的审美感觉力、审美想象力和审美理解力。在教学中，老师应挑选优秀的散文作品，引导学生品味其语言美，感受其思想情感美、意境美和艺术魅力美，发挥艺术想象力再度创作原作，引导学生体味大自然的多姿多彩和人生的美妙绝伦，激发珍爱生命、热爱生活、保护自然的感情。引导学生感受文学艺术中的美，提升审美境界，进而使学生养成良好的现代汉语语感，循序渐进地逐步提高对散文美的感受力。

（三）以品读带动学生阅读兴趣

在以往的散文教学中，老师往往会忽略品读的方法。但是散文品读，不仅有利于积累文学语言，而且可以训练学生的语感。品读散文，老师要指导学生品散文的写作思路，包括散文的内容、表现形式、结构特点；品散文的线索，包括散文的文眼、脉络、顺序。

品读是个主动阅读的过程，是一种精读，要精读文章中最具代表性、最具表现力、最能引人深思、集中反映作者思想情感、文学功力的句子、段落。

但是并非单纯停留在读的层面就能够教好散文，因此在品读中要向学生提出问题，如这篇散文主要在谈些什么，作者具体怎么说的，这样说有没有道理，是局部有道理还是全部有道理，这篇文章对你有什么意义。

若无法回答前面的问题，就无法知道从文章中应吸取哪些有价值的知识。等读出了作者的想法，做出了自己的价值判断，就能知道文章到底给了你哪些启示。案例中C老师在教学过程中只让学生在第一课时中自由朗读文本，之后没有进行再次品读。

其实在每一个场景中都可以先读，再分析文本，之后师生再次朗读文本，这和第一次朗读所获得的感受必定是不同的。《故都的秋》一文中可以提出如下几个基本问题：郁达夫为什么爱北平的秋天？这是一种怎样的爱？文中最能打动你的是哪些段落？郁达夫这么写有道理吗？这些问题是贯穿整篇文章还不是单一存在的？学生可以边品读边思考问题。

在品读后，仿写散文可以使学生更加深入地理解作者含蓄的语言、隐晦的表现手法下所展现出的人、物、景、事和情。仿写是学生想象力的产物，是创造性思维的结晶。通过仿写散文，学生还可以体会不同体裁文本的区别与联系，从而融会贯通，掌握语文学习的规律与技巧。C 老师赏析文章段落最后一个步骤就是要求同学们仿写句子，这个出发点是非常好的。但是仿写的基础是老师已经将文本中的段落和句子赏析透彻，学生已经融入自身的认知中，才能够达到预期的结果。

结　语

散文一直以来都是中小学阅读教学的主导文类，其重要性不言而喻。但是近年来散文阅读教学中所存在的问题也愈加突出，从而导致教学效果不明显，这些都说明在散文阅读教学方面语文老师们有许多需要改进的地方。散文教学面临困境是中小学语文老师几乎都遭遇过的困境。因此，我们应在教学时更加坚定立足于文本进行教学的理念，加强老师自身对散文的认识，引导学生理解教材中的散文。

高中的现代散文教学要改变传统的不分文体的封闭式教学模式，让学生养成诵读散文的习惯，充分调动学生的学习兴趣，培养学生探究知识的欲望，提高学生的感悟、审美能力。老师在课堂上必须创设愉快轻松的课堂气氛，需要师生共同全身心投入文本中，用真情和真心打开文本，与作者共鸣。本文也存在对案例分析不够透彻、研究理论欠缺深度、思考的角度不够全面等问题，这也将成为笔者在今后不断努力的方向和目标。

【案例思考题】

1. 影响高中散文阅读教学的因素有哪些？
2. 面对不同散文类型时老师采用的教学存在哪些差异？
3. 除了案例中所提及的存在的问题之外，高中散文阅读教学中还有哪些问题有待解决？
4. 如何检测学生学习散文后的收获？

【案例使用说明】

1. 适用范围

适用对象：高中语文老师、师范教育专业本科生、硕士生。

适合课程：老师专业发展、中学语文课程教材教法。

2. 教学目的

（1）明确高中散文阅读教学中真实存在的问题和老师所面临的困境。

（2）改变传统散文阅读教学的模式和方法。

（3）掌握散文阅读教学的策略，提高教学的有效性。

3. 要点提示

（1）相关理论

钱理群解读语文，孙绍振的文本解读分析方法论，老师专业发展理论。

（2）关键知识点

散文的概念及范畴，散文的文体特征，教学设计，文本细读，散文教学内容的选取。

（3）关键能力点

整体了解中学散文教学现状的能力，善于找出并分析问题的能力，理论与实践相结合的能力。

（4）案例分析思路

基于 Y 中学 C 老师在讲授散文过程中出现的问题以及老师们所遇到的难题，探索散文教学方法和策略过程中的经验与不足进行分析，引导老师们进一步思考散文教学中的问题，使老师们明确案例中散文教学中的基本理念，为老师们的中学散文教学提供一些可操作性策略。

4. 教学建议

时间安排：高中标准课 2 节，120 分钟。讲授课文 1 节，上课讨论 1 节。

环节安排：提前一周利用一节时间布置预习内容→学生分为 4 ~ 6 个小组→小组查阅资料、走访中学语文老师和课下讨论→各组形成解决问题方案→上课汇报→课上学生研讨→老师点评。

人数要求：50 人以下的班级教学。

教学方法：案例教学讨论为主，讲授点评为辅。

工具选择：摘要卡片、多媒体、案例打印资料、录音笔、录像机。

组织引导：老师布置任务清晰，预习要求明确；

提供给学生必要的参考资料；

给予学习者必要的调查技能训练，便于调查工作展开；

学生课下讨论需要及时指导并给出建议。

活动设计建议：

（1）课前计划 2 节课，要求学生完成案例阅读，搜集相关知识点和能力点的资料，走访案例老师或者情形类似的语文老师。

（2）上课前做好教学准备。将桌椅分组摆成弧形，为每个小组准备编号和姓名的桌签。每个小组提供一张小组讨论记录表，包括每个人的发言记录和综合的观点。同时，通知相关人员做好录像或者录音工作。老师准备好点评的资料和提纲。

（3）下课后老师及时总结案例教学的得失，以便改进后续的教学行为。

5. 推荐阅读

[1] 王荣生. 阅读教学的基本任务与路径[J]. 课程·教材·教法，2012（7）.

[2] 王荣生. 中小学散文教学的问题及对策[J]. 课程·教材·教法，2011（9）.

[3] 王荣生. 散文教学教什么[M]. 上海：华东师范大学出版社，2014.

[4] 钱理群. 解读语文[M]. 福州：福建人民出版社，2010.
[5] 仇恒榜. 高中现代散文阅读教学方法研究[D]. 上海：华东师范大学，2010.
[6] 范玲玲. 高中散文阅读教学策略探究[D]. 上海：华东师范大学，2008.

Z老师在古诗词阅读教学中的传统文化传承

张丁予[①]

【摘　要】弘扬和传承中华传统文化日益成为我国社会各界所关注的热点问题，但现阶段教育中，学生学习中华优秀文化的意识较为淡薄，传承与弘扬的效果并不显著。引导学生自主弘扬与传承中华优秀文化成为目前古诗词教学的重点难题。老师在当前古诗词教学中更多以讲授知识点为主，生硬地升华传统文化的思想感情。J中学Z老师从对古诗词文本研读和理解出发，采用反复诵读、品味语言和比较阅读的教学方法，形成了古诗词教学中传承传统文化的一个突破口。在这种教学方法下，学生不再排斥古诗词的学习，不仅提高了学生对古诗词学习的热情和兴趣，也在无形中完成了对传统文化的传承。

【关键词】优秀传统文化；古诗词教学；文化传承

背景信息

我国是拥有五千多年文明历史的古国，中华文明历经数千年历史长河的洗涤仍然熠熠生辉，数不胜数的灿烂文化不仅给我们中国人民，也给世界人民带来一笔珍贵的、丰富的文化遗产，中华传统文化汇集着中华民族最精华的文化沉淀。中华传统文化曾被当作东方文明的主流，中华文明曾被世界各国、各地区的人们所敬仰和崇拜。然而随着社会与经济的发展，我国现阶段教育中，学生对中华优秀文化学习意识淡薄，所以传承与弘扬的效果并不显著。

《普通高中语文课程标准（2017年版）》中明确指出，语文学科核心素养主要包括“语言建构与运用”“思维发展与提升”“审美鉴赏与创造”“文化传承与理解”四个方面，而且对于文化传承与理解这一素养提出了明确的要求：“文化传承与理解是指学生在语文学习中，继承和弘扬中华优秀传统文化、革命文化、社会主义先进文化，理解和借鉴不同民族和地区的文化，拓展文化视野，增强文化自觉，提升中国特色社会主义文化自信，热爱祖国语言文字，热爱中华文化，防止文化上的民族虚无主义。”由此可见，弘扬和传承中华优秀传统文化在语文教学中有着至关重要的地位和意义。并且，为了加强对我国传统文化的传承，2014年，教育部印发了《完善中华优秀传统文化教

---

① 作者简介：张丁予，女，吉林省吉林市人，北京师范大学芜湖附属学校语文老师，黔南民族师范学院2017级学科教学（语文）专业方向研究生；导师：白红兵教授。

育指导纲要》，其中对高中阶段的中华传统文化的学习重点做出了相应的要求：“高中阶段，以增强学生对中华优秀传统文化的理性认识为重点，引导学生感悟中华优秀传统文化的精神内涵，增强学生对中华优秀传统文化的自信心。阅读篇幅较长的传统文化经典作品，提高古典文学和传统艺术鉴赏能力；培养豁达乐观的人生态度和抵抗困难挫折的能力；感悟传统美德与时俱进的品质，自觉以中华传统美德律己修身；引导学生深入理解中华民族最深沉的精神追求。”引导学生了解、学习我国传统文化已经成为语文教学重要的一部分，是我国文化建设、国民素质提升的关键环节。

J 中学是位于东北地区一所建校于 1960 年、历史悠久的公办重点示范性高中。学校占地面积 2.5 万平方米，学校一直以“育德至仁、育才至广”为校训，并且拥有一支师德高尚、业务精良、结构合理、作风过硬的老师队伍。Z 老师就是这老师队伍中的新鲜血液，仅仅工作一年的 Z 老师对语文教学充满激情与热情。刚从学校毕业不久的她对语文教学有许多新的想法，并且敢于尝试。在本科与研究生期间，Z 老师充分意识到了高中教育中传承传统文化的重要性。那么，她是如何在古诗词教学中融入传统文化的呢？在教学中她又遇到了怎样的问题呢？经过她的大胆尝试和努力和不断的反思，整个 J 中学的语文教学又有怎样的收获呢？

案例正文

一、古诗词阅读教学的传统文化传承的探索缘由

（一）什么是优秀传统文化?

中华传统文化是中华民族在几千年的社会历史实践中所创造的物质财富和精神财富的总和，从时间上说，就是从原始社会一直到封建社会的文化总和；从空间上说，就是包括中原人民及边疆少数民族的文化总和。

而《完善中华优秀传统文化教育指导纲要》中规定的语文教学中传承优秀传统文化主要以弘扬爱国主义精神为核心，从爱国、处世、修身三个方面来概括中华优秀传统文化教育的主要内容。爱国即是培养学生以天下兴亡、匹夫有责为重点的家国情怀；处世即是培养学生以仁爱共济、立己达人为重点的社会关爱；修身即是培养学生以正心笃志、崇德弘毅为重点的人格修养。所以，在语文教育中，主要从这三方面来渗透中华优秀传统文化。

（二）目前语文教学中传统文化传承现状

从我国现行高中教材（以人教版为例）和课标中可以看出，中华传统文化教学在教材中占有一定的比例，但是在实际教学中，笔者认为，中国传统文化并没有得到真正的落实，并且所要求传承的精神也没有得到弘扬，主要原因包括：首先，人们自身

对传统文化传承的重要性认识不够；其次，传统文化受到当前多元化文化的强烈冲击；再次，当前应试教育体制使学生与老师都不重视传统文化的学习与教学；最后，有些老师将古诗词教学变得功利化，将一首优美的古诗词教学课变成语言、形象、表现手法和思想感情的答题技巧训练课，这种没有感情、没有审美、没有体验的枯燥教学，也使学生对古诗词学习失去兴趣，更不要说传承其中的传统文化。

Z 老师从教一年有余，虽然资历还不足，但是热爱老师行业，并且干劲十足，总是有许多大胆的想法，勇于尝试新的教法，为人肯吃苦，对待学生充满热情，所以深受学生喜爱，所执教的班级语文成绩处于中上等。在她看来，在语文教学中弘扬中华传统文化是非常必要的。首先，高中正是学生身体成长的关键期，也是心理发展的黄金时期。这个时期是学生形成正确的世界观、人生观、价值观的重要时期，并且随着学生的身心发展，他们也逐渐形成自己的个性，所以这个时期是对学生进行优秀传统文化渗透与教学的黄金期，这不仅可以提高学生的语文综合素养和对语文学习的热情，同时也有助于学生高尚品格的形成。

在一年多的教学中，Z 老师发现学生古诗词学习和对传统文化的传承效果不佳，上课时她也经常发现学生走神或干自己的事情。Z 老师课后常常反思，在教学语言、教学环节、课堂活动和多媒体课件上做出了改进，但是收效却很一般。Z 老师看在眼里，急在心里。又经过一段时间的探索反思与学习、精心做教学设计，终于在李清照的《声声慢》和《醉花阴》的教学中取得了一定的成效。

二、中华优秀传统文化在教学中的初探

Z 老师看到《李清照词两首》时，首先想到这两首词是作者在不同的境遇下写出来的，因此，可以做一个比较阅读，着重教授一首词，然后与另一首作对比，主要让学生自主学习，领会另一首词的意义与思想感情。最终 Z 老师选择详细讲《声声慢》这首词。

确定好要讲的诗词后，Z 老师一直苦苦思索如何才能让学生体会到词中作者浓厚的情感和词中所蕴含的厚重的家国情怀，还有如何能让学生体会出词中作者表现的富有丰富内涵的“愁情”以及李清照特有的“化愁为美”的境界。Z 老师经过深入思考与精心设计，最终确立教学的方法为：诵读、品味和比较。

Z 老师：“大河百代众浪齐奔淘尽万古英雄汉，词苑千载群芳竞秀盛开一枝女儿花。”同学们知道这副对联说的是谁吗？

全班同学：李清照。

Z 老师：对，说的就是我国宋代“千古第一才女”李清照。她是婉约词派的代表，那么今天我们就一起走进李清照，一起欣赏她的词。下面请大家自由朗读一下《声声慢》，要注意细细品味这首词中所蕴含的情感。一会儿我们请同学来给

我们范读一下。

（生自由朗读）

Z 老师：同学们，朗读结束，我们请同学来给我们范读。

（生有感情地朗诵）

Z 老师：几位同学都朗诵得很好，字音咬得很准确，节奏把握得很好，但是情感还稍微欠缺了点，下面老师来给大家范读一下。

（师配乐朗诵，声情并茂）

Z 老师：听了老师的范读，不知道同学们对这首词的情感是否有了更深一层的感受，请全班同学一起朗读一遍，语速要慢下来，要注意语调的高低，还要读出语气的轻重缓急。

（全班配乐朗诵）

通过一遍又一遍的诵读，让学生在读中慢慢体会到作者所表达出的思想情感。接下来，老师和学生一起走进文本，一起深入品味词中所表达出的浓浓情感。

Z 老师：大家已经读得很好，经过反复诵读，我们对这首词对情感已经有所了解，那么请问这首词的词眼是什么？

全班同学：愁。

Z 老师：对，没错。就是愁。那么下面请大家自己再认真阅读本词，前后两桌四人为一组，小组讨论出你们认为最打动你、你觉得最能表现词人“愁”的词句，并且说说，词人是怎么样表现出这种愁思的？

Z 老师首先引导学生找出词眼，从词眼出发去理解，品味整首诗，就有了一个品味的思路和大致方向，顺着这个词眼深入体味这首词，就能更具体生动地理解家国情怀在整首词中的重要地位，让学生自主掌握家国情怀在词中的重要意义，进而升华，完成中华传统文化在词中的传承。

A 同学：我们组认为本词的第一句最能体现出词人的“愁”。

Z 老师：很好，那么是为什么呢？

A 同学：首先，词人一开篇就运用了七个叠词，让人读起来就有一种很惆怅很绵长的感觉。并且内容上也让人觉得很“愁”，现实“寻寻觅觅”，然后是“冷冷清清”，最后是“凄凄惨惨戚戚”，让人觉得她是在努力寻找什么，然而并没有找到的样子。

Z 老师：那你认为她在找什么。

A 同学：我想，可能是寻找她死去的丈夫吧，因为此时她的丈夫已经去世了，她仿佛在寻找一个永远也找不到、永远也回不来的人，很是伤感。

Z 老师：除了丈夫之外，你觉得她还有可能寻找什么？

（生摇头）

Z 老师：那么老师给大家补充一下这首词的创作背景，这首词是李清照的晚年作品，她的丈夫已经离她而去，北宋也已经亡了，此时的她独自一人漂泊在异乡，流离失所。所以，你们觉得她还有可能在寻找什么。

G 同学：我觉得她还有可能在寻找亲人和自己的国家。

Z 老师：那你从“寻寻觅觅”这个动作中能感受到词人怎样的情感？既然她在寻找，说明她心中还有什么？

G 同学：她心中还有希望。

Z 老师：很好，那么还有哪个小组认为这一句最能表现出愁呢？

L 同学：我们组也认为这一句最能表现出词人的愁，这一句中的“冷冷清清”描写出了冷清的环境，而“凄凄惨惨戚戚”写出了她此时的心境非常凄凉，所以我认为这句是最能表现出愁的一句。

Z 老师：同学们回答得非常好，都体会到了词中的悲凉之意。下文的“冷冷清清”是“寻寻觅觅”的结果，词人不但无所获，反而被一种孤寂清冷的气氛所包围，感到凄惨忧戚，于是紧接着再写了一句“凄凄惨惨戚戚”。一种由愁惨而凄厉的氛围已笼罩全篇，由此可见李清照用词的精妙，仅仅用七个词就奠定了全词哀愁凄婉的基调。下面请大家再朗读一遍这一句，要注意情感的递进。

（全班朗读）

带领学生走进诗词、走进意境不能仅仅流于表面，还要落到实处，引导学生品味情感，引导学生在此句中从动作、环境和心境三个方面品味词中的韵味，并且通过对词句语气、语调的品读来带领学生真正走进作者的内心世界。

Z 老师：其他小组同学，你们认为哪句还能表现出愁呢？

Q 同学：我们组认为倒数第三句最能表现愁。“守着窗儿，独自怎生得黑！”中“独自”一词点出了她是一个人，并且能让人感觉出她非常落寞、孤单，一个人坐在窗边，满心愁思，从天亮艰难地挨到天黑，让人觉得她的一天过得非常艰难与漫长。

Z 老师：你对这个“黑”是怎样理解的？

Q 同学：天黑，但我认为不仅仅是指天黑，应该也是指的她自己当时的境遇和国家的现状。都是非常难挨的。

Z 老师：理解很准确，全班朗读一下这句，再体会一下情感。

（全班朗读）

Z 同学：我组认为最后一句最能表现作者的愁。“这次第，怎一个愁字了得！”作者自己就抒发了愁情，我觉得是因为她的愁情已经达到了不得不说出来的地步，“怎一个愁字了得”，一个愁字都无法言说出她所有的悲伤，“怎”字加强了作者情感的抒发。

Z 老师：注意，这里的“怎”字要重读，以加强情感。

（全班朗读）

M 同学：我组认为第二句也能体现愁。“乍暖还寒”，天气忽暖忽冷，气候变化无常。词人用天气来衬托了她的愁。

学生关注到了作者运用环境描写来衬托愁绪。

J 同学：我们组认为下阕倒数第二句特别能体现作者的愁。“梧桐更兼细雨，到黄昏、点点滴滴”。这句中有梧桐细雨黄昏的意象，这句是环境描写，词人给我们描绘出昏暗的傍晚，她独自一人坐在窗前，听着雨滴落下的声音，寂寥、孤单、落寞、压抑的满怀愁思的景象。在这里作者又用到了叠词来表现下雨。

Z 老师：你认为这个雨落到了哪里？

J 同学：我认为落在了梧桐叶上，落在了院子里，更是落到了李清照的心里。

Z 老师：有同学有不一样的想法吗？联想一下李清照的身世。

Z 同学：我认为这个雨不仅仅是生活中的雨，也是指国家的“雨”。老师说了，此时的北宋已经灭亡了，并且李清照的丈夫也去世了，她诉说的不仅仅是个人悲伤，更是国家的悲伤，表现出了她对国家命运的牵挂。词人的愁思随着细雨一点一滴地落下，心里想着逝去的丈夫、灭亡的国家和自己凄凉的命运。

Z 老师：同学们回答得非常好，李清照将自己的个人感情与国家的感情联系到了一起，将个人情感上升到了国家情感。在这里，我们能体会得到，词人心中有无限的凄凉苦楚想要倾诉出来。通过这首词句，我们可以感知到，词人创造了一个有利于抒情的典型环境，融情入境，每一处景物都诉说着她的苦苦哀愁。同学们朗读这一句，要饱含深情。

（全班朗读）

Z 老师引导学生将词句与作者的身世相结合分析，让学生同作者建立起情感联系，让他们在情感上产生共鸣。这样更能在教学中向学生传达词中蕴藏的传统文化，将其中蕴含的家国情怀潜移默化传递给学生，让学生自己找出词中蕴含的思想，而不是生硬地对词句进行升华，防止学生抵触、反感。

L 同学：我们认为上阕最后一句最能体现愁，李清照用大雁这个意象来寄托了她对丈夫和国家的思念，更能体现如今的物是人非。

Z 老师：这组同学找到了大雁这个意象，同学们要注意一下，一般诗词中出现大雁这个意象代表了作者怎样的情感？

L 同学：思念之情。

Z 老师：这只是大雁这个意象其中一种意思，它共有五种意思。第一，以大雁来指代书信，作者用来抒发思乡之情。第二，雁是候鸟，春秋迁徙。在古诗词中，文人常常借雁抒情，寄寓游子思乡怀亲之情和羁旅伤感之情。第三，鸿雁春秋迁徙，一生漂泊无定，没有依靠，故常用来比喻人生遭遇的凄凉悲苦之情。同学们要掌握这三种意思，这对考试中回答诗歌鉴赏题有帮助。所以说，在这里，词中的大雁还寄托了词人怎样情感？

N同学：李清照的大雁不仅仅写出了她对国家和丈夫的思念，也点出了她现在孤苦无依、境遇凄凉悲苦的现状。

将课堂还给学生，让学生自己分析词句，自行体悟作者的思想情感，老师抓住机会对学生进行引导，进行渗透。在学生对整首词的愁思进行了深入的梳理后，也就为后面的比较阅读教学做了较好的铺垫。

Z老师：同学们对《声声慢》都有了深入的了解，那么我们看上面的这首《醉花阴》，快速读一下，理解一下整首词的意思，一会请同学范读。

（生范读）

Z老师：我能感受到，同学们读这首词会比《声声慢》轻快一些，那么告诉我这两首词都有什么相同的意象，最后思考一下这两首词表现出的是同一种愁吗，为什么？

L同学：相同的意象的有酒、黄昏、黄花和风，我认为不是一种愁。《醉花阴》给人的感觉会轻快一些，“东篱把酒黄昏后，有暗香盈袖”，在东篱边饮　酒直到黄昏以后，淡淡的黄菊清香溢满双袖。这里的酒和黄昏都给人一种闲适的感觉，虽然有点点愁思，并且充满了菊花的清香，但我们能感觉词人生活的闲适安逸。

P同学：注解中说这首词是作者早年的作品，此时的作者应该是生活美满幸福的，在词中提到了“佳节又重阳”，重阳节是一个思念亲人的节日，在这里她应该是思念丈夫。而《声声慢》是作者晚年境遇凄凉的作品，带着国破家亡的浓重的愁情。

Z老师：同学们分析得非常好，结合了词人的身世来分析这首词。这首词是作者婚后所作，抒发的是重阳佳节思念丈夫的心情。传说李清照将此词寄给赵明诚后，惹得丈夫比试之心大起，遂三夜未眠，作词数阕，然终未胜过清照的这首《醉花阴》。这首词就这样成了千古佳话。可见，词人当时的生活是很幸福的。还有同学将两首词做对比吗？

T同学：两首词中对花的描写是不一样的，《醉花阴》中“有暗香盈袖”，而《声声慢》中是“满地黄花堆积，憔悴损，如今有谁堪摘？”。第一首词中花是盛开的、有清香的，而李清照身上也染上了这种清香，让人觉得她的生活还是很美好的。然而第二首中的黄花无人采摘，枯萎后落了一地，让人感觉非常凄凉。从这两句中也能让人觉得作者的境遇是相差非常大的，后者的愁要浓烈很多。

Z老师：很好。同学们从各个方面分析了两首词中愁的不同，也对两首词有了深刻的理解。作者写《醉花阴》时，生活美好、家庭美满，她还是一个满心等待丈夫归家的新婚妻子，所以我们可以说，她此时的愁是怀着期盼与等待的——闲愁。而写《声声慢》时，作者面对的是国破家亡，可以说此时的愁是难以言说的

——悲愁。从中我们可知，国家存亡与任命生活息息相关。通过对比，我们看到李清照对美好生活的深深怀念与向往。虽然她内心充满着深深的苦痛，然而她仍然坚强。她的这种家国情怀，心怀国家的大气、坚强的品质，也激起我们每个人对社会、国家关怀的深深思考。

通过对比阅读，不仅增加了课文学习的趣味性，同时也激发了学生自主学习兴趣。学生自己品味词句，与词人产生共鸣，消除作者与读者之间的差距，走进了作者的内心。现在大多数学生国家意识淡薄，让学生自己从多角度、多层面分析诗词，深入文本，理解词人的愁绪，通过将两首写“愁”的词作对比，学生更能理解词人心中那份家国情怀，与李清照产生情感上的共鸣，理解她的家国之悲，充分感受到国家的命运与个人息息相关。只有感受到李清照的这种个人情感的变化与国家的存亡的关系，才能体会她的亡国之痛、亡夫之痛，才能体会她的家国之悲，继而激发学生对国家的意识，将词人的情感转化为学生的家国意识，这是一个潜移默化熏陶的过程。

三、教学初探取得的效果

Z 老师这堂古诗词教学课中对中华优秀文化的传承有了一个突破性的进展。通过诵读、品味和对比，使学生和词人产生了共鸣，接受了家国情怀的熏陶，在潜移默化中培养了家国意识，完成了本首诗词中的传统文化的传承。

在这样的教学中，学生和老师都受益匪浅。学生方面，首先，学生不再排斥传承词中所蕴含的传统文化，能与作者产生共鸣，理解其中的家国情怀；其次，学生在学习语文知识的基础上进行传统文化的学习，没有脱离语文学习的本质，对整篇诗词的学习充满了“语文味儿”；最后，课堂上激发了学生学习的主动性，老师将课堂还给学生，学生自己分析词句，寻找其中的传统文化，主动对传统文化进行学习与传承，在这种学习中提高了自身的文化素养。老师方面，首先，在语文教学中，落实传承传统文化的要求得以顺利展开；其次，教学中学生为主体，改变了老师古诗词教学中“一言堂”的现状，师生互动增加，增加了学生学习的积极性；最后，学生在自主落实语文知识的同时传承传统文化，减少了教学问题，也减小了老师教学压力，老师也逐渐成熟。

Z 老师的整堂课从理念到实践，全方位地展示了在对学生进行语文知识教学的同时，也在潜移默化中进行中华传统文化的传承，旨在指导学生重视知识学习的同时，也同样重视理解古诗词中所要传递出的情感与文化。一开始 Z 老师的这种教学方式让其他老师觉得在耗费时间与心思，并且对提高学生的考试成绩不实用，但是 Z 老师坚持认为在教学中传承中华传统文化是必不可少的。身为一名语文老师，不仅仅要教书，更是要育人，一位老师的正确引导与学生今后性格和品质的形成有很大的关系，只有引导正确才能培养出自信、自尊、自强的高素质人才，因此她的语文课上对文化的传承是必需的。Z 老师也时常在班级的日常教学中开展课外研究性学习活动，如在学习某一篇诗词时，让学生自主寻找具有相同意象的诗歌并分析其中意象的意义是否相同，从而使学生对学习产生兴趣，并且通过活动深入品味其中的中华古典文化，提高自身的文化素养。经过长时间的努力，班上的学生的人文素养得到了其他老师的一致好评，同时语文成绩也在同年级中名列前茅。

结　语

我国历史悠久，中华文明更是博大精深。在这漫长的发展进程中积淀形成的中华优秀传统文化，是凝聚中华民族的强大精神纽带。一个国家，一个民族，若是没有文化作为根基，便是如无水之鱼、无本之木，而我国优秀的传统文化是一代又一代炎黄子孙历经千锤百炼传承下来的。因此，语文作为传承传统文化的良好媒介，语文老师必须担起传承和弘扬优秀传统文化的重任。为此 Z 老师通过长久以来对传统文化的探索，决定将传统文化的传承作为古诗词教学的一个重要的切入点，尽管过程艰难，也曾遭到学校和其他老师的反对，但是她始终相信这种教学方法对学生的成长有着至关重要的作用。

当然，她的这种教学方法也有着一定的局限性，以传承传统文化为切入点并不适用于所有的古诗词，所以在实际的古诗词教学工作中，要避免太过模板化、格式化，要根据每一篇古诗词的实际情况去选择教学方法，在实际工作中要合理进行教学方法的选择。

【案例思考题】

1. 在古诗词中传承中华优秀文化，在具体实施上还有哪些教学方法？
2. 语文教学中传承中华传统文化还对语文老师提出了哪些新的要求？
3. Z 老师在古诗词教学过程中传承中华传统文化还会遇到什么难题？如果你是 Z 老师，你会怎么解决遇到的难题？
4. Z 老师的教学方法有哪些需要改进之处？

【案例思考题】

1. 适用范围

适用对象：中学语文教师，汉语言文学专业、语文教育和语文课程教学论及相关专业专科生、本科生、研究生。

适合课程：（1）中学一线“语文”课程；

（2）大中专“中学语文教材教法”课程；

（3）教育专业学位研究生课程："课程与教学论""语文课程与教材分析""语文教学设计与案例分析""语文学科基础与前沿问题"等。

2. 教学目的

（1）了解传统文化对于基础教育的价值和意义。

（2）初步掌握古典诗词的阅读方法。

（3）培养学生对于古典诗词的兴趣。

3. 要点提示

（1）相关理论

文学理论；

文化理论；

诗歌理论；

教师专业发展理论。

（2）关键知识点

什么是传统文化，诗歌的文体特征，诗歌教学的难点，导致诗歌教学难点的原因，诗歌的语言特色，阅读与诵读的区别与联系。

（3）关键能力点

从宏观上了解当前诗歌教学现状，了解传统文化传播状况，找到解决诗歌教学难点的突破口，深入了解中学生心理状况，因势利导地引导学生进入学习状态，课堂教学收放自如，既让学生充分参与教学，体现师生平等关系，又能掌控整个教学环节。

此外，相应的知识面和必要的文学理论修养也是不可或缺的。

（4）案例分析思路

Z 老师在日常教学中自觉语文教学和传统文化传承都存在一些问题，经过自我反思、走访，一系列分析与调查，Z 老师找到了把这两方面结合在一起，力争同时解决两个问题的方案。从诗歌阅读入手，在阅读中理解诗歌及其蕴含的传统文化价值。

教学实践显示，Z 老师的诗歌阅读教学法紧扣语文核心素养，能够在全面发展的基础上，以语文课本为载体，在师生之间进行传统文化传承，更有助于培养学生树立积极健康的审美意识，增强审美能力。

4. 教学建议

时间安排：中学标准课 2 节：90 分钟。分析课文、诵读、观看视频材料一节，学生自主学习、反思、考查 1 节。

人数要求：50 人左右的班级教学。

教学方法：以学生知识掌握、个性发展和艺术能力培养为目标，不脱离文本，老师只在学生出现困惑时进行点评。

工具选择：多媒体。

组织引导：教师布置任务清晰，预习要求明确。

学生存在问题时及时给予建议与帮助。

活动设计建议：

课前计划 4 节课，要求学生课前预习。

上课前做好教学准备。

教师适时了解学生存在的问题，引导学生解决。

Q老师的整本书阅读教学探索

王晶[1]

【摘　要】整本书阅读是相对于单篇文选阅读而言的，是语文教育学界一直倡导的教学理念。整本书阅读有助于学生拓宽视野，找到适合自己的阅读方式，养成良好的读书习惯，提升语文学科核心素养，从而有利于学生全面而有个性地发展。但在应试教育的大背景下，考试压力、课时不足、教材选文的局限使课堂只能采用单篇选文的教学，这会导致学生对文章解读产生标志化认知，使得思维局限于一篇之内，造成学生的浅表化阅读和碎片化阅读。Q老师深刻体会到整本书阅读教学在培养学生语文素养中发挥的重要作用，积极尝试让整本书阅读走进课堂。本案例主要从“读”“问”“品”“辨”“写”五个环节展示Q老师的整本书阅读教学探索。

【关键词】整本书阅读；阅读方法；语文素养；整本书阅读教学现状

背景信息

阅读作为语文教学的重要部分，一直是人们关注的重点。其中，整本书阅读是教育界一直提倡的语文学习观念。整本书阅读并不是一个全新的概念，2003年的《普通高中语文课程标准（实验）》中“阅读与鉴赏”部分就鼓励学生“学会正确、自主地选择阅读材料，读好书，读整本书，丰富自己的精神世界，提高文化品位”。但到2017年的《普通高中语文课程标准》（以下简称“新课标”）中才第一次将其明确，并给出具体的学习目标与内容以及教学提示，这使得整本书阅读从口号进入语文课程，从倡导走向实践。

“整本书阅读与研讨”是“新课标”设置的18个学习任务群中的第一个，且该任务群的学习要贯穿必修、选择性必修和选修三个阶段，其重要性不言而喻。“本任务群的提出旨在引导学生通过阅读整本书，拓展阅读视野，建构阅读整本书的经验，形成适合自己的读书方法，提升阅读鉴赏能力，养成良好的阅读习惯，促进学生对中华传统文化、革命文化、社会主义先进文化的深入学习和思考，形成正确的世界观、人生观和价值观。”

“新课标”中明确规定了整本书的界限，这里的“整本书”是指长篇小说和学术著

---

① 作者简介：王晶，女，宁夏中宁人，黔南民族师范学院2018级学科教学（语文）专业方向在读研究生；导师：李华斌教授。

作，所选的作品应该语言典范、内涵丰富，具有较高的思想水平和文化价值。从人教版必修教材来看，阅读部分的选文都出自经典著作，如《红楼梦》《水浒传》《雷雨》等。但现在的语文课堂教学中，老师的主要任务是上好一篇篇文选，不论是古诗文、散文，还是小说节选篇，基本都用同样的教学模式去教学。学生的收获也只限于老师教授过的章节，这使得长篇经典的作用没有发挥的余地。

对高中生来说，阅读一本完整的文学作品不是难事，但由于阅读方法的错误、尚未养成阅读整本书的习惯、急功近利的心态等原因，使得经典被白白“浪费”，同时也浪费了学生宝贵的时间。所以要将整本书阅读教学提上日程，让学生在面对不同文本时能运用正确的方法去阅读。这不仅有助于学生阅读水平的提高，而且对语文课堂教学也有促进作用。这是使学生受益一生的阅读教学，但是真正实施的老师少之又少，一方面是因为老师们也忽视了整本书教学的重要性，久而久之也就失去了教授整本书阅读的知识储备和能力；另一方面则是受客观条件的限制，如课时的安排、考试范围的划定等。因此，必须深入调查学生阅读现状以及老师的教学情况，为整本书阅读教学创造有利条件。

整本书阅读教学的重要性主要有以下四点：

第一，符合课标精神，提高学生能力。“新课标”设置的学习任务群指明了语文课程改革的方向。整本书因具有宏大的结构和丰富的内容，提供给了学生各种思维训练的可能性。在阅读过程中，学生对作品的艺术价值的体悟包括作品的语言表达、艺术架构、人物形象塑造等方面，这有助于学生的审美鉴赏与创造能力的提升。同时，阅读和写作是不能分开的，该任务群把读写结合起来，有助于学生综合能力的提升。

第二，优化学习方式，养成良好习惯。整本书阅读可以扩大学生的阅读空间，使其养成终身读书的习惯。现在的学生可能认为阅读就是读课本，读考试要考的篇目，这是为了考试答题，而真正的阅读习惯没有养成。当学生进入大学后，需要阅读文献或者做研究的时候如何下手？进入社会之后，终身学习还能继续吗？

第三，改变教学方法，弥补教学不足。整本书阅读教学给老师带来很大的挑战，老师需要更新教学观念和教学方式，要把学生的发展考虑进来，致力于学生语文核心素养的提升，而不单单只为考试升学服务。老师要改变单一灌输和碎片化的教学方式，转向深度指导和支持学生的阅读。

第四，转变师生关系，争取共同进步。整本书阅读过程中，学生通读全文是基础，然后才能在老师的指导下深入作品，与作品对话，与同伴、老师对话，在不同思想的碰撞中完善自己的认识。老师在反复的阅读中也会生发出更多的思考，师生通过共同阅读的文本进行平等的交流，才能培养学生阅读整本书的兴趣，而不是把整本书阅读当作阅读任务强加给学生。这为语文教学营造了良好的环境，有助于整本书阅读的推进，同时也塑造了良好的师生关系。

Q 老师作为 W 中学的年轻老师，紧紧把握语文课程改革的新动向，在研读“新课标”的基础上反思教学，更新教学观念，吸取前人教学经验，在了解学情之后尝试设计了整本书阅读教学计划。正好新学期将上人教版必修三，学生开始接触长篇文选，第一课就是《林黛玉进贾府》，因此 Q 老师就以《红楼梦》为教学的文本，决心带领学生品味经典，学会读书。

案例正文

一、发现问题

阅读整本书似乎是件很容易的事情，高中生也会阅读一些时下流行的青春小说。这样的阅读为娱乐性的阅读，对于学生增长知识、学习语文技能来说没有很大的帮助，学生真正需要的是文化经典的熏陶。《义务教育语文课程标准》(2011 版）和“新课标”后都附有“关于课外读物的建议”，而且很多省市的高考说明中也规定了经典阅读篇目，文学名著阅读题越来越受命题者青睐。但为什么课堂中很少有整本书阅读教学的位置，是因为高考出题范围、课时安排和教材编排等客观原因，还是老师认为学生会读而不用教？

Q 老师开始对老师的阅读教学情况和学生的阅读习惯等方面进行观察研究，同时从网上搜集整本书阅读教学的课例，阅读整本书阅读教学现场的书籍，从而发现整本书阅读教学难以实施的原因有三点：

第一，老师未能及时更新教学观念，没有立足于学生的长远发展，只注重单篇文章的精雕细琢，而忽略学生阅读方法的掌握；

第二，教学耗费较多课时，对老师的能力要求较高，老师不敢轻易尝试；

第三，学生没有养成良好的阅读习惯，留给阅读的时间较少，没有掌握阅读长篇经典的方法。

二、分析问题

Q 老师通过观察、访谈等形式，从“老师的教”和“学生的学”两方面分析了整本书阅读教学的困境。因此，她决定从教学方法和阅读方法入手来思考整本书阅读教学策略，通过整本书阅读教学来实现学生“语言建构与运用”“思维发展和提升”“审美鉴赏与创造”“文化传承与理解”等语文学科核心素养的培养。

Q 老师在放暑假前便给 A 班学生提出阅读《红楼梦》的计划。在这之前，Q 老师通过调查发现，A 班 50 个同学中，真正读过一遍《红楼梦》的同学不到一半，学生在课余时间一般会阅读青春文学，而对于经典长篇小说、学术著作的阅读仅仅只限于每周一节的阅读课。从阅读课时的有限也可以看出学生一年的整本书阅读少之又少，Q 老师感到惊讶的同时，也能够理解学生。由于网络的发展，信息传递迅速，大家已经习惯了碎片化阅读和快餐文化。在课余也有各种娱乐节目、手游等吸引着学生，学生的整本书阅读习惯一直没有养成。再加上课业压力繁重，虽然该省高考试卷中有文学名著阅读题，即便如此，学生也没有读完高考中涉及经典著作。学生可能对于小说中的具体情节耳熟能详，正所谓考什么就学什么，但缺少的是整本书所独有的宏大视野和完整情感的体验。

Q 老师通过对高考命题的分析发现，近年来文学名著阅读题的命题极具开放性，一般是三题选一题作答，考查学生是否“读书”以及阅读量，同时在题型上采取主、客观题相结合的原则，避免了简单的考察识记背诵。题目设置角度主要是名著故事、经典情节、场景、人物性格、作品主题、结局等几方面，侧重于对名著内容的分析鉴赏，如对名著的人物形象、结构模式、思想主旨、表现手法、语言风格等做简要的鉴赏分析，主要考查学生对名著的鉴赏评价能力。它要求考生在识记作品人物、情节的基础上，根据自己的阅读感受做出相应的评判。因此学生的自主阅读体验就非常重要了。Q 老师讲明了整本书阅读的重要性，使得同学们意识到问题的存在，也了解到 B 班大多数同学对于阅读该书是有兴趣的，因此，在 Q 老师提出阅读《红楼梦》后学生们都没有异议，也想借此机会好好“补补课”。

整本书阅读教学的目的不是为了让学生只通读一遍，这只是学生的课外阅读。既然是阅读教学，那么老师的主导作用就不能忽略。为了参与学生的整个阅读过程，Q 老师建立了阅读交流群，用以发布专题任务以及阅读进度打卡，及时了解学生的阅读情况。学生可以将阅读感受进行分享，或是提出疑惑，全班同学一起讨论。更重要的是老师可以及时调整和完善自己的教学计划。

Q 老师在群里首先公布了《红楼梦》的推荐版本、参考资料以及圈点批注方法供学生借鉴。在阅读第一天结束时，很多同学都遇到了第一个“拦路虎”：读不进去了。因为老师说明了建群的目的是和学生一起阅读和交流，所以同学们也都畅所欲言，纷纷“吐槽”起自己的阅读现状。Q 老师也给同学们讲述了她的阅读经历，不仅拉近了与学生的距离，也给学生以信心和鼓励，让学生静下心来阅读，借助文中注释、查阅相关资料来体味经典的魅力所在。

因为《红楼梦》本身语言的特殊性以及时代的久远，Q 老师预想到会出现这种情况，通过学生的反馈了解到阻碍学生阅读的原因大致有以下三点：第一，因为作品篇幅太长，足足 120 回，让已经太久没有阅读整本书的学生难以适应。第二，是因为作品所涉及的内容、语言等难懂，说到底就是学生阅读能力不够。第三，这样的阅读显然是无目的的阅读，学生提不起兴趣，缺少方向和方法的指导。

自此，Q 老师便对学生进行了整本书阅读的第一步指导——通读指导。老师根据具体内容提供给学生阅读范围及阅读任务，每项阅读任务都指向具体的能力提升方向。Q 老师将整本书按照每十个章节一个部分，将《红楼梦》划分为十二个部分，每个部分又给出四到五个阅读任务。这样，学生在自读的过程中可以结合通读指导给出的相关阅读任务，提高提取信息、分析人物形象、鉴赏评价等方面的能力。老师给出的任务单不仅能够提高学生阅读的兴趣，也让学生在老师的指导下少走了很多弯路，使学生得以更高效地阅读整本书。同时，Q 老师要求学生阅读一个章节范围后写读书笔记，不限字数，写下自己的理解和困惑，让学生留下自己的阅读痕迹。借助通读指导可以使学生初步了解文本内容，为之后的精读文本、品析人物形象、领悟作品主题内涵等方面的教学奠定基础。

每个阅读任务都由 Q 老师精心设计，根据篇章内容和高考中文学名著阅读题的命题特点，阅读任务的类型也是多样的，有识记辨别类、对比分析类、赏析评点类、理解概括类等题型，让学生从多种角度来掌握阅读方法。同学们也很快进入了阅读状态，纷纷反映《红楼梦》越读越有味，学生每阅读完一个部分便在群里打卡，老师再发布下一部分的阅读任务，计划在开学前完成整本书的初读。

在阅读过程中，虽然“一千个读者有一千个哈姆雷特”，老师充分尊重学生的自主阅读，不随意下论断，但要明确的是哈姆雷特只有一个。因此，老师要起主导作用，辅助学生阅读，除了给出方向性的建议外，只是充当一个观察者和同伴的角色，希望学生获得初读体验，在有自己的解读和感悟的同时不会偏离作品的主题。

学生主动在群里分享自己的读书笔记，这是学生相互交流讨论的好机会。Q 老师也从中认真整理出学生阅读后的问题，选择高频问题作为课堂教学内容集中解答。因为教学目标和内容的设置来自学生，学生更容易接受，课堂教学效率也提高了。阅读中老师也做示范，和同学们一同分享自己的读书笔记，从学生的解读中看到了闪光点，发现了不同的理解角度，丰富自己的阅读感受，可谓“教学相长”。

三、解决问题

（一）读

暑假阅读后，大部分同学已经完成了初读。基本上同学们都能够天天阅读，也通过暑假短短一个多月逐渐养成了每天阅读的习惯。同学们不需要老师催促，自己主动按照任务单进行阅读。每完成一个部分的阅读都使得学生获得了满足感，而整本书的情节也吸引学生继续后面章节的阅读，形成了一个良性循环。这个相对完整的阅读过程也是学生主动摸索适合自己的阅读方式的过程，包括阅读时间的选择、圈点批注的方法、读书笔记的书写、思维框架的整理等具体的方面。

Q 老师为了照顾进度慢的同学，特意将第一单元的其他两篇课文提前上，《林黛玉进贾府》放在最后。读完一遍的同学可以选择自己感兴趣的章节进行精读，也可以泛读其他章节，整理读书笔记和阅读思路。在第一周的阅读课上，Q 老师准备进行“红楼梦故事会”专题读书交流会，让同学们任意选择他们感兴趣的章节或情节，用自己擅长的方式展示自己心中的红楼故事，并说明自己选择该情节的理由，由其他同学进行点评。除此之外也可以分享自己的阅读方法。因此，周一的早读课上便告知学生进行准备。

阅读课上，Q 老师让同学们按照之前划分的十二个部分的顺序进行分享，并在黑板上认真记录学生所分享的情节。这样下来，大致可以梳理小说的情节，让学生加深对文本内容的整体感知。更重要的是，学生不仅要复述内容，而且要阐述理由，这是学生个性感悟的展示，老师可以了解到学生对文本内容的理解到了什么程度。

让 Q 老师惊喜的是，同学们不仅仅是简单地复述情节，有的同学甚至精心制作了PPT，配以音乐和画面来展示。有的同学还制作了有关“金陵十二钗”或是单个人物的思维导图，这个方法得到学生的一致好评。有的同学以自己姓名命名了阅读方法，十分有趣。有的同学采用了诗歌的形式来分享……总之，每个同学的分享都带给大家理解文本的不同视角，趣味呈现出自己的阅读成果，收到了良好的课堂教学效果。

在这堂课上，Q 老师只作为一位记录员和倾听者，学生们也抓紧时间，没有过多的形式要求，一个同学分享完毕，便有其他同学来点评或质疑，这也为学生创造了他们自己的“读者群”。在分享、交流的过程中，学生不仅锻炼了自己的书面和口头表达能力，而且多种思维的交流和碰撞也让学生获得思维的发展。对中国四大名著之一的《红楼梦》的阅读，激发了学生对中华优秀传统文化的兴趣，感受到了祖国语言文字的博大精深。学生的语文核心素养在潜移默化中得到了提升。

（二）问

有了上一次阅读课的基础，接下来的一个课时 Q 老师准备带领同学们走进经典，所以把教学重点放在了解决学生阅读中的困惑上。老师在课前收集了同学们的问题，和假期读书过程中学生在读书群里提出的相比，有的问题在学生阅读完一遍后就解决了。综合下来，学生问题最多的地方还是对人物形象的分析，这也是 Q 老师准备教学的重点。虽然在平时的语文课堂中，对于小说、散文等的教学都少不了欣赏人物形象这一重点内容，但学生在阅读整本书的时候还是不能解决。一方面是因为《红楼梦》人物众多，情节错综复杂，人物形象立体、饱满。而在文选的阅读中，学生可能重点分析的就是两个主要人物形象，很容易通过故事的情节、环境、人物关系等把握人物性格。这也是为什么要进行整本书阅读教学的原因。另一方面是因为学生没有掌握好分析人物的方法。老师的解读或是讲述耳熟能详的故事导致学生产生思维定式，比如说到林黛玉就是善良单纯，说到王熙凤就是圆滑世故等。学生在初读过程中也就习惯了给人物“贴标签”，这完全不利于对作品的宏观把握，久而久之也束缚了思维，低估了经典作品塑造出来的人物的价值。《红楼梦》塑造了众多的人物形象，他们各自具有自己独特的个性特征，成为不朽的艺术典型，在中国文学史和世界文学史上永远放射着奇光异彩。因此，老师应该教给学生方法，或是提供一种思维方式，拓宽学生的视野，把人物放入整本书中，全面地欣赏人物形象。

因此，Q 老师将本节课的教学重点放在对林黛玉和薛宝钗这对人物形象的分析以及同学们关注较多的“小人物”群像的分析上，试图让同学掌握分析人物的一般方法。其实在通读指导里，Q 老师就提供了一些方法借鉴，但从实施效果上来看还不是很理想。

课堂上，Q 老师首先对暑假阅读情况以及上节阅读分享课进行总结，展示出频率最高的问题是人物形象分析，然后切入正题。Q 老师问道："同学们最不了解的人物是谁？或者说是谁最吸引你？"同学们纷纷喊道林黛玉和薛宝钗。Q 老师又问道："这两个人物为什么如此有吸引力呢？"有同学答道："因为她们是情敌。"Q 老师笑道："难道同学们也看到了那道经典选择题：如果让你选结婚对象，你会选谁？"同学们笑。

林黛玉和薛宝钗是《红楼梦》中的两个极为重要的女性形象，也是经常被人们拿来做对比的，通常被放在对立面来看待。Q 老师先让学生们分别来分析这两个人物形象，但这不是简单的"贴标签"，而是要让学生先用概括的语言阐释人物性格特点，再辅以相关回目的具体故事情节（用一句话概括）加以解读，这种方法有利于学生细致、立体地解读人物。

学生们通过自主梳理和小组讨论，得出林黛玉大致有以下性格特点：孤傲清高，敏感多疑，多愁善感，才华横溢，叛逆，自卑，为爱而生、为爱而死。薛宝钗则是温柔敦厚、博学多识、豁达大度、世故圆滑、阴险奸诈、顺从隐忍。Q 老师把这些词分列黑板两边，并在林黛玉、薛宝钗旁边分别写了"好人""坏人"四个字。问学生：大家也是这样认为的吗？显然同学们觉得老师是故意这样问的，便都不作声。有个同学起来说："老师，我觉得薛宝钗不是坏人。"老师示意他说下去："既然我们都说她温柔敦厚、豁达大度，她怎么可能是坏人。"这个同学还是没有说出理由，但至少观点出来了。Q 老师又让学生讨论了三分钟，提醒学生回顾自己的读书笔记，还是按照刚才的方法，从情节中找依据，从多方面来看待人物，而不仅仅从感情这条线出发。显然，同学们一直围绕着《红楼梦》的"爱情悲剧"这个主题来看待问题，才会导致认识的片面性。

通过讨论，同学们找到了更多的细节描写来支撑观点，Q 老师也将薛宝钗"阴险奸诈"一词划去。在具体情节分析时，也和林黛玉进行对比，因此一举两得，把两个人物性格特点补充完整了。但是，有同学还是疑惑：林黛玉和薛宝钗并没有完全对立，我看到有好几处写她们两个人友好相处。该同学的提问显然是 Q 老师没有预料到的，还涉及后面课时的内容，因此 Q 老师决定先解决第一个问题。学生找到了第四十二回、四十五回以及四十九回等，都能辅助说明二者不是绝对对立的。那么二者究竟在哪里体现出了对立？这个问题在第一遍阅读后回答显然有点困难，Q 老师留下问题，准备在之后的阅读课上再来研讨。

Q 老师趁热打铁，让学生来分析《红楼梦》中的"小人物"群像，给出了三组人物：袭人与平儿、晴雯与小红、紫鹃与雪雁，通过分析她们的动作、语言、结局等得出人物性格特点，分析小人物的共同点以及不同的命运遭遇，在差异中确定人物的个性特点。对小人物的分析，一定程度上是对主要人物形象分析的补充，让学生感受长篇小说复杂的人物关系和特定的人物群像的塑造，为人物分析提供更多的参考。

通过老师的课堂引导，学生们应该可以明白老师所要传递给他们的是分析人物形象的方法：贴近文本，整合信息，有理有据。所以要特别重视学生原生态的阅读感受，只有学生自己去读，去梳理，才有提出问题的可能性。否则学生只是按照专家的解读自圆其说，并不会有自己的思考和见解。

（三）品

第二课时，Q老师主要是带领学生品味《红楼梦》极高的语言艺术。《红楼梦》的语言简洁而纯净，准确而传神，朴素而多彩，具有浓厚生活气息和强烈感染力。书中人物的话语无一不符合人物个性，使我们如闻其声，如见其人。在品味人物语言的时候，学生首先选择了王熙凤作为语言分析对象，王熙凤也是小说中最会说话、最能察言观色的典型代表，并且她的话语一般都不直白，爱说反话，需要揣摩其真正的内涵。林黛玉和贾宝玉的对话也需要好好理解一番。

分析王熙凤的语言前，Q老师问有没有哪些同学特别关注的《红楼梦》的语言特色，有三位同学举了手。Q老师便让三位同学轮流带领同学回归原文中去品味具体的语句。品味语句除了一遍遍地读，Q老师还借助电视剧片段让学生直观感受人物语言的个性化。最常见的还是王熙凤日常逗乐贾母，妙语连珠。A同学找到了第三回林黛玉进贾府，王熙凤一句“我来迟了，不曾迎接远客！”一锤定音，奠定了王熙凤个性化语言的基调：强烈的自我表现意识。B同学找到的是第十三回：王熙凤协理宁国府整顿弊政时，声色俱厉而又从容挥洒。C同学找到的是第十六回王熙凤为贾琏接风，夫妻二人对酌聊天，王熙凤更是将自贬用到了极致。通过分析具体的语言情景，同学们发现王熙凤能根据不同环境、人物说出不同的话，不仅没有违和感，而且还使得这个人物形象更加生动。王熙凤反中有正、话中有话的修辞功夫实在令同学们佩服。

在分析林黛玉语言特点时，学生对黛玉死前那两句话比较疑惑，这也是比较难理解的话。虽然字数少，但其内涵十分丰富。“老太太，你白疼了我了！”Q老师将这句话写在黑板上，并在第一个“了”字下面加了着重号，问学生：“这个‘了’字是否可以去掉？”持两种观点的学生都陈述了理由。Q老师进而引导学生就整个故事经过来分析，从林黛玉进贾府，到贾母决定让贾宝玉娶薛宝钗，来体会这个“了”字的作用，以及为什么林黛玉会说是贾母白疼她了。这一句话折射了林黛玉的一生，写出了情，点出了意，同时也让学生看到了作者遣词造句的功力。

而“宝玉，宝玉，你好……”这一句，Q老师主要让学生根据文意来想象填补出林黛玉会说什么，同学们填出的基本都是贬义词，那就和我们看到的“好”形成强烈的落差，再结合上一句话，把林黛玉的怨、恨、悲、苦、无奈等情感梳理了出来。对具体语句的组合分析不仅是为了让学生体会其内涵，更使学生对“黛玉之死”这个小说高潮有了更深的理解。

《红楼梦》的语言艺术成就不仅仅表现在人物语言上，还有人物的命名、诗词的巧妙运用等，都对情节的发展起到很大的作用，有的甚至起到了暗示人物命运、勾连故事情节的作用。这都需要学生在整体把握作品之后再来细细品味，挖掘语言的深层含义。一部《红楼梦》可研究的地方实在是太多了，Q 老师也希望学生有探究的精神，常读常新，一定会有不同的收获。

（四）辨

第三课时，Q 老师的教学重点在小说主题的探究上。Q 老师通过阅读，认为《红楼梦》的主题应该是“功名与命运”。但是在一开始的阅读指导中，Q 老师没有给出主题，这也是 Q 老师纠结的地方：到底应不应该先限定阅读主题？一方面，老师限定主题是目的性极强的，可以让学生围绕一个主题去阅读，避免“跑偏”，但是这样会限制学生的思维，同时也十分考验老师解读文本的能力。另一方面，Q 老师考虑到《红楼梦》主题的多样性，很难用一个主题去涵盖，主题多了也很难讲清楚，不利于学生把握。Q 老师在设计教学任务的时候还是倾向于“功名和命运”这个主题。虽然文本可以有不同的解读，但是要从文本走向教学，还需要考虑到是否有益于学生对文本内容的接受和学生自身的成长。

为了更好地了解学生的解读情况，这一课时 Q 老师采用辩论的形式，让学生辨明小说主题，理解思想。在辩论开始前，Q 老师给出一些规则，将课堂交给学生，在辩论过程中提醒他们联系当时的社会背景，对封建科举制度、家长制度等有一个相对公正的评价。同时，还鼓励学生联系现实生活，以自己的价值观为衡量依据来看待小说中人物的某些性格或行为的不足。

学生们以小组为单位给出自己的观点，写在黑板上。有的组认为《红楼梦》的主题是女性的赞歌，有的小组则认为是一个人的成长过程，还有小组认为是爱情和亲情的悲剧等。最后 Q 老师也写上自己的观点和学生一起讨论，还筛选了一些名家的观点，目的是开阔学生的思维，让学生重新审视作品。通过对文本的细读、分析和评价，就能找到文本的真正意义和价值所在。

下课前 Q 老师给同学布置了一次作业：选择自己喜欢的一个人物，为其立传，不限文体。Q 老师也向学生展示了自己的“下水文”，让学生明白要为一个人物立传，需要先梳理文本中所有相关的内容，再通过自己的理解，对这些内容进行整合。习作涉及学生对信息的收集、取舍和整理能力的训练，以及如何组合信息以及对文本的鉴赏和比较分析，能让学生更好地走进人物的内心，感受其性格和特质。立传只是一种呈现形式，习作的目的是让学生在分析的基础上全面、深入地解读人物，对人物做出客观、周全的评价。

（五）写

阅读的效果最终要以写作来呈现，在文本解读的基础上应设计必要的读写活动。可以训练学生借助经典作品的文化资源和思想资源来表达自己的思想与观点，同时也借此训练学生的读写能力。为书中人物立传这一训练形式也让学生又一次走进作品。因为有了特定的关注对象，学生在这个过程中也会生发出不同于初读时的理解和感悟。

在第二周的阅读课前，Q 老师已经阅读了每个同学的作品，并认真记录下每篇的优点和不足。班上同学所选的对象不仅仅局限于主要人物，很多同学选择的一些小人物也写得非常好，如 C 同学选择为刘姥姥立传，将其与贾母对比。这一视角很新颖，他将一个乡村老妇在作品中的作用分析得头头是道。从学生的作业可以看出，学生们对于整本书阅读的态度十分端正，都很认真地梳理所需情节，也写出了自己独到的见解，而且在文体上也有新的尝试，有的同学尝试了诗歌，用简练的语言描绘了人物的一生，再加上自己的情感，这样的作品也需要读者慢慢品味。这对于写惯了议论文的学生们来说也是一次展示自我的机会。

在课堂上，Q 老师让学生以小组为单位来评改习作，并在小组内推选出较为优秀的作品在班上朗读，让全班同学来欣赏、评价。正如课程标准中的要求："多写多改，养成切磋交流的习惯。乐于相互展示和评价写作成果。"Q 老师一直强调让学生拥有自己的读者群，并努力为学生创设这样的平台。学生的作品也不是写给老师一个人看的，不是为了取得一次成绩而写，而是为了和同伴分享、交流，进而取得进步。特别是阅读后的写作就是为了加深阅读后的交流。学生因为有了自己的读者群，在写作时也会考虑到读者的因素，这对于提高学生的写作水平大有益处。

四、反思与展望

因为课时的安排，Q 老师的《红楼梦》整本书阅读教学尝试只能暂时告一段落了。在这之前，很多老师都劝 Q 老师别浪费太多课时，只要按照学校开出的书单让学生自己读即可，但 Q 老师认为这值得尝试。因为学校本来就安排了每周一节的阅读课，老师基本不会占用，但是高三就很难保证了。Q 老师看到在阅读课上学生都只是安静地读书，没有交流和讨论，甚至很多同学都没有拿笔写写画画。在很多老师看来，学生自己读书就是阅读课了，但根本不知道学生会不会读，读到何种程度。

Q 老师选择《红楼梦》更是一大挑战，但这次尝试多少是有效果的。A 班的读书交流群依然热闹，同学们对《红楼梦》产生了极大的阅读兴趣，也增强了阅读整本书的信心。有些学生学有余力还看了电视剧。Q 老师就想到自己高中时，老师为了让他们能够应付考试，每周都拿出两节语文课来，带同学们看李少红导演的新版《红楼梦》电视剧，以此来了解故事情节。当时也不管那么多，还认为这种方法挺省事。因为大家都不会自己去读原著，人人都说红楼难读，就产生了抵触情绪。但这样的做法导致经典文学著作被"肢解"，这就跟选文阅读没有区别，甚至比选文阅读更琐碎。长此以往，学生的阅读能力得不到提升，训练的只是应付单一题型的答题方法，如果碰到宏观分析题，学生就不知所措了。先不说成绩的问题，这耽误的是学生获得知识、提升能力的机会，所以 Q 老师一直努力想改变这样的现状。

Q 老师每节课都有明确的主题，只能集中解决一到两个问题。在课堂上不可能做到面面俱到，只能起到以点带面的效果。《红楼梦》这样的经典著作，仅凭阅读一遍和老师五个课时的指导是远远不够的，Q 老师只能尝试在课堂上给学生示范，试图消除学生对整本书阅读的抵触心理，掌握阅读整本书的思路和方法。借此机会，Q 老师组织同学建立了班级图书角。学生每个人带一部经典长篇小说或学术著作，同学们互相交换阅读，大大提高了学生的阅读兴趣。

整本书阅读教学不仅耗费课时，也需要老师付出更多心血，但又怕增加学生的学习压力，总之很难协调好各方面的关系。但是，整本书阅读也是新课改的方向，整本书阅读教学是要进入课堂的。Q 老师的尝试更是给了其他老师一点启示，老师需要及时更新教学观念，要以培养学生的语文核心素养为目标。

结 语

放眼现在的高考趋势以及社会发展的要求，增加学生的阅读量是必然趋势。因此，语文老师更应该担负起重任，激发学生的阅读兴趣，传授给学生阅读方法，将课外阅读和课内阅读结合起来，使学生养成阅读习惯。在整本书阅读教学过程中，学生不仅能够形成和积累自己阅读整本书的经验，而且能够灵活运用各种方法来阅读不同的文本，读懂文本的同时把握其丰富的内涵和精髓，教学中也能一改语文课“满堂灌”的填鸭式教学模式。老师作为领路人，提供给学生相关资料、阅读方法参考，发现学生阅读过程中的问题和闪光点，鼓励学生，让学生自己完成阅读。老师也和学生平等地阅读、交流和分享，师生的距离也因共同阅读的文本而被拉近了。

Q 老师的整本书阅读教学重点在于教会学生如何去阅读一整本书。通过这次阅读教学，让学生敢于阅读整本书，重视自己的解读感受和方法的养成，敢于提出问题、努力解决问题。Q 老师也期待在“新课标”的指导下，整本书阅读教学能走进语文课堂，成为教学常态。

【案例思考题】

1. 整本书阅读教学不受重视的根本原因是什么？

2. 学生通过 Q 老师的教学是否能够转变对整本书阅读的态度、掌握整本书阅读的方法？

3. 还有哪些方法有益于整本书阅读教学？

4. Q 老师的整本书阅读教学过程中存在哪些问题？

【案例使用说明】

1. 适用范围

适用对象：中学语文老师，汉语言文学专业、语文教育和语文课程教学论及相关专业专科生、本科生、研究生。

适合课程：

（1）中学一线“语文”课程；

（2）大中专“中学语文教材教法” 课程；

（3）教育专业学位研究生课程：“课程与教学论”“语文课程与教材分析”“语文教学设计与案例分析”“语文学科基础与前沿问题”等。

2. 教学目的

（1）明确当前整本书阅读教学的现状。

（2）提出符合新课标和学情的整本书阅读教学策略。

（3）掌握整本书的阅读方法和思路，提高语言文字综合运用能力，养成阅读习惯。

3. 要点提示

（1）相关理论

文学理论，文体理论，小说理论，有效学习理论，组织学习理论，老师专业发展理论。

（2）关键知识点

整本书阅读的必要性，整本书阅读教学当前面临的尴尬境遇，导致整本书阅读教学尴尬境遇的因素，小说文体特征，整本书阅读与文选阅读的异同，整本书阅读教学的有效策略，学生学习方法和老师教学方式的转变。

（3）关键能力点

① 从宏观上了解当前高中教育现状，捕捉高中语文教学优劣短长，找到解决现有难题的突破口，深入了解中学生心理状况，因势利导地引导学生进入学习状态，课堂教学收放自如，既让学生充分参与教学，体现师生平等关系，又能掌控整个教学环节。

② 相应的知识面和必要的文学理论修养也是不可或缺的。

③ 案例分析思路。

通过 Q 老师从思想到行动、从社会到学校、从老师到学生进行的一系列分析与调查，揭示导致课堂整本书阅读教学缺失的诸多原因。Q 老师专门针对传统教学模式仅限于老师单向知识传授、学生难以参与教学、教学套路化、模式化现象严重、学生学习积极性不高、学习效果不好等问题，提出新的教学法，归纳总结出具体的教学策略——“读”“问”“品”“辩”“写”五个步骤。

教学实践显示，Q 老师的整本书阅读教学紧扣语文核心素养，能够在听说读写全面发展的基础上对学生思维能力进行培养，更有助于学生培养树立积极健康的审美意识，增强审美能力。

4. 教学建议

时间安排：中学标准课 5 节，225 分钟。读书交流会 1 节，分析课文 3 节，批改作文 1 节。

环节安排：用暑假时间让同学们完成初读任务→全班同学交流分享读书心得和疑惑→文本细读→写作练习→评价成果。

人数要求：50 人左右的班级教学。

教学方法：以学生知识掌握、个性发展和阅读能力培养为目标，不脱离文本，老师只在学生有困惑时进行点评。

工具选择：多媒体

组织引导：老师布置任务清晰，预习要求明确。

学生存在问题时及时给予建议与帮助。

活动设计建议：

（1）课前需预留给学生时间阅读整本书，设计好阅读范围和任务。

（2）老师适时了解学生在表演戏剧中存在的问题，引导学生回到课本中解决。

5. 推荐阅读

[1] 吴欣歆、许艳. 书册阅读教学现场[M]. 北京：教育科学出版社，2018.

[2] 孙绍振. 演说《红楼》《三国》《雷雨》之魅[M]. 福建：福建教育出版社，2017.

[3] 余党绪. 整本书阅读或可成语文教改的发动机[J]. 语文学习，2017（10）：4-9.

[4] 吴本文、安宁. 混合式学习推进“整本书阅读与研讨”[J]. 人民教育，2018（17）：73-75.

[5] 褚树荣. 开卷有益：整本书阅读与研讨[J]. 语文学习，2018（03）：34-37.

[6] 李黎香. 整本书阅读教学的冷思考——专访北京师范大学第二附属中学语文老师李煜晖[J]. 中国老师，2018（9）：18-22.

[7] 童志国. 整本书阅读应为学生的心灵成长奠基——以《平凡的世界》为例[J]. 课程教学研究，2018（05）：84-90.

Z老师群文阅读教学提升学生思维能力探索之路

张芳芳[①]

【摘　要】群文阅读教学是围绕一个议题，在单位时间内选择多个文本，师生集体建构达成共识的过程。其在一定程度上贯彻了高中语文新课标所主张的理念。在高中进行群文阅读教学可以增加学生的阅读量，拓展学生阅读视野，提高学生的思维能力，让学生养成思辨性阅读和批判性阅读的习惯。虽然群文阅读教学得到了广泛推广，但就目前而言，老师认为群文阅读耗时长，没有固定教科书、教学模式和教学评价系统，因此群文阅读教学效果并不明显。但Z老师十分重视群文阅读教学，他为群文阅读教学提出并实践了一堂群文阅读教学，实现了新课标提出的提升学生思维能力这一核心素养。本案例主要从“读”“析”“辨”“思”4个环节，对Z老师探索的“群文阅读教学提升学生思维能力的方法”进行描述。

【关键词】高中语文；群文阅读；思维能力

背景信息

群文阅读是最近两年在中华大地上悄然兴起的一种阅读教学的思想和实践。2008年赵镜中、王林先生提倡的这种语文教学形式，刚开始只在局部的小范围内被讨论、试用。经过几年的“化蛹成蝶”，同道者越来越多，在四川、重庆、贵州、河南、湖南、浙江等省市，已经有很多老师进行了这方面的研究和尝试，该方法逐渐成为课堂教学的主流之一。

所谓群文阅读教学，就是围绕着一个或多个议题选择一组文章，而后老师和学生围绕议题展开阅读和集体建构，最终达成共识的过程。群文阅读教学既是对阅读教学内容的突破，也是对传统教学思想的创新。

在群文阅读教学的内涵中包含着如下几个重要概念：

选文，就是依据教学需要，围绕着一个或多个议题选择的一组文本。选文可能是文学性的，如小说、散文、诗歌等；也可能是实用性的，比如应用文等。一组选文的最大特征就在于它们之间有着共同的议题，围绕着议题可以展开阅读教学。

议题，在群文阅读中，就是一组选文中所蕴含的可以供师生展开议论的话题，一

---

① 作者简介：张芳芳，女，贵州麻江人，黔南民族师范学院2017级学科教学（语文）专业方向在读研究生；导师：陈永娥副教授。

组选文中可以具有一个或者多个议题。议题的最大特征在于可讨论性，也就是说议题给予读者一个思考和赋予意义的空间，让读者可以在这个空间内发挥自己的创造性，充分与文本对话，从而形成不同见解。

集体建构就是在个人智慧的基础上，不事先确定议题的答案，师生一起共享智慧，在共享中逐步构建文本的意义，在老师、学生和文本的视野融合中形成共识。集体建构以参与者的不同意见为基础，以对他人意见的倾听、认同和接纳为核心，以形成共识为目标。

共识是群文阅读又一核心概念。寻求共识并不是不要知识的准确性，而是意味着老师在教学过程中，一定要克服用自己的思想压制和取代学生思想的冲动，压制自己要告诉学生“标准答案”的冲动，虚心倾听来自学生的意见和智慧，和学生一起倾听来自教材的意见，然后通过不同意见之间的对比分析和学生一起取得对知识的认同。这样，寻求共识的三个主体——老师、学生和教材的意见都得到了倾听和尊重。

群文阅读教学是新课改和语文课堂的新潮流。语文阅读课是所有课程的核心和基础。教育研究者也发现，儿童的阅读能力与未来的学习成绩密切关联。学生的阅读经验越丰富、阅读能力越高，越有利于各方面的学习，而且阅读越早越有利。

知识社会对学生的阅读能力要求越来越高。它要求学生掌握信息、分辨信息、筛选信息、整合信息并吸收信息。而传统的语文教学课堂，仍然还局限于单篇课文的内容分析，以大声朗读和词句理解为主要教学手段，“少、费、差、慢”的低效语文学习仍然没有得到根本改变。当前的小学语文教学改革，需要从改变阅读材料和阅读策略两方面入手，加大课堂教学容量，提高阅读教学效率。

D 中学是位于贵州黔南州一所高中，在当地虽说不算最好，但历史悠久，具有一定的文化底蕴，在家长和学生中颇具声望。D 中学多年来一直把学生全面发展放在首位，一切从学生的现实需求出发。

Z 老师刚从大学毕业，是 D 中学的一名新员工。新课标颁布后，这位年轻的语文老师立即认真研读，立足文体特征，对照以往单篇阅读教学的优劣短长，经过长时间思考，总结出高中语文群文阅读的教学方法。

Z 老师从小对小说、诗歌有浓厚的兴趣，求学期间阅读大量诗歌。当下群文阅读教学推广难，这明显与新课标的“群”的思想背道而驰，让他感到十分遗憾，于是 Z 老师决定以新课标为指导，尝试对单篇教学方法进行革新。

案例正文

一、寻找病症

想要创造新事物，首先需要了解旧事物。那么到底是什么阻碍了群文阅读教学的发展呢？应试教育？老师的水平？家长过高的企望？还是孩子们的水平？

细心的 Z 老师发现，这些看似很有道理，但全是外部因素。群文阅读教学应该是由老师的教和学生的学两部分构成，也就是由老师和学生两个主体共同完成，未进行群文阅读教学的理由当中难道没有老师的原因？难道教学存在的问题应该全部归咎于学生的阅读能力或当今教学大环境吗？有没有可能老师也在阻碍群文阅读在课堂中的实际运用，甚至可能是主要原因？这都是 Z 老师的猜测，正确与否还需要进一步验证。如果问题的确出在老师的教学方法与教学观念上，那么作为老师，最直截了当的做法必然是革新教学方法，而不是找其他原因来规避群文阅读教学这件事。

从此，Z 老师在上课之余开始在全校范围内旁听其他老师阅读教学课程，在网上搜索群文阅读教学视频观看学习，做好相应的听课笔记，向经验丰富的老老师虚心请教，购买相关书籍进行群文阅读教学理论学习。经过一个学期的探索，Z 老师看到了希望，找到了阻碍群文阅读教学发展的主要原因：

（1）老师不了解群文阅读的概念；

（2）群文阅读教学中老师觉得费时费力；

（3）学生的阅读能力差；

（4）没有相应的评价系统；

（5）没有群文阅读自成体系的一套书。

二、探索缘由

Z 老师通过艰苦探索，从教学和老师本身总结出这 4 个主要原因，他相信在语文群文阅读教学中，只要解决这 5 大问题，一定能够在“语言建构与运用”“思维发展与提升”“审美鉴赏与创造”“文化传承与理解”四个方面全面提升学生的语文核心素养。

于是信心满满的 Z 老师决定先借 A 班上一堂以“鲁迅笔下的女人们”为议题的群文阅读课。老师准备的篇目为《祝福》《伤逝》《明天》这 3 篇小说。课前，Z 老师早已备足了课，将课堂所有环节都装进了自己的脑海里，恨不得早早将一切全部向 A 班的同学们展现，似乎这已是一场毫无悬念的胜仗。

然而事与愿违，一切并没有按照 Z 老师的想法进行，虽然这次课并没有像往常一样按单篇阅读教学的流程来进行，对学生来说貌似是一堂真正的语文群文阅读教学课。Z 老师请同学们自己看书，查阅相关的背景知识，通过小组学习的方式让学生阐述文本的大意，比较人物形象的异同，体悟作者的感情，后来让学生在课堂上分享自己的意见后，老师、学生一起建构，达成共识。但学生的学习兴趣并没有随着课堂的推进而有所增加，课堂气氛还是一如往常的平淡。这让 Z 老师十分郁闷，但课还得继续上。就这样，Z 老师还是按照原计划上完了这堂课，给学生布置了课外作业。

从学生分享的作业情况看，学生在课堂上还是有所收获的，阅读诗歌时能够有意识地品味语言、把握言语形式及其思想感情，这让 Z 老师多少有些欣慰，但这依然不是 Z 老师想要的结果。

Z 老师希望学生对群文阅读教学这一模式产生兴趣，大家能够在轻松的环境下互动，在愉悦的情绪中学习，而不是老师单向传授，学生纯粹为了分数而学习。作业表明 Z 老师前期努力没有白费，但是他认为挖掘不够深。仔细琢磨各个教学环节，从言语内容到言语形式，再从言语形式到言语内容，最后是思想感情，这样的模式似乎与以往的阅读教学不同，虽然学生参与其中，但兴趣不大，还需要继续寻找原因。几日下来，Z 老师一直没有找到问题所在。

某天，Z 老师发现坐在墙角最后一排的一名男同学正津津有味地看叶嘉莹的《唐宋词十七讲》。Z 老师用群文阅读教学法授课的时候，那名男同学并不感兴趣，现在又自己拿起了宋词来看，Z 老师觉得很奇怪，于是在晚自习时找到这名同学询问情况。谈话中 Z 老师得知原来班上大部分同学都爱读诗词，有的上课看，有的下课看，有的同学熬夜也要看诗歌讲解。这名男同学说，那天 Z 老师运用多篇诗歌教学，其实一开始大部分同学很感兴趣，但由于课中 Z 老师又成为课堂的主导者，学生就又产生厌学情绪。Z 老师知道后，决心弄清楚到底为什么学生不喜欢群文阅读教学诗歌的方式而喜欢自己看书上的诗词讲解。

Z 老师决定在本周五的语文课专门讨论这个问题。

一上课，Z 老师就抛出了今天的主题："你是否真的喜欢语文，为什么？欢迎大家畅所欲言。"Z 老师想让全班同学谈谈对语文的真实想法。

问题抛出后，班上没有一个同学出声，全都埋着头，有的窃窃私语，有的左顾右盼，有的相视窃笑。Z 老师也经历过学生时代，他深知在传统教育背景下，这样的问题在学生心目中相当于是个"坑"，谁要是不顺着老师的想法发言，敢说出真话，那就只有等着挨批，所以大家都学乖了不少，各自在心底里嘶吼着对学习的怨恨，而教室里依旧鸦雀无声。

Z 老师明确告诉大家："今天只是做一个小调查，大家不必担心有什么负面影响，老师只是想了解同学们心中最真实的想法，只有知道你们需要什么，想要什么，老师才能有针对性地设计教学方案。在教学中，我们处于平等的地位，所以大家不必顾虑，尽管畅所欲言。"

这番话让学生们开始相信即使说出真话也不会有任何不良后果，一些学生开始跃跃欲试，大多数学生依旧半信半疑。终于，班上胆子最大的一名男同学站起来说道："我就是不喜欢学语文，语文课上一直都是老师滔滔不绝地说手法、抒发了什么感情，一点儿语文味都没有。"其他同学都用惊恐的眼神看了看他，又看了看 Z 老师，似乎都在等待可能存在的严厉批评。出人意料的是，Z 老师说话算数，不但没有呵斥这位男生，还拿出笔记本认真记下男孩的话，这让学生们完全相信了 Z 老师的承诺。寂静的教室瞬间炸开了锅，学生们七嘴八舌地说个不停。Z 老师终于可以和学生进行真正意义上的思想交流，这也许是经验丰富的老老师都未必有的经历。

为了调查能够顺利地进行，Z 老师将全班划分成 8 个小组，每个小组有 15 分钟的时间就"你是否真的喜欢语文，为什么？"展开讨论，综合本小组各成员的想法和原因，整理后记录下来，然后各组派一名成员到黑板上一一列举。很快就有了答案：大多数同学不喜欢语文的原因大同小异，主要有以下几个方面：

（1）课本上的知识自己不感兴趣；

（2）课本所选文章时代久远；

（3）课文内容大多数与自己的生活无关；

（4）老师上课没有吸引力；

（5）老师的教学方法落后，未体现学生的主体性。

这次班会课 Z 老师收获良多，学生的心里话让他发现了老师们的通病，那就是老师对课堂上的每一秒都进行了预设，何时该提问，学生该怎样回答，某处应该有掌声、笑声还是叹息，哪个环节学生该做何种反应等，完全没有考虑学生需不需要，想不想要，把学生看成一个模子倒出来的蜜罐，一股脑地往里倒入同样分量的蜜，却不顾学生是否能够接受，是否愿意接受。

除此之外，群文阅读教学方法是单篇阅读教学的补充，老师一味着眼于引领学生解读文本，一直在做文学欣赏，挖掘它的艺术性和思想性，却忽略了文本价值。即便老师千方百计避免单干，但是如果学生阅读效率低、理解能力差，教学效果就会减弱。《普通高中语文课程标准（2017）》中明确提出了高中语文的核心素养，即“语言的建构与运用”“思维的发展与提升”“审美鉴赏与创造”“文化传承与理解”。如果高中语文教学还是以老师的讲为主，学生就会产生厌学情绪，学生的核心素养也无法得到全面提高。

Z 老师是年轻老师，能和学生打成一片，思想上深受新课标的影响，崇尚“学生为主体，老师主导，师生在教学中处于平等地位”的教学原则，然而还是不免受到惯性思维影响，一人控制着整个课堂。

Z 老师决定再次出击，在 A 班再上一堂以“我以明月抒情怀”为议题的群文阅读课。老师准备以一篇带多篇的群文阅读教学模式来上这堂课，因此 Z 老师紧扣议题选择了以《赤壁赋》为主的一组文本，其他篇目为《永遇乐》《六月二十日夜渡海》《醉落魄·离京口作》《西江月·照野弥弥浅浪》。这次课前不制定教学目标，而是先问学生：“你们希望这堂课怎么上？”师生双方共同来制定教学目标，这使学生更有参与感，使教学更满足学生需求，更容易使学生接受教学。同时解读文本之余还要集体建构，最后师生一起达成共识，使学生有学习兴趣。

三、对症下药

（一）读诗，初步感知文本

与一般的高中语文单篇阅读教学不同，高中语文群文阅读教学是新的阅读教学方法，也是单篇阅读教学的补充。群文阅读教学始终围绕文本展开，所以群文阅读教学第一步就是读，读课文，读诗歌文本。

Z老师了解到A班周一早上正好是语文早读，周一早晨Z老师就站在A班教室门口等着同学们，开始他教学设计的第一步。

A班的同学大多来得比较早，离早读课还有十分钟，同学就已经到齐。

Z老师说道："同学们，今天将由我带领大家再次以'苏轼的明月情怀'为议题来学习这组诗歌，但是在学习之前，我有两个小的要求，希望大家能够配合我一起完成。首先，今早我们班的语文早读，我要求大家利用这30分钟语文早读课阅读《永遇乐》《赤壁赋》《六月二十日夜渡海》《醉落魄·离京口作》《西江月·照野弥弥浅浪》这5首诗词，反反复复地读，阅读过程中一定要注意体验作者思想感情的变化、手法的异同以及'月'这一意象的不同。这对教学非常重要，大家能做到吗？"同学们点头。Z老师接着说道："其次，今天是周一，同学们刚过完周末，精神比较好。明天二、三、四节课，我们要用3课时的时间来学完这5首诗。所以我希望同学们能利用早读的时间来好好的朗读，体悟诗中作者的情思。"同学们听说要用2课时上五首诗歌，都露出惊讶的表情。Z老师问："有困难？"同学们立刻兴奋地表示："没问题，保证顺利完成任务。"Z老师说："那好，现在就阅读课文吧。"

之所以要提前早读时间让A班同学利用早读课自主阅读，是因为只有反复阅读才能熟悉和理解课文，这既是诗歌教学目的，也是群文阅读教学的前提。

一开始，群文阅读对于还没有真正接触多个文本的A班同学来说比较困难，这不是仅仅通过反复阅读就可以解决的问题，还需要花费更多时间去解读文本、把握社会和时代背景，理解作者的思想感情以及诗中意象的含义，从整体到细节把握作品意蕴等。此前很多老师担心同学不能顺利完成，Z老师也有些许顾虑，最终还是决定大胆尝试，顺带检查一下A班同学的阅读水平和理解能力。

出人意料的是，同学们十分投入。早读课认真阅读作品，课下广泛收集"月"这一意象的含义，揣摩作者表达的感情，探索通过诗词中意象的特点来分析文本方法和途径。

最好的教学方法莫过于激发学生的学习兴趣，这也是衡量一个教学设计是否有效的重要尺度，显然Z老师的做法是正确的。

（二）赏诗，进入文本内涵

《永遇乐》《醉落魄·离京口作》《赤壁赋》《六月二十日夜渡海》《西江月·照野弥弥浅浪》这5首诗词都是苏轼以"月"为主要对象，抒发自己的情怀。古代诗人对"月"情有独钟，月亮的皎洁、透明、真率、纯净都在文人墨客那里得到精美绝伦的诠释。苏轼也是一位诠释"月"的高手，在他的眼中，"月"可以寄托他所有的情感，所以Z老师用一组群文来解读苏轼的"明月世界"。

《永遇乐》是一首怀人词，苏轼在词作中以"月"为线索，先是用"明月如水"来写与友人景疏楼上饯别的景象，后以"明月有情"写随着友人离开，最后在三度月圆之时也没能与友人相见的想念，以此来书写自己的怀人之思。《醉落魄·离京口作》这首词中，词人在月色微微的二更时分，在烟雾迷蒙的月色笼罩的孤城中苏醒，回望故乡，然而故乡却成了人生中的一种“不可能”。词人由眼前的月，想到了故乡的月，功成身退、与友人优游的理想终究是无法实现了。《赤壁赋》中以明月的圆满和亏损、江河的日新月异来说明天地万物没有永远不变的东西，人也一样要经历生老病死，但是不应该为这样的事情感到忧愁，人应该积极地把握住活着时的光阴，享受大自然的美好与山间的明月清风。《六月二十日夜渡海》是苏轼在被贬海南岛途中所作，以明月高挂天空来作比喻，不知是谁在朝廷帮忙说情，驱散政治上的乌云，而让自己得到赦免。由此可见作者有澄明旷达的心境，因为自己不再计较官场名利的得失，也不再计较坎坷的人生。《西江月·照野弥弥浅浪》这首词写明月当空之下的清溪，以溪水衬托月色的明亮，融水之清、月之明、夜之静、人之喜悦于一体，描绘了一个物我两忘、超然物外的境界。

全班齐读《赤壁赋》后，Z 老师发现学生们有些字音读不准，Z 老师随即纠正字音。Z 老师根据周一分的小组让学生们合作，解释字词，理解全文。随后让学生继续朗读《赤壁赋》的第一自然段，并且找出写景的句子，并且解读第三自然段的字词，说说作者的感情有何变化。

Z 老师：现在请同学们起来朗读《赤壁赋》。

A 同学：壬戌之秋，七月既望……羽化而登仙。

Z 老师：字词的发音有没有错误？

B 同学：A 同学读得很有感情，但是“举酒属客”读错了。

Z 老师：很好，那你接着往下读。

B 同学：于是饮酒乐甚，扣舷而歌之……相于枕藉乎舟中，不知东方之既白。

Z 老师：很好。字词发音都很准确。之前让同学们预习了这篇文本的翻译，同学们还有没有不理解的？有的话提出来，我们一起解决。

（同学们都摇摇头）

Z 老师：好的，既然同学们都理解了文本的含义。那我们一起来看第三自然段的字词，讨论一下作者的感情有何变化。

L 同学：由快乐转到悲伤。箫声起，悲意生。

Z 老师：回答得非常好。那文中用了怎样的手法，请同学们找出来，并说出其表达效果，并且阐述苏子悲的原因，请 3、4 组的同学积极发言。

N 同学：文中用了 6 个比喻，衬托出箫声的悲凉。主客应景生情，由欢乐情绪转为悲凉。

Z 老师：N 同学说了文中的修辞手法以及作用，那么第 4 组的同学来回答苏子悲的原因。

M 同学：作者为了美人的命运而悲伤和听闻箫声而感到悲伤。

同学们的解读很透彻。同学们了解了课文内容，协调了同伴关系，真真实实地在课堂中锻炼了自己的逻辑思维能力。Z 老师能够灵活地把控全场，把课堂还给学生，使得学生对语文的学习更加积极，学习效果更加显著，学生逻辑思维能力也在潜移默化中得到提升。

（三）辨，辨析诗词情感

第三自然段，以景来说理。苏子将眼前明月的亏损和江水形成对比，来说明自然界包括人类都有变的一面，也有不变的一面。以江水的流逝来说“变”，即天地万物无时无刻不在变化：从月亮的盈亏来看“不变”，万物和人类都是恒久不变的。不必羡慕长江的无穷，也不用哀叹人生的短暂。所以在课中，Z 老师以小组为单位，让每一个小组从《永遇乐》《醉落魄·离京口作》《六月二十日夜渡海》《西江月·照野弥弥浅浪》4 首诗词中选取 1 首作为小组赏析的篇目，从诗词中找到苏轼的“月世界”。

Z 老师：请第一组来回答你们找到的月世界，并且说出作者的情感。

A 同学：Z 老师，《永遇乐》的上片写的是词人坐在景疏楼上，想起当年离别时，月光如流水一般泻下。友人走后，“有情”的月光随着友人一同到了千里之外，而现在已经三度月圆，竟没人与共。这首诗的情感是以“月”为线索，先是用“明月如水”来写与友人景疏楼上饯别的景象，后以“明月有情”随着友人离开，最后在三度月圆之时也没能与友人相见的想念来书写自己的怀人之思。

Z 老师：第一组同学已经分享了他们在《永遇乐》中找到的月世界。那么接下来请第二组同学回答你们在《醉落魄·离京口作》中的月世界。

B 同学：《醉落魄·离京口作》写苏轼在月色微微的二更时分，从烟雾迷蒙的月色笼罩的孤城中苏醒，回望故乡，然而故乡却成了人生中的一种“不可能”，词人由眼前的月想到了故乡的月，功成身退、与友人优游的理想终究是无法实现了。

Z 老师：很好，那么接下来请第三组同学来分享你们找到的月世界。

L 同学：《六月二十日夜渡海》中，天上的云散尽了，一轮明月高挂天空，看到这样的景色，词人想到会不会是有谁在朝廷帮忙说情，为他驱散政治上的乌云，而让他得到赦免的。

Z 老师：好的，说得很好。那我们请下一组同学起来分享你们找到的苏子的月世界。

N 同学：《西江月·照野弥弥浅浪》以溪水衬托月色的明亮，将水的清、月的明、夜的静、人的喜悦融为一体。

Z 老师：好的，说得很好。那我们请最后一组同学起来分享你们找到的《赤壁赋》中的月世界。

M 同学：老师，《赤壁赋》一文以明月圆缺、江河日新来说明天地万物没有长久不变的东西。人也是如此，生老病死，词人从生命流逝的沉痛中获得豁达的人生观。

Z 老师：通过刚才 5 个小组的发言人，我们找到了 5 个不同的月世界。那么接下来我们一起来分析诗词中月亮这个意象表达的不同情感。

Z 老师和同学们一起学习这 5 首诗词，得到了苏轼在不同时期和环境中写月所表达的不同感情，Z 老师用了 20 分钟完成了群文阅读课的教学目标。

（四）思，师生一起思考，达成共识

各小组选一个位读得较好的同学，为大家朗读所选诗词，然后说说作者借“月”寄托什么情感。Z 老师认为群文阅读教学课应该把课堂还给学生，老师和学生一起思考，达成共识。所以 Z 老师打算把这 35 分钟交给学生，让学生自己思考《水遇乐》《醉落魄·离京口作》《六月二十日夜渡海》《西江月·照野弥弥浅浪》中“月”这一意象表达的不同情感。

Z 老师：剩下的时间请同学们把刚才小组分析的情感再消化整理一下。现在同学们大胆踊跃发言，找出并且总结苏子的“月”世界。

C 同学：“月”这一意象寄托着怀人的愁绪。相对于宇宙，人类不过像沧海中的一粟，渺小至极，宇宙不知道自身的过去、现在、未来，而人却明白，并且能够代代无穷，说明人类用不着羡慕宇宙的无穷和明月的永不增减，也用不着哀叹人生的短促。

D 同学：“月”这一意象展示了一个开阔的世界。苏轼对月的感怀已超出“看山是山，看山不是山”的境界，在月的意象上，他传达给我们的不仅有他坎坷的人生经验和苦难之后的禅悟，更有他天真率性的品格。在这里，我们不仅能赏到他创造的无数美不胜收的意境，分享了他的豁达与睿智，更领会到了他“万山长空，一朝风月”的豁达澄明的人生境界。

学生们非常热烈地讨论着、积极地回答，Z 老师听了非常欣慰，感觉自己的努力没有白费。学生对文本的解读、学生与学生之间思想的碰撞，其实更容易让学生在阅读中实现真正的阅读，产生自己的解读。这对学生思维逻辑能力的提升很有益。显然，Z 老师的这堂课是成功的。

四、反思与展望

阅读教学在人教版高中语文课本中占很大的比例，也就是说，学生学习阅读文本从小学就已经开始。在高考指挥棒的压力下，不少老师甚至校领导都对 Z 老师群文阅读教学方法感到担忧，毕竟大多数老师觉得群文阅读教学费时费力。高二已是高考准备阶段，大多数老师会细讲高考可能考的、常考的内容。因此 Z 老师的做法在大多数时候得不到支持。Z 老师没有怀疑自己教学改革的方法和方向，质疑声反而鞭策他不断改进、优化教学设计。他要用学生的提升证明自己的教学方法是可行的，这不仅可以拓宽知识，还会促使学生爱上阅读，为培养学习兴趣奠定良好基础。听过 Z 老师群文阅读教学的同学，周末或者空余时间会借阅相关书籍阅读。

有一次 Z 老师在办公室批改学生的作业，另一个老师怒气冲冲地前来告状，原来今天这位老师在上课时，发现 C 同学偷偷看鲁迅的作品，这让他十分生气。Z 老师把 C 同学叫到跟前，C 同学说："自从上次课听了老师讲的鲁迅的作品之后，很多同学都对鲁迅作品产生了浓厚兴趣，大家纷纷买有关鲁迅的书籍作品，互相传阅，有的同学还自己写起了小说，可厉害了！"C 同学的话让 Z 老师喜忧参半，喜是的自己的群文阅读教学方法取得了良好效果，忧的是 C 同学没能很好地管理自己的时间，可能会影响其他科目的学习。C 同学不好意思地说道："我知道这样做不对，但是自己就是忍不住会偷偷看上几眼。"他保证以后要学会管理时间，不会在课上做与课堂无关的事。这一幕让语文组的老师们共同目睹了 Z 老师的教学成效，以前对 Z 老师这种教学方法进行批判的老师也感到有些惭愧。一般老师认为，群文阅读花费的时间太长。但是群文阅读不是一个学期都在进行，一般一学期进行 3 ~ 5 次。经过 Z 老师的耐心讲解，教研室的老师都同意了她的想法。最后，教研室委任 Z 老师当"高中语文群文阅读教学教研组组长"，这是 D 中学创办以来最年轻的群文阅读教研组组长。学校还成立了"读书角"，邀请 Z 师做指导老师。Z 老师表示一定会在未来的教学研究中不断总结经验教训，提高自身文化素养，创造各种机会让学生参与课堂，爱上语文，爱上文本。

结　语

群文阅读教学能够使师生一起建构，其模式有一篇带多篇、课内多篇、课外多篇。群文阅读教学能让学生进行整本书的阅读，符合新课程标准的要求，以及体验纯粹的文学艺术之美，这对学生是一种新鲜的经历，大多数同学能够体验到别具一格的教育经历，所以这是一项值得师生一同花心思去开创、推广与研究的课题。我们提倡素质教育，口号喊了很多年，但面对"应试"压力时，"素质"仍是那么苍白、无力。Z 老师的教学能让学生既学到知识，又提高能力，把学习知识和提高能力都放在课堂上同步完成，显得妙趣横生，学生学习兴致盎然。这种教学方法有益于学生成长，也值得其他语文老师借鉴。Z 老师通过群文阅读教学法，使学生掌握了更多的语言形式，让学生养成思辨阅读的习惯，让其明白单篇教学和群文阅读教学的互补性，一步步培养学生全面发展的能力。要进行素质教育，老师首先要具备相应的素质，这本是素质教育题中应有之义。本案例探索出的群文阅读教学教学方法对改善阅读教学模式化现状有一定积极作用，但如何衡量群文阅读教学，标准仍然有所欠缺，有待后续研究者进一步研究。

【案例思考题】

1. 导致群文阅读教学在高中得不得推广的原因是什么？
2. 通过"读""赏""辨"几个方面是否真正能够转变群文阅读教学的现状？
3. 在群文阅读教学中对于"辨"这一环节，应该怎样去完善，才能更好检测学生对于文本知识的掌握?

4. Z老师的群文阅读教学还存在哪些不足?

【案例使用说明】

1. 适用范围

适用对象:中学语文老师,师范教育专业本科生、硕士生。

适合课程:中学语文,中学语文教育教学,口语交际教学。

2. 教学目的

(1)明确当前高中语文阅读教学的现状;

(2)提出符合新课标的群文阅读教学策略;

(3)提升学生的思维逻辑能力。

3. 要点提示

(1)相关理论

文学理论;

群文阅读教学理论;

老师专业发展理论;

老师知识与老师能力。

(2)关键知识点

群文阅读教学当前面临的尴尬境遇,导致群文阅读教学尴尬境遇的因素,突破传统单篇语文阅读教学的误区,群文阅读是提高学生思维的有效策略。

(3)关键能力点

了解群文阅读教学边缘化的因素,寻找提升当前学生思维能力策略,以推动课堂上学生主体地位的恢复与老师教学中主导能力的发挥。

(4)案例分析思路

Z老师对群文阅读教学实施的有效策略进行探索的过程中,Z老师从思想到行动、从社会到学校,分析调查了当前群文阅读教学得不到推广的主客观因素,并寻找出相应的教学策略——"读""赏""辨"和"思"。明确显示出群文阅读教学是紧扣语文核心素养要求,不应该单单只培养学生的任何一个方面,而应该在全面发展的基础上进行个性的培养。

4. 教学建议

时间安排:高中标准课3课时,135分钟。引导学生"读"30分钟,"赏"40分钟,"辨"30分钟,"思"35分钟。

环节安排:提前1~2天利用早读和课余时间让同学们预习内容→学生分为5个小组→小组查阅资料,赏析文本→辨析文本中的异同→师生达成共识。

人数要求：50人左右的班级教学。

教学方法：以学生个性发展为主，但要求不能脱离教材，老师只在学生出现困惑时进行点评。

工具选择：多媒体。

组织引导：老师布置任务清晰，预习要求明确。

学生存在问题时及时给予建议与帮助。

活动设计建议：课时计划2节课，要求学生课前预习，朗读课文。

上课前做好教学准备，将桌椅分为5组，为每个小组准备编号，在学生建构时积极发言后全体师生共同构建。

课堂中出现的问题，并当场引导学生回到课本中来解决。

5. 推荐阅读

[1] 韩雪屏. 中国当代阅读理论与阅读教学[M]. 成都：四川教育出版社，2000.

[2] 蒋军晶. 从课堂走向课程——我的语文之路[M]. 长春：长春出版社，2012.

[3] 蒋军晶. 让学生学会阅读——群文阅读这样做[M]. 北京：中国人民大学出版社，2016.

[4] 树人教育院. 群文阅读起步走——教学设计集[M]. 贵阳：贵州人民出版社，2016.

[5] 王荣生. 听王荣生教授评课[M]. 上海：华东师范大学出版社，2007.

L 老师在阅读教学中培养学生的创造性思维探索

兰晓云①

【摘　要】创造力是一个国家、民族的精、气、魂，没有创造力的国家便是没有生命力的国家。孩子是祖国的未来，我们语文老师应该在平时的阅读教学中重视培养学生的创造性思维，引导学生多方位、多角度地对问题进行思考，使学生不被固有的思维模式、僵化的答题模板束缚，使学生能充分发挥想象力和质疑问难的精神，不断提高语文核心素养。现今高中语文阅读教学中有关创造性思维的培养存在各种各样的问题，需要语文老师去反思和解决，但鲜有老师潜心探索。L 老师十分重视对学生创造性思维的培养，在 H 中学以自己所带的班级为实验对象，进行了一系列的探索。本案例主要从激活学生“形象思维”“批判思维”“发散思维”这三个大环节，对 L 老师探索“如何在阅读教学中培养学生的创造性思维”进行描述。

【关键词】阅读教学；创造性思维；创造性思维的培养策略

背景信息

当今是一个强调创新的时代，走进创新时代，我们的思维也面临着一场革命，创新时代呼唤创造性思维。在创新时代，没有创造性思维，人类的生存就会受到威胁，社会的发展就面临严峻挑战，科技的进步就要终止。创造性思维，是对传统思维方式的突破，是对历史思维方式的扬弃，是对现代思维方式的重塑，是对未来思维方式的开拓。创造性思维是人类思维最宝贵的财富和最美丽的花朵。创造性思维是人类所独具的禀赋，也是促进社会进步的原动力。

“创造性思维”是 1945 年德国心理学家韦特海默（Werthermer）在其《创造性思维》中首次明确提出的。具体地说，创造性思维是相对于再现性思维或常规性思维而言的，又称超常规思维或突破性思维，是在一般思维的基础上发展起来的，由多种类型的思维形式在创造活动中有机结合，聚变式重构并产生突破式飞跃的思维新范式，是人类思维活动的最高表现形式，是创造力的核心。创造性思维从功能上看，就是指具有创新功能的思维活动；从结果上看，就是指产生创造性新成果的思维活动，即指达到前所未有的新认知水平的思维活动。

---

① 作者简介：兰晓云，女，广西南宁人，黔南民族师范学院 2018 级学科教学（语文）专业方向研究生；导师：李朝阳教授。

语文学科作为最重要的基础学科，其本质便是语言和思维的统一。阅读，不仅是高中教育阶段的重要教学内容，也是学生的一种充满思想、充满智慧、充满情感的生活方式，更是学生贯穿其一生所必需的能力和精神食粮。阅读教学，作为传授学生语文知识、提升学生语文能力的基本途径，为培养学生创造性思维能力提供了强有力的支撑。阅读施教之功，贵在激活思维之水，重在培育发展创造之人。爱因斯坦说：“要是没有独立思考和独立判断的有创造能力的个人，社会的向上发展就不可能想象。”高中生相对于初中生而言，思维创造性的提高突出表现在阅读新课文时，能不断提出新的假设和问题，并且思考时思维的敏捷性、灵活性、深刻性和批判性明显增强。高中阶段是培养学生创造性思维的最佳时期。在高中语文阅读教学中有意识地培养学生的创造性思维，高中语文阅读教学定会迸发出智慧的火花、充盈生命的光彩。

新课程改革是以启发并挖掘学生的创新潜能、弘扬学生的主体精神、促进学生的个性和谐发展为宗旨，其目的显然是发展人的创造性，培养具有优秀素质的创新型人才。《普通高中语文课程标准（实验）》中的课程目标提道：“对未知世界始终怀有强烈的兴趣和激情，敢于探异求新，走进新的学习领域，尝试新的方法，追求思维的创新、表达的创新。”要求学生用创造性思维去学习，对优秀作品能够常读常新，获得新的体验和发现，形成自己独立的见解和看法。

《普通高中语文课程标准（实验）》中对必修课程的“阅读与鉴赏”领域的要求是：“学习探究性阅读和创造性阅读，发展想象能力、思辨能力和批判能力”，就是通过多方面、多角度地阅读、鉴赏课文来发展学生的创造性思维。《普通高中语文课程标准（2017 年版）》关于中课程的基本理念提道：“语文课程还应当适应当代社会的发展需要，为培养创新人才发挥重要作用。要引导学生在语言文字运用的过程中发现问题，培养探究意识和发现问题的敏感性，探求解决问题和语言表达的创新路径”，就是要求语文课程要有意识地培养学生的创造性思维和创新能力，塑造创新型、综合型人才。《普通高中语文课程标准（2017 年版）》中提到语文学科的核心素养包括“思维发展与提升”，“思维发展与提升是指学生在语文学习过程中，通过语言运用，获得直觉思维、形象思维、逻辑思维、辩证思维和创造性思维的发展，以及深刻性、敏捷性、灵活性、批判性和独创性等思维品质的提升”，所以创造性思维的发展是有助于学生提高语文核心素养的。

H 中学是位于贵州省黔南州都匀市的一所示范性高中，学校环境优美。H 中学多年以来，一直以学生的发展为中心，结合当地特色开设了各式各样的选修课，老师教学方式灵活多样，教学质量较高，在家长和学生中颇具声望。

L 老师一年前硕士毕业，现在是 H 中学的一名新成员。新课标颁布后，这位年轻的语文老师立即认真研读，侧重关注了语文核心素养中的“思维发展与提升”，认为可以以自己所教的班级为对象，在阅读教学中尝试培养学生的创造性思维，提高学生的语文核心素养。

案例正文

一、高中语文阅读教学中创造性思维培养出现的问题

（一）发现问题所在

L 老师在闲暇时间去听其他老师的语文课时，发现了一个普遍存在的问题。大部分老师只停留在对课文语义的把握或对作者原意、情感的领悟层面解读课文，没有引导学生将自身作为特定的解读主体，将自己独一无二的人生体验、思想情感、生活经历等与课文解读融合，没有赋予课文以学生独具个性的生命活力，更没有揭示课文全新的潜在意义，使课文解读没能实现创造性的增值效应。

L 老师利用下课时间，在办公室里对隔壁班级教语文的 T 老师、H 老师、W 老师进行了访问。

> L 老师：各位老师，我有一个问题想咨询一下，你们在进行课文解读的过程中，有没有学生提出一些新颖的、具有创新性的观点让你们印象深刻的呢？
>
> T 老师：现在很少有愿意表达自己的观点的学生了，都不怎么爱举手。
>
> H 老师：我每天都按部就班地用教学参考书教课文，自己都没什么创新观点，哪还敢期待学生。
>
> W 老师：我有尝试过小组合作学习的模式，可是我提出的问题，同学们都不怎么感兴趣，更没有什么新颖的观点了，最后还是得我自己讲解课文。

L 老师对这样的教学现状思考了片刻，转过身来，打开电脑，开始批改学生的单元测试卷。在连续批改了 20 份卷子之后，L 老师发现了一个普遍的情况：在做诗词鉴赏题时，学生习惯先描述诗歌的画面，再赏析艺术手法，最后分析情感；在分析某一段落的作用时，学生习惯从内容和结构两个方面进行解答；在分析文章中的某一句子时，学生也习惯于从表达技巧和艺术效果两个方面来进行解答。这 20 位同学的答案都大同小异，得到的分数也几近相同，被他们忽略的采分点也惊人的一致。根据这样的现状，L 老师在晚自习时分别请了自己班上的 A 同学、B 同学来自己的办公室谈话。

> L 老师：A 同学，对于我们今早学的《诗经》中的《氓》这首诗，除了老师讲解的知识点，你现在对这首诗还有什么疑问吗？或者是有什么新颖的想法吗？
>
> A 同学：现在没什么疑问，但除了课文以外，老师能多给我们讲解一些有关于《诗经》的其他篇目的知识吗？

L 老师微笑着点点头，答应 A 同学下节课会补充《诗经》其他篇目的相关知识给同学们，并让 A 同学回教室请 B 同学过来。

> L 老师：B 同学，你对我们今早学的《氓》这篇课文中的“氓”这个人物形象

是怎么理解的呢？

B 同学：“氓”刚开始的时候是一个忠厚老实的小伙子，后面他娶妻之后，不再对他的妻子好了。

L 老师：老师很高兴在学习完这篇课文之后，你没有简单地把“氓”这个人物定义为一个负心汉，就像老师上课说的那样，在《诗经》时期的文学作品在塑造人物形象时，并不是简单地使用‘出场定型’式或类型化的人物塑造，而是个性化、多方面地去塑造人物。“氓”的性格转变是一个不断发展的过程，其中也包括了女子的无原则妥协这个因素，要多多结合课文去细细地分析，利用课余时间多查阅关于《氓》这篇课文的资料，才能把人物形象和课文主旨真正地理解好。

B 同学若有所思地点点头，离开了办公室，之后 L 老师巡视班级晚自习时，看到 B 同学在查阅有关资料，细细地研读课文。

（二）提出问题所在

L 老师阅读了大量关于“在阅读教学中如何培养学生的创造性思维”的书籍和做了大量的调研之后，发现了主要问题所在。不是现在的高中生不愿意去思考问题、回答问题，而是一些老师的教学模式、教学方法禁锢了孩子们的思维，让他们不敢运用创造性思维去分析课文，解答疑难。具体的问题体现在以下几个方面：

1. 解读结果单一，缺乏发散思维训练，不重视学生的个性化阅读

由于应试教育的桎梏，现在仍有许多老师运用惯有的思维模式、单调的解题模板去分析题材不同、体裁不同、内涵不同的课文，把学生已有的成长经验与真实的课文情感割裂开来，人为地消解了学生作为审美主体的再创造过程，并且以学生是否按解题模板去答题作为评价学生是否掌握课文的重要知识点的唯一尺度。在那些标准答案、固定的答题模板面前，学生的思维仿佛被冰块冻住了一般，被那些所谓的得分模板牵着走，不敢有自己独立的见解，答案大部分都千篇一律，这对培养学生的创造性思维产生了不良的影响。

2. 过于依赖“教辅书”，没有创新解读

在语文教学实践活动中，很多老师往往太过于依赖教学参考书，以教学参考书上的重点作为课堂教学的主要内容，缺乏对课文的独立见解，甚至脱离教学参考书就不知道该如何授课了。如果老师都没有对课文的独立理解、创造性的解读，那么又该如何培养学生的创造性思维呢？

正如 L 老师咨询 H 老师那样，H 老师是依据教学参考书上的内容教学，自己都没有什么创新的观点，哪还能期待学生运用创造性思维去阅读学习呢？L 老师认为老师要改变过于依赖教学参考书的现状，就要遗忘定论，忘记教辅书上的“权威解读”忘记名家解读的经典案例，唤醒自我主体意识，敞开心灵与文本交流，分析出隐藏在课

文中的深刻精神内涵，通过课堂教学的实施迈向学生课文解读方法的习得和创造性思维能力培养的阶梯。

3. 课堂无效提问过多，看似活跃，实则学生的获得感较低

现在有很多高中语文老师把课堂大部分的时间都花在了提问上，课堂看似活跃，其实一节课下来，学生“学无所获”。有些老师对学生提出的问题要不就是高不可攀，要不就是唾手可得，不能很好地引起学生的兴趣，找不到学生情感上的共鸣点，学生回答问题没有积极性，就更没有办法激发创造性思维了。

正如 L 老师咨询 W 老师的那样，W 老师尝试采取小组合作学习的模式，可是他提出的问题，同学们都不感兴趣，学生的学习积极性低。针对此状况，L 老师认为，能够帮助学生把握整篇课文的内容、主旨及写作方法的问题，是能让学生“学有所获”并且具有一定拓展延伸性的问题。老师可以尝试将一些复杂的问题化为一个个小问题，举一些生活中的例子来铺路搭桥、触类旁通、化难为易。学生只有通过自己的创造性思维解决疑难问题，才会有满满的获得感和成就感，从而能进一步地激发学习的主动性和积极性，激发创造性思维。

4. 认为创造性思维培养只在课文之中，缺少对课外资源的运用

知识本身需要发展，所有的知识都是知识发展长链中的一个环节，由此环节伸展开去，就可以创造出新的知识。很多老师认为在语文阅读鉴赏课上，仅仅运用课文中的一些知识点来启发学生的创造性思维就足够了。缺乏对课外学习资源的拓展，学生仅仅停留在对课文中的问题的思考，不利于对学生创造性思维的进一步启发。长此以往，学生的思维往往会变得很狭隘。

L 老师认为，老师在阅读教学时，要整合课内外资源拓展教学的空间，对课堂教学和课外延伸进行合理的把控，掌握好其中的平衡点，让学生适当地阅读一些与该课文相关联的课外阅读材料，对课堂阅读教学进行有效的补充，从而对文中所蕴含的作者的生活经历和人生感悟等进行充分挖掘和深入体会，形成自己有创造性的解读。

二、在阅读教学中培养高中生创造性思维的策略

（一）走进文本，体验情感，激活形象思维

1. 展开想象的翅膀，与课文零距离地接触

L 老师在经过深思熟虑之后，在前一天晚自习下课之前，与自己班上的学生进行了沟通交流，表达了用 3 个课时重新上《荷塘月色》这篇课文的愿望，通过重新解读《荷塘月色》这篇课文来激活同学们的创造性思维，让同学们深刻感受到语文课的魅力所在。L 老师在表明了自己的想法和意见后，得到了同学们的大力支持，L 老师对自己也充满了信心。

第二天，L 老师带着她的教科书和课件提前走进了教室，提前打开了教室的投影和电脑。同学们见到老师，立刻回到自己的座位，安静了下来。L 老师让班里同学 4 人为一个小组，分完组后立即开始上课。

L 老师：（播放月光下荷塘的风景短片）请同学们观看短片后，拿出作文本来描写自己看到的月下荷塘的景象和写下此时的心理感受，写完之后小组成员之间相互交流与分享。

（学生观看短片，描写景象，组内分享交流，课堂氛围较活跃）

L 老师："有没有哪位同学想和老师分享一下自己笔下的荷塘月色呀？"

A 同学：（跃跃欲试，站起来）"荷花旁边陪伴着碧绿的荷叶，荷叶高高低低，有的轻轻地浮在水面上，有的高高地撑出水面，还有的好像在一起谈话，上面还有几颗晶莹透亮的水珠在滚动，在月光的照耀下闪闪发光。"

（班里的同学纷纷地鼓起掌来，L 老师也用赞许的目光看向他，并鼓励更多的同学举手发言）

L 老师：下面我给同学们提供一些描写荷塘的诗句，请同学们记下这些诗句，在之后学习《荷塘月色》这篇课文中，尝试联想一下这些诗句描写的荷塘与朱自清笔下的荷塘有什么区别。

L 老师展示诗句：① 荷叶罗裙一色裁，芙蓉向脸两边开。乱入池中看不见，闻歌始觉有人来。（王昌龄《采莲曲》）② 小荷才露尖尖角，早有蜻蜓立上头。（杨万里《小池》）③ 毕竟西湖六月中，风光不与四时同。接天莲叶无穷碧，映日荷花别样红。（杨万里《晓出净慈寺送林子方》）。

同学们边听边认真地记录诗句。

在讲授第四段中的句子"曲曲折折的荷塘上面，弥望的是田田的叶子。叶子出水很高，像亭亭的舞女的裙"时，L 老师说："请学生根据生活所见，把荷叶与芭蕾舞女的形象组合起来，想象朱自清笔下的荷叶，和老师分享一下你的看法。"

B 同学：我想象到满眼繁茂的荷叶，荷叶片片相连；因为出水很高，就像芭蕾舞女踮起脚尖似的，硕大的荷叶就像优美的芭蕾舞女的裙。舞女们穿着绿色的裙子，翩翩起舞，轻盈地旋转。

L 老师：很好，运用了创造性思维去思考，有自己独到的理解。老师还想进一步问你提一个问题，除了将荷叶喻为"亭亭的舞女的裙"，还可以将荷叶比喻为什么？

B 同学：像青翠的小伞。

L 老师：不错。还有别的同学有什么想法吗？

C 同学：荷叶还像碧绿的大圆盘，还有大草帽。

L 老师：看来同学们都有成为朱自清的潜质呀，很有自己的想法，真棒！同学们接着看第四段，还是刚才那个句子，如果将原句的表达换为括号中的词，大家想象一下表达效果会有什么不同之处。“曲曲折折（曲折）的荷塘上面，弥望的是田田（互相连接）的叶子。”

D 同学：老师，这也差不多呀，看起来没什么区别。

L 老师：（鼓励地笑了笑）你和小组的同学讨论一下，听听别人是怎么想的。

小组成员之间激烈地讨论起来，随后，E 同学举起了手。

E 同学：“曲曲折折”“田田”这些叠词，既准确描绘出景物的特征，加强了语意，又使语句的音节和谐舒缓，具有音乐美。

L 老师：这位同学说得很好，还有其他同学有什么补充的吗？

F 同学：文章中仍有运用叠词的现象，比如“脉脉”“远远近近”“高高低低”，这些叠词描摹景物非常生动传神。

L 老师：F 同学找出文中的例子非常好，这是思维的迁移，同学们要向他学习。

2. 运用创造性思维建构图表，形象深入地理解课文

建构图表能够更直观地去归纳一些课文的中知识点。

L 老师：请同学们认真阅读课文的 4、5、6 自然段，找出课文的比喻句，小组合作围绕“本体”“喻体”“二者的相似点”这三个关键点来设计一个表格，填好后举手，每个小组派一名代表到黑板上填写。

同学们积极性较高，以小组合作的方式在设计填写表格，一些同学负责制表，一些同学负责在课文中找关键句。5 分钟后，X 小组举起了手。

L 老师：请 X 小组派一名代表来黑板上填写，其余还没有完成表格的小组继续完成，已经完成了的小组看看黑板上 X 小组的表格有没有什么做得不完善的地方。

表 1　X 小组代表填写的表格

本体	喻体	相似点
叶子	亭亭的舞女的裙	圆形、舒展
白花	一粒粒明珠	晶莹剔透
月光	流水	流动
月光下的叶子和花	笼着轻纱的梦	朦胧
树色	一团烟雾	迷茫、朦胧
灯光	渴睡人的眼	昏暗，没有精神

L 老师：X 小组把课文中的比喻句的本体都找了出来，非常不错，但是喻体好像有些疏漏，还有没有哪个小组想要补充一下的呀？同学们都很积极呀，Y 小组

派一名代表上来吧！

表 2　Y 小组代表填写的表格

本体	喻体	相似点
叶子	亭亭的舞女的裙	圆形、舒展
白花	一粒粒明珠、碧天里的星星、刚出浴的美人	晶莹剔透、忽隐忽现、纤尘不染
月光	流水	月光照下来和水向下流相似
月光下的叶子和花	笼着轻纱的梦	朦胧、恬静、柔美
树色	一团烟雾	迷茫、朦胧
灯光	渴睡人的眼	昏暗，没有精神

L 老师：Y 小组补充了“白花”的喻体，两者的相似点部分也补充得很好，充分运用了创造性思维去思考，很有自己独特的看法，同学们给 Y 小组一些鼓励吧！

全班响起了雷鸣般的掌声，第一节课结束。

（二）质疑问难，巧析矛盾，激活批判思维

批判思维是创造性思维的一个很重要的组成部分，是一种在批判和质疑的基础上的认知活动，它是基于问题意识的一种理性且反省的思维。培养批判思维要依靠学生自己，在一系列反思活动中积淀形成，即反思自己的观点的形成过程，反思观点中的预设性问题，反思有无对权威的盲从或对同伴的偏见，反思有无在多种方案中寻求最合理的解释，反思在问题中是否时刻以求真、公正、开放为原则。

1. 鼓励学生质疑问难，发展学生智力

学起于思，思源于疑。古希腊哲学家亚里士多德说：“思维自疑问和惊奇开始。”孟子曰：“尽信书则不如无书。”朱熹在白鹿洞书院就经常鼓励学生质疑问难：“读书需有疑”“疑渐渐解，以至融会贯通，全无所疑，方始是学。”质疑问难的精神在语文学习中是十分重要的。质疑问难的过程就是创造性思维发展的过程。

伴随着欢快悦耳的上课铃声，第二节课开始。

L 老师：同学们学习了《荷塘月色》第一课时之后，有没有什么疑问呀？

（同学们思考了一会，R 同学高高地举起了手）

R 同学：老师，我刚才在学习课文的过程中，发现了两句我很喜欢的句子，可是我不知道如何赏析它们。

L 老师：是哪两句呀？读出来给同学们听听，大家一起来帮帮你。

R 同学：第一句是“微风过处，送来缕缕清香，仿佛远处高楼上渺茫的歌声似的”，第二句是“光与影有着和谐的旋律，如梵阿玲上奏着的名曲”。

L 老师：读得很有感情，不错。这里老师就要给大家补充一个知识点了。通感的修辞手法，所谓通感，是利用诸种感觉相互交通的心理现象，以一种感觉来描述表现另一种感觉的修辞方式。小组讨论分析刚才 R 同学提到的两个句子是如何运用通感的修辞手法以及起到了什么样的表达效果呢。

（同学们带着问题激烈地讨论，2 分钟后，M 同学举起了手）

M 同学：第一句话运用通感的修辞手法，将嗅觉转为听觉，因花香与歌声都具有飘缈不定，若有若无的特点；第二句话将视觉转为听觉，运用通感的手法写出光与影的和谐。

L 老师：赏析得很好呀！

M 同学：这是我们小组讨论的结果，比一个人想得更全面一些。

L 老师：非常好，说明小组的同学都对问题进行了深入思考，提出了自己的见解，继续发扬！

2.“设误”激发兴趣，发挥创造性思维的潜能

L 老师：《荷塘月色》第四段中的一个句子“层层的叶子中间，零星地点缀着些白花，有袅娜地开着的，有羞涩地打着朵儿的”，老师认为朱自清这一句写得不够好，于是做了一些改动，把这句话改为“层层的叶子中间，零星地开着些白花，有已经盛开的，有含苞欲放的”。老师觉得自己改过的这句话比较简明，你们觉得这两句哪句要好一些呢？小组讨论一下。

（同学们展开了激烈地讨论，2 分钟后，S 同学举起了手）

S 同学：老师，我还是认为朱自清写得比您改过的要更好一些。

（全班为他的勇敢鼓起了掌）

L 老师：（欣慰地笑了笑）那你觉得朱自清比老师写得好在哪里呢？

S 同学：“点缀”比“开”更准确地描写出荷花零星不多，“袅娜”“羞涩”是以拟人的修辞手法描绘出具有两种情韵的荷花。“袅娜”以女子体态的轻盈柔美状盛开之妍；“羞涩”极言荷花含苞待放的难为情之状。所以，我认为朱自清写得比老师写得好。

L 老师：赏析得很不错，老师也被你说服了，真棒！同学们下课以后还可以像老师这样，改写一下自己喜欢的句子，小组分析一下看看写得好不好。也可以课后与老师进行交流。

第二课时结束，学生学习的积极性高，对课文有自己的独特见解和看法。

3. 分析现实与艺术之间的矛盾，激发学生思维的创新点

孙绍振先生在解读文本时提倡用“还原分析法”，“还原”即“把未经作者加工的原生现象想象出来和作者艺术加工过的作品加以比较”，继而找出现实中的原生要素与

艺术形象的差异性，“还原”的最终目的就是揭示“矛盾”，通过对“矛盾”的深入研究来激发学生思维的创新点。

同学们陆续回到了自己的位置上，第三节课开始。

L 老师：在《荷塘月色》的第三自然段中，大家可以明显看出作者的心境发生了一些变化，从“我也像超出了平常的自己，到了另一个世界”到“我且受用这无边的荷塘月色好了”。其中作者心里的“另一个世界”是一个怎样的世界呢？作者这种心境的转变又为后来描写荷塘月色埋下了什么样的伏笔呢？请同学们小组讨论，派一名代表发言。

（同学们突然关注到了一个新颖的问题，觉得难以理解。过了一会儿也没有同学举手发言）

L 老师：因为同学们现在生活的时代与朱自清当时生活的时代不一样，很难理解朱自清当时心中的“另一个世界”是一个怎样的世界。于是老师给大家补充一下当时的背景资料：《荷塘月色》一文写于 1927 年 7 月，当时蒋介石叛变革命，中国社会一片黑暗。当时作者在清华大学教书，住清华西院……

（同学们结合当时的时代背景分析起来，课堂气氛逐渐地活跃起来。此时 H 同学举手）

H 同学：作者从压抑不自由中暂得解脱，暂得宽裕，而欣赏月色的喜悦中又夹杂着丝丝缕缕的忧愁。“另一个世界”是超脱困苦的自由而美好的世界。作者希望借对眼前幽雅淡静的景色的欣赏来摆脱心中的苦闷的情感。

L 老师：对朱自清当时的情感体会得很好！

P 同学：我来补充！这是运用了融情于景的手法，为下文描写荷塘月色笼罩上了淡淡的喜悦和淡淡的哀伤。

L 老师：P 同学是从手法方面进行了补充，思维很新颖呀，看来大家对文章的思想情感把握得很好。再看第六自然段中的两个句子：“树缝里也漏着一两点路灯光，没精打采的，是渴睡人的眼”，为什么作者眼里的灯光会“没精打采”的？“但热闹是他们的，我什么也没有”，作者为什么会有这样的心情？请同学们结合本文的时代背景，小组内就这两个问题展开讨论并派代表起来发言。

（同学们结合时代背景在积极地讨论，这时 Z 同学和 A 同学举起了手）

Z 同学：我回答第一个问题吧。这里不仅运用了比喻的手法，将“灯光”比为“渴睡人的眼”，还运用了情景交融的手法，作者在写景时透着淡淡的忧愁、压抑、无奈。

A 同学：我回答第二个问题。“但”字是笔锋突转，蝉、蛙如此热闹，也不能感染作者，这“热闹”反衬了内心的孤寂。

L 老师：Z 同学和 A 同学都很有自己独特的想法，其实这里的蝉、蛙声“热闹”其实是“鸟鸣山更幽”，照应了文眼“不宁静”。同学们在课后通过老师提出的这两个问题继续深入思考文章的主题和深入体会作者的情感。

（三）多元思考，创新解读，激活发散思维

发散思维是创造性思维的基本形式之一。发散思维，就是沿着不同方向、不同角度去进行问题分析，并从多方面寻找解决问题的方式方法。这种思维模式无固定方向，不拘泥于传统的思考路径，不满足已知的现有结论，致力打破单向的思维方式，把学生从长期的思维定式中解放出来，真正提高学生分析、解决问题的能力，促使学生在探索中求得创新。

1. 转换文体，通过运用创造性思维来加深对课文的理解

转换文体的本质就是学生在学习时“由一个文本的阅读者转变为文本的对话者”，也就是从被动理解到有意识地加工，融进了阅读者的理解、体验，甚至考证、质疑、拓展、延伸等积极的创造性思维活动。L 老师有意识地引导学生通过写诗歌的方式，表达自己对《荷塘月色》的感受和理解。

L 老师：课文上到这儿，有没有哪位同学想写一首小诗描绘月下的荷塘的呀？

（班里的同学们都安静了下来。G 同学写完诗后，举起了手）

G 同学：月色荷塘花艳丽。姹紫嫣红婷婷立，渺渺幽香人惬意。莲叶里，蜻蜓翩舞双双戏。

（L 老师表扬了他，班里的同学都给他鼓掌）

L 老师：除了诗歌之外，同学们也可以运用不一样的文体写自己理解的《荷塘月色》，课后与小组成员分享或者与老师分享也可以。

2. 多方面迁移，发散性思考

L 老师：请同学们齐声朗读课文第 7、8、9、10 自然段，思考作者引用《采莲赋》和《西洲曲》在文中起到什么作用？请小组内展开讨论并派代表起来发言。

（同学们齐声朗读后，小组讨论思考问题，T 同学代表他的小组举起了手）

T 同学：《采莲赋》和《西洲曲》有一个共同的主题，都是赞美爱情，歌颂青春。作者由眼前的荷塘想起诗歌里的采莲，顺理成章，水到渠成，反映了朱自清先生对青春快乐、自由美好的憧憬，对眼前寂寞、毫无生机的环境的不满。

L 老师：T 同学很好地理解了引经据典（引用古诗词）对表达作者情感、深化文章主题所起到的作用，很不错！同学们下课之后可以继续深入学习研究朱自清散文所蕴含的古典之美。

L 老师：下面请一直没有派代表发言的 Q 小组做一下课文的小结，提炼一下《荷塘月色》这篇课文的主题与中心。

Q 小组的一位同学代表：这篇散文委婉细腻地描写了荷塘月色的恬静朦胧，抒发了作者不满黑暗现实，向往光明自由的情感，同时也流露出一个正直的知识

分子在那个年代里的苦闷彷徨的心情。

L 老师：Q 小组的同学们总结得很好，下次要多多踊跃和大家分享你们的想法。

（Q 小组的同学点了点头）

L 老师：给同学们布置三个课后作业：一是学习本文的写景抒情的特点，运用比喻、拟人、叠字、通感的手法（四选二）描写一下你热爱的景物，比如春天的桃花，秋天的落叶，冬天的雾凇等。请同学们写完后，在下周一交上来。二是请同学们对本次“运用创造性思维学习《荷塘月色》”的小组学习活动进行点评（包括好的地方与不足之处），请同学们进行小组互评（包括好的地方与不足之处）。三是结合写作背景来完成《荷塘月色》的试题，每个同学尽量写出自己独特的见解和看法。

全班同学：好。

到此，3 个课时的《荷塘月色》的教学结束，L 老师在课后进行了反思与总结，撰写了总结报告。

三、反思与展望

L 老师选择了《荷塘月色》这篇课文作为培养学生创造性思维的范例课文是有原因的。《荷塘月色》是一篇散文。散文是一种没有严格形式约束的文学体裁，但是形散神聚，以作者浓厚的情感去铺叙事件、勾画人物、彩绘景物、渲染气氛、创造意境。散文充满诗情画意，蕴藉着情趣、理趣，给人以心灵的陶冶和美的享受。散文的解读，最能体现学生的语文综合能力、培养学生的创造性思维。L 老师在课后随机询问了 D 同学和 X 同学对这两节课的看法。

L 老师：学习完《荷塘月色》这两节课，你们有没有什么不一样的收获呀？

D 同学：小组合作一起讨论问题，听取了别的同学看问题时的不一样的想法，觉得很有收获，特别是老师最后布置的那道作业：“运用写景抒情、比喻、拟人、叠字、通感的手法（四选二）描写一下你热爱的景物”，让我觉得可以学以致用。

X 同学：让我觉得收获最大的是我学会了自己绘制图表来整理文中的重要知识点，就像我今天学会了自己建构图表来整理比喻句，体会文中比喻的妙处。

两位同学走后，L 老师仔细地回顾了一下上课的情况，意识到同学们的思维要比之前上课的时候活跃一些，课堂参与度也比以前要高。运用小组讨论法可以鼓励学生从多角度、多方面去认识问题、分析问题、解决问题，可以锻炼学生寻求对问题的尽可能多的答案，培养思维的流畅性。值得欣慰的是，在课堂上，大部分同学摆脱了对老师的依赖，学会运用创造性思维去思考问题、建构自己的答案，形成自己独立的见解。但是在阅读教学中培养学生的创造性思维仍任重而道远，把所有的培养创造性思维的策略融进《荷塘月色》这一篇课文的教学中的确有不恰当的地方，今后可以尝试在其他课文中一步步地、循序渐进地培养学生的创造性思维，提高学生学习语文的综合能力、提高学生的语文核心素养。

L 老师把自己研究出来的在阅读教学中培养学生创造性思维的方法讲授给 H 中学的其他老师，建议其他老师可以尝试着在授课时运用。有一些老师深表赞同，愿意尝试着在自己的阅读教学中运用这些培养创造性思维的方法。可有一些老师却表示了担忧，担心运用这些培养创造性思维的方法来教学会使学生无法接受自己的课堂，害怕自己无法按照课程目标完成教学。所以 L 老师意识到，只用《荷塘月色》这一篇课文来作为培养学生的创造性思维的示范教学是不够的，还应该结合多篇课文继续研究，找寻最优的方法。

L 老师对于在阅读教学中培养学生的创造性思维的探索仍是受到 H 高中的校长和其他老师的鼓励的，L 老师也表示一定会在未来的教学研究中继续探索，不断总结经验，争取更大的进步。本次探索在创造性思维理论与高中语文阅读教学实际的结合上有所突破，希望能够给一线教学提供一定的借鉴，丰富高中语文老师在阅读教学中培养学生创造性思维的方法，真正做到提高学生的创造性思维能力。

结　语

学生运用创造性思维来解读课文在高中语文阅读教学中起着至关重要的作用。运用创造性思维来解读课文就是主动捕捉有价值的信息，创造性地分析整理信息，使新的信息与原有信息重新结合，最终形成新的见解。每个时代对同一篇课文的理解和解释也不会完全相同，随着时代的发展，学生会不断地对课文做出创造性的解释，这意味着课文意义的可能性是无限的，对课文的理解是一个不断开放和生成的过程。但现今高中语文阅读教学中的创造性思维的培养还存在许多问题，亟待解决。为此，L 老师提出了一些在阅读教学中培养高中生创造性思维的策略，分别是：一、走进文本，体验情感，激活形象思维；二、质疑问难，巧析矛盾，激活批判思维；三、多元思考，创新解读，激活发散思维。本案例探索出的这些策略对有针对性地培养学生的创造性思维有一定的积极作用，但对于在运用这些策略之后如何衡量学生的创造性思维能力是否提高的研究上仍然有所欠缺，有待后续研究者进一步深入研究。

老师在平时的课堂教学中，应鼓励学生用自己的情感、经验、眼光、角度去体验作品，要重视学生在阅读中的非理性特点，尤其是瞬间或偶然迸发出的、“灵光乍现”式的创造性思维活动，尊重学生新鲜的阅读感受，尊重学生对作品的初始反应，珍爱学生富有个性的理解。老师还应该努力建构更有利于提高学生创造性思维能力的新的开放式的、研究式的教学模式，这样才能在课堂上给学生提供更大的运用创造性思维解决疑难的空间，才能把阅读教学这一良好的提高学生创造性思维能力的途径更好地贯彻。

【案例思考题】

1. 导致学生阅读学习时思维定式、没有个性化的阅读体验的原因是什么？

2. 如何在高中语文阅读教学中培养学生的创造性思维？

3. 在阅读教学中通过激活学生的“形象思维”“批判思维”“发散思维”这三个方面是否能真正地培养学生的创造性思维？

4. 如何使课文解读实现创造性的增值效应？

5. 除了L老师提出的那些教学方法以外，还有哪些在阅读教学中培养学生的创造性思维的方法呢？

6. L老师在阅读教学中培养学生的创造性思维的教学方法还存在哪些不足？

【案例使用说明】

1. 适用范围

适用对象：中学语文老师，汉语言文学专业、语文教育和语文课程教学论及相关专业专科生、本科生、研究生。

适合课程：(1)中学一线“语文”课程；

(2)大中专“中学语文教材教法”课程；

(3)教育专业学位研究生课程：“语文课程与教材分析”“语文教学设计与案例分析”“语文学科基础与前沿问题”等。

2. 教学目的

(1)明确当前部分老师没有引导学生将自身作为特定的解读主体，使课文解读没能实现创造性的增值效应的现状。

(2)提出在高中语文阅读教学中培养学生创造性思维的策略。

(3)学生将自己独一无二的人生体验、思想情感、生活经历与课文解读融合后，提高语文的核心素养，提高语文学习的综合能力。

3. 要点提示

(1)相关理论

文学理论；

文体理论；

创造性思维理论；

阅读教学理论；

中学生心理发展理论；

老师专业发展理论。

(2)关键知识点

创造性思维的界定、当前创造性思维的运用在课文解读中的缺失现象、导致当前创造性思维的运用在课文解读中的缺失的原因、在阅读教学中培养学生的创造性思维的策略。

（3）关键能力点

从宏观上了解当前高中教育现状，了解高中生的心理、思维发展状况，发现了在高中语文课文解读中创造性思维的运用缺失的问题，找到了解决问题的突破口，因势利导，充分调动学生的积极性、主动性。学生充分参与课堂，思维活跃且富有创造性，课堂教学收放自如。

此外，扎实的语文专业基础知识、广泛的文化科学素养和多方面的才艺也是不可或缺的。

（4）案例分析思路

L 老师通过阅读大量关于“如何在阅读教学中培养学生的创造性思维”方面的书籍、对 T、H、W 老师进行访问和对 A、B 同学进行谈话之后，发现了主要问题所在。不是现在的高中生不愿意去思考问题、回答问题，而是一些老师的教学模式、教学方法禁锢了孩子们的思维，让他们不敢运用创造性思维去分析课文，解答疑难。具体的问题体现在以下几个方面：解读结果单一，缺乏发散思维训练，不重视学生的个性化阅读；过于依赖“教辅书”，没有创新解读；课堂无效提问过多，看似活跃，实则学生的获得感较低；认为创造性思维培养只在课文之中，缺少对课外资源的运用。L 老师针对这些问题，提出了激活学生的“形象思维”“批判思维”“发散思维”这三个方面的教学策略。

教学实践显示，L 老师的培养创造性思维教学法紧扣语文核心素养，有助于学生开拓思维、个性化地去解读课文；有助于培养学生树立积极健康的审美意识，增强审美能力。

4. 教学建议

时间安排：中学标准课 3 节，135 分钟。

环节安排：课前预习→学生四人为一个小组→创设情境，导入新课→预习释疑→分析重点、难点，小组汇报讨论→鉴赏文章语言，提高审美能力→应用拓展，创新提高→课文小结→课后作业。

人数要求：50 人左右的班级教学。

教学方法：情境导入法、问题教学法、启发诱导法、分组教学法。

工具选择：多媒体计算机和一块交互式电子白板。

组织引导：老师布置任务清晰，学生存在问题时及时给予建议与帮助。

5. 推荐阅读

[1] 陈龙安. 创造性思维与教学[M]. 北京：中国轻工业出版社，1999.

[2] 宋新民. 创造训练[M]. 武汉：华中理工大学出版社，1999.

[3] 曹蓉蓉. 创新意识与能力[M]. 北京：中国铁道出版社，2000.

[4] 王丽. 中学语文名篇多元解读[M]. 广州：广东教育出版社，2006.

[5] 陈菲. 培养学生的创造力[M]. 上海：华东师范大学出版社，2013.

[6] 孙绍振. 孙绍振解读经典散文[M]. 北京：中华书局，2015.

[7] 张子睿. 创造创新理论与实践[M]. 北京：光明日报出版社，2015.

[8] 陈伟龙. 高中语文阅读教学与创新思维的培养[J]. 中学课程辅导，2016（1）：159.

[9] 教育部. 普通高中语文课程标准（2017 年版）[S]. 北京：人民教育出版社，2017.

[10] 黄全愈. 素质教育在美国[M]. 武汉：长江文艺出版社，2017.

本案例集为 2016 年贵州省研究生教育创新计划项目《“语文学科基础与前沿问题”课程案例库建设》（黔教研合 ALK 字〔2016〕09）阶段性成果
2015 年黔南师院高层次人才研究专项项目成果

中学语文案例教学的理论与实践

（下　册）

白红兵　主编

西南交通大学出版社
·成　都·

图书在版编目（CIP）数据

中学语文案例教学的理论与实践. 下册 / 白红兵主编. —成都：西南交通大学出版社，2021.9

ISBN 978-7-5643-7796-0

Ⅰ. ①中… Ⅱ. ①白… Ⅲ. ①中学语文课－教案（教育） Ⅳ. ①G633.302

中国版本图书馆 CIP 数据核字（2020）第 210503 号

目录

第三篇　诗词、散文与小说教学

回归“这一篇”：C 中学 L 老师的散文教学策略探索 ……200
R 老师古代记叙散文教学探索 ……211
E 老师高中文言游记教学策略探索——以人教版必修二为例 ……223
“提要钩玄”将文言散文课堂还给学生 ……233
以读传情——S 中学 Y 老师的古诗文诵读教学路 ……245
M 中学 L 老师的古诗词教学方法探究 ……255
X 老师诗词教学探索之路 ……263
审美视角下的古诗词教学——以 X 老师的《登高》为例 ……275
L 老师的宋词专题教学探究之路 ……289
F 老师“逆向”诗歌教学设计的探索之路 ……303
古诗文审美的提升之路——D 中学 W 老师的审美教学策略 ……321
M 老师的小说教学探索 ……331
C 老师现代派小说阅读教学探究 ……347

第四篇　文体、语言及其他教学

文体意识与高中语文课堂有效教学——以《荷塘月色》教学为例 ……360
X 老师初中语文课堂提问有效性的探索 ……373
《荷塘月色》：S 老师的问题探究式教学法 ……387

Y 老师的“访谈”口语交际课教学探索 …………………………………401
Z 老师口语交际教学之路探究 ……………………………………………414
X 老师在语文教学中培养学生批判性思维的探索 ……………………424
L 老师培养学生语文核心素养的探索之路
——以婉约词教学为例 ……………………………………………436
X 老师运用抛锚式教学法优化应用文写作教学的探索之路 ………448

后　记 ……………………………………………………………………457

第三篇

PART THREE

诗词、散文与小说教学

回归“这一篇”：C 中学 L 老师的散文教学策略探索

白益小①

【摘　要】新课程改革极为重视培养学生的人文素养和人文情怀，在目前使用的几版主要的中小学语文教材中，阅读始终占据“半壁江山”，其中散文又占据着阅读内容的“半壁江山”。散文作为一种综合性的文体，具有真实性、审美性和说理性等特点，它对启发思维、培养审美情趣和人文素养具有极大意义。无论从现实层面还是价值层面来说，中学散文教学都是极为重要的部分。然而中学语文散文教学实践中存在诸多问题，包括始终遵循着僵化而单一的模式、破坏整体意境、缺乏阅读指导等。鉴于此，四川省 C 中学的 L 老师在教学实践中根据自身教学经验，结合新课改中的前沿理念，从不同类型的散文文本入手进行多方探索，目前已初步形成自己独特的散文教学模式，即回归散文“这一篇”。

【关键词】中学语文；散文教学；文本回归；情感链接

背景信息

散文在我国可谓历史悠久、源远流长，先后经历了先秦时史传散文、诸子散文、两汉政论性散文、魏晋时骈散之争、唐代古文运动、北宋晚期散文黄金时代、明清时期散文新突破——小品文兴盛的发展历程。在这漫长的发展过程中，它经历了繁荣和发展，遭遇过失落与贬低，还有自身新变，其概念和范畴也因长期争论而不断变化。

就文章分类而言，古代有“二分法”之说，即文类主要划分为散文和韵文；现代有“四分法”的划分——即诗歌、散文、小说、戏剧，中学教材中的散文主要是指“四分法”中与诗歌、小说、戏剧相对的散文。

就文体特征而言，散文太过“自由自在”，甚至“随心所欲”，尽管它在中学语文教材中是作为一种与诗歌、小说、戏剧并列的文学体裁，人们却难以给散文下一个准确的定义。散文的“自由自在”“随心所欲”在一定程度上导致老师在教学难以挖掘出散文的具体特征，也就难以进行教学设计。

20 世纪 70 年代末，散文创作者和文学评论家为推动散文理论和实践的发展做了大量工作，“形散而神不散”这一理论的提出就是其努力的结果。此后，“形散而神不散”

---

① 作者简介：白益小，女，四川广安人，四川省岳池中学老师，黔南民族师范学院 2016 级学科教学（语文）专业方向研究生；导师：白红兵教授。

不仅指导着散文创作、散文批评，还被视为散文的主要特征，更成为几十年来中学语文老师的散文教学模式。

C 中学位于四川省某市某镇，有着悠久的办学历史，是四川省首批省级重点示范性高中，占地面积 150 多亩，建筑面积达 5 万多平方米，在校学生 4000 余人，教职工 300 余人。学校以孔子文化为校园文化主线，整体呈现出具有四川特色的校园风貌，并缀以简欧风格的园林布局，使整体校园建筑中正大气、美轮美奂。多年来，C 中学坚持“改革立校、依法治校、民主办校、科研兴校”的理念，教育教学质量逐步提高，为国家重点大学输送了大量的优秀学子。C 中学坚持“成人，成才，成功”三位一体，十分注重对学生的人格培养，并以活动为载体，创设多样平台，让学生有张扬个性、展示自我、发展自我的舞台。

L 老师是 C 中学有名的语文老师，已经从教十余年并一直担任班主任，有着较为丰富的中学语文教学经验。她还是 C 中学语文教研组的成员之一，长期从事教学、科研与学生管理工作，在“快乐语文，快乐生活”教学理念的指导下，教学风格幽默风趣，课堂环境和谐民主，教学方法新颖独到，深受学生欢迎。

案例正文

一、初探：散文教学风格的改进

C 中学的 L 老师是一名有着十余年教学经验的中学语文高级老师，一直坚守语文教学一线，从事教学、科研与学生管理工作。L 老师珍爱老师这份职业，热爱生活，业余爱好广泛，在老师岗位上快速成长的同时也收获了快乐。

几年前，在中学散文教学上，她渐渐感觉到力不从心，却依然孜孜不倦、热情不减地讲解着散文文本，但是学生注意力越来越不集中，课堂教学效果每况愈下。

L 老师不断反思，也在教学语言、教学风格和多媒体课件上做了改进，还加入时下中学生所热衷的追星、动漫、游戏、音乐等元素，力图拉近与学生的距离，重塑自己的教学风格与人格魅力，改变学生对语文课堂兴趣不大的现状。

在访谈中，L 老师谈到了她以前为重拾散文教学之隽美而做的事情：“前几年我还没意识到这些现象，一直以为是自己步入中年，人格魅力不如从前了。现在的孩子都非常有个性，又处于青春期，师生之间代沟还挺大，所以我想着缩小师生的距离。你要走近一个人的内心，让他认可你、喜欢你，必须先有一些可以互相交流的点，所以那段时间我一直试着去了解他们感兴趣的东西。”

做好这些“功课”之后，L 老师信心满满地踏入了教室，在课堂上她间或穿插一些与散文文本相关的小知识，用时下的流行词汇新说作者轶事。幽默的教学语言确实拉近了师生之间的距离，整节课在一阵阵欢笑中度过。然而 L 老师发现这样一个事实：如果剔除这些刻意加入的小插曲，正式进入散文文本的教学时，学生们的反应仍似从前，要么目光呆滞、神游四海，要么毫无反应、各干各事。

她在课后的教学反思中这样写道："幽默、新奇的语言确实有助于集中学生的注意力，激发学生学习兴趣，调节课堂气氛，这不失为一种拉近学生距离、展现老师人格魅力的有效方法。然而这对散文教学而言只是表面的，真正进入散文，解读散文文本时，大多数学生仍然不感兴趣，在激发学生思考方面收效甚微。加之学生手里有参考书，老师讲的是什么、下一步要讲什么，在参考书上完全有迹可循，即使漏听了一部分，课后也能从参考书上补回来。这也许是上课时学生注意力普遍不集中的原因之一。"

L 老师看在眼里，急在心里。她大量阅读和学习散文教学方面的研究成果，并将这些研究成果用于课堂实践。然而经过一个学期的不断反思和改进，仍收效甚微。L 老师忧心不已，"现在新课标强调语文课程的育人功能，散文作为中学语文教材的主要文类，承担着布道明理、育人立德的主要功能，所以学生对散文学习的这个态度我真的很忧心。"

二、再探："诱导+辩论"的尝试

L 老师一直相信"没有教不会的学生，只有不会教的老师"，于是新学期伊始，为改变散文教学现状，她又开始了新一轮的理论研究与调查分析。开学第一节班会课上，L 老师给班上的每个学生发了一张调查问卷，以不记名的方式就"这个假期你做了些什么事？""假期中你读了哪些文章或书籍，最喜欢的是哪一篇？""你希望在何种氛围下生活和学习？""新学期你对语文课程有什么期待？""新学期你希望 L 老师在散文教学方面应该做哪些改进？""新学期你有什么话想对同学说、对自己说？"等几个问题对全班同学做了调查。

回收的问卷显示，80%的学生喜欢 L 老师幽默的语言风格；10%的学生在假期通过阅读课外书籍爱上了语言优美、意蕴深厚的散文；60%以上的学生认为讲散文课文时太无聊；15%的学生希望自己新学期能提升对散文和阅读的兴趣……

其中有几条对于"新学期你希望 L 老师在散文教学方面应该做哪些改进？"这一问题的回答引起了 L 老师的特别注意。

一同学这样写道："我很喜欢 L 老师的教学风格，语言幽默又精妙，还与网络热点相联系，感觉离我们很近，像我们的朋友一样。这让我更加喜欢语文课了，不过在讲散文的时候还是有点无聊。"另一同学这样写道："L 老师上课时语言很幽默，不过我却不太喜欢这样，在讲课文时这些笑话与课文关系不大，有时候我们容易被笑话吸引而丢掉课文，所以我更希望老师多讲一些课文内容。"还有一同学回答："散文学习比较难，搞不懂作者到底写了什么，读不懂文章，希望老师能帮助我理解内容。"

这几条回答对 L 老师影响巨大，她从中认识到花哨、幽默的语言都只是一种形式，是表面的东西，散文教学应该返璞归真、回归散文本身。这对 L 老师来说无异于醍醐灌顶，于是她开始尝试着从散文文本入手，反思自己是否在教学方式上出了问题。

L 老师认识到她在讲中学散文时都是在“形散而神不散”的散文理论指导下，大体采用了“通读全文—划分段落—逐段分析—关键词句分析—概括段落大意—总结全文主旨”这样的散文教学模式。她还认识到在“形散而神不散”的理论指导下，这不仅是大多数中学语文老师尤其中老年语文老师普遍采用的教学模式，还是语文参考书上所展示的教学设计的一般模板。

由此 L 老师反思，“形神而神不散”理论长期指导下的中学散文教学模式必定固化，由于这种模式化散文教学呈现出线性、简单易上手的特点，老师容易教，学生容易学，虽然有助于学生自主分析散文文本，在考试阅读中达到容易得分的目的，但是无甚新意，过多强调这一特点等于放弃了其他特点，教学中容易造成学生对散文学习缺乏兴趣，思维被禁锢、情感需求难以满足，无法发挥散文育人立德、培养人的审美情趣的作用，语文的人文性被轻视。

在分析所有的问卷材料、查阅相关学术论著、了解散文教学前沿动态后，L 老师写出了如下总结：

> 长期以来，散文教学千篇一律地讲“形散而神不散”，却忽视了其他方面的特征，造成散文教学策略僵化、学生学习缺乏新鲜感和主动性。要解决中学散文教学中存在的这个问题，必须突破原有的教学模式，从散文的其他特征入手，着眼于散文本身，关注学生的兴奋点和兴趣所在，讲学生所需要和想要了解的，由此建立学生与散文文本的情感联结。

经过多方面的考量，L 老师决定潜心安排和打磨《游褒禅山记》的教学设计。

首先是导入环节。L 老师以学生的游记内容提问，总结出大多数人的游记都是游历了祖国的大好河山、领略了大自然的奇美风光之后的情感抒写，或赞美古代文明遗迹，或赞颂古代劳动人民智慧，并由此引发作为炎黄子孙民族自豪感的文章。相较而言，《游褒禅山记》却不是如此，它是通过作者的亲身游历探险发幽微之思、阐发深邃的哲理，以“作者阐发了哪些哲理”这一问题导入文本。

然后是文本讲解。L 老师根据学生对“导学案”的学习情况做了检查和补充，其中包括对“记”这种文体的介绍、部分疑难字词的解决。L 老师还组织学生朗读和口译全文，再以此点拨重点词句。在解决了散文的基本词句和基本知识之后，L 老师要求学生试着以华山洞作为参照物，根据文中的方位，画出虚拟示意图。

此后 L 老师提问：“在第二段中，哪部分是详写？哪部分是略写？有哪些作用？”

此时学生们组内合作，明确了作者对前洞的特点描写是略写，而详写了后洞的特点以及游后洞的所见所感，多数学生都能将文中写前洞和后洞的原文对比展示出来，主要包括前洞的平旷与后洞的幽深对比：“其下平旷”与“有穴窈然，入之甚寒”；前洞“记游者甚众”与后洞“来而记之者已少”“其至又加少”对比；“余所至”之浅与“好游者”所至相比；进洞时“其见愈奇”的欣喜与出洞后因“不得极夫游之乐”的懊悔相比。

L 老师马上提出问题：“作者游洞出来后的心情如何？为何会有这样的心情？”学生们纷纷发言：“因为‘余之力尚足以入，火足以明也，却随之出，不得极夫游之乐也’，意在说明自己意志不坚定，没有坚持继续往后洞里面走，因此没有看到更奇特的美景，心生懊悔。”

L 老师再次提问：“如果你是柳宗元，你将会作何选择？”A 同学答：“如果我是柳宗元，我一定会走下去的，正如柳宗元在文中所表达的那样，鲜有人光顾的景色是最美的，这就好像初生的婴儿，鲜活而新奇。”B 同学答：“我不这样认为。如果我是柳宗元，我一定会跟着同伴们一起出去。鲜有人问津的地带固然少了人工的雕饰而保持了其天然的模样，但是这种地方的危险性也远远大于‘游者甚众’的地方，况且他的同伴都出去了，如果他一个人留在洞里面，其危险性是难以预料的，更何况往更深处走下去。出于生命安全的考量，我不赞成继续往前走。”

L 老师对两位同学的发言都做出了评价，认为各有各的道理。这时又有学生举手发言，C 同学表示：“我同意 A 同学的观点。每次我出去旅游的时候都不会刻意去景区游览，总选择一些人少的地方玩，即使去景区，我也不走人较多的那些路，而是随心所欲、漫无目的地边走边看。所以每次我拍的风景照都具有独特的美感，大多数人拍过的地方你再去拍一次有什么意思呢？不如在网上下载的图片更美丽一点。”D 同学也有话要说：“请问 C 同学，你在旅游的时候就没有遇到过危险吗？如果你误入危险地带难以回头怎么办？或者你遇上不法分子对你实施抢劫、人身攻击等犯罪行为怎么办？这时候报警求助来得及吗？况且如果大多数都如你所想，喜欢走人迹罕至的地方，那么几个月之后、几年之后那个地方就不再是无人问津了，而是成了众多游览景点中的一个地点，你们所谓的天然模样也不复存在。请问这又作何解释？”

一时间其他学生纷纷加入，每个人都各抒己见，语文课堂因学生们的辩论热情而热闹非常，一堂散文教学课就这样在学生们的讨论和 L 老师的引导中快乐进行。

L 老师看到学生们踊跃发言，课堂讨论进行得如火如荼，她感到十分欣慰，因为她之前所介怀的学生对散文阅读学习的兴趣不大、参与度不够的问题仿佛迎刃而解了。这一心路转变从她所写的课后反思中可见一斑，她这样写道：“关注并激发学生的兴趣点和参与欲望的确能有效激活散文教学课堂。在这堂课上，我顺着学生的思考方向，因势利导，让学生放开思想、自由表达，有效地激发了学生的表达欲望，营造出热情洋溢、开放自由、充满活力的课堂氛围。我将在以后的散文教学中对这种方法进行长期验证。”

此后，L 老师又在其散文教学课堂上有意识地引导学生就某些文本相关问题进行辩论，学生们积极参与，其课堂活跃度甚至超过第一次，L 老师对此较为满意，这种“提问—诱导—辩论—总结”的散文教学策略也成为 L 老师的独有特色。

三、陷入僵局：惯性否定思维的限制

在某学期的一次随堂测验中，L 老师选择了朱自清的《背影》，这是一篇描写父子深情、父爱如山的经典散文。L 老师要求学生理解和感受父子之间沉默而厚重的爱，将其作为阅读重点，要求学会赏析，给学生留了作业。L 老师问道："阅读全文，你对这篇散文印象最深刻地方在哪里？分析并阐明你的理由。"

批改作业时，L 老师发现多数学生都提到"父亲"爬上月台为"我"买橘子那一段，有的同学感动的是"父亲蹒跚地走到铁道边，慢慢探身下去，跳下月台"，有的感动的是"他用两手攀着上面，两脚再向上缩；他肥胖的身子向左微倾，显出努力的样子"，也有的学生提出"父亲"为了买橘子而穿铁道、跳月台、翻栅栏，不仅危险而且还是违反交通法规的行为，这于维护社会公共秩序无益，因此让人印象深刻。这种观点在以往的教学案例中也出现过，C 中学的学生并非唯一持这种观点的人。

从这样的回答中,L 老师觉察到了 C 中学学生的惯性批判思维——看待任何事情都带着批判、考据的心理，习惯性地对人物行为进行否定,《背影》这篇散文表现父子情深的核心基调却被忽视。

L 老师在她的教学日志中进行了思考："现在的学生身上仿佛长了'反骨'，对人或物习惯性地进行否定和批判，试图通过与他人的辩论找出真理所在。我不知道这种思维在他们之间是何时产生，但是这必定与我平时放任他们的课堂辩论密切相关。学生为使自己的观点被人信服、获得辩论的胜利，常习惯性地否定他人观点和行为，有时甚至为了辩论而辩论，而不是基于问题本身。从这一点看，'诱导+讨论'的散文教学策略在语文教学中实际造成了学生脱离文本本身而只谈某一事物或人物，使得散文情感意蕴与散文语言形式相剥离，导致学生对散文情感意蕴的误解和不了解，教学效果实际不理想。散文具有纪实性的特征，但是这种纪实性并不是指散文完全描写客观真实的对象，而是作者以客观的人、事、景、物等为基本原型，通过个性化的创作而成，饱含作者独特的思想和情感体验的艺术创作。所以散文教学必然要回归散文本身，关注'此篇'中的言说对象，而不应该将'这一篇'散文文本中的言说对象独立出来单独讨论。学生就'父亲'跳下月台、穿越铁道等行为讨论他是否违规，这实际上就是将散文的言说对象与'此篇'散文中的环境背景相脱离。"

这一段教学日志体现出 L 老师认识到她的"诱导+讨论"模式并没有完全解决散文教学中存在的问题，散文的主情特征没有得到充分体现、育人立德功能仍然没能得到发挥，也表明一种新的散文教学策略正在 L 老师心中萌生。

四、柳暗花明：课堂突发事件的启发

某学期的某个星期四的下午，在整整一上午伏案编写《陈情表》的教学设计，L

老师仍苦于难以找到一种合适的、基于“这一篇”散文本身的、能够有效联结“这一篇”中作者情感与学生情感的散文解读方法。当天的教学安排是《陈情表》的第二课时，L 老师首先检查了班上学生对“导学案”的学习情况，这篇“导学案”包括了第一课时中的生字词、重点句型、整体朗读情况以及陈的何种“情”等要点。

在检查学生对“导学案”的学习情况之后，L 老师安排抽查背诵文章的某些片段，再就“导学案”的问题进行解答，然后安排学生有感情地齐读全文，以读传情，再正式进入第二课时的讲解内容。L 老师就“李密陈的什么情”向学生发问，并要求学生在小组内合作探究，各小组纷纷发言，明确了李密陈述的是祖母刘氏年老多病、无人侍奉，请求终养祖母的衷情以及无法奉旨出仕为官、忠孝难两全的苦情。之后 L 老师再次提问：“李密陈情，为何要从‘孝’的角度来说理呢？”学生讨论后明确得出以下几点：① 晋武帝“以孝治天下”，李密利用这种心理投其所好，在理据上获得支持，同时也容易得到晋武帝认同；② 李密多次表明自己并非清高，不愿出仕为官，仅仅是为了在祖母身边尽孝和报恩，并适时表明忠心，保证在祖母百年归老之后，定会报答晋武帝赏识自己的恩情，以此来消除晋武帝对自己的猜忌；③ 以祖母生活的悲惨陈述苦情，以反复陈述祖母对自己的养育之恩和晋武帝对自己的赏识之恩来表达自己心中的纠结以及自己忠孝难以两全、进退两难之情，借此唤起晋武帝的同情之心。

L 老师：李密陈情的结果如何？

全班同学：晋武帝答应了李密的请求。

L 老师：请推理判断一下，晋武帝为何会答应李密的请求？

A 同学：晋武帝这是在彰显他“以孝治天下”的恩德，毕竟“以孝治天下”是他自己提出来的嘛，李密以孝情说理，如果他还不答应李密的请求，那岂不是在打自己的脸？他不答应不行啊，会被天下人耻笑的。

（全班学生哄笑）

L 老师：（笑）A 同学还是那么幽默，所以他的意思是晋武帝迫于社会舆论而答应了李密的请求。嗯，这种分析很有道理。

B 同学：我认为晋武帝之所以会答应李密的请求，是因为他为李密的言辞和情理所感动了。别说“以孝治天下”的晋武帝了，分析了李密所陈之“情”后，我都被感动了。

B 同学的这番话让 L 老师激动了起来，学生能够说出自己被李密所陈之“情”和陈“情”过程所感动，这无疑表明了学生基本理解和把握了“这一篇”中作者的情感，实现了“言之于物内”的作者情感与学生情感间的联结。

L 老师：总的来说，李密在文中首先是陈苦衷说孝义动人以情，紧接着表忠心分先后服人以理。

课堂进行到这里还算顺利，L 老师所担心的学生的惯性批判和否定思维并没有出现。于是L老师进行到下一环节，让学生说出自己心目中的李密是一个怎样的人。学生们纷纷说出了自己的看法。

L老师：总结同学们的看法，你们认为李密首先是一个聪明且富有才华的人。他为太守逵和刺史荣所赏识，并力荐给晋武帝；在《陈情表》中他言辞清晰、有理有据地陈情达意。其次李密还是一个富有情义的人。他始终铭记着祖母的养育之恩，在祖母重病卧床时侍奉左右，“未曾废离”；他能记住所有有恩于他的人，包括赏识举荐他的太守逵和刺史荣，对晋武帝的拔擢之恩更是虔诚地记在心上，说自己非“陨首所能上报”。最后李密还是一个信守承诺的人。从拓展资料中我们了解到，如李密这种前朝遗臣对于新的王朝一般是有所惧怕的，并且不愿意让自己牵扯进新朝廷的政治圈，李密在《陈情表》中承诺祖母死后定当出仕为官，为晋朝奉献自己的才华以报拔擢之恩。他这么说了，也确实这么做了，在祖母死后的第三年，他马上入朝为官。同学们的分析非常好，有自己的见解。请问还有同学有其他的看法吗？

C同学：我认为李密根本就是一个虚伪的人，他反复强调孝情，其实是为自己不愿奉诏仕晋而故意找借口，是在作秀。

L老师一惊，其他学生也开始小声讨论起来，这种课堂突发情况出乎她的意料：“我很惊讶，但是我也意识到我必须马上加以引导，不然整堂课所建立起来的学生与作者间的情感联结就会受到冲击。”（来自对L老师的采访）

L老师：哦？你为何会认为李密是在作秀，是一个虚伪的人？

C同学：李密在第一段中介绍他家中只剩下他和祖母两人，况且在祖母年老多病时，赡养祖母、侍奉左右难道不是他应该做的吗？既然是他分内之事，那么他在文中大肆描写祖母的可怜、自己侍奉祖母的兢兢业业甚至不堪重任，那不就是在作秀吗？

L老师：哦，你的意思是李密赡养祖母是他本来就应该做的，拿出来大肆宣扬就是在变相的夸赞自己，是在邀功，是这样吧？

C同学：对的，这又不是什么了不得的大事，他写得那么郑重其事就有邀功的嫌疑。

L老师：所以你认为李密赡养祖母，为祖母放弃仕途是天经地义的？

C同学：就是这样。

L老师：好，总的来说你认为李密本就应该对祖母尽孝，不需要搞得人尽皆知。所以他在文中郑重地表达自己为了给祖母尽孝而不得不拒绝出仕为官是在大肆宣扬、邀功，是虚伪的。

C同学：对的，就是这个意思。

L老师：那么当祖母生病了，李密在她身边照顾她、侍奉她，你对这种行为怎么看？

C 同学：这还可以，“久病床前无孝子”，李密还算有情义。

L 老师：对的，有——情——义。李密对祖母的种种行为就是他孝义的表现。

C 同学：但是长辈生病了，晚辈本来就应该侍奉左右啊，这也算孝？

L 老师：这当然是孝。“孝”从来都不是抽象的，而是体现在每个人日常的言语举止和行为习惯之中。照顾重病的长辈是孝，陪着长辈闲话家常也是孝；常回家看看是孝，闲暇时的一声问候也是孝。“尽孝”从来就不是一种可以邀功的行为，更不是编排好剧本的作秀，而是内在于每一个人的言行举止之中的点点滴滴。所以父母不需要我们为他们负担多少，尽可能做一些力所能及的事情，比如陪父母聊聊天、为父母做一顿饭、闲暇时在家里帮父母做一次大扫除等等，都是尽孝心的表现。

全班学生听后都默然了，C 同学也若有所思的样子。

L 老师基于《陈情表》文本本身，对一段关于‘孝’的争议进行分析，既解答了学生的质疑，也维护并巩固了学生与作者之间情感的联结，又抓住了机会对全班学生进行了一次德育教育，这应该是一次基于“这一篇”文本本身的有效探索。

在教学反思中，L 老师这样写道：“一次课堂突发的意外让我找到了打破学生惯性批判、为标新立异而批判的不良风气，这是一次基于散文‘这一篇’的探索，教学实践证明，回归散文本身、基于散文本身能够有效建立学生情感与作者情感间的联结，让学生充分理解和感受到‘这一篇’散文所抒之情，进而达到散文育人立德的目的。”

此后，L 老师又做了多次探索，并将自己的这种理念运用于以后的散文教学中。在访谈中，L 老师表达了自己对未来散文教学的信心和期待：“也许我这种方式还不太成熟，但是我坚信其方向和内核是正确的。在以后的教学中，我会做到以研促教、以教促研、教研结合，争取早日将回归散文‘这一篇’的教学策略拓宽、加深、推广。”

结　语

散文是一种至真至情的语言艺术，是一种取材广泛，写法自由、个性鲜明、文情并茂的文学体裁。它具有纪实性和审美性等特点，其语言多富有文采，情感意蕴丰厚。它在中学语文教材中占据着重要地位，承担着中学语文情感教育的主要任务。然而中学散文教学现状是只讲或主讲“形散而神不散”，散文其他方面的特征被忽视，教学模式僵化，教学内容枯燥，学生普遍对散文阅读兴趣不大。

C 中学的 L 老师看到了这些问题，并为解决这些问题、改善中学散文教学现状而做出了诸多探索：她始终坚持着“散文教学要回归散文本身”这一理念，从最开始的教学风格的转变，到之后的“诱导+辩论”教学策略，再到基于散文“这一篇”的教学策略，构建出她独特的教学模式，为身处教学一线的语文老师提供了大量的经验和可操作性散文教学策略。

我们所有人都应该思考：散文的范畴到底应该是什么？散文的文体特征能否在教学中得到充分体现？L 老师对散文教学策略的探索为我们提供了哪些经验？这种教学策略还有哪些不足？

【案例思考题】

1. C 中学的 L 老师在探索散文教学策略的过程中，她始终坚持的教学理念是什么？

2. C 中学的 L 老师在探索散文教学策略的过程中，做了哪些尝试？遇到了哪些问题？

3. 在选取中学散文教学内容时，除了案例中提到的“回归散文本身”，还要考虑哪些方面？

【案例使用说明】

1. 适用范围

适用对象：中学语文老师，学科教学语文专业研究生，高师汉语言文学专业本科生。

适合课程：语文教学设计与案例分析，中学散文文本解读。

2. 教学目的

（1）积累关于中学散文教学方面的知识和经验；

（2）掌握解读中学散文的方法和策略；

（3）培养学员善于发现问题、分析问题的能力和进行教学研究的能力。

3. 要点提示

（1）相关理论

“形散神聚”理念指导下散文的创作和批判理论，孙绍振的文本解读分析方法论，老师专业发展理论。

（2）关键知识点

散文的概念及范畴，散文的文体特征，教学设计，文本细读，散文教学内容的选取。

（3）关键能力点

整体了解中学散文教学现状的能力，善于找出并分析问题的能力，理论与实践相结合的能力。

（4）案例分析思路

通过对 C 中学 L 老师探索散文教学方法和策略过程中的经验与不足进行分析，引导学员进一步思考散文教学中的问题，使学员明确案例中散文教学中的基本理念，为学员在中学散文教学过程中提供一些可操作性策略。

4. 教学建议

时间安排：大学标准课 6 节，布置和预习 3 节，上课讨论 3 节。

环节安排：提前四周利用一节时间布置预习内容→学生分小组查阅资料、走访中学语文老师和课下讨论→各组形成解决问题方案→上课汇报和研讨→老师点评。

人数要求：40 人以下的班级教学。

教学方法：案例教学讨论为主，讲授点评为辅。

工具选择：多媒体、案例打印资料、其他文献资料。

组织引导：老师布置任务清晰，预习要求明确；
提供给学生必要的参考资料；
创设散文阅读环境，在情景创设中提出主问题；
根据学生回答情况及时反馈并组织有效讨论。

活动设计建议：

课前计划四节课，要求学生完成案例阅读，搜集相关知识点和能力点的资料，走访案例老师或者情形类似的语文老师。

上课前做好教学准备。分发小组讨论记录表，记录小组成员发言记录或疑点，并由代表整理和发表成员观点和最终结论。老师准备好点评的资料和提纲。

下课后老师及时总结案例教学的得失，以便改进后续的教学行为。

5. 推荐阅读

[1] 陈剑晖. 中国散文理论存在的问题及其跨越[J]. 中国社会科学，2005（01）.

[2] 段双全，付煜. 语文选点突破模式的理论基础及应用[J]. 浙江海洋学院学报（人文科学版），2006（02）.

[3] 王荣生. 根据学情安排教学内容[J]. 语文学习，2009（12）.

[4] 王荣生. 散文教学内容确定的基本路径[J]. 中学语文教学，2011（01）.

[5] 王荣生. 中小学散文教学的问题及对策[J]. 课程·教材·教法，2011（09）.

[6] 李海林. 言语教学论[M]. 上海：上海教育出版社，2006.

[7] 王荣生. 阅读教学设计的要诀：王荣生给语文老师的建议[M]. 北京：中国轻工业出版社，2014.

[8] 王荣生. 散文教学教什么[M]. 上海：华东师范大学出版社，2014.

[9] 孙绍振. 如是解读作品[M]. 福州：福建教育出版社，2015.

R 老师古代记叙散文教学探索

任娟[①]

【摘　要】文言文是高中语文教学的重要组成部分，文言文在高中语文教学中的地位也日益突出。但是文言文教学中只注重字词的讲解而忽略了文言本身，导致学生对文言文的学习兴趣较低，老师也缺乏热情。人教版教材从必修一到必修五把文言文分为不同的版块，R 老师从教材分类得到灵感，提出不同类型的文言文有自己的特点，教学过程要抓住不同类型文言文特点，做到文言、文章、文学、文化的统一。该老师从本班学情出发，探索出一条“四位一体”的古代记叙散文的教学之路。

【关键词】古代记叙散文；教学方法；文言；文章；文学；文化；四位一体

背景信息

文言文教学一直是高中语文教学的重难点，在高考中所占比重也越来越大。随着对文言文教学研究的深入，角度越来越多样化。R 老师认为，当前很多研究者都认识到了文言文的教学枯燥单一，提出了各种建议。有的是站在文学史发展的角度对教材选篇进行了重组，如华中师范大学欧阳军辉的《高中古代散文教学初探》，希望高中生能在文学史发展的背景下，根据时代的不同、文学发展的变化学习文言文；有的从体裁出发分析文言文教学，如孙绍振的《解读经典散文》；有的是从教学方法进行研究，比如河南大学的郭亚珍硕士论文《高中古代记叙文单元教学法研究》；还有些学者侧重于语文教材的分析，分析文言文在整个语文教材中的体系。

R 老师注意到高中人教版教材将文言文按照现代文的分类习惯，分为古代叙事散文、古代山水游记、古代议论文、古代人物传记、古代抒情散文等。R 老师就在思考：编者为什么要这样分类？是不是意味着不同类型的文言文有自己的特点？文言文的教学是否应该根据其特点进行教学？

R 老师是一位工作三年的年轻老师，刚毕业校长就安排她带高一年级。高一年级语文教材必修一有古代记叙散文单元，包括《烛之武退秦师》《荆轲刺秦王》《鸿门宴》。R 老师经常听经验丰富的老师讲课，特别是文言文听的最多。她发现文言文的教学中很多老师只重视字词的讲解和句子的翻译，一堂课下来，各种重点词的用法、特殊句

① 作者简介：任娟，女，湖北十堰人，湖北省随州市第一中学语文老师，黔南民族师范学院 2016 级学科教学（语文）专业方向研究生；导师：周旭东教授。

式的确是讲了不少，但学生只顾低头记笔记，有的学生甚至昏昏欲睡，教学效果较差。

她想：文言文教学真的只能这样吗？等到 R 老师自己上课时，学习老老师讲解文言文的方式，结果课堂氛围也是死气沉沉。一次偶然的机会，R 老师读了王荣生教授的《文言文教学教什么》，从中受到启发，加之以前对教材编写的思考，她开始对古代记叙散文的教学开始探索。那么 R 老师对古代记叙散文的教学进行了哪些探索呢？探索的结果又如何呢？

案例正文

一、古代记叙散文和其他种类文言文一样吗？

人教版教材将高中文言文从必修一到必修五分别为古代叙事散文、古代山水游记、古代议论文、古代人物传记、古代抒情散文，R 老师一直在思考为什么编者要这样编排。她发现不同的文言版块，在单元提示上要求是不同的，这一发现给予她启发：文言文的教学不能千篇一律，必须抓住不同类型文言文的特点，有的放矢地进行教学。

她开始静心研究古代记叙散文和其他散文的不同点，希望可以抓住特点有针对性地进行教学。R 老师在必修一古代叙事散文单元的单元提示中读到下面内容：

> 这些文章或展现政治、外交的风云变幻，或记杰出人物的嘉言懿行，都是千古流传的叙事名篇。学习这个单元，既可以从中领略古人的才华和品德、又可以欣赏和借鉴叙事的艺术。

这就启示她要抓住古代记叙散文“叙事”的特点。她又分析比较了其他模块的文言文单元，得出古代叙事散文有以下特点：

1. 情节性

R 老师曾经认为这个单元的文言文是整个高中文言文版块里最具有趣味性的，学生也会很喜欢这个单元的故事，但是自己的文言文课堂却变得死气沉沉，这让她不得不进行反思。经过反思与思考，她发现之所以课堂变成“满堂灌”，学生也毫无兴趣，最大的问题是叙事散文的情节性被忽略了。

比如《烛之武退秦师》，文章主要讲烛之武是如何说服秦王，使秦军撤退的。本文虽简短，但也有曲折的情节。首先，郑国局势危急“晋军函陵，秦军氾南”，在这个紧急关头，郑伯在佚之狐的提示下想到向烛之武求救，本以为郑国会顺利化解危机，没有想到烛之武并没有爽快答应郑伯的请求，这是文章的第一个转折。郑伯道歉后烛之武方才答应，这是文章第二个转折。接下来叙述烛之武是怎样让秦退兵的。这一段基本是烛之武的语言描写，虽然仅有一段话，却是双方内心的较量。烛之武站在秦国的角度，看似为秦国的利益考虑出发，建议秦王退兵，同时又利用晋国和秦国的历史间隙，让秦国失去对晋国的信任，最终秦王撤兵。这一段对话里也包含了一些转折，平静的对话的表面实则暗流涌动，是双方心理的较量，这是文章的第三大转折。

R 老师想到，学生都是刚刚进入高中的青少年，他们对情节曲折的故事是充满兴趣的，所以她考虑到在今后的教学中要抓住情节，引起学生的学习兴趣。

在讲授《荆轲刺秦王》时，R 老师围绕荆轲是如何刺杀秦王的，带领学生把握每个转折性的情节，使学生被跌宕起伏的情节深深吸引。

首先是大军压境，太子丹等人谋划刺杀秦王，此时需要樊於期的人头才能见秦王，但太子丹不忍心伤害樊於期，这是文章的第一个转折。学生可能在想，既然太子丹不忍心，那刺杀秦王的计划能不能继续进行呢？这里就引起学生继续学习下去的兴趣。

荆轲看见太子丹不忍心就自己找到樊於期，利用樊於期父母宗族被秦军杀害的事实勾起樊於期对秦的痛恨，最后说服樊於期自愿献出首级。这样荆轲是不是就可以顺利刺秦了呢？这是文章的第二个转折。

接下来顺利地求得匕首和勇士秦武阳，三者皆备是不是就可以顺利进行刺杀计划呢？结果荆轲想等待一人和他一起去，等的那个人迟迟没有来。太子丹以为荆轲后悔了不想去了，这里是第三个转折，学生读到这里也会在想，荆轲会不会不去了呢？

最后荆轲一句“今日往而不反者，竖子也!”表明自己必胜的决心，是文章第四个转折。

易水送别后，觐见秦王时又会发生什么？学生此时一定是带着诸多疑问的。正在实施计划的紧急关头，秦武阳因惧怕天子的威严而色变，这引起了秦王的怀疑。到这里他们的刺杀还能继续进行吗？这是文章第五个转折。

后来荆轲说秦武阳是因为见识短浅，被秦王的威严震慑所以惧怕，以此消除秦王疑虑，暂时化险为夷，这是文章第六个转折。

荆轲呈上地图，“图穷匕首见”，荆轲拿出匕首刺向秦王，秦王惊吓，想拔出剑却不能，大殿上群臣没有兵器看着这一幕也干着急。学习到这里，我们以为荆轲在这种情况下可以成功刺杀秦王。就在这时，侍医夏无且用药囊向荆轲扔去，然后手下人提示秦王背着剑，最后秦王成功拔出剑反杀荆轲。本应成功的刺杀最后失败，这是文章第七个转折。

再看《鸿门宴》，第一段曹无伤告密，范增说服项羽，宴会是消灭刘邦的好时机，此时项羽已经决定要攻打刘邦。不料，此时项伯因为不想张良无辜受牵连，提前将计划告诉张良，因此刘邦知晓了项羽的计划。这是故事的第一个转折。

刘邦借助张良和项伯的关系和项伯结成儿女亲家，并让项伯转告自己的衷心。刘邦成功取得敌方一个重要人物的信任，项羽还能成功吗？这是故事的第二个转折。

第二天，刘邦参加鸿门宴会，范增多次使眼色暗示项羽趁机杀死刘邦，无奈项羽不能领会其意。实在没有办法，范增让项庄舞剑，想趁机杀掉刘邦，本以为会顺利进行，不料项伯也站起来舞剑，处处挡在刘邦前面，使项庄找不到刺杀机会。这是故事的第三个转折。

此时，樊哙冲了进来，“头发上指，目眦尽裂”地望着项羽，诉说刘邦的委屈：劳苦功高却被人怀疑。项羽慢慢相信刘邦的忠心，放松了戒备。这是故事的第四个转折。

刘邦以上厕所为借口溜了出来，顺小路逃回军营，成功脱险，张良留下献礼物，项羽的计划没能成功，错失了杀刘邦的最好时机，这是故事的第五个转折。

R 老师认为，上述三篇文言文都是情节性很强的文言。情节性也是叙事散文的突出特点，要想抓住学生的心就要抓住故事的情节来安排教学内容，这样才能使学生对文言文的学习产生浓厚的兴趣。

2. 塑造人物形象

塑造人物形象是古代叙事散文的又一特点。学习古代叙事散文的过程不仅仅是看故事的过程，也是认识一个个性格鲜明的人物形象的过程。

R 老师备课时发现,《烛之武退秦师》主要通过语言来塑造人物形象。烛之武起初因为郑伯没有重用他，因而带着怨恨的情绪拒绝郑伯的请求，但最后还是“许之”，可见他以大局为重，胆识过人。在劝退秦军的过程中，他动之以情晓之以理，处处为秦着想，并晓以利害，巧妙地利用秦晋的矛盾，最终说服秦王退兵。这些都体现出烛之武是足智多谋、谙熟人物心理、具有超凡策略能力的人。对晋文公虽着笔不多，却也可以看出晋文公善于权衡利弊，知错就改，是一个老谋深算的政治家。

《荆轲刺秦王》主要塑造了荆轲的形象。他粗犷豪迈、沉着勇敢、不畏强暴、不怕牺牲，具有刚毅不屈、慷慨赴难的精神。文章主要通过动作描写、语言描写来塑造人物形象。在教学的过程中就不能单纯地只讲解字词，要将人物形象的分析结合起来。这样不仅有益于学生熟悉文言字词，更有可以体会鲜明的人物形象、

《鸿门宴》主要塑造了刘邦、项羽等人物形象。通过故事情节的推动，人物形象变得更加鲜明，在教学过程中如果能将两者很好地结合起来，课堂内容会更加精彩。刘邦善于用人，足智多谋，随机应变，审时度势，善于纳谏，能言善辩，有奸必除。项羽直率好爽，狂妄自大，政治无知，目光短浅，刚愎自用，头脑简单，忠奸不分。

R 老师想，这些人物形象都是特别鲜明的，作为高中生，他们需要学会根据文章内容分析人物形象。在以往的教学中，她总是习惯在课文讲完时直接花几分钟时间，专门讲人物形象，这时学生往往只满足于记笔记，缺乏自己的思考过程，学习能力提高缓慢。

上述三篇课文要么在字词中表现人物形象，要么在语言或情节中表现人物形象。R 老师考虑能不能将这些进行融合，使学生既掌握了知识又锻炼了思维能力。

3. 独特的写作方法

（1）详略得当。

R 老师认为,《烛之武退秦师》短小精悍，真正做到了详略得当，对于郑国的形势和秦军撤退都没有过多交代，文章主体部分就是烛之武劝秦退兵的对话。文章把最多的笔墨放在烛之武与秦王的对话中，这个对话特别重要，是退秦的关键，也是表现烛之武个人魅力的关键，作者在详略上安排得特别合理。要怎么样才能让学生自己发现

这个特点，而不是老师直接灌输给他们？这个问题引起了 R 老师的沉思。

（2）人物语言个性化。

《烛之武退秦师》中烛之武的语言可见其性格，《鸿门宴》中项羽和刘邦的语言也可以看出二人的不同性格。甚至张良、项伯和樊哙的语言也能体现其各自性格。R 老师希望学生理解文言文中人物语言对表现人物形象的重要性，领悟经典文化中个性化语言的塑造。在后续的备课中，她花费了不少心思。

（3）场面描写。

《荆轲刺秦》中有两大场面：一是易水送别，二是荆轲殿前刺秦。前者悲壮，后者紧急，无一不给人视觉冲击。在 R 老师看来，场面描写正是叙事散文独有的，是区别于其他文言散文的一大特点，这一点需在教学中紧紧抓住。

R 老师认为，上述三点是古代叙事散文相对于其他版块的文言文的不同之处，该版块有自己的特色，老师应该抓住这些特色进行教学。文言文课堂会更加生动，学生的学习能力更能提高。同时，R 老师在王荣生教授的《文言文应该怎么教》一书中，认为其提出的文言文教学要做到文言、文学、文章、文化的统一这一观点，是非常有道理的。R 老师希望自己能探索出“四位一体”的古代叙事散文的教学模式。

二、“四位一体”古代记叙散文教学具体如何实行？

R 老师通过阅读王荣生教授的著作，明白“四位一体”主要是指在文言文的教学过程中要做到文言、文章、文学、文化的统一。将这几方面融会贯通对老师的要求较高，那么怎么样才能真正做到“四位一体”呢？

R 老师和其他老师商讨“该怎么进行四位一体进行抒情散文教学”时，很多老师并不看好，认为“假大空”、浪费时间，特别在高考的指挥棒下要想真正落实太困难。不少老师认为，自己能否将文言、文章、文学、文化进行融合都是问题，又怎么能在课堂上教给学生呢？

面对同事的质疑，R 老师陷入了迷茫，不得不承认这些因素确实存在，融合四个方面需要足够的知识储备。她想过放弃，但是传统文言文教学模式下，学生成了记笔记的机器，课堂上仅仅是她一个人表演的舞台，这样的课堂不是她想要的。这样的现状让她忧心。文言文是中国传统文化的精华，语文教育本来就承担着传承文化的重担，在功利化的教学环境中，传统文化的精髓将会逐渐缺失。

经过一番思想斗争，R 老师决定无论多困难，都要尽力尝试。她希望自己为语文课堂注入新的活力，尽最大努力让学生热爱传统文化。经过一年多的积淀，她决定从以下几个方面进行古代记叙散文的教学。

1. 在情节发展中积累字词

R 老师想：古代记叙散文最突出也最能吸引学生的就是故事情节。所以她打算从情节入手，引导学生在故事情节中积累字词。这样学生既在课堂上体验到精彩的故事，惊叹于古人高超的叙事能力，又避免了枯燥的死记硬背，学习到新的文言字词，一举两得。

例如，在教学《鸿门宴》时，把握文章基本脉络后，R 老师提示学生找出故事的开端、发展、高潮、结局，并在各个部分用简洁的语言概括各部分的事件。整个过程让学生自己思考，最后学生发言，老师加以补充或修正。

开端部分：无伤告密—项欲击刘—范增劝羽；

发展部分：项伯访良—张良献策—沛公定策—项伯说情；

高潮部分：刘邦谢罪—项王留饮—范增举玨—项庄舞剑—樊哙闯帐—义责项羽；

结局部分：刘邦逃脱—张良谢罪—项王受璧—范增怒骂—刘邦杀奸。

在了解文章结构后，根据每个环节的一波三折的故事，选择一定词语，将每个环节的小故事连接起来，然后在各个环节里掌握一些重点字词。R 老师在发展部分是这样处理的：

她问学生，在故事的发展环节张良、刘邦是怎么出现在故事情节里的？他们在这一段故事里都做了什么？能不能找到相关的句子，把句子里应该掌握的词语挑出来？

通过这样的问题，学生在“项伯访良—张良献策—沛公定策—项伯说情”这一个个小故事里找出相关重要的词语，如在“项伯访良”这个小情节里学生找到了“……者……也”表示判断；“素”是“一向”的意思；“夜”是名词作状语，“在夜里”。当然学生也有些词语没有发现，R 老师提示学生，“具告以事”这句话的语序说得通吗？学生发现缺乏宾语，便理解这里是“具告（之）以事”，“之”是“宾语省略”了。

再如，在《荆轲刺秦王》的教学中，R 老师引导学生掌握整个故事梗概。

开端：大军压境—计划行刺；

发展：取信物—拿匕首—求助手—斥太子—易水别；

高潮：拜见秦王—顾笑武阳—搏斗—倚木而笑；

结局：被斩—目眩良久。

了解情节结构之后，R 老师开始提问学生。

她问学生：太子丹和荆轲为什么要刺秦王？为了刺杀秦王他们做了什么样的计划？从哪些句子可以看出来呢？这些句子里有没有不懂的字词？

这样的提问，不仅让学生开动脑筋，思考文章的故事情节，也能了解学生对字词的掌握程度。在讲解的过程中就针对性的讲解，提高了课堂的效率与氛围。

2. 在积累字词时分析人物形象

R 老师在涉及人物形象的段落里，都会问学生这样的问题：哪些词语可以体现人物的何种形象？这些词语的用法，意思你知道吗？通过这样的问题，让学生意识到古代叙事散文其中一个重要特点，就是塑造人物形象，并且人物形象可以通过文中的字词体现出来。这样一来，字词的积累就和人物形象的分析关联起来，理解性的积累字词使学生印象更加深刻，并能形成联想，拓展文言知识。

（1）从语言描写见人物形象。

例如《烛之武退秦师》中烛之武劝秦王的话，R 老师问："从哪些句子、哪些字词可以看出烛之武怎样的性格？这些词语你是否明白它的意思？"学生回答："郑既知亡矣，'既'是'已经'的意思，郑国已经知道自己要快灭亡了。一开始烛之武就把自己的姿态放得很低，这种方式也让对方容易接受；'敢以烦执事'中的'敢'是客气的说法，'执事'这里是指对方的敬称。降低自己的姿态，尊重对方，说明烛之武的智慧。"

《荆轲刺秦王》教学过程中，R 老师问学生：在计划行刺的这一段，仅有太子丹和荆轲的对话，从中你可以发现两个人各有什么样的性格。你能找到对应的词语吗？有学生就找到"微太子言，臣愿得谒之"，并具体解释："'微'是'如果没有'的意思，如果太子不这样说，荆轲也会主动请求刺杀秦王。这里可以看出荆轲不怕牺牲，慷慨赴难的精神。

《鸿门宴》教学过程中，R 老师问学生："无伤告密这一段可以看出项羽什么性格？哪些词语看出来的？是什么意思？"学生回答："'旦日飨士卒，为击破沛公军'，'旦日'是'明天'的意思，项羽刚刚听到曹无伤的告密，不怀疑消息是否属实，不问大臣的看法，不考虑双方的军事力量，不做深入的思考，就说明天要犒劳士兵，攻打刘邦，可见其做事草率，缺乏政治头脑。"R 老师提示学生还有范增的话"此天子气也。急击勿失"，"此……也"是判断句式，范增根据刘邦反常态的表现和天象得出刘邦日后必成大器的结论，劝说项羽要抓住机会及时杀掉刘邦，以除后患。这点可以看出范增细心谨慎、善于分析形势。再如项伯访良这一段，R 老师问学生："哪些语言描写可以看出人物性格？你能找到相应的句子和词语吗？是否明白词语的意思？"A 同学先找到张良的语言"亡去不义，不可不语"，并解释："'亡'是'逃亡'的意思，'语'是'告诉'的意思，逃走是不忠义的，必须得告诉刘邦，这里可见张良的忠心。"B 同学找到了刘邦的话"为之奈何"："'这该怎么办呢'，这是刘邦在慌乱中向身边的大臣征询意见。"C 同学补充说："刘邦并不像第一段里项羽那样，一听见消息就立马冲动地做决定，而是认真征求身边谋士的意见，这一点可看出刘邦的政治头脑，也能看出他遇事冷静、善于纳谏的特点。"R 老师点头表示赞成 C 同学的分析，并表扬他分析透彻，能联系上下文。D 同学说："还有一句'君安与项伯有故'，这里'君'是对人的尊称，刘邦和张良的关系是君臣关系，但是这里却称张良'君'，说明刘邦礼贤下士、尊重人才，这也是张良对他忠心的原因。同时，也能看出刘邦超人的智慧。一方面为了了解更多的信息，看是否能利用张良的关系缓和眼前的矛盾，另一方面也是为了更多了解自己身边人，毕竟身边大臣和敌方有联系也是需要提高警惕的，这里可以看出刘邦的谨慎聪明。"D 同学话音刚落，R 老师带头鼓掌，教室里掌声一片。R 老师感叹，学生们的思维是非常活跃的，思考问题的角度也是全面新颖的，后面这一点她自己都没想到，学生却想到了，不得不佩服学生的思维能力。这才是真正的学习语文。

（2）在对人对事的态度的词语中分析人物形象。

R 老师说，文言文简洁，很多时候一个词就能读出很多言外之意。分析人物形象不仅可以从人物语言分析，也可以从对人对事的态度分析。

在《烛之武退秦师》中，R 老师问："哪些词语可以知道烛之武的性格呢？" A 同学回答："'公从之，辞曰'，'辞'是烛之武拒绝了郑伯的要求，联系下文可以看出烛之武此时是充满怨气的。但是后面又'许之'，也就是说烛之武最后还是答应了郑伯的要求，在一'辞'一'许'之间我们可以看出一个性格刚毅的烛之武，他在不被重用时也是会生气，会有怨言的，但是为了国家为了大局，他也能够放下个人不满，尽最大的努力为国家奔走，说明他胆识过人，顾全大局。" R 老师说："A 同学分析得非常好，烛之武的形象没有被夸大，和我们普通人一样具备正常人的情绪，这也是《左传》描写人物的一大特色。"

《荆轲刺秦》中，R 老师在教学过程中也提到很多关于态度的词语，如"荆轲怒，叱太子曰"，太子当时看见荆轲迟迟不动身，以为他后悔了，就多说了几句。此时荆轲就"怒""叱"，这两个描写荆轲态度的词语，可看出其粗犷豪迈的性格。B 同学说："武阳献图环节也能看出荆轲性格，'荆轲顾笑武阳'，'顾笑'是回头笑的意思。在这千钧一发之刻，武阳的脸色引起了秦王的怀疑，如果不缓解这个危机，他们两人都会死在这里。在这危急关头，荆轲冷静地解了'色变振恐'的秦武阳的围，为了让秦王更加放心还专门回头笑看武阳，这样一个动作更加自然，也更能消除秦王的疑虑。这里可看出荆轲的沉着冷静，谨慎细心。" 对于 B 同学的分析，R 老师表示认可。

《鸿门宴》教学过程中也出现了许多精彩的片段。C 同学分析说："刘邦在对项伯时的态度也能表现出刘邦的性格，'沛公奉卮酒为寿，约为婚姻'，为了搞好和项伯的关系，缓解危机，刘邦'奉'酒给项伯祝寿，并结成儿女亲家。可以看出刘邦的情商很高，他懂得尽最大的努力争取朋友，求得自己的安稳。同时文章中刘邦三次说'为之奈何'，凡事他总是虚心地征询他人意见，这是他谨慎的一面。再看看文章结尾'沛公至军，立诛杀曹无伤'，这点也看出刘邦对奸臣毫不手软，加之从前面对张良的态度还可以看出刘邦善于用人。" D 同学说："还有项羽呢，当刘邦表明自己并无谋反之心时，项羽立即出卖了曹无伤，这等智商和政治头脑实在令人担忧。"

3. 在分析人物形象中提炼写作手法

R 老师说，古代叙事散文单元很多写作方法都是值得学生学习的，单纯地讲解写作方法是纸上谈兵，在分析人物中和学生一起学习写作方法是很有必要的。

（1）精妙的布局，善于渲染气氛。

R 老师在讲《鸿门宴》的时候，学生一致认为文章布局很精巧，情节环环相扣。开始曹无伤告密，项羽有了攻打刘邦的心思，不料项伯告密，让刘邦知晓了项羽的计划，刘邦立即收买了项伯。第二天鸿门宴，范增多次暗示项羽杀刘邦，项羽却无动于衷。情急之下，范增安排项庄舞剑，借机刺杀刘邦，结果项伯一直为之遮挡，计划未遂。樊哙冲进来后，态度剽悍，刘邦趁如厕的机会溜走，赶紧返回军中。R 老师认为严密的叙事结构在学生以后的作文中也是可以用到的。

在《荆轲刺秦王》教学中，R 老师特别重视气氛渲染的赏析。R 老师甚至让学生发挥想象改写易水送别一段。D 同学改写道：

> 易水送别北风寒，冷彻心骨；萧萧声呼悲于天地，撼人肺腑。此地一别离，再无相见日，必终成功，以报太子之期望！太子、臣下、宾客、士人皆服白衣而坐。雪白的一片，对映着沧蓝的一片易水，冰天冷月，残阳似血，马嘶声咽，北雁鸣空绝。英雄也落泪。高渐离击筑，刺客和而歌，壮醒千古，悲响千里。悲歌未彻，啼哭一片。

不少学生都能抓住悲壮氛围这一关键点。“易水送别”一段通过乐器、将士的神态、歌声等渲染了一种悲壮的氛围，这样悲壮的氛围渲染了荆轲刺秦的不易，从侧面赞扬了荆轲的壮举。

（2）个性化语言刻画人物。

R 老师认为，《烛之武退秦师》全篇基本都是语言描写，烛之武的语言就是反映其性格的最好体现。烛之武顾全大局、胆识过人、超凡的外交能力全都能从他的语言中表现出来。

《鸿门宴》中对樊哙的语言描写也极具个性：

> 夫秦王有虎狼之心，杀人如不能举，刑人如恐不胜，天下皆叛之。怀王与诸将约曰：“先破秦入咸阳者王之。”今沛公先破秦入咸阳，毫毛不敢有所近，封闭宫室，还军霸上，以待大王来。故遣将守关者，备他盗出入与非常也。劳苦功高如此，未有封侯之赏，而听细说，欲诛有功之人，此亡秦之续耳。窃为大王不取也！

樊哙的这番陈词，可谓字字千金，句句咄咄逼人。强调天下反秦的原因，将项羽的注意力转移到对秦的不满，同时也映射出刘邦的劳苦功高，更为刘邦打抱不平，暗示项羽的做法不得人心。咄咄逼人，听者胆战心惊，瞠目结舌。可见其胆量过人，思维能力过人。后面一句“大行不顾细谨，大礼不辞细让”和“人为刀俎，我为鱼肉”，说明其有勇有谋，非等闲之辈。

（3）采用对照衬托的手法。

《荆轲刺秦》中，荆轲“顾笑武阳”和 武阳“色变振恐”形成对比，表现出荆轲的勇敢、冷静、谨慎、智慧。《鸿门宴》中，最突出的是刘邦和项羽的对比。刘项二人对人对事态度不同，性格也截然相反。项羽简单直率、刚愎自用、缺乏政治头脑，刘邦知人善任、能言善辩、谨慎多疑、头脑精明、审时度势。还有张良和项伯的对比，一个忠心护主，一个是非不分。

4. 在综合分析后进行文化知识积累

R 老师认为在这个单元中，重要的文化知识积累有以下几个方面：

（1）对《汉书》《史记》《战国策》等文学常识的积累；
（2）对官职、座次、人物称谓的积累；
（3）对古代历史人物人格的闪光点进行发扬。

其中（1）（2）两点，R老师根据学时和学情，布置学生收集查阅相关资料并以黑板报的形式展现出来，做到资源共享，互相学习。

三、“四位一体”古代叙事散文教学结果如何？

（一）立竿见影，初见成效

R老师在实行“四位一体”教学理念的过程中，抓住古代叙事散文特点进行教学，不论是老师的讲课热情，还是学生的听课积极性，都得到很大的改善。老师们开始乐意讲授文言文，特别是古代叙事散文，而学生们则更是积极参与到课堂中来。

有其他老师对R老师说，她在课堂上讲得少了，问得多了，学生回答问题积极了。学生对文言文从害怕走向了喜欢，甚至很多时候学生的分析超过自己的想象，不得不说他们的思维能力、理解能力、表达能力得到了很好的锻炼。

（二）持续推进，渐成体系

实行这种教学方法后，R老师发放了调查问卷，问卷内容是学生对“四位一体”古代叙事散文教学的意见的反馈，绝大部分学生表示很喜欢这种学文言文的方法，自己能学到更多的东西，能积极地参与到课堂中。

一年后，该校语文老师集体对“四位一体”古代叙事散文教学进行探索，并试图把这种方法运用到其他板块的文言文教学中。“四位一体”的教学方式从古代叙事散文，逐渐推广至整个文言文教学当中。

结　语

文言文是历史的沉淀，是语言的精华、文学的经典、文化的精品。但是，对于文言文的教与学，大多数老师和R老师有同感，那就是“想说爱你不容易”。文言文的教学一直是高中语文教学的重难点，目前普遍存在文言分离的问题，或重言轻文，或有文无意，这不仅是对语文教学资源的一种浪费，也是对语言精华的浪费。

R老师说：“四位一体”古代叙事散文教学的探索，从“文言、文章、文学、文化”四个方面，抓住古代叙事散文的核心要素，不仅丰富了课堂内容，形成良好的学习氛围，更是释放文言文精华、解读文学经典的好方法。这也为一线的高中文言文教学提供了一种新思路，抓住文言文的本质，调动学生的积极性，同时彰显文言文的魅力。

当然她也强调，古代叙事散文的“四位一体”教学法也有其一定的局限性。虽然每篇文言文都能按照这个思路去分析解读，但在实际的教学工作中，要尽量避免模板化、格式化。而应当根据实际情况，根据每一篇文章的不同，科学合理地进行分析和解读。此外，抒情类散文、议论类散文由于其独特性，并不一定也能使用此方法，在实际工作中，我们也要多加甄别，合理取舍。

【案例思考题】

1. 古代叙事散文教学除了考虑文言、文化、文学、文章，还需要考虑哪些问题？

2. R 老师在古代叙事散文教学过程中还遇到什么难题？如果你是 R 老师，你会怎么解决遇到的难题？

3. R 老师“四位一体”进行古代叙事散文的教学是否实现了？如果实现了，和传统的文言文教学有什么不同？

【案例使用说明】

1. 适用范围

适用对象：高中学生，高中语文老师。

适合课程：高中语文课。

2. 教学目的

（1）解决高中古代叙事散文的教学问题；

（2）老师掌握古代叙事散文的教学方法，将文言文上的有声有色；

（3）培养学生思考能力；让学生从害怕文言文向热爱文言文转变；

（4）通过文言文教学，传承中国传统文化和古代文学中的经典，让学生感受祖国文化魅力。

3. 要点提示

（1）相关理论

四位一体理论：文言文教学做到文言、文化、文章、文学统一。

（2）关键知识点

文言、文化、文章、文学，古代叙事散文，教学。

（3）关键能力点

整体了解整个人教版文言文的编排的能力，对古代叙事散文特别熟悉，对文言、文化、文章、文学方面知识的掌握，解读文本的能力，对学情的把握。

（4）案例分析思路

通过对当下文言文教学存在问题的分析，结合”四位一体“理论，掌握古代叙事散文的特点，R 老师对古代叙事散文的探索，通过 R 老师的探索发现此方法的优点和缺点，以进一步改进古代叙事散文的教学，为其他文言文教学提供借鉴。

4. 教学建议

时间安排：与高中文言文课时安排一致

环节安排：提前备课→备学情→思考“四位一体”的融入→准备有效课堂提问问题→对上课学生回答进行点评→课后与学生一起研讨优缺点→进行反思形成反思录。

人数要求：60 人以下的班级教学。

教学方法：案例教学讨论为主，讲授点评为辅。

工具选择：多媒体、案例打印资料。

组织引导：老师布置任务清晰，预习要求明确。

提供给学生必要的参考资料。

学生课上分析讨论需要及时指导并给出建议。

活动设计建议：

（1）课前要求学生做好全面的预习，老师要全面备课。

（2）上课时鼓励学生说出自己的理解看法，主动积极参与到古代叙事散文教学中，老师要提出有效问题，调动学生思考，给学生自主解读文本的机会，并对学生的发言进行鼓励建议。

（3）上课后，老师和学生进一步交流，共同探讨优缺点，认真听从学生意见，并做好进一步的改进。老师每节课后写好反思，以便发现问题，解决问题，提高能力。

5. 推荐阅读

[1] 普通高中课程标准实验教科书·必修五[M]. 北京：人民教育出版社，2009.

[2] 王荣生. 文言文教学教什么[M]. 上海：华东师范大学出版社，2014.

[3] 黄厚江. 文言文应该怎么教[J]. 语文学习，2006（04）.

[4] 程永超. 文言文教学：行于“文”“言”之中[J]. 语文建设，2008（03）.

[5] 王义清. 中学文言文教学的调查与思考[D]. 呼和浩特：内蒙古师范大学，2004.

E 老师高中文言游记教学策略探索
——以人教版必修二为例

王艳①

【摘　要】文言游记是以作者亲见真闻的山川胜景、自然风光为题材、专门记游的一种文体。中学语文教材中文言游记类文章占有一定比重，而人教版高中语文教材是文选性教材，编者将一篇篇不同主题的文章放在同一个单元就是从文体角度来考虑的。按文体组合单元，文言游记类文章仅有 3 篇，即王羲之的《兰亭集序》、苏轼的《赤壁赋》和王安石的《游褒禅山记》，从古代文体理论的角度来划分，王羲之的《兰亭集序》、苏轼的《赤壁赋》并不属于文言游记体。因而，真正的文言游记类文章只有一篇，即王安石的《游褒禅山记》。但是，在目前的高中文言游记教学中，老师们的讲解存在着一些问题：如文言游记文体特点不明显、“言”“文”分离现象突出、教学结构不连贯等。基于此，F 中学 E 老师对高中文言游记教学策略进行了一些探索：根据游记特性选择教学内容，依据“游记”之结构赏布局，紧扣“游记”之特点，组织教学结构探究教学策略。E 老师特别强调，一定要讲出游记这一文体的特点。

【关键词】高中文言游记；教学策略；文体

背景信息

近些年，随着中国影响力的扩大，全球掀起了一股“汉语热”，越来越多的国家开始学习汉语。“全世界都在说中国话”已经不仅仅是一句歌词了。“汉语热”为什么会不断升温，国家为何如此重视传统文化，孔子学院又将如何延续？这些都是非常值得我们冷静思考的问题。

在中学语文教学内容中，文言文是不可缺少的教学材料，文言游记散文作为古代散文的一个重要分支，在语文教学中更不能轻视。在文言文中，山水游记又占有相当大的比例。以人教版中学语文教材为例，游记类文章一共有 15 篇，而高中课本中的游记有 7 篇，主要编排在必修课文和选修课文中。必修二教材中有三篇，分别是王羲之的《兰亭集序》、苏轼的《赤壁赋》和王安石的《游褒禅山记》。

---

① 作者简介：王艳，女，贵州遵义人，遵义市航天中学恒大分校，黔南民族师范学院 2017 级学科教学（语文）专业方向研究生；导师：周旭东教授。

《普通高中语文课程标准（实验）》对文言文学习提出了一定要求："阅读浅易文言文，能借助注释和工具书，理解词句含义，读懂文章内容。了解并梳理常见的文言实词、文言虚词、文言句式的意义和用法，注重在阅读实践中举一反三""学习古代优秀作品，体会其中蕴含的中华民族精神，为形成一定的传统文化奠定基础。学习从历史的角度理解古代作品的内容价值，从中汲取民族智慧，用现代观念审视作品，评估其积极意义与历史局限"。文言游记也要根据课标要求进行教学。王荣生老师提出，要"依据文本体式确定教学内容"。基于此，E老师认真研读课标及阅读王荣生老师等专家的书籍，终于找出了文言游记教学存在的问题——没有区分文体进行教学。因此，E老师认为，文言游记一定要根据游记这一文体进行教学。所以，要想在文言游记的教学方面有一定的突破，文体意识是重中之重。

贵州省F中学是一所示范性普通高中。学校不但环境优美，布局独特，风景别致，是莘莘学子学习的佳所，而且还拥有一支团结、实干、高素质、具有开拓精神的老师队伍。当然，F中学的学生与省内重点高中学生相比，基础稍逊一筹，但是与县内一些高中学生比较，F中学学生的学习还不错。E老师是F中学的语文老师，他已有8年的教书生涯，经验比较丰富。他一直对F中学语文老师们教授的文言文不太满意，一心想要对文言文的教学进行改革。于是，E老师在F中学进行了文言文教学革新，对文言文的五个板块分别用了各自的教学策略。本文主要以人教版必修二的文言游记教学为案例进行分析。

案例正文

一、高中文言游记教学存在的问题

（一）文言游记文体特点不明显

当前，中学语文教学普遍存在的问题即缺乏文体意识，这种缺乏文体意识的教学在文言文中尤为突出，而文言游记的教学更为突出。很多老师在教学文言文或文言游记时，教法千篇一律，即翻译文章字词句，并没有根据文言文的不同文体类型进行教学。

文言游记的特点包括游踪、景观和情感，但老师们在教学时，常常忽略文言游记本身所具有的特点，一贯的教法就是疏通字词句。F中学语文学科的教学进度基本一致。当F中学四名老师在教授王安石的《游褒禅山记》时，只有一位教龄较长的老师提到了"游记"这一文体，但也只是蜻蜓点水，没有过多讲解。而其他三位完全没有提"游记"这一文体概念。当然，他们的教学模式基本一样：首先介绍王安石的生平及文学成就；接着介绍相关背景知识；然后通读全文，纠正字音，继而疏通字词句，即通篇翻译，翻译结束，这篇课文也就结束了。他们认为，高考翻译分占的比例大，因而高考考什么就教什么。在E老师看来，教学王安石的《游褒禅山记》务必要讲游记的文体特点，即游踪、景观和情感，还要从"这一篇"课文的文体特点，接着预设"这一篇”课文的内容进行教学，这或许稍微能改变当前文言游记教学出现的问题。

（二）“言”“文”分离现象突出

文言游记教学除了忽略文体特点以外，其“言”“文”分离现象也尤为突出，主要有两种：重“文”轻“言”和重“言”轻“文”。

重“文”轻“言”的现象在 F 中学也是普遍存在的。F 中学高一年级有五个基础较好的班级。其中一个班的语文老师在教学王安石的《游褒禅山记》时，刚进入课文就抛给学生一个问题：王安石提出“尽志无悔”有什么深意？于是学生就去文中找答案。多数学生能找出答案，故文中重点字词老师直接忽略不讲。虽然大多数学生都能发表自己的观点，但还是有极少部分同学参与不了。这位老师认为，对于这种基础较好的班级的学生，翻译不是重点（即不需要翻译），为了提高学生自身的文化素养，所以把重点放在学习文中的“文化”知识。但在周考中，这个班的学生在翻译上出了大问题。全班三十多名学生，翻译题能拿到满分的仅有五人。从这可以看出，老师重“文”轻“言”的现象在文言记体文教学中是相当严重的。

重“言”轻“文”的现象在 F 中学尤为突出。F 中学有一个班级，学生基础较薄弱，E 老师在教授《游褒禅山记》时就考虑到了这个班的学情，进而打算从“言”的角度来学习“文”。讲完第一段，E 老师问道：“这一段重在介绍褒禅山，为什么会写仆碑，而且还特别提及仆碑上的文字？”片刻沉默，竟没有一个同学回答出来。因而这一堂课，E 老师就只是带着学生逐字逐句翻译，并时刻提醒他们做笔记。课后，E 老师也反思，是问题太难还是学生没有预习？是老师的问题还是学生的问题？当然，他也咨询了很多老师，他们都说，对于基础比较薄弱的班级，教学文言文就必须得逐字逐句翻译，也就是字字清楚、句句落实。最后总结的时候稍微提一下有关文化方面的知识就可以了。听了这些老师的建议后，E 老师便发现，对文言游记或是文言文的教学便出现了两个极端：对于基础较好的班级只注重文章中“文”的学习，相对于基础较薄弱的班级则更重视“言”的学习。

E 老师认为，无论是重“言”还是重“文”的教学都是不可取的，最好的教学即“言”与“文”的融合。

（三）教学结构不连贯

教学结构，就是教学中安排文章结构的流程，而教学结构的问题实际就是指一堂课上如何让一篇课文流畅地进行教学的问题。包建新认为：“讨论教学结构的问题即是讨论教学过程的问题。”那么，教学结构的不连贯就是教学过程的不连贯。

F 中学有老师在执教王安石的《游褒禅山记》时，没有抓住课文的特点，先挑出文中重要的实词、虚词、通假字以及古今异义词等，接着逐段逐段讲解字词句、翻译，最后总结作者的思想。E 老师说：“这样的课堂教学结构看似连贯，实质是老师‘肢解’了课文的教学内容，使教学过程‘碎片化’，这样的教学结构根本没有实现教学内容意义的流动。”

三、高中文言游记教学策略

文言游记时常出现的教学问题有忽略其文体特点，进行“重言”或“重文”的讲解，不乏教学结构不连贯。要改变这种现象，首先要重视其文体特点。语文专家潘新和教授说：“阅读离开了文体，必定是要不得的。”文体是阅读一篇文章的关键因素。文言游记由于忽略“记”这一文体特点，导致原生价值得不到体现，更让文言游记的教学价值没有得到施展。因而，E 老师将立足文言游记的文体特点，主要根据游记特性选择教学内容、依据“游记”之结构、紧扣“游记”之特点组织教学。

（一）根据游记特性选择教学内容

文言文教学内容选取的角度多种多样，无论怎么选都应该围绕其“一体四面”（即文言、文化、文章、文学）进行选择。王荣生老师说过，语文教学内容是一个问题的两个方面：实际上需要教什么和实际上最好用什么去教。这就要求老师在选择教学内容时要考虑两个关键点：教学文言游记，实际需要教什么；实际上最好用什么去教。语文教学内容包括两个方面，一是教材所包含的内容（即文本的原生内容），一是老师对教材中内容的加工，即对教材内容的重组（即文本的教学内容）。那么，教学中到底“教什么”，则由“教学内容”决定。文体不同，教学内容的选取亦不同；文体相同，则要具体到根据“这一篇”课文的特性来选取教学内容。E 老师认为，不仅仅如此，还要考虑课标、学情、编者意图等因素来选取其教学内容。

老师在选择教学内容时，并不是面面俱到。王荣生老师曾说过，学生会的不教，书上有的不教，教了学生还是不会的不教。E 老师认为，在教学内容的选取方面，就应该依据文体特性。例如，王安石的《游褒禅山记》不同于一般的游记，不重山川风物的描绘，而重在因事说理，以说理为目的，记游的内容只是说理的材料和依据；文章以记游的内容为喻，生发议论，因事说理，以小见大，准确而充分地阐述一种人生哲理，给人以思想上的启发，使完美的表现形式与深刻的思想内容和谐统一。

文章前面记游山，后面谈道理，记叙和议论结合得紧密而自然，并且前后呼应，结构严谨，行文缜密。文中的记游内容是议论的基础，是议论的事实依据；议论是记游内容在思想认识上的理性概括和深化。前面的记游处处从后面的议论落笔，为议论作铺垫；后面的议论又紧扣前面的记游，赋予记游内容以特定的思想意义。记叙和议论相辅相成，互为补充，相得益彰。

本文的主旨在于阐述要“有志”“尽吾志”的观点，另外也涉及“深思而慎取”的观点，因此，文章的选材、详略无一不经过精心裁定，紧扣这两个观点。记游部分就写景来看似乎平淡无奇，实际上是深思熟虑、刻意安排的。第一段介绍褒禅山概况从略；第二段记游华山洞经过从详。前者又详记仆碑文字，其余从略；后者又记前洞和后洞概况从略，记游后洞经过颇详。记前洞和后洞概况，又前洞略，后洞详；记游后洞，又写经过略，补叙经过、写心情之“悔”详。议论部分对应记叙部分，也有侧重。

议游华山洞的心得甚详，借仆碑抒发感慨从略。议游华山洞的心得，又议“志”较详，议“力”“物”从略。

以下为教学实录片段：

E 老师：作者说“不能至”是指什么说的？

A 同学：不能至洞的深处，不能见“非常之观”。

E 老师：这本来是件“有悔”的事，为什么作者又说“可以无悔”呢？

A 同学：因为已经“尽吾志”了。

E 老师：“尽吾志”是什么意思？

A 同学：为实现自己的愿望做最大的努力。

E 老师：“尽吾志”这句话跟前段记游中哪句话是前后照应的？

A 同学：“而余亦悔其随之而不得极夫游之乐也。”

E 老师：“极夫游之乐”是指什么说的？

A 同学：至洞之深处。

E 老师：为什么到了洞之深处才能“极夫游之乐”呢？

A 同学：从“入之愈深，其进愈难，而其见愈奇”可以看出，再看下文“非常之观，常在于险远”，也表达了这样的意思。

E 老师：你们能不能从毛主席诗词中找出一句话来概括作者的这个意思呢？

全班同学：“无限风光在险峰。”

E 老师：再说作者的“悔”——这“悔”的真正原因是什么？

A 同学：“随之。”

“随之”，就是放弃自己的意愿，不做最大努力而屈从别人，这正是本句的要点。关于本文的写作背景，“预习提示”已经说过，这里稍稍补充如下：本文是王安石 34 岁时的作品。四年后（1058 年）他给宋仁宗上万言书，主张改革政治；十六年后（1076 年）拜相，不顾保守派的反对，积极推行新法。传有“天变不足畏，祖宗不足法，人言不足恤”的观点，这跟本文“尽吾志也而不能至，可以无悔矣”的观点是一致的。

（二）依据“游记”之结构赏布局

“结构”一词，原本的意思是指建筑者修筑房屋时所修建的框架，后用以比喻文章创作的结构形式，即一篇文章先写什么、再写什么、最后写什么以及怎么安排开头、怎么结尾、如何过渡、是否需要详写以及略写等，都是创作文章时要考虑的因素。张寿康说：“关于文章材料的组织安排，包括起、承、转、接、伏、应、断、续等都属于结构方面的问题。”任何一篇完整的文章都是由主题、材料和结构组成的，文章的内容包括主题和材料，而文章的形式即文章结构形式。文章内容和文章结构形式都是教学时必须涉及的。因此，E 老师根据“游记”之结构，赏文章之布局。

文体不同，文章的结构（即谋篇布局）也不同。古代论说文在结构上主要以中心论点开篇，接着以不同的论证角度、方式来展开全文。例如，韩愈的《师说》就是围绕“古之学者必有师”这个中心论点开篇，接着从老师的职能、从师的必要性、择师的标准、从师的原则等几方面展开论述。传状文则以故事情节的发展来组织文章，如《鸿门宴》主要围绕“宴前”“宴中”“宴后”来记述内容。文言记体文原是一种应用性文体，主要是为了记录一些事情不被忘记，因而在结构上都会交代时间、地点、人物。如《游褒禅山记》开篇交代游之地点，最后则点明同游的人、时间以及作记的人。

文章在谋篇布局上除了显而易见的标志以外，其脉络、周严缜密（预伏、照应、衔接、过渡）、曲折、详略以及首尾等都是教学的重点。如果学生懂得了一篇文章在谋篇布局上的技巧，对写作会有很大帮助。教学文言游记，谋篇布局也同样重要。《游褒禅山记》与一般的游记不同，一般的游记都是重在描述景观，如《小石潭记》。而《游褒禅山记》重在阐释治学的道理，却不注重其中景物的描绘，文章的记游只是在为下文的说理部分做铺垫。

文章第一段写“距洞百余步……盖音谬也”为后面的“余于仆碑……此所以学者不可以不深思而慎取之也”做铺垫，前文提到的后文又提，在结构上前后呼应、行文缜密、结构严谨，这些都是作者精心安排的。

在叙述完游洞的经过之后，作者一句“于是余有叹焉”立马过渡到文章的说理部分，衔接非常巧妙，不拖泥带水，并且记叙与议论的结合也紧密而自然、有条不紊、互相补充。

文章的选材与详略部分，也都是作者紧扣“有志和尽吾志”与“深思慎取”这两个观点精心制定的。文章开篇在记游部分，从写景方面来看似乎有些平淡，实质是作者刻意而为之。第一段在介绍褒禅山时，并没有用多少笔墨，这是在略写褒禅山；而在写仆碑上出现的文字时又比较详细，即详写。第二段写华山洞的游之经过比较详细，其余的则略；在介绍前后洞时寥寥几笔就带过了，而在写游后洞的经过时十分详细；记游后洞时，在叙写游的经过较略，补叙经过以及写“悔”之心情又比较详尽。记叙部分与议论部分的描写也有所侧重，记叙部分略写，议论部分则详写。记游华山洞的心情部分非常详细，而借仆碑抒发的感慨部分却又有些简略；在议论“志”这部分甚详，而议论“力”与“物”时则相当简略。这一详一略，相得益彰。

E 老师认为，文言游记文章结构上的特点是教学内容选取时不可小觑的重点，也是学生在学习时必须要掌握的知识点。知晓了文章的行文结构、谋篇布局等要点后，对学生的写作大有裨益。

以上论述都是 E 老师从文言游记在内容上本身所具有的原生价值方面来考虑的，这些文本内容的原生价值都是在老师重新“编排、加工、重构”的基础上来确定教学内容。当然，E 老师认为，文言游记教学内容的选取除了考虑以上方面以外，还要根据语文新课标、学生的学习情况、教材编者的意图以及老师自身的个性风格等因素来选取教学内容。

（三）紧扣“游记”之特点，组织教学结构

组织教学结构，是将文章的结构在课堂上按一条线索的形式串联起来讲解，也就是在课堂上将教学内容的各个片段、各个小节串联起来。任何一堂课或一篇课文，首先要确定教学内容。教学内容确定之后，就需要按照一定线索组织串讲，以保证教学环节（教学过程）的顺畅与教学内容意义的流动。E 老师认为，文言游记教学结构的组织可以以“题目”为主线，串讲教学内容；以“导游”为线索，组织教学内容。

1. 以“题目”为主线，串讲教学内容

题有题眼，诗有诗眼。一篇课文的题目便是它的“眼睛”。每一类文体的教学都可以从课文的题目入手，但不同文体从文章的题目着手，其教学结构的组织是不同的。每一篇课文的题目常常包含着教学思路与教学结构，有很多老师就利用这一特点组织教学结构。但值得注意的是，并不是每一篇课文都可以从题目着手组织教学结构，有些特殊情况还得特殊处理。F 中学 E 老师在教学陶渊明的《归园田居》时，便从诗的题目入手，抓住“归”字，由“归”字引出几个问题：从何而“归”？为何而“归”？“归”向何处？“归”去如何？学生便根据这四个问题从文本中找答案。整堂课下来，学生很积极，教学效果也不错。

依据《归园田居》的教学成果，E 老师在教学《游褒禅山记》时，便紧扣“游”字提出如下问题：“游”的地方（介绍褒禅山的概括及名称的由来），“游”的经过（游华山洞的所见、所闻、所历），“游”的结果（发出感叹：学者不可以不深思而慎取）。当《游褒禅山记》教学结束时，大部分学生能根据“游”字背诵全文。

E 老师抓住题目中关键词引出教学内容的教学，很值得一线老师探究。如果学生学会这一方法，在以后考试中，遇到偏难的文言文阅读，就可以看看是否能从题目入手。如果能，那就可以找到贯穿全文的线索了。

2. 以“导游”为线索，组织教学内容

近年来，“活动”一词被很多老师引入语文课堂。E 老师也将“活动”引入了课堂。他认为这些看似与语文教学无关的活动，其实质都是间接指向教学内容的。教学活动本身并不是目的，是希望通过这个活动能够更好地达到目的，让学生在不知不觉中受到良好的教育。例如，F 中学有老师在教学《林黛玉进贾府》之前，给学生一个预习的线索，即让学生给林黛玉当一回“导游”。

第二天上课时，这位老师说，请以林黛玉的“行踪”为线索，通过她的眼睛来观看贾府的人物、环境以及建筑，也就是通过林黛玉的所见，来给她当一次导游。这看似是让学生当导游的活动，实质是在当导游这个过程中，让学生用自己的话概括介绍贾府里的人、事以及建筑等特点。这是让学生学习作者在典型环境下塑造典型人物、典型性格的手法。

也有老师在教学这篇课文时直接提出一个问题：请同学们找出“林黛玉眼中的贾

府”的句子。这一指令本身没有问题，只是这一指令所带给学生的距离感使教与学不协调。学生都喜欢做一些比较活动化、生活化的事情，课堂上也是如此。因此，E 老师以为，在设计教学时，应多考虑把生活中的有趣的一些活动与学习中这些枯燥的内容结合起来，这样不但能提高学生学习的兴趣，还能提高教学效果。

虽不是每一篇课文都可以以活动为载体来实现教学内容，但文言游记可以以“游记”三要素中的“游踪”来搭建活动。同样是请学生起来给大家当导游。E 老师教学《游褒禅山记》时，以“活动”为载体来展开教学内容。《游褒禅山记》形式上是在“记游”，实质却是在说理。要让学生在“记游”的过程中来感悟“理”，就只有搭建学习活动，即请学生跟着王安石的脚步一起来领略褒禅山的不同。同样是请学生起来当“导游”，这一次的导游不只是说出游之路线、游之景观，更要谈谈游之情感。

这篇课文中“游”之路线为：“慧空禅院—华山洞—距洞百余步—前洞—由山以上五六里……谓之后洞—拥火以入—遂与之俱出—既其出”。文章开篇介绍了褒禅山的概况、名称的由来以及石碑上残存的文字；接着便是游华山洞的经过，先是前洞，再是后洞，进入洞后是“入之愈深……而其见愈奇”，但作者跟着同游的人退出来后却非常后悔；进而发出“于是余有叹焉”这样一句感叹，感慨游华山洞的心情。他是在积极肯定古代人敢于“求思”的精神后，再阐述了志、物、力三方面的内在联系；作者这时又想到了仆碑，于是借助仆碑抒发感慨，提出治学应坚持的态度——“学者不可以不深思而慎取”；最后交代此次同游的人与作记的时间。

如果按照当“导游”的思路来设计这些课文，会激发学生的学习兴趣，不至于学起来枯燥无味。

结　语

近年来，随着新课程改革的发展，文言文教学越来越受到广泛关注，文体教学也得到了很大关注。E 老师主要分析一线老师在教学高中文言山水游记和学生在学习文言山水游记时存在的问题——文言游记教学存在丧失文言记体文文体特点、“言”“文”分离现象突出、教学结构不连贯等问题，主要提出了高中文言山水游记教学策略——根据游记特性选择教学内容、依据“游记”之结构赏布局、紧扣“游记”之特点，组织教学结构来探究其教学策略。

研究文言游记教学策略将对中学文言文教学具有一定促进意义，但在具体教学策略的研究上还是有所欠缺，有待后续研究者进一步深入研究。

【案例思考题】

1. 文言游记散文教学除了案例中提到的教学策略以外，还需要考虑哪些因素？
2. E 老师在文言游记散文教学过程中还会遇到什么难题？如果你是 E 老师，你会怎么解决遇到的难题？

3. E 老师提出的文言游记教学策略是否适用于所有文言文教学？你有更好的教学策略吗？

【案例使用说明】

1. 适用范围

适用对象：高中学生，高中语文老师，师范教育专业本科生、硕士生。

适合课程：高中语文，老师专业发展，中学语文课程教材教法。

2. 教学目的

（1）解决高中文言游记的教学问题；

（2）老师掌握文言游记的教学方法，将文言游记上得有声有色；

（3）培养学生思考能力；让学生从害怕文言文向热爱文言文转变；

（4）通过文言文教学，传承中国传统文化和古代文学中的经典，让学生感受祖国文化魅力。

3. 要点提示

（1）相关理论

奥苏贝尔学习理论、古代文体理论等。

（2）关键知识点

文言游记散文，文体，普通高中语文课程标准，教学策略。

（3）关键能力点

对文言游记散文的熟悉程度较高，具有解读文本的能力，对学情的把握程度，培养学生对不同板块的文言文的理解能力。

（4）案例分析思路

通过对当下文言文教学存在问题的分析，掌握文言游记散文的特点，E 老师对文言游记散文的探索，通过 E 老师的探索发现此方法的优点和缺点，以进一步改进文言游记散文的教学，为其他文言文教学提供借鉴。

4. 教学建议

时间安排：与高中文言文课时安排一致。

环节安排：提前备课→备学情→准备有效课堂提问问题→对上课学生回答进行点评→课后与学生一起研讨优缺点→进行反思形成反思录。

人数要求：50 人左右的班级教学。

教学方法：案例教学讨论为主，讲授点评为辅。

工具选择：多媒体、案例打印资料。

组织引导：老师布置任务清晰，预习要求明确。

提供给学生必要的参考资料。

学生课上分析讨论需要及时指导并给出建议。

活动设计建议：

（1）课前要求学生做好全面的预习，老师要全面备课。

（2）上课时鼓励学生说出自己的理解看法，主动积极参与到文言游记散文教学中，老师要提出有效问题，调动学生思考，给学生自主解读文本的机会，并对学生的发言给予鼓励和建议。

（3）上课后，老师和学生进一步交流，共同探讨优缺点，认真听从学生意见，并做好进一步的改进。老师每节课后写好反思，以便发现问题，解决问题，提高能力。

5. 推荐阅读

[1] 王立群. 中国古代山水游记研究[M]. 北京：中国社会科学出版社，2008.

[2] 刘勰. 文心雕龙[M]. 郑州：中州古籍出版社，2008.

[3] 梅新林、愈樟华. 中国游记文学史[M]. 上海：学林出版社，2004.

[4] 褚斌杰. 中国古代文体概论[M]. 北京大学出版社，1990.

[5] 普通高中课程标准实验教科书·必修二[M]. 北京：人民教育出版社，2009.

[6] 王荣生. 文言文教学教什么[M]. 上海：华东师范大学出版社，2014.

[7] 藏维熙. 中国游记鉴赏辞典[M]. 青岛出版社，1991.

[8] 黄厚江. 文言文应该怎么教[J]. 语文学习，2006（04）.

[9] 李雪然. 浅谈高中山水游记类文言文的教学[J]. 语文教学通讯，2016（8）.

[10] 顾香菊. “游记类文言散文”的教学解决策略[J]. 语文天地，2016（3）.

“提要钩玄”将文言散文课堂还给学生

王倩倩[①]

【摘　要】高中文言散文在人教版教材中有着重要地位，一直是高中语文教学中的重点和难点。重是因为它是中华优秀文化，是传承中华精神重要的枢纽；难是因为它晦涩难懂，一些不常见的文言字词难以理解。传统教学方法往往是老师带着学生逐句逐字翻译，再升华一下情感就算讲完课文，完全没有体现学生的主体地位。但W老师十分重视教学中学生的主体地位，他认为文言文教学也不应该例外。他发现高中人教版语文教科书必修一第二单元的“单元提示”中提到了一种阅读方法——“提要钩玄”阅读法。他认为这个方法适用于文言文教学，学生不仅能通过这种方法学到知识，更能学到能力。W老师在“提要钩玄”阅读方法的基础上提出了一种文言文教学的新形式，力图把课堂还给学生。

【关键词】文言文教学；提要钩玄阅读法；学生主体

背景信息

“文言文这个概念是同白话文相对来说的。俗话表示这个相对，用不同的四个字，一是之、乎、者、也，一是的、呢、吗、啦。之乎者也就是文言文，的呢吗啦就是白话文。”王泗原老先生以最朴素最直白的语言告诉我们文言文到底是什么，它是与白话文有着不同表达形式的语言。

“我们常说的古文，是指古代的书面语作品，包括文言文和古白话。文言文是在先秦口语的基础上形成的古书面语作品，以及后世历代文人模仿先秦书面语写作的各类文字作品。”李卫东先生告诉我们文言文是在先秦口语的基础上形成的古书面语作品，以及后世历代文人模仿先秦书面语写作的各类文字作品，它属于古文。总之我们可以看到文言文是一种特殊的言语形式，它是古代的书面语，与古白话不同，与现代汉语更不同。文言文距离今天有一段距离，在语词上和现代汉语有很大的区别，因此学习起来有一定困难，这时学习方法就显得格外重要，在教学时我们更应该找对方法。“提要钩玄”读书方法是古人提出的阅读方法，能解决高中文言文阅读问题。

“提要钩玄”是一种读书方法，出自唐代散文大家韩愈的《进学解》。韩愈的《进

① 作者简介：王倩倩，女，贵州息烽人，息烽县第一中学老师。黔南民族师范学院学科教学（语文）专业方向研究生；导师：周旭东教授。

学解》是我国古代一篇有名的散文，写于公元 812 年。《新唐书》中说“韩愈既才高数黜官又迁，乃作《进学解》以自喻”。

文章题目是《进学解》，“进学”意指学业的增长、精进，“解”含有解说，论辩等分析事理的意思。这是一篇专门讲如何学习的文章，以问答形式撰文，“提要钩玄”阅读方法则出于此文。“提要钩玄”是经过简化的词，《进学解》中是这样被描述的：“记事者必提其要，纂言者必钩其玄。”意思是阅读记事类著作必定作出提要，阅读说理一类的著作必定要探索出它的精微含义。从原文可以看出，提要和钩玄本是作者分开而谈，所以我们不妨先将其分开来看。

所谓提要就是指在阅读记事类著作时必定拟出提要，做出提纲，即对于一些有记事、叙事内容的文章，通过拟出提纲来弄清事情发展的来龙去脉，以便于对文章形成一个框架的整体认知。这样分析，“提要”即让学生们从宏观上把握文章内容、框架、结构。而“钩玄”则和提要相反，它要求我们从微观上理解文章，尤其是对一些说理性的文章不应该不求甚解，而应该咬文嚼字，通过探究文章内部深意，欣赏文章重点字词这样一些细节。所以“钩玄”要求我们探索文章的精微含义，通过文章语言的运用、段落的排序等挖掘文章中细致的趣味、精妙的玄理。

高中文言文是重要的教学内容，它是我们与先贤沟通的桥梁，是我们了解历史的重要途径，学习文言散文也是传承优秀文化的重要途径，包括古人的智慧哲理、人生态度、爱国情怀等。在教学如此重要的内容时，我们应该引起重视，应该运用有效的教学方法，以避免教学资源的浪费。新课标要求学生积累、梳理和整合祖国语言文字，“提要钩玄”阅读方法有助于达成这一目标。

X 中学是贵州黔南州一所高中，历史悠久，具有一定的文化底蕴，虽然比不上一些沿海的高中，但在贵州也颇具声望。X 中学多年来一直把学生全面发展放在首位，教学中也比较突出学生的主体地位。

W 老师刚从大学毕业，是 X 中学的一名新成员。2017 版课程标准颁布后，这位年轻的语文老师立即认真研读，立足文言文的文体特征，对照以往文言文教学的优劣长短，经过长时间思考，将“提要钩玄”阅读方法巧妙地运用到课堂中。

W 老师对文言散文有浓厚兴趣，他认为文言文是古代先贤们流传下来的经典，我们应当担负起传承的责任。但如何改变形式做到有效的传承呢？W 老师决定以“提要钩玄”为指导，尝试对文言文教学方法进行革新。

案例正文

一、发现问题

又到了 W 老师的语文课。这个星期终于讲到文言散文这一单元了，W 老师十分激动。刚刚毕业的 W 老师进校以来讲的第一篇文言文是《烛之武退秦师》。他自己十分热爱文言散文，他认为这是老祖宗留下的经典，我们学习这些经典不仅是学习知识，也是对中华民族优秀文化的传承。看得出来W老师有一腔热血，有一腔新手老师的干劲儿。

课前，W老师虽然早已备足了课，但仍然免不了紧张与期待，他紧张课堂效果不好，也期待有一个好的课堂效果。带着这样纠结又矛盾的心理，不知不觉他就走到了教室。一看时间，他提前了十分钟。趁时间还早，他在教室来回走动观察同学们的情况。他看到有的同学正襟危坐，有的同学轻松愉悦，总之状态都很好，没有打瞌睡或者昏昏欲睡的情况，也没有什么突发状况。W老师十分满意，没有什么外部因素影响自己的课堂，这当然好。他相信这必将是一堂成功的课，过了一会，上课铃敲响了，W老师开始带领同学们翻译课文，从第一段翻译到最后一段，从第一个字讲到最后一个字。他讲得津津有味，不敢漏掉任何一个字、任何一个词、任何一个句子，生怕没有讲到的地方学生就无法掌握。就这样，W老师卖力地讲了一个早上，把自己认为重要的、该讲的知识都讲完了，同时自己也感到体力透支，声音都沙哑了，但是他觉得这是应该的。下课之后同学们全体趴在桌上，看得出他们和自己一样累极了。W老师心想，就算累，但也掌握了知识。W老师布置完作业之后，十分满意地离开了教室。

然而事与愿违，一切并没有按照W老师的想法进行。收到作业的W老师感到了前所未有的挫败感。他让同学们归纳梳理《烛之武退秦师》里面的文言知识，并且找一处文章中的点睛之笔分享在作业里面并说明原因。很多同学只是把老师讲的内容原封不动地抄了下来，没有顺序，杂乱无章。分享时同学们也是浅尝辄止，并不深入，甚至还没有老师课堂上讲得深入。

W老师开始反思是哪个环节出了问题。如此简短的一篇文言散文，学生为何作业效果如此之差，是自己讲得不够细致吗？他立马否定了这个答案，自己从备课到上课不敢有一丝懈怠，把所有能查的资料都查了，把所有能讲的都讲了。那到底是什么原因呢？到底是什么阻碍了文言文教学的发展呢？很多人会认为是因为文言文“偏”“难”“繁”“琐”。偏和难即文言文难懂，一些有争议有偏颇的地方，比如范仲淹的《岳阳楼记中》有一句“越明年”，对这句话的解释有很多种，有人说是“到了第二年”，也有人说是“越过了明年，即第三年”。那么在教学时我们到底要呈现哪一种解释呢？很多专家都没有定论的东西，让老师教学生不是考验老师吗？同时，语言的距离感让文言文变得难学。繁和琐使得文言文有很多细节需要把握，比如一些虚词、实词、句式。但是这些都是文言文教学内容本身存在的问题，我们无法改变。而且《烛之武退秦师》这篇文章在知识上并没有很难懂，老师在讲授这篇文章时明明把知识都已经讲得差不多了，为何学习效果仍不够理想呢？仅仅是因为内容难吗？教学形式教学方法是否有问题呢？W老师在心里一遍遍地问自己。

慢慢地，自己在课堂上讲解的场面浮现在W老师的脑海中，他想到学生们呆滞木讷的反应，再想到学生们一下课就如释重负地趴倒在课桌上。W老师恍然大悟，难道是自己过度讲解，占用了学生太多的时间？是啊，自己把新课标研读了那么多遍，怎么就没有在实际操作中这样去做呢？新课标要求老师在教学中以学生为主体，课堂应该是学生的，不是老师的，老师应该引导学生学习，而不是向学生灌输知识，文言文教学也不例外。他满堂灌的方式让文言文教学形式单一，让课堂变得死气沉沉、毫无生趣。学生呆呆地看着老师口若悬河地讲，不去积极主动地参与，即使说两句话也只是应付式的。最重要的是，W 老师想到自己并没有给同学们参与的机会。

W 老师猜想，如果大家能够在轻松的环境下互动，在愉悦的情绪中学习，而不是老师单向传授，学生纯粹为了分数而学习，这样效果会不会好一些呢？如果这样，学生对文言散文这一文体应该就能产生兴趣，不至于在老师上课时没有反应，上课后趴倒一片。但这些都只是 W 老师的猜想，为了进一步印证自己的猜想，他找到了问题最关键之处，也就是找学生做调研。

二、探索缘由

W 老师调整好自己的方向后，不再自己苦思冥想，而是选择从课堂主体——学生那里寻找答案，以学生的想法为依据，看看自己先前的猜想是否属实。W 老师看了课表，今天下午就有班会课，他想是否可以借此机会了解一下同学们的想法。W 老师想："借助班会课对学生进行调查应该是一个不错的途径。"他开始行动了。

到了开班会的时间，W 老师还是早早地就到了教室，在上一节课的科任老师下课准备走出教室的时候，W 老师就推门而入，和科任老师打了个照面。顾不上聊天，打过招呼之后 W 老师着急地走到教室，打开 PPT，利用课间时间现场做了一个 PPT，内容如下：

（1）你喜欢文言文吗？

（2）你喜欢上文言文课吗？为什么？

一上课，W 老师就抛出了今天的问题，向同学们展示了 PPT 上的内容。

W 老师想让全班同学谈谈对文言文的真实想法。问题一出来，班上没有一个同学敢出声。大部分同学埋下了头；有的则开始左顾右盼，窃窃私语；也有的在一旁小声嘟囔，好像在回答，但也不敢大声说出自己的想法。W 老师也经历过学生时代，他深知学生的心理，有的不愿意回答，有的觉得即使回答了也没用，还有些即使有想法但是看别人不回答自己也就不回答了，所以造成了课堂上的鸦雀无声。

W 老师开始鼓励大家："同学们上文言文时都很累，但是却没有真正地掌握知识，这是为什么呢？只有说出你们的想法，老师才能对课堂做相应的调整。老师向大家保证，这仅仅是一次调研，老师不会批评同学们，同学们有什么想法尽管提出来。老师希望你们敢说出真话。在教学中，我们处于平等的地位，大家不必顾虑，畅所欲言。"在老师的鼓励下，同学们渐渐抬起了头，开始与老师对视，做出沉思状。W 老师暗自高兴，这是成功调研的第一步。

随后班上开始有了声音："我喜欢文言文，但是文言文课好无聊，老师一直在讲，我们当听众。”老师听到这句话很惊讶，原本以为自己在讲授时学生们应该都在思考，却没想到他们只把自己当成了听众。这引发了W老师的沉思。W老师将刚刚那个同学所说的原因记在笔记本上。这个声音冒出来却没有受到嘲笑和批评之后，其他有想法的同学也开始叽叽喳喳地说起来。W老师于是将同学按位置分为四组，每个小组自行选择一个小组长负责收集组内答案，并对答案进行整理。W老师给了同学们20分钟的时间，20分钟之后小组长需将小组讨论的结果整理到一张纸条上与同学们分享。20分钟过去了，小组的力量是强大的，在相互鼓励和影响之下，他们都说出了自己内心深处对文言文、文言文课堂最真实的感受。收到答案之后，W老师十分诧异。原来很多学生都是喜欢文言文的，他们并没有像自己想的一样讨厌文言文。相反，他们喜欢文言文，却不喜欢上文言文课，原因有以下几点：

（1）不是不想听课，是因为上课太枯燥太乏味。

（2）课本所选文章时代久远，理解起来有一定困难，老师不留时间给他们看看，光顾着自己讲。

（3）整堂课都在记笔记，也不知道老师说了什么。文章内容还没有弄懂，老师就已经讲完了。

W老师若有所思，这些答案印证了自己的猜想，学生们没有掌握好知识确实与自己的教学方法有关系。自己讲得很多，学生却不买账。这让W老师心里有些许失落，在失落的同时也有另外一番收获。

这次班会课W老师收获良多，学生的心里话让他发现自己在文言散文教学上的一个严重问题，同时也是所有老师的通病——老师将课堂紧紧攥在手里，不敢有一丝放松。因为文言散文本身难懂的特点，老师们不敢让学生自己去读、自己去理解。

三、解决问题

W老师决定再次出击，借B班上一堂《烛之武退秦师》。经过这次调研，W老师重新备课，他准备借助“提要钩玄”阅读法让学生有更多参与课堂的机会，使学生更有参与感，使教学更满足学生的期待，让学生更容易接受自己的教学。

提要钩玄是一种读书方法，它的内涵有两层：一层是宏观的，一层是微观的。宏观的认识即“提要”要求以纲要的形式对文章进行框架式的把握或者说线性的把握；微观的认识即“钩玄”要求着重于文章中一些特别的遣词造句，由此及彼，从简单中看到丰富，从平常中领悟出深刻，从无意中发现有意，挖掘文章中细小的趣味、精妙的玄理。从它的由来上看，它是古人提出的读书方法，因此必然适用于阅读文言散文，从内涵上看，“提要钩玄”有助于学生们把握文章、理解字词。

星期二一大早，W老师就到B班去查探情况。通过了解，W老师得知原来B班同学也认为文言文课堂枯燥无趣。W老师心想：“这一次一定要让同学们真正掌握文言知识，而不是自己强加灌输。”同时他给B班的学生安排了作业，“星期三早上第一节就是语文课，老师会在你们班讲《烛之武退秦师》这篇课文，同学们课下要预习好文章的背景以及一些文学常识，这些知识老师在课上就不会再重复讲解。这节课将会与以往的教学方式都不同”。看到出同学们眼里都在闪闪发光，W 老师知道自己此次身负重任，只有好好准备好明天的课才能不负学生们的期待。想到这些，W 老师全身充满了能量。

（一）提要理清课文

一转眼星期三就到了，W 老师怀着忐忑的心情来到 B 班准备上课，也许是因为上次教学效果不太好，也许是因为这是借用的班级，总之 W 老师看起来有些紧张，但他也努力让自己镇定。几分钟之后铃声响起，W 老师开始教学。

W 老师：同学们，老师课下已经让你们预习过课文了，对于与课文相关的知识同学们还有不了解的吗？

全班同学：没有。

W 老师：好，看来同学们都预习得很好，下面我们请同学给我介绍一下《左传》。

同学们都积极踊跃地举手，W 老师点了一个高个子的男同学。男同学也很有信心，拿着自己课下查阅好的资料就开始介绍。介绍完之后，老师询问同学们是否还有补充。

全班同学：没有。

W 老师：了解完《左传》的信息之后我们就要正式进入文章的学习了，读能让我们亲近文本，检测自己对文本熟悉程度的同时，老师也能检测你们有没有准确掌握字词的读音，并且通过字音我们也能读出一些文言文的特殊之处，如通假字。读完之后请同学们告诉老师你们找到的通假字以及其他文言现象。

全班同学：晋侯、秦伯围郑，以其无礼于晋……

W 老师：好了，读完之后就该回答老师的问题了。

全班同学：“今老矣，无能为也已”这一句的“也”通“矣”；“行李之往来，共其乏困”的“共”通“供”，供给的意思；“秦伯说”的“说”同“悦”，高兴的意思；“失其所与，不知”的“知”同“智”，明智的意思。

W 老师：除了通假字，你们预习时还找到了哪些文言现象呢？

全班同学：词类活用，古今异义，特殊句式，一词多义。

W 老师：很好很好，看来同学们找到了不少文言现象，不过老师不要求你们在课上具体回答，你们课后以作业的形式归纳到一起交给我，以前学过的就不用再写了，比如“失其所与，不知”的知这些都是我们以前学过的，你们只需要归纳没有学过的文言现象。

全班同学：好。

W 老师没有像在 A 班那样逐字逐句翻译，而是把任务直接交给学生。

W 老师：现在读也读了，文章内容我想大家是知道了吧。老师来看看大家到底有没有真正了解这篇课文的内容。老师有一个任务要安排给大家：这篇课文前面的“单元提示”内容中有一种读书方法叫“提要钩玄”，提要就是根据课文的文意做出简单的摘要，以便于掌握文意，通俗地说，就是用自己的语言归纳文章的段落大意，有些文章几个段落都在讲一个事，像这样的地方也可以合起来拟出一个提要。而有些文章中一个段落讲了很多事，这样的地方我们就可以精细地做提要。老师先给第一段做一个提要，给同学们做示范。第一段提要——“郑伯无礼遭报复，晋侯得势欲攻郑”。接下来就请同学们参考老师做的提要，给全文做一个提要，时间限制为 5 分钟。

同学们开始认真看课文写提要，W 老师在学生中间来回走动，观察同学们任务完成的情况。走到一个平时比较调皮的男同学 C 旁边时，W 老师注意到他没有写任何东西，嘴里咬着一支笔看着前边的同学，不知道要做什么。

W 老师敲了敲桌子，提醒道：“怎么了？不会吗？”

C 同学：“老师，我不知道怎么写，好难啊！”

W 老师：你告诉老师你仔细看过课文了吗？看过几次？知道课文讲了什么事吗？

C 同学：看过了，看了三次，知道啊！

W 老师：既然知道，那你告诉老师这篇课文第二段写了什么事。

C 同学：第二段写了佚之狐向郑伯推荐烛之武，认为烛之武可以让秦军退兵。烛之武开始不乐意，认为郑伯早些时候不重用自己，这时候才想起自己，所以有些生气，不愿意去劝退秦军，不过最后还是顾全大局答应了。

W 老师：很好，看来你已经知道文章的文意了，你还能将你的回答浓缩一下吗？减少一点字，抓住一些关键的地方。

C 同学：（思考了一两分钟）佚之狐推荐烛之武退秦军，烛之武开始不答应，后来顾全大局同意去劝退秦军。

W 老师：太好了，老师看到你的进步了，你的思考已经有了初步的成效，这个答案已经很好了，但老师觉得你还可以提要得更精准。

C 同学：佚之狐推荐烛之武退秦师，烛之武不计前嫌答应。

W 老师：（竖起了大拇指）你看，你做到了。不过你可以再看一下能否让你的提要语言更加优美。

（5 分钟过去了）

W 老师：同学们，时间已经到了，有没有已经写好的同学愿意向大家分享他的提要。

B 同学：老师，我想分享一下我的答案，我觉得文章讲了这么一些事。郑伯无礼遭报复，晋侯得势欲攻郑。佚之狐荐烛之武，烛之武临危弃前嫌。烛之武座前说形势，秦王审时度势势弃攻晋。烛之武巧言息战事，晋侯深思弃击秦。

W老师：很好，非常棒，这位同学不仅语言生动，还借用了原文中的字，像"击"字就用得特别好。请大家为他鼓掌。

D同学：老师我说一下我的，我觉得文章只写了一件事，那就是烛之武退秦师，只是在烛之武退秦师这个中心事件之外还有其他事件的铺叙和拓展。我的提要是这样写的："秦军攻晋。佚之狐推荐烛之武退秦。烛之武饶舌说服秦王。秦王退兵。郑伯君子弃击秦。"

W老师：虽然写得很简洁，不过从内容可以很清楚地看到整个事件的发展流程，很好。好了，同学们，经过刚刚的分享，老师想你们已经知道了如何给文章做提要，我们就不再展示了，下课后每个人将自己所做的提要以小组为单位交给我，接下来我们一起深入研读这篇课文。

可以看到，到目前为止，教学气氛活跃，学生的参与也比较积极，他们不仅认真归纳自己的提要，还积极分享自己的提要。由此我们了解到让学生自行对文章做提要对于学生的课堂学习是比较有效的一个手段。

（二）钩玄深挖文本

通过拟提要的方法，学生们对课文内容有了大概的理解，这时老师要做的是带领学生们深挖文本，学习一些需要重点把握的内容。在学习时老师要注意引导学生，拓展学生的思维，提高他们的积极性，充分体现教学中学生的主体地位。

W老师：同学们对于文章有什么不懂的地方吗？

（学生沉默）

W老师：看来同学们没有问题，但老师有问题要问大家，同学们看看自己手中拟的提要各不相同，除了语言不同，内容也有一些差距，但烛之武退秦师这一点在大家的提要中都写了，那么可以说明这篇文章中哪一部分是关键？

全班同学：烛之武退秦师这一部分。

W老师：再具体一些，同学们注意一下文章中哪个段落的字数比较多。

A同学：我觉得这篇课文中烛之武退秦师的过程是文章的关键，原因如下：文章前面写佚之狐推荐烛之武，烛之武见秦王都只用了短短几笔带过，唯独烛之武见秦王时说的话被详细记叙下来，而且在文章中字数最多。由此我觉得烛之武退秦师的过程是文章的关键之处。

W老师：你的分析逻辑清晰条理分明，从你的分析中除了知道这篇文章的关键之处就在烛之武见秦王的过程，还知道了这篇文章的一个写作手法。

A同学：详略得当。

W 老师：非常好，这也是《左传》的一个叙述特色，是它的经典之处。下面我们看一下烛之武是如何退秦师的。

（W 老师展示 PPT）

W 老师：烛之武为什么能三言两语退秦师，其游说妙在何处？（学法指导：将烛之武的游说之词划分层次做提要，然后再根据提要理清他的说话内容，分析他先说了什么，后说了什么）

（5 分钟时间讨论）

W 老师：5 分钟已经到了，有没有同学愿意分享？

E 同学：我的提要是这样拟的：亡郑无益于秦。亡郑有害于秦。晋国忘恩于秦。

W 老师：很好，你在这里提到晋国，那你知道这三国之间的关系吗？（展示三国的地图）

E 同学：从地图上看，晋国在秦和郑的中间。

W 老师：文章中烛之武是如何分析他们的地理形势的？用原文回答。

全体同学：越国以鄙远，君知其难也。焉用亡郑以陪邻？邻之厚，君之薄也。

W 老师：这句话能对应 E 同学提要的哪个部分？

全体同学：亡郑有害于秦。

W 老师：那晋国忘恩于秦又能说明什么呢？

F 同学：说明晋国不值得信任，挑拨秦晋两国的关系。

W 老师：同学们都很认真，也很聪明地分析了烛之武退秦师的过程，下面老师点一个同学起来总结一下我们刚刚讲的内容。G，你来吧！

G 同学：在短短的 125 字的游说之辞中，烛之武对秦晋两国关系和矛盾了如指掌，他见秦穆公之后，只字不提郑国利益，在以"利"攻其心理，以"害"巧析形势的同时，始终不忘离间两国关系。如果说在"亡郑"还是"舍郑"的利害分析上，烛之武的挑拨离间还是隐性的话，那么他拿出历史事实，"君尝为晋君赐矣，许君焦、瑕，朝济而夕设版焉"，指出晋的过河拆桥、忘恩负义、不可共事，则是赤裸裸地挑拨秦晋关系，以"夫晋，何厌之有？"把火烧得更旺，不仅使秦穆公觉得枉费心机，又顿感危险将至。烛之武用短短的 125 字挑拨离间了"秦晋之好"，真是妙哉！

同学们参与课堂的积极性大有提高，对课文的理解也比较深入。

W 老师：非常好，你的分析很细致，领悟了烛之武劝说的真谛。烛之武在劝说时让对方感觉自己在设身处地地为对方着想，并且分析内容切中问题关键，所以才能劝退秦师。同学们在日常生活中说话时可以借鉴这种方法。接下来我们来讨论一下烛之武去见秦王时处于什么样的境地，从文中的哪些地方可以看出烛之武的境地。

F 同学：从第一段中“秦军氾南，晋军函陵”可以看出郑国处于危险之中，大军已经压境，烛之武是郑国一分子，所以他也很危险。

W 老师：嗯，不错，从这里我们看出郑国很危险，郑国危险也就意味着烛之武危险。

H 同学：第三段中的“缒”字。缒指的是用绳子拴住人或东西从上往下送，由此我们可以读出烛之武不是走正门，而是偷着用绳子从城门吊下来。可以看出烛之武处在危险的境地。

W 老师：同学们对文本的解读甚至超过了老师，老师都没有观察到这个地方，这一个“缒”字原来有这么大的文章。希望同学们课后也尝试用这种提要深挖的地方去学习其他的文章，在弄明白文章的基础上探究文章的经典和美妙。谢谢大家，下课。

结　语

在此案例中“提要钩玄”方法提高了文言文教学的效率，改变了老师单向传授的模式，体现了学生的主体地位，值得借鉴。教材提出“提要钩玄”阅读法并要求学生们掌握，也就是要求学生们学会这个方法并在今后的阅读中加以运用，抓住文章关键，做到纲举目张，化繁为简，悉心体会文章的深刻内涵。这不仅是知识的积累，更是能力的培养。如此重要的参考信息，我们不应忽视。

叶圣陶先生认为教是为了不需要教，不需要教就是学生学会了，但知识是永远也学不完的，所以要教给他们自己学习的本领，让他们自己学习一辈子。教学的目的主要是培养学生的能力，不是告知知识。所以我们对学生的教学不应只是简单的知识灌输，还应该有方法的传授，授之以鱼不如授之以渔。教的目的是让学生得到进步。只有掌握了学习的方法，学生在今后的学习中才能如鱼得水，才能做到有的放矢。只有掌握方法，学生的自学能力、阅读能力才会得到提高，这才是对他们真正有用的知识能力。“提要钩玄”方法教学文言文时不仅凸显了学生的主体地位，还培养了学生的能力。

【案例思考题】

1. 文言文教学效率低下的原因是什么？

2. 学生通过“提要钩玄”方法自主学习是否真正能够转变文言文课堂效率低下的面貌？

3. 文言文教学中提要钩玄这一环节，老师应该怎样去引导？

4. 除了 W 老师提出的“提要钩玄”阅读法以外，还有哪些阅读方法适用于文言文教学？

5. W 老师将“提要钩玄”运用于教学时存在哪些不足？

【案例使用说明】

1. 适用范围

适用对象：中学语文老师，语文教育和语文课程教学论及相关专业专科生、本科生、研究生。

适合课程：(1）中学一线“语文”课程。

（2）大中专“中学语文教材教法” 课程。

（3）教育专业学位研究生课程：“课程与教学论”“语文课程与教材分析”“语文教学设计与案例分析”“语文学科基础与前沿问题”等。

2. 教学目的

（1）明确文言文教学老师垄断课堂的现状。

（2）以提要钩玄阅读法为基础改善文言文教学现状。

3. 要点提示

（1）相关理论

文言文理论；教学理论。

（2）关键知识点

文言文教学当前面临的困境，导致文言文教学效率低下的因素。

（3）关键能力点

从宏观上了解当前高中教育现状，捕捉高中语文教学优劣短长，找到解决现有难题的突破口，深入了解中学生心理状况，因势利导地引导学生进入学习状态，课堂教学收放自如，既让学生充分参与教学，体现师生平等关系，又能掌控整个教学环节。

此外，相应的知识面和必要的文学理论修养也是不可或缺的。

（4）案例分析思路

通过 W 老师实践的失败、思考失败的原因、调查失败的原因以及实践的成功这四个环节揭示导致文言文教学效率低下的诸多原因。W 老师专门针对传统教学模式仅限于老师单向知识传授、学生难以参与教学、教学套路化、模式化现象严重、学生学习积极性不高、课堂没有体现学生的主体地位等问题，提出以“提要钩玄”阅读法为基础让学生积极参与课堂，归纳总结出具体的教学策略——“提要理清课文”“钩玄深挖文本”两个步骤。

教学实践显示，W 老师的“提要钩玄”将文言散文课堂还给学生紧扣语文核心素养，更有助于培养学生树立积极阅读意识，增强课后阅读能力。

4. 教学建议

时间安排：中学标准课 1 节，45 分钟。

环节安排：提前 1 天利用早读课的时间让同学们预习内容。

人数要求：50 人左右的班级教学。

教学方法：以学生知识掌握、个性发展和艺术能力培养为目标，不脱离文本，老师只在学生出现困惑时进行点评。

工具选择：多媒体。

组织引导：老师布置任务清晰，预习要求明确。

学生存在问题时及时给予建议与帮助。

活动设计建议：

要求学生课前预习，上课前做好教学准备。

5. 推荐阅读

[1] 王泗原. 认真学点语文上篇故散文泛谈[M]. 北京：北京出版社，1983：47.

[2] 李卫东. 如何确定文言文教学内容[J]. 中学语文教学，2011（04）.

以读传情——S 中学 Y 老师的古诗文诵读教学路

于泽凡[①]

【摘　要】诵读一直是社会各界广泛关注和热议的问题。在“国学热”的社会大背景下，重视学生的情感体验、读出新意、读出味道、读出情感共鸣成为目前古文诵读教学的重中之重。当前古诗词、文言文教学更多采用讲授知识点为主的模式。S 中学 Y 老师从对古文的研读和理解出发，采用独特的诵读教学法，以读传情，形成了古文诵读的教学新方式。这里主要从“古文诵读探索之路”“古文诵读如何传情”“以读传情如何铺筑”“诵读教学路经历如何”四个方面，对该中学老师形成的古文诵读教学模式进行描绘和展示。

【关键词】诵读教学；情感渗透；文化互动；古文

背景信息

当前，古诗文教学陷入了一种误区，部分人认为疏通文义和字词翻译，古诗文教学就可以成功大半，忽略古诗文中情感分析和情感体悟的现象屡见不鲜。在社会大环境下，人文提升和情感价值观养成逐渐成为提高国民素质的关键一环，因此，古诗文中情感教育成为应重点解决的问题。

我国中小学“升学本位主义”主导下的应试教育背景下，古诗文阅读教学出现严重偏差，教学内容和考试内容以升学为导向的现象还很普遍，只重视知识点的传授而忽视了学生人文素质的培养；重老师主导而轻学生探索；教学模式程式化、单一化，忽略学生情感特征。古诗文教学已不再具有浓厚温馨的人文色彩，逐渐变为死气沉沉的灌输说教。如何突破和改变就显得十分关键。

S 中学位于东北，1912 年建校，是一所历史悠久、文化底蕴深厚的公办重点示范性高中。学校总面积约 3 万平方米，校园环境优雅，欧式风格的建筑很有味道。S 中学一直秉承“育人为先，踏实探索”的教育理念进行学生培养工作，由于学校有一百多年的悠久历史，在当地更是以“文科教学”见长，因此，该校的校本课程和校园文化偏重传统礼仪和传统文化教育。

2003 年《普通高中语文课程标准》（实验）颁布施行，老师纷纷投入新课程改革的分析、学习和实践中。S 中学的 Y 老师也是该校语文教研组的一员，是一名刚刚工作两年的青年语文老师，因此，在分析和研读新课改理念时，她有过一些新观念、新认

---

① 作者简介：于泽凡，女，黑龙江哈尔滨人，苏州市工业园区星澜学校老师，黔南民族师范学院 2016 级学科教学（语文）专业方向研究生；导师：吴一文教授；

识和新思考。

新课程改革最重要的就是关于阅读方面的教学，为打破“应试教育”中阅读教学“只讲文本、抠字词、归纳考试技巧”等种种藩篱，Y 老师决定尝试将诵读教学法运用于古诗文教学。

她是怎样把诵读教学法用到古诗文教学中的，为何这样选择？在探索古诗文阅读教学改革过程中，Y 老师遇到了哪些问题？经过一番辛勤耕耘，Y 老师本人以及整个 S 中学语文教研组又有哪些收获和反思呢？本案例将全面呈现这一过程。

案例正文

一、古诗文诵读探索之路

（一）“重知识轻情感”下的拓荒改革

S 中学 Y 老师从事教育行业仅仅两年，因为经验尚浅，在新课程改革如火如荼地进行之时，她默默领悟新课改精神，虚心听取前辈意见。作为 S 重点中学的一股新鲜血液，她深知自己的责任与使命，浓厚的校园传统文化和一百多年的校史里，掺杂了太多教育情怀和师生间的浓浓情谊。返回母校教书的她，对比当初上学时的自己来说更加成熟稳重，在新课改面前，她有着“小试牛刀”的冲劲和“初生牛犊不怕虎”的闯劲。回忆当年的高中生活，她认为高考的指挥棒作用在不断变大，“书本比肩高”的现象比比皆是；网络的进一步开放，让越来越多学生有了“不学习，不看书”的借口和理由；数理化等科目难度加大，让更多孩子不重视语文的学习，文明礼仪和传统文化更是不尽如人意。为了改变语文教学的窘境，Y 老师结合自身学校的情况，决定从古诗文教学这一“最难啃的硬骨头”入手，单刀直入地解决问题。

那天晚上，刚在办公室批完试卷赶着回家的 Y 老师，偶然间看到桌子角落上学生的一封信：“Y 老师，我特别讨厌学习古诗词和文言文。现在是新世纪了，为什么还要学古人那些看不懂的甚至读都读不懂的内容来浪费时间呢？能不能您直接把所有背诵的内容都印下来，我们直接拿着背诵就可以了？我想留出一些时间看看其他书。感觉语文如果继续学习这些枯燥的古文，对我没太大价值。”看完信的 Y 老师陷入了深深的反思之中，回想读书时自己最引以为傲的就是语文成绩，最酷爱的就是经典古诗词，那意境，那意蕴，相比当下信息爆炸下的快餐文化好太多！学生现在的反应也许是时代使然，但是在新课改的背景下，怎么引导他们的观念，让他们爱上古诗文，让他们真正走近那些大家的内心世界，去品味人生、传承精神，是当前亟待解决的问题和难题。

Y 老师当日晚回到家，就针对古诗文教学制定出了几个不同的教学和学习方案。她打算先将自己当班主任的 A 班级作为改革试点。

她制订了三种关于古诗文教学的大方案。其一，让学生课前查阅相关背景带着问题上课，课上以小组讨论形式自主学习，老师在此基础上就小组疑难问题进行讲评讲解。其二，对必修教材中古诗文进行分类，归纳制成“年代表格”，利用课前五分钟把课堂要讲内容对应到表格位置中，先讲背景知识，再讲授其他内容。其三，让学生们上课前诵读课文，老师再进行相关诵读指导，在一遍遍诵读中疏通字词和文意，学习诗词文。

为实施教学，她买了大量的古诗文报刊，建起读书角，在课堂和课外，让每一个学生都说出一个自己最敬佩的古代文人，努力听取学生的心声。

（二）引人入胜的古诗文“诵读”

三个方案Y老师逐一在A班的语文课堂上开展。在星期二上午的语文课上，她提前布置好了对于苏轼《念奴娇·赤壁怀古》的预习任务，让学生们对苏轼和创作背景有一个大致了解。课堂上秉承语文新课程改革的课程理念，让同学们分学习小组进行讨论，开展研究性学习。Y老师组织学生进行小组讨论活动时，听取了许多学生对于苏轼词的心得体会和理解。

第一小组A同学：苏轼都已被贬黄州，为何还有如此豪情壮志，如此洒脱？我不太理解。

第二小组B同学：也许是自嘲之情，“多情应笑我”那句应该是苦笑吧。

第三小组C同学：苏轼的大气磅礴、踌躇满志在“乱石穿空，惊涛拍岸，卷起千堆雪”那一句展露无遗啊！用字用得太好了！

在热火朝天的十几分钟讨论中，同学们对于词人苏轼讨论热烈，Y老师见此状况，对一些问题和疑难进行了答疑，进一步梳理了背景资料，重点讲解了为何写周瑜。她说：“这鲜明的反差是为衬托出词人的壮志难酬之心。理想与现实之间，只若人生一梦，无奈和感慨之情从字里行间流露。”一堂课下来，同学们了解了苏轼的人生，同时也进行了一些反思。

星期四的上午，Y老师将第二种教学方案渗入课文，讲了辛弃疾的《永遇乐·京口北固亭怀古》。周三的晚上，她就做好了一张辛弃疾的生平图表以及此词涉及的一些历史事件。上课前同学们人手一张，从诗词创作所涉历史的角度来系统评价此词。在这之后，她对于一些重点词句、典故进行梳理，让同学们明确辛弃疾是以廉颇自比，突出自己的忠心壮志以及对于现世的种种无奈和悲愤。

一堂课下来，同学们的最大收获就是对于历史背景的深入了解，很多人对于古诗文没有之前那样的抵触情绪了，反而想要多听这种历史故事，更多了解历史文化。这一点也让Y老师看到了继续尝试的曙光和希望。

她趁热打铁，在周五下午的语文课上又讲解李清照的《声声慢》，这一次真的让她眼前一亮，豁然开朗起来。她事先没有要求学生进行背景知识的讨论和整理，也没有让同学们自主预习，而是一上课就让大家投入诵读世界中去。课代表起头，全班齐读课文，之后，让大家自由朗读课文，之后提出了这样一个问题："读了两遍词了，大家有什么感受，有没有同学开口说一说，随便说什么都可以。"讲台下有同学小声说："女词人是伤心的，是孤独的，是憔悴的，更是愁苦的。"还有同学说："词人寂寞无聊，无事可做，只身一人冷冷清清，太凄凉。"一个男同学说："这词人在深闺，应该是思念夫君了吧。"细碎的笑声和感慨声不绝于耳。

此时 Y 老师用极富感情和充满感染性的语调进行老师示范朗读，纠正学生的个别发音，接着又播放了一遍配乐版名家朗诵，介绍了李清照的凄苦人生，座位上的女同学们眼中竟现出一丝敬佩之情，男同学也默默地低下头，更加明白了一个乱世中娇弱的才女在战乱年代的不易。此时 Y 老师让班级中各小组选出一名代表，将心比心地把自己当作女词人来进行诵读《声声慢》，各小组代表们模仿着词作者的感情，似满怀心事，体会着女词人的内心。

Y 老师抽签决定哪一小组的代表来诵读，随机抽了两组同学，全班再次感受到词之中的复杂情感。下课前，Y 老师又让同学们同桌互相诵读，以"读书声"入课，又以"读书声"出课。整堂课 Y 老师和 A 班全体同学都沉浸在古诗词的"声美"和"情美"之中。课后同学们都对李清照这位传世奇女子感到特别钦佩。Y 老师让语文课代表当日布置了一个"你眼中的李清照"的 500 字短评，可以第二人称或第三人称写作。这个短评意图使读写结合，让同学们在"声动"的同时"心动""情动"，既培养了学生的写作能力，又拓展了学生的创造思维。

课程结束后，Y 老师对这三种古诗文教学的教学设计方案进行了详细对比和反思。三种教学设计方案她认为都能非常好地激发学生的学习热情，而且都符合《普通高中语文课程标准》（实验版）的要求，但是究其根本来看，为让学生们学习古诗文时更加活跃，提高学生的审美感受力，提高学生的读写能力，尤其是情读和美读的能力，更好地让学生们把握古诗文中的浓浓情感，把工具性知识和人文情感教育相结合，第三种教学设计方案即古诗文"诵读教学法"更为合适，故成为她的教学首选方式。

二、古文诵读如何传情？

Y 老师就自己的古文诵读教学法与 S 中学的其他老师进行沟通，一些老师认为其方法很好，考虑课时和应试，实操意义不大，因为加重了学生负担，高考又不会涉及课内古诗文。也有经验丰富的老老师认为高考改革的洪流会不断涌入"一线教学"当中，让学生爱上语文，爱上文化，提高对国学的兴趣，提升综合素质，孩子们真正喜欢语言文字，真爱语文的他们，成绩又怎会越来越糟呢？

Y 老师经过不断反思和认识，觉得在高一高二进行古诗文"诵读教学"是完全可以的。

有个别老师私下里找到Y老师，认为她的“诵读教学法”缺乏新意。Y老师深思熟虑后，认真思考了几个晚上，她终于明确了古诗文“诵读教学”相比其他朗读法的改良和创新之处。

她认为，古人“诵读”和今人“诵读”有共性，就在于传输和传递“真情实感”。对古诗词泛泛朗读，甚至听读，没有老师进行指导，这种朗读方式与“念经”也似乎无差别，学生真正懂了多少文言知识和现象，又抑或懂了多少作者创作的经历，体会出了其中的多少情感和精神都不得而知。

其实，理性地思考，Y老师不由叹息，在当下高考指挥棒下，如何推行诵读教学和考试考点相结合才是应着重考虑的。有人说“学习学到最后，多年以后，你还记得什么，能运用什么，这才是真正你自己得到的”，Y老师觉得当前鱼龙混杂的信息充斥生活，人情味儿、使命感、道德感以及正确的价值观才是这些介于懵懂与成熟之间、有极强好奇心又期待指引的高中生们当下最需要的。为此，借着学校的文化氛围和弘扬传统文化的氛围，在古诗文教学中，富有历史气息的传统文化以何种方式进入课堂收效最大，是Y老师最需明确的。她始终认为古诗文教学的终极目标应该是对学生的情感渗透。因此，解决“古文诵读如何传情”这一命题就尤其关键。

首先，在Y老师的不断探索下，她结合新课改的理念和精神，在课下以“少留作业”的形式，激发学生课上朗读的兴趣，让学生先转变思维，从“漠视地无情”转变到“积极地参与”的学习状态中。接下来，她和学生一起加入诵读诗文的行列中去，和学生一起编序号抽签，课余时间背诵诗词、文言文，培养学生多练多读的良好习惯。

然后，课上，她时不时让学生们利用语文自习课的十分钟自导自演一个小短剧，惟妙惟肖地模仿古代文人的种种姿态，让学生诵读吟诗，在情境中体会古代文人的情操。只有按部就班地把这些点点滴滴渗透进学生的内心，学生才能更好地读出诗情，品其文意，学其精神。

在“古文诵读教学”方式推进过程中，为了更好地适应新课改以及高考这一无法回避的现实，Y老师不断摸索，最终形成了一堂课四十五分钟，用“诵读”作为“穿针引线”手段的新教学模式。古诗词全篇诵读，课外诗词抽查诵读，文言文找其重点、精髓段落进行品读赏析。Y老师认为老师一人的力量是很薄弱的，只有学生们真正进入“诵读”的大潮中，形成良好的“诵读古诗文”的氛围，才能更好地传递情感。因此，班级“读书角”上越来越多的古诗词诵读读物出现，传统文化、古典文化之风也慢慢在校园的各个角落弥漫。

这时，Y老师逐渐且不断地对她的“古诗文诵读教学”进行系统化和普遍化的课文推广，加大这种“以读传情”的具有感染力的“古诗文诵读”力度，在人教版高中语文教材中不断探索前进。

三、以读传情如何铺筑?

在不断的摸索中，Y 老师进一步明确了运用诵读传递古诗文情感的好处，逐渐把古诗文诵读教学法铺展开来，明确了其应用和适用范围是古诗词、短小精悍的文言文或者长篇文言文的中心段落。有人说，“诵读，是一门艺术，是艺术家才能做的事”。这句话有时也并无道理，“诵读传情”对老师提出了高标准和严要求，老师努力打好古诗文诵读基础尤为重要，老师素养和能力决定了学生的深度和广度。为了让诵读更加顺畅，学校和老师们要进一步加强“传统文化，国学文化进校园”的力度，努力建设丰富多彩的校园和班级天地，让高中的课堂充实而有活力。Y 老师作为一名资历尚浅的青年语文老师，课余时间不断充实自己并影响教研室的其他同事们，“每日一诗”的传统开始在整个办公室流传开来。古诗文诵读教学之路正在她们的脚下一步步实践着，这种种新尝试无形中既帮助了学生了解、热爱诗词文，又促进了语文老师的职业发展和职业成长。

以读传情如何铺筑？Y 老师认为凡诗词文皆有情，文质应该并重，文情应该统一，诵读分类众多，例如范读、齐读、默读、分角色、分性别朗读、个别读等。老师在具体操作时可以根据不同学生、不同班级的具体学情，选择最恰当的诵读形式，分步骤进行读法指导，可以采用“师生互相点评”以及“生生指正点评”的形式来进行指导，从而进行多元化的学习和互助，让学生们通过“正音调”“辨停连”等多种方式更好地把握，更加具体到位地读明、读懂、读透古诗文，以达到鉴赏古诗文的终极目的。

在 Y 老师的不断努力和身体力行下，A 班的同学们由原来只重视数理化、对古典诗词文提不起兴趣的情况，变成了喜欢上古诗文，养成诵读经典古代作品的好习惯。从必修到选修中的古诗文，大家都能做到小组互考，抽签提问，师生共同学习，班级中的文化氛围浓重。教研室语文组的其他老师也慢慢试着推行，让各班级同学进行诵读评比和诗词背诵大赛等。在日复一日的良性循环下，古诗词鉴赏问题在诵读的大环境下迎刃而解，诵读让“初次见面”的生疏诗词文也好像变得无比亲切了。在多次诵读的过程中，古诗文的意境、韵律和情感能够慢慢进入读者的脑海和心田，让读者更好地结合相关资料和背景信息走进创作者的内心世界。

Y 老师意图把诵读当成主线，适当穿插引导讲解，严格按照新课程改革的精神进行教与学。在“以学生为主体，老师为主导”的教学理念下，老师只是辅助者，养成良好习惯后的学生们才是学习的真正主人翁。因此，自主诵读，自由诵读，反复品读古代文人墨客的雅兴和逸致，从中学习到他们的精神品格和掺杂其中的人生感悟，正是 Y 老师以及 S 中学的各位语文老师们不断追寻、守护以及永不止步探索和创新的。

四、诵读教学路上经历如何?

Y 老师的“古诗文诵读教学”的探索之路，是一条荆棘、质疑、掌声和赞扬交织而成的路。在这条探索之路上有着很多成绩，同时也有着丝丝隐忧，但是观其根本，Y 老师认为以读传情的古诗文诵读教学还是有着某些成效与作用的。

（一）S 中学古诗文诵读教学颇具规模

对于古诗文的恐惧感是否逐渐消逝，同学们又能否更好地对古代文人“知人论世”，诗情画意下又是否能够激起与古代文人的共鸣呢？这里最有发言权的应该就是 Y 老师。

Y 老师班级里“读书角”的书不断更新。正逢课间，热热闹闹的教室里，有一些学生正在讨论王国维的《人间词话》，靠门边的两个男同学正在就陆游两首诗的出处和创作年代进行着争辩，第一排两个女孩在聊着天：“古诗文也没有我想象中的难嘛！之前一窍不通，现在通过疏通文义、诵读学习，第一次觉得古人没那么‘老’了，原来我们真的可以感同身受啊，这感觉太奇妙了。”“可不，最初一点也不喜欢学古代的课文篇目，总打瞌睡，提不起精神，现在真是要感谢 Y 老师课堂上让我们交流互动，给予我们的学习帮助，Y 老师让大家反复读诗文还真是有点用呢。”

在 Y 老师的个人魅力和 A 班学生们的影响下，越来越多的班级自觉或不自觉地加入古诗文诵读的行列中来，力争用诵读来传递真情，来体会诗情和文情。如今几年过去了，作为省级示范性高中的 S 中学，也已编订出版了一本符合学校学情的诵读读本。老师们把它作为补充教材广泛推广使用。Y 老师的古诗文教学理念颇具影响力，S 中学高一高二学年的古诗文诵读和角色扮演在全校范围内也开展得越来越普遍。

（二）S 中学实施古诗文诵读的优势

面对高考的压力，S 中学也在进行着改革和调整。学校把教学古诗文这一基础环节——诵读教学，更多放在高一学年、高二学年上学期，采用“诵读教学法”进行诗词文教学，其他时间重点还是以知识性整理和解题技巧训练为主。这不免令 Y 老师和同事们心生叹息，但又无可奈何。诗词文的诵读能力和理解水平影响着国民素质、文化层次和道德修养，因此 Y 老师在推行其诵读教学法时，受到的外界阻力和内在压力都十分大。她一直秉承着新课改提出的“诵读古代诗词和文言文，背诵一定数量的名篇”的精神，努力带动学生“多学多会，多读多感”，试图在大环境的压力下找到前进的曙光。

Y 老师虽然自信，但是也在时刻担心诵读教学持久性的问题，因为多方因素的重压和来自普通中学的质疑时时会出现在耳畔。Y 老师认为，情感教育的适用性是全面的、大众化的，古诗词诵读开展难度可以适度变化，但宗旨只要是“诵读为传文章真情”，就是合理且有效的。在此基础上，她一直坚持初心，努力为同学们打开学习诗词文的方便之门，引领学生坚持用“诵读教学法”来进行情感教育的渗透。

（三）Y 老师的教学理念成效显著

在鲜花与荆棘、掌声和质疑相伴的道路上，Y 老师一直秉承新课程改革的精神，不忘初心，潜心育人，一直坚持“以人为本”“为了每一位学生的发展”的教育理念和教育准则。因此，她的语文课堂内外没有死气沉沉的“言者谆谆，听者昏昏”的局面，取而代之的是书声琅琅，古诗文在诵读声中似乎生成了一双翅膀，诵读让 Y 老师的学生们体会到了更多的自由、幸福和快乐，也让学生们有了更多和古代文人骚客们“交流”和“碰撞”的机会。

Y 老师在不断学习摸索中，为了让学生可以始终怀揣对“读”的热情，她把“诵读教学法”具体化，逐渐根据诵读的不同篇章进行分类，形成了一套“听读—教读—说读—背读—译读”环环相扣的诵读体系，一堂课可以择其一二环节来读，也可以每个环节都有涉及，针对不同类型的古诗文，有的放矢地解决古诗文诵读中的重难点和相关问题，在努力探索中，Y 老师有所成长和收获，她的教学理念也逐渐成形，慢慢在各班级和学生们的身心中都起到了积极的影响。

S 中学语文教研组组长和高一语文备课组组长都很欣赏她的“诵读教学法”，他们让高一学年组的班主任们都设立一个班级“读书角”，把“读书角”设置为诗词交流鉴赏的一个平台，鼓励更多同学互相分享好诗、好词，并让高一学年组牵头举办“诗词分享大会”“诗词创作漂流瓶”“诗文答题”等活动，Y 老师古诗文诵读教学理念的在 S 中学的普及程度也越来越高。

关于未来，Y 老师认为通过诵读来传递古诗文中复杂多变的各类情感的方式应该更加完善、更加具体，以更好地适应充满未知和挑战的教育教学工作。前方无论有着怎样的问题，Y 老师都坚信“众人拾柴火焰高”的道理，以读传情的古诗文诵读教学任重而道远。

结　语

语文课程的基本特点是工具性和人文性的统一，这就要求语文课程必须可操作且充满人文情怀，直抵学生内心。古诗文教学是语文教育教学不可回避的重头戏之一，因古诗文年代久远，用语相对生僻，更应该重点关注。Y 老师作为一名年轻的语文老师，全方位地了解“听说读写”四者的关系，对诵读加以巩固提升，使得古诗文少了枯燥乏味，多了人情味儿。在前期探索中，她不断尝试各类古诗文教学方法，逐渐找到古诗文教学的最佳方式，使得 S 中学这类省级示范性高中的教学“得法”，让更多“无生气”的学子们重新对语文学习燃起了热情，激发了学习兴趣。

在推广和实施中也并非事事如意、一帆风顺，Y 老师有时也在思考，这种诵读传情的古诗文教学是否对老师素养和老师能力要求偏高？是否它也可以为乡村和其他城镇高中所用？事物的发展是多面性且多角度的，还有种种亟待考虑和解决的问题，古诗文教学一直是让很多人头疼的板块，它的分量与地位在语文教学中也必将越来越重。面对复杂化、多样化的问题，不仅 Y 老师和 S 中学各位语文组同仁应认真思索，广大老师们也应共同探讨和创新。

【案例思考题】

1. “古诗文教学难”现象的原因是什么？为何让师生觉得难以把控？

2. 通过诵读来传递真情实感，师生间真正会得到哪些益处？

3. Y 老师的古诗文诵读法有哪些可以再加改进之处？如果你是 Y 老师，你有哪些更高明的选择？

4. 作为一名年轻老师，你认为怎样才能有效提升自身诵读水平或诵读指导水平，通过诵读感染学生，真正让学生学会诵读，爱上诵读，进而爱上古诗文？

5. 还有哪些教学手段和教学方式，可以让传统文化之美浸润到学生们丰富的个人情感世界？

【案例使用说明】

1. 适用范围

适用对象：中学语文老师，中学教育工作者，中学教研管理人员。

适合课程：中学语文，中学语文教育教学，古诗文教学，听说读写训练，传统文化诵读专题，老师专业发展。

2. 教学目的

（1）积累关于中学语文古诗文教育教学方面的经验；

（2）培养中学生热爱祖国语言文字的能力和审美感受能力；

（3）掌握中学古诗文“教”与“学”的多重方式和方法；

（4）养成良好的阅读习惯，加强探究意识的训练，提高分析问题和解决问题的能力；

（5）提高学生的人文情怀，文化底蕴以及语文核心素养。

3. 要点提示

（1）相关理论

古诗文教学理论：余映潮诵读教学理论，孙绍振古诗文教学思想，于漪“情感教育”理论；

教学改革理论：人本主义教学改革理论，建构主义教学改革理论；

老师专业发展理论：老师专业发展阶段理论，老师信念、老师情感、老师知识和老师技能。

（2）关键知识点

诵读教学，中学古诗文教学，情感教育，老师专业发展，师生合作方式。

（3）关键能力点

整体了解古诗文教学改革的方向，领导教学变革的决策推动能力，促进学生发展的规划能力，诵读教学法的深入研读和实践力度。

（4）案例分析思路

通过对 S 中学 Y 老师古诗文教学的思索和反思，找到解决古诗文教学中的重难点问题，分析成因和老师心路历程，得出“诵读传情”的重要性和必要性，引导学生热爱传统文化并诵读经典，为全年级和其他高中提供古诗文诵读教学方案，更好地对中学教学所存在的实际问题进行有效指导和借鉴。

4. 教学建议

时间安排：高一学年语文古诗文教学时间。

环节安排：利用课堂渗透和课内外辅助指导。

人数要求：50 人以下的班级教学。

教学方法：诵读教学法，讨论法，以读为主，传递诗词文的内在情感，兼以老师的示范朗读，点评和指导。

工具选择：报刊、书籍、多媒体等。

组织引导：老师设置情境，创设古诗文的浓厚读书氛围，让学生进行各类诵读尝试，适当辅以练笔，从中进行指导和相关建议。

活动设计建议：

（1）课前让学生在“读书角”以及课外涉猎众多古诗文作品。

（2）上课时利用多元化的诵读方式让学生对文本进行感悟和分析，对学生的诵读进行指导、纠正和点拨，传授相关诵读技巧，示范诵读，让学生感受到不同诗词文的情感。

（3）下课后老师及时总结案例教学的得失，以便改进后续的教学行为。

5. 推荐阅读

[1] 余映潮. 余映潮阅读教学艺术五十讲[M]. 西安：陕西师范大学出版社，2005.

[2] 孙绍振. 直谏中学语文教学[M]. 广州：南方日报出版社，2003.

[3] 孙绍振. 月迷津渡——古典诗词个案微观分析[M]. 上海：上海教育出版社，，2015.

[4] 魏书生. 语文教学探索[M]. 郑州：河南大学出版社，1990.

[5] 于漪. 我和语文教学[M]. 北京：人民教育出版社，2003.

M 中学 L 老师的古诗词教学方法探究

刘贵燕[1]

【摘　要】中国是诗歌的国度。古诗词是中华民族传统文化不可分割的一部分。《普通高中语文课程标准》中，语文学科核心素养与课程目标部分包含着文化传承与理解，指学生在学习古诗词时，应继承和弘扬中华优秀传统文化，拓展文化视野，增强文化自信，提升中国特色社会主义文化自信。树立文化自信、继承和弘扬中华传统文化，要求老师在教学过程中选择适宜的、高效的教学方法进行教学，提升教学效果，让学生在学习过程中感受中华传统文化的魅力，从而提升文化自信。在中学语文教学中，古诗词占据教材篇幅的“半壁江山”，由此可见古诗词的重要地位。老师对古诗词的教学方法，会对学生的学习成绩产生直接影响。

【关键词】古诗词；音乐；教学方法

背景信息

M 中学坐落于全国文化先进县贵州平塘，创建于 1931 年。学校现有一校两址，75 个教学班，教职工 358 人，在校生 4683 人。建校 90 多年来，学校始终谨遵教育发展规律和学生的发展规律，扎实推进素质教育和教学模式改革一体，走出了一条与传统教学模式截然不同的道路。在高中语文教学过程中，老师对古诗词的教学方法直接影响学生古诗词板块的得分情况，这就要求老师不仅要钻研教材，还要讲究教学的艺术性，根据学生差异适时调整教学方法。文言文在高中语文中占据“半壁江山”，由此可见文言文的分量。

近来，一个古诗词传唱节目《经典永流传》获得了很高的收视率，同时也引起了人们的热议。这一节目的“兴起”说明人们开始重新审视古诗词，证明人们传承古诗词的意识有了明显增强。教好古诗词难，学好古诗词更难，因此，高中文言文教学对老师和学生来说都是一个挑战。语文老师的古诗词教学方法是影响学生文言文得分的重要因素之一。老师对古诗词的教学不应太“刻板”，要让学生真正学到知识。

---

① 作者简介：刘贵燕，贵州省铜仁市人，都匀市第四中学语文老师，黔南民族师范学院 2017 级学科教学（语文）专业方向硕士研究生；导师：吴一文教授。

案例正文

一、案例主题

我国最早的一部诗歌总集《诗经》开启了诗歌的先河，现在还广为流传。唐代，诗歌被推上了巅峰，这是诗歌最鼎盛的时期，中国也因此被称作“诗的国度”。中国古诗词是中国优秀传统文化的一部分，是中华文化的精粹，更是中华民族的瑰宝。但高中学生普遍害怕古诗文。为什么会出现这样的“怪”现象呢？原因归结为以下几点：①古诗词离现在的生活久远，它的表达方式与现代白话文的表达方式存在较大差异，学生读不懂文言文，自然无法理解其深意；②古诗词语言比较凝练，不似白话文通俗易懂，因此不易理解；③古诗词的意象丰富，学生不了解意象之意。比如“鸿雁”一词在古诗词中就有“鸿雁传书”之意，一般表达对故乡的思念、怀念。如若学生不深究这些，自然无法激发对古诗词的热爱。这些是高中生要掌握的知识点，既是重点，又是难点。从应试方面来讲，古诗词在目前的高考中占有相当大的比例，因此，学习古诗词成为高中生的重点和难点。

对高中语文老师而言，不仅要教好古诗词，更要激发学生的学习兴趣，还要让学生掌握古诗词的知识点和学习古诗词的方法。当然我们的许多高中语文老师也为让学生学好古诗词付出了诸多努力，也教给学生很多学习古诗词的方法。第一种方法是朗读古诗词。这种方法古已有之，所谓“书读百遍其义自见”，这个方法着实好，非常实用。但这一方法适合自觉性强的学生，许多学生做不到早起读书，所以这个方法基本上被放弃了。第二种方法是让学生理解古诗词的含义。古诗词深奥难懂，不仅含义丰富，而且有许多典故。老师在背诵前，先给学生讲解古诗词的大致含义，在理解之后背诵更容易。第三种方法，知人论世。解读古诗词前，先了解诗人生平事迹以及古诗词的中的典故，利用闲暇给学生补充知识，这样便于激发学生的学习兴趣。兴趣才是最好的老师，也是孩子的学习起点。这些方法有用，但效果并不明显。

当今社会，弘扬中华民族优秀传统文化也成现当代人最迫切的任务，中学生是祖国的希望，是经典文化的传承人，因此，中学生学习古诗词的方法也备受教育界重视。但许多老师在教学过程中抱着对学生“恨铁不成钢”的态度，对学生学习古诗词的兴趣不高或是翻来覆去讲仍不理解的现象表现出不耐烦。老师失去了教学的热情，同时也对学生失去了耐心，这种情绪非常不利于学生的发展。

现在，古诗词在高中教学中越来越受到教育界和老师的关注，这种发展趋势十分可喜，但仍有许多老师只看到学生的学习效果，而忽视了老师本身所使用的方法，不关注自身的方法的使用情况，把一切责任归咎于学生自己，从不反思自身问题。因此，老师在古诗词教学中使用适合学生学习的方法是至关重要的，必须贯彻落实到古诗词教学的各个环节。老师自身要严格要求自己，努力激发学生学习古诗词的兴趣。本案例是本人在见习过程中通过大量听课、收集资料整理所得，希望对古诗词教学中遇到难题的老师提供一些帮助，以便于更好地进行古诗词教学，不至于在教学过程中手忙脚乱。

二、案例实录与结果

（一）老师应发展好、利用好“唱功”

老师是学生学习的榜样，理应起到表率作用，老师的一言一行都影响着学生，这就是所谓的“为人师表”。学生对老师的第一印象除了外表所呈现出来的形象之外，其次就是老师的语言。当然这里所指的“唱功”，并非就是音乐上的真正的唱功，而是指老师的教学语言。古诗词教学过程中，老师的发音并不必像主持人那般字正腔圆，但也不可结结巴巴、吐字不清。老师要善于运用亲切、细腻的语言让学生将知识内化于心，这样才能真正激发学生的求知欲，因此老师应把握好自身的教学语言，形成独特的语言教学风格。在古诗词教学过程中，老师发挥好、利用好 “唱功”，这是基本功，老师应该高度重视起来。高中阶段的孩子十分敏感，老师一开始就要发挥好自己的“唱功”，给学生留下第一印象。因此，在古诗词教学中，老师一定要用自己独特的语言魅力去征服学生，凡是学生的难点和困惑点，老师都应竭尽全力去解决，不能把一切责任归咎于学生，要善于从自身角度去思考，改变策略，去解决教学难题，特别是在古诗词这一块，历来就有“得文言者得天下”一说，由此可见古诗词的重要性，这也充分证明了老师发挥“唱功”的必要性。

M 中学 C 班的学生是出了名的难教。基于这种状况，学校研究决定，让 L 老师接下这个“重担”。L 老师是一个非常有气质的老师，教学也很有一套，学生都很喜欢她。在去这个班上课前，她从其他老师那里了解的情况有：这个班的学生不爱回答问题，不喜欢朗诵，爱打，爱闹。

了解到这些后，她决定先上柳永的《雨霖铃》摸摸底。刚开始学生都是一脸的不屑和不耐烦，但 L 老师并没有放弃，而是凭着自己对教学的一腔热忱朗诵完这首词。她独自沉迷在诗词的境界里，完全被柳永的诗意打动，突然被一阵掌声所惊醒，这才意识到自己的朗诵结束了。同学们笑着说：“老师，这是我们真正听过的一节语文课，以后您就是我们的语文老师了，以后您教我们朗诵吧，我们喜欢朗诵。”就这样，L 老师的语文课没有一个同学不喜欢听，同学们课上也积极回答问题，学习古诗词的时候更有同学主动起来朗读，班上还组织了一月一次的朗诵比赛，请 L 老师去当评委。

经过 L 老师的精心调教，C 班的语文成绩明显提高了，慢慢地 L 老师总结发现，其实并非这个班的学生不喜欢语文，而是前面有的老师在教学语言上出了问题。有学生反映老师在课堂一共说 180 多个“好吧”，听得学生耳朵都“长茧”了，更别说什么“语文味”。因此，当学生不喜欢听语文课时，不要理所当然地认为是学生的问题，而老师呢，也千万不要小看教学的语言艺术，因为教学真的很讲究艺术性。

（二）训练学生朗诵

老师除了在课堂上传授古诗词知识外，还得培养学生古诗词朗诵的习惯，因为仅靠老师课堂上的讲解学生知之甚少。人们常说的“书读百遍，其义自现”不无道理。老师教给学生知识，要学生下去反复练习慢慢内化。就古诗词而言，记住很快，但忘得更快，差不多过段时间就会遗忘。但古诗词是高考必考的内容之一，老师可以让学生下载一些较好的朗诵，在闲暇之余多听，听多了慢慢理解，这样也不易忘记。每天听，慢慢形成习惯，这样积累的东西越来越多，也不像刚开始听的那段时间那么累了。积累的古诗词多了，学生自然也有了学习古诗词的信心，朗诵能力也进一步提高。不仅锻炼了学生的思维能力，更培养了学生的言语表达能力，为学生学习语文打下良好基础。因此，老师在古诗词教学过程中，要用正确的方法加以引导，特别是对那些不喜欢古诗词的学生，老师的态度要和蔼，语气要委婉，不要强迫学生去喜欢，少用“必须、一定”这样一些肯定性的词汇。

L 老师在接了 C 班后，发现一个新的问题：尽管这帮孩子现在大多很喜欢古诗词，但学习古诗词的效率却并不高，一些要求背诵的名家名篇在课堂上都记住了，过段时间又忘了。她发现这样的学习方式不利于学生的学习。因此，L 老师每上完一篇背诵篇目，她都会把她认为是最好的朗诵“拷”给学生，让他们下去抽时间听，直到不会忘记、完全记住为止。她还会随时在课堂上叫人起来背诵，篇目就是要求背诵的篇目。因此，学生在这一件事情上不敢马虎，久而久之，学生的语文水平提高了。

过段时间后，L 老师发现，这么做虽然学生的学习兴趣是有了，但是太费时。虽然现在学生的语文知识积累得差不多了，但是学习效率却并不十分明显。

（三）将音乐融入古诗词，帮助学生记忆

学生在背诵书本上“干瘪”的文字时，总会花很长的时间，而且知识点还记不住。根据学生记忆的特点，老师应采取让学生更易记住的方法，强化学生记忆。大部分老师只是为了背诵而强迫学生去背，这样不仅效果差，还会适得其反。相比这样的方法，学生更喜欢简单、愉快的学习方式，比如老师以音乐的方式让学生轻松、愉悦地把古诗词唱出来，这样既让学生喜欢，又让学生记住了知识点。音乐的节奏韵律让学生容易记住，他们从中获得了精神上的快感，才会去重复这一行为，这样重复的结果就是学生可以较长久地记住这个知识点。重复的力量是巨大的，一旦形成习惯，就会不自觉地在这个轨道上运行，而且这些知识一旦学会就会终身受益。相比之下，老师强迫学生去接受知识，非但没让学生掌握相应的知识，反而扼杀了学生学习的信心，这不利于他们的成长，甚至会在不知不觉中伤害他们，那么教育就失去了它的真正意义，反而造成了负面影响。因此，为人师要高度关注学生，从学情出发，寻找适合学生学习的方法，尽可能避免因学习方法不当而给学生造成的心灵创伤。大教育家孔子说过

“因材施教”。学生是一个复杂的群体，每个人都是一个独立的个体，都有着自己的个性。从某种意义上讲，老师要寻找一个大家都喜欢的方法非常难，但如果将音乐注入古诗词让学生学习，这种方法还是有很多人乐意接受的。

M 中学 C 班的学生在学习古诗词《雨霖铃》的时候，L 老师把全诗讲解完后，让同学们用 10 分钟的时间背诵这首词。L 老师话语刚落，下面就响起了一片读书声。10 分钟之后，L 老师开始抽查学生的背诵情况，学生们一脸凝重，但这是检测学生学习效果的有效方法，所以还得继续。

第一位 H 同学背得很不流畅，中间还忘词了，老师提醒了 2 次，最后勉强背完。

第二位 F 同学背得还算流畅，但可能背得太快，中间漏背了一行。

第三位 R 同学背得很流利，完全正确。

第四位 Z 同学由于紧张，刚站起来就忘词，经 L 老师鼓励之后，又试着背了几句，实在背不下去了，就放弃了。

全词一共 8 句，10 分钟加上老师讲的大意，一共一节课的时间，只有少部分学生能够完全记住，这就是缺乏方法的引导。

L 老师随后打开 PPT 点击音乐，用音乐的方式呈现这首词，同学们都特别兴奋。L 老师要求他们跟着伴唱唱这首词，一共唱了 3 遍差不多都能记住了，随后 L 老师关掉音乐让同学们自己唱，大部分同学都会跟着音乐节奏把全词唱出来，而且一字不漏。L 老师在以后的古诗词教学中都用音乐导入让学生背诵，利用学生们对音乐的敏感度，让学生记古诗词，稍微简短一点的几乎都是当堂“消化”，较长的古诗词让学生课后抽时间自己去唱，这样多听几遍也是可以记住的，而且只要跟着旋律唱，一般都不容易忘记。

（四）通过听音乐的方式，培养学生学习古诗词的兴趣

老师在课堂上传授给学生的一定是简单的方法，而不是现成的知识，要想真正理解知识点，仅靠课堂上所学到的远远不够，课堂上学到的知识可以用，但永远不够用。因此，音乐注入古诗词中只能激发学生的兴趣，而不能让学生养成习惯，要长久地记住知识，还要多练、多听。记忆又分为瞬时记忆、短时记忆、长时记忆三种。瞬时记忆特别容易遗忘，要想永久保存还要不断重复，直到永远不会忘记为止，这是从认知的角度出发去认识。所以，即使学生在课堂上当场记住，过段时间不去重复，这样的记忆也容易模糊，直到完全失去。只有不断重复这个动作才能真正记住，把这个当成是每天生活的一部分，养成早晚听音乐的习惯，养成学习古诗词的习惯。

L 老师也是从学生阶段过来的，对学生的心理还是很了解的，知道同学们都是课堂上应付、课下敷衍的人，所以 L 老师要求：“同学们现在都记得，但是我会随时抽查，所以你们下去也还要背，直到自己永远也不会忘记为止，我可以给大家提供一些简单的方法，同学们可以利用早上起床刷牙的时间，把配有古诗词的音乐打开，既可以清醒，又可以记住古诗词，还可以让自己的精神愉悦，何乐而不为呢？还可以利用晚上

睡觉之前听一遍音乐，这样也可以帮助睡眠，而且睡觉前脑子比较清醒，记知识也比较快。我以前读书的时候就是睡觉前背东西，背着背着就睡着了，第二天醒来的时候也就记得了。醒来脑子里全是昨天晚上的知识在头脑中盘旋，这种方法对我来说还是很受用。同学们觉得可以用也可以试一试，要是觉得自己不合适，也可以寻找适合自己的方法，这就因人而异，每个人都有属于自己的方法，不做特别要求。”

三、案例评价

梳理 L 老师的教学过程有以下几方面启发：

1. 在进行古诗词教学前，老师要提升自身的专业素养

现在是一个信息高速发展的时代，要想获得教学方面的知识非常容易。特别是对新手而言，一定要做好古诗词教学的拓展和延伸。对高中生来说，他们已经具备了一定的思维能力，因此，老师应脚踏实地地教学。好老师要想肚子里有货，需要进行很多语文的知识积累。只有多听、多读、多写、多思，闲暇多参加相应的语文教学研讨会，以此提升自己的专业素养，才不至于在教学过程中因出现教学难题而手忙脚乱，也避免学生的学习效率不高。

2. 在教学过程中要选择适合的学习方法

教学从概念出发，教学包括老师的教和学生的学，是双向活动。教学的主体是学生，因此老师在编写教案时，不仅要选择自己所擅长的，更要选择适合学生的。现代教学过程中不再是老师一个人的表演课，更不应出现“一言堂”“满堂灌”的现象，老师不要强迫学生去接受知识，这样教者不快乐，学者也不快乐。所以，老师在教学过程中，一定要从“学情”出发，选择适合学生的方法，尊重学生学习的兴趣，并从学生的兴趣出发培养其对古诗词的兴趣，让中华传统文化深入人心。

3. 良好的教学方法让学生终身受益

对高中生来说，他们已经有了独立思考的能力，他们会对事物做出自己的判断，如若老师使用的教学方法不适合学生的学习习惯，会引起他们的厌学情绪，甚至讨厌老师。反之，学生不仅会喜欢这门课，也会“爱屋及乌”喜欢这个老师。

结　语

老师在教学过程中要善于发现，对学生的学习情况及时收集，对自己的教学方法要适时进行调整，只有这样才能真正将语文课上好，也让学生喜欢。老师对学生的影响是潜移默化的，因此，老师在教学过程中一定要谨言慎行，对教育负责，对学生负责。

【案例思考题】

1. 诗歌与小说的文体特征有何不同?
2. 针对诗歌文体特征，应该采取何种教学方式?
3. 新入职教师应该如何切实提升教学水平?
4. 诗歌在中学教育中具有怎样的价值和作用?

【案例使用说明】

1. 适用范围

适用对象：高中语文老师，汉语言文学专业本科生、硕士生。

适合课程：(1)高中一线“语文”课程。

(2)大中专“中学语文教材教法”课程。

(3)教育专业学位研究生课程：“课程与教学论”“语文课程与教材分析”等。

2. 教学目的

(1)积累中学语文教学方面的知识及经验。

(2)掌握中学语文教学的方法及策略。

(3)培养中学生学习古诗词的兴趣。

3. 要点提示

(1)相关理论

老师专业发展理论：老师的教学艺术、老师的语言艺术、老师的专业素养、教学能力等。

(2)关键知识点

老师的教和学生的学的双边活动。

(3)关键能力点

老师教学的能力，学生的学习能力。

(4)案例分析思路

通过学习国内外教学方法，对国内中学生学习古诗词过程中存在的不足进行分析，引导语文老师把中学古诗词教好。

4. 教学安排

时间安排：每周5次课，时间为20分钟。

环节安排：提前做好各项工作，导入、音乐、上课三个环节。

人数要求：适合40人左右的班级。

教学方法：以学生为主，以老师为辅。

工具选择：多媒体、PPT、音乐等。

组织引导：老师要引导好教学，激发学生学习兴趣，积极参与各项活动。

课后反思：老师及时反思教学案例中存在的不足，如何避免这些问题，以便课堂教学的改进。

5. 推荐阅读

[1] 黄胜. 教育学新编[M]. 成都：西南交通大学出版社，2014.

[2] 李定仁，徐继存. 教学论研究二十年[M]. 北京：人民教育出版社，2016.

X老师诗词教学探索之路

李娴玉[①]

【摘　要】诗词，主要是指以古体诗、近体诗和格律词为代表的中国传统诗歌。通常认为，诗较为适合“言志”，而词更适合“抒情”。诗词是表现心灵的艺术，而诗人、词人则需要掌握成熟的艺术技巧，并按照严格的韵律要求，用凝练的语言、严密的章法、充沛的情感以及丰富的想象来高度集中表现人的精神世界。因近年来古诗词在高考中的占比日益增长，故老师们在诗词教授的过程中较注重解题手法而忽略了诗词所蕴含的情感态度与价值观。X老师对此问题十分重视，为此，他针对诗词教学的内涵与价值鉴赏提出了一套诗词教学的新思想、新方法，力图实现“寓教于乐”。本案例主要从“读”“赏”“写”三个环节，对X老师“新式诗词教学方法”的探索进行描述。

【关键词】文体特征；诗词文本；诗词教学现状；新式诗词教学策略

背景信息

《尚书·虞书》：“诗言志，歌咏言，声依咏，律和声。”《礼记·乐记》：“诗，言其志也；歌，咏其声也；舞，动其容也；三者本于心，然后乐器从之。”早期，诗、歌与乐是合为一体的。诗即歌词，在实际表演中总是配合音乐、舞蹈而歌唱，后来诗、歌、乐、舞各自发展，诗与歌统称诗歌。如今诗歌按照不同的表现形式分为白话诗和旧体诗词，白话诗更多被称为新诗或自由诗，但“诗词”连称时一般指旧体格律诗词。诗词有以下几个基本特点：第一，集中地反映社会生活；第二，抒情言志的思想感情；第三，丰富的想象。根据诗词的基本特点便可以得出一个结论：诗词的情感价值是教学中的重点，不应被忽略。

在鉴赏活动中，能从不同角度、不同层面鉴赏文学作品，能具体清晰地阐释自己对作品的情感、形象、主题和思想内涵、表现形式及作品风格的理解。能比较多个不同作品的异同，能对同一作品的不同阐释发表自己的观点，且内容具体，依据充分。能对作品的艺术形象及价值有独到的感悟和理解。

诗歌起源于上古，是因劳动生产、两性相恋、原始宗教等而产生的一种有韵律、

---

① 作者简介：李娴玉，女，宁夏固原人，黔南民族师范学院2018级学科教学（语文）专业方向研究生；导师：李朝阳教授。

富有感情色彩的语言形式。由此可见诗词的产生与情感态度的表露有密切联系，兼具情感性与动作性两种特征。

有些老师尤其是高中老师面临升学压力，把本应作为教学重点的情感态度与价值观只在课程结束时直接点出，不留给学生思考与鉴赏的空间，诗词中所蕴含的中华传统文化经典内涵就丧失了意义。只疏通词义字义、展示表现手法以及确定情感价值是徒有其表的，若未能掌握情感态度的内在联系，在后续的诗词学习中只能是表皮功夫，更是对于中国优秀传统文化的一种忽视。

诗词主要有三点特征：

第一，集中地反映社会生活。在文学形成之前，我们的祖先为把生产斗争中的经验传递给别人或下一代，以便记忆、传播，就将其编成了顺口溜式的韵文。据闻一多先生考证，“诗”与“志”原是同一个字，“志”从“士”从“心”，表示停止在心上，实际就是记忆。文字产生以后，有了文学的帮助，不必再死记了，这时把一切文字的记载叫“志”。志就是诗。在心为志，发言为诗。

第二，抒情言志的思想感情。诗这种文学样式的创作十分讲究含蓄、凝练。情绪和感情是诗的基础。而诗歌的情绪感情是借助语言描写来表现的，偏重抒情言志。诗人的抒情往往不是情感的直接流露，也不是思想的直接灌输，而是言在此意在彼，写景则借景抒情，咏物则托物言志。诗人的聪明往往就在于他能创造一个或一群新奇的“意象”，含蓄地抒发自己的情感。因此，读者只有反复认真朗读，仔细用心品味，领悟意象寓意，把握诗歌的内容，领会诗歌的主旨，进入诗歌的意境，才能感知诗人的情感。所以，诗歌的阅读鉴赏中，对诗歌情感的准确感知有一定难度。

第三，丰富的想象。《语文课程标准》指出：“读诗歌要展开想象，获得初步的情感体验，感受语言的优美。”叶圣陶先生也说过：“古诗的教学目标是陶冶性情和培养想象能力。”可见想象在古诗词赏析中起着至关重要的作用。

X 老师入职宁夏银川的一所高中，此高中师资力量在本市位于前列，学生的学习水平普遍较高。X 老师作为一名教育专业应届毕业生，教学经验上较为欠缺，但仍以大量精力来进行古诗词教学的研究，希望能探索出宝贵的经验，对今后的教学有所帮助。

案例正文

一、寻找病症

量变是质变的积累，质变是量变的结果。诗词教学所呈现出的状态绝非短期造成的，那么到底是什么阻碍了诗词教学中对于情感态度与价值观的探究呢？应试教育，还是高考指挥棒？抑或是古今字词变化的阻隔？

毋庸置疑，以上因素是导致诗词教学现状的原因，但并不是决定性因素。我们可以认为是学生对于古文字词理解得不够透彻，也可以认为是老师在诗词教学中引导方向有所偏差，亦可以认为是老师与学生单纯追求解题方法来实现速成。因为教学应该由教和学两部分构成，也就是由老师和学生两个主体共同来完成，所以这个问题的解决也应由老师与学生双方来实现。因此 X 老师准备从以下三个方面来解决以上问题。

第一，利用网络学习资源查找古诗词教学视频，以优秀老师的教学设计与公开课为主。

第二，与学校语文老师进行经验交流，向经验丰富的老老师虚心请教，听取其他班级古诗词教学的方式方法，了解其他班级存在的问题及老师的解决方法。

第三，购买《语文教学通讯》等相关语文杂志，阅读并做好摘要，学习名师的教学设计及教学意见，多记录、多总结、多实践。

在经过仔细的调查与耐心的整理之后，X 老师在自己的笔记上写下了以下三点内容：

（1）学生对古诗词教学不感兴趣，换句话讲，学生对古诗词的学习仅仅停留于表层，并未能挖掘出其美感，故学生觉得枯燥无味。

（2）因时代相隔太久，古诗文字词的释义用法复杂，学生在理解时存在前后衔接中断的问题，即在文章内容理解中面临困难，这也是学生更偏爱现当代文的原因。

（3）教学设计并未显现出情感价值：教学设计的作用就在于有序引导课程进行，要想在课堂中展现相互情感价值，那么教学设计中就必须有情感的存在，这就牵扯到老师自身的设计理念。无情感设计，哪有实践中情感流露一说？

以上便是 X 老师总结出的古诗词教学的症结，“知其然而不知其所以然”在教学中是大忌，故而 X 老师着手此问题的解决。

二、探索缘由

X 老师从教学、老师、学生三个角度出发，他指出：抓住问题有针对性地提出教学整改，就可以有效解决以上三点问题，让古诗词的“情感价值”进入每一位学生的学习探索、感受过程。

按照学校的教学管理制度，每一位语文老师都要担负两个班的语文教学任务。X 老师则想让 A 班做古诗词教学的先锋，在课前的教学设计中事无巨细地罗列：提问的设计、学生的回答预设、借助作者生平来带动情感的流动等在 X 老师心中稳而有序地装着，就等在课堂上释放。可这节语文课结束后，X 老师心中空荡荡，因为自己的教学设计没有在课堂中展现出来，这堂课可以用成语“按部就班”来形容：写作背景、作者生平只是泛泛介绍，“情感”二字压根就插不进去，词义按照注释来释义做笔记；句子翻译是照本宣科，句式分析老师在黑板上写，同学没有任何提问的记录。一节 45 分钟的课就这样无思想冲突平静地结束，X 老师心中万般苦闷，自己满档无缝的设计为何还是无法将学生带入其中？

X 老师希望学生对诗词中的情感态度与价值观的内在情感有较深的理解，而并非单纯为获得解题方法；希望大家能够获得情感上的陶冶，并非为了学习而学习。在此考虑之下，X 老师认为要加大思想认知教学的力度，X 老师重新思考了上节课自己的教学方法与同学们的表现，有了以下认识：

（1）对于思想情感的挖掘不够深，虽说上一堂课已经未将理解内容作为教学重点，但是仔细琢磨各个教学环节，仍是通过字词分析人物情感，通过词中意象分析作者所指的内容，这样的模式太过于平淡。

（2）老师的“讲”所占的时间太多，这就从根本上压制了学生的思考与表达，老师不该把所有的问题给同学们罗列出来，然后引导同学思考得出答案。换个角度来讲就是：问题的提出与解答都应留给学生，让学生自己读、自己理解，遇到坎儿过不去也得由学生自己察觉，再提出解决。

一天下午，X 老师在阅读课上发现有不少同学阅读漫画版的《钱塘湖春行》《次北固山下》《西江月》等古诗词。老师觉得很奇怪，学生主动阅读古诗词还能在书中做笔记，这与同学在课堂上的表现大相径庭。只是形式上的改变难道就可以有这样大程度的差别吗？X 老师后来找到这语文学习委员来询问情况。原来这种漫画版的古诗词书籍在学生中很是流行，同学们都觉得这种模式很新颖，内容外加漫画很有新意，一些在课本中看不到的内容衔接也可以在漫画中学习到。这极大地勾起了 X 老师的好奇心，决心弄清楚课本与漫画本的吸引力到底有何区别，并决定在周三的语文早读课与同学讨论这个问题。

X 老师让同学们停下朗读，告诉同学们自己发现了他们在阅读课上看漫画书的事情。同学们听到后全都低着头窃窃私语，就是不见有同学站起来对这个事解释说明下。在同学们看来，这个事情绝对是挑战了老师权威，同样的内容在课堂上大家反应平平，但却对漫画版爱不释手。站在讲台上的 X 老师对同学们的心理活动看得一清二楚，接着说：“热爱本身没有错，老师也没打算追究这件事。只不过老师有个疑问需要同学们的回答——大家喜不喜欢古诗词？为什么？”X 老师紧接着明确告诉大家：“这只是一个小调查，老师只是想了解同学们心中最真实的想法。只有知道大家存在的问题，才能对症下药。前后桌每四位同学组成一个小组，每组同学至少要提出一个问题，根据同学们提出的问题，老师会对教学进行修改，以便咱们的语文课与同学的需求相一致。”

语文课代表站起来说道：“我不喜欢学习古诗词，古诗词难以理解又难背诵。”其他同学都用惊恐的眼神看了看他，老师在电脑上把他的话记录下来。见老师没有生气，同学们纷纷举手想要回答，X 老师终于可以和学生进行平等真正的交流。为了能够更深层次地探究问题与原因之所在，X 老师在之前问题的基础上，再提出了四个问题：

（1）关于课本上的古诗词内容与老师的讲授方式，有什么意见？

（2）对于漫画版的古诗词，同学们喜欢哪些方面？

（3）同学们希望古诗词单元的内容怎么教学？

（4）同学们能在古诗词中感受到蕴含的情感吗？

很快 X 老师就在电脑上列出了几条内容，试着分析下发现，大多数同学不喜欢诗词在课本中的形式，原因主要有以下几个方面：

（1）漫画版的古诗词丰富了想象，加深内容理解。

（2）诗词中的句式、字词与现代差别太大，难以理解。

（3）情感表达太过于委婉。

（4）看见课本中的内容提不起兴趣。

这节早读交流课 X 老师收获很多，学生所提的意见让他瞬间豁然开朗。古诗词教学的问题就在于老师并未做好诗词句的释义和与情感价值之间的桥梁连接，没有对内容进行发散丰富，学生没有办法与作者进行沟通。

X 老师突然有了强大的心理准备，想要在 B 班上《沁园春・长沙》这首词。这次从学生的角度入手，上课前征求学生意见："你们希望这堂课怎么上？"师生双方共同制定上课内容、确定教学方法，这使学生参与其中，使学生贴近教学内容，鼓励其自己找问题并自行解决。

三、对症下药

（一）"读"

古诗词的"读"长久以来在教学中被轻视甚至忽视，所以在教学中必须重视起来。首先要认真阅读，领会作者的感情。结合作者的经历与写作背景，努力去产生共鸣，使自己的感受接近作者的情感。

课表设置中，B 班周四早读，所以 X 老师预备借着早读开展他教学设计的第一步。

周四早读，X 老师提出了两点要求：

（1）需要反反复复地朗读，朗读过程中一定要注意诗词中所蕴含的作者情感，融入感情地来进行朗读；

（2）同学们在朗读中要结合注释对诗大体形成感知理解，带着理解朗读。

（3）预留出一周的时间给同学，全班分为 4 个小组，根据《沁园春・长沙》这首词的长度，每一小组划分 4 句，单留第四组同学自行商量，设置自己的任务，尽可能地以漫画中展现的古诗词内容为模板来做准备。四组同学需要在朗读中讨论怎样理解词中作者所要表达的情感态度，每个同学都可以提出自己的看法与建议。同学们听说要小组合作自主分析，满是兴奋，终于体会到自己主导的乐趣。最好的教学方法就是激发学生的学习兴趣，X 老师这次的教学就立足于这一点。而预留出一周的时间则是要让 B 班同学利用早读课自主朗读，因为只有反复朗读才能熟悉以及深入地理解词，这既是诗词教学的重点，也是诗词情感探索的前提。

（二）“演”

从朗读到内容理解再到情感感知，从形式上来讲是一体的，但对于大多数同学来说，这些环节在实施中都存在困难，因为主动权已经交给了学生，所以出现的问题他们自行解决，整个过程也是探究学习的过程，学生由“被动”变为“主动”，这本身就已经是进步了。

所以 X 老师布置给 B 班的任务，实际上给予了 B 班一个自主阅读、个性阅读的空间。学生可以自主设计，把自己的思想、想法全部倾注其中。但 X 老师也不怕学生偏离太远，因为有同学们感兴趣的漫画版做引导，学生有依据可循，但又不会完全照搬。X 老师的目的之一是突破原有的“老师主体、学生被动”的教学模式，还学生自主阅读的空间，这不仅能增强学生阅读主动性，也能带动学生通过诗词朗读逐步深入研读作者情感，揣测人物内心活动，从另一个角度推动学生完成“读”和“学”的任务。

第二周很快就到来了，“我是朗读者”在同学们热烈掌声中拉开帷幕。X 老师自带摄像机，准备录下同学们的精彩表演。同学们情绪更加高涨，人人打起十二分精神，准备把自己最饱满的一面呈现出来。

同学们果真因为浓厚的兴趣做了最为充足的准备。同学们表演虽有欠缺，但非常用心，很有感染力。例如第三组选取的是词的前四句，同学们对句子读音、情感起伏高低等的把握相当到位，朗读节奏感准确，以至于台下的另外几组同学都拍手叫好。其余三组同学朗读结束后便进入小组对于词中作者所要表达的情感态度的理解。

朗读结束便正式进入表演环节：第一组同学以诗词的前两句演绎开启序幕。四位同学头顶着大片的橘色花朵，站立在讲台的左侧。两位个子高的男生，身披蓝色的长条，语文课代表站在讲台的右侧，向橘色那片望去，大喊道：“独立寒秋，湘江北去，橘子洲头，这滚滚北区的湘江水足够寒冷，这与柳宗元的《江雪》中的‘独钓寒江雪’并无二致。”此时，第四组的同学作为后备人员包围住讲台，以手动的形式挥动扫帚，向讲台处送风。此刻，语文课代表全身冷得颤抖起来。

第二组同学迅速上台，首先映入眼帘的是令人眼花缭乱的颜色，火红的枫叶，若隐若现的蓝色山峰，跳跃在河中的鱼，翱翔于天空的雄鹰以及没有载客的船只：三个个子高加一个个子矮的同学，身上挂着枫叶红色的纸片，表示“万山红遍、层林尽染”，表现了红色的枫林。讲台下半躺着三位身披浅蓝色床单的同学，左右上下缓慢地旋转，这是江水漫溢之状，展现了江面上千帆竞发、争先恐后的热闹场面。剩下的同学并列三排，将手中折叠的纸鹤、飞机向教室的各个角落扔出，伴随着同学们模拟的雄鹰的声音，把雄鹰展翅奋飞、迅猛有力地拍打天空的那种矫健勇猛的雄姿表现了出来。转眼间，手持扫帚、拖把、黑板擦的第三组同学以迅雷不及掩耳之势并列成三排，左腿统一向前弯曲，慷慨激昂道：“这被压迫、被剥削的人民啊！你们看着生机勃勃的大自然和广阔的宇宙，面对着大自然和宇宙中自由竞争的万物，你可曾想到祖国命运跟革命的未来，到底是谁来主宰国家的命运掌握民族前途？”第四组同学以矫健的身姿将一股青春之风带上了讲台，手牵手，指向眼前的树林，两两骑坐在讲台上商讨国家大事。一阵秋风吹过，同学们只是抖抖衣衫，大喊道："指点江山，激扬文字，粪土当年万户侯。曾记否，到中流击水，浪遏飞舟？"

X 老师还没有从这激情昂扬氛围中抽离出来，掌声便从四面八方响起，够震撼，够昂扬，让 X 老师震惊不已的不仅仅是同学们前后衔接无误的表演，更是对于课本中难以理解的情感态度的准确展现，如果说第一、二组同学展现的是景色的动态与静态，那么第三组同学则是将感情融入，以朗诵和表演相接的方式，将作者的情感态度毫无遗漏地表现出来，这远超 X 老师最初的设想，掌声长久不息，或许连同学们自己都没有想象到这节课的表演会如此震撼。

待同学们将道具归纳好，回到自己的座位上，X 老师开口道："你们居然隐藏了自己这么强大专业的表演能力！"

同学们毫不掩饰地哈哈大笑起来，X 老师接着问道："这首词的情感价值是否依旧那么难理解？"

同学们齐声答道："这首诗词的情感我们已经用我们自己的形式表达出来，表达得很直接，一点都不难理解。之前是因为在课本中以文字的形式进行展现，我们的理解也只能从字面意思上来。"

"那你们喜欢这种表演形式的教学吗？你们觉得在这种形式的教学中还能学到些什么？"X 老师趁热打铁继续问道。

"虽然说我们准备的过程很辛苦也很累，但是我们可以把自己思考的东西全部加进去。我们自己设计自己表演，拉近了我们与这首词、作者之间的距离。这首词不再是冷冰冰的文字，而是看起来活跃着的故事。"语文课代表作为代表发言。

X 老师心中大为高兴，看来通过这一节诗词表演课已经将自己最想要解决的问题完美地解决了，而且，同学们在此之外还收获了自主学习、探究的能力，改变了原有的学习方式，可谓是"一箭三雕"。

（三）"赏"

经过上节课的朗读环节，同学们直观感受到这首词特定的时代背景、作者的情感变化以及诗中意象暗含的作者性格特征。X 老师在引导 B 班同学反复自主朗读、实践朗读的基础上，又一次回归文本。这节课主要询问同学们在朗读过程中遇到了哪些由于对课文理解不够深入而直接影响朗读情感的地方，并就此问题进行讨论。以下是 X 老师与学生的问答环节。

X 老师：同学们，今天我想请大家回忆一下，大家在诗词朗读时，都遇到了哪些困难？

X 老师：大家不要急，我们依旧按照之前的划分，以小组为单位讨论并记录下来，然后各组派一个代表起来讲述。

第一组：我们不知道剧中的哪些地方朗读时情感基调需要高涨，哪些地方语言沉郁顿挫。

第二组：我们对有些意象的定位把握不准，导致朗读技巧欠缺。

第三组：我们能够感受到一些作者的情感变化，却把握不准确。

第四组：我们小组在朗读过程中情感基调是变化不大，我们想知道原因是什么。

X 老师：大家都把自己遇到的困难说了出来，看来大家都有当朗读大家与鉴赏者的天赋啊！（生笑）接下来我将带着同学们一起去寻找答案。

X 老师准备用昨天第三组的表演引导大家学习课文，鼓励学生自己带着表演时存在的疑问去寻找答案。目的是利用学生的优势去解决学生存在的问题，更容易使学生掌握知识要点。

X 老师：在回答大家的问题之前，我想请大家先回忆一下上节课是哪个小组获得了“最佳表演小组”的称号。

全班同学：第三组。

X 老师：是的，第三组是我们大家一起选出来表演得最好的一组。那为什么大家都一致选定第三组为“最佳表演小组”呢？诗词朗读最突出的特征就是通过对句子的理解，通过诗词中人物的情感状态来表现矛盾冲突。那么大家认为第三组的同学们是否把朗读最重要的特征表现出来了呢？

全班同学：表现出来了。

X 老师：大家从这一组的表演中都看到了哪些情感变化所引导的朗读语气变化呢？

全班同学：空中的雄鹰——天空开阔，秋高气爽，飞翔雄姿矫健；水底的游鱼——江水明澈，秋水长天，游动欢愉自在。上述意象一反传统秋词的萧瑟凄凉，而是广博宏伟、雄峻绚丽，竞相向上，生机勃勃，这与作者积极向上、昂扬奋发的精神状态相契合。面对如此壮景，诗人自然而然发出了疑问：“怅寥廓，问苍茫大地，谁主沉浮？”即主体是谁？他们具有怎样的精神？在做什么事？

X 老师：同学们考虑得很是全面。

同学们带着问题阅读课文节选部分，加上之前排练时搜集的大部分资料，又有上节课第二组小组精湛的演技，很快大家都能够自主解答清楚以上四个问题，并且理解了课文最关键的点就在于通过词中众多意象来明确作者情感态度的变化。

X 老师：现在大家课前提出的困难都找到答案了吗？

这时许多同学都感觉对课文的理解明朗了许多，连忙回答道：“找到了。”

第一组同学对他们提出的问题思考后做出了回答：“山上的层林——山势绵延，树木深茂，色彩浓艳鲜明；江中的百舸——河水丰盈，船只众多，感觉昂扬奋进。”

第二组同学对他们提出的问题思考后做出了回答：“对长沙秋景的描绘和对青年时

代革命斗争生活的回忆，抒写出革命青年对国家命运的感慨和以天下为己任、蔑视反动统治者、改造旧中国的豪情壮志。”

第三组同学对他们提出的问题思考后做出了回答：“一个‘击’，一个‘遏’，一种强劲的力量扑面而来，这种力量不仅来自身体，更来自精神，这是为了主宰个人命运，为了拯救民族未来上下求索，青春的激情在自我价值和社会价值双重支配下完善着人生的责任和价值观。”

X 老师欣慰地点点头。

这一系列教学方法不仅充分发挥了学生的课堂主体地位，让同学们自己去发现问题，寻找答案，还充分利用了学生的表演优势作为教学资源，学生获得充分参与，增强了学习积极性，养成了团队协作、主动探索和敢于创新的精神，提升了学生的语文核心素养和作为一个现代人的基本素质。

戏剧教学除了能在体验探究的基础上梳理诗词意象的深层含义，激发想象力和逻辑思维能力，还能最终提升语言运用能力，提高语文核心素养。

通过“读”“演”“赏”三个环节，加上个人努力和老师点拨，同学们对于诗词中情感价值观的鉴赏又上升了一个台阶。

（四）“查”

通过“读”“演”“赏”三个环节，X 老师用时两个课时基本将诗词讲解透彻，但是这并不代表同学们已经完全掌握诗词相关知识，依然需要借助常规检测来衡量教学目标是否完成，是否收到了满意的教学效果。

于是 X 老师布置作业：学生自由选择词中的三个意象来分析其所蕴含的作者的情感和价值观。这其实是对诗词中方法与情感内涵相结合的知识点的考察，以及对诗词文体特征的理解等内容进行考察。这说明 X 老师虽然着眼于诗词教学方法的革新与探索，但是并不排斥传统的学习检测方法，在一定程度上，两者可以实现无缝衔接。

由此，X 老师将诗词教学分成“读”“演”“赏”“查”四个环节，耗用两节语文早读和两个课时，在教学中环环相扣，形成一套严谨的新式诗词教学体系。

四、反思与展望

虽说经过以上教学设计，学生对于诗词的情感的感知比之前进步太多，但老师依旧无法掌握学生探索的方式，因为课堂设计的内容完全由学生自己制作，只是呈现给课堂与老师，老师从这个意义上来讲只是位观摩者，所以老师的“主导”作用并未显现出来，“所以然”更是成谜。那么应该如何解决这个问题呢？将学生的思考探知的过程引入课堂教学，学生可以分组进行组内讨论，每组就自己的观点来进行讨论，思想碰撞，在阐述自身观点时倾听他组意见，更是思考方式的借鉴与自我完善，这就将老师最重要的问题给解决掉。诗词的新式演绎与探知方式的明确，外加学生兴趣的培养，这是值得语文老师探求的教学方式。

结　语

由于诗词的重点在于教学能够使学生理解并潜移默化地感知和继承中国优秀传统文化，所以带着鉴赏的心态进入诗词学习，可以亲身体会作为“朗读者”与“表演者”的欣喜与困惑，这对学生是一段新鲜的经历。从这个角度来讲，这类形式的教学方式值得深入探究发掘。X 老师的实际教学效果是新式诗词教学法能让学生既学到知识，又能提高鉴赏能力，以学生为主体来讲授，这是有极大的优势的。

X 老师通过新式诗词教学法，使学生掌握诗词的文体特征，明确诗词中所蕴含的情感价值观，并培养学生的探究的能力，这对老师提出了更高的要求。本案例探索出的诗词教学“读”“演”“赏”“查”的教学方法对改善诗词教学现状有一定的促进作用，但在如何衡量诗词教学标准上仍然有所欠缺，有待后续研究者进一步深入研究。

【案例思考题】

1. 诗词教学所呈现出的现状绝非短期造成的，那么到底是什么阻碍诗词教学中对于情感态度与价值观的探究？应试教育，还是高考指挥棒？抑或是古今字词差异导致的阻隔？

2. 学生通过“读”“演”“赏”“查”四个方面是否真正能够转变对诗词厌恶的心理？

3. 在诗词教学中对于“查”这一环节，应该怎样去完善，才能更好地检测学生对于诗词知识的掌握？

4. 除了 X 老师提出的“读”“演”“赏”“查”的诗词教学方法以外，还有哪些诗词教学方法？

5. 在古诗词的实际教学中，还有什么更优秀的教法可以借鉴？

【案例使用说明书】

1. 适用范围

适用对象：中学语文教师，汉语言文学专业、语文教育和语文课程教学论及相关专业专科生、本科生、研究生。

适合课程：（1）中学一线“语文”课程；

（2）大中专“中学语文教材教法”课程；

（3）教育专业学位研究生课程：“课程与教学论”“语文课程与教材分析”“语文教学设计与案例分析”“语文学科基础与前沿问题”等。

2. 教学目的

（1）明确当前诗词教学现状。

（2）提出符合新课标的诗词教学策略。

（3）掌握诗词的文体特征，诗词与小说的区别，诗词音乐性等方面的特点。

3. 要点提示

（1）相关理论

文学理论；

文体理论；

诗词和小说理论；

教师专业发展理论。

（2）关键知识点

诗词的文体特征，诗词教学当前面临的尴尬境遇，导致诗词尴尬境遇的原因，诗词与小说的异同，诗词的音乐性特色，诗词教学的有效策略。

（3）关键能力点

从宏观上了解当前高中教育现状，捕捉高中语文教学优劣短长，找到解决现有难题的突破口，深入了解中学生心理状况，因势利导地引导学生进入学习状态，课堂教学收放自如，既让学生充分参与教学，体现师生平等关系，又能掌控整个教学环节。

此外，相应的知识面和必要的文学理论修养也是不可或缺的。

（4）案例分析思路

通过 X 老师从思想到行动、从社会到学校、从老师到学生进行的一系列分析与调查，揭示导致诗词教学边缘化的诸多原因，X 老师专门针对传统教学模式仅限于教师单向知识传授，学生难以参与教学，教学套路化、模式化现象严重，学生学习积极性不高，学习效果不好等问题，提出新的诗词教学法。

教学实践显示，X 老师的诗词教学法紧扣语文核心素养，能够在全面发展的基础上对学生进行艺术欣赏、写作，甚至排练、演出等能力进行培养，更有助于培养学生树立积极健康的审美意识，增强审美能力。

4. 教学建议

时间安排：中学标准课 2 节：90 分钟。讲解、分析课文 1 节，学生诵读、理解、领悟及观看视频资料 1 节。

人数要求：50 人左右的班级教学。

教学方法：以学生知识掌握、个性发展和艺术能力培养为目标，不脱离文本，老师只在学生出现困惑时进行点评。

工具选择：多媒体。

组织引导：教师布置任务清晰，预习要求明确。
学生存在问题时及时给予建议与帮助。
活动设计建议：
课前计划 4 节课，要求学生课前预习，自行诵读。
上课前做好教学准备。
教师适时了解学生在表演戏剧中存在的问题，引导学生回到课本中解决。

审美视角下的古诗词教学
——以 X 老师的《登高》为例

贠志琨[①]

【摘　要】古诗词是中学语文教学的重要内容，其蕴含着丰富的情感、思想价值和美学意蕴。深入把握古诗，理解古诗，体会古诗独具特色的美，主动地分析领会古诗所具有的美，有利于全面提高学生的语文核心素养。目前学生在应试教育之下，对古诗词的把握大部分停留在知识层面，鲜有老师能够将古诗词的教学拉回到语文教育上来，从而导致古诗词的课堂死板枯燥，学生体会不到古诗词的美。X 老师则十分重视古诗词的审美教学，在应试教育之下提出了自己对于古诗词教学的新观点和看法。本案例主要从审美的角度谈古诗词的教学，力求通过 X 老师的探索切实提高学生的古诗词素养。

【关键词】古诗词；审美；教学策略

背景信息

“审美”是人类理解世界的一种特殊形式，是指人与世界（社会和自然）形成的一种无功利的、形象的和情感的关系状态。“审美教育”在狭义上讲就是通过艺术手段对人进行教育。语文审美教育是以美学和审美理论为指导，以培养受教育者审美创造能力和审美心理结构为直接目的，以塑造全面发展的完美个性为最终指向的形象化的情感教育。

在语文教学中，古典诗歌阅读欣赏的比重较大，不能忽视对学生进行古诗的审美教育。古诗的审美教育使学生走进古诗词的殿堂，感受古诗词，提高自身的古诗词素养。

《普通高中语文课程标准（2017 年版）》中明确指出，语文学科核心素养主要包括“语言建构与运用”“思维发展与提升”“审美鉴赏与创造”“文化传承与理解”四个方面。“审美鉴赏与创造”部分明确指出：“审美鉴赏与创造是指学生在语文学习中，通过审美体验、评价等活动形成正确审美意识、健康向上的审美情趣与鉴赏品味，并在此过程中逐步掌握表现、创造美的方法。”由此可见，审美无论是于语文教学本身而言，还是于学生而言，都有着举足轻重的作用。

古诗词不仅仅是我们看到的那短小精悍的文字，其背后包含着一个个或悲或喜的故事，这一首首诗一句句词背后隐藏着的更是一个个鲜活真实的人。许多古典诗词都是诗人内在意识和心境的有机结合，是诗人目睹了、经历了才加以表达的产物，是诗

---

① 作者简介：贠志琨，女，内蒙古赤峰人，黔南民族师范学院 2018 级学科教学（语文）专业方向在读研究生；导师：白红兵教授。

人对当下生活的感悟与情感。因此，古诗词的教学就不是纯知识性的教学，也要加入审美的元素，要去关注隐藏在文字背后的人。这也就要求语文教育者在古诗词的教学中要引导学生发现情和景，领会其中的美，培养学生活泼的情趣，丰富学生的内心世界，拓宽学生的视野。

A 中学是位于内蒙古一所底蕴深厚、历史悠久的高中。学校秉承“一切为了学生，为了学生的一切”的教育宗旨，近年来 A 中学的高考升学率更是屡创新高。X 老师是 A 中学师资队伍中的一股新鲜血液，刚刚走上工作岗位的她对于工作有着饱满的热情，认真研读并思考有关古诗词教学方面的著作，在新课改的背景下力图寻求古诗词教学的新方法。她一改传统应试教育下的纯知识教学，将注意力集中于古诗词的审美之上，力图使学生在一种美的情境下学习古诗词。

案例正文

一、发现问题

生活中不是缺少美，而是缺少发现，古诗词教学也同样如此。现阶段成绩成为衡量一个学生学习好坏甚至一个孩子好坏的标准，大部分老师在追求升学率的同时忽视了语文中的美。应试压力迫使老师的教学思想发生偏差，对学生的审美教育缺乏足够的重视，使学生的审美教育成了一句空话。面对高考的压力和父母的期待，学生变成考试机器，面对知识他们有些“麻木”，似乎只要印刻在脑子里就万事大吉，他们从不会去想这首诗美在哪里，只是一味地记、一味地背，这脱离了我们所提倡的审美教学，甚至背离了我们学习的初衷。

自古以来，“诗教”就是最基本最传统的教学方式，如今的启蒙教育中也都包含着“诗教”的内容，如幼儿经典的启蒙教材《三字经》《千字文》《笠翁对韵》等都具有启蒙教育简洁易懂的特点，也属于“诗教”的范畴。

诗歌是语文教学的重要内容，并且是在娃娃时期就从“背”抓起的。同时“背诗”也早已根深蒂固地印在学生心中。从小接受套路化、模式化的教育，将学生对诗歌的想法与想象扼杀在摇篮之中，使他们失去了感受力，也就难以再用真诚的心和眼光拥抱审美对象。可这真的就和老师没有一点关系吗？X 老师通过一段时间上课发现，学生似乎并没有她想象的那么麻木，他们对于某些文体还是能够表现出强大的兴趣，如在学习戏剧类文体时学生会自然而然地揣摩人物的心境和说话的语气，在学习小说时学生也会做出一系列假设、设想故事情节，等等。那么是什么原因导致学生对古诗词学习如此不“感冒”呢？

为了弄清楚事情的原委，X 老师开始了她的探索旅程。X 老师开始认真聆听不同老师讲授古诗词的课。除此之外，她还研读了许多有关古诗词审美教学的论文，认真做笔记，遇到不懂的问题虚心请教。几个月后，X 老师迎来了她探险旅程的第一个阶段性成果，她发现古诗词的课堂之所以缺少审美教育，是因为古诗词年代久远，阅读要求较其他文体高，学生阅历少而且自接触古诗词以来便是以背诵为主，没有在真正意义上理解古诗词，走进古诗词，也就难以引起共鸣。再则老师自身修养不够，教法不当，所采取的始终是老套的模式。同时还有些老师将重点放在知识、技巧的讲、练、背上，忽视了诗歌自身所具有的美感，这使得原本应该充盈着艺术美感的语文课堂变得枯燥无味，学生兴趣全无，审美更是无从谈起。

即便是这样，X 老师依然坚持为古诗词审美教学寻找到一点出路，浑身充满干劲的她认为，只要通过努力解决上述问题，一定能够完成古诗词的审美教学，使学生真正爱上古诗词，在提升古诗词素养的同时提升自身的语文素养。

满怀希望的 X 老师终于在她从教的 D 班开始了她的古诗词审美教学。X 老师想，诗歌诗歌，那么有诗就要有歌，何不将“诗”与“歌”联合起来进行教学？早在西周时期就有唱诗的历史，无论是之后的楚辞、律诗、绝句还是词曲等都传承了这种音乐性，也都是可以歌唱的。在现阶段唱诗对学生而言可能具有一定的难度，但以和诗情感节奏类似的乐曲配合学生朗诵，何尝不是一种美读的方法。于是 X 老师首先采用了将“诗”与“歌”相结合的方法对学生进行古诗文的审美教育。随后她选择了她所任课的 D 班讲授了一首杜甫的《登高》。

二、教学初探

《登高》是杜甫的一篇名作，是一首主观情感和客观物象高度统一的七言律诗，历来被人们所传诵。前人对它的评价极高，杨伦称之为“杜集七言律诗第一”，胡应麟更把它喻为“古今七言律第一”。该诗是诗人离开家乡漂泊于西南地区，在夔州登高而作，写的是自己登高所见之景。诗人把自己的情感集中于眼前的景物，以沉郁悲凉的笔触描写了秋天萧条之景，抒发了漂泊他乡的悲哀情感，具有很深刻的审美意义和社会意义。

（一）读诗，初步感知

诗是情感的艺术，读诗有助于品味诗歌的语言美，在诗词的诵读中读出自己独特的体会。在诵读的过程中，学生将无声的文字化成有声的语言。在这一过程中，诗先进入学生的眼中，再出于口、闻于耳、记于心，从而悦于情，这使学生能初步在整体上感知文本。而无论哪一种文体的教学都离不开文本，所以学习一篇课文的第一步就是阅读，读通、读顺才能读懂，才能够走进作者的内心世界。所以 X 老师的教学也是先从读入手。

今天 X 老师早早就来到了班级门口，等着给学生上一堂不一样的古诗课。而学生们听说今天要上一节与众不同的课，更是早早地就来到了班里。“叮铃铃、叮铃铃、叮铃铃”，上课的铃声响起来了。X 老师迈着自信的步伐走上了讲台，虽然内心也是十五个吊桶打水，但是准备充分的她暗示自己是可以的。于是 X 老师开始了她的第一节古诗词审美教学的课程。

X老师：同学们，早上好呀，今天我们要学习的古诗是杜甫的《登高》。由于提前已经叫大家预习过了，不知道同学们是否已经感受到这是一首很美的诗呢？好，无论感受与否，今天老师就带领大家走进诗歌的审美新天地。既然是讲美，那么也应该有美的东西与它相配才对，所以首先我们先把这首诗朗读一遍，我为大家配上音乐。

听说要配乐朗读，大家都感到十分新颖，上了这么多年的语文课，有的学生从来没有配乐朗读过古诗，大部分同学认为只有现代诗歌才需要配乐朗读，有的甚至认为朗诵比赛才需要配乐。于是大部分同学跃跃欲试，有的学生更是激动地举着手叫着“老师，我我我”。

X老师打开了音乐文件，一首暴风骤雨般强劲的吉他曲《She Is My Sin》响彻整个教室，这是一首典型的摇滚乐。X 老师偷偷地观察着学生的变化，她发现一些同学面露难色，面面相觑一脸疑惑。

X老师：怎么不读呀？（暂停了音乐）

全班同学：读不下去。

X老师:怎么读不下去呢？这可是世界名曲,怎么？难道你们看不上这首曲子？

A同学：这个音乐节奏太快了。

X老师：那这么说，你们认为这首诗不是这样的节奏，对吗？

同学们：嗯。

X老师:那这首诗应该是什么样的？为什么？能否根据诗本身的内容解释回答？

B同学:“风急天高猿啸哀”中的“哀”已经表明这首诗的感情基调是悲伤的，所以读起来要缓，刚才的音乐太快了，读不出哀的感觉。

C同学：读“无边落木萧萧下，不尽长江滚滚来”中的“无边”“萧萧下”“不尽”“滚滚来”这几个词应该是慢慢地，“萧萧下”和“滚滚来”要拉长音，读出那种无边和不尽的感觉。

D 同学：颈联是作者情感的集中表达，是全诗的高潮部分，要读出作者的漂泊之苦和老病孤独的状态，尾联承接颈联，要读得缓慢而沉重。

X老师欣慰地听着同学们的分析，在黑板上写下“悲伤、缓慢、沉重”等词。

X 老师：同学们的理由很充分，成功地说服了我，看来这首摇滚乐确实不适合这首诗，既然大家认为这首音乐又快又吵，那我们就换一首再试试。

于是X老师打开了另一首音乐，这是一首施特劳斯最著名的圆舞曲《蓝色多瑙河圆舞曲》，但是同学们依旧觉得不合适。X 老师故作为难地说：“这可是世界名曲呀，这都不行？”同学们纷纷说这个曲子太欢快，而这首诗是悲伤的。同时有些同学似乎看出来老师是有意为之，于是便调侃老师做个示范。

> X老师：其实我也读不出来（笑）。两首曲子都被同学们否决了，第一首太快太吵，而这首诗是缓慢的；第二首太欢快，而这首诗悲伤、沉重的。那么我这里还有一首曲子，不知是否符合同学们的胃口。

于是X老师打开了这首《二泉映月》，同学们认真地听着这首二胡乐曲，忍不住说终于找到了一首完美的配乐，于是跟着音乐读起来："风急天高猿啸哀，渚清沙白鸟飞回……"

在学生跟着配乐朗读之后，X 老师还进行了全班赛读，看哪一位同学的情感最接近诗人，从而使学生进一步去自主把握作者的情感。

古诗词最开始是以吟诵的方式来阅读的，但今天在语文课堂上把"吟诵"的方式全面铺开已经不现实了，因为老师和学生全部摇头晃脑的场景实在是与时代不符，同时如何把握诗歌韵律、平仄关系也大大超出了中学语文课标范畴，所以本案例采取一种变通处理方式，就是配乐朗诵。这种方式并不需要学生对音乐有多么深入的理解，只要认真听就可以了，避免了古诗词教学一言堂的情况，把课堂更多地交给学生。而学生们也十分投入，通过配乐朗读，学生更好地把握了这首诗的感情基调，初步感受到这首诗所具有的情感美，并且这种情感是学生通过听不同的配乐自己感悟出来的，在整个过程中老师并没有给学生任何提示，所有的内容都是学生自主分析出来的，显然X老师的这种方法是可取的。

（二）赏诗，深入理解

1. 以象味意，走进文本

"象"，本来是指客观事物或人物的外部形态，"意"是作者的主观之意。诗论者历来认为，构成意境的基本要素是情和景，是作者的主观情感和客观景物相互渗透相互交融而成的。王国维在《人间词话》中说："境非独谓景物也。喜怒哀乐，亦人心中之一境界。故能写真景物、真感情者，谓之有境界。否则谓之无境界。"

《登高》这首诗的首联和颔联中出现了"风""天""猿""渚""沙""鸟""落木""长江"八个意象，风之急冽、天之高阔、猿之哀鸣、渚清沙白、鸟之回旋、萧萧落木、滚滚长江形成一幅壮阔的秋景图。落木萧萧而下暗示了生命的短暂，与长江的滚滚气势形成了鲜明对比。而这些景象也正是作者情感的表达，所谓"有境界则自成高格"，学一首好诗是无法不去分析其意象而走进意境的。

面对学过许多古诗词的高中生，X老师并没有再去讲解"意象""意境"这些重复的知识点，而是一开始就把问题抛给学生，让学生自主找出意象，分析每一个意象。或许对于一些学生而言，找出这些意象很简单，但分析起来却有难度，可如果学生自己不去尝试分析，那么他们就永远不会分析，所以问题必须通过自己的努力加以解决，况且老师已经提前布置过预习作业，想必学生也已经自主查阅了一些相关资料。

意象是传递诗情、诗意、诗境的载体，所以中国诗词意在象中。于是X老师开始带领学生们走进古诗的意象的分析，以象味意。

X老师：通过前面的朗诵，学生对于这首诗的情感有了一定的把握，那么现在我们就来分析一下作者是如何通过这精炼的语句将这种情感表达出来的。首先请同学们找出这首诗中的意象，并简要说明这些意象是什么样的，同时思考这些意象构成了一幅怎样的画面。

A同学：这首诗的前半部分写了“急风”“高天”“哀猿”“清渚”“白沙”“鸟”“无边落木”“不尽长江”这些意象。

X老师：很好，那么这些意象构成了一幅怎样的画面呢？

A同学：一个白发苍苍的老人，独自登上高台眺望远方，风吹乱了他的头发，使他站在高处更觉寒冷，望着天上落单的飞鸟，不免悲从中来。

B同学：秋风吹乱了杜甫的白发，也吹落了树上仅有的几片叶子，伸手去拨挡住眼前的白发，却听见远处时时传来阵阵猿的哀叫。

C同学：寒风凛冽的江边，一位衣衫褴褛头发稀疏且泛白的老人独自登上高台，看着奔流的河水、落单的飞鸟以及萧萧而下的落叶，听着猿的哀叫，禁不住潸然泪下。

X老师：很好，同学们充分展开了想象，好像亲眼见到了这景象一般，那么现在我们来看这些意象所构成的画面营造了怎样的氛围，又是如何表达作者情感的。同学们能不能将此情此景结合起来进行分析？

B同学：“风急天高猿啸哀”这句写风的凛冽，诗人登上高台更加感受到风之大，这风吹乱了作者的头发也吹冷了诗人的心，以此来写出环境的恶劣，同时也写出了诗人此时此刻心境的凄凉。而“天高”又显得人是那么渺小，天地之间我们只是沧海一粟。“哀猿”更是渲染了悲凉的气氛，郦道元在《三峡》中写道：“巴东三峡巫峡长，猿鸣三声泪沾裳。”可以说诗人此时已经是倍感凄凉了。

C同学：“渚清沙白鸟飞回”一句说水清沙白的河洲上有鸟在盘旋。此时诗人的视线由高处移向了远方，在水清沙白的背景下有一群迎风飞翔、不断盘旋的鸟。

X老师：为什么这鸟是在不断盘旋而不是飞向远方呢，营造这样的画面有何用意？

C同学：可能这只鸟飞得太久了，它已经无法再飞回它的家乡，但它又不肯放弃飞翔，所以只能独自徘徊在这寂寥的苍空。之所以勾勒出这样的一幅画面，就是在暗示我们诗人就像这只飞鸟一样，他十分渴望回到自己的故乡，但他却心有余而力不足了。

D同学：这只鸟是失群了的孤鸟，曾经它也是一只堪比雄鹰的大鸟，但是现在经历了世事沧桑，走的走，散的散，只剩下这一只孤鸟不知该何去何从。其实这也是诗人自己的写照，故友的离去使他的生活更加窘迫，他就是这只孤鸟，独自盘旋在这一方天地。

X 老师：同学们分析得都很到位，这是一只孤独的鸟、痛苦的鸟，就像那首歌唱的那样："我是一只小小小小鸟，想要飞却怎么也飞不高。"这就是诗人现在的处境，想飞却飞不高，在重阳来临之际，亲人们要一起登高避灾，插茱萸赏菊花，而作者却一个人远在他乡登高远望。那么请同学们继续展开想象，畅所欲言，继续分析下一联的景象，"无边落木""不尽长江"又暗示着什么呢？

E 同学："无边落木萧萧下"是说无边无际的树木萧萧地飘下落叶，现在已经是深秋，万物凋零，面对此景，作者深感此时此刻自己也已经迎来了生命中的秋天，自己也该像那落叶一样萧萧而下，但落叶归根，自己又该如何回到故土呢？"不尽长江滚滚来"则是说时间无穷，历史的车轮滚滚向前，永不停止，奔流不息。

F 同学：这两句形成了对比，个人生命的短暂和历史的悠久形成对比，人生倏忽百年，江山万古长青。

X 老师：是呀，生命易老，韶华易逝，逝者如斯，不舍昼夜，在目睹了"鲜花着锦，烈火烹油"的盛唐繁华，也经历了"由荣到枯，由盛转衰"的乱世场景，杜甫的生命俨然已经老去，但历史依然年轻。那么请同学们现在把自己想象成年老多病的作者在瑟瑟的秋风中一个人登高远望，带着刚刚配乐朗读的感觉，再来读一下这两句诗。

全班学生：风急（颤抖而凄惨）天高——猿啸哀（悲伤得要哭了感觉），渚清沙白——鸟飞回（望向远方思念家乡，不知还能不能再回去我故乡的感觉）。无边落木（一气呵成，木字拉长音）萧萧（拉长音）下，不尽长江（一气呵成，江字拉长音）滚滚（拉长音，读出磅礴的气势）来。

听着同学们的分析和朗诵，X 老师内心无比欣慰，或许对于朝气蓬勃意气风发的学生们来说，去理解这样一首饱经沧桑的诗人写出来的诗具有一定难度，但不可否认每一位同学都在尽可能地去努力理解。

X 老师：在背景音乐和意象分析下，同学们读得都很棒，想必大家是真的领会了这首诗的内容，走进了诗人的世界，目睹了诗人眼前的景象。

通过意象的分析以及画面的想象，再加上之前的配乐朗读，学生对此诗的情感有了更深的把握，逐渐体会到了作者登高远望、目睹这满目萧条之景的无可奈何，但面对生命又具有一种豁达。其实此时学生早已于不知不觉走进了诗歌的意境之中，这一点通过学生的朗读完全能够看出来。

诗歌的教学重点就在于引领学生走进诗的意境，感受意境之美，从而引发对情感美的感悟。课上到这里，X 老师依旧没有提示学生任何有关意境的字眼，而是通过提问引导学生自己去分析，并在不知不觉中将学生带入意境之中。这一环节，学生已经能够自己发现意象的美，并进行分析表达。老师的提问唤醒了学生的审美意识和审美自觉，问答交流中培养了学生的审美鉴赏能力。

2. 感悟情感，走进作者

王国维说：“大家之作，其言情也必沁人心脾，其写景也必豁人耳目，其辞脱口而出，无矫揉妆束之态。以其所见者真，所知者深也。”杜甫的这首《登高》不仅景象壮阔，情感更是耐人寻味。

经过对意象的分析，同学们能够直接感受到这首诗是悲凉而忧伤的。文如其声，言如其人。“颂其诗，读其书，不知其人，可乎？是以论其世也，是尚友也。”只有了解作者，走进作者，才能准确地把握其中的情感。于是X老师在引领D班同学们分析意象、不断朗诵之后，又带领同学们再次走进古诗，去感悟作者。

X老师：同学们，在配乐朗读中我们基本把握了这首的感情基调，在意象分析中我们更是明确了悲凉萧条的意境，那么现在就让我们在这种基调和意境之下再次回归文本去感悟作者的情感。同学们想象一下长江边上这位身患疾病的老人独自向山上走来，他衣衫褴褛，步履蹒跚，一路跌跌撞撞，终于登上高台，抬眼望去却是满目凄凉。他一生坎坷，而此时又逢战乱，自己远在他乡，面对此景不禁有感而发。那么作者是如何借景抒情的呢？抒发了什么情呢？能不能根据自己课前预习搜集的材料做简要分析呢？

教室里瞬间七嘴八舌说个不停，有的同学更是像热锅上的蚂蚁，早已按捺不住，踮着脚，屁股早已脱离了板凳，举着手满怀期待地看着老师，希望老师能叫自己回答。

A同学：从“万里悲秋常作客，百年多病独登台”这一句可见作者漂泊时间之久，重阳节这一家人团聚之日也不能回到故乡，所以表达了作者孤独的情感。而且杜甫自四十八岁开始一直到五十八岁去世始终漂泊在外，写此诗时已经在外漂泊了八年，可见他离家之久，正可谓“每逢佳节倍思亲”。

B同学：我认为这句不仅仅是孤独，更是来自内心的悲伤。“自古逢秋悲寂寥”，而作者在秋之前又加了悲字，可见这个秋天诗人很悲伤，一个暮年的老人独自拖着病老的身躯登高，可见其是悲伤的，这就像中秋节一个人望着天上的圆月吃月饼一样。

C同学：是的，我也认为是悲伤的，这就好像过年不能回家同家人一起看春晚、吃饺子一样，这要是我肯定都难过地哭了。

D同学：那我也想举个例子，这就像情人节别人都去过节，而我却遭遇分手一样。

……

不同却类似的经历引起了学生与诗人的情感的共鸣，学生在更深的程度上理解了诗人此时此刻的心境。

X 老师：看来同学们都是悲情人物呀，还是琼瑶剧看多了（微笑），不过“悲”确实是贯穿这首诗始终的。宋人罗大经说这一联有八意，八意有八可悲，同学们能读出几层来？我们先来看“万里悲秋常作客”这一句，谁试着揣摩一下？

全班学生：离乡之远的悲、秋天萧索的悲、漂泊他乡的悲、漂泊之久的悲。

X 老师：不错，此句中正是包含了这四种悲，罗大经的原话是这样说的：“万里，地之远也；悲秋，时之凄惨也；作客，羁旅也；常作客，久旅也。”那么谁再试着用同样的方法分析一下“百年多病独登台”这一句中所包含的悲？

F 同学：年岁已高的悲、体弱多病的悲、独自登台的悲、登高望远的悲。

X 老师：不错，看来大家都是罗大经嘛，这么多悲附加在诗人的身上，这个老人孤苦伶仃、形单影只。可这就结束了吗？接下来作者又是如何描述的？

全班学生：“艰难苦恨繁霜鬓，潦倒新停浊酒杯。”

X 老师：那么这两句诗又如何解释呢？从这一联中你读到了怎样的杜甫呢？

面对老师一连串的提问，学生们低头沉思，交头接耳。老师提示学生可以结合时代背景和作者经历去寻找答案，可以相互讨论。X 老师这么做无非是想让学生学会自主合作探究的学习方式和掌握知人论世的古诗分析方法。

时间过去了几分钟，同学们渐渐举起手来。

G 同学：我读到了愁苦的杜甫，他的愁苦来自国家的动荡不安，此时长达八年之久的安史之乱刚刚结束，时局动荡，战乱四起，国家仍处在风雨飘摇之中。而杜甫是有着强烈的忧国忧民意识的诗人，像他曾在《自京赴奉贤县咏怀五百字》中写的“朱门酒肉臭，路有冻死骨”，用鲜明的对比道出深沉的忧国忧民之愁。

H 同学：诗人的愁苦还来自自己已经不能再为国家做什么，就像刚才 G 同学说的那样，此时安史之乱刚刚结束，国家仍旧处于战乱之中，时局动荡，但此时的作者年事已高，纵使他再忧国忧民，也是心有余而力不足。

I 同学：我觉得作者在感叹家国破碎的时候，还有对自己命运的感慨，这是一种自叹悲苦之愁。此时国家时局动荡，诗人年事已高，疾病缠身，暮年依旧漂泊在外，不能归故里。想到逝去的亲人朋友和“常作客”的自己，诗人内心无比悲苦。这种种愁苦交织在一起，真正是“剪不断，理还乱”。

X 老师：通过同学们的分析我似乎明白了，正是这一丝丝、一缕缕的愁苦使得诗人两鬓斑白，风雨飘摇的国家和自己的无能为力而导致白发丛生，所以才有了“潦倒新停浊酒杯”。那么作者为什么又停下了酒杯呢？何不借酒消愁呢？

A 同学：因为前面说“百年多病”，所以诗人已经不能再饮酒。

B 同学：因为“常作客”“艰难”，可能没有条件饮酒，而且举杯消愁愁更愁。

X 老师：借酒消愁，但是又不能喝酒，愁苦悲伤无处释放，全部郁结于心，然后借助这首诗表达出来。所以同学们现在是否更加理解作者的心情了呢？

课堂时间总是有限，一节课就这样过去了。X 老师要求大家课下根据今天的上课内容完成自己对古诗的理解，对该诗进行美的表达，可以是根据配乐朗诵感受语言美，也可以是进行绘画领会意境美，还可以是将古诗改写成现代文体会作者的感情美。

这一系列教学方法充分发挥了学生课堂主体地位，让同学们自己寻找答案，使每一个学生充分参与，调动了学生学习积极性，在不同方面对学生进行教育，有利于学生今后古诗词的学习和语文素养的提升。

（三）加工，巩固理解

如果古诗词的教学在带领学生读完、分析完之后便结束了，那么即使学生在课堂上学得再好，课下不巩固也是无用的。所以 X 老师布置了“根据上课内容完成自己对古诗的理解，对该诗进行美的表达，可以是根据配乐朗诵感受语言美，也可以是进行绘画领会意境美，还可以是将古诗改写成现代文体会作者的感情美”的作业。

从学生根据自己的理解对古诗进行加工可以看出学生通过学习所达到的水平。学习一首诗的意义并不是我们知道了几个意象的代表意义，更不是单纯的积累背诵，而是学会分析，学会理解，并把它内化成自己的东西。古诗词审美教学的意义不仅仅在于学生懂得美、鉴赏美，更在于要学会创造美、进行美的表达。而且 X 老师留的作业并不死板，学生可以很自由地选择作业形式，只要有理即可。

第二天，同学们纷纷将自己的作业交给老师，X 老师内心忐忑而激动，她不知道学生们到底对这首诗领会到什么程度。但是交上来的作业并没有让 X 老师失望，同学们都完成得很好。有的同学选择绘画还原诗人登高所见，有的同学分析朗读方法并进行了配乐朗诵，还有的同学将这首诗写成了白话文小故事……X 老师看着这些作业，露出了欣慰的微笑，她并没有即刻进行点评，只是做了简单的记录，因为她认为美于不同人而言是不同的，只要能准确表达出自己心中的美就是好的，于是决定在自习课展示学生的作业，让大家互相借鉴，看看不同同学心目中的美。

通过作业检查学生对课堂内容的消化程度，将学生不同形式的作业进行展示，有利于同学之间的取长补短、互相学习。这节自习课 X 老师把大部分时间都留给了学生，大家互相传阅、相互借鉴。有的同学能力有限，不能将其中的美讲述出来就用画的。在同学们交流得差不多的时候，X 老师让大家在不同的作业类型里选出自己认为最好的，并说明理由。

A 同学：我认为 L 同学的画是最好的。（画中是一个佝偻的身躯站在高台之上，天是阴沉的，黄色的落叶纷纷飘下，一个两鬓斑白、弱不禁风的老人望向远方……）通过这个同学的绘画，仿佛诗人就在我们眼前。

B 同学：我认为 M 同学的小故事写得不错。（故事为：唐代宗大历二年秋天，秋风呼呼地吹，吹得落叶漫山遍野，吹出一片萧索衰败之象，但却丝毫没有要停歇的意思，就像那滚滚东流的长江水不舍昼夜一般。凄冷之中只有孤鸟在空中盘旋，远处传来阵阵猿的哀叫，只叫人凄身寒骨。只见在瑟瑟的秋风中，一位衣衫褴褛、白发丛生的老人踉踉跄跄地登上了夔州长江边一座高山之上。）她将环境描写得十分到位，仅仅通过环境描写，我就能够猜到此时的这个老人内心一定也有一阵寒风呼啸而来。

……

X 老师：同学们完成得都很不错，对于这首诗的美都有了自己的独特理解，还能够在其他同学的作业中找寻到美，那么现在老师再一次为大家配上音乐，同学们根据已有的理解和刚刚的分享再次进行朗读，读出自己的体会。

于是 X 老师打开《流浪歌》的伴奏，认真地听配乐，跟着音乐读起来：“风急天高猿啸哀，渚清沙白鸟飞回……读毕，有的同学不禁潸然泪下，直到下课还沉浸在诗人的世界中。

这样的形式加深了学生的理解，给予了学生一个自我创作的机会，多方面锻炼了学生的能力，使学生不仅能够发现美、感受美，更学会了创造美，这样的语文课无疑是多姿多彩、深受欢迎的。

三、效果反思

X 老师对古诗词审美的教学还是取得了一定的成效的，通过对杜甫《登高》的学习，学生能够自觉主动地分析诗中所包含的意象，并且能够对意象进行总结，分析出意境的特点，这一点是难能可贵的。当然这堂课的亮点在于课刚开始时 X 老师用配乐朗读的方式吸引学生的注意力，成功地将学生的注意力集中到课堂上。在上课的过程中，X 老师只是起到了一个引导的作用，大部分内容都是学生自己分析得出答案的。同时从课后的任务完成情况来看，学生已经真正体会到了这首诗所具有的美。

知识是用来运用的，于是 X 老师找来了其他一些具有审美意义的诗词让学生进行自主赏析，从学生们的赏析程度来看，大部分同学已经学会了分析古诗词的美。从这一系列的练习可以看出 X 老师的古诗词审美教学还是取得了一定的成效的。

尽管在当今教育改革的大趋势下，应试教育依旧占据着主流地位，X 老师无意反其道而行之。她在让学生体会美的时候也进行了知识的教学。从学生对其他诗歌分析的效果来看，学生也足以应对考试，一箭双雕的事何乐而不为？

古诗词的审美教学不是一朝一夕就能完成的，这需要不断探索与改进，更需要像 X 老师这样的语文教育者。

结　语

古诗词教学在高中语文教学中占据着一定的比例和地位，古诗词教学依然是老师需要花心思的一部分内容。在新课改的潮流趋势下，"语文核心素养"一度引起了语文教育者的重视，但实际教学中却还是"唯知识论"占主流。在高考的指挥棒下，无论是学生老师还是家长都将分数看得至关重要，"素养"似乎早已淡出了人们的视野。

古诗词的审美教学不仅仅让学生体会美、领悟美、创造美，同时也让同学们在美的学习中学会了分析诗词的方式方法。从这一角度来讲，审美教学似乎是优于传统的知识教学的。X 老师的这一教学方式完成了学生、老师与文本的对话，将课堂上的话语权还给学生，引导学生自己解决问题。同时古诗词的审美教学也对语文老师的素质素养提出更高的要求。

X 老师的教学方法在改进古诗词审美教学方面具有一定的价值，但仍有所欠缺，希望更多的语文教育工作者研究改进，为古诗词审美教学寻求更好的出路。

【案例思考题】

1. 古诗词审美教学得不到重视的原因是什么？
2. 语文古诗词审美教学对语文老师提出了哪些新的要求？
3. 在古诗词审美教学中应该怎样去完善，才能更好地让学生掌握相关知识？
4. 除了 X 老师提出的教学方法以外，还有那些更好的教学方式方法？
5. X 老师的教学法还存在哪些不足？

【案例使用说明】

1. 适用范围

适用对象：中学语文老师，学科教学（语文）专业研究生，汉语言文学师范专业本科生。

适合课程：中学语文，古诗词教学，传统文化诵读专题，老师专业发展。

2. 教学目的

（1）让学生掌握学习古诗词的审美方法与策略；

（2）唤起学生自主进行古诗词审美的意识；

（3）培养中学生热爱祖国语言文字的能力和审美感受能力以及古诗词的鉴赏能力；

（4）培养学生自主学习、发现问题、分析和解决问题的能力；

（5）切实提高学生的人文素养，帮助学生形成良好的性格和品质。

3. 要点提示

（1）相关理论

古诗词教学理论：自主学习理论；孙绍振文本解读分析方法论。

老师专业发展理论：老师角色的变革，老师专业精神，老师专业发展阶段，老师专业知识，老师专业能力。

（2）关键知识点

古诗词审美，配乐诵读，意象分析，感悟情感。

（3）关键能力点

整体了解古诗词审美教学现状，老师发现问题、解决问题的能力，促进学生古诗词审美的能力。

（4）案例分析思路

通过对 X 老师对 A 中学 D 班古诗词审美教学的思索和反思，找到解决此问题中的重难点，分析成因和老师心路历程，找到解决的方法，引导学生热爱古诗词并切实体会其所具有的独特的美，为全年级和其他高中提供古诗词中传承传统文化的教学方案，更好地对中学教学所存在的实际问题进行有效指导和借鉴。

4. 教学建议

时间安排：与高中古诗词课时安排一致。

环节安排：利用课堂渗透和课内外自主学习指导。

人数要求：45 人以下的班级教学。

教学方法：诵读教学法，讨论法。

工具选择：案例打印资料、录像机、书籍、多媒体等。

组织引导：老师设置情境，创设浓厚的古诗词学习氛围，让学生配乐朗诵，比赛朗读，通过自主分析使学生自己发现古诗词的美。

活动设计建议：

（1）课提前对学生进行美学知识的讲授，或者让同学们畅所欲言谈谈自己心目中的审美。

（2）上课时通过多角度多层次的方式对文本进行分析，通过结合作者自身的经历，当时的朝代和文学自身的发展多方面让学生对文本进行学习，通过多方面的指引让学生自主地.理解并感悟美、欣赏美、创造美。

（3）下课后老师及时总结案例教学的得失，以便改进后续的教学行为。

5. 推荐阅读

[1] 蒋信韩. 格局与境界：诗歌教学在窄化中突围[J]. 中学语文教学参考，2018（11）.

[2] 叶圣陶. 叶圣陶语文教育论集[M]. 北京：教育科学出版社，1980.
[3] 普通高中语文课程标准[S]. 北京：人民教育出版社，2017.
[4] 夏昆. 中国最美的语文[M]. 福建：鹭江出版社，2015.
[5] 朱绍禹. 语文课程与教学论[M]. 北京：高等教育出版社，2005.
[6] 叶嘉莹. 迦陵谈诗[M]. 北京；生活读书新知三联书店，2016.
[7] 于丹. 重温最美古诗词[M]. 北京；北京联合出版社，2012.

L老师的宋词专题教学探究之路

伏莲芬[1]

【摘　要】词是宋代的经典文学样式。词的学习不仅能提高学生的古典文学素养，更能培养学生良好的思想道德修养和人文情怀。但是现今的中学语文教学对词的教学不成体系，导致学生无法集中全面地学习词。词有不同于诗的独特的体裁特点，教学也应该和诗不一样。本文主要引导学生以专题的形式系统地学习词，首先老师引导学生精读、略读，学生再在课后自读、背诵，最后测试检查。其中精读分为“因声求气、吟咏诗韵”“梳理词意、置身诗境”“以意逆志、知人论世”“背诵记忆、语感培养”等环节。略读则主要把握诗词的内容情感，培养语感。

【关键词】宋词；专题教学；能力

背景信息

词是有宋一代之文学，是宋代的经典文学样式，集中反映了宋代文学的特点，更蕴含着中华民族生生不息的优秀民族精神和情感。宋词无论在语言、情感还是在艺术、意境方面，均可以带给人丰富的审美感受，提升学生的语言文字运用能力、思维能力、审美能力。尤其对于中学生而言，宋词是他们提高语文核心素养的重要学习内容。

《普通高中语文课程标准》(2017年版，以下简称“新课标”）中课程目标第八点鉴赏文学作品“感受和体验文学作品的语言、形象和情感之美，能欣赏、鉴别和评价不同时代、不同风格的作品，具有正确的价值观、高尚的审美情趣和审美品位”一句，明确要求学生学习文学作品后应具有鉴赏文学作品的能力。课程内容学习任务群五中“根据诗歌、散文、小说、剧本不同的艺术表现方式，从语言、构思、形象、意蕴、情感等多个角度欣赏作品，获得审美体验，认识作品的美学价值，发现作者独特的艺术创造。”明确把诗歌鉴赏作为课程的内容与目标，要求学生会从各个角度欣赏作品。由此可见，具备阅读、欣赏和评论古诗词等文学作品的能力是对高中学生的基本要求。

词是晚唐时期逐渐发展起来的、不同于诗的一种文学体裁。词也称“曲子词”，最初是由文人墨客谱写给歌女唱的歌词，多描写女子的幽怨伤感之情，属于一种音乐性文体。王国维《人间词话》中说：“词之为体，要眇宜修，能言诗之不能言，而不能尽言诗之所能言。诗之境阔，词之言长”，点明了诗与词的明显区别，即词内容上描写的

① 作者简介：伏莲芬，女，云南曲靖人，黔南民族师范学院2018级学科教学（语文）专业研究生；指导老师：李朝阳教授。

情感深沉、婉转、绵长，总给人以多愁忧伤之感；诗多言志，表现自己理想志向。在外在形式上，诗与词也有巨大的差异，主要表现在用韵、句式、平仄、篇幅等方面。词有复杂多变的押韵形式，有平韵格、仄韵格、平仄互协格、平仄换韵格、平仄韵交错格等五种格式；词的句子无固定长短，灵活多变；词篇幅较长，抒情性更强。所以词独特的外在形式与内在情感的融合，形成了词有别于诗的特色，最终与唐诗并肩而立成为中国文学史上的璀璨明珠。宋词本身具有自己独特的文学体式特点，教学也应该特别让学生认识到词不同于诗的独特之处，诗和词的教学应该是不一样的。但是现今中学语文教学却似乎并没有对二者做出区分，诗和词完全一样的教学并不利于学生的学习。

词在人教版高中语文教材中总共有 9 首，必修一中毛泽东的《沁园春·长沙》和必修四中的 8 首，这 8 首分别为柳永、苏轼、李清照、辛弃疾等我国宋代著名杰出代表词人所作。在《宋词作者的统计分析》一文中，王兆鹏、刘学以五十年为一个创作时间单位，把宋代的作者划分为六个代群。第一代群以柳永为代表，第二代以苏轼为代表，第三代以李清照为代表，第四代以辛弃疾为代表，第五代以吴文英为代表，第六代以王沂孙为代表。六个代群分别有不同的艺术特色，第一代、第二代逐渐向后发展，发展到第四代，词也发展到最盛。此后第五代、第六代词逐渐由盛转衰。所以在教学的时候，老师也应该让学生了解柳永、苏轼、李清照、辛弃疾等人的词在中国文学史上占据了怎样的地位，他们对词的发展作出了怎样的贡献。只有这样，学生才能用一种宏观的视角去解读词，更好地理解词。否则老师零零散散地教授词，没有形成合理的体系，学生自然也无法形成一个好的知识结构。所以虽然高中教材选入的宋词词作不多，但如果指导得好，仍足以窥见整个宋代词的发展艺术。

“词之为体，要眇宜修……诗之境阔，词之言长。”词是非常精美的，无论是词的语言、词的句子结构，还是词的情感，都是非常精细幽微的。所以读词应该细细玩赏，玩赏词的语言、词的句式、词中的情感。也只有这样，才能最终提高鉴赏词的能力。叶嘉莹《唐宋词十七讲》中提道：“一首诗歌里边你一定要做到每一个句子、每一个文字、都要有一个指向，指向你通篇的一个感发的作用。”即每一个字在一篇短小的词当中都一定起着它独有的作用。那么如何能解读到每一个词，使每一个字词都能对全篇的感情起到作用呢？就需要对每一个字词都进行细细的品读，对每一个字词都进行充分的联想。

L 中学是云南省曲靖市罗平县的一所高中，它集中了罗平县一些比较优秀的学生，虽然它不是最好的高中，但是学校办学严谨，所有老师也都齐心协力，尽最大努力助学子完成他们的学业梦。

L 老师是一名刚刚大学毕业的新老师，很喜欢古典文学，有较深的古典文学素养，现担任 L 中学高一年级的语文老师。踏实敬业、具有探索精神的 L 老师刚到学校，就想切切实实把自己所学到的东西用在教学中，以提高学生的语文成绩，但是现实状况却不尽如人意。一次月考后，L 老师发现学校 80% 的学生古诗词鉴赏题分数难以想象地低，10 分的古诗词鉴赏题，很大一部分学生只拿到 4 分、5 分。L 老师很惊讶，也很失望，对这些同学的答题情况再进行查看，发现他们都是用一些套路在答题，不论诗人真正的情感如何，他们都是千篇一律地写一些大话、空话，诸如词人报国无门、壮志难酬等，更有甚者，一些学生答题完全偏离诗词中心思想。最后他对老师的教学进行了深入了解，发现绝大部分老师的词教学都是千篇一律地让学生齐读一遍，分析语言，讲解意象，再最后总结作者抒发了怎样的情感。并没有充分地阐发出词的情感生命力，没有激发学生的想象去提高学生的语言文字运用能力。这些老师本身也没有明确的文体意识，他们仅以教材的几首词和学生平时考试试卷上的一些词为例，并没有给学生扩展更多词，这些都不利于提高学生的语文素养。因此，学生的成绩不理想首先就有老师的一部分原因，于是 L 老师想先自己开始进行词教学的改革，从自己班级开始，提高学生学习词的兴趣。

案例正文

一、找准问题，认真反思

（一）原因探究，教法梳理

L 老师看完学生的成绩，并没有沮丧。因为他知道对于还有半年升高二的这些学生来说，一切都是最好的开始，如果现在能给他们一个更好的学习词环境，他们的语文成绩肯定会有所改观。

于是 L 老师开始寻找原因，思考学生诗词鉴赏能力弱的原因，也开始从更长远、更全局性的角度去重新审视自己的教学。首先，他认为高一年级的学生刚刚从初中升入高中，并没有很深、很扎实的文言文基础和语文素养，只是会读浅易文言文和具有初步鉴赏诗词的能力。所以学生的成绩不理想可以理解，但同时日后的教学更要以学生现阶段的诗词鉴赏能力为出发点。第二，老师还未带领学生品尝到诗词真正的美感。一个人不喜欢一件事情或许只是因为他还没有认识到那件事情的美好。如果学生能真正读懂诗词，读懂其中的美感，那么相信学生会深深地喜欢上中国古典文学。所以 L 老师意识到在以后的教学中，一定不能功利化，不让学生意识到读诗词就是为了准备考试，一读诗词就感受到压力，而是让学生认识到读诗词是一种审美享受。第三，教学内容固化，不成系统。在以往的教学中，老师都是进行单篇备课，每一篇章都做足了功夫，面面俱到，试图不遗漏一个知识点，但是最后效果还是不佳。L 老师想到这或许是力被分散了的原因，如果老师能趁热打铁，抓住一个文体、一个知识点集中精力帮学生强化，或许会达到更好的效果，也能让学生的知识成体系。第四，教学方式陈旧。“新课标”强调，语文是实践性课程，一定要让学生在“阅读与鉴赏”“表达与交流”“梳理与探究”中提高语言文字运用能力，并且学习任务群的实施也要以学生的学为主，老师只是起主导作用。因此，转“教”为“学”是提高学生语文能力的关键。

L 老师还意识到现阶段的学生进入高中阶段学习仅半年时间，时间较短，还未进行充分的积累学习，所以语文成绩不理想是可以理解的。但是一个人的语文能力，诸如阅读能力、鉴赏能力等是要靠长时间的听说读写等的慢慢积累才能逐步提升的，所以 L 老师意识到必须现阶段就做好全局性的教学计划，让学生从现在开始就逐步积累语文知识，逐步提高语文能力，否则待进入高三阶段就悔之晚矣。

在分析完自己教学层面的原因后，L 老师认为更深层次的原因还应到学生那里寻找。于是 L 老师借班会课开了一个座谈会。L 老师首先问学生："你们不喜欢读诗词吗？为什么你们诗词鉴赏题考试分数那么低？"刚开始没有人回答，班上的氛围也很沉寂。L 老师接着说，同学们有什么问题你们一定要说出来，因为你们只有把问题说出来，我才能更好地教你们。让我们大家一起来探讨怎么样才能提高你们的诗词鉴赏能力，那么你们认为现在的诗词教学存在什么问题？有什么需要改进的地方？你们认为老师需要怎样教学才更有利于你们的学习？沉静了大概一分钟后，一位学习成绩很好的同学站起来说："我认为我们不是不喜欢诗词，只是很多时候我们都读不懂词，每次无论是试卷中的词还是课本内的诗词都是老师讲解，老师把那首词讲了，那首词我们懂了，但是我们自己去读其他的词的时候还是不会读，无从下手，只能胡乱理解。"老师听完后认真把这位同学的观点记在了本子上。接着，又有两三位同学举手想回答。L 老师一一请他们起来说。一位同学说希望在以后的教学中，老师能更多地教给他们读词的方法和策略。逐渐地，课堂活跃起来，很多同学都想把自己的想法说出来。L 老师一一请他们回答。

A 同学：老师，我觉得你给我们讲的词太少了。

B 同学：我们希望了解更多古代文化，这样有助于我们以后词的阅读，并且也可以积累素材。

同学们都在说着他们的问题和诉求。同学们说得最多就是喜欢读词，但是读不懂的问题，诸如修辞手法、一些典故等。

说了这些问题以后，L 老师又问同学在之后的教学中希望老师能以一种什么样的方式来教学。有一位让 L 老师印象深刻的同学的回答是他希望老师在课堂上能充分调动他们的积极性，让他们主动去学习、去思考，而不只是听、只是记。四十五分钟不知不觉过去了，班会课在学生的意犹未尽中结束。

班会课下来后，L 老师认真整理了学生的发言，学生存在的问题主要有以下几个：

（1）词意理解困难，尤其是词中有典故的时候。

（2）不知道读词的方法和策略。

（3）希望老师能调动他们的积极性，帮助他们了解更多的文化。

（二）宏观着眼，教学计划

班会课后，学生存在的问题引起了 L 老师的反思。L 老师想，为什么学生读不懂词？为什么自己能读懂？难道老师一开始就能读懂词吗？并不是的，只是因为老师读的词多，背的词多，所以逐渐有了一定文学文化素养，所以能读懂词。那么既然要提高学生的语文素养，提高学生的诗词鉴赏能力，又为什么不带领学生大量品读词呢？班上绝大部分同学都来自农村家庭，学校教育外他们没条件去读词，除了从小在学校接触过诗词外，也并没有其他更多的机会去接触诗词。而高中教材只有区区八首词，加上平时考试试卷中的词总量仍偏少，难道寄希望于学生读过这区区几首词，就能品词赏词、具有词鉴赏能力了吗？

L 老师在梳理完一系列的原因以后，结合“新课标”学习任务群课程内容和先进的教学方式的指导，做出了大胆的、具有创造性的教学设想，即以专题的形式给学生讲词，让学生可以系统地、大量地学词，切实培养学生的语文核心素养。在学习的时候，注意诗和词的区别，切实提高学生对于词的文体意识以及对词的文体特征的熟悉度。

L 老师决定以必修四的八首词以及选修课本中国古代诗歌散文欣赏中的韦庄、姜夔、李煜、温庭筠、纳兰性德等词人和他们的作品为中心，沿着宋代文学史上著名词人的发展再给学生扩展一些词，以此形成词的专题。

L 老师决定用一个月的时间给学生系统讲词，词作的选择标准为：第一，以词人为中心。选择词人最具代表性、最能体现词人创作特色和反映词人思想情感的词。第二，以词为中心。选择与词的内容、情感、题材相同或差异较大的词作，以此形成对比阅读，以便深层次理解词。第三，能提高学生的语文核心素养，对学生来说难度适中，处于他们最近发展区内的词。

L 老师要讲的第一位词人是柳永，第一首词为必修四中的《雨霖铃》。

二、大胆求证，付诸实践

（一）精　读

L 老师在做好宋词专题教学计划与充分的教学准备后，胸有成竹地走进学生的课堂，他想要给学生带来一个不一样的宋词课堂。

L 老师首先给学生讲了为什么会出现词这一种文体。词发端于晚唐时期，是文人学士写诗吟志之外在歌舞娱乐场写给歌女吟唱的歌词，填词的时候并没有什么明确的志意，内容以女性为主，也以女性的口吻来写，如相思离别等都具有闺怨的性质。词最初也被贤人君子、文人学士视为低俗的，浅薄的，是上不得台面的。而经过历代词人的填写发展，发展到宋初，到柳永的时候，词已经发生了很大的改变，柳永是为词发展作出了巨大贡献的一个人。

（1）因声求气、吟咏诗韵

L 老师：今天我们来学习柳永的这首词——《雨霖铃》。既然词是歌词，那么同学们，你们知道词牌名是什么吗？

全班同学：乐调的名字。

L 老师：非常好，那么雨霖铃是什么意思？

同学们显然都不知道，表现出茫然的深情。

于是 L 老师展示“《碧鸡漫志》卷五引《明皇杂录》及《杨妃外传》云：‘明皇既幸蜀，西南行，初入斜谷，霖雨弥旬，于栈道雨中闻铃，音与山相应。上既悼念贵妃，采其声为《雨霖铃曲》以寄恨焉。时梨园弟子惟张野狐一人，善筚篥，因吹之，遂传于世’”一段话给学生，介绍雨霖铃词牌的来历。

L 老师：既然词有乐调名，又是歌词，那么同学们认为词的音乐性体现在哪些方面？

同学们思考了起来。有的同学说押韵，有的同学说句式。

L 老师：还有平仄。那我们今天不会唱，就来读一下，循着这三方面的特点读出词的音乐性。

学生第一遍读完，L 老师发现学生其他方面都读得很好，但是不能正确地把握词的停顿节奏，于是 L 老师问学生：“同学们，怎么你们读词和读诗是完全一样的读法呢？”学生不理解老师的说法。于是 L 老师在黑板上给学生写下了杜甫的《登高》，给学生划出了《登高》的平仄，又给学生划出了《雨霖铃》的形式，让学生对比差别，还给学生划出诗“二二二一”“二二一二”两种停顿节奏。词的停顿并不是这两种固定的形式，词的节奏是灵活的。接着 L 老师给学生示范词的一字顿读法，“对/长亭晚，竟/无语凝噎，念/去去，便/纵有千种风情”等。之后 L 老师再叫学生尝试朗读，学生朗诵的效果明显比上一次好，L 老师给予了学生鼓励。

L 老师又和学生说词的发音与词的情感密切相关，如果韵字开合度较大，表现的情感多为昂扬之情；开口度小，音阻较大的，表现情感多为凄婉之情，并且平声韵平和舒缓，多抒发慷慨激昂之意；仄声韵急促上扬，多抒发悲抑之情，所以读到开口度小的词的时候，音调拖长，声音平缓一些。但是如果开合度较大，就昂扬一些，声音高亢一些。

接着，老师又让学生尝试读，在老师反复的指导下，学生读出了词的节奏韵律感，也能初步把握词的情感。

L 老师感受到，学生正在进入学词的状态。

（2）词意梳理，置身诗境

L 老师在感受到学生的情绪有了改变以后，他立即说：“相信同学们在反复的有感情的吟咏以后，能感受到作者的悲楚情感，那么这首词到底讲了什么内容呢？下面就请同学们自己先结合注释梳理一下词意，如果有不懂的词，可以和同桌讨论。”L 老师强调一定要先自己思考再和同桌讨论，说完同学们纷纷开始了词义梳理。

在此期间，L 老师也对同学的学习讨论情况进行查看，也加入了一些同学的讨论。L 老师发现《雨霖铃》这首词对于学生来说，词意梳理并不难，学生很快就完成了词意梳理，但是学生不能进入词的意境里面。

L 老师：同学们，你们在鉴赏诗词的时候，如果不能进入词人所描绘的情景，那一定要细细揣摩词中的动词和形容词，如这首词中形容词“寒、晚、骤、暮、沉沉、多情、晓、残、良、好、千”，动词“凄切、歇、凝噎、念、去、伤、冷落”等。

虽然学生能疏通字词，通过老师指导也能进入词的意境，但是对于一些意象，他们没有一定的积累还是不能理解，所以也不能深入品味词人的情感。

L 老师：同学们，诗词当中除了形容词、动词之外，还需要你们注意的一类词就是名词。诗词当中的名词很多都是意象，当你们读到这些意象的时候，你应该学会思考为什么词人要写这个意象，而不写其他的意象？比如这首词当中的寒蝉、烟波、暮霭、杨柳、晓风、残月。

（学生们认真思考）

A 同学：是因为这些意象代表了特定的内涵，能表达作者内心的情感。

L 老师：能不能具体举例说明一下？

A 同学：寒蝉有点明时间的作用，渲染悲凄的环境氛围。

L 老师：对了，就是这样的。一切景语皆情语，诗词中这么短小的篇幅，词人是不会白白浪费一个字的，每一个字都有一定的作用，作用于全篇的中心情感。所以词中的每一个字、每一个词都值得我们细细揣摩、细细品味。

不愤不启、不悱不发，L 老师深记词学研究专家叶嘉莹说的话：“读文言不是只把文言翻成白话，那就都变成死板的了，那是最笨的一件事情，我们是要把诗歌里的生命引发出来。”所以在学生基本理解了词意以后，L 老师决定接下来给学生讲一些更深一点的东西。所以 L 老师决定用十五分钟的时间给学生讲解这首词，力图把词的生命引发出来。

第一句“寒蝉凄切”四个字把整个大背景勾勒出来，寒蝉一直在凄厉地鸣叫，蝉是寒蝉，对长亭鸣到傍晚，骤雨初歇，一个很让人悲抑、抑郁的场景。杜甫《秋兴八首》中“寒衣处处催刀尺，白帝城高急暮砧”，写秋天到了，天气开始寒冷，那捣衣服的声音引发了他的思乡之情。秋天到了，正是该回家和家人团圆的时候，可是柳永此时却正要出发离别。所以他帐饮无绪，正留恋却又催发。“执手相看泪眼，竟无语凝噎。”那柳永凝噎什么呢？没有得到一官半职，没有一身功名利禄也便罢了，还要去往更远的地方经受羁旅之苦，更甚者，还要与相爱的女子分别。念，可解为念叨的意思，嘴里念着“走吧走吧”，可是前方的路在哪儿呢？只千里烟波，暮霭沉沉，一片迷茫。“秋之为气，萧瑟兮草木摇落而变衰。”秋天是一个让人伤感的季节，离别本来便伤感，又更何况乎在清冷的秋天分别。“柳”因与“留”同音，所以古人多用于作惜别之意。周邦彦《六丑·落花》中“长条故惹行客，似牵衣待话，别情无极”即长长的柳条，在人行走时，似乎拉着人的衣服说“别走别走”，更惹得别情深重。再有冯延巳的另外一首词“昨夜笙歌容易散，酒醒添得愁无限”，饮酒之时，一群人热热闹闹，可是酒醒之后，只剩自己独自一人，无尽凄凉，而我该在哪里呢？我该在杨柳边，晓风残月，此去经年，便纵有千般美景，千种风情，我又与何人说呢？整首词表现了作者悲伤、无奈、凄苦、孤独之情。

解读完，L 老师再让学生带着情感、带着意境朗读这首词，并注意读出词中感叹号和问号处的情感。

学生沉浸在词的悲伤的离别情景中，此时老师问学生：“为什么词人能写出这么凄苦的词句，并且作者又何以能写出冷落清秋节、杨柳岸晓风残月、良辰美景无人同欣赏的真切感受？”“词人又为什么要离别？”

学生课外时间少，学习任务重，也没有更多途径去了解词人，所以 L 老师收集了一些有关柳永的生平资料给学生阅读，如词人柳永有超高的音乐才能和浪漫的性情，当时演奏伴乐的乐工，得到一个新鲜美好的曲调，一定要请柳永给他们写作歌词。柳永具有很高的音乐天赋和文学才能，他本以为他能靠他的这个才能得到达官显贵的赏识，却没想到却也正因为这个原因，朝廷疏落了他，他一生漂泊无定。柳永去见晏殊，晏公曰：“贤俊作曲子么？”三变曰：“只如相公亦作曲子。”公曰：“殊虽作曲子，不曾道‘彩线闲拈伴伊坐’。”柳遂退。因柳永所作词多浅俗，故当时有言“凡有井水饮处，皆能歌柳词”。

在此期间，L 老师还引导学生对整个宋代的文化背景进行了了解，即宋朝整个大背景为内忧外患，积贫积弱，重文轻武，整个国家民族没有唐朝辉煌宏大的气势。此背景之下的民族性格便也是性情柔弱，多愁善感，没有唐朝国民的豪气、士气和敢于拼搏的精神，所以反映在宋词之中也多伤感低敛之情。

（3）以意逆志，知人论世

L 老师认为学习古诗词一定得对词人有一定的了解，况且了解文化名人本也是语文学习的一部分，可以增加学生的素材，也可以培养学生学习古代诗文的兴趣。

学生课外阅读柳永的生平资料后，对柳永有了一定的了解。他们了解到柳永生平四次落榜，第二次落榜后，一愤之下写下《鹤冲天·黄金榜上》，中有“青春都一晌，忍把浮名，换了浅斟低唱”。第三次考试的时候柳永过了层层关卡，只等皇帝圈点放榜，皇帝看到柳永的名字，道“何不去浅斟低唱，何要浮名”，于是柳永第三次落榜，时 34 岁。40 岁时，他第四次落榜，落榜之后柳永离开当时的都城汴京，与情人分别，写下《雨霖铃》。

于是 L 老师又带领学生回到作品，让学生更深层地把握作品的情感，作者四次落榜，所以对当时的柳永来说，未来迷茫凄苦，不能修身齐家治国平天下，展示自己的才华抱负，更要遭受无尽的羁旅之苦，漂泊流浪。再者，柳永曾说“幸有意中人，堪寻访”，而此时此刻，不仅仕途不得志，更要与爱的人分别，独自一人去面对日后的风风雨雨，心情苦闷无极，落笔一挥，写下“今宵酒醒何处？杨柳岸，晓风残月”，情景交融，融情于景，抒发了惆怅、失意的情感。

学生对词人柳永有了一定的认识以后，对词的理解更透彻，对词的情感把握也更准确。

L 老师：词的上阕和下阕所描写的景物有什么不一样？换句话说，下片描写的景你们看得见摸得着吗？

同学：看不见。

老师：所以是写的虚景，而上阕写的是实景，所以就整首词来说，用了虚实结合的艺术手法。而“今宵酒醒何处？杨柳岸，晓风残月”一句，既是写景又是抒情，是情景交融的艺术手法。

（4）背诵记忆，语感培养

为了培养学生的语感，提高古典文学素养、丰富积累，L 老师每次教完一首词以后都会带领学生反复吟咏朗读。

学生刚开始不敢相信自己能在课堂上就把所学的词记下来，但是经过 L 老师的引导，最后真的能背下来。

背完一遍以后，L 老师又鼓励学生再来一遍，于是一遍一遍地出声记忆的时候，学生在潜移默化中培养了语感，记住了词，并且在老师一遍一遍描述提醒、学生一遍一遍记忆时，学生也是在不断地加深理解和感悟，虽然只是短时记忆，但也为课外背诵奠定了良好的基础。

不仅在课内背诵，L 老师还把背诵的任务延伸到课外，要求每个学生必须亲自去找老师背诵专题学习内的每首词。

（二）略　读

首先 L 老师选取了柳永的《望海潮》《八声甘州》《鹤冲天》《凤归云》《煮海歌》等篇目和学生一起鉴赏。

带领学生读这些词的同时，L 老师也谨记课堂的主体是学生、要让学生在实践中学习的理念。他让学生主动学习，自己只做引导，并且要求学生按照“因声求气，吟咏诗韵”“梳理词意，缘景明情”“以意逆志，知人论世”“背诵记忆、语感培养”的方法去读词，在学生读不懂、需要帮助的时候再给学生指导。

L 老师和学生说明接下来学习的词是《望海潮》，并且学习方法仍然如前面学习《雨霖铃》一样，学生又开始了第二首词的学习。

L 老师问：“《望海潮》词牌名是什么意思呢？”因为没有更多的信息和资源，学生不知道。L 老师用多媒体给学生展示：“词牌名，始见于宋代柳永《乐章集》。双调，一百零七字，押平声韵。”该词牌名为柳永首次创作，赞美杭州为观潮胜地。

学生朗读词，L 老师提醒学生注意押韵、平仄和一字顿的读法，并且注意声音开合度。为了防止学生有畏疑难情绪，加上词专题教学的目的在于增加学生的古典诗词积累、培养语感、激发兴趣，L 老师决定的梳理词意的时候采用和学生一起读的方式，激发学生的积极性。

《望海潮》是柳永的第一首成名作，描写了钱塘（杭州）的盛景，在读这首词时，L 老师主要引导学生认识词中所描写的杭州的盛景以及宋朝的繁荣和文化。

L 老师和同学说宋词短小、篇幅有限，何以能描写出这么全面的大宋景象，这便是柳永慢词长调的优势与独特。在人人只创作短词小令的宋初，柳永能创作大量的慢词长调，柳永就是那个天才，并且词所描写的景物，对整个宋代词史的意境来说，是一种极大的开阔。

《八声甘州》是柳永的代表作，苏东坡和晁无咎赞美柳永此首词中的“对潇潇暮雨洒江天，一番洗清秋。渐霜风凄紧，关河冷落，残照当楼”不减唐人高处。在学习这首词的时候，L 老师着重带领学生领略词的开阔高远，体会柳永词的强烈的感发力量。

《煮海歌》是柳永晚年于晓峰盐场做官吏的时候写的，反映了盐民艰苦的生活，表现了柳永为国治世的志意。世人都道柳永轻浮低俗，但是柳永为国的一番志意可从这首诗可看出来。

《凤归云》词也能代表柳永词的这个特点。这首词主要让学生感受柳永一生的漂泊凄苦，也作为词的积累。

对整个中国词史来说，柳永在其中占了重要地位，柳永把词的境界扩大了，把词从闺阁之中带出来，描写山川风雨，词的意境变得开阔高远，脱离了词的淫靡之态。

三、自　读

> L 老师：在这段专题学习宋词的时间里，为了增加积累，你们要每周去读一首自己喜欢的词，严格按照“因声求气，吟咏诗韵”“梳理词意，置身诗境”“以意逆志，知人论世”的方法去读，读完后写下你们读到的东西、看到的东西、感到的东西。每周我会请同学上来分享你所读的词。

同学们都激动起来，有兴奋的，有害怕叫到自己分享但是分享不好的。

一周过去后，L 老师决定检测一下学生的课后阅读成果。在专题阅读前期，L 老师叫了平时诗词鉴赏成绩比较好的同学。

K 同学是班上语文科目的佼佼者，诗词成绩也不错，他读的是苏轼的《蝶恋花·春景》：

> 花褪残红青杏小。燕子飞时，绿水人家绕。枝上柳绵吹又少。天涯何处无芳草！
> 墙里秋千墙外道。墙外行人，墙里佳人笑。笑渐不闻声渐悄。多情却被无情恼。

首先他给同学们朗读了词，感叹号的地方也加重了感情。他解读这头词开头两句以非常美好的意象如花、青杏、燕子、绿水、柳棉、芳草等描绘了一幅春归晚景图，有花有柳有燕子，有绿水有芳草。但是细细品来却发现作者写的是残红，是青杏，是柳棉吹又少，表达了作者伤春惜春的情感。“芳草”一句联系李煜的《蝶恋花·伫倚危楼风细细》“离恨恰如春草，更行更远还生”。“天涯何处无芳草”一句也表现了他的离愁。下片巧妙地用墙外行人、墙里佳人的形象比喻，比喻自己的与行人一样不定奔波与漂泊，而墙内佳人笑声渐远。墙也是一个特别的意象，象征作者与君主间不可逾越的阻隔。这首词表达了作者的被动无奈与不得志。

K 同学说完，同学们鼓起了掌，老师也惊叹他敏锐的解读词的能力，尽管他可能查阅了很多资料，不过他的进步与积累是有目共睹的。

四、检　测

在经过一个月左右的宋词专题学习之后，为了检测全体学生的学习效果，L 老师给学生带来了一张高考卷，主要想测试学生的宋词鉴赏能力。但是最后试卷批改下来，同学们不仅诗词鉴赏能力提升了，获得了很好的分数，而且在其他部分如作文方面，学生也有了很好的语感与材料。事实证明，专题学习是可取的。

结　语

在最初 L 老师有专题教学想法的时候，他害怕长时间让学生学词，学生会有厌倦的情绪。但是事实上，让学生系统地学词，了解每一位词人的生平经历，认识他们的词艺术和成就，他们觉得非常有意思。在这个高中阶段，每天面对的巨大的学习压力、无止境的作业让他们身心俱疲。而在语文课堂，他们能了解一些古代大文学家、大词人，了解别人的人生，照见自己的人生，学会思考自己，学会从容，学会努力。

在知识层面，一个月的学习让他们有了丰富的情感体验，也有了一定的古典文学积累，一些同学甚至会用词来表达自己的情感，也有些同学在作文里会引入恰当的词句来论述自己的观点，更让 L 老师惊奇的是，一些同学还用一些词句当个性签名，说明词已经深入他们的意识，深入他们的生活。这些都是 L 老师所欣喜的。

L 老师在感受到词专题教学的成功以后，他还设想对其他文体也进行专题教学，如小说、散文，诗歌等，这样在专门学习一种体裁的时候，学生就能全面了解那一种体裁的特点。如小说，不仅能让学生充分认识小说的特点，也能在专题学习小说的时间内让学生更广泛地阅读。

L 老师的专题教学相当于新课标里提到的学习任务群，虽然每个专题学习起来比较费时间，看上去似乎不能完成课程目标。但是 L 老师做了完备的教学计划，希望能在高一和高二两年给学生打下扎实的语文基础。

L 老师的专题学习词目如下：

（1）温庭筠：《菩萨蛮·小山重叠金明灭》《忆江南·梳洗罢》《更漏子》。

（2）韦庄：《女冠子》《荷叶杯》《思帝乡》《菩萨蛮·人人尽说江南好》。

（3）冯延巳：《鹊踏枝·谁道闲情抛掷久》《鹊踏枝·梅落繁枝千万片》《抛球乐·酒罢歌余兴未阑》《抛球乐·逐胜归来雨未晴》。

（4）李璟：《山花子》《摊破浣溪沙·菡萏香销翠叶残》。

（5）李煜：《相见欢》《虞美人》《浪淘沙·怀旧》《乌夜啼》《清平乐·别来春半》。

（6）晏殊：《浣溪沙》《山亭柳·赠歌者》。

（7）欧阳修：《蝶恋花》《玉楼春》《生查子》《采桑子》《踏莎行》。

（8）晏几道：《鹧鸪天》《临江仙》。

（9）苏轼：《定风波》《念奴娇·赤壁怀古》《江城子》《浣溪沙》《蝶恋花》。

（10）秦观：《浣溪沙》《踏莎行》。

（11）周邦彦：《苏幕遮》《夜飞鹊》。

（12）李清照：《声声慢》《如梦令·常记溪亭日暮》《如梦令·昨夜雨疏风骤》《一剪梅》《醉花阴》。

（13）辛弃疾：《青玉案》《破阵子》《西江月》《永遇乐》《南乡子》。

（14）姜夔：《扬州慢》。

【案例思考题】

1. 除了文中的精读、略读、自读以外，你认为还有哪些更好的开展专题教学的读词方法？

2. 你认为选择哪些词作为教学内容才能更好地培养学生的语文能力？你选择词的标准是什么？

3. 你会去寻找一些有关词的评论性的文章来给学生读吗？

4. 在精读部分，老师还可以给学生哪些具体的指导让学生更好地学习？

【案例使用说明】

1. 适用范围

适用对象：中学语文老师，汉语言文学专业、语文教育和语文课程教学论及相关专业专科生、本科生、研究生。

适合课程：（1）中学一线“语文”课程。

（2）大中专“中学语文教材教法” 课程。

（3）教育专业学位研究生课程：“课程与教学论”“语文课程与教材分析”“语文教学设计与案例分析”“语文学科基础与前沿问题”等。

2. 教学目的

（1）切实提高学生的古诗词鉴赏能力，丰富学生的积累。

（2）提出符合新课标的宋词教学策略。

（3）提高学生学习古典诗词的兴趣。

3. 要点提示

（1）相关理论

文体理论；

教育教学理论；

宋词解读理论；

老师专业发展理论。

（2）关键知识点

宋词的文体特征，宋词教学的有效策略，教学思路。

（3）关键能力点

认识宋词的发展历程，特定发展时期的诗人以及所代表的词。宋词的解读能力，文字语言的积累。

（4）案例分析思路

通过 L 老师从思想到行动、从社会到学校、从老师到学生进行的一系列分析与调查，揭示导致宋词边缘化的诸多原因，L 老师专门针对传统教学模式仅限于老师单向知识传授，学生难以参与教学，教学套路化、模式化现象严重，学生学习积极性不高，学习效果不好等问题，提出宋词专题教学法，归纳总结出具体的教学策略——“精读”“略读”

教学实践显示，L 老师的宋词专题教学法紧扣语文核心素养，能够在全面发展的基础上对学生进行艺术欣赏、写作，甚至排练、演出等能力进行培养，更有助于培养学生树立积极健康的审美意识，增强审美能力。

4. 教学建议

时间安排：一个半月的教学时间，所有的语文课。

环节安排：老师先带领学生学习教材上的宋词，再根据案例目录选择相应的宋词进行学习。

人数要求：50 人左右的班级教学。

教学方法：以学生知识掌握、个性发展和艺术能力培养为目标，不脱离文本，喜欢宋词。

工具选择：多媒体。

组织引导：学生存在问题时及时给予建议与帮助。

活动设计建议：

（1）准确把握宋词的选文标准，以作品的思想内容或者以作者为标准带领学生学习欣赏宋词，学习方式要注意多种多样，以广泛阅读为纲，以老师讲解为范，以学生分享为主。

（2）让学生切切实实地领会每一首词，背诵每一首词。

5. 推荐阅读

[1] 叶嘉莹. 唐宋词十七讲[M]. 北京：北京大学出版社，2007.
[2] 王荣生. 语文课程与教学内容[M]. 北京：教育科学出版社，2015.

F老师“逆向”诗歌教学设计的探索之路

罗雅文①

【摘　要】教学是达到最终目标一种手段，规划先于教学。以“理解为先”的模式是通过三个阶段的“逆向设计”过程来支撑的。这三个阶段就是“明确预期学习结果”“确定恰当评估方法”和“规划相关的教学过程”。“理解为先”里的“理解”可能是建立联系、构建框架、掌握核心概念等，它是需要将课堂上“理解”的东西迁移到生活中，对生活产生或多或少的影响。又或者说要明白获得这些所谓“知识”的意义。但是“理解”不同于“知道”。中国古人对诗之本质上的认识，大抵都以“情”或“志”为核心。陆机《文赋》:“诗缘情而绮靡。”严羽《沧浪诗话》:“诗者，吟咏性情也。”诗歌只选择最动人的片段和瞬间，注重运用隐晦曲折、最富于暗示性、包孕性的意象、意境来传情达意，具有不同于日常语言的语言形式。诗的表现技巧追求创新求变，同时它也更专注于情感意味的表现。学生通过学习现代诗歌，不仅能够培养起热爱祖国语言文字的能力，还能够提升审美能力和文学素养。诗歌这种文体有其自身的独特性，例如有些诗歌语言晦涩难懂，又加之灵活多变的言语形式和深刻的意蕴，让大部分高中语文老师不知所措，抓不住教学重点，甚至将诗歌蜻蜓点水般略过。这种教学方式不仅不符合《2017年版普通高中语文课程标准》，也不利于培养学生良好的诗歌审美鉴赏能力。甚至“学习诗歌的初衷是什么”“学习它的意义在哪里”“学习诗歌能对生活产生什么样的影响”这类问题很多老师也很少去想。所以，为了扭转和改变这一诗歌教学现状，F老师运用了一种较为新颖的方式，即对诗歌教学进行“逆向”设计，先明确预期学习结果，然后确定恰当评估方法，最后规划相关教学过程。但值得注意的是，“明确预期学习结果”也可以说是制定教学目标，这个工作并非完全由老师来完成，而是学生在老师的点拨下和相互探讨中完成的，“确定恰当的评价方法”也可以由学生来选择。“以终为始”的教学理念是一种新的尝试。

【关键词】逆向设计；理解为先；文体特征；诗歌教学现状；新式诗歌教学策略

---

① 作者简介：罗雅文，女，河南郑州人，黔南民族师范学院2018级学科教学（语文）专业方向硕士研究生；导师：杨荣教授

背景信息

古今中外关于诗的本质的阐释有很多，概括起来，中国最早有“言志说”和“缘情说”。中国古人对诗之本质上的认识，大抵都是以“情”或“志”为核心。陆机《文赋》:“诗缘情而绮靡。”严羽《沧浪诗话》:“诗者，吟咏性情也。”关于诗歌的定义，第二种有影响力的说法可以概括为“语言形式说”。

高中语文诗歌教学主要以诵读为主，好好地品味诗情诗意，品析诗歌意境，感受诗歌的情感内蕴，揣摩诗歌语言，营造问题情境，体会诗歌的独特魅力。

《普通高中语文课程标准》(2017年版，以下简称“新课标”)“课程内容”板块“学习任务5——文学阅读与写作”对学生戏剧阅读提出的具体目标是“引导学生阅读古今中外诗歌、散文、小说、剧本等不同题材的优秀作品，使学生在感受形象、品味语言、体验情感的过程中提升文学欣赏能力，并尝试文学写作，撰写文学评论，借以提高审美鉴赏能力和表达能力”。其中明确表示高中语文教学中诗歌是同小说、散文、戏剧并驾齐驱的文学体裁。曹明海先生在一篇文章中这样说道:“语文学科区别于其他学科的特质，在于它以培养学生理解和运用祖国语言文字为核心指向与根本宗旨，语文课程的目标与任务就是提高学生的语言文字素养和语言文字运用能力。”每一种体裁的教学都理应立足于各自的文体特征进行。为此，必须深入调查高中语文诗歌教学现状，找到扭转诗歌教学弱化现状的方法，这是中学语文教育和研究的当务之急。

有些老师不重视现代诗歌教学，加之自身诗歌素养不足，教授诗歌的时候还是习惯于分析式讲读。如果面对一篇小说，老师可能会侧重去讲故事发生的时间、地点、情节、环境等要素；如果面对的是一部戏剧，那么老师可能会围绕人物矛盾冲突和跌宕起伏的情节来展开。唯独对于现代诗歌，它往往以白话写就，深受西方现代主义的影响，有时候它晦涩的语言和独特的言语形式会让大部分语文老师不知所措。他们也许对诗歌断章取义，或者将其中蕴含的哲理情感一股脑地灌输给学生，又或者对现代诗歌文本逐句分析，这就失去了欣赏现代诗歌的价值。学生们也听得云里雾里。这种教学并没有深入诗歌本身，犹如蜻蜓点水，只近其身，不得其神。学生被动地接受诗歌的艺术美，也就无法探析诗人的炽热情怀。学生自身可能是因为想象力不够或者缺少一些生活经验，不知道老师到底要教些什么。有些老师由于文体知识薄弱，将诗的文体特点淡化，教学方式单一，导致大部分诗歌教学都是千篇一律，没有特色。主要原因是这些老师不清楚不同文体具有不同特征，针对不同文体特征应设计不同的教学方法。

诗歌的基本特征主要有五点:

第一，诗是只选择最动人的片段和瞬间。一般文学作品如散文、小说中必须记述的时间、地点以及事件的基本过程和背景在诗中可以全然消失，只紧紧抓住其中最动人和最精彩的片段瞬间。华兹华斯在《抒情歌谣集》中说:“只要诗人把题材选得很恰当，在适当的时候，他自然就会有热情，而由热情产生的语言，只要选择得正确、恰当，也必定很高贵和丰富多彩。”

第二，诗注重运用隐晦曲折、最富于暗示性、包孕性的意象、意境来传情达意。字词的表面之下暗含深意。清代诗评家吴乔说：“诗喻之酿而为酒。”小说和散文等文学体裁当然也是注意形象的，有些时候也是有意象的。但是，它们的表达方式依然是以叙述、描述等为主。它们描写的形象也是更加接近生活原样的客观形象。但是诗则是全然不同的。

第三，诗具有一套不同于日常语言的语言形式。《诗大序》中说：“情动于中而形于言，言之不足故嗟叹之，嗟叹之不足，故咏歌之，咏歌之不足，不知手之舞之，足之蹈之也。”诗的语言形式不同于日常语言，它是一套音韵节奏变化的语言，更加摇曳多姿。而小说和散文等文学体裁的语言形式与我们的日常语言没有什么很大的区别，只是可能会生动一些、文雅一些、规范一些。如汪国真的“博大可以稀释忧愁，深色可以覆盖浅色”，郭路生的“当紫葡萄化为深秋的露水，当我的鲜花依偎在别人的情怀”。

第四，诗的表现技巧是创新求变的，有许多丰富的表现手法，如象征手法等。李金发的代表作《弃妇》就很好地诠释了这种象征手法。“长发披遍我两眼之前，遂隔断了一切羞恶之疾视，与鲜血之急流，枯骨之沉睡。黑夜与蚊虫联步徐来，越此短墙之角，狂呼在我清白之耳后，如荒野狂风怒号，战栗了无数游牧。”

第五，诗歌更专注于情感意味的表现，将难以言喻和难于感触的情感表现出来。如王维的“行到水穷处，坐看云起时”，将诗人那种超脱世俗的隐逸情怀抒发得淋漓尽致。

任何一种文学体裁都具有自己的独特性，因而老师在教学中应该根据诗歌的特点进行教学，在引导学生欣赏、品味诗歌的文学性时，还应让学生感受诗歌的审美价值。

K 中学是贵州黔南州一所高中，历史悠久，具有一定的文化底蕴，在当地也算是小有名气。这所学校为了自身有更好的发展，经常会学习新理念，例如“理解为先的教育模式”和构建老师学习共同体。老师共同体中的老师学习是经验式、参与式和身份获得的学习。其特点在于开放的边界、包容性强，多元话语和实践均能获得对话的空间。学习共同体是以共同发展为愿景、以获得共同进步为目标、由不同发展水平的老师团队构成的教育教学研究小组。共同体内成员间相互学习，资源共享，从而实现老师的整体发展。

以下简单介绍一下本案例中的 X 老师、F 老师和 M 班的情况。

X 老师在 K 中学工作过一段时间，年龄较长，具有一定的教学经验。

F 老师研究生刚毕业，是 K 中学的一名新成员。她具有良好的理论基础和崭新的教育教学理念，F 老师热爱学习，有较强的上进心，遇到问题善于思考和反思，平时与同学们相处融洽。

M 班整体容量不大，男女比例相对平衡，大部分同学性格活泼，思维敏捷，但是自律性较差。

案例正文

一、寻找病症

（一）发现问题

K 中学在发展的过程中紧跟时代的步伐，不断地更新自身的教育理念，正要构建老师学习共同体。K 学校深知，边界明晰、成员同质的老师共同体可能压抑老师的个性、限制学习机会，侧重共同体的再生产和知识的代际传递，不利于教育创新。而伙伴关系中老师的学习方式是扩展式、横向式的跨界学习，代表着老师教学活动系统的整体提升。

K 中学每两周都会定期举行老师听评课活动，这在一定程度上也是对构建老师学习共同体理念的一种实践，通过不同发展水平的老师共同学习的过程，促进整体老师队伍的发展。这次课主要是由 X 老师主讲的，她讲的内容是《雨巷》。其他语文老师听课，课后大家一起讨论这节课的得与失。

在课堂上，F 老师坐在了一个同学的旁边。她认真聆听、做笔记，仔细观察学生的状态并做好记录。在整个课堂进行的过程中，F 老师发现了一些小现象：有些同学前半节课还能认真听讲，可是后半段就跑神了；有一位同学津津有味地低头看着小说，丝毫不避讳一旁听课的老师。F 老师小声问他："你怎么不听课啊？"那个同学说："不用听，书上都有。"；有一部分学生倒是有想法的，不过只是在下面窃窃私语，不敢大声说出来，除非全班一起回答时，才敢大声说出来。总体来讲，大部分同学听得还是比较认真的，但当课接近尾声的时候，老师问："同学们还有什么问题吗？"班级里真的是鸦雀无声，安静得可怕……

这堂课就这样结束了。

F 老师略带疑惑，X 老师该讲的内容都讲了，知识点也都有，整体的教学流程也比较完整，有清晰的教学目标、完整的教学过程以及及时的课堂评测。可是为什么课堂效果并不令人满意呢？是因为讲的内容没有引起学生的共鸣？还是学生们对诗歌的兴趣本身就不强烈？又或者是讲授诗歌的方式方法有待进一步斟酌？学生们对语文学科的兴趣究竟在哪？这一系列的问题困惑着 F 老师。

（二）探其缘由

听评课结束后，先是语文教研组老师在一起讨论本节课的得与失，然后教研组老师询问 M 班学生这堂课的收获。F 老师也想听听同学们的课后感受。

大部分学生都不说话，低头表示沉默。在教研组老师的鼓励下，有一小部分同学说自己学到了知识（分析诗歌的模板）。

A 同学：X 老师讲的内容参考书上都有，几乎一字不差，听不出什么重点。

B 同学：诗歌嘛，不就是背背，考试分值也不高，差不多得了。

C 同学：诗歌离我们的生活太远，太缥缈，没什么用。

D 同学：我是挺喜欢诗歌的，我觉得戴望舒笔下的雨巷很美，有时候我是有一些想法的，但是不知道恰不恰当，既然老师都这么讲了，那跟着老师的思路应该都没错。

E 同学：我们学的现代诗歌都大同小异，几乎所有老师讲的都差不多，无非是情景交融，没有其他特点，千篇一律。

F 老师了解到 M 班学生的情况后，有了新的想法。她觉得绝大部分学生的将诗歌学习仍然停留在表面，并没有达到“理解”的程度。这里说的“理解”是具有特殊含义的，它或许是对知识的自我建构，或许是对相关核心概念的深入发掘，又或许是将所学的一种生活进行迁移……如果不“理解”，没有好好地深入，那么就很难去谈鉴赏，就更加不具备审美的能力。X 老师讲得太面面俱到，完整地“覆盖教材内容”，以至于学生根本就不知道何为重点。F 老师根据自己在听课过程中的所观所感所思所想，再结合学生们的想法和感受，在新课标的基础上对语文诗歌教学进行了思考。F 老师决定在 M 班上一节语文课，文体依旧是诗歌《再别康桥》。但是这次她将自己所思考的都运用在了这堂课中。

二、对症下药

（一）明确预期学习结果

这次 F 老师打算打破传统的教学模式，传统的学习程序一般是首先确立教学目标进行教学活动，最后进行教学评价。老师往往更加侧重自己是如何“教学”的，常常会忽视学生到底是如何“学”的，自己讲的这些东西学生是否都理解了、消化了？是否会将课上的知识迁移到自己的生活中？或者这些东西学生们理解了，那么他们理解的意义又是什么？这一系列的问题让 F 老师决定换一换教学思路：如果采用逆向的教学思路，从预期结果逆向规划教学，学生的学习效果会不会变好？F 老师决定试试，将逆向的教学设计理念运用于诗歌教学，毕竟逆向的教学设计理念也是有科学理论依据的。

F 老师走进 M 班，告诉同学们下周要讲《再别康桥》，这周老师要给大家布置一个学习任务。大家听到老师的话都很奇怪，下周要讲的课为什么现在就来布置学习任务呢？大家正在疑惑时，F 老师又说：“大家安静一下，因为我们下周要学习《再别康桥》，所以我希望大家首先对这首诗有自己最初的感知，我给大家的学习任务希望大家都能够认真完成：第一，大家要重复朗读这首诗歌，在朗读的过程中，我希望你们是发自内心地去朗读，找好最佳朗读时间，这个可能会因人而异，所以，这个时间不一定是早读时间，而是任何你们想读的时候、情感恰到好处的时候。比如，早上看见清晨的阳光，听到清脆的鸟鸣；或者在夕阳西下之时，在校园中漫步；或者是在夜深人静时……无论何时，当你有情感的辅助时，你再去朗读，不要强迫自己。但是，这首诗的熟读或是背诵请同学们在下周之前务必完成。第二，大家在朗读这首诗的时候，自己要保持原始的阅读体验，要将自己置于一种‘素读’的状态。不要参考任何教辅对这首诗的解读，自己先保留着自己对这首诗的理解，最好能对这首诗歌有自己的思考。这种质疑也就是一种探究。不过不必勉强，大家尽力就好，毕竟大家的思考程度和思维方式都存在差距。同时也可以通过网络或是书籍找一些有关诗人的背景资料，适当了解一下诗人的生活。第三，在读和体会这首诗的过程中，选取一个自己最想学习的主题，比如我最想了解这首诗的诵读技巧，或者我最想了解这首诗的意象特点，又或者我最想了解这首诗的意蕴内含，等等。在课上我们一起讨论，并且一起来确定这首诗的学习目标。或者换一种说法，你觉得在即将上的这节课中你最想掌握什么样的知识、技巧？或者是你想拥有什么样的能力？这样的知识和能力或者技巧能不能迁移到自己的领域或是生活当中？”

同学们听完老师的话都比较吃惊，难道还能随心情读诗吗？我会对诗歌保持住最原始的阅读体验吗？平时的教学目标不都是老师定吗？难道大家还可以一起来确定教学目标？……这些疑问都在学生们的头顶上徘徊。但是大家对于这种新奇的学习任务好像并不反感，而且都很乐意尝试。“大家可以完成这三个学习任务吗？”“可以。”同学们高声回。“那好，下周就期待大家的表现喽。”

F 老师之所以会布置这样的任务是因为提前一周通知 M 班的同学自主朗读诗歌才能使得学生对这首即将学习的诗歌有更加深入的理解，避免一种“陌生化”的现象。F 老师深知最早的诗歌其实并不是用眼睛看的，而是通过空气的震动和声音的传递，它是需要朗读、诵读和吟唱的。例如我国的《诗经》中“昔我往矣，杨柳依依。今我来思，雨雪霏霏”，这些内容有时候足以让人泪流满面。所以 F 老师让学生朗读，就是想通过声音的传播，让同学们对诗歌有更加深刻的体会。F 老师没有限制学生朗读的时间和环境，就是让同学们认真体会诗歌的情感，将自己的情感通过空气的震动与作者的情感相通，好好体会诗歌的价值。同时，F 老师是十分强调同学们的原始阅读感受的，她对“素读”有着很高的要求。最后，让同学们自己去确定诗歌的学习主题，其实是交给学生一种学习的“主动权”。

转眼间已到了第二周，在上课之前，F 老师调整了传统的座位形式，组织同学们将全班的桌子摆成环形，老师站在中间。这样有利于每个学生都能参与到课堂中来。第一课时一开始，F 老师问大家：“大家都清楚自己想从这首诗歌中学到什么了吗？简单地说就是你觉得这首诗歌的学习目标是什么，或者学完这首诗歌你觉得能达到什么预期的结果？”大家都说了自己的看法。F 老师将它们总结了一下，最后确定下来的主题包括：① 体味诗人的特殊情感。② 挖掘诗歌选材、组材之妙。③ 认真鉴赏诗歌的语言。④ 深层次地感受诗歌的美。这个学习目标的设定是学生自己来完成的。

（二）确定恰当评估方法

F老师：既然大家都已经为本节课制定了相关的教学目标，那么现在大家想想你们打算采用什么样的标准来评价你们的学习成果呢？

大家觉得不可思议，老师怎么会问这样的问题？难道检验教学结果不是老师的事情吗？我们怎么会知道如何衡量呢？

A同学：老师，我觉得既然是学习诗歌，那么我觉得在写作方面我们是不是应该会写诗？可能写得不好，但是我觉得通过体味诗人的特殊感情和鉴赏诗歌语言，我应该可以根据对生活的感受书写自己独一无二的情感。

F老师：你说得太好了，写诗当然可以算一种评估方法，而且还是一种非常有个性的评估方法。

B同学：老师，我想到了是不是也可以通过最原始的方法如考试或者是随堂测试，毕竟我们是中学生，考试是一种用了多年的评估方法。鉴赏诗歌其实也是有技巧的，诗歌中材料的组合或是意象的选择应该都是诗人有所考量的吧，那么诗歌是不是也会有一些共同的地方？每首诗歌都是独一无二的、有个性的，我也读过很多首诗歌，我觉得诗歌与诗歌之间也有很多共性，一首诗歌具备的共性就可以进行迁移。

F老师：B同学也十分有自己的见解，居然上升到学习迁移的层面上来了，一定是思考了，很好。卷面考试的方法虽然老套，但是它至今存在，一定是有它自身的价值。

C同学和D同学也依次发表了自己的见解。

F老师：其实评价的方式有很多，大家能想到的大部分都是与认知相关的，那么老师还想从情感这个角度对大家的教学结果进行评价。

同学们都觉得很新颖。

最后F老师总结了大家对评估方法的发言，最后在认知的领域选取了“披情写诗”和随堂测试的方法。同时，在情感领域选择了填写情感量表和抽样谈话这两种方式。情感量表由美国布赖德本等人1969年编制，用于测查一般人群的心理满意程度。量表由正向情感分量表和负向情感分量表组成，各包含五个项目。还有一个情感平衡分量表，是将前两个分量表的得分相减得到的。量表为自评式，纸笔测验，适用于成年人，要求受测者回答过去几周的感受，对正向情感的项目回答“是”计1分；对负向情感的项目回答“否”也计1分。情感平衡的计算以正向情感分减负向情感分，还需加一个系数5，其得分范围为1～9分。F老师会用情感量表来对这节课的学习进行一个评价。这些评估方法也用来检验一开始设定的教学目标的效果。

（三）规划相关的教学过程

1. 含英咀华，心有所会

诗歌不像戏剧，用剧本浓缩地反映现实生活。也不会把一个完整的故事压缩在一个极小的时空范围内。诗歌也不可能集中地表现矛盾冲突。它的矛盾冲突是以抒情的方式表现出来，即使是叙事诗也有这个特点。它也不同于小说按照时间、地点、人物等要素来展开。诗与文的区别，清代的吴乔有一个很好的比方："二者意岂有异，意喻之米，文喻之炊而为饭，诗喻之酿而为酒。"同时，诗歌语言的意味浓度要高于散文和小说。诗歌具有自身的特点，只选择最动人的片段和瞬间，注重运用隐晦曲折、最富于暗示性、包孕性的意象、形象来传情达意，具有不同于日常语言的语言形式。诗的表现技巧追求创新求变，同时它也更专注于情感意味的表现，将难以言喻和难于感触的情感表现出来。早期的诗歌不是借助于视觉的，而是通过朗诵、吟唱、通过空气的震动来达到一种情感的共鸣。例如荷马，还有印度的诗歌，可以重复吟唱，绵绵不绝。当然还有诗经，也是唱出来的。

课的前半部分，F 老师请同学们朗诵课文。在展示之前，F 老师先让大家自荐，谁觉得自己准备好了就可以上台展示，站在圆的中心，这样大家都可以听到看到。在大家展示前，F 老师提出了几点要求：第一，所有要展示的同学必须在八分钟之内完成。第二，当别人在展示的过程中，听的人要保持安静。在同学们都展示完之后，大家可以评判一下谁表现得最好、动作最到位、感情最真挚。

同学们在朗读的过程中都表现得很精彩，大部分同学都能够很投入地去朗读，不管是从字音、停顿还是情感、动作都把握得十分到位。例如 X 学生的朗读：

"轻轻的/我走了，
正如我/轻轻的来；（轻声）
我/轻轻的/招手，
作别/西天的/云彩。

那/河畔的金柳，（动作：眼神向远处看）
是/夕阳中的新娘；
波光里的/艳影，
在我的/心头/荡漾。（节奏比第一节稍快，语调欢快）

软泥上的/青荇，
油油的/在水底招摇；
在/康河的/柔波里，
我甘心/做一条水草！（加点部分是重读，朗读语速逐渐加快，语调持续提高）

那榆荫下的/一潭，

不是/清泉，是/天上虹；
揉碎在/浮藻间，
沉淀着/彩虹似的梦。（加点部分是重读，语速慢）

寻梦？撑/一支长篙，
向/青草/更青处/漫溯；（语速比其他节慢，语调高；动作：右手缓缓地由里向外滑动）
满载/一船/星辉，
在/星辉/斑斓里/放/歌。（加点部分是重读，感情最为充沛；动作：双手齐张开，呈拥抱状）

但/我/不能/放歌，
悄悄/是别离的笙箫；（“悄悄”语音稍稍拉长）
夏虫/也为我/沉默，
沉默/是今晚的康桥！（语速变慢，声调变低）

悄悄的/我走了，
正如我/悄悄的来；
我/挥一挥衣袖，
不带走/一片云彩。（“云彩”稍稍语音拉长，最后一节与第一节的情感较为相似，前后呼应）

X 同学朗诵的《再别康桥》令大家陶醉，大家都沉浸在诗歌的世界中，不仅有语音的变化，而且还有动作的衔接，情感更是饱满充沛。大家也给予了 X 同学热烈的掌声。有一位同学提议说：“如果加上配乐就更加完美了。”大家都认同地点点头。还有一些同学也跃跃欲试。F 老师说：“看来，大家对这首诗都有自己的理解和感受。”

初读交流后，F 老师让同学们再读课文，说：“课前 F 老师不是让大家自己在读和体会这首诗的过程中选取一个最想学习的主题吗？现在大家心中一定都有了想法，大家先互相交流、讨论，然后总结出大家认为的共同的主题，我们共同来学习。”

新课标提出“学生在语文学习中，通过审美、评价等活动形成正确的审美意识、健康向上的审美情趣与鉴赏品位，并在此过程中逐步掌握表现美、创造美的方法”。本次 F 老师不仅让 M 班的学生获得自主朗读的感受，同时也有助于学生不断形成良好的审美鉴赏能力。同时，也让同学们在朗读过程中体会诗歌的语言和诗人的情感。这也是在潜移默化的实现学生们既定的教学目标。

2. 寓教于问，起承转合

F 老师在引导 M 班同学反复朗读和熟悉诗歌的基础上，再一次回归这首诗歌的本身，由于学习内容是学生自己设定的，所以 F 老师让学生们围绕自己确定的主题独立欣赏，前后交流欣赏，最后全班一起欣赏。F老师在课前就已经让大家去发现问题了，有能力的学生还可以提出“核心问题”，“核心问题”更加有助于学生们深层地理解诗歌，同时也是对学生的探究精神的培养。在这个过程中，学生要生疑，老师也要适当创设问题情境。学生全程参与诗歌的鉴赏与学习，俨然课堂中的主人。

F老师：相信同学们通过前一阶段的自我朗读，对这首诗歌已经有了自己的感受，但是大家的朗读过程顺利吗？有没有遇到什么困惑？现在可以说。

大家都感到很疑惑，一般老师都会直接开始讲解诗歌，从来不会让自己提问。大家开始窃窃私语。

A同学：我确实在读的过程中有疑惑，可是我不知道自己想的对不对。

F老师：没关系，大胆提出来。大家还记得我上周给大家布置学习任务时说，你们要自己去朗读诗歌，不要提前去借助任何参考书和教辅吧，即“素读”。其实就是想让大家在体会诗歌的过程产生疑惑和问题，这样有助于之后我们的讨论和思考。同学们有什么问题就尽管提出来，我们来一起讨论解决。

A同学：老师，单从题目看我就有疑问。题目是“再别康桥”，这个“再别”是一种告别，它的原意不应该是和人告别吗？但是在这首诗中，诗人并没有和什么人告别。既然不是人，那诗人是在和谁告别呢？

F老师：特别好，我觉得你这个问题提得特别好，认真思考了。好的，现在老师想请你来读一读这首诗的第一节。

A同学：我轻轻的招手，作别西天的云彩。老师，我似乎懂了……

B同学：不对啊老师，在现实生活中，有和云彩告别的吗？而且，为什么和云彩告别要轻轻的、悄悄的？云彩又不会动，即使诗人动静再大，应该也不会惊动云彩吧。

F老师：这位同学说得非常好，特别有自己的思考和想法。在我们课堂的第一阶段，大家一致认为X同学朗读得十分到位，大家有没有注意到X同学在朗读的过程中，他将第一节的节奏、语调处理得比较恰当。轻声去处理第一节的最后两句诗。现在我们请X同学来讲一下，他为什么要这样处理。

X同学：我觉得既然第一节有三个“轻轻”，那我觉得是不是应该也融入诗人那种“轻轻”的环境中。而且，我觉得诗人和云彩的告别应该就是一种想象，而这种想象应该是被诗人诗化了。就像B同学所说，在现实生活中，根本就不会有人和云彩告别，即使不轻轻、悄悄的，而是很用力地告别，云彩应该也是无动于衷的。所以我觉得，这就是诗人的一种想象。而且，老师您之前让我们找一些诗人的背景资料来更好地了解诗人的写作背景，我找到了一点自己感兴趣的资料。我了解到，诗人徐志摩在剑桥大学生活过一段时间，他很留恋在剑桥的生活和学习时光。他为什么会轻轻和悄悄的向云彩告别呢？我觉得是因为他是在和自己的回忆进行对话，很显然，这是一个不为人知的秘密。大家结合自己的生活，如果你为你的秘密营造一种氛围，一定也会是很轻很静吧，因为只有这样，才能进入一种回忆的氛围，融入一种自我陶醉的境界。

（大家都发出赞叹的声音，对X同学的思考表示赞同）

F老师：说得真好，你对这首诗的理解已经达到了一定的高度，老师很是欣慰。刚才你说到的诗化的想象就是一种很好的理解。

C同学：老师，刚才X同学说诗人进入一种自我融入的境界。那这究竟是一种什么样的境界呢？

D同学：我觉得应该是一种梦的境界吧……

F老师：好，梦的境界，请D同学说一下自己的思考。

D同学：我是根据诗歌原文来理解的。

那榆荫下的/一潭，
不是/清泉，是/天上虹；
揉碎在/浮藻间，
沉淀着/彩虹似的梦。（加点部分是重读，语速慢）

F老师：好，非常好。从原诗中去分析是一种很好的方法。好的，大家看老师可不可以对这句“沉淀着/彩虹似的梦。”这样深入理解？大家应该都知道“梦”吧，既然诗人用“沉淀”这个词，是不是就是意味着这是“过去的梦”呢？

D同学：说明这个“梦”应该是诗人记忆深处的，那诗人的“过去的梦”究竟是什么呢？

F老师：说得很好，正因为是这样，所以才有下一节的“向青草更青处漫溯”。那么同学们思考一下诗人的这个梦是什么样的。用几个形容词来说明一下。

E同学：我认为应该是美好的、充满诗意的、美妙的……

F老师：为什么呢？

E同学：那/河畔的金柳，
是/夕阳中的新娘；
波光里的/艳影，
在我的/心头/荡漾。（节奏比第一节稍快、欢快）

在/康河的/柔波里，
我甘心/做一条水草！（加点部分是重读，朗读语速逐渐加快，语调持续提高）
那榆荫下的/一潭，
不是/清泉，是/天上虹；

这两节中写了很多美好的意象。有金柳、夕阳、柔波、水草……老师，而且我觉得“荡漾”用得很特别。

F 老师：说说你的想法，怎么特别？

E 同学：一般我会用“春心荡漾”来说，诗人这里用法真的是将他的欢娱写得淋漓尽致。（边说手边呈现波浪状摆动，仿佛是在荡漾）

F 老师：是啊！这一系列的美好事物都是来证明诗人梦的美妙。（向同学们展示一幅油画，让同学们体会诗人笔下的“河畔的金柳是夕阳中的新娘”）

H 同学：那为什么诗人看到金柳就想到新娘呢？这里面应该藏着诗人的某些情感吧……

F 老师：一定是的，因为有时候，诗歌就是需要我们去猜的。

E 同学：老师，读到这里，我有疑惑了。既然诗人的梦这么美好，有如此多的令人沉醉的意象，正是美好到诗人即将要放歌了呀！“满载/一船/星辉，在/星辉/斑斓里/放/歌。”可是为什么这时候诗人的情感又有所转变，“但/我/不能/放歌”呢？

F 老师：对，这位同学说的的确是一个不能避免的矛盾。既是美好的就应该大声歌唱，可是在这个时候诗人又不能唱，转言说“沉默/是今晚的康桥！”。（语速变慢，声调变低）好，现在请同学想一想，我们在讨论本诗的第一节时，是不是对“轻轻的”“悄悄的”做过解释，当时 X 同学也说了自己的想法，他的想法也得到了大家的认可。他认为“轻轻的”和“悄悄的”向云彩告别是诗人是在和自己的回忆进行对话，这并不是一般的回忆，是诗人不愿意透露的秘密。那么在这一节中，诗人面对美好的事物却不能放歌，是不是因为诗人觉得这些美好的景象和回忆应该是私人的呢？“沉默/是今晚的康桥！”（语速变慢，声调变低）这一句表明了这是诗人默默回味，自我陶醉。而这种自我回味不能和任何人分享。他的“轻轻的”和“悄悄的”不是为了不惊动校园，相反，校园中的一切倒是成为他可以悄悄回忆的一个最佳地点。

（大家意味深长地点点头，部分同学默默地读着诗歌）

B 同学：“夏虫也为我沉默”是把夏虫拟人化了，这让我想到了“感时花溅泪，恨别鸟惊心”。

F 老师：说得特别棒！你已经可以联系着去欣赏诗歌了！

G 同学：老师，那怎么理解最后一节呢？

F 老师：悄悄的/我走了，

正如我/悄悄的来；

我/挥一挥衣袖，

不带走/一片云彩。

诗人还是默默地离开了，没有带走一片云彩。如果从诗人所处的客观世界来看，他没有带走任何东西，他带走的仅仅是自己美好的片段和回忆，而这种回忆诗人是不能和别人分享的。诗人仅仅想自己保留，所以他将它们洒脱地、精彩地、轻松地带走，同时也让“康桥”以最完整的面貌保存下来。

（同学们都在聚精会神地听着，似乎他们也化身为诗人，在慢慢地体会诗人的这种独享的情感）

F老师：我很感动，大家的提问和思考让我觉得你们每个人都是诗人，大家的感情是那么细腻，那么美好，那么有洞察力。这说明大家对于这首诗其实还是有很多自己的思考的，这种学习是很好的。老师最后还有一个问题想问大家，大家看课后第九页“研讨与练习”的第三大题，这一题中有三小问，大家思考一下。《再别康桥》这首诗美在哪里？

A同学：老师，我觉得这首诗每节都整齐，节的首句是顶格，次句又是缩进，接着又是顶格和缩进……相互错落，首尾呼应，仿佛是缓缓地移动……又感觉像是圆舞曲。

F老师：“圆舞曲”真是一个奇特的想法！

X同学：老师，我觉得我在朗读的过程中，是有押韵的，例如：

正如我/轻轻的来；
作别/西天的/云彩。
是/夕阳中的新娘；
在我的/心头/荡漾。
油油的/在水底招摇；
我甘心/做一条水草！
不是/清泉，是/天上虹；
沉淀着/彩虹似的梦。
悄悄/是别离的笙箫；
沉默/是今晚的康桥！
正如我/悄悄的来；
不带走/一片云彩。

感觉读起来就很美，这是不是也可以说是一种美呢？

F老师：当然可以，而且说得非常好！

B同学：起初X同学在读这首诗的过程中，我一直随着他的朗读节奏在纸上慢慢地画，我居然画出了康桥的美景呢！（骄傲地举起自己画的图）淡淡的云彩，金柳、夕阳、碧波、青荇……

（全班赞叹）

F老师：好的，同学们都说得十分好，根据几位同学的思考，我们是不是可以把这样的美总结为“建筑美”“绘画美”和“音乐美”呢？

全班：是！

紧接着，同学们在F老师的引导下也完成了后两个小问题。

F老师设计的这样一系列教学方法不仅能够充分发挥学生课堂的主体性，让同学们自己去发现问题，寻找答案，增强了学生学习的积极性，也让学生在学习语文的过程中获得了直觉思维、形象思维、逻辑思维和创造思维的发展，以及灵活性、独创性等思维品质的提升，寓教于问，起承转合，进而提升了语文核心素养。

3. 沿波探源，虽幽必显

新课标明确提到第五个学习任务群下的学习目标与内容时说："根据诗歌、散文、小说、剧本不同的艺术表现方式，从语言、构思、形象、意蕴、情感等多个角度欣赏作品，获得审美体验，认识作品的审美价值，发现作者独特的艺术创造。"

F 老师：同学们，通过大家对这首诗的思考，我们对这首诗有了一个比较完整的了解。那么，大家有没有对诗人存有好奇呢？诗人是在什么心境下写的这首诗呢？有没有同学了解呢？当你读一首诗的时候，不能孤零零地去读，要用联系的方法去扩展自己的思维。

X 同学：老师，我知道一点，是课下找的资料，这应该可以算是徐志摩的私人生活情感吧。

（全班笑）

F 老师：那你说说看。

X 同学：我知道徐志摩在伦敦的时候结识了林徽因。林徽因是当时的才女，也很有气质。我看过一本书，这本书中写到徐志摩和林徽因二人"曾结伴在剑桥漫步"。其他的我就不是很了解了。

F 老师：嗯，这说明 X 同学在课下是认真准备的。老师接着在 X 同学的基础上给大家说一下。1928 年 3 月林徽因和梁思成完婚，大家对梁思成一定是不陌生的，因为梁思成在当时也是十分著名的，是伟大的建筑学家。徐志摩的这首诗是 1928 年 11 月写的，所以是与林徽因有关的。诗人的"悄悄地""轻轻地""不带走一片云彩"刚好就是说让康桥这个梦绕魂牵的地方以最完整的面貌保存下来，让昔日的梦、昔日的感情完好无缺。

全班同学：哦，原来还是有这么一段典故的。

F 老师：在这里，老师给大家布置一项课后作业，大家在课下也读一读徐志摩的另几篇作品《我所知道的康桥》《沙扬娜拉》，看一看这些作品和本节课我们学的《再别康桥》在情感、构思或者表达上有什么联系。

4. 披情写诗，累并自信收获着

高中语文老师应引导学生阅读中外诗歌，使学生在感受形象、品味语言、体验情感的过程中提升文学欣赏能力，并尝试文学写作，撰写文学评论，借以提高审美鉴赏能力和表达交流能力。

这堂课到了尾声，学生通过个人努力以及 F 老师的点拨，对于诗歌的认识上升了一个新台阶，但是 F 老师并没有满足于当前的成果，决定给同学们再布置一个有意思的小作业。

F 老师：最初，我们就请同学们提到了对我们的所学进行的评价方式，大家没有忘记吧！首先我们先开始进行认知方面的评价。我相信，大家欣赏完这首诗，一定也想自己动手写一写。那么同学们可以选取我们学校周围的某处景物或是你曾经到过的某个令你印象深刻的地方，或是你想象中的某个地方，然后写诗一首。要求尽量将志摩诗的“建筑美”“绘画美”和“音乐美”用在自己的诗中，要在诗中加入自己真挚真实的情感，希望大家都好好对待这份作业。

全班同学：自己写诗啊！以前都是读诗背诗，还从来没有自己写过诗呢！（跃跃欲试）

写作最考学生综合能力，学生在课堂上单单对诗歌做深层的理解是不够的，还需要训练语言表达和书写等能力。

同学们写的诗歌让 F 老师很是惊喜，她原本认为同学们可能会写得循规蹈矩，没想到大家写得都无比精彩！每位学生都有当诗人的潜质。例如有的同学写“合欢山的北峰，被红色杜鹃染红了，仿佛是在吐血”；还有的同学写“爬在葡萄藤上等早餐的麻雀……”。如此有意境。也有同学将诗的“三美”体现到自己的诗中。大家的诗写得都很美妙！这让 F 老师感到十分欣慰。

F 老师将全班同学的诗歌都看过一遍后，让几个同学把自己的诗歌读给全班同学听，供大家欣赏，同时，大家在欣赏的过程中互评互议。下课后 F 老师将没有上台朗读同学的诗贴在后面的学习墙上，随时随地供大家欣赏。每节课课间，大家都会聚集在后面的学习墙周围，小声读诗，兴致极其高涨。就连其他学科的老师们每每经过 M 班后门都会感叹一下：“M 班学生什么时候这么爱学习了？是在读诗吗？让我也来看看。”

这种相互借鉴相互学习的方式，不仅可以增进同学间的交流，还可以增强同学做事的责任感，这算得上是开放、多样的语文课堂。在之后的评价中，F 老师还让大家进行有关情感的评价，让大家匿名填写了情感量表。

F 老师采用逆向的诗歌教学设计，通过第一阶段的“明确预期学习结果”、第二阶段的“确定恰当评估方法”和第三阶段的“规划相关教学活动”，在教学活动中又通过“含英咀华，心有所会”“寓教于问，起承转合”“沿波探源，虽幽必显”“披情写诗，累并自信收获着”四个环节基本将诗歌教学贯彻通透，虽然对诗歌的学习和欣赏不应功利，但是有一些鉴赏诗歌的基本知识还是需要掌握的。从大家的反馈来看，大家是十分有收获的。同学们累并自信地收获着……

结　语

诗歌教学的确存在其独特的地方：诗歌多样化的表达方式，深刻而又多义的语言，还有真挚深邃的情感都能带给学生们美的享受。诗歌本身就不是为了单纯度传递知识。读诗应该是一种无功利的行为，很多时候人们读诗仅仅是追求一种审美感受或者获得一种审美体验，而并不是单纯地学所谓的诗歌理论知识。F 老师的诗歌教学设计运用了一种与传统教学程序不同的方式，“以终为始”的逆向诗歌教学设计可以带给学生不一样的课堂感受。预期的教学目标也并非老师提前的自我设定，而是根据学生的学情和需要进行设定，同时评价方法也是由学生自己进行选择。同时老师又分别从认知和情感的角度来对学生的学习结果进行双重测量。最后在规划教学过程的同时，让学生“素读”，自己去体会诗歌的意蕴，虽然不能说学生们的感受和体会一定正确，但是最起码是他们自己的学习成果和收获。学生们寓教于问，创设问题情境，跳出了传统诗歌教学的藩篱，学生们可以根据对诗歌的理解程度和好奇心大胆提出自己的问题，“一千个读者有一千个哈姆雷特”，想法不随波逐流，也不千篇一律，而是尊重诗歌文本的内在结构。

F 老师的实际教学效果是明显的，学生不仅仅在诵读中体会诗歌，也会在问题情境中体味诗歌，同时，又可以了解诗歌的相关背景，沿波探源，虽幽必显。最后，披情写诗，自己动手去写诗，这样对诗歌的体会会更加深刻。学生们对诗歌的兴趣较之原先有很大的提升。这种教学方法有益于学生成长，也值得语文老师借鉴。从这个意义上说，诗歌教学在中学语文教学体系中应占有特殊的地位。

本案例探索出的诗歌教学方法对改善诗歌教学边缘化现状有一定积极作用，但在如何评价诗歌教学标准上仍有所欠缺，有待后续研究者进一步深入研究。

【案例思考题】

1. 导致诗歌教学弱化的主要因素是什么？

2. 学生通过教学过程中的“含英咀华，心有所会”“寓教于问，起承转合”“沿波探源，虽幽必显”“披情写诗，累并自信收获着”几个方面是否真正能够先前转变对诗歌冷漠的态度？

3. 除了 F 老师提出的诗歌教学方法以外，还有哪些诗歌教学方法？

4. F 老师的逆向诗歌教学设计还存在哪些不足？

【案例使用说明】

1. 适用范围

适用对象：中学语文老师，汉语言文学专业、语文教育和语文课程教学论及相关专业专科生、本科生、研究生。

适合课程：（1）中学一线“语文”课程。

（2）大中专“中学语文教材教法”课程。

（3）教育专业学位研究生课程：“课程与教学论”“语文课程与教材分析”“语文教学设计与案例分析”“语文学科基础与前沿问题”等。

2. 教学目的

（1）明确当前诗歌教学敷衍化、边缘化的现状。

（2）提出符合新课标的诗歌教学策略，运用以“理解为先”的教学模式。

（3）掌握诗歌的文体特征，诗歌与小说的区别，诗歌与散文的区别，诗歌特有的语言，情结等方面的特点。

3. 要点提示

（1）相关理论

文学理论；

文体理论；

诗歌和小说理论；

诗歌理论和诗歌教学理论；

老师专业发展理论；

UbD 理论。

（2）关键知识点

“逆向”诗歌教学设计的程序，注重对“以终为始”的理解，诗歌的文体特征，诗歌教学当前面临的尴尬境遇，导致诗歌尴尬境遇的因素，诗歌文体特征，诗歌与小说和散文的异同，诗歌的语言特色，诗歌教学的有效策略。

（3）关键能力点

从宏观上了解当前高中教育现状，捕捉高中语文教学优劣短长，找到解决现有难题的突破口，深入了解中学生心理状况，因势利导地引导学生进入学习状态，课堂教学收放自如，既让学生充分参与教学，体现师生平等关系，又能掌控整个教学环节。

此外，相应的知识面和必要的文学理论修养也是不可或缺的。

（4）案例分析思路

通过 F 老师的一系列分析与调查，揭示导致诗歌教学边缘化、敷衍化、模式化的诸多原因，诗歌这种文体有其自身的独特性，例如有些诗歌语言晦涩难懂，又加之灵活多变的言语形式和深刻的意蕴，让大部分高中语文老师不知所措，抓不住教学重点，甚至是将诗歌教学蜻蜓点水般一带而过，这是不利于培养学生良好的诗歌审美鉴赏能力的。甚至我们学习诗歌的初衷是什么？学习它的意义在哪里？学习诗歌能对我们的生活产生什么样的影响？……这类问题很多老师也很少去想。所以，F 老师为了扭转和改变这一诗歌教学现状，运用了一种较为新颖的方式，即对诗歌教学进行“逆向”设计，先明确预期学习结果，然后确定恰当评估方法，最后规划相关教学过程。但值得注意的是，“明确预期学习结果”也可以说是制定教学目标，这个工作并非全由老师来完成，而是学生在老师的点拨下和相互探讨中完成的。“确定恰当的评价方法”也可以由学生来选择。“以终为始”的教学理念是一种新的尝试。

教学实践显示，F 老师的新式诗歌教学法紧扣语文核心素养，能够在全面发展的基础上让学生进行审美欣赏，更有助于培养学生树立积极健康的审美意识，增强审美能力。

4. 教学建议

时间安排：中学标准课 2 节：90 分钟。诗歌鉴赏及解决疑惑 1 节，写诗评诗考察 1 节。

环节安排：提前利用早读课的时间让同学们体味诗歌内容。

人数要求：50 人左右的班级教学。

教学方法：以学生知识掌握、个性发展和艺术能力培养为目标，不脱离文本，老师只在学生出现困惑时进行点评。

工具选择：多媒体。

组织引导：老师布置任务清晰，预习要求明确。

学生存在问题时及时给予建议与帮助。

活动设计建议：

（1）课前计划 2 节课，要求学生课前预习；

（2）上课前做好教学准备，将桌椅摆成同心圆状。

（3）老师适时了解学生在诗歌学习中存在的问题，引导学生回到原诗中解决。

5. 推荐阅读

[1] 钟启泉. 课堂革命[M]. 南京：江苏人民出版社，2017.

[2] 孙绍振. 文学解读基础[M]. 福州：福建教育出版社，2017.

[3] 孙绍振. 名作细读——微观分析个案研究[M]. 上海教育出版社，2009.

[4] 谭德晶. 现代诗歌理论与技巧[M]. 成都：电子科技大学出版社，2014

[5] 荣维东. 写作课程范式研究[D]. 上海：华东师范大学，2006.

[6] 钟启泉. 尊重个性，消除“学习落差”[J]. 中国教育报，2018（5）：1.

[7] 格兰特·威金斯，杰伊·麦克泰. 理解为先模式[M]. 盛群力，沈祖芸，柳丰，等，译. 福州：福建教育出版社，2018.

古诗文审美的提升之路
——D 中学 W 老师的审美教学策略

韦林希[①]

【摘　要】审美教学是文学教学追求的最高境界，也是对认知教学和语文技能训练提出的更高要求。认知教学和审美教学的结合，使认知教学上升到一个新高度。高中语文新课程中的诗歌世界是一个审美的世界。对学生而言，诗歌教学是知识获得的过程，也是审美体验的过程。只有在认知教学的同时，注重和加强审美教学，才能体现诗歌教学的本质特性，使学生体验到诗歌的美，在诗歌阅读过程中受到美的熏陶，达到塑造学生审美人格的高度，提高语文教学的质量。

【关键词】古诗文审美；审美性教学；策略

背景信息

新颁布的《高中语文课程标准》明确指出："语文是最重要的交际工具，是人类文化的重要组成部分。工具性与人文性的统一，是语文课程的基本特点。高中语文课程应进一步提高学生的语文素养，使学生具有较强的语文应用能力和一定的审美能力、探究能力，形成良好的思想道德素质和科学文化素质，为终身学习和有个性的发展奠定基础。语文教学既要重视语文技能的训练，让学生学会使用语文这一工具，同时又要注重丰富和发展学生的精神世界，对学生进行审美教育，开拓情感的自由空间，建构学生的精神世界，最终塑造学生的审美人格。"

审美教学，是指老师在教学活动中运用美的观念和方法引导学生，激发学生对美的感悟，将对古诗文的审美追求提升为教学目标之一，使得学生能够在学习知识、获得能力的过程中感受美的熏陶，从而使学生具备识别美、感悟美、创造美的基本能力，最终使学生的审美人格得以塑造。

古诗文审美教学是一种具有创造性的审美活动。其目的是让学生通过对古代诗文的解读，在这过程中逐步具备发现美、欣赏美、感悟美且最终创造美的能力。在古诗文的教学过程中，不断引导学生发现古诗文不同形式的美，提升学生的古诗文鉴赏水平，促进学生的审美感悟、发散思维、创造表现等能力的发展。高中语文新课程中的古诗文（诗歌）审美教学与以往单纯的知识传授和技能训练大为不同，古诗文（诗歌）

---

① 作者简介：韦林希，女，贵州都匀人，黔南民族师范学院老师，黔南民族师范学院 2016 级学科教学（语文）专业方向研究生；导师：李华斌教授。

审美教学以文学作品所展示的审美世界为平台，通过老师的有效引导，在教学过程中充分发挥学生的个性特征去发现美、感悟美、创造美，最终达到培养学生人格美的目的，从而提高学生的人文素养。语文教学既要重视语文基础技能的训练，让学生熟练运用语文这一工具，同时又要注重学生内在精神世界的培养和发展，对学生审美能力的培养，不仅有利于其审美人格的建构，还有利于其人文素养的提高。

位于贵州省黔南布依族苗族自治州都匀市城区东山西路的 D 中学是一所有着上百年历史的学校，学校现 48 个教学班，教职工 120 人，在校生 1926 人。自办学以来，学校遵循教育发展规律和学生发展规律，扎实推进素质教育和课程改革，走出了一条人文性教育之路。学校所在区域乃至校园本身存有祖国优秀传统文化以及独特地域文化的深厚积淀。学校以“在传承中华优秀传统文化过程中以美促进学生综合能力的提升”为办学理念，针对学生开展做人、做事和做学问等方面的工作，使他们在这些方面树立正确的价值观、人生观、世界观、审美观等。做人，主要是对学生进行理想信念教育，培养他们具备爱国主义和集体主义思想、树立远大理想和奋斗目标；做事，就是培养学生的动手实践能力，通过他们在校期间参加的各项活动，使他们养成团结合作、认真负责的习惯以及提高随机应变的能力；做学问，主要培养学生认真负责的学习态度，通过完成校内外学习任务，帮助学生树立正确的学习观。

W 老师是 D 中学有名的语文老师，已经从教十余年并一直担任班主任，有着较为丰富的中学语文教学经验。她还是 D 中学语文教研组的成员之一，长期从事教学、科研与学生管理工作，在“以美促进综合能力提升”的教学理念指导下，其教学风格优美流畅，课堂环境和谐民主，教学方法新颖独到，广受学生欢迎。

案例正文

一、古诗文审美性教学策略之探索缘由

D 中学的 W 老师是一名有着十余年教学经验中学语文高级老师，一直在语文教学一线从事教学、科研与学生管理工作。W 老师珍爱老师这份职业，热爱生活，业余爱好较为广泛，乐于提高和充实自己，因此她在老师岗位上快速成长的同时也收获了快乐。

从走上教育之路开始，W 老师在中学古诗文教学方面渐渐感觉到力不从心——学生越来越容易走神、注意力不能长时间集中，甚至对语文课堂兴趣不再。W 老师在课后不断进行自我反思，也在教学语言、教学风格和多媒体课件上做了改进，间或加入时下中学生所热衷的追星、动漫、游戏、音乐等元素，力图缩短与学生之间的距离，重塑自己的教学风格与人格魅力，以改变学生对语文课堂兴趣不大的现状。然而，当 W 老师再一次踏入教室，她发现了这样一个事实——正式进入古诗文教学时，学生们的反应仍和从前一样，要么注意力不集中，要么不关心课堂学习内容，各干各事。W 老师在课后经常进行教学反思，她将学生对古诗文学习的倦怠和痛苦看在眼里，急在心里，于是她利用课后的休息时间大量阅读和学习古诗文教学方面的研究成果，并尝

试将“以古诗文审美教学促进学生人格审美”的新理念运用到实际课堂中。经过 W 老师一个学期的不断反思、学习和改进，古诗文教学在“以古诗文审美促进学生人格审美”的新理念推动下取得了较为明显的改观。

二、审美性教学策略之追问式升华法

《诗经·采薇》鉴赏课保留了 W 老师一贯的课堂风格，行云流水般顺畅，互动频繁，旁征博引，信手拈来，挥洒自如，充满了浓浓的语文味。在充满艺术氛围的课堂上，W 老师通过以下四个方面将追问式升华法充分运用在了古诗文审美性教学课堂中。

（一）精致美丽，注意智力挑战

W 老师课堂结构匀称、语言洗练，优美的引用随处可见，通过对古诗文的巧妙解读潜移默化地熏陶着学生的心灵世界。比如：“一名驻守边关的将士，回忆起与他的人生息息相关的战争，内心深处的那份保家卫国、建功立业的情怀，都通过叙事表现出来。随着时光慢慢地流逝，那时的边关何处？那时的家园何在？然而当下大敌当前，四面楚歌，八方多难。又怎一个‘永别了武器’了得。”这是 W 老师对本节叙事的小结，其中不但包含着深刻的感慨和寄托之情，“永别了武器”的引用也可称得上是点睛之笔。课堂结尾 W 老师提纲挈领地总结：“《诗经》是我们祖先首次的深情吟唱，自它诞生之日起如同日月经天、江河行地……另外推荐两本书：一本是鲍鹏山的《第三只眼看〈诗经〉》，另一本是安意如的《思无邪》。” W 老师对两本书的推荐起到了极大的鼓动作用，尤其是使得课堂的连续性得到了有效保证。

又如 A 同学说：“‘昔我往矣……今我来思’，一来一去，高度概括了人生的短暂，人生的变化无常，从青春到白发，从欢乐到痛苦，时间在一来一去中积淀成人生的悲剧和无奈。”这些妙语，几乎都有 W 老师潜移默化的影子，打下了 W 老师的独特印记。然而，美的课堂注重形象的渲染，给人最直接的启发感动，但往往容易缺少深度，以致形成流于形式的审美。课堂唯有不断追问，对学生进行思维训练和智力挑战，才能够使学生获得持久的语文兴趣，在浓厚学习兴趣的推动下不断提高语文素养。比如，B 同学说：“老师，您在鉴赏《氓》的时候说《氓》运用了‘有声有色’的比兴手法，‘淇水汤汤’中体现出‘有声’，‘桑之未落，其叶沃若’‘桑之落矣，其黄而陨’中体现出‘有色’。而《采薇》也巧妙运用了比兴，同样做了色彩的处理：‘采薇采薇’，漫山遍野的绿色；而‘彼尔维何？维常之华’却是无尽的绚烂。这样在表达感情上也就有了起伏。”W 老师说：“用已知推导未知是智慧，这个发现甚妙！”

接着 W 老师从审美角度切入，以鼓励学生畅所欲言的民主自由方式抛出问题，不断激发学生对古诗文更深层次的理解、体悟和思考。在这行云流水一般的课堂上，W 老师的提问激发起学生对古诗文的思考以外，学生们开始与 W 老师进行互问互答的教学环节。比如 C 同学：“以采薇起兴的是戍卒生活的艰辛，那么为什么采薇起兴能够反映出戍卒生活艰辛呢？”学生丙的这个追问恰好是对标题以及诗歌手法的深度探索，意义重大。

驻守边关士卒的“采薇”目的是充饥，可见戍边生活十分艰苦。薇“作”、薇“柔”、薇“刚”体现了时光如流水般消逝、生活状况不断恶化，加上生死无常，怎不让人为之深感痛心？怎不让人对敌人燃起的刻骨仇恨？学生列举的《氓》的起兴也是如此，“桑之未落，其叶沃若”“桑之落矣，其黄而陨”就近取喻，展现了叙事时间的变化，同时也是女子的容颜从“鲜艳欲滴”转为“枯黄凋零”的象征，将“兴中有比、比中含情、情中有叹”的起兴特色展现得淋漓尽致，不仅起到互文参读的作用，也使得诗歌的审美特征更好地体现。

（二）旁征博引，注意辩证分析

引用是高效的，但也是危险的。有些语文老师在引用的过程中，往往只满足于古诗文的外在形似，却将内涵上细微的差别忽视，久而久之，学生就会养成“夸夸其谈、严谨度不高、眼高手低”的不良习惯，语文老师要特别注意这一点，不可不警惕。

例如A同学：“作者借助‘薇’的成长过程表现时光流逝甚是巧妙，像电影镜头，体现了四季的交替轮回。假设由我来导演，我会在镜头中将主人公年少天真无邪的脸、青年血气方刚的脸、壮年饱经沧桑的脸叠加起来，至于主人公暮年的脸就不再表现。”W老师评价：“很好！很有想象力。‘去时里正与裹头，归来头白还戍边’（杜甫），‘岁岁金河复玉关，年年马策与力环’（柳中庸），这样的征战实在太悲苦。”此处学生从电影镜头的视角，运用叠加的画面生动展示了时光飞逝及戍边将士的悲壮人生，极富想象力。W老师很赞赏，于是引用杜甫和柳中庸的诗句来印证学生的观点：杜甫的诗句体现了士兵一生征战；柳中庸的诗句则体现了士兵征战的悲苦。这两句诗都形象地展现出将士戍守边关时间之长，抒发出对征战悲苦的哀叹之情，与《采薇》恰巧合拍，构成了内容上的相似。然而仅仅是内容上的相似是远远不够的，语文老师还应注意延伸拓展诗句的内在情感是否具有关联性，能否具有递进性、互文性，从而形成合理的正向迁移，实现审美鉴赏能力的提升。

从辩证分析的角度切入古诗文审美性教学，这个过程中仍存在着不可忽视的问题。例如C同学：“这些古诗文都是围绕‘采薇’为意象展开，初中时候学过的王绩《野望》，其中的‘长歌怀采薇’表现了作者的隐逸情怀，我认为古诗文中的比兴都不能断章取义。”这个同学能够前引后联，看似做到了学以致用，并以发散性思维将前后知识联系起来，这固然是好的，但实质却有很大的问题。本质上来看，两处的“采薇”都是采薇充饥，但王绩在《野望》中运用了两个典故：一是《诗经》里的《采薇》篇；二是古代的著名隐士伯夷、叔齐坚持不食周粟而上山采薇充饥。然而王绩《野望》中的“相顾无相识，长歌怀采薇”展现的是诗人内心的苦闷怅惘和隐逸情怀，其情感内涵和《诗经》里的《采薇》所体现的情感内涵相去甚远。

（三）自主学习，注意一以贯之

W老师此课一个亮点是给予学生较为充足的自主学习环节，并引导学生在最短的时间里完成了大容量的教学任务，取得了不错的教学效果。上课伊始，W 老师说："上节课我们反复朗读和背诵了诗文，也疏通了文意，现在请同学们根据上节课布置的几个问题，将查找到的资料和思考的结果在这节课上展示出来，让大家一起共享学习成果。"

此后，整个课堂就一直在这个以学生自主活动交流为主的框架里顺畅进行着。课堂整体流程可以概括为以下三点：第一，分析《采薇》的叙事元素；第二，对比兴手法展开分组讨论；第三，自主欣赏感兴趣的章节，体悟内在的情感。之后的学习课堂，W 老师根据学生的实际学情，合理引导学生展开自主交流，退居幕后，担任起课堂引导者这一重要角色。

当第一组学生首次提出"比兴"的话题，整个课堂变得十分有趣。

A 学生：《采薇》一文中运用了三次比兴，营造出时光流逝之感，相对于"彼尔维何？维常之华"来说，这是一个比较复杂的比兴，而"彼尔维何？维常之华"就是一个简单的比兴。"

W 老师：除此之外，还要补充说明的是这两处比兴巧妙地体现出一繁一简的特点，那么在《采薇》中为什么要通过"比兴"体现时光的流逝呢？

B 学生：我觉得，这里暗示出的时光流逝实际上是为了表现抒情主人公思乡情感的加深。

W 老师：想要展现一种深沉且具有强烈冲击力的情感内涵，只有将人物的情感刻画得微妙且不失韵味，还有哪一组的同学想和我们分享你们理解的比兴？

C 学生：借助"薇"的成长过程表现出时光飞逝，这表现手法十分巧妙。光阴流逝伴随着"薇"的成长，整个过程很美很美，非常像电影镜头，也体现出了四季的轮回。

W 老师：很有想象力。正如"去时里正与裹头，归来头白还戍边"（杜甫），"岁岁金河复玉关，年年马策与力环"（柳中庸），这样的征战实在太悲苦。

在这段对话中，先是学生提出"采薇之作、之柔、之刚，暗示了时光的流逝"，W 老师自然追问暗示时光流逝的原因，学生回答是"为了表达出主人公浓浓的思乡之情"，接着 W 老师简单分析了主人公所表达复杂情感相互交织的妙处，启发学生不要对古诗文中的情感做单一化思考感悟，W 老师始终没有忘记把学生自主研讨引导回"比兴"的范畴之中。

三、审美性教学策略之咀嚼式升华法

W 老师在讲授《湖心亭看雪》一文时，采用了咀嚼式方法（旨在发挥课文的"充实"功能，从优雅审美角度切入，带领学生充分感受、深入细致地咀嚼作品的语句，这是 W 老师在多年的教学之路上总结出来的教学类型）。W 老师教《湖心亭看雪》，大量使用审美性咀嚼式的方法，通过对古诗文独特韵味而使学生从中品尝到古诗文所蕴含的“真味”，进一步探求 W 老师的教学立意，分析其规划的学习路径，当中还有独到的匠心和手段值得分析。

W 老师从背诵吟咏杭州西湖的古诗入手，接着加上一句抛砖引玉式的发问：“假设诗人心目中的西湖是寒天冰地的，那么他笔下的西湖将会是什么样的呢？”这一问，巧妙地引起了学生们阅读思考的兴趣。接着，学生们齐读和自由朗读，熟悉全篇内容，感受文字特色，为接下来的积累和咀嚼环节做好初步准备。第一遍承接导入的提问，第二遍针对作品进行“错误”式发问，第三遍提取出“痴”字所隐含的情感。在 W 老师看来，老师就应该像一个循循善诱、智慧幽默的导游，无论遇到什么样的课堂情况，总能灵活机智地抓住学生的学习好奇心，求得“甚异之，复前行，欲穷其林”之妙。这就有别于传统的“整体感知课文”，而是通过咀嚼在细微之处体现个性审美——教学艺术的功力。之后 W 老师又让学生们自由朗读诗文两遍，继而转入下一个教学环节，更深入揣摩诗人“痴”的情感细节。审美性咀嚼“痴”的深刻内涵，这一步用时甚多，大致有以下几个环节：

其一，深思琢磨诗人用怪异语言描绘雪景的内涵，引出“景痴”。相关诗句有：“雾凇沆砀，天与云与山与水，上下一白；湖上影子，惟长堤一痕、湖心亭一点、与余舟一芥、湖中人两三粒而已。”其二，深思琢磨诗人看雪时辰的怪异，引出“行痴”。相关诗句有：“大雪三日，西湖人鸟声俱绝。是夜更定，……独往湖心亭看雪。”引导学生“用你自己的理解将这句子朗读一遍”，学生们跟随 W 老师的指引，“动情”地读起来，并且在朗读过程中有意识地将“大”字和“绝”字夸张处理，整体效果不错。接着，W 老师另辟蹊径，对学生们说：“同学们看‘天与云与山与水’一句连用了四个‘与’，多拖沓啊，依我看一个都不用也行。”下面的对话颇有趣味：

A 学生：我认为不行，老师。

W 老师：为什么不行？你看我读。（将四个“与”去掉后很认真地朗读）

A 学生：这样表达的话效果和感觉就不对了。

W 老师：哪里不对呢？你得用充分理由说服我。

（学生们再次陷入思考状态，一时表达不出）

W 老师：那我们先去掉“与”读一遍，然后再把原文读一遍，对比起来感受感受。

（学生们齐读）

B 学生：噢！老师，我感觉这四个“与”一点不多余，它将“天、云、山、水”这四个景物巧妙地融为一体，如果去掉，感觉它们彼此之间就有了界限。

C 学生：四个“与”字造就了一种天地苍茫的磅礴浩大的气象。正好和后文的“上下一白”相呼应，显得更有气势。

W 老师：很有想法！有眼光！大家再通读一遍，好好感受苍茫大地的磅礴气势。

多么有趣的审美性咀嚼过程，我们不仅能够从中感受到对细节进行审美性咀嚼分析后的内涵魅力，而且能够让学生将美文美语融化到心灵里去，从而产生“化”的效果。由于考虑到中学文言阅读教学的特殊性和学生的实际情况，我们不赞成过早过深地渗入文学鉴赏的知识，而应该是把主要精力放在“充实”方面上，通过审美性咀嚼方式积淀文言阅读的相关知识、不断锻炼语感、熟悉表达习惯、记忆经典语料，为系统探究古典作品的鉴赏打下坚实基础。W 老师的这堂文言审美教学课为我们提供了咀嚼式教学策略的教学经验，展现了教育探索者的鲜明个性，具有较高的研究和参考价值。

四、审美性教学策略之美读式升华法

在某学期的《泊秦淮》鉴赏课上，W 老师用多媒体播放古筝曲《渔舟唱晚》导入鉴赏学习的内容。

W 老师：同学们可还记得小学时学过的诗人杜牧写的一首诗，是哪一首呢？

全班同学：记得，是《山行》。

W 老师：从《山行》一诗中可以看出，诗人杜牧的写景抒情诗，辞藻劲健明朗。除此之外，他还创作了不少咏史佳作，借古讽今的艺术成就极高。今天我们学习的《泊秦淮》就是其中的名篇。请同学们先认真听听名家朗读的录音，注意朗读的节奏和语气。（多媒体播放名家朗读）

（听完录音）

W 老师：哪位同学能够告诉我们，在中国历史上，杜牧是一位什么样的诗人呢？

W 同学：杜牧，字牧之，晚唐著名诗人。工诗赋及古文，以诗的成就为最高。其中七言绝句举世闻名，辞藻精炼，画面优美，情思含蓄，耐人寻味。杜牧世称“小杜”，著有《樊川文集》二十卷。

W 老师：W 同学说得非常好，接下来请大家把这首诗齐读一遍。要注意朗读的基本要求：一是读准字音，二是把握节奏，三是突出重音，四是读出感情。

（学生读完）

W 老师：读准字音大家都做得不错。接下来，看看大家对这首诗的节奏把握，这首七言诗应该如何划分音节呢？

全班学生：二二三或二二二一。

W 老师：回答得很不错。第三点要突出重读音节，那么这首七言古诗中的哪些字需要重读？同学们可以读出声，自己体会体会。

（全班学生七嘴八舌讨论后达成一致：笼、近、不知、犹）

W 老师：很好。第一句中的两个“笼”字起到了什么样的表现效果呢？

T 同学：给人一种朦胧、空幻、迷茫、冷漠的感受。

W 老师：说得真好！最后我们进入第四个环节“读出感情”。想要能够通过“读”来感悟作者想要表达的真情实感，就得根据诗歌的内容调整好语调和节奏。比如“商女不知亡国恨”中的“商女”应读得节奏平缓，“不知”语调开始上升，“亡国恨”达到最高语调，特别强调的是“恨”要重读。“商女不知亡国恨。”

（W老师一边认真地朗读，一边做着丰富的手势。随后学生反复朗读，其间W老师多次示范纠正）

W老师：整体不错。有些字词的读音要有所拖延，才能恰如其分地表现出作者的情感，比如“隔江犹唱《后庭花》”中的“唱”字的节奏应该略为延缓，要营造出一种回味之感，而“后庭花”则要一字一顿地朗读。那么“后庭花”又应该作何解释？

S同学：这是乐曲名，《玉树后庭花》的简称。史料记载南朝后主李煜沉溺于作词曲与后宫佳丽寻欢作乐，因不理朝政，致使亡国，故后世以此曲为亡国之音。

W老师：回答很好。那么这首诗表达了作者什么样的情感？

P同学：整首诗字里行间中表达出诗人忧国忧民的情感。

W老师：为了能更深刻地感受诗人作此诗的情感，请同学们将自己当作诗人杜牧，假设自己是一个比较清醒的封建时代知识分子，对国事忧心忡忡，再一次自由朗读并背诵这首诗。

（学生们大声地自由朗读，气氛热烈）

W老师：自由朗读时间到。让我们来举行一个朗读竞赛。

（随后，几名学生流利背诵，决出最佳者，课堂气氛十分活跃）

W老师：同学们读得相当不错，可以听出大家都已经完全进入了“角色”，对于诗人想要表达的情感也有所感悟。那么想不想再听一遍名家朗读？

全班学生：想！

（W老师再一次多媒体播放名家朗读录音）

美读式升华法在审美性教学中是一种重要的教学方法，对品味所学诗歌的精美语言有着强有力的支持作用。W老师的这堂课就是一个很好的例子。她用示范美读的方式，将自己对作品精华处的理解和感受“读”给学生听，并带领他们反复朗读，直到读出了一点真实的“感觉”。在这个过程中，学生能够渐渐进入美读营造的“环境”中，深入理解和感悟诗人的真情实感，从而让心灵得到美和情感的熏陶。美读不是一件轻易就能做好的教务，制约着美读的因素有很多。关键的一条在于语文老师自己没有具备重视美读的教学意识和较高的朗读水平。W老师这堂课，表现出了老师良好的教学理念和教学基本功，具有深入研究的价值。

结　语

古诗文是一种至真至情的艺术，是一种取材广泛、个性鲜明、文情并茂的文学体裁。它具有纪实性和审美性等特点，其语言多富有文采，情感意蕴丰厚。它在中学语文教材中占据着重要地位，承担着中学语文情感美学教育的重要任务。然而中学古诗文教学现状是主讲内容形式，而具有审美性质其他方面被忽视，教学内容枯燥，教学模式僵化，学生普遍对古诗文学习兴趣不大。D 中学的 W 老师看到了这些问题，并为解决这些问题、改善中学古诗文教学现状而提出了古诗文审美性教学，围绕“审美性”做出了诸多探索：她始终坚持着“古诗文审美性教学要深入建构学生的审美人格”这一理念，从最开始的教学风格的转变，到之后的审美追问式升华法，再到审美美读式升华法，在古诗文审美性教学中构建出她不断探索出的独特教学模式，为身处教学一线的语文老师提供了操作性强的古诗文审美性教学策略和丰富的教学经验。

以下问题值得我们深思：古诗文的审美性，它的范畴到底应该是什么？如何才能在实际教学中充分体现古诗文审美性特征？W 老师对古诗文审美性教学策略的探索为我们提供了哪些经验？从实践教学角度出发，这种教学策略还有哪些不足？

【案例思考题】

1. W 老师在探索古诗文审美性教学策略的过程中，做了哪些尝试？遇到了哪些问题？遇到的问题最后解决了吗？

2. W 老师在探索古诗文审美性教学策略的过程中，一贯秉承着什么样的教学理念？

3. W 老师在古诗文审美性教学中使用的策略能否有效促进中学生古诗文审美水平的提高？

4. 在选取中学古诗文审美性教学内容时，除了案例中提到的“回归散文本身”，还要考虑哪些方面？

【案例使用说明】

1. 适用范围

适用对象：中学语文老师，学科教学语文专业研究生，高师汉语言文学专业本科生。

适合课程：语文教学设计与案例分析，中学古诗文文本解读。

2. 教学目的

（1）掌握解读中学古诗文的方法和策略；

（2）积累关于中学古诗文审美性教学方面的知识和经验；

（3）培养学员善于发现问题、分析问题的能力和进行教学研究的能力。

3. 要点提示

（1）相关理论

“古诗文审美性教学要深入到建构学生的审美人格”理念指导下古诗文的审美鉴赏和情感体悟，孙绍振的文本解读分析方法论，老师专业发展理论。

（2）关键知识点

古诗文审美性教学的概念及范畴，古诗文的文体特征，教学设计，文本细读，古诗文审美性教学内容的选取。

（3）关键能力点

整体了解中学古诗文审美性教学现状的能力，善于找出并分析问题的能力，理论与实践相结合的能力。

（4）案例分析思路

通过对 D 中学 W 老师探索古诗文审美性教学方法和策略的经验与不足进行分析，引导学员进一步思考古诗文审美性教学中的问题，使学员明确案例中古诗文审美性教学的基本理念，为学员在中学古诗文审美性教学过程中提供一些可操作性策略。

4. 教学建议

时间安排：中学标准课 3 节，135 分钟。布置和预习 1 节，上课讨论 2 节。

环节安排：提前利用一节课时间布置预习内容→学生分为 5 ~ 7 个小组→小组查阅资料、走访中学语文老师和课下讨论→各组形成解决问题方案→上课汇报→课上学生研讨→老师点评。

人数要求：45 人以下的班级教学。

教学方法：以审美性问题引导讨论为主，讲授点评为辅。

工具选择：多媒体、纸质版案例资料、录音笔、录像机。

组织引导：老师布置任务清晰，预习要求明确；提供给学生必要的参考资料；给予学习者必要的调查技能训练，便于学生自主调查学习的展开；学生课下的讨论需及时指导并给出建议。

活动设计建议：

课前计划 1 节课，要求学生完成案例阅读，搜集相关知识点资料，走访案例老师或者情形类似的语文老师。

上课前做好教学准备。每个小组提供一张小组讨论记录表，包括每个人的发言记录以及小组的综合观点；老师准备好点评的资料和提纲；如果条件允许，也可通知相关人员做好录像或者录音工作。

下课后老师及时总结案例教学的得失，为后续的教学开展提供参考性建议奠定基础。

5. 推荐阅读

[1] 王荣生．根据学情安排教学内容[J]．上海：语文学习，2009（12）．

[2] 孙绍振．如是解读作品[M]．福州：福建教育出版社，2015.

[3] 孙绍振．审美价值结构与情感逻辑[M]．武汉：华中师范大学出版社，2000.

[4] 王开东．非常语文课堂[M]．上海：华东师范大学出版社，2006.

[5] 张崇春．高中语文新课程诗歌审美性教学探索[D]．济南：山东师范大学，2008.

[6] 刘燕．高中语文古代经典文本阅读教学探索[D]．济南：山东师范大学，2008.

[7] 万福成，李戎．语文教育美学论[M]．济南：青岛海洋大学出版社，2001.

M 老师的小说教学探索

马炳屹[1]

【摘　要】小说是表现生活的叙事文学形式之一，它是形象、语言和创造性构思的艺术，也是综合运用表现手法的艺术。中学生学习小说可以培养阅读兴趣，提升思维品质，陶冶情操，发展语文核心素养。当前，小说教学忽视学生对文本的个性化解读，教学套路化、浅显化、边缘化，使学生丧失了学习的乐趣。为此，必须深入调查高中语文小说教学现状，找到小说教学的问题根源，这是中学语文老师和研究者的当务之急。针对以往小说教学存在的问题，为增强教学效果，M 老师提出了一套小说教学的新思路、新方法。本案例以鲁迅小说名篇《祝福》为例，从“读”“探”“造”三个环节，对 M 老师探索“小说教学方法”进行描述。

【关键词】文体特征；小说教学现状；教学策略

背景信息

小说是以刻画人物形象为中心，通过完整的故事情节和环境描写来反映社会生活的文学体裁。

“小说”一词最早出现于《庄子·外物》：“饰小说以干县令，其于大达亦远矣。”庄子所谓的“小说”，是指琐碎的言论，与现在的“小说”概念相差甚远。直至东汉桓谭《新论》：“小说家合残丛小语，近取譬喻，以作短书，治身理家，有可观之辞。”班固《汉书·艺文志》将“小说家”列为十家之后，其下的定义“小说家者流，盖出于稗官，街谈巷语，道听途说者之所造也”才稍与小说的意义相近。而中国小说最大的特色，便是自宋代开始形成了文言小说与白话小说两种不同的小说系统。宋代，为了适应商品经济的发展和市民生活的需要，民间艺人的说书活动——“说话”日益活跃。由于听众大多是平民，说话人就采用当时最流行的白话来讲述故事。把这些故事记录下来的话本，就是白话小说。到了元末明初，一些文人也开始用白话创作小说，出现了许多优秀的短篇小说和章回体的长篇小说。至此，我国的白话小说进入了成熟阶段。

在高中小说教学中，学生阅读和欣赏小说的能力是要求学生在阅读小说时，能理清情节线索，分析人物形象，把握主题思想，领会优美、生动的语言，初步具备对小

① 作者简介：马炳屹，男，贵州福泉人，贵州省长顺县交麻学校老师（一级老师），黔南民族师范学院 2018 级学科教学（语文）专业方向研究生；导师：郑江义教授。

说的鉴赏能力，引导学生通过分析人物的语言、肖像、心理、动作来抓住人物性格，辨清本质或非本质的性格特征及其矛盾统一性；引导学生分析与作品写作背景有关的社会环境描写，以及与作品主人公的命运和感情有关的自然环境描写；引导学生在分析人物、故事情节和环境的基础上，提炼出小说的主题思想。

《普通高中语文课程标准》(2017年版，以下简称“新课标”)“课程内容”板块“学习任务群1——整本书阅读与研讨”对学生提出的学习目标是“在指定范围内选择阅读一部长篇小说，从使自己感动的故事、人物、场景、语言等方面入手，反复阅读品味，深入探究，欣赏语言表达的精彩之处，梳理小说的感人场景乃至整体的艺术架构。理清人物关系，感受、欣赏人物形象，探究人物的精神世界，体会小说的主旨，研究小说的艺术价值”。“新课标”学习任务群5为“引导学生阅读古今中外诗歌、散文、小说、剧本等不同题材的优秀作品，使学生在感受形象、品味语言、体验情感的过程中提升文学欣赏能力，并尝试文学写作，撰写文学评论，借以提高审美鉴赏能力和表达能力”。纵观以往小说教学，存在诸如教学方法过于单一化、陈旧化，教学视野狭隘化，教学目的功利化等问题，严重忽视了学生的学习兴趣和对文本的个性化解读。为此，必须深入调查高中语文小说教学现状，找到小说教学弱化、边缘化现状的方法，这是中学语文教育研究者的当务之急。

M老师大学毕业后在贵州黔南一所中学（以下称F中学）任语文老师八年，在任教过程中，M老师善于钻研不同文体的阅读教学，特别是对中学小说的教学有一定研究，这些研究源自M老师从小对小说有浓厚的兴趣，求学和任教期间阅读了大量中外小说作品。由于当前中学小说教学观念陈旧，教学方法套路化，与时代的进步和发展接不上轨，同时也明显同“新课标”将小说与戏剧、散文相提并论的精神背道而驰，这让他感到十分遗憾。于是M老师决定以“新课标”为指导，尝试对小说教学方法进行革新。

案例正文

一、发现问题

传统教学一般都是围绕梳理小说故事情节、分析人物形象、揭示小说主题等内容来展开的，往往是老师告诉学生这篇小说塑造了什么样的人物形象，表达了怎样的主题。小说教学模式亟须创新，但在谈创新之前，我们先来看看小说《祝福》的常规教学模式，这个模式几乎就是我们最常见的小说教学模式。

例如《祝福》的常规教学方案是下面这样的：

（1）知识点的介绍，说说什么是小说三要素。

（2）字词的落实。

（3）整体的感知。一般按“序幕—开端—发展—高潮—结局—尾声”来梳理故事情节。中间可以加一点技巧上的讲解，比如《祝福》是以祥林嫂的悲惨结局作为开头的，所以这里可以讲一下倒序。

（4）人物形象分析。祥林嫂是个怎样的人物，对她的三次肖像描写有什么作用；也可以根据主题分析一下鲁四老爷、“我”和柳妈等。

（5）环境分析。通常会问三个问题：小说描写了几次“祝福”？在小说中起什么作用？小说为什么以“祝福”为题？本文的环境描写有什么特点？

（6）画龙点睛，总结主题。每次总结出的主题都不外乎《祝福》通过祥林嫂一生的悲惨遭遇，反映了辛亥革命以后中国的社会矛盾，深刻地揭露了封建礼教吃人的本质，指出彻底反封建的必要性。

M 老师多次对 F 中学小说教学现状进行随机听课和问卷调查，发现许多老师在小说教学的效果上不尽如人意，有不少老师对小说教学不甚了解，更多的学生为了考试而忽略小说的文学教育价值。M 老师通过艰苦探索，立足于中学小说教学现状，梳理得出中学老师存在以下问题：

（1）老师单一化的教学设计，高中小说教学设计仍然停留在小说三要素的分析上，导致小说教学单一化，毫无新意；

（2）老师的教学理念陈旧，老师仍然习惯延续小说的“开端—发展—高潮—结局”进行四步教学，教学思想老套、陈旧，没有新意；

（3）语文高考的导向导致小说教学被边缘化，小说教学被很多老师认为在高考的背景下缺少实用性，他们不愿意花费过多时间解读小说文本，忽略对小说的品味和欣赏；

（4）小说教学缺少有效性，老师课前设计不科学，简单解读小说，导致小说课堂教学丧失有效性，小说教学乏味无趣。由此可见，高中语文小说教学现状不容乐观，存在不少问题，老师应经得住考验，积极应对小说教学，改进小说教学的困境。

二、分析问题

M 老师针对当前高中小说教学存在的问题，对 F 中学小说教学问题现状进行分析后，结合 L 班学情，拟定好教学设计，想在近期开展一次教学尝试。因此，M 老师经过反思琢磨，满怀信心地想在 L 班上一堂鲁迅的《祝福》课。课前，M 老师早已做好了充分的准备，只待把预设的课堂展现给学生。

然而事与愿违，一切并没有按照 M 老师的想法进行，课堂气氛还是如往常一般死气沉沉，这让 M 老师感到十分困惑，但课还得继续上，就这样 M 老师还是按照原计划完成了这堂课，最后给布置了课外作业。

课后，M 老师进行了教学反思，教学的初衷是希望学生对小说这一文体产生兴趣，能够让大家在轻松的环境下互动而愉悦的情绪中学习，而不是老师单向传授，学生纯粹为了分数而学习。M 老师通过反复的调查与推敲，几天都没有找到问题所在。

M 老师决定，本周五在 L 班班会课专门讨论这个问题。

一上课，M 老师就抛出了班会主题：“你们喜欢语文吗，为什么？你们喜欢阅读小说吗，为什么？……欢迎大家畅所欲言。”问题抛出后班上没有一个同学敢出声，全都埋着头，有的在一旁窃窃私语，有的相视窃笑，有的左顾右盼，似乎没有开口的打算。

M 老师：“今天只是做一个简单的调查，大家不要担心，不要有什么顾虑，更不要害怕老师批评，老师只是想了解你们内心的真实想法。老师只有知道你们在想什么，需要什么，才能有针对性地设计教学方案。因为在教学中，我们处于平等的地位，所以大家不必担心，尽管畅所欲言，好吗？”经过一番开导，发现刚才教室里几乎凝固的空气一下子活跃了许多。

为了让调查能顺利进行，M 老师将全班划分成 6 个小组，成员自由组合，每个组有 15 分钟的讨论时间，围绕“你喜欢语文吗，为什么？你喜欢阅读小说吗，为什么？”这两个问题展开讨论，对各组成员的想法和原因进行整理，然后派 1 名成员把整理的内容在黑板上一一列举出来。15 分钟后，每个小组都呈现了答案，根据同学们所列举的答案，主要有以下几个方面：

（1）课文内容枯燥、单调；

（2）希望能和老师、同学一起多交流、互动；

（3）老师讲授方法千篇一律，没有新意。

（4）不喜欢课内的知识，喜欢课外的知识。

这次班会课，M 老师收获颇多，学生的心里话让他发现了所有老师的通病，也印证了之前对中学老师教学存在的问题的分析。根据进一步的了解，M 老师发现在设计教学的过程中，主要原因在于大部分老师只从怎样教（老师）的角度去开展教学设计，很少考虑学生如何学的问题，严重忽略了学生作为学习的主体地位。这样的教学设计呈现的教学方案，是老师课前永远把课堂上的每一秒都预设进去，何时该提问，学生该怎样回答，某处应该有掌声、笑声还是叹息，哪个环节学生该做何种反应等；老师早已做出预设，完全没有考虑学生需不需要，想不想要；错误地把知识强加给学生，极大地忽视了课堂的灵活性和生成性。

“新课标”明确指出，语文教学要“加深对祖国语言文字的理解和热爱”，关注学情，从学情出发制定教学目标，遗憾的是，现实的教学并没有落到实处。

M 老师善于与学生打成一片，思想上受“新课标”的影响较大，崇尚“学生为主体，老师主导，师生在教学中处于平等地位”的教学原则，然而还是不免受到惯性思维影响，一人控制着整个课堂。

M 老师决定再次尝试，借 X 班完成《祝福》的教学探索。这一次从学生学习的角度入手，课前不制定具体的教学目标，而是先把学习内容、学习顺序和学习方法抛给学生，让学生自己讨论后确定。

在上课的前一周，M 老师在 X 班就布置了两个学习任务：第一，预习《祝福》一课；第二，自由组合，选取感兴趣的课文片段，改编为课本剧，并分配角色表演。同学们一听说要改编课本剧，还要参与表演，纷纷议论起来，情绪一下子高涨了，脸上露出了久违的喜色。

M 老师：同学们清楚任务了吗？

全班同学：清楚了。

M 老师在 X 班布置以上两个学习任务，目的是让学生先熟悉课文内容。在课堂上与同学们交流学习时，会有新的发现和收获。选取一个片段，改编成课本剧，自导自演。目的是想激发学生在自主、合作、探究的基础上，加深对课文的理解，领会作者的创作意图。

在接下来的 X 班学习中，M 老师将围绕事先布置的任务，在课上先呈现三个问题："同学们，你们觉得《祝福》这篇课文应该学什么？怎样学？用什么方法学？"然后，师生双方共同来制定教学目标，这使学生更有参与感，使教学更满足学生思想需求，更容易使学生接受教学。确定教学目标之后，M 老师将引导进入教学环节，即对文本的"读""探""造"环节，激发学习兴趣。

三、解决问题

（一）读

读是对文本的初步学习。一方面，小说教学的初步阶段是通过读的方式来进行，对小说文本的初读，可分为课前读和课上读两个部分。课前让学生先预习，通过自读的方式进入文本内容，了解小说的人物、故事情节、环境（自然环境和社会环境），这在预习阶段已经完成。课上再读是与同学、老师讨论、交流，对小说文本内容的进一步理解，达到初步学习的目的。另一方面，读是一种传统的教学方式，但同时也是行之有效的教学方式。朗读需要读者对作品进行艺术再创造，从听觉方面赋予作品以新的艺术感染力。学生通过声情并茂的朗读，容易深入人物，与人物同呼吸、共命运，充分感受到人物的悲欢离合、喜怒哀乐，深刻感知人物的内心世界，进一步体会小说文字的精妙，与作者产生共鸣，对文章的思想感情领会得更加透彻。

众所周知，与其他文学作品不同，小说通过情节，塑造个性化人物来表现深刻主题的一种文体。高中语文小说教学，始终围绕文本展开，所以小说教学第一步就是读，读课文。只有读课文，才能了解小说环境、情节、人物和主题。

M 老师经过之前的充分准备后，将在 X 班验证他的教学设想。这一天很快就到来了。

想着验证自己的教学设想，本周四一大早，M 老师在早读课之前已经来到 X 班教室，准备他的教学第一步。X 班的同学来得比较早，离早读课还有几分钟，同学就已经到齐。

M 老师：同学们，今天的早读和第一二节课，我们来完成上周安排的学习任务，学习鲁迅的小说——《祝福》。我想，同学们已经预习过课文了，并且也应该做好了课本剧的编排吧？

M 老师：好，今天的课，我想变换一下学习方法：第一步是在熟读课文的基础上，由你们来拟定学习目标，即你们希望《祝福》这篇课文我们应该学什么？怎样学？用什么方法学？

同学们听见是让他们自己定学习目标，课堂氛围一下子被调动起来，一些同学开始议论纷纷，有些同学洋洋得意，似乎在说，“这次我得露一手啦。”

M 老师：第二步是探索小说主题；第三步是展示你们自行分组改编的课本剧。下面我们开始实施第一步，即读课文，拟定学习目标。那好，现在就阅读课文吧。

起初，拟定目标、把握主题和改编剧本，对于还没有真正接触文本的 X 班同学来说比较困难，这不是仅仅通过反复阅读就可以解决的问题，还需要花费更多课余时间搜集资料，把握社会和时代背景，理清人物关系，揣摩人物行为和心理，从整体到细节把握作品意蕴等，此前很多老师担心同学不能顺利完成，M 老师也有些许顾虑，最终还是决定大胆尝试，顺带检查一下 X 班同学阅读水平和行动能力。

出人意料的是，同学们十分投入。早读课认真阅读作品，结合课下收集的材料，揣摩人物心理活动，探索通过台词呈现人物心理活动和推动情节发展的方法和途径，把探索结果直接应用于排练中。

最好的教学方法莫过于激发学生的学习兴趣，这也是衡量一个教学设计有效性的重要尺度，显然 M 老师的做法是正确的。

（二）探

探即自主探究。让学生在课堂进一步自主学习课文的深层次内涵，揭示小说主题。探究课文是引导学生对课文内容进一步的学习。该环节包括对小说环境描写的探究、人物形象的探究、描写手法及主题的探究等。

探究典型环境。环境是小说的三要素之一。所谓“环境”其实就是人物得以生存的场所，故事情节得以发展的背景。通过学生自主对典型环境的了解，深入分析文章的主题和人物心灵的深处。根据生活环境与当时的社会环境的理解，能揭示人物悲剧命运的社会根源。

分析人物形象。没有形象便没有小说，塑造人物形象是小说创作的中心任务，因此分析人物形象便成了小说教学的重点。如何分析人物形象呢？要注意作品所描写的特定环境；要注意作品描写人物的方法、手段；要重视故事情节的分析；要重视形象化的语言。

揣摩艺术手法。揣摩小说艺术手法是小说教学内容和教学价值的重要组成部分，《祝福》的语言特点表现为运用反复、象征等手法，通过对比、倒叙和看与被看的叙述结构来刻画人物的个性及展现故事情节，以及通过人物外貌、语言、环境的鲜明对比和人物形象描写来完成的。

把握主题思想。文学作品一般较含蓄，主题不显露，由于文学作品的主题有其客观性和主观性相结合的特点，所以学生对主题的把握有一定的困难。

选入教材中的文章富有文化内涵和时代气息，做到了对学生成长的关怀与道德修养的指引。有的材料关注生命与环境，有的剖析生命的价值，有的颂扬乐观向上的人生态度，有的培养健全的人格，有的揭示生活的哲理，闪耀着灿烂的人文思想火花。

如何把握小说的主题呢？可以从小说的情节和人物形象入手；可以分析作品的时代背景及典型的环境描写；也可以从小说的精巧构思中把握作品的主题。

课堂上，在讨论祥林嫂悲剧的根源时，有一位同学提出了这样一个问题："谁是杀害祥林嫂的凶手？"这时，M 老师因势利导，积极引导学生切入课文主题，沉思片刻之后，同学们议论开来。

A 同学：老师，我认为是鲁四老爷。他嫌弃祥林嫂是寡妇，对她冷淡，不让她参与祭祀，使她遭受了精神上的打击，最后将她赶出了家门，沦为乞丐而死去。

M 老师：嗯，不错，这种说法有道理。其他同学又是怎么看的呢？

B 同学：我认为是鲁四婶。祥林嫂到土地庙捐门槛回来之后，以为赎了罪，有参与祭祀的资格了，当她去摆酒杯和筷子的时候，四婶一声惊呼："你放着罢，祥林嫂！"让她遭受重大打击，认为自己的罪不可能洗清了，她陷入绝望，精神崩溃，神情麻木，以致被赶了出来。

M 老师：B 同学是从祥林嫂的心理角度来分析的，很好。

没等 M 老师说完，C 同学急切地提出了自己的观点。

C 同学：我认为柳妈也是杀害祥林嫂的凶手。她向祥林嫂讲鬼神的故事，使她对死亡产生了恐惧，才积存工钱到土地庙捐门槛，以为这样就可以赎罪，这是后来鲁四婶不准她参与祭祀，她精神崩溃的原因。

M 老师：哦！这是从柳妈与祥林嫂直接对话的过程，分析柳妈是凶手，这样分析也很合理。还有谁有不同的看法？

D 同学：鲁镇的人也是凶手。他们对祥林嫂的悲惨遭遇不但没有同情心，相反拿她的痛苦开玩笑取乐，甚至挖苦讽刺她。人情冷漠、世态炎凉使祥林嫂遭受了巨大的精神打击。可以说他们也是凶手。

M 老师：嗯，鲁镇人也是凶手，因为他们不但没有同情心，反而挖苦、讽刺祥林嫂，情况确实如此。

讨论很热烈，一个平时不爱说话的男 E 同学突然语出惊人。

E 同学：老师，我认为祥林嫂的婆婆才是杀害她的凶手。祥林嫂之所以有后来的悲剧都是她给造成的。祥林嫂跑出来做工，肯定是无法忍受她的虐待，祥林嫂不跑出来就不会有后来的悲剧；再说如果她不把祥林嫂抓回去卖掉，就不会有死第二个丈夫的故事，也就不会有后来的悲剧。

话音一落，全班响起了热烈的掌声，向来E同学很少发言，这一次他的积极发言，获得了同学们的认可。同学们也一致认为婆婆是引发祥林嫂悲剧的关键人物。

M 老师：E 同学分析的角度确实很新颖，说明你很善于替祥林嫂考虑，你可以围绕祥林嫂的婆婆作为凶手的角度，编写祥林嫂的婆婆是怎么逼迫或是虐待祥林嫂的，这方面很值得思考，很不错！请坐。

F 同学：这样说来，祥林嫂在贺家的大伯也是凶手。祥林嫂虽然死了第二个丈夫和儿子，但她还有财产，还可以自食其力，但大伯却来收屋，把她赶了出来。她走投无路，再次来到鲁镇，才有了后来的悲剧。

M 老师：F 同学运用了发散思维，能够根据别人的思考，联想到一系列的问题，发言很有见地。

另一位同学G迫不及待地发言了。

G 同学：我认为文中的“我”也无意中成了杀害祥林嫂的凶手。当祥林嫂带着复杂的心理问“我”人死之后究竟有无魂灵和地狱时，“我”拿不定该怎样回答，吞吞吐吐地说“也许有罢”“说不清”。祥林嫂对读书人的话是深信不疑的，这话等于告诉她有地狱和魂灵，这是她最担忧最害怕的。这无疑是向祥林嫂的精神伤疤上捅了最后一刀，导致她迅速走向死亡。

此语一出，全班哗然，议论纷纷。M老师看火候已到，趁势提问。

M 老师：同学们善于思考，发言积极，一下捉拿了杀害祥林嫂的众多凶手，那么你们看，真正的元凶会是谁呢？

（学生讨论交流，答案不一）

M 老师：元凶可能是显现的，也可能是隐性的，很可能就藏在众多凶手的背后。这时学生若有所悟。

H 同学：这个元凶我认为是藏在鲁四老爷、四婶和鲁镇人背后的封建礼教、封建社会。是封建礼教指使这些人杀害了祥林嫂。

I 同学：还有藏在柳妈背后的封建迷信思想也是隐性凶手。

话音一停，全班再度响起了热烈的掌声。

M 老师：I 同学说得非常好，在鲁迅先生的笔下，向祥林嫂宣扬生死轮回的迷信思想不是四婶之流，而正是像柳妈这样 “蹙缩得像一个核桃”的“善良”妇女。善，善在哪里？用自己短短的口舌，用毫无根据的迷信，把祥林嫂推向了深渊。她的脸如核桃，那是因为她的衰老，但是她的心何尝不是如核桃般坚硬？那是因为什么？是无知吗？是温馨提示吗？同学们，别忘了课文中提到她的不耐烦，别忘了她的嘲讽戏谑，我觉得，造成祥林嫂命运悲剧更重要的一环，正是这个令人厌恶的柳妈。

M 老师：同学们，试想一下，当你们面对不幸的人儿时，你们会采取怎样的态度？善良的人可能是真正的关怀，至少是宽容，或是来自内心的疏导。但是不善良的人呢？多如柳妈一样，无视自己的语言暴力，轻易地将包袱丢给别人，甚至是落井下石。因此，正是柳妈将原来可以坚强生活下去的祥林嫂的精神击垮，才导致她“消尽了先前悲哀的神色”，最后走向死亡。同学们，对于祥林嫂的死，除了刚才同学们说的各种元凶之外，还有其他原因。因为封建社会不仅有神权、族权、夫权等对女性的限制，还有以鲁四老爷为代表的封建理学思想的束缚和此类理监生的虚伪等因素。对像祥林嫂这样的社会底层的农村妇女，对她们精神上、心灵上的折磨远比身体上、肉体上的折磨要严重得多，这些都是导致祥林嫂心理彻底崩溃，最后走向死亡的根本原因。

针对《祝福》一文的主题的探讨，M 老师营造了轻松、活跃的学习氛围，在师生、生生参与的激烈讨论中，让思想的火花得到了碰撞，既深化了对主题的多元理解，又培养了学生善于倾听、善于思考的学习习惯，以及同学们思维品质的提升。

（三）造

造即创造，把文本改编为课本剧，让学生自导自演。学生改编课本剧，一方面激发了他们参与的热情和主动性，另一方面使学生对文本有更深入的把握，而通过表演，能够对小说的人物形象和小说所反映的主题有更深刻的理解。M 老师在引导学生读课文和理解课文主题的过程中，让同学们根据小说《祝福》的场景，选择自己感兴趣的片段，改编课本剧。

《祝福》课本剧表演实录

时间：祥林嫂第二次到鲁镇时

人物：Z（鲁四老爷）、Y（四婶）、X（祥林嫂）、R（阿新）、Q（柳妈）、J（丫鬟阿香、F（新）

场景：鲁四老爷大厅。正中间上挂朱拓的大“福”，两边对联“意志详明德行坚定，事理通达心气和平”。下放一张桌子，摆放着祭祀贡品，两边椅子对称摆放。

（柳妈、阿香在擦桌子、扫尘，祥林嫂无事可做，呆站在一旁）

祥林嫂：（叹息）唉——我真傻，真的。我单知道冬天有狼，我让阿毛到门槛上剥豆，他就去了，他是那么听话。可是当我找到他时，他肚里的五脏都给吃空了，可怜他……

（抚摩着阿毛穿过的小鞋）

柳妈：（不耐烦）祥林嫂，你又来了。

柳妈：（好奇地）我问你，你后来怎么竟依了那个贺老六了呢？

祥林嫂：（难为情地）我么？

柳妈：你呀，我想：这回是你自己愿意了吧，不然……

（柳妈盯住祥林嫂，气氛很紧张）

祥林嫂：呃……呃，他力气大着呢！

柳妈：（很诡秘）祥林嫂，你实在不合算，你再强一点，干脆在成亲那天一头撞死好了。现在啊……

祥林嫂：（紧张地追过去）现在？现在怎么样？

（阿香凑过来）

柳妈：你想想，你嫁了两个男人，他们又都死了，你这不是丧夫命吗？

祥林嫂：（沮丧）啊……

丫鬟阿香：啊，真是这样的吗？

柳妈：（神秘地）还有呢，你将来到阴司去，那两个鬼男人还要争，你给了谁好啊？阎罗大王只好把你锯开两半，分给他们，我想，这真是……

丫鬟阿香：（恐惧地）柳妈，不要说了，太可怕了！

祥林嫂：（惊恐状）那可怎么办？怎么办？

（伤心地哭着，把小鞋紧紧地揣在怀里）

柳妈：哭也没有用。祥林嫂，我看，你还是到土地庙去捐一条门槛，当作你的替身，给千人踏，万人跨，赎了这一世的罪名，免得死了去受苦。

丫鬟阿香：可是，捐门槛要不少钱呢？

祥林嫂：（急切地）钱！要多少？

柳妈：最少也得一年的工钱啊，你现在把钱存起来，一年后捐了门槛，就可以免受罪。

祥林嫂：（迫切地）不，我现在就去。

丫鬟阿香：（着急地）哎，祥林嫂……

（柳妈上前拉住阿香）

（鲁四老爷和四婶一起上）

四婶：老爷，你这身衣裳做得挺合身的，穿起来精神得很。

鲁四老爷：当然，祈福的事情可马虎不得。况且，今年的祭祀可不比往常，总得做得体面一些。

四婶：我已经吩咐过了。

鲁四老爷：阿新呢，怎么还不出来。

四婶：可能还在书房看书呢，阿新……阿新……

新：来了！（恭敬地）四叔，四婶。

鲁四老爷：（略带宽慰）这就对了，没事多看看圣贤书，做人才会通明达礼。好好一个年轻人，读什么洋学堂。还是正正经经地读好祖宗的书吧。

新：可……四叔，在洋学堂也可以好好读书啊！

四婶：好啦，时辰快到了。快进屋吧。

鲁四老爷：阿新，那些新党就是因为洋书读得多了，才掉的脑袋，你还要学！

（祥林嫂神色喜悦地上）

鲁四老爷：（现出不满的神色）祥林嫂，祭祀的时候，你还乱跑什么？

祥林嫂：没，没有啊，老爷！

鲁四老爷：还不去干你的活！

祥林嫂：是，老爷。

（祥林嫂抬头，看见阿香她们正摆弄祭坛，走过去正准备帮忙）

鲁四老爷：放下，谁让你碰的！（大声而气愤）

（祥林嫂和阿香都吓了一跳，把跪垫掉在地上）

四婶：（快步冲上前，慌张地）祥林嫂，你走吧！走吧！我来摆。

鲁四老爷：可恶。阿香，快把这伤风败俗的谬种带出去。

（祥林嫂像炮烙似的，脸色变得灰黑，失神地站着）

（阿香上前拉祥林嫂，阿新想扶祥林嫂一把，但被鲁四老爷拦住了）

祥林嫂：（喃喃地）为什么？为什么这样呢？我可是捐了门槛的，十吊钱呀，足足一年的工钱啊！不是说捐了就好了吗？（转身质问柳妈）

鲁四老爷：阿香，还不快把这不干不净的东西带出去，别叫她把祖宗的东西搞得不干不净！

祥林嫂：不……不……为什么……

祥林嫂：（挣脱阿香的手）老爷、太太，我真是捐了门槛的，真的！我已经赎过罪了……（伤心欲绝）

鲁四老爷：（厌恶地）你的罪啊，下辈子也赎不完，快走，快走……

（新赶紧走过去把祥林嫂拉到屋外。）

鲁四老爷：快把东西弄干净，不干不净，祖宗怎么会吃呢？

四婶：祥林嫂怎么会这样了？倒不如那时不留她！

鲁四老爷：这种人伤风败俗的，以后是不可再用的了。

四婶：唉……（摇头）

新：（和蔼地）祥林嫂，你回房休息吧。你在这，四叔不高兴。

祥林嫂：（拉住新）侄少爷，你读过书，你给我说说，一个人死了以后，还有没有灵魂；死掉的一家人，都能见面吗？

新：（很惶然，迟疑地）这个……也许有吧，你想见……

祥林嫂：（伤心地）我想我的阿毛，可怜的阿毛……（哭泣）

新：可是，还有……

（屋内喊：阿新……）

新：四叔叫我了，我……你先回屋歇着吧！（边走边回望）

祥林嫂：不，不，不要……阿毛……（踉踉跄跄地退下场）

画外音（阎王爷要把你锯开两边……你的罪啊，下一辈也赎不完……伤风败俗的谬种……可恶、可恶、可恶……）鞭炮声、祝福声由强渐弱。在漫天飞雪中，祥林嫂拄着拐杖，提着个破篮子，衣衫褴褛、跌跌撞撞地出。

祥林嫂：这世上到底有没有魂灵（倒下）……告诉我，到底有没有魂——灵——（幕闭）

与朗读相似，课本剧可以使学生根据课文的情节或一个片段来编排，分不同角色进行表演，在语言之外，借助表情、肢体动作等来更好地实现角色的塑造。角色体验能促使学生凭借自身的知识经验、生活阅历及想象力对小说中所表现的人物的种种言行举止进行细致入微的品味、揣摩和猜想，从而让表演更加形象逼真。

课本剧所营造出的轻松的学习氛围既可以让参与角色表演的学生通过揣摩，自己体会人物的性格特点，领会字里行间所蕴含的思想感情，也能让观看表演的学生通过演员的表演领会小说的内涵。同时，老师引导学生编排剧情时，还要注意应该充分表现出故事情节中的剧情冲突，让人物在矛盾冲突中更好地展现性格特点，达到让学生深刻理解的目的。

当代中学生多有追星的现象，他们崇拜的无非是明星们的演技、风度和气质，以及触动他们心灵、唱出他们心声的表演内容。他们情不自禁地模仿着、向往着，做着一个个多姿多彩的梦。针对学生有表演的渴求，就要给他们表演的机会。

课本剧的表演形式可以是多种多样的：配乐诗朗诵、即席演说、分角色朗读、舞蹈、小品、相声、课本剧、歌唱、讲故事、说评书等，可根据授课内容做适当的安排和调整。学生把游弋题海、走高考独木桥的艰辛变成表演的快乐，为了表演，他们细心地查着字典、词典及各种资料；为了表演，他们分析讨论着文章语言的意蕴，揣摩着人物的心理、动作和表情，那种“书山有路勤为径，学海无涯苦作舟”的“苦”字早已变成一件乐事，以学为乐，是一件多么幸福的事情啊。

经过课本剧的表演之后，M 老师当场给予肯定，教学中还应该引导学生：高超的表演才能可以初步从模仿电影电视开始，逐步学会观察生活，体验生活，感悟社会和人生，努力在生活与作品的坐标系里找到读书与自我的位置，最终超越于作品之外和自我之上，表演出一种真真实实的生活。

四、反思与展望

人教版高中语文课本，小说教学板块教材的编排在必修三、必修五第一单元，学生在学习小说知识点的时候已经是高二年级。在高考的压力下，不少老师甚至校领导对于 M 老师这种教学方法感到担忧，毕竟高二准备进入高考复习阶段，大多数老师会细讲高考可能考的、常考的，而不会考的或考到概率较低的内容，例如小说板块不做过多讲解。因此 M 老师的做法在大多数时候得不到支持，主流观点是这种课看似热闹，其实不利于应试。

M 老师始终没有气馁，更不会怀疑自己的教学改革方法和方向，质疑声反而鞭策他不断改进、优化教学设计。他要用学生的提升证明自己的教学方法是可行的，不仅可以拓宽知识，还会促使学生热爱小说这一文体，为培养学生学习语文的兴趣和提升学习小说的乐趣奠定良好基础。

因为传统的阅读教学是老师分析，学生被动接受，学生的智力很难得到开发，思维也很难得到发展，更谈不上培养创新精神和实践能力。而新课程改变了老师的职能和学生的地位，老师不再是“知识的权威”，而是“平等对话的首席”；学生也不再是“知识的容器”，而是“知识的发现者”。新课程提倡学生的“自主、合作、探究”，强调“师生互动、生生互动”，这是一种全新的教学观念和教学方式。它使老师成了课堂教学的组织者、引导者和促进者，与学生共同参与讨论；同时也充分调动了学生的积极性、主动性和创造性，让学生变成学习的主人。这样既解放了老师，又能激起学生的学习欲望。本节课是实施新课程的一次成功尝试。由此可见，在阅读教学中，老师只要根据学生的思维和认知规律，善于引导，精心设计问题，就能启发学生思考，很快把握问题的实质，从而收到事半功倍的教学效果。

只有让学生主动阅读、主动感悟和主动评判，才能透过语言文字，透过作品，透过故事梗概，深入地感知大千世界中千奇百怪的人物心理、丰富多彩的人物形象、悲欢离合各种情感。

综合来说，小说文学起码在 F 中学得到了和其他文体相同的地位。M 老师表示一定会在未来的教学研究中不断总结经验教训，提高自身文化素养，在其他文体教学中也创造各种可能性引导学生参与教学，爱上小说，爱上语文，爱上文学。

结　语

现今，高考改革和素质教育如火如荼地进行着，小说教学法依然是一项值得师生一同花心思去开创、推广与研究的课题。我们提倡素质教育，口号喊了很多年，但面对“应试”压力时，“素质”是那么的苍白无力。

其实小说能让学生既学到知识，又提高能力，把学习知识和提高能力都放在课堂上同步完成，知识显得妙趣横生，学生学习兴致盎然，这种教学方法有益于学生成长，也值得语文老师借鉴。从这个意义上说，小说教学在中学语文教学体系中本应占有特殊的地位。

M 老师通过新式小说教学法，使学生掌握小说的文体特征，进一步培养了学生全面发展的能力。这对老师提出了更高的要求，但要进行素质教育，老师首先要具备相应的素质，这本是素质教育题中应有之义。

本案例探索出的小说教学“读”“探”“造”的教学方法对改善小说教学的边缘化

问题及现状有一定积极作用，但在如何衡量小说教学标准上仍然有所欠缺，有待后续研究者进一步深入研究。

【案例思考题】

1. 在传统教学中，导致小说教学方式套路化、浅显化、边缘化的主导原因是什么？

2. 学生通过“读”“探”“造”三个方面，是否真正能够转变学生对小说学习的心理？

3. 在小说教学中，对于“探”这一环节，应该怎样去完善，才能更好检测学生对小说知识的掌握？

4. 除了 M 老师提出的“读”“探”“造”的小说教学方法外，还有哪些小说教学方法？

5. M 老师的小说教学法还存在哪些不足？

【案例使用说明】

1. 适用范围

适用对象：中学语文老师，汉语言文学专业、语文教育和语文课程教学论及相关专业专科生、本科生、研究生。

适合课程：（1）中学一线“语文”课程；

（2）大中专“中学语文教材教法” 课程；

（3）教育专业学位研究生课程：“课程与教学论”“语文课程与教材分析”“语文教学设计与案例分析”“语文学科基础与前沿问题”等。

2. 教学目的

（1）明确当前小说教学边缘化的现状；

（2）提出符合新课标的小说教学策略；

（3）掌握小说的文体特征，小说环境、情节、人物语言动作性等方面的特点。

3. 要点提示

（1）相关理论

文学理论；

文体理论；

小说教学理论；

老师专业发展理论。

（2）关键知识点

小说的文体特征，小说教学当前面临的尴尬境遇，导致小说尴尬境遇的因素，小说文体特征，小说的情节、语言特色，小说教学的有效策略。

（3）关键能力点

从宏观上了解当前高中教育现状，捕捉高中语文教学优劣短长，找到解决现有难题的突破口，深入了解中学生心理状况，因势利导地引导学生进入学习状态，课堂教学收放自如，既让学生充分参与教学，体现师生平等关系，又能掌控整个教学环节。

此外，相应的知识面和必要的文学理论修养也是不可或缺的。

（4）案例分析思路

通过M老师从思想到行动、从社会到学校、从老师到学生进行的一系列的分析与调查，揭示导致小说边缘化的诸多原因，M 老师专门针对传统教学模式仅限于老师单向知识传授，学生难以参与教学，教学套路化、模式化现象严重，学生学习积极性不高，学习效果不好等问题，提出新式小说教学法，归纳总结出具体的教学策略——“读”“探”“造”三个步骤。

教学实践显示，M 老师的新式小说教学法紧扣语文核心素养，能够在全面发展的基础上对学生进行艺术欣赏、写作，甚至排练、表演等能力进行培养，更有助于培养学生树立积极健康的审美意识，增强审美能力。

4. 教学建议

时间安排：中学标准课 3 节，140 分钟。文本分析 1 节，课本剧表演 1 节，写作及考察 1 节。

环节安排：提前 1 周利用的时间让同学们预习内容→学生自由组合成小组→小组查阅资料，引导学生分析文本→自行组织排演课本剧→表演课本剧→理解课文→课本剧写作→针对知识点进行考察。

人数要求：50 人左右的班级教学。

教学方法：以学生知识掌握、个性发展和艺术能力培养为目标，不脱离文本，老师只在学生出现困惑时进行点评。

工具选择：多媒体

组织引导：

（1）老师布置任务清晰，预习要求明确；

（2）学生存在问题时及时给予建议与帮助。

活动设计建议：

（1）课前计划 3 节课，要求学生课前预习，自行组织课本剧表演。

（2）上课前做好教学准备。将桌椅分散在教室四周，为每个小组编号，表演结束后匿名评选“最佳表演小组”。

（3）老师适时了解学生在表演课本剧中存在的问题，引导学生回到课本中解决。

5. 推荐阅读

[1] 叶圣陶. 叶圣陶教育文集[M]. 北京：人民教育出版社，1994.

[2] 王荣生. 小说教学教什么[M]. 上海：华东师范大学出版社 ，2015.

[3] 陶行知. 陶行知文集[M]. 南京：江苏教育出版社，2001.

[4] 吴中杰. 吴中杰评点鲁迅小说[M]. 上海：复旦大学出版社，2003.

[5] 孙绍振. 批判与探寻：文本中心的突围和建构[M]. 济南：山东教育出版社，2012.

[6] 郑金洲. 案例教学指南[M]. 上海：华东师范大学出版社，2000.

[7] 许天佳. 小说片段赏析教学模式初探[J]. 语文学刊（基础教育版），2018.

[8] 韩荣会. 浅谈中学语文小说阅读教学技巧[J]. 都市家教月刊，2011.

[9] 李冲锋. 例说小说教学内容的确定[J]. 教学大参考，2015（03）.

C 老师现代派小说阅读教学探究

曹骄阳[①]

【摘　要】小说阅读的核心是理解，但面对难以理解的现代派小说，老师必须教给学生解读这类小说的独特方法与技巧，改变学生“不想读”和“读不懂”的教学现状，让学生能真正感受到人物的内心世界。在传统的人物、环境和情节即小说三要素教学法难以取得良好教学效果的情况下，C 老师潜心钻研，从现代派小说的特点出发，如荒诞性、象征性和不确定性等，通过《十八岁出门远行》的课堂教学帮助学生构建新的阅读图式，实现阅读对话，教会学生如何阅读现代派小说。

【关键词】现代派小说；教学；阅读图式

背景信息

现代派文学又称现代主义文学，它诞生于 19 世纪 80 年代的西方，并从 20 世纪开始在欧美地区蓬勃发展。它不单是“现代派”这一个文学流派，而是许许多多反对与抵制传统文学的流派组成的，它包括象征主义、表现主义、意识流小说、荒诞派戏剧、黑色幽默小说和魔幻现实主义等。最早出现的是象征主义，著名法国诗人波德莱尔的诗作——《恶之花》，便被认为是象征主义的启蒙之作。

而如此众多的西方现代派文学流派对中国现当代文学也产生了深远影响，尤其是新时期文学大多吸收、借鉴了西方现代派文学的艺术手法，并随之创造出大量优秀的作品。从小说创作方面而言，王蒙于 1980 年发表了第一篇“意识流”小说《春之声》，此后接连发表了《夜之眼》《布礼》等与传统小说在言语形式上大相径庭的作品。1981 年高行健编写的《现代小说技巧初探》对西方现代派小说的写作技巧进行了全面的分析和论述，推动了人们对西方现代派文学的探索与学习。

再将目光转移到高中语文的教学上，在大量中西方现代派文学作品中，曾经入选过高中语文教材的中西方现代派小说有卡夫卡的《变形记》、伍尔芙的《墙上的斑点》、加西亚·马尔克斯的《百年孤独》与《巨翅老人》、普鲁斯特的《追忆似水年华》、詹姆斯·乔伊斯的《尤利西斯》、海因里希·伯尔《流浪人，你若到斯巴……》、王蒙的

---

① 作者简介：曹骄阳，女，江苏南京人，黔南民族师范学院 2018 级学科教学（语文）专业方向在读研究生；导师：周旭东教授。

《春之声》和余华的《十八岁出门远行》等，这些都是现代派小说的经典之作，对帮助学生理解现代派文学有重要意义。对于现代派小说我们不能一味地按照传统小说三要素“人物”“情节”“环境”来进行解读，这种传统的阅读图式有时会阻碍我们对现代派小说的探究与理解。倪文尖曾经提出“面对丰富多样的现代小说，我们需要有针对性地形成一些新的阅读图式”，主要包括“心理”“荒诞”“象征”和“反讽”等几种图式。而老师的任务就是帮助学生建立新的阅读图式，让学生能真正地理解作品，不至于在碰到它们时思绪杂乱、束手无措。

《普通高中语文课程标准（2017 年版）》的学习任务群 10——“中国现当代作家作品研习”中明确提到了要“精读代表性作家作品，把握其精神内涵与艺术价值。至少选读 10 位现当代代表性作家的诗歌、散文、小说、戏剧方面的作品，大体了解现当代文学的发展概貌”，学习任务群 5——“文学阅读与写作”中也提到“本任务群旨在引导学生阅读古今中外诗歌、散文、小说、剧本等不同体裁的优秀文学作品，使学生在感受形象、品味语言、体验感情的过程中提升文学欣赏能力”。而现代派小说作为中西方文学的重要组成部分，同时也是较难理解的部分，在教学过程中是不应该被忽略的。让学生适当地去接触这类文学，意识到这类文学的存在，是十分有价值的，有利于学生更好地串联起现当代文学的发展历程，同时对诞生并发展于两次世界大战时期的西方现代派文学有更深刻的理解。

但在实际的教学过程中，许多老师和学生对于现代派作品处于“抗拒”的状态。在进行现代派小说教学时，老师大多从小说三要素“人物”“情节”“环境”出发进行教学，这种千篇一律的教学模式导致学生对现代派小说兴趣全无，且更为重要的是这种教学方法难以触及这类小说的核心。要知道现代派小说的显著特点就是反传统，既然这样，就更不能用传统小说的教学模式去僵化套用现代派小说，而是要从现代派小说的特点出发进行有的放矢地教学。

C 老师研究生毕业后，进入一所重点高中担任语文老师。在长达五年的教学磨炼后，C 老师发现不少语文老师包括她自己都对现代派小说关注甚少，而是将大量精力都投入到文言文和诗歌的教学中去，学生则普遍觉得现代派小说难以理解，于是出现了“老师不教、学生不学、高考不考”的不良状况。由于 C 老师在读硕士期间对现代派小说教学有过一定的探究，她决定打破传统的小说教学模式，将所学到的理论知识运用到实际的课堂教学中去，让学生体会到现代派小说不一样的美感，感受不一样的心灵冲击。她从现代派小说的特点出发，帮助学生构建新的阅读图式，把学生带入小说的情境中去，让学生移情想象，体会到文中主人公的思想与情感。与此同时教给学生解读这类小说的知识、方法和技巧，做到“以篇达类”，使他们能够真正地读懂现代派小说，取得良好的教学效果。

案例正文

一、课前准备

（一）发现问题

C 老师在拿到上周班级语文考试的试卷后，心情不太好，全年级 18 个班的语文平均分和上次考试相比差了 8 分。C 老师所在的班级 A 班语文成绩一直名列前茅，这次也拔得头筹，但 C 老师并没有因为得了第一而心情愉悦，让她郁闷的是不知为什么这次大家的语文成绩下降如此之多。带着这个疑问，C 老师仔细研究同学们的试卷，终于发现问题所在。这次考试的现代文阅读部分选择了一篇让不少学生摸不着头脑的作品——节选自列夫·托尔斯泰的《安娜·卡列尼娜》的《安娜之死》，此题也是 2014 年江苏高考的原题。20 分的题大多数同学连一半分都得不到，填的答案也是五花八门，啼笑皆非，此题也是大家平均分下降的主要原因。C 老师在与班上同学交流后得知，不少学生听过这本书的名字，也知道列夫·托尔斯泰，但对于这本书究竟讲了什么一无所知，而且作为一本长篇小说，只节选这短短的几段，也加大了学生的理解难度，他们对安娜的行为感到奇怪，把握不住人物的形象及其心理的变化。

但出乎意料的是，以往倒数的 D 班这次竟然进步到第八名，因为此次 D 班在这一篇现代文阅读上拿到的平均分是最高的。C 老师赶忙向 D 班语文老师 X 老师请教，X 老师却神秘一笑道："我带领我们班做过类似的小说解读练习，因为现在考试都不太会考那些死板的小说，学生以往灵活运用的套路并不是适用于这类小说，这种让学生难以把握的现代派小说才是老师需要帮助学生理解的重点，平时上课时也不能忽略它的独特性，要采用适当的教学方法……"在与 X 老师交流一番后，C 老师终于意识到自己的问题所在，她在小说阅读教学中一直强调的小说三要素分析法并不是万能，它不适合现代派小说的文本解读，这类小说的人物、情节和环境都被淡化了，从这些角度出发并不能很好地解读作品。

意识到自己对现代派小说的忽略后，C 老师不禁回忆起自己进高中教书的第一年。那时的自己还处于新手时期，对教书缺乏实践经验，盲目地模仿和借鉴其他老师的教学方法，缺乏自己的教学风格。即使心中觉得现代派小说不应该一味地按照"人物""情节""环境"这种传统模式进行教学，却由于缺乏自信和勇气而随大流地进行教学，并在取得不错的教学效果后而沾沾自喜，一直沿袭这种教学方法。但万万没想到，这次的考试结果给了她当头棒喝，回想起自己往昔的愚昧与无知，C 老师的内心感到很愧疚，觉得自己没有尽到一个老师的责任，愧对于学生，没有勇于创新、积极进取的精神。

（二）寻找方法

但亡羊补牢，为时未晚，能发现问题是件好事。C 老师找出她读硕期间收集的有关材料，研究优秀教学设计并观摩名师的教学视频，认真学习，仔细揣摩研究。最终决定从现代派小说的特点出发建立新的阅读图式，让学生从一个全新的角度出发来学习、理解现代派小说作品。

在阅读相关文献和具体的现代派小说作品后，C 老师发现现代派小说有以下特点：

（1）象征性。象征就是以某种具体事物去表现某种意义抽象的事物或某种难以言表的意义与哲理，这是一种特殊的文学创作手法，以隐喻代替直言。现代派文学作品为表现人物真实的内心世界，往往通过某种意象，运用比喻、对比和衬托等表现手法，把抽象的思想外化为具体可感知的事物，具有暗示性和朦胧性。比如余华的《十八岁出门远行》可以说是一篇全文象征的小说，如果不以象征手法为切入点带领学生理解这篇小说，就体会不到这篇小说背后所蕴含的深刻意义。

（2）荒诞性。指现代派作家故意创造出不合常理、违背生活逻辑的人或事，并以此来达到揭示某种现象或表达某种思想的目的。他们通过极度的夸张将现实与想象结合在一起，荒诞中透露出合理，合理中也包含着荒诞。比如卡夫卡的《变形记》中，故事的主人公格里高尔一觉醒来变形为甲虫，就这件事本身而言就是荒诞的，人怎么可能变成甲虫呢？但荒诞背后的社会现实却是合理的。在金钱至上的现代物质社会，一切都可以以钱来衡量，所以格里高尔变形成甲虫不再能供养家人后，就被家庭无情地抛弃，最终孤独地死去。

（3）意识流。意识流作家不重视描述客观的外在世界，而是采用自由联想、内心独白、梦境、幻觉等手法再现人大脑中的事物以及思维的真实流动，以此来挖掘人的潜意识，表现人物心理的复杂性。这种意识的流动呈现出唯主观、反理性的特点，呈现出来的作品往往让人觉得逻辑松散、没有条理、不合常识。比如伍尔芙的《墙上的斑点》，它讲述了主人公在某一天抬头看见了墙上的斑点，由此以斑点为起点进行意识的流动，产生了一系列联想和想象。“我”每一次思绪的漫游都是无定向、无轨迹的，只通过精神的流动将这些没有必然联系的事物串联起来，跳跃式前进。它向人们展示了人主观意识的强大与丰富多彩。

（4）不确定性。由于战争的影响，该时期文学所关注的社会法则、社会环境已陷入一片混乱，世界与自身都不再有确定的意义，小说的意义世界也变得不确定。他们常采用现实与虚构相结合的表现手法，这使得作品中的时空、人物、情节、语言、主题等多方面都表现出不确定性和模糊性，并以此来表现这个纷繁复杂、难以捉摸的世界。比如在加西亚·马尔克斯的《百年孤独》中，作者站在一个不确定的时间节点上，它既呼应着过去，又承接着未来，关于小说主题的解读也丰富多彩，有“命运”主题说与“孤独”主题说等。

在细细了解现代派小说的特点和发展历程后，C 老师知道，对于其复杂的背景与理论知识，不能要求学生全面掌握。在以一张试卷定高下的现实状况下，关键是要让学生掌握解读这类小说的方法和技巧，这样学生在考试时才能游刃有余，而这有赖于具体的课堂教学设计。在经过一番慎重思考后，C 老师最终决定以余华的《十八岁出门远行》作为教学对象，让学生找找解读现代派小说的感觉。

二、课堂教学

第一课时：

C 老师在众多现代派小说作品中之所以选择《十八岁出门远行》，是有其自身考量的。这部作品是余华在卡夫卡影响下写成的经典之作，属于短篇小说，易于理解。相比于一些冗长、复杂、难以理解的西方现代派小说而言，这是一个很好的教学切入口，不至于太难打击了学生的自信心，也不会太复杂降低学生的阅读兴趣，而且小说本身也带有一定的可读性和趣味性。

上课铃声响起，C 老师如往常一样走入教室，但出乎同学们的意料，C 老师说今天不评讲考试试卷，而是要上课。她把《十八岁出门远行》这篇文章分发下去，说道："同学们，这次考试我们班在现代文阅读上失分很多，不少同学都和我反映《安娜之死》这篇文章让你们毫无头绪，不知道作者想表达什么，是不是？"底下坐着的同学纷纷点头表示赞同，嘴里小声说着"太难了""我没看懂""真让人莫名其妙"之类的话语。C 老师听完同学的回答后，又说道："所以，老师想抓住这次机会教大家如何解读这类小说，我刚发下去的文章，不论先前你有没有看过，请大家仔细研读，标出你在阅读过程中难以理解的地方，等会儿小组间交流一下。"布置完任务后，同学们都认真阅读起来。

C 老师这次没有提前发下文章让同学们预习，就是想看看大家的第一反应，想知道他们在快速阅读后有什么疑惑，能品出什么东西来。要知道大家以往很少接触这类文章，如果一上来就进行人物、情节和环境等的分析，就走上了以前的老路，调动不了学生学习的积极性，感受不到这篇小说与传统小说的区别。

让学生说出自己的疑惑，这一活动的设计，实现了以学生为主体，降低学生的恐惧心理，拉近学生与文章的距离。同学们读完后，C 老师又给了他们交流讨论的时间，之后请各小组代表发言，同学们很踊跃，提出了各式各样的问题，主要有以下几个问题：

A 同学对司机态度的转变感到疑惑。为了搭便车，"我"给了司机一支烟，司机接受后却粗暴地拒绝了"我"的要求，但在"我"吼了他后却"笑嘻嘻地十分友好地看起我来"，还让"我"去拿苹果吃。

B 同学觉得汽车抛锚后，司机一点不担心还做起了广播体操，很奇怪。

C 同学认为司机在车上苹果被抢劫后无动于衷的态度很奇怪。而且"我"为了保护他的苹果被打，他却反过来嘲笑"我"。

D 同学对最后司机变成抢劫者把"我"的背包抢走觉得奇怪。

E 同学觉得"我"认识司机后就把他当好朋友，还为了保护他的苹果而挨打感到奇怪。

F 同学觉得"我"一直找不到旅店很奇怪。

……

在学生提出问题的时候，C 老师和同学们一起对有疑问的地方，在原文里找到出处并打上问号。对于学生能提出这么多问题，C 老师感到很欣慰，即使有些问题看起来毫无意义也没有关系，如果同学们一开始阅读时就没有任何疑惑，没有发现值得思考的地方，那要么是文章有问题，要么就是老师和同学有问题，一般问题都出在后者。而 C 老师就是要以这些问题来引发同学们对这篇文章的思考。

在同学们回答完毕后，C 老师提出了一个问题，“同学们，对于这些问题，有没有人能用一个词语来形容它们给你的感觉，就是你觉得这些事怎么样？”同学们纷纷举手发言，有直接用“奇怪”形容的，还有说“离奇”“荒谬”“震惊”等等，C 老师将这些词语写在黑板上后，又给了大家一个比较专业性的词语加以总结——“荒诞”。正是因为这篇文章给人这些感觉，学生才会觉得现代派小说难以理解，当学生看懂了这些荒诞的事，也就算读懂一点这类小说了。

C 老师接下来让大家对这些奇怪的事进行解释，也就是为什么会发生这些事，她鼓励大家放开思维，进行各种合理的想象和理解，想到一点说一点。

G 同学认为司机做广播体操可能是像“我”猜想的那样在锻炼身体，车子可能因为年久失修司机已经习惯它抛锚了，所以并不在意。

H 同学觉得可能司机和那些抢劫者是一伙的，所以对苹果被抢无动于衷，抢走我的包是因为他本来就是抢劫的，早就看上“我”包里的东西了。

I 同学觉得“我”把司机当成朋友是因为“我”刚成年，为人比较单纯、情绪化，看到司机被抢就去帮忙，有着少年人的冲动。

J 同学认为司机在“我”询问搭车时态度的转变是因为他欺软怕硬，看“我”呵斥他就答应载“我”了。

K 同学觉得司机抢“我”的包是觉得反正自己被抢劫了，干脆挽回点损失，把“我”的包抢了。

L 同学觉得“我”找不到旅店纯粹因为地方太偏远、落后了。

……

学生对先前自己提出的问题用生活逻辑适当地猜想，表达了自己的看法，还有人觉得他们的解释有些牵强，进行了反驳。大家都很积极踊跃，甚至个别同学出现跑偏的情况，但这并不是一堂辩论课，也不是上课的重点。C 老师见势及时进行了这部分的收尾工作，提问道：“之前同学们觉得奇怪的地方我们都做出了稍显合理的解释，但其实小说是不能一味地用生活逻辑去理解的，它不是纪实文学，那么同学们觉得这些事究竟是合理的还是荒诞的？”经过前面的一番辩驳，大家在这里得出了一致的结论：这篇小说荒诞中有合理性，合理中也透露出荒诞性。于是，C 老师总结道：“同学们，这篇小说究竟是合理还是荒诞，你们可能都有自己的见解，但我想说的是这篇小说的特点之一就是荒诞性与合理性并存。”听完 C 老师的话，同学们恍然大悟，仿佛已经触摸到现代派小说的一角。接下来 C 老师要做的工作是引领学生进一步深入探究，从言语形式的角度探究这篇小说的奥妙。

第二课时：

在同学们用生活逻辑和生活常识来读这篇文章后，C 老师又提出一个问题帮助学生转换思维，“这篇文中章出现了很多次，同时让你印象深刻的词语是哪一个？”同学们不假思索地回答道：“旅店”。这时 C 老师请一名学生围绕这个“关键词”用一句话来概括这篇文章，这个同学说的是：“我”寻找旅店途中的见闻，这位同学概括得非常简练精准，C 老师进行了夸奖。接下来，C 老师请同学们思考一个问题：“我”要寻找的真的是旅店吗？深谙小说阅读套路的同学们纷纷摇头，一直以来的阅读训练让同学深知小说里人物、环境等的描写都有其特殊的意义，要想了解其背后的意义就要结合当时的社会背景或作者的人生经历进行理解。但在同学们完全不了解余华及现代派小说特点的情况下，C 老师做出适当的点拨，在黑板上写下了两个字“象征”，这是现代派小说的重要特点之一，她希望学生能自己琢磨出小说中的象征意味。C 老师让同学们再次认真阅读文章之后谈谈自己的看法。

H 同学很快站起来说出了自己的想法：“我觉得旅店是主人公人生的避风港，他十八岁成年离开了家，也就是离开了一座避风港，在人生的路上，只有找到旅店才会有安全感。但是这种避风港在人生中又是难以找到的，所以会遇到诸多困难。”

M 同学：我赞同 H 同学的观点，主人公最后发出“我一直在寻找旅店，没想到旅店你竟在这里”的感慨，是因为“我”终于意识到只要内心强大，哪儿都可以成为旅店。

R 同学：我觉得除了旅店之外，其他事物也具有象征意义。H 同学刚才提到了人生道路，在我看来，这条公路就象征着人生的道路，“我”不知道“我”的未来是什么，别人也不知道，所以只得让“我”往前走走看，“我”就这样带着希望前进，满腔热血，没想着休息，但在一直看不见希望也就是旅店的时候，“我”开始踌躇不安。司机象征着“我”在道路上遇到的困难，困难可能会使“我”走回头路，使“我”遍体鳞伤，但“我”没想过放弃。在暂时的休息后，“我”仍会整装待发，重新上路，一步一个脚印地在人生旅途中砥砺前行。作者想借此鼓励人们用积极向上的态度去面对人生的困难。

听到 R 同学的回答，C 老师很惊喜，对他给予了鼓励，同学们的思维也被打开了，讨论进一步深入了。接下来好几个同学表达了自己的理解。

V 同学：司机对“我”的嘲笑象征着社会现实对我的无情嘲讽，他一直在冷眼旁观着“我”为保护苹果而被打、受伤，在他看来这些都是无意义的挣扎，“我”最终只能面对现实，被社会“毒打”。

听了他的话，同学们哑然失笑，好一个社会的“毒打”!

K 同学：苹果和背包在这里象征着功名利禄，这些都是虚的，即使“我”再用力的保护，也可能会失去。

G 同学：我不赞同 K 同学，因为红书包是父亲给“我”的，它在这里象征着父亲的期许，是父亲为“我”踏上人生之路提供的“装备”，是有正面意义的 。

Z 同学：那些强盗就是生活中的飞来横祸，来得总是这么突然，却也冥冥之中早已注定。

……

大家的发言很精彩，都在认真思考后说出来了自己的看法，即使有不同意见也理智地说出了自己理由进行辩驳，不同思维得碰撞使课堂愈加精彩。C 老师回到讲台，放下文章，抬头看向同学们：“看来你们对这篇小说的象征意味已经把握得很好了，其实这篇小说本身就是一个象征，这是一名十八岁少年的成长历程，诚如刚刚的讨论，他所遇到的人和事大家都可以在其中找到象征的意味。接下来我们进入学习的下一个环节，刚刚 R 同学提到余华想借用文章的这种象征意味鼓励人们以积极向上的态度面对人生困难，大家觉得他说得有没有道理？有没有什么需要补充的？”

第三课时：

C 老师希望同学们能挖掘文本背后更深层次的意义，R 同学的回答给了她这个契机，她本以为要在自己的指引下同学们才会继续往下走，这有点出乎她的意料。于是，C 老师顺势让同学们对 R 同学的回答进行讨论，达到抛砖引玉的效果。

A 同学：我很赞同他的观点，结合本文的题目和老师刚刚说的，我认为文中的“我”更像是刚走出学校大门，步入社会的青年，作者想向我们展示青年人在人生道路上的迷茫与不知所措。

B 同学：我觉得作者还想向我们展示一个荒诞的现实世界。世界之大，无奇不有，扶老人反被讹的事屡见不鲜，这些看似荒诞的事，可能真实发生过，它揭示了人性的丑恶。只是当作者用夸张的笔法将这些事集中在一起时，让人不敢相信而已。

C 老师：那你觉得作者对这种荒诞的现实世界报以什么态度呢？

B 同学：是讽刺和批判的，正因为这个世界是荒诞的，青年人才会遇到这些荒诞的事情。这是当时的社会大环境造成的，“我”只是一个初出茅庐的年轻人，一踏入社会就遭遇了这么多乱七八糟的事情，挺让人心疼的。

C 老师在学生回答完毕后，在黑板上写下了“讽刺”两个字。

C 老师：B 同学认为这些象征并不是无意义的，它最终想达到的目的是对现实世界的讽刺吗，你们赞同吗？

同学们都点头表示同意。讨论进行到这，似乎是结束了。这时，C 老师让大家重新阅读文章的最后三段，这篇课文的人物有主人公“我”、司机、强盗和父亲，但同学们在回答时，都没有提到父亲这个角色，忽略了他在文章中的作用。C 老师让大家思考一下，有关父亲的部分能不能删除？她希望学生们能更多地关注到一些细节的东西。

C 同学：不能，正是因为父亲让“我”出门，才会出现开头这一幕，故事才得以顺理成章的进行下去。

D 同学：不能，父亲与“我”的对话给我们提供了故事的背景，安排在最后使读者读完后有一种恍然大悟的感觉，原来这是一个十八岁少年出门远行的故事。

看来大家都很清楚父亲这个人物形象的重要性，C 老师继续追问道：“那为什么父亲要让我出门？父亲知不知道我会遭遇这么多困难？”

E 同学：父亲知道“我”会在人生的道路上遭受磨难，这可以让“我”得到历练，体会到生活的艰辛。父亲早已是一名社会人了，他肯定清楚地知道社会现实的残酷与无奈，因为他也是这么过来的。

F 同学：但我觉得父亲的心有点大，就给了“我”一个背包，啥也不交代就让“我”出门，按理来说他应该把他的经验传授给“我”，让“我”有所准备。

听完同学们的回答，C 老师向同学们讲述了自己的经历，22 岁的 C 老师第一次单独出远门去那么远的地方读研，父母很担心想要陪同。但 C 老师觉得自己都这么大，应该要独立起来，就拒绝了。但父母仍然很担心，给了 C 老师很多钱，让 C 老师不要舍不得花钱。他们让 C 老师上下飞机时要发信息，上下高铁时要发信息，到校时要发信息，总之，他们要全程掌握着 C 老师的行动轨迹。还叮嘱 C 老师不要和陌生人说话、不要坐黑车、看好自己的行李……虽然 C 老师最后还是被出租车司机“宰”了，底下同学听完后哈哈大笑起来。

C 老师：你们还是未成年人，没有体会过第一次单独出远门的心情与父母的担心。父母能给你的只是物质上的保障，比如文中那个红色的背包，还有如 F 同学所说父母还可以传授自己的人生经验。不可否认，父母是我们人生道路的引路人，但真正经历这些的只能是你自己。比如你成绩不好，家长会花钱请外面的老师帮你补课，但最后上考试场答题的只能是你自己。

C 老师所在的班级只有三四个走读生，对于两个星期回一次家的学生来说，按理来说他们应该已经体会到了与父母短暂分离的感受。但学校毕竟也算是一个封闭场所，安全性比较高，父母也没有太担心，加之学生还有着少年的贪玩习性，身边有着朋友的陪伴，课业也十分繁忙，他们不太能意识到自己在外读高中也算是与父母分别的“出门短行”。甚至还有少数学生存在叛逆心理。C 老师想用自己的经历引起同学们的共鸣，让他们去贴近体会一个十八岁出门远行的少年内心感受的变化，使自己的这堂课不仅实现教书的目的，还达到育人的目的。

听完 C 老师的话后同学们若有所思，她又请个别同学简单地谈了谈自己的想法。上课已接近尾声，C 老师最后在黑板上写下了一个词“不确定性”。

C 老师：一千个人眼里有一千个哈姆雷特，有人说这篇文章是成长的寓言，有人说是对现实的讽刺，还有人说是对青年人的鼓励……我想说这些理解都有各自的道理，因为不确定性也是现代派小说的特点之一。下面请同学们再将课文默读一遍，把我在黑板上写的四个词（荒诞性、象征性、讽刺、不确定性）带入进去，边读边思考。以后碰到这一类型的阅读理解时，如果在小说三要素分析法上觉得走不通，不妨从多个角度进行思考。

同学们低下头安静地读了起来。

下课铃声响起，课堂结束了，《十八岁出门远行》的教学也结束了。

三、课后工作

虽然课是上完了，但 C 老师总觉得意犹未尽，感觉还有东西没有教给学生。但花 3 个课时来上这堂课已是差不多了，再拉长战线，可能会使学生感到厌烦。为使学生能够学以致用，C 老师趁热打铁，打印了一些相关的阅读练习题，让学生当作今天的家庭作业。

第二天早上，C 老师批改着昨天的作业，心里很欣喜。虽然分数还不是很高，但相比之前的考试情况，有了很大的进步，至少学生有话可写，也敢写，甚至个别同学拿到了高分。这说明她的教学还是很有效果的，三个课时的时间也没有白费。C 老师明白对于这类现代派小说，要想让大家都拿高分是不太容易的，但她通过《十八岁出门远行》这篇文章，给了学生解读现代派小说的新思路。

面对良好的教学效果，C 老师觉得可以和其他老师进行交流讨论。她在教研会上将自己的教学成果展示给其他老师看，包括上课的内容、自己的心得，还有同学们的表现及答题的变化等等，引起了热烈得讨论。其他语文老师也很是赞同，觉得自己一直以来忽视了现代派小说才会使学生在这次考试中栽了跟头。在交流过程中，大家还给了不少建议加以完善，以期使教学达到更好的效果，T 老师甚至邀请 C 老师到他们班上一节公开课，大家一起去观摩研究。看到自己的努力得到了大家的认同，C 老师心中很是高兴，这让她充分意识到了自己作为一名中学老师，还应该担负起教育教学研究者的角色。长路漫漫，C 老师相信只要她一直有着这种刻苦钻研、不服输的精神，就一定能成名深受学生喜爱的优秀老师。

结　语

王荣生在《阅读教学教什么》中提到，阅读的核心是理解，而学习阅读其实质是学习如何理解语篇，要让学生在阅读一篇课文时，产生他自己的理解和感受。同理而言，在教现代派小说时，如何让学生理解这篇文章是个大问题。现代派小说淡化了情节、人物和环境，如果学生还从这几个方面入手就不能深入理解这篇文章，由此建立新的阅读图式迫在眉睫。小说里面极度的夸张变形、深邃的象征隐喻是我们少有接触到的，老师的任务就是从其文体特点出发进行教学实践，设计出与众不同的教学方法。

C 老师在进行《十八岁出门远行》这篇文章的教学时，没有让同学们提前预习，文章里没有注释辅助理解，也没有额外补充相关背景资料，而是以平常阅读或考试时看到这篇文章的心态进行教学，毕竟阅读或考试时遇到不认识的作者是一件常事。如何在这样的情况下对这篇文章进行文本解读，靠的是同学们平时的积累。

而 C 老师在意识到同学们在这方面的短缺后，敢于创新，打破传统的小说三要素教学法，从现代派小说的荒诞性、象征性、不确定性等出发构建新的阅读图式。当然，每一篇现代派小说在某个特点上都有所强调或延伸，不能用它来套路所有的作品，否则便走上了以前僵化的老路。但它至少带给了学生一个新的思路，而且也是值得推广的、能迁移到这一类小说的教学方法。

总的来说，C 老师在现代派小说的教学探究中取得的成果值得我们认真学习，但考虑到学情等方面的差异，在具体的教学过程中，有的地方还有待商榷 。

【案例思考题】

1. 现代派小说的教学难点在哪里？
2. 你认为 C 老师教学方法的有效性如何？
3. 除了 C 老师所说的从现代派小说文体特点——荒诞性、象征性和不确定性出发构建新的阅读图式之外，还可以从哪些角度进行现代派小说教学？
4. 在落实到具体教学过程中时，C 老师的教学方法有没有什么问题？

【案例使用说明】

1. 适用范围

适用对象：中学语文老师，教育行政人员，与语文教育相关专业的专科生、本科生、研究生，教育研究爱好者。

适合课程：中学语文课程。

2. 教学目的

（1）了解现代派小说教学在中学语文教育中的重要性；

（2）掌握现代派小说的特点；

（3）学会通过构建新的阅读图式来解读现代派小说。

3. 要点提示

（1）相关理论

文学理论；

图式理论；

老师专业发展理论。

（2）关键知识点

现代派小说的特点，现代派小说的教学现状，小说的阅读图式。

（3）关键能力点

要善于归纳总结，从学生日常的考试和学习中发现他们的短板，并根据学生的问题找到相应地解决方法。老师要做好课前的准备工作，使学生在老师的引导下，充分发挥自己的主观能动性，与此同时还要激发学生的学习兴趣，创设情境，让他们真正投入课堂教学中去。课后也要及时进行反思，不断完善教学设计。

（4）案例分析思路

C老师以一次考试为契机，针对学生“不想读”和“读不懂”现代派小说的现状，以《十八岁出门远行》为例，打破了传统小说三要素分析教学法，根据现代派小说的文体特点，通过建立新的阅读图式有的放矢地进行教学，给学生提供了解读现代派小说的新思路。

4. 教学建议

时间安排：中学标准课3节，120分钟。

环节安排：上课时发放教学文本→小组讨论→各小组代表发言→师生交流讨论→达成基本共识→课后布置相关阅读题作业进行检查。

人数要求：40人左右的班级教学。

教学方法：讲授法，提问法，小组谈论法。

工具选择：多媒体。

组织引导：老师要明确任务目标，适当引导学生，给予帮助。

要充分调动学生的积极性，使学生真正参与到课堂中去。

活动设计建议：

老师要做好课前准备工作，查阅相关书籍，提前对教学过程进行预设。在教学过程中要注意引导学生，以学生为主体，充分发挥他们的主观能动性。课后要及时得进行练习巩固，防止遗忘。

5. 推荐阅读

[1] 王荣生. 小说教学教什么[M]. 上海：华东师范大学出版社，2015.

[2] 王荣生. 阅读教学教什么[M]. 上海：华东师范大学出版社，2016.

[3] 吴俊. 高中语文现代派小说的选编与教学初探[D]. 福州：福建师范大学. 2009.

[4] 马雅玲. 小说的类型和小说教学的内容[J]. 语文教学通讯. 2006（02）.

[5] 李海林. 文学作品阅读教学思路[J]. 语文学习. 2010（06）.

[6] 毕耕. 论西方现代派文学及其对中国新时期文学的影响[J]. 江汉论坛. 2004（09）.

第四篇

PART FOUR

文体、语言及其他教学

文体意识与高中语文课堂有效教学

——以《荷塘月色》教学为例

丰晓琴[①]

【摘　要】近年来，基础教育注重文本的人文价值，重视语文教育中学生的创新能力和思维的培养，而逐渐忽略了文本文体的有效教学。在中国现代文学中，散文与诗歌、小说、戏剧并行的一种文学体裁，且素有“美文”之称。但在目前散文教学的实际课堂教学中，由于老师文体意识薄弱，导致在散文教学上只注重分析文章的内容，而缺乏对文体的解读与把握，使得学生兴趣不高，散文课堂教学效率低下。鉴于此，L老师在教学实践中根据自身教学经验、结合新课改的前沿理念、从散文文体入手进行多方探索并进行教学实践，本案例以L老师《荷塘月色》的课堂教学为例，希望能总结出一些创新性的教学经验，将文体意识与有效教学结合，更好地体会散文的美。

【关键词】文体意识；有效教学；散文；高中语文

背景信息

20世纪60年代，我国中学语文的教学大纲强调以“文体”为中心，无论阅读还是写作都过分盲目追求文体，导致学生思维日益狭隘，僵化。到了90年代，颁布了新的语文教学大纲，针对过分强调“文体”提出来“淡化文体”的要求，这一做法很大程度激发了语文老师的思维，为学生提供了更大的自由。但进入21世纪，随着语文课程标准改革的深入，更加注重学生的个性思维和创新能力，为了体现新课改的精神，无论是语文的单元测试、期中期末考试，还是中考，作文出现了“文体不限”的字样以此来测试学生的写作能力，这很大程度上让学生的写作更加灵活自由。与此同时就会出现一些负面影响，我们阅卷时就会发现了有一部分学生写的记叙文不是记叙文、议论文不是议论文，而又并非散文、说明文之类的“四不像”文章。这样的文章越来越多，或许就是由于“文体不限”导致老师和学生误以为文体不重要而淡漠文体的重要性。语文课堂过分关注文本的人文价值而忽略文体价值，会使课堂更显单一机械。

文体是对文本从内容到形式整体特点的反映，不同文体决定了不同教学内容。文体意识是学生在学习文体、写作和阅读理解中，对各种文体理论能深刻理解、有效掌

① 作者简介：丰晓琴，女，山西朔州人，黔南民族师范学院2018级学科教学（语文）专业方向研究生；导师：杨荣教授。

握，并且在实际写作中能准确运用，有自己独到的感受。文体意识是对读写实践的一种能动的再认识，是一种语文综合素养。有效的教学有利于促进学生有效学习，加强课堂教学的有效性，符合素质教育的要求，也是当前教育改革的重要方向。

散文，在《现代汉语词典》中的注释是指不讲究韵律的文章（区别于“韵文”），也指除诗歌、戏剧、小说外的文学作品，包括杂文、随笔等。在王荣生《散文教学教什么》中提到“散文并不是一种严格意义上的文体概念，它只是在文学实践过程中约定俗成的文学概念”。散文的特征是“散”和个性化。散文的内容广泛，形式自由，语言运用灵活多样，内容和形式都很“散”，但散文是抒发真情实感并有文学内涵。同时散文又是用个性化的语言选择个性化的材料运用个性化的表达技巧传达个性化的情感，强调“个性化”的体现。王荣生《散文教学教什么》提道：“‘文学性的散文’依然是个庞大的家族，成员样式繁多，文体各异，其共性就是‘散’。‘散在骨子里’是现代散文的文体特征。”“现代散文之最大特征是每一个作家的每一篇散文里所表现的个性，比以前的任何散文都来得强。”

L 老师一年前刚从大学毕业，是 C 中学的一名新成员。“新课标”颁布后，这位年轻的语文老师立即认真研读，立足散文文体特征，对照以往散文教学的优劣长短，经过长时间思考，总结出一些教学新方法。那么 L 老师的眼里，散文课堂教学设计及模式有着怎样的思考和实践？之所以强调课堂教学的实用性，是因为许多理论的研究需要经过教学活动的检验，经过不断的取舍和比较，才能使我们老师在教学时进入一个理想的状态。由于课堂教学在整个学校教育活动中占据重要地位，老师如何把散文的美表达出来，让学生在听课的过程中，能想象出画面，真实感受到散文的美，达到预期教学目标，是一个艰难的过程，非常考验语文老师的功底。所以在散文教学时，可以根据实际情况，灵活采用不同的教学模式，这样学生才会把注意力集中在老师的授课上，才会愿意跟着老师上课的节奏和思路走，课堂才会充满感染力和吸引力。本案例以 L 老师讲授《荷塘月色》这篇课文为例，进行教学示范。

案例正文

一、寻找病症

（一）发现问题

L 老师十分热爱老师这一职业，也在不断地充实自己，弥补自己在教学中欠缺的知识，乐于提高和充实自己，因此她在老师岗位上快速成长的同时也收获了快乐。在他开始接触语文散文教学时，总感觉到力不从心，虽然他在很努力地讲解着散文文本，但是学生的表现却是由刚开始的认真到逐渐走神、注意力不能长时间集中，甚至对语文课堂兴趣低。

L 老师在课后不断进行自我反思，也在教学语言、教学风格和多媒体课件上做了改进，间或加入时下中学生所热衷的追星、动漫、游戏、音乐等元素，力图拉近与学生之间的距离，提升学生的学习兴趣。在访谈中，L老师谈道："现在的学生都非常有个性，况且又处于青春期这样一个阶段，他们和我们这两代人之间的代沟有一定的代沟，所以我就想着要怎么更加缩小这之间的距离。你要走近一个人的内心，让他认可你、喜欢你，必须得先有一些可以互相交流的点，所以那段时间我一直试着去了解他们，走进他们。"

做好这些"功课"之后，L老师信心满满地踏入了教室，在课堂上她间或穿插一些与散文文本相关的小知识，用时下的流行词汇新说作者轶事。幽默的教学语言确实拉近了师生之间的距离，整节课在一阵阵欢笑中度过。

然而L老师发现当这些内容讲完之后，正式进入散文文本的教学时，学生们的反应仍似从前，要么目光呆滞、神游四海，要么毫无反应、各干各事。她在课后的教学反思中这样写道："幽默、新奇的语言确实有助于集中学生的注意力，调动起课堂氛围。然而这对于散文教学而言只是表面的，在解析散文文本时，大多数学生仍然不感兴趣。"

L老师于是大量阅读和学习散文教学方面的研究成果，并将这些研究成果用于课堂实践，但是经过一个学期的不断反思和改进，散文教学仍止步不前。"现在新课标强调语文课程的育人功能，散文作为中学语文教材的任务，承担着布道明理、育人立德的任务，所以学生对散文学习的态度令我很忧心。"后来L老师在上课之余开始在全校范围内旁听其他老师散文教学课程，在网上搜索散文教学视频观看学习，做好相应的听课笔记，向经验丰富的老老师虚心请教，购买相关书籍进行散文文体和教学理论学习，经过不断地探索，L老师大致总结了影响散文教学的主要原因：

（1）从学生的角度来看，以抒情性散文为例，这类型的散文特点一般都是通过运用大量的修辞手法来抒发作者的情感态度。对于这类型的散文，学生只会寻找其中考试所需的得分点，即修辞手法和作者情感态度。但是大部分学生也只能拿到修辞手法的分数，对于作者的情感却不能准确把握。大多数学生只阅读表面内容，而不能体会作者内心情感的表达。这样的学习方式，不利于散文阅读能力提高。还有一种情况，有调查研究，发现有些学生对语文不太感兴趣，更别说对散文的学习。有一些学生认为语文成绩提升慢，又加上散文阅读分数更是很难提升，以至于抱着放弃的态度上语文课，导致老师在散文教学上很难提升。

（2）从老师的角度来看，首先教学目标含糊不清，老师在教学目标的设置上笼统而随意，对文体意识重视程度低，最终导致老师在散文教学中无法达到理想效果；其次重技巧轻感情，大部分高中语文老师在散文教学中，着重培养学生的答题技巧，而对于其中蕴含的情感态度知识只是简单讲解。因此，在散文教学中老师有时会为学生列出来相应的解题步骤。最后由于老师对文本缺乏整体感知，导致学生难以体会其中的内容。

（二）探索缘由

L老师在总结了散文教学存在的问题后，便进一步探寻产生这些问题的原因。他决定进行一次有关散文教学现状问卷调查并进行研究与调查分析，希望通过问卷的形式探索散文教学存在问题的缘由。在一次班会课上，L 老师给班上的每个学生发了一张调查问卷，以不记名的方式就“你平时有阅读的习惯吗？”“你读过哪些文章或书籍，最喜欢的是哪一篇？”“你是否喜欢散文，有读过相关的散文吗？”“你希望在何种氛围下生活和学习？”“你对语文课程有什么期待？”“你希望 L 老师在散文教学方面应该做哪些改进？”“你觉得如何提高对散文的阅读兴趣”等问题针对全班同学做了调查。在收集回来的调查问卷中，有 40%的学生表示喜欢阅读，在假期会看一些书籍，在这 40%的学生中只有 10%表示喜欢语言优美、意蕴丰厚的散文；还有 70%以上的学生都认为讲散文课文时太无聊，希望自己在接下来的学习中能提升对散文和阅读的兴趣……其中两条对于“新学期你希望 L 老师在散文教学方面应该做哪些改进？”这一问题的回答引起了 L 老师的特别注意。甲同学这样写道：“我很喜欢 L 老师在课堂中添加一些课外的精彩的内容，同时会引入一些网络热词，感觉离我们很近，像我们的朋友一样。这让我更加喜欢语文课了，不过在讲散文的时候还是有点无聊。”乙同学这样说：“L 老师上课讲散文时，融入的内容根本与散文本身无关，而且对散文的相关知识讲解太少，所以我更希望老师多教我们一些知识，同时能带领我们赏析文章本身。”这两条回答对 L 老师影响巨大，他从中认识到一些花哨的辅助内容都只是一种形式，是表面的东西，散文教学应该返璞归真、回归散文本身，回归文体。这对 L 老师来说无异于醍醐灌顶，于是他开始尝试着从散文文本本身入手，反思自己是否在教学方式上出了问题。

L 老师认识到他在讲散文时都是围绕“形散而神不散”的散文理论进行讲解，大体采用了“通读全文—划分段落—逐段分析—关键词句分析—概括段落大意—总结全文主旨”这样固定的散文教学模式。他还认识到在“形散而神不散”的理论指导下，这不仅是大多数语文老师，尤其是中老年语文老师普遍采用的教学模式，还是语文参考书上所展示的教学设计的一般模板。由此 L 老师反思，长此以往，“形神而神不散”理论指导下的散文教学模式必定固化，大多数老师按固定的方式方法教授，缺乏多样性，教学模式单一。老师大多都是以讲为主，依据自己对教材的理解，采用“一言堂”或“满堂灌”的讲课方式，只关注对文章局部内容分析而缺少了对整体的感知把握。虽然这种模式化散文教学呈现出线性、简单易上手的特点，年轻老师容易学会，学生也容易学会，这虽然有助于学生自主分析散文文本，在考试阅读中达到容易得分的目的，但是这样一来，学生就无法做到自主学习，只能被动地接受，也就对散文本身不能进行自我独特性的理解。在整个教学过程中，老师忽视了学生的审美体验和个性发展，这在一定程度上打击了学生学习散文的积极性，不利于培养学生对散文的理解与感受能力。这样的教学模式很难教出散文的“美”，也就缺乏了文章的魅力，学生自然就会感到枯燥无味，毫无兴趣。还有为了应付考试，大多老师会在散文教学中把教学分成几部分，并围绕考点来教学，如首先对文中重点字词进行预习；其次根据文章内容，分析文章结构，理清思路，总结中心内容；然后对文中的语言、表达技巧和形象进行赏析；最后准确把握文章中的思想内容以及作者情感。老师就依据这些固定步骤中的一个考点来训练学生解题能力，甚至有些老师让学生直接套用自己总结出散文的答题思路和答题步骤解题，这样完全扼杀了学生的审美体验和独特感悟。

L 老师还发现，学生在问卷中提到自己对散文相关知识不了解，对散文无法有效把握。L 老师觉得学生知识水平和理解能力有限。散文内容优美，高中的散文分析难度相对较高，使学生对于散文的内容理解相当困难。由于学生在初中时期对散文文体知识学习较少，导致现在对于散文文体知识无法把握，也就无法感受到散文的语言美、意境美。

在分析了所有的问卷材料之后，L 老师写出了这样的总结："这种教学现状并非只存在于我的语文课堂或者 C 中学的语文课堂，而是普遍存在于全国多数中学的语文课堂。归根结底，学生对散文文本兴趣的缺失是'形神而神不散'这种散文教学理论本身不能适用于所有散文文本这一现实造成的。长期以来，散文教学只讲'形散而神不散'，但事实是散文的创作早已经突破这一范围而凸显出其他方面的特征。而在高中语文课堂上大部分老师仍只重视散文的'形散而神不散'却轻视了散文其他方面的特征，我认为这是造成散文教学策略僵化、学生散文学习缺失的根本原因。要解决散文教学中存在的这个问题，必须突破原有的教学模式，从散文的其他特征入手，着眼于散文本身，关注学生的兴趣所在，在一定理论基础上，培养学生的散文鉴赏能力。"

二、对症下药

经过多方面的考量，L 老师决定潜心安排和打磨《荷塘月色》的教学设计，以下是 L 老师《荷塘月色》的课堂教学情况。

首先是导入，L 老师用多媒体播放凤凰传奇的歌《荷塘月色》。学生们听完后，L 老师说："在歌曲方面，没有听说过凤凰传奇，没有听过他们的《荷塘月色》，引用当前比较流行的话就是'You out'；在文学方面，没有听说过一个作家，没有听说过这个作家的某篇文章，那就不仅仅是'You out'了，也许还会有人说你孤陋寡闻，说你浅薄无知。今天要学的课文就是朱自清的《荷塘月色》。这篇文章语言优美，语气清新，感情婉约，构思巧妙，我相信，百年之后，这篇文章会和王勃的《滕王阁序》、欧阳修的《醉翁亭记》、苏轼的《赤壁赋》、范仲淹的《岳阳楼记》齐名。那么，今天，我们带着敬仰的心情，共同来欣赏这篇文章吧！

接下来 L 老师介绍了作者和他的创作风格，通过提问补充的方式加深学生对朱自清的了解，同时学习朱自清散文的创作特点。

L 老师：大家有没有看过文章？

全班同学：看过。

（老师板书"荷塘月色"）

L 老师：好，看过了文章大家应该有所了解。我来问问,《荷塘月色》的作者是谁啊？

全班同学：朱自清。(老师板书“朱自清”)

L 老师：知道这个人吗？知道他些什么？你们来说一下。

全班同学：字佩弦，号秋实，江苏扬州人

全班同学：中国现代著名的散文家、诗人、学者，爱国知识分子。

全班同学：一身重病，宁可饿死，不领美国的“救济粮”。

L 老师：嗯，我再请一位同学上来写一写朱自清的字、号。我们学过他哪些文章？

全班同学：《春》《背影》。

L 老师用 PPT 进行补充：“朱自清（1898—1948），早期的诗作表现出对黑暗现实的忧愤和对光明、美的憧憬；散文风格素朴缜密，清新沉郁，以语言的洗练，文笔秀丽著称。1916 年朱自清考入北京大学，为了勉励自己在学校保持清白，不与坏人同流合污，便取《楚辞》中‘宁廉洁正直以自清乎’中‘自清’二字，改名‘朱自清’，毕业后在清华大学担任教授。毛泽东主席高度赞扬朱自清‘一身重病，宁可饿死，不领美国的‘救济粮’。”

在了解了作者之后，L 老师开始进行文章内容的学习。运用多媒体进行配乐朗诵。L 老师让同学在听读的过程中，注意文章节奏，语调。在朗读结束之后，L 老师问道：“文章已经听完了，大家有一个什么样的感觉？”学生们有的说“美”，有说“安逸”。L 老师：“那么它美在何处？”学生都说景美，但又描绘不出来。这时 L 老师便带领学生走入文本，先把学生分成四组，小组讨论并回答 PPT 展示的问题（如下）：

（1）根据课文题目，文中的主要内容是什么？（第一组）

（2）文章的结构如何？（第二组）

（3）作者的行踪是怎样的？（第三组）

（4）作者感情发展脉络是怎样的。（第四组）

小组讨论结束以后，L 老师请每组派代表回答问题。

L 老师：每一组都总结得很到位，那么，作者还从哪个思路来写这篇文章呢？在解决这个问题之前，我们试想一个在生活中会经常出现的场景：甲同学向乙同学撒了个谎，乙同学察觉到了，说：“抬起头来，看着我的眼睛！”而处在此情景下的甲同学往往不敢直视乙同学的眼睛。这是因为，眼睛是——（学生回答）心灵的窗户。甲如果直视乙同学，他的眼睛就会告诉乙：他说的是假话。同样，咱们在鉴赏诗歌的时候，说过，每首诗其实也有眼睛，它们叫作诗眼，我们可以透过诗眼，直视作者的心灵。比如在李白的《静夜思》“举头望明月，低头思故乡”中，一个“思”字便是诗眼。其实，在文章中，也是有文眼的，这个文眼，能够告诉我们作者在写这篇文章中，心情是怎么样的。那么，对于这篇文章来说，文眼是什么？

A 同学：在第 1 段的第一句“这几天心里颇不宁静”，第 3 自然段“这是独处的妙处，我且受用这无边的荷香月色好了”，第 6 自然段“但热闹是他们的，我什么也没有”，第 8 自然段“这真的有趣的事，可惜我们现在早已无福消受了”。

B 同学：还有最后 1 段“这令我到底惦着江南了”。

L 老师：作者为什么“不宁静”？我们来看一下时代背景。

（PPT 展示时代背景：文章末尾注明了写作时间 1927 年 7 月，当时，作者正任清华大学中文系教授，正值大革命失败，白色恐怖笼罩着中国大地。朱自清也处于苦闷彷徨中，由一直在呐喊、斗争的“大时代的一名小卒”而一头钻进古典文学的象牙塔中。但他毕竟是个爱国民主主义者，面对现实的黑暗，而不能安于这种“超然”。此文正是作者自己想“超然”而又想“挣扎”的心迹的真实描摹和生动写照）

L 老师：通过刚才的讨论回答，那文章的线索就可以概括为两条，一主外（行踪），一主内（感情），一明一暗，互为映照，就像一条珍珠项链的珍珠及串联珍珠的线一样，共同构成了这篇美文。所以，从结构上来上，这篇文章是美的，美在严丝合缝、浑然天成。对了，那我们先看一下第 2 段，写的是什么？

全班学生：小路。

L 老师：请一位学生找出小路的特点。作者在这一段中运用了什么手法来衬托月下小路的美？

A 同学：小路的特点是白天少人走，夜晚更寂寞，没有月光（阴森森）。

L 老师：那么今天晚上呢？文中原话是“今晚却很好，虽然月光也还是淡淡的”。很明显的，本段运用了手法是——

全班同学：对比。

L 老师：对比手法的运用有什么作用？

B 同学：这一对比就给以往那种阴冷的氛围蒙上一层朦朦胧胧的诗意。

L 老师：形成了静悄、幽寂、朦胧的氛围，这也是笼罩全文的氛围。

L 老师：在这篇文章中，作者哪一部分写了荷塘月色？

全班同学：4、5、6。

L 老师：请同学们把这三段齐读一遍，分别给这三段命名，然后再细细地品味朱自清先生给我们描绘的美景。

C 同学：月色下的荷塘、荷塘上的月色、荷塘四周的景色。

L 老师：我们先分析第四段，请同学们看前面的图画，用自己的话描述一下你看到的荷塘。然后我们看一下作者怎么写月色下的荷塘的。作者从哪些方面写了荷塘的美景？

D 同学：荷叶、荷花、荷香、荷波。

L 老师：大家看一下，作者怎么描写荷叶的，是哪两句？（学生答：一二句）“曲曲折折”写出了荷塘的什么？（学生答：形状）那么“田田”写出了荷塘的什么？（学生答：密）“叶子出水很高，像亭亭的舞女的裙”用了什么手法？（学生答：比喻）为什么把荷叶比喻成舞女的裙？（学生答：用比喻手法写出了荷叶的风姿。由“出水很高”联想到“亭亭的 舞女的裙”，两者相似，而且有动态美。可以想象，微风吹拂下，荷叶轻摇，就像无数美丽的舞女在翩翩起舞，在水面画出无数的绿色圆圈）

接下来写荷花，请同学们看一下：① 哪些句子写了荷花（学生答：层层的叶子中间，零星地点缀着些白花，有袅娜地开着地，有羞涩地打着朵儿的；正如一粒粒的明珠，又如碧天里的星星，又如刚出浴的美人）② 用了哪些修辞手法？（学生答：拟人、比喻）③ 哪两个词可看出用了拟人（学生答：“袅娜”“羞涩”）④ 这两个词描绘出荷花什么特征（学生答：“袅娜”形容女子姿态柔美，这里写出荷花的饱满盛开、充满柔情的样子。“羞涩”本是写女子神情，现在用来写荷花含苞待放，赋予荷花以生命力和感情）⑤ 又把荷花比喻成什么？（学生答：“一粒粒的明珠”“碧天里的星星”“刚出浴的美人”）⑥ 这三个连用的比喻即博喻分别描绘出荷花的什么？（学生答：分别描绘出淡月辉映下荷花晶莹剔透的闪光及荷花不染纤尘的美质。写出了荷花的神韵，由此可以看出作者对荷花倾注了满腔的喜爱之情，同时也激发了我们的想象）

接下来写荷香：① 哪些句子写了荷香？（学生答：“微风过处，送来缕缕清香，仿佛远处高楼上渺茫的歌声似的”）② 用了什么修辞手法？（学生答：通感，用各种艺术手段把读者的听觉、视觉、嗅觉沟通起来）③ 为什么把荷香比喻成远处高楼上的歌声（将嗅觉与听觉打通，荷花的香气很清淡，若有若无，而“远处高楼上渺茫的歌声”也是时断时续，若有若无，二者有相似之处。这样写既体现出荷香的清淡缥缈，沁人心脾，又烘托出气氛的优雅、宁静）

荷波：“叶子本是……更见风致了。”① 用了什么样的修辞手法写荷波？（学生答：拟人）② 文中哪两处可以体现出用了拟人，这两处的拟人分别写出了什么特征？（学生答：“叶子本是肩并肩密密地挨着”用拟人的修辞手法表现出荷叶富有生气的风姿）“叶子底下是脉脉的流水”，同学们看注释，“脉脉”本指什么意思？这里用来写流水。叶子紧挨，是否可以看到叶子底下的流水？不能。作者却由叶子的风韵想象到了叶子下的水脉脉含情，真正做到了言有尽而意无穷。

大家再把第四段齐读一遍，感受一下作者的月下荷塘图。这段中有三种修辞手法：

（1）通感：采用通感的手法，调动了读者的多种感觉，引起更加丰富的联想，使文章产生更大的艺术魅力。

（2）比拟：指将物拟成人，或将人拟成物。将一物拟作另一物，它不仅使描写对象更加形象生动，而且还能起到化静为动的神奇效果。

（3）叠音词、双声叠韵词的大量运用，产生了回环往复的艺术效果。如“曲曲折折”“田田”“亭亭”“袅娜”“粒粒”“星星”“缕缕”“渺茫”“密密”“脉脉”等，这些词除了精确表情达意外，在音节上更是给人以朗朗上口、回味无穷的审美享受。

写景：形象生动、细致逼真。

写情：精确表情达意、感情深刻。

叠音词：节奏感、韵律感、音乐美、朗朗上口、回味无穷。

在这一部分，我们完成了“月下荷塘图”，由此，我想到杨万里的“接天莲叶无穷碧，映日荷花别样红”，二者有何异同？（杨：写夏天红日出升时的荷花，他的画面是万绿丛中几点红，色彩比较艳丽。朱：色彩淡雅，有种朦胧的美，这说明朱自清散文的特点：清新、淡雅、充满诗意。）

我们画完了“月下荷塘”，接下来该画“荷塘月色”。月色本是难写之景，作者借哪些景物写出荷塘上月色的什么特点？

全班同学：作者叶子、荷花、树写出了荷塘上月色的朦胧缥缈。

L 老师：月色本是难状之景，作者用了一些传神的动词描绘出了可感的月光形象，用了哪些动词呢？用这些动词好在哪里呢？

泻——一个字由上而下，写出月光照耀，一泻无余的景象，使原来静止的月色有了动感。

浮——浮字让我们想象出深夜水气由下而上轻轻升腾，慢慢扩散，弥漫整个荷塘的样子，以动景写静景。

洗——写出“叶子和花”在月光映照下一种奶白色而又鲜艳欲滴的状态。

画——树影原本是偶然地印在荷叶上的，一个“画”就把偶然变成了“人为”的动作，仿佛用无形的手在展现描绘“倩影”，写出了投在荷叶上的月影的真和美。

这一段虽着意写月色，但又处处不忘荷塘，用了几个传神的动词，从不同的角度写出淡月辉映下的荷塘里雾光叶色，水气交相杂糅而组成的朦胧景象，使难状之景如在眼前。

继续分析第 6 段，荷塘四周的景物（在月下观察、感受到的）。朗读第 6 段，讨论思考：“树缝里也漏着一两点路灯光，没精打采的，是渴睡人的眼”为什么作者眼里的灯光会“没精打采”的？“但热闹是他们的，我什么也没有”，作者为什么会有这样的心情？

A 同学：没精打采，情景交融，融情于景，写景中透着淡淡忧伤和压抑。

B 同学：“但热闹是他们的，我什么也没有”，流露出作者内心的空虚与哀愁。

L 老师：这一节重点在写树，从方位、距离、高低几个角度来写，视线由荷塘内部扩展到荷塘四周。树多而密，重重围住荷塘，与前面的“幽僻”相照应，这是总写四周，接着写近处的树色、树姿、远处的树梢上的远山、又回过头写树缝里的灯光、树上的蝉鸣和水里的蛙声，层次分明，富有立体感，再一次展示出清淡朦胧、宁静深远的环境特点，景物描写上是阴沉的。“但热闹是他们的我什么也没有，”笔锋一转，流露出作者内心的空虚与哀愁。用反衬的手法，与王维的“鸟鸣山更幽”有异曲同工之妙，从而流露出作者内心的空虚与哀愁。再次请同学们自由朗读 4～6 段，将情感融入其中，感受荷塘月色的美。

（学生读）

L 老师：第 7 段到结尾是想到古代江南采莲的旧俗，在思乡与遐想中踱回家门。“忽然想起采莲的事情来了”承接上文拓开一笔转出新意，文章由此放开去，联想到古代诗词对采莲的描绘，然后再收回到眼前，发出“只不见一些流水的影子，是不行”的缺憾。由此自然地牵动出“这令我到底惦着江南了”为什么作者想起了江南，抒发了作者怎样的情感？

全班同学：思乡的哀愁。

L 老师：作者的家乡在江南，而革命也在江南，让作者想起了江南，想起了父亲的背影，表达了作者对家乡的思念，对父亲的惦念这种乡愁正是当时作者苦闷矛盾心情在作品中的投影，表达了作者内心的不平和对光明、美好生活的憧憬。“猛一抬头，不觉已是自己的门前”猛将作者拉回现实之中，从遐想中回到现实，现实依旧愁思依旧，心里依旧不宁静，刚才的所见所闻所思所想恍如一梦。

那么通过对文章的分析，我们可以将主题概括为：《荷塘月色》是现代抒情散文的名篇，文章写了荷塘月色美丽的景象，含蓄而又委婉地抒发了作者不满现实，渴望自由，想超脱现实而又不能的复杂的思想感情，为后人留下了旧中国正直知识分子在苦难中徘徊前进的足迹。寄托了作者一种向往于未来的政治思想，也寄托了作者对荷塘月色的喜爱之情。

一片荷塘引领我们走进了朱自清的心灵，走进了多少人的精神世界，在荷塘般自由的这片天地里，他们尽情地倾吐释放，风物含情人有意，这是一种怎样的默契与心照不宣，朱自清先生他的神奇之处更在于他不着痕迹地将自己的情怀融入这美妙的荷塘月色中，花儿的美，因为作者的情让人咀嚼回味，作者的情也因美的荷塘月色让人难以捉摸。

在课堂结束之余，L 老师还为学生们布置了作业，加强散文的写作。写一篇写景作文，用到博喻、通感的修辞手法。这样可以让学生更好地运用修辞手法。

三、反　思

L 老师把每个学生都看作一个独特的生命体，尊重学生，平等对话，课堂探究气氛活跃，学生个性得到发展，潜能得到开发。这一节课教学做到了以学生为本，促进学生个性的健康发展，满足了学生的求知欲望，通过揣摩语言，领悟作者思想感情，拓展思路，使学生可以畅所欲言，再加上老师的引导，课堂因此变得精彩纷呈，碰撞出智慧的火花。老师要与学生处于平等的地位，不以“权威”自居，有时要言简意赅，意在点睛，给学生以启迪；有时明说“不过我也不知道，因为这可能永远是个谜”，这句话不是搪塞学生，而是意在留给学生思考的空间，让其继续学习；有时提出“我现在提几个问题啊”，目的是深入挖掘，弥补学生探究的不足。老师、教材、学生三个方面相互碰撞、相互交融，使得课堂教学更加有效。

语文教学要注重知识之间、能力之间以及知识、能力、情感之间的联系，重视积累、领悟与情感的熏陶，全面提高语文素养。这一节课 L 老师在这方面表现得当，语文教学的多功能发挥得淋漓尽致。散文的教学严注重语言和意境的分析，将关键的字词语句放在特定的语境中赏析、感悟；配乐朗读，再配合图片，想象与联想，营造美的意境。了解作者与创作背景，更深入探究作者的写作意图与情感态度，将知识、能力与情感结合，发挥了教学的实际运用功能和审美功能，使学生多方面获得发展。

L 老师不仅在课堂教学过程中注意引导学生、逐步深入，探索真理，而且 L 老师能将自身所学知识融入教学之中，提高课堂质量，提升学生的思想道德。在课堂上对作者的深入了解与评价，阐发文本蕴含的意义，分析修辞手法，对重点词句研究与探索，结合相关报道的评论等，看似轻而易举，实则是平时勤于阅读、善于积累的体现。而这些信手拈来的讲解，反而是最具吸引力和感染力的，也是学生感兴趣的地方，是课堂教学的一大亮点。学生以学为主，老师善于积累，不断学习，不仅使自身学识丰厚，也会使学生终身受益。这次的课堂也是散文教学中文体意识与课堂有效结合实践的重要开端，对之后的散文教学提供了一定的帮助。

结　语

当今教育改革，提倡素质教育，但应试教育依然占据主流地位，散文教学法依然是一项值得师生一同花心思去开创、推广与研究的课题。我们提倡素质教育，口号喊了很多年，但面对“应试”压力时，“素质”是那么苍白、无力。

散文是一种取材广泛，写法自由、个性鲜明、文情并茂的文学体裁，具有纪实性和审美性等特点，其语言多富有文采，情感意蕴丰厚。然而高中散文教学现状是仍只强调散文的“形散而神不散”，对于其他方面的特征被忽视，教学模式固定，教学内容枯燥，学生普遍对散文阅读兴趣不大。C 中学的 L 老师看到了这些问题，并为解决这些问题、改善高中散文教学现状而做出了多种探索，他分别从学生和老师的角度，寻找散文教学的有效方法，可以将散文文体很好地融入教学中，达到有效教学。

L 老师这节课让学生既学到知识，又提高能力，把学习知识和提高能力都放在课堂上同步完成，知识显得妙趣横生，学生学习兴致盎然，这种教学方法有益于学生成长，也值得语文老师借鉴。不过要让学生很好地掌握散文文体，是一个艰难的过程，这就需要老师和学生共同努力，同时对老师提出了更高的要求，要进行散文教学，老师首先要具备相应的素质，老师要有文体意识。虽然本案例对改善散文文体教学有一定积极作用，但在仍然有所欠缺，有待后续研究者进一步深入研究。

【案例思考题】

1. 文体意识薄弱的原因是什么？

2. 文章“时空转换过程、情感变化的过程、认知与思考推荐”的过程是怎么呈现的？

3. 散文文体教学还有什么方法可以实施？

4. L老师的散文教学法还存在哪些不足？

【案例使用说明】

1. 适用范围

适用对象：中学语文老师，汉语言文学专业、语文教育从事者及相关专业专科生、本科生、研究生。

适合课程：（1）中学语文课程；

（2）教育专业学位研究生课程：“语文课程与教材分析”“语文教学设计与案例分析”等。

2. 教学目的

（1）积累有关散文的文体理论知识；

（2）依据目前文体意识在课堂教学中淡化的现状，提出符合新课标的散文教学策略；

（3）掌握散文的文体特征，感受散文的语言美、意境美等。

3. 要点提示

（1）相关理论

文体意识；

散文理论和散文教学理论；

老师专业发展理论。

（2）关键知识点

文体意识，散文的概念及范畴，散文的文体特征，文本赏读，散文的语言特色。

（3）关键能力点

从宏观上了解当前中学散文文体意识教育现状，捕捉高中语文散文教学优劣短长，善于找出并分析问题，深入了解学生实际状况，因势利导地引导学生进入学习状态，课堂教学收放自如，既让学生充分参与教学，体现师生平等关系，又能掌控整个教学环节。

（4）案例分析思路

通过对C中学L老师探索散文文体教学方法和策略过程中的经验与不足进行分析，引导学员进一步思考散文教学中的问题，使学员明确案例中散文教学中的基本理念，为学员在中学散文教学过程中提供一些可操作性策略。

4. 教学建议

时间安排：中学标准4节课。

环节安排：老师提前一周布置预习任务→学生分组讨论→各组形成基本共识→老师负责抽查。

人数要求：50 人以下的班级教学。

教学方法：案例教学讨论为主，讲授点评为辅。

工具选择：多媒体。

组织引导：老师指导学生查阅资料。

课堂教学过程中要充分调动学生的积极性，使学生获得情感熏陶。

活动设计建议：

学习小组搜集相关资料，然后老师进行抽查点评，各组之间可以相互讨论、评价，同时老师要对课堂教学进行反思。

5. 推荐阅读

[1] 甘娜. 散文教学中品味教学法探讨[J]. 南昌高专学报，2008（6）.

[2] 王荣生. 散文教学教什么[M]. 上海：华东师范大学出版社，2014.

[3] 陈美芬. 新课改背景下高中语文教学的几点思考[J]. 考试周刊，2016（65）.

[4] 余传刚. 新课改背景下高中语文教学研究[J]. 现代阅读（教育版），2013（02）.

[5] 陈振兴. 语文教学策略研究[M]. 北京：中央民族大学出版社，2015.

X 老师初中语文课堂提问有效性的探索

罗宁[①]

【摘　要】提问艺术历史悠久，提问法的有效使用会大大提高教学效率，学生主观能动性被充分发挥，思维也被激活。然而当前初中语文课堂的提问法的使用存在众多困境与误区，如课堂的提问内容与教学目的不符合，老师有时候发问过于直接，并且有的问题浅显易懂，学生能直接在书上寻找答案，这种问题无法激活学生的思维。老师提问频繁，有些求量不求质的状态，这会导致学生需回答的问题太多，无法碰撞思维的火花等。随着新课改的逐步推进，这些困境与误区与现今语文教育上提倡学生主体性的发挥、学生个性展现以及老师在课堂中起指导作用等理念的冲突愈加尖锐，增强提问的有效性迫在眉睫。本文基于 L 中学语文课堂的实际案例，分析当前初中语文课堂提问现状并为增强提问有效性提出实施方案。

【关键字】初中语文课堂提问现状；L 中学的《老王》案例；提高有效性的策略

背景信息

提问是一种古老又传统的教学方法，也是人类在进行学习活动时最常见的一种方式，是人类自然生成的对未知事物求解或对已知事物深入思考的行为。在教学活动中，学习与思考都围绕着疑问展开，因此为解疑而采用提问的方式寻求答案成为教学活动的起点。

随着新课程改革的逐步推进，如何在课堂上更加有效地展开教学工作成为语文老师视线的聚焦点。在语文课堂中，提问法作为老师们展开语文教学的重要组成部分贯穿整个课堂。虽然新课改提倡学生是主体、老师起主导作用的新理念，但依然无法回避提问法在课堂上的使用。它是老师们为实现教学目标常用的教学手段，影响着课堂效率，甚至可以说是决定一堂语文课成败的关键之一。然而在初中语文课堂教学中，虽然一些老师为课堂如何设问殚精竭虑，却依然存在大量无效提问，这使得老师们愈加困惑。

课堂提问一般由老师、学生两种提问方式组成。从老师的角度看，作为一名语文老师，他们的课堂提问可以引导学生更快地抓住问题的实质，从侧面促进学生思维的

---

① 作者简介：罗宁，女，重庆合川人，重庆市两江新区鸳鸯小学老师，黔南民族师范学院 2016 级学科教学（语文）专业方向研究生；导师：白红兵教授。

活跃，学生能在老师提出问题时积极思考进而逐渐养成独立对问题进行思考的能力。老师提问还能使学生更加积极地朝着完成教学目标的方向前进，完成学生语文素养的培养。从学生的角度上看，他们的疑问是建立在老师课堂教学和对学生提问的基础之上，有的还是学生在遇到学习上的困难时产生疑问，想通过提问的方式寻求解答，这也属于学生在理解思考课程内容时积极主动地对知识进行消化的反应。

提问法虽然历史悠久且使用频率高，但是它与追求效率的新世纪和新课程改革冲突不断。初中的语文老师在课堂教学中大量使用提问法，但是提问的内容与提问所采用的方式却存在许多不足，如课堂的提问内容与教学目的不符合；在跟随课堂教学进度提问时逐渐偏离教学目的，使得整堂课下来教学目的未达到，学生也对课堂内容一头雾水；老师有时候发问过于直接，并且有的问题浅显易懂，学生能直接在书上寻找答案，这种问题无法激活学生的思维；老师提问频繁，有些求量不求质的状态，这会导致学生需回答的问题太多，无法碰撞思维的火花；老师问题提得很好，学生也能创新回答，但是老师会引导学生向自己所设计的答案方向思考；老师所提的问题无法照顾全体学生；学生回答问题后老师不能及时评价或是评价结果失真；等等。诸如此类现象的存在直接导致课堂教学效率低下，这不仅使学生在这堂课上学无所获，还可能使学生逐渐对语文课失去兴趣。

对于当前提问法存在的问题，老师们虽然心中了然，也为寻求改变绞尽脑汁，但是语文课堂的教学效果还是不太明显。一方面表现在由于学生的知识量不够，回答问题时闹笑话；另一方面是学生在上了这堂课后，依然没有达到教学目标的要求，能力也没有提高。这些都可以判定老师的课堂提问是无效的。

从大方向上而言，针对当前提问的困境，老师们可以借鉴一些方法：在充分理解有效提问内涵的基础上，主动将其运用于自身的教学实践，并对课堂中所提出的问题进行教学反思，继而在完善提问方式的基础上，再次将其运用于课堂中。如此循环，老师在课堂上的提问会愈加有效，课堂效率也会得到极大提高。但是具体而言，针对初中语文课堂中出现的这些无效提问现象，如何使老师所提出的问题激活学生的思维，让学生在课堂上碰撞出思维的火花；如何让学生对这节课甚至是语文课程充满兴趣；如何激发学生求知的欲望，主动消化课堂知识，积极思考问题，通过解决问题提高语文课堂教学效率成为当前初中语文教学中迫切需要完成的任务。

有效提问对语文课堂起着关键作用，因此即使这是课堂教学的一个难点，但我们依然需要合理解决这些困境，这对适应当前的新课程改革具有重大意义。

基于上述原因，笔者利用大学见习与教学实习中所记录的老师课堂教学情况，选取其中一篇作为案例，并结合语文课堂有效提问理论文献研究对案例进行分析，旨在寻找当前初中语文课堂中课堂提问法在使用时出现的问题，探寻解决这些问题的途径，提高老师提问的有效性。

此案例源于 L 中学 X 老师的语文课堂。L 中学的初中学生属于中等学习水平，与某省市的重点中学学生对比，L 中学的学生基础较为薄弱，知识也积累得较少。但是与某省市的村镇中学作比，这些孩子更容易通过书店、图书馆等校外途径获取知识，因此他们的课外阅读量较大，所见所闻更加丰富。X 老师是 L 中学的语文老师中经验丰富的一位，在语文老师岗位工作多年，已经拥有足够能根据学生实际情况备课的能力。本文将展示此案例并对其进行分析。

案例正文

一、《老王》课堂提问展示

第一课时：

（1）X 老师用诗歌《人力车夫》作为本文的导入，向学生提出“诗歌中描写的是什么样的人物形象”的问题。

（2）为什么杨绛这位女性可以被称为“先生”？（在老师介绍杨绛的背景时提出）

（3）课文介绍了老王的哪些情况，并用一个字来概括他的生活？

（4）老王生活“苦”，那精神上呢？

（5）这是一张怎样的脸，你能描述一下吗？（引导学生看课文中一幅脸的特写）

（6）本文记叙了与老王交往过程中的哪几件事？你认为老王是个怎样的人？

（7）你认为作者是一个怎样的人，具体体现在哪些地方？

第二课时：

（8）老王所做的哪一件事情最使你感动？

（9）老王在去世前给“我”送香油、鸡蛋这件事情体现了老王怎样的性格特点？这件事情是详写还是略写？为什么需要详写？

（第 8 个问题和第 9 个问题是老师给 5 分钟时间，让学生对上述问题进行小组合作讨论学习）

（10）这一点对你的写作有什么启发？（老师在学生对上述问题回答中的补充提问）

（11）老王临走前给“我”送香油、鸡蛋，作者从哪几方面来描写此时的老王？（明确：文章从动作、语言、神态等几个方面去描写老王）

（12）除了正面对老王进行描写外，作者还写了自己见到老王时心里的想法，这种通过作者的表现来写老王，这种描写方法是什么描写方法呢？

（13）联系上下文回答这种描写手法有什么作用？（老师对回答前一个问题的学生的进一步追问）

（14）老王说“我不是要钱”，为什么最后还是收了钱？

（15）这件事情体现了他的什么品质？

（16）作者一家对老王非常关心、爱护，你觉得除了性格善良之外，还要有怎样的精神才能做到尊重和关心像老王那样的不幸者？（4 分钟思考）

（17）看到作者如此关心一个有残疾的车夫，你有什么感受？
（18）对课文结尾的一句话，应该怎样理解？
（19）作者为什么会感到惭愧呢？（2 分钟思考）
（20）你知道你的周围有哪些不幸者吗？你平时是怎样对待的？

二、《老王》课堂提问分析

（一）老师提问类型分析

（1）概括看来，X 老师所提的问题可以分为必要性问题与随机性问题两种类型。

必要性问题指的是老师针对课文提出的每一个问题都与老师的教学目的紧密联系，每一个老师在讲解这篇课文时都会为了学生能够更好地掌握全文提出问题，这些问题的提出有利于提高学生的上课积极性，激发他们的思维，促进他们积极思考讨论。

随机性问题指的是不同的老师出于对自己学生的学情与自己对教材的分析等因素的考虑，在讲解同一篇文章时提出不同的问题，这些问题比起必要性的问题重要性稍弱。也正因为老师的随机性问题有些是出于对学生的学情和自己对教材的理解，所以在考虑不周全的情况下，提问的有效性就有所缺乏。

如问题 12，老师的这一个提问明显是无效的，虽说这个老师出于照顾全体学生来提出这个简单的问题，但是这个问题本身就有不合理的地方。这一节课堂面向的是初二学生，他们已经具备一定的分析理解能力，应该让他们多思考一些不拘泥于文本，需要对文本进行总结再回答的问题。

表 1　两个问题大类

必要性问题	随机性问题
问题 3：课文介绍了老王的哪些情况，并用一个字来概括他的生活？ 问题 4：老王生活“苦”，那精神上呢？ 问题 5：这是一张怎样的脸，你能描述一下吗？ 问题 6：本文记叙了与老王交往过程中的哪几件事？你认为老王是个怎样的人？ 问题 7：你认为作者是一个怎样的人，具体体现在哪些地方？ 问题 9：老王在去世前给“我”送香油、鸡蛋这件事情体现了老王怎样的性格特点？ 问题 11：老王临走前给“我”送香油、鸡蛋，作者从哪几方面来描写此时的老王？	问题 1：X 老师用一段写《人力车夫》的诗歌作为本文的导入，向学生提出“诗歌中描写的是什么样的人物形象？” 问题 2：为什么杨绛这位女性可以被称为“先生”？ 问题 8：老王所做的哪一件事情最使你感动？ 问题 9：这件事情是详写还是略写？为什么需要详写？ 问题 10：这一点对你的写作有什么启发？

续表

必要性问题	随机性问题
问题 14：老王说“我不是要钱”，为什么最后还是收了钱？ 问题 15：这件事情体现了他的什么品质？ 问题 18：对课文结尾的一句话，应该怎样理解？ 问题 19：作者为什么会感到惭愧呢？	问题 12：除了正面对老王进行描写外，作者还写了自己见到老王时心里的想法，这种通过作者的表现来写老王，这种描写方法是什么描写方法呢？ 问题 13：联系上下文回答这种描写手法有什么作用？（老师对回答前一个问题学生的进一步追问） 问题 16：作者一家对老王非常关心、爱护，你觉得除了性格善良之外，还要有怎样的精神才能做到尊重和关心像老王那样的不幸者？ 问题 17：看到作者如此关心一个有残疾的车夫，你有什么感受？ 问题 20：你知道你的周围有哪些不幸者吗？你平时是怎样对待的？

（2）从具体上看，X 老师课前对《老王》这篇文章做了教材分析，指出本文是我国著名女作家杨绛女士写的一篇描写不为人所关注的劳动人民的文章。作者以细腻的文笔，向我们展示了一位贫困而有良心的劳动者的形象，老王的生活境况较能为学生所了解。老王是在文革这一特殊时期，秉承良心、良知而行的善良群众的代表，他尊重知识，尊重有知识的作者一家，这一点是需要学生经过思考的。另外，作者的平等观念学生不难理解，但是用平等的观念去对待他人，关爱他人并非一蹴而就的事。X 老师在对教材进行分析时，主要是从文章中所描述的老王这个人的人物形象与老王的生活境况、作者与老王之间发生的事情、读者在老王与作者往来的过程中所能领悟到的人文情怀等几方面出发。

因此基于 X 老师的教材分析，我将此次课堂提问分为易答性问题、综合性问题、理解分析性问题、无效性问题、评价性问题五类（如图 1）。

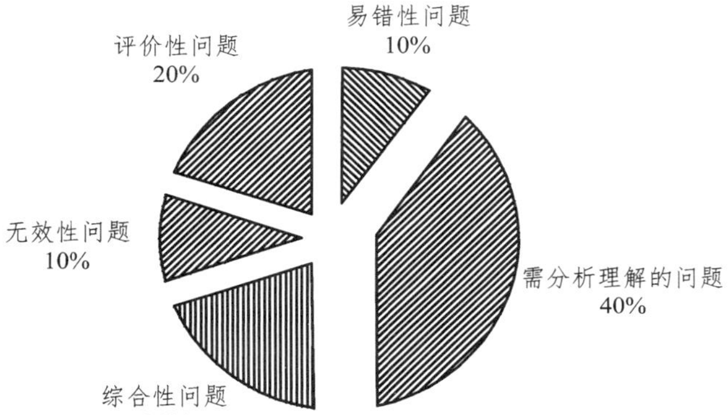

图 1　老师提问类型

表 2　五个问题小类

易答性问题	学生通过书本或者是根据文本信息能直接获得答案。	如问题 1，老师给出的有关人力车夫的诗歌，虽然老师没有为学生展示题目，但是从文本中学生能够一眼看出这是写人力车夫的句子； 如问题 12，老师询问学生用了什么描写手法，在提出问题时老师就给出信息“这是通过作者描写的老王形象”，因此学生是很容易根据老师的提示，回答出使用了“侧面描写手法”，即使是老师未给出提示，作为初二的学生，也能够凭借自己的知识积淀得出答案的。
综合性问题	指学生的综合能力，可以是在掌握文本的基础上，通过与作者的共鸣或是自己将书本的情感与生活实际相结合得到的人文情怀，也指非课本的，需要自己平时的积累才能获得的知识。	如问题 2，对于“杨绛这位女性为什么能称为‘先生’”这个问题的回答就需要学生平时的积累。需理解分析的问题指在了解文本的基础上，需要对文本信息进行加工整合才能得到的答案。 如问题 14，对于“老王说‘我不是要钱’，为什么最后还是收了钱”的问题，解决这一个问题就需要学生找到此句话的上下文和结合文章的主旨进行思考分析为什么老王的行为会这么矛盾。
无效性问题	对于学生而言提出的没有实际意义的问题。	如问题 12 中的询问使用什么描写手法的问题，老师在问题一开始就明显告诉学生文章已经用了正面描写，现在作者又从自己的角度出发描写老王，问学生是什么描写方法，老师忽略了这堂课的对象是拥有一定基础的初二学生，对他们而言回答这个问题过于轻松。
评价性问题	强调学生的主体性，从学生自己的角度出发，自由理解文本。	如问题 8，学生可以自由说出自己对文章中的哪件事情最有感触，言之有理即可，充分体现学生在教育中的主体性，老师只是起指导作用，点评学生的回答。
需分析理解类问题	指学生需要在文本中寻找出相关语句，运用自己所积累的知识对这些语句进行分析提炼，深入思考才能解答的问题。	如问题 3，课文介绍了老王的哪些情况，并用一个字来概括他的生活？问题 4，老王生活“苦”，那精神上呢？ 问题 6，本文记叙了与老王交往过程中的哪几件事？你认为老王是个怎样的人？ 问题 7，你认为作者是一个怎样的人，具体体现在哪些地方？ 这种需要学生在寻找出相关语句并理解这些语句的内容，继而简要将其概括的问题就是需要学生分析理解的。

案例中的老师提出的所有问题中，无效性问题与易答性问题较少，都仅占 10%，分析理解性问题最多，占 40%，综合性问题与评价性问题各占 20%。从各个类型的比例来看，整个课堂的提问内容还是分布得较为均匀，老师考虑到要调动全班学生的积极性，提出了易答性问题，只要是上课注意力集中的学生都能轻松地从课文中寻找答案，易答性问题的提出尤其在提高基础较差学生的课堂积极性上发挥重要作用。分析理解类问题的提出占据很大的比例，这表明了语文老师在讲授课文时重心依然放在让学生理解文本，进而达到与读者的共鸣上。综合性问题与评价性问题也占据一定的比重，表明现今的语文教学中，老师逐渐改变以自己为中心的课堂教学，尊重学生的主体性，让学生理解文本并结合自身经验自由发挥，同时也注重引导学生朝着综合素质提高的方面发展。

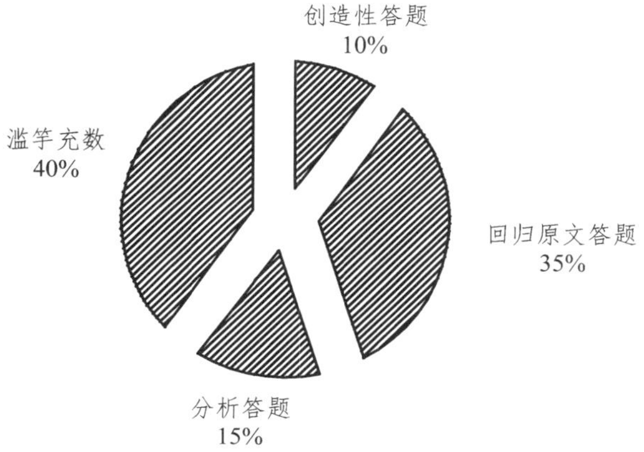

图 2　学生答题情况

（二）学生的答题情况分析

如图 2 所示，学生依然习惯于老师的讲授法。老师提问后，大家齐答问题，即使是老师单独让学生思考进行答题，依然只有个别学生积极主动，其他学生懒于思考，随声应和，这也是为什么滥竽充数的答题方式占 40%的原因所在。学生的回归原文答题占据 35%的比例，一部分是学生可以直接通过回归原文的方式寻找答案，不做深入探讨分析，还有一部分虽然需要学生回归原文后简单整合自己的答案，但是这些问题没有什么难度，学生能轻松地找到答案。这种现象出现的原因一方面源于老师的提问过于浅显，另一方面是学生自己缺少了勤学好问的习惯。在老师的提问中，虽然分析理解性题目占据比例较大，但是在学生中只有 15%的学生能够对这些困难的问题进行分析理解，这类问题需要学生明晰人物描写手法，把握作者与老王两个人的人物形象才能理解文中那些富有深意的句子。有创造性地回答的学生仅仅占 10%，虽然老师提出许多综合评价性的问题，但是由于其中一些问题老师是让学生小组讨论，因此许多学生懒于思考，依靠小组代表发言，从而使得学生在课堂中的独立表现行为缺失，自主行为也被减弱。

综上所述，就学生的答题行为来看，学生在认识自己主体地位的观念上不够深入，独立思考、勤学好问的习惯有待提高。

（三）老师的答题反馈分析

从老师对学生答题的反馈情况（如图 3）来看，老师在困难问题上还是多采用了引导学生回答的方式，这一类型占 25%。学生回答后，老师认为学生的回答符合要求，甚至全班答案一致，这时老师直接采用学生的主流答案，有时老师也会从客观上进行总结，基于学生的答案与课文内容，为学生起巩固知识的作用，这一部分占 16%。但是学生由于自身知识基础薄弱，无法对文本与问题恰当理解时就需要老师进一步解释、引导，这些问题占 27%。在课堂使用提问法时，最忌讳的就是老师对学生的回答不做任何评价，在这堂课中，这位老师由于当时回答问题的同学众多，就忽略了对某些同学回答的评价，这在整个课堂中占 10%。另外提问法的使用还需要重视问题的二次生成，老师在学生的回答中应该对学生的回答深入挖掘，进一步鼓励学生发散思维，这个方面在这节课堂中表现得较为薄弱，只占了 7%。

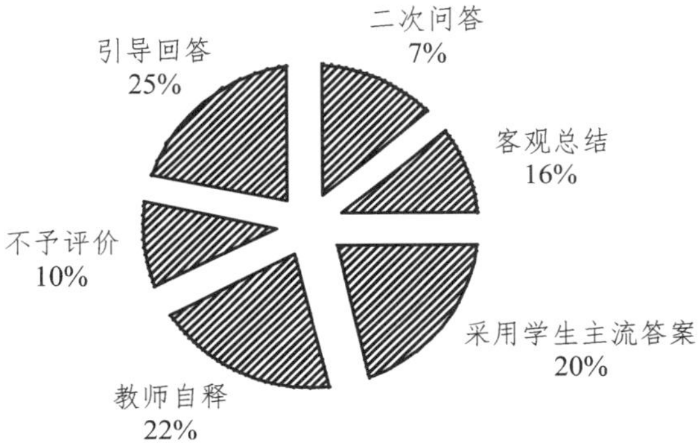

图 3　老师对学生答题的反馈情况

通过前面对《老王》课堂问题的展示和分析，我们可以看出 X 老师对于整堂课的提问准备还是很充足的，所提的问题有一定的有效性。

《老王》是八年级上册的一篇人物传记式课文，需要建立在学习前两篇课文并掌握人物描写的几种方法的基础上深入探究。初二的学生虽说具备一定的人物描写手法的基础，但是语文老师还是应该重视该文人物描写手法以及本文通过作者和老王之间发生的事情所要传达出的价值观念。因此，老师首先需要引导学生通过梳理老王与作者的人物形象来再次巩固人物描写方面的知识，然后分析人物形象的特点，寄托的思想感情，最后理解其中所传达出的人文精神。

X 老师通过提问，使学生详细了解了老王与作者之间发生的事情，从中不仅归纳出老王与作者的形象，还理解到双方在相处中传达出的相互尊重观念。

但 X 老师的课堂提问也有不足，如一些问题虽然属于分析理解类的问题，可它们的提出过于浅显，如问题 3、问题 9 等，学生在回答这些问题时很容易从书本中找到答案，这些简单问题的提出虽然能调动班上大多数同学的积极性，但是过于浅显易懂的问题无助于提升学生阅读能力。而且看似是学生参与了师生间互动，但经过课后反思不难发现，这些分析理解类的问题基本是无效性问题，对理解文本毫无意义。

初二的学生不同于初一的学生，后者刚从小学上来，对初中的教学模式很陌生，尤其是语文与教学，从初一开始就需要研读文本，学习文本中的表达方式、描写手法，这些都是小学老师讲课中没有涉及的，因此，一切都需要从基础教起。但是前者在认知上更进一步，教学中应该提有深度、能启发思维、突破课本的问题，需要学生在课本和升华经验的基础上深入思考的，作用不言而喻。

语文老师应该设计出能调动学生积极性的问题，让学生学有所得，所提问题应该符合学生认知水平，强调学生的主体地位，实现以学定教，以教导学。只有兼顾教学内容和学生实际才能做到有效提问，提高课堂效率。

三、高中语文课堂有效提问的策略

（一）讲究问“法”

提问需要讲究方法，这个方法必须要在优化教学内容和把握教学重点的基础上，在课堂中灵活地运用。

1. 曲　问

案例中 X 老师用《人力车夫》一诗作为导入：

四季的斑斓
悄然地
在你奔波的车轮中
演绎
你生命的履历
你的背影曳着旭日升起
携着夕阳隐没……

整首诗并未直接表明描写的是人力车夫这一职业，但学生依稀能从“车轮”“每一条蜿蜒的崎岖”等词句中感受到这是在描述人力车夫，领悟到人力车夫这一职业的工作内容与从事这一职业的心酸，从而为讲述老王的形象与老王的生活遭遇奠定基础。

X 老师有意避开平铺直叙的方法，采用“绕一圈”的方式对文本进行阐释，促使学生先对人力车夫这一个职业深入思考，这种方法就是曲问法，即弯弯曲曲地问问题。

曲问这种方式的巧妙运用大多体现在老师对课文的导入上。在处理课堂的导入时，老师常会用与课文存在某些必然联系，但表面上看来不太明显的事物作为开头，继而在学生对导入有所理解后，老师再顺其自然地过渡到课堂的主题。

2. 连问

案例中的X老师对学生问问题时采用连问法，如问题9和问题10，虽然是让学生自由讨论，但是小组代表在回答问题时，老师步步追问学生“老王在去世前给‘我’送香油、鸡蛋这件事情体现了老王怎样的性格特点”，学生回答后，老师接着问“这件事情是详写还是略写”“为什么需要详写”以及“这一点对你的写作有什么启发”三个问题，这三个问题层层递进，让这位学生的思维由对课本的理解走向写作启示，既理解课文又学习了一种写作手法。

连问式提问的问题与问题之间相互联系、层层递进，逻辑性很强，老师采用这种方式能加深学生对问题的理解。但是案例中的X老师对连问这种方式的使用不是很灵活，有些问题不够精练，指向性不明确，几乎不能打开学生思维。

连问法使用较好的当属邓彤老师，他在执教《明湖居听书》一课时，让同学们品一品课文中描写王小玉的文字，画出自己最喜欢的句子。有个学生回答：“我喜欢‘秀而不媚，清而不寒’八个字”，邓老师针对他的回答相继问了：“为什么？”“哦，你用了‘神韵’二字，从哪儿学来的？”“请问，她的气质主要表现在什么地方？”“你觉得这句话好在哪里？”“用这一连串的比喻是不是啰唆了些？写一句‘眼如清水’不行吗？”

邓老师的连续发问不仅让这位学生加深了对课文的理解，激活了思维，也使全班同学对课文加深了理解。

（二）立足文本，选准问“点”

课堂提问应当深入探究文本，然后在立足文本的基础上选准“问”点，问点包括重点、矛盾处和细节处。

1. 问在重点处

课例中的这位老师在进行第二课时的教学时，主要针对“老王临死前给‘我’送香油、鸡蛋”这件事情进行研读分析，这件事情是整篇文章中最能表现出老王人物性格的部分，也是作者花大量笔墨着重渲染的，是文章的重点。这位老师将学生的视线集中在这一个片段中，让学生细细赏析这一段中老王的动作、神态等方面，以此领悟出老王这一人物形象所具有的品质。对这一片段的赏析就是立足文本，问在重点处。

问在重点处其实就如俗语所言“打蛇打七寸”，学生如果能抓住重点，就可以理清课文的顺序，疏通文章的脉络，进而把握课文主旨与作者深意，提高学习质量。

“重点”一方面指的是课文的关键点，是或隐或现地牵扯课文主题和作者主要观点的词句段，如课文中反复出现的句子和词语，或者是课文的中心处，又或者是课文的开头、段首句与结尾等等；另一方面指的是在学生学习课文的过程中所遇到的难点，难点是学生对课文的理解产生认知矛盾的地方，它的存在阻碍了学生进一步把握课文主旨。因此为了学生更好地理解课文，激发学生与作者的共鸣，解决重点成为课堂教学必需的任务。

课例中老师对“老王临死前给‘我’送香油、鸡蛋”这件事情所提出的一系列问题，都有助于学生整体把握《老王》这篇文章，对全面认识老王这一形象具有极其重要的意义。X 老师选取这样一个角度，使学生更容易走进文本，更能拥有深刻的情感体验。这样的设计与我们的《全日制义务教育语文课程标准》中提出的“体现学生的主体性，重视学生的情感体验”也是十分吻合的。

2. 问在矛盾处

上述案例中，X 老师对文中“老王说‘我不是要钱’，为什么最后还是收了钱”这一个充满“矛盾”的句子提出疑问，即使老师不提出，相信学生也会主动对这个问题提出自己的疑惑。学生在思考这个问题的过程中，不仅深化了对老王形象的认识，也能更进一步看到老王身上散发的闪光点，认识到在文章中使用矛盾句有加深文章主旨，凸显作者情感的作用，这就是问在矛盾处的妙用。

矛盾处指的是课文里有一些看似矛盾实则合理的地方，初中的学生在语文知识方面还是稚嫩的，由小学过渡而来的他们没有经过如语文的文体以及每一种文体的构成要素等方面的训练，因此在看到课文中一些需要结合上下文理解的矛盾处会感到迷惑，这时就需要老师的点拨。

3. 问在细节处

大多数老师都会将课文的细节描写作为课文的重点来讲解，X 老师也不例外。她在第二课时中花了大半节课分析“老王在去世前给‘我’送香油、鸡蛋”这件事情，这位老师指导学生从动作、语言、神态、性格特点等方面着手，以此总结出老王、作者的形象以及老王身上的闪光点。当然，学生们也没有辜负老师的期望，通过自己对细节处的分析，准确理解了老王与作者的形象以及老王身上的可贵之处。

其实老师们之所以喜欢将问题问在细节处是源于细节处能更好地让读者接近作者，了解作者的写作意图。老师只有通过分析细节，激起学生的情感共鸣，才能读出作者的情感。新课程教材选文大多是文学史上的经典之作，有些选文历经多年的课程改革未被取消，反而被提至愈加重要的位置，由此可见其重要性。这些选文中，一个标点、一个有关人物的细小动词、一个似乎无关紧要的句子，往往都是作者匠心独运的结果，对细节的分析体现学生对文本的一种独特解读、对生活的自我思考。

对细节的分析，老师在设计教学时需要层层推细，使学生在老师的提问引导下逐层体会，激起读者与作者的共鸣。这也正是在文本细节处提问撞击出的思维火花。

（三）把握问“度”

这里所谓的“度”，是指难易程度，指课堂的提问需要秉承“中庸”的理念，难易程度要适中，要控制在学生的最近发展区，而且老师在对学生提问时，还应该尽可能地照顾所有学生，调动全班同学的积极性。

课例中的这位老师在照顾全体学生上做得很到位，她所提的这些问题都是学生能够通过回归原文并简单整合文本信息获得，这使得整堂课处于轻松的氛围。但是，从另外一个方面来看，这位老师为兼顾全体学生，所提的问题浅显易懂，忽视了每一节课都是为了提高学生某一方面能力的教学目标，学生如果能轻易从书本上获取信息，他们就会越加懒散，不会有对问题有积极主动思考的想法。长期下来，学生思维越来越不活跃，个性化的想法逐渐被湮灭，取而代之的是书本上的固定答案。因此把握提问的难易程度尤为重要。

李镇西老师执教的《孔乙己》一文是将“度”运用娴熟的重要范例。他在讲解“为什么大约孔乙己的确是死了”这一问题上，由浅入深地向同学们询问了“孔乙己究竟死没死”“根据何在”“孔乙己为什么会‘的确’死去”这一系列问题，L 老师设置的这些问题层层递进，富有层次，遵循了“由浅入深”“由易到难”的进程，使学生在学习中，思维不跳跃，有一个渐进的思维过程。

由此可见，老师在设计问题时需要先易后难，讲求循序渐进的过程。太难，忽视学生心理特点，超出理解水平和知识基础，会使学生在无法理解之时降低学习兴趣；太易，会使学生的思维产生惰性，学生养成不爱思考的习惯，提问的价值也失去了。这种“度”的控制，需要老师深入课堂了解学情，在提问时根据反馈信息及时纠正与调控。

（四）有效评价

无论老师设计的问题有多精妙，若在学生回答问题后没有及时有效地评价，那么这堂课都不能算得上成功。如果老师赞扬学生的回答，学生会更加积极地思考并举手回答问题。当然，老师不能一味地鼓励，对于回答得有点偏离主题的学生，老师还应在赞扬的基础上提出一些问题，使学生模糊的意识清晰化、不准确回答规范化，对忽略遗漏的地方进一步思考。

上述课例中的 X 老师在课堂上就出现了对学生的回答不予评价的情况，虽说可能由于回答人数众多，老师无法照顾全体学生，但是老师至少应该对学生的回答给予适当点评，以便鼓励学生下次再积极回答。

老师对学生进行评价应该把握鼓励优先的原则，但事实上学生在理解课文时经常有误，此时老师应该在发现其不足后，需要先肯定学生的积极性，然后及时引导学生。虽然说现在倡导学生个性发展，让学生勇于说出自己的见解，可是对于文学作品，要想与作者有共鸣，还是应该有正确的思考路线。

结　语

总的来说，科学有效地把握课堂提问，掌握好课堂提问技巧，对语文课堂而言尤为重要。在整个课堂教学过程中，语文老师要善于把握整个课堂教学，抓住选文提问要点设置疑问，引起学生学习的兴趣，对学生的思考随时点拨评价，鼓励学生敢于质疑，不断激发学生的思维火花，点燃学生的自信引线，让学生在语文老师的有效提问中感受到思维的提升，感受到课堂学习的快乐，感受到语文学科的真正魅力。

本案例对当今语文课堂提问困境的突破有一定的积极作用，但是本文在如何衡量有效提问标准的问题上有所缺失，有待研究者继续努力。

【案例思考题】

1. 在有效提问策略中，除了案例中提到的五个方面，还有哪些有效策略？
2. 影响课堂有效提问还有哪些因素？
3. 初中语文课堂提问法使用是有效的，其证明标准是什么？
4. 不同文体在有效提问法的使用上有什么差异？

【案例使用说明】

1. 适用范围

适用对象：中小学老师，师范教育专业本科生、硕士生。

适合课程：老师教学技能、老师专业发展、中学语文课程教材教法。

2. 教学目的

（1）积累关于课堂提问的知识和经验；

（2）掌握有效提问的方法及策略；

（3）形成提问法的使用需要有效性的意识，增强分析相关问题、解决问题的意识与能力。

3. 要点提示

（1）相关理论

课堂有效提问理论；

老师专业发展理论：

老师知识和老师能力。

（2）关键知识点

课堂提问的有效性，影响有效性提问的因素，提高有效性提问的策略，当前的语文教学名师课堂有效提问的范例。

（3）关键能力点

整体了解影响课堂提问有效性的因素，寻找改善当前提问现状的策略，以促进老师指导作用与学生主体意识的发挥。

（4）案例分析思路

通过分析 L 中学 X 老师初中语文课堂的提问中的经验与不足，引导学员进一步思索如何能促进课堂的有效提问，并以此来提高教学效率，也为学员对当前的提问现状和影响提问有效性有所了解，日后可以尽量规避这些不良因素。

4. 教学建议

时间安排：中学标准课 3 节，120 分钟。布置和预习 1 节，上课讨论 2 节。

环节安排：提前 1 周利用一节时间布置预习内容→学生分为 4-6 个小组→小组查阅资料自由思考讨论→各组集体或派代表回答问题→上课展示汇报→老师点评。

人数要求：60 人以下的班级教学。

教学方法：小组讨论为主，讲授点评为辅。

工具选择：摘要卡片、多媒体、案例打印资料。

组织引导：老师布置任务清晰，预习要求明确。

提供给学生必要的参考资料。

学生课上讨论需要及时指导评价并给出建议。

活动设计建议：

课前计划 3 节课，要求学生课前预习，搜集相关知识点和能力点的资料。

上课前做好教学准备。将桌椅分组摆成弧形，为每个小组准备编号和姓名的桌签。每个小组提供一张小组讨论记录表，包括每个人的发言记录和综合的观点。老师准备好点评的资料和提纲。

下课后老师根据课堂效果及时总结得失，以便改进后续的教学行为。

5. 推荐阅读

[1] 加里 D 鲍里奇. 有效教学方法 [M]. 4 版. 易东平，译. 南京：江苏教育出版社，2002.

[2] 王立群. 语文课堂提问的有效实施策略[D]. 长春：东北师范大学，2005.

[3] 周烯. 论初级中学英语老师课堂提问[D]. 重庆：西南师范大学，2004.

[4] 施良方. 课程理论：课程的基础、原理与问题[M]. 北京：教育科学出版社，1996.

[5] 刘涛川. 有效教学方法全集[M]. 北京艺术与科学电子出版社，2004.

[6] 许高厚. 课堂教学艺技[M]. 北京：北京大学出版社，1997.

《荷塘月色》：S老师的问题探究式教学法

罗胜[①]

【摘　要】问题探究式教学法是教学法中很重要的方法之一，经常被老师用于课堂教学中。在课堂上，由老师先根据所学内容引导学生提出问题，在老师的组织或指导下，通过学生比较独立的探究和研究活动，探求问题的答案从而获得知识的方法。在探求答案的过程中，老师会适时提醒或提点，始终围绕所学知识的重点进行，及时纠正学生的错误。同时，在课堂上，老师要对学生的课堂表现及时做出简短的评价，鼓励学生参与进课堂，让学生独立自主思考得出答案，从中总结出学习方法。这也是新课改积极提倡的教学法之一，旨在培养学生的人文情怀，提高学生的人文素质，以区别于“满堂灌”的传统教学法。

【关键词】问题探究；自主思考；人文情怀

背景信息

问题探究式教学法在传统课堂上有没有实施过不得而知，即使没有具体的实践方式，但也有可能有过问题探究式的思想。早在春秋时代，孔子就提出过“不愤不启，不悱不发。举一隅不以三隅反，则不复也”。不到学生努力想弄明白但仍然想不透的程度时，不要去开导他；不到学生心里明白，却又不能完善表达出来的程度时，也不要去启发他。在这里，孔子提出了“启发式”的教学思想。从教学方面而言，他反对“填鸭式”“满堂灌”的做法。要求学生能够“举一反三”，在学生充分独立思考的基础上，再对他们进行启发、开导，这是符合教学基本规律的，而且具有深远的影响，今天教学过程中仍可以借鉴。可以说，孔子的思想与问题探究式教学法有异曲同工之妙。

问题探究式教学法是近现代兴起的，最早提出在教学中使用探究方法的是杜威。他认为，科学教育不仅仅是要让学生学习大量的知识，更重要的是要学习科学研究的过程或方法。从1950年到1960年，探究作为一种教学方法，其合理性变得越来越明确。

随着时代的发展、社会的进步，人的全面发展提上日程。相对于“满堂灌”的传统教学法而言，新课改提出了“以学生为主体”的新思想，更注重的是学生的长远发展，而不只是应对考试。它是一个全方位的新理念，教的不全是“学生”，而是实际意

作者简介：罗胜，女，四川名山人，泸州医疗器械职业学院老师，黔南民族师范学院文学与传媒学院2017级学科教学（语文）专业方向研究生；导师：李华斌教授。

义上的“人”，以人的发展为立足点，培养社会交往中“活”的人，而不是只在学校上课的“学生”。教育的目的就是教育如何“为人”。“十年树木，百年树人”，教育是国家大计。所以，在学生时代的培养是教育至关重要的一环，培养新时代的新人就落在了教育者的身上。

新要求提出，相对应的就要有新的思想去完成，问题探究式教学法就是其新思想在课堂实践上的一种表现。新课程标准提出了崭新的“三维目标”，即“知识与技能”“过程与方法”“情感态度与价值观”。传统的课堂教学方式基本上是处于单向交流状态，“填鸭式”“满堂灌”已不再适应课程改革的需要。新课程以“教学过程就是师生交往、共同发展的互动过程”“让课堂充满生命力，让学生成为学习的主人”为教学理念，以“转变教与学的关系，促进学生自主全面发展”为改革目标，力求改变传统的教学模式，促进学生由被动学习到主动学习，在老师的引导下，完成自主探究，合作交流，从而让学生学会学习，学会合作。

“问题探究式教学法”要求老师在备课时将“知识与技能”“过程与方法”“情感态度与价值观”等教学目标转化为问题。在教学时，原则上按问题展开，让学生先通过自主学习和小组互助解决自己能解决的问题，然后在老师的引导下共同解决其他问题。

托尔斯泰说过：“成功的教学所需要的不是强制，而是激发学生的欲望。”如果老师不想方设法使学生处于情绪高昂和智力振奋的内心状态，就急于传播知识，那么这种知识只能使人产生冷漠的态度，而没有欢欣鼓舞的心情，学习就会成为学生的负担。为此，教学中我们要努力营造良好的探究氛围，将学生置身于一种探究问题的情境中，以激发学生的学习欲望，使学生乐于学习。

中学语文教学中，阅读教学是重中之重，教材选文要求文质兼美并适于教学，其中，《荷塘月色》可谓是经典，经久不衰。笔者以 L 中学特级老师 S 老师讲授的《荷塘月色》为例，并结合问题探究式教学法理论文献研究对案例进行分析，寻找当前中学语文课堂中问题探究式教学法在使用时出现的问题，探寻解决这些问题的途径，提高老师对问题探究式教学法使用的有效性。

L 中学坐落于风景秀丽的月华山上，始建于 1930 年，现占地面积 150 亩，是一所省级重点中学。校内古木参天、绿树成荫，远离尘嚣，清静幽雅，四季葱茏，鸟语花香，是学子成才的摇篮。学校全面贯彻国家教育方针，认真学习并实施“新课改”。

S 老师是一名参加教育工作 20 年以上的资深老老师，也是语文学科的骨干老师，带头做一些科研教学工作，在语文教学方面有许多科研成果，带过很多新老师，在对“新课改”的把握上有一定的参照性，可以以此为例，让大家多学习学习，同时有什么问题或建议也可以相互学习共同进步。

S 老师此次上的是一堂公开课，选的是一个中等成绩的班级。这是第一次给该班级的同学上语文课。同学们也是第一次学习《荷塘月色》这篇散文。

案例正文

一、巧妙设置问题

老师设置问题的目的在于抓住学生的好奇心，从课堂的一开始就让学生进行思考，同时也是为了让学生能很快融入课文内容。

1. 从课文题目入手，何为“荷塘”？何为“月色”？

从题目入手，往往能把握一篇文章的主旨。题目能交代故事发生的环境，确定文章描写的对象，奠定文章的感情基调。俗话说“好题半文”，读懂题目就读懂了文章的一大半。一篇好文章的题目要能够吸引读者的眼球，让读者看了题目就会产生遐想，随之饶有兴趣地读下去。

S 老师从题目入手，让同学们从题目开始进入全文。

S 老师：同学们，从课文的题目看：“荷塘月色”。在文中，哪一段侧重写“荷塘”，哪一段侧重写“月色”？

（同学们埋头找课文）

S 老师：同学们已经预习过了，请同学们一起告诉我哪一段。

全班同学：第 4、5 段。

S 老师：第 4 段侧重写什么？

全班同学：荷塘。

S 老师：第 5 段？

全班同学：月色。

S 老师：你们太棒了，非常棒，给老师勇气了！

S 老师通过对“荷塘”与“月色”的简单划分，让学生对文章的第 4、5 段有了一些模糊理解，知道其描写的主要内容，也让学生知道了题目与文章的基本关系，线性思考的逻辑关系让学生很容易理清题目与第 4、5 段之间的联系。S 老师的教学任务也很自然地由题目过渡到文章正文，并首先从第 4 段的“荷塘”和第 5 段的“月色”讲解入手。

S 老师的开头第一个问题可以说是没有什么难度的，设置也很巧妙，紧扣主题，从题目入手而进行全文的第一个分析。问题探究式教学的重点就是对于问题的处理，问得恰到好处，又不至于难倒学生。课堂需要同学们的积极性，而积极性就和学生回答问题的正确率有关，正确率越高，同学们的积极性就越高。所以，S 老师上课的第一个问题就照顾了几乎全班所有的同学，让所有同学都能集中注意力专心听讲并愿意跟着老师的思路走。

2. 品味作者语言，感受语言的优美

（1）作者是怎样描写“荷塘”和“月色”的？语言有什么特色？

老师让同学们在对第 4、5 段的段落大意有了简单了理解后，就开始着手对这两段的内容进行认真的分析，对句子中的语法、修辞、句式、词语等语文基础知识进行梳理。老师并不是简单地进行机械描述，而是让同学们选自己喜欢的句子并描述为什么喜欢，简述喜欢的理由。

S 老师：同学们，第 4 段、第 5 段主要描写了荷塘的美景。荷塘的美景用哪些词语描写的？你最喜欢其中的哪些词句，能不能选择一句简述一下理由？

这样的问题对所有学生来说都是比较自由的，这是开放式的问题，同学们都可以发表自己的看法，描述自己的理由，容易发挥学生的想象空间，让同学们都能各抒己见、各展其能。但是，并不是同学们阐述的每一条理由都是正确无误的，在同学们回答的同时，老师要根据文本的要求引导学生向文本靠拢，要和语文知识有关，用学科的知识分析课文语句，体会作者感情。老师与学生在交流过程中，一问一答。老师在问的同时，也是在向同学们传授文本知识，问题即文本关键所在。同学们只要弄懂了这些问题，对于文章的理解也能够顺利进行，老师的教学任务才算完成。

A 同学：我最喜欢的是“曲曲折折的荷塘上面，弥望的是田田的叶子。叶子出水很高，像亭亭的舞女的裙。层层的叶子中间，零星地点缀着些白花，有袅娜（niǎo nuó）地开着的，有羞涩地打着朵儿的；正如一粒粒的明珠，又如碧天里的星星，又如刚出浴的美人。”这句话描写了荷塘景色非常美，并运用了叠词叠句的手法，感觉写得非常好，运用了比喻、排比等多种修辞。

S 老师：是吗？你能再明确一下吗？他运用了哪些叠词？

A 同学：曲曲折折、田田、亭亭、层层。

S 老师：哦！第一句就这么多叠词，是吗？还有比喻呢？

A 同学：比喻就是“正如一粒粒的明珠，又如碧天里的星星，又如刚出浴的美人”。

S 老师：那么这三个比喻又构成了一个——

A 同学：排比。

S 老师：好，非常好，开了一个好头，请坐。

从老师与学生间对话可以看出，老师在引导学生作答，从“喜欢—叠词—比喻—排比”一步一步认真分析，从而得出结论。问题探究式教学法把学生的思考看作教学的重点，在于对学生进行启发式教学，教会学生的思考，在以往重结果的基础上现在同样重视思考的过程。这是教育方式的提升，在于全面提升学生人文素质，提倡终身教育。

（2）重点句式、知识点的讲解

对于文中重点的句式，有同学说到这句时，老师会对其重点讲解的，就像下面这位同学说的这句：

B 同学：“塘中的月色并不均匀；但光与影有着和谐的旋律，如梵婀（ē）玲

（英语 violin，小提琴的译音）上奏着的名曲。”

S 老师：好在哪里？

B 同学：“光”与“影”本来是我们看到的，看到以后特别美，有月光洒下来，各种物体的影子印在地上，可以看到光。他把这个比作我们听到的梵婀玲奏出的给人以美感的音乐，把看到的东西比作听到的东西，我觉得特别巧妙。

S 老师：你说得太棒了！这叫一种什么修辞啊？

B 同学：通感。

S 老师：通感是吧？说得非常棒，同学们为她鼓掌。（掌声）非常棒！在课文中还有一个句子和这个句子有异曲同工之妙，哪位同学知道？这个句子我们说了，它是以视觉比听觉，那还有一个句子和这个一样，是什么？

B 同学：“微风过处，送来缕缕清香，仿佛远处高楼上渺茫的歌声似的。”

S 老师：这儿是把什么比作什么？

B 同学：这是把“清香”比作“歌声”。

S 老师：“清香”是？

B 同学：嗅觉，闻到的。

S 老师：然后呢？

B 同学：“歌声”是听到的，这种比喻和刚才那个是一样的。

S 老师：对，这是以听觉来比喻嗅觉。同学们，这两个句子都是用的通感。关于通感修辞同学们以前已经学过了，都说得很到位了，同学们也说得非常好。那么，老师在这儿想借哲学家培根说过的一句话来给通感做一个阐释。培根是这样说的：“音乐的声调摇曳（听觉）和光芒（视觉）在水面荡漾是完全相同。”那是什么感觉，那不是比方，那是大自然在同一事物上投下的不同的足迹。那么我们一般说通感是从修辞的角度来界定，这从哲理的角度来解释非常美，跟大家一起来分享。这儿谈到的是两个特殊的比喻：通感。

一个“通感”的知识点也是由同学的喜欢进而讲解的，“看似无意实则匠心”，老师其实就是在对同学的知识进行扩充，补充同学们还没有发现的知识点。老师对同学们喜欢的句子进行补充讲解后，能让同学的心里产生“原来还有这个”的想法，让同学又一次进入思想的空间，思考的同时也加深印象，增强记忆力。当需要讲解的知识点出现以后，老师立即抓住这个机会，不再等待下一个句子：“微风过处，送来缕缕清香，仿佛远处高楼上渺茫的歌声似的”，直接提醒同学们还有一句有类似的感觉。当同学们收到老师这样一个信号后，就会在句子之间进行相似对比，有目标地找答案，不至于毫无头绪。当下一个句子也一样找出来后，老师再一次对句子进行相同的讲解，再一次理解“通感”这个手法。如此循环两次，可以说老师的讲解已经很明白了，同学们对于知识点和句子的优美处也有了相当深的体会，又一次在同学们的心中埋下思考的种子。

这只是书上的句子，接下来老师引经据典，引用了德国著名思想家歌德的名言“音乐的声调摇曳和光芒在水面荡漾是完全相同”，跳出课本外用另一种哲学的方式对“通感”这个知识点进行思考理解，这可以说是一个课外延伸了。整个过程行云流水，既不会显得文本孤独，又学习了外国名言，这样两者就有一个参照，记住了一个的同时，另一个也会在头脑中闪现。

每一个老师需要讲解的知识点都是源于同学们的“喜欢”而出发的，S 老师继续用相同的方法，把第 4、5 段的每一个句子需要讲解的地方都讲解了一篇，主要是品味作者的语言，感受作者的用语优美。如“泻”将月光的流动感写出来了，而且跟那个流水相通的；“袅娜”“羞涩”是描写人的神态的，是形容人的；“脉脉”，含情欲吐，脉脉含情；“点缀”，是“零星的点缀”，这儿主要是强调荷塘里荷花少荷叶比较多；等等。

3. 初探作者优美语言创设下的意境

有些同学们没有说到的，在教学目标里又需要讲解的，老师就当是选自己喜欢的句子发言了。

S 老师：同学们说得非常好，老师也谈谈看法。这里有一个词老师非常喜欢，就是“田田”这个叠词，用了很多叠词描写，但一开始就用了“田田”这个词。“田田”这个词首先是鼻音很美，大家一起来读一下。（学生齐读“田田”）语音是延长，同时情感也在延长，非常抒情，意思也很美，是荷叶相连的样子，写起来也很美。还有其他写荷叶很美的叠词：“亭亭”“层层”“出水很高”，还有“弥望”，满眼都是，整个荷塘都是密密的荷叶。这是一个很美的画面，同学们想象一下，“田田的叶子”，“中间还点缀着些白花”，“袅娜的开着的，羞涩的打着朵儿的”，而且中间还有“正如一粒粒的明珠，又如碧天里的星星”。闭上眼睛想象“一粒粒的明珠”，荷花为什么说她“一粒粒的明珠”呢？写出什么特点？

全班同学：荷花的颜色和形态。

S 老师：这是什么下的荷塘？

全班同学：月色下的。

S 老师：月色下的荷塘，月亮照射下的荷塘。我们结合后面的段落“仿佛在牛乳中洗过一样”，也就是说泛着一种淡淡的光泽。而且这个句子的比喻把它放在整个意境里面更美，“一粒粒的明珠”和后面的“碧天里的星星”相呼应。“星星”和“明珠”都是闪亮的、忽明忽暗的，又和后面“微风过处送来缕缕清香”相映成趣的，荷香的特点是什么呀？

全班同学：若有若无。

S 老师：哪些词语可以看出来？

全班同学：“仿佛”“渺茫”。

S 老师：什么叫“渺茫”，同学们？“渺”：远；“茫”：模糊。在这儿，“渺茫”已经是很远的“歌声”，很模糊了，它又强化了一下，用了哪些词？大家一起说。

全班同学：“远处的”“高楼上的”。

S 老师：那种若有若无和前面荷花的若隐若现的光泽相映成趣。还有呢？同学们，如果我们把这句子跟后面的“薄薄的青雾浮起在荷塘里”再放到这个背景下看就更美了。同学们想想：月色下的荷塘，“薄薄的青雾浮起在荷塘里”，那种感觉就好像是“沧海月明珠有泪——

全班同学：蓝田日暖玉生烟。

S 老师：太棒了！有感觉吗？“薄薄的青雾浮起在荷塘里”，这儿的这个就好像玉气在升腾一样，而我们“一粒粒的明珠”，在月光下泛着光泽。这个景象我们画不出来，老师讲也不够，要靠同学们去想，还有很多就像是“微风过处”是动态的美感，它是动的，我们是描述不来的。所以，我们还是一起来读这首诗，老师把它改成诗，改的办法个很简单，就是隔行，是不是这种感觉，诗情画意的。老师读第 4 段，同学们就直接跟上一起来读。既然是读诗，是要飞起来才能读诗的，就是要同学们插上想象的翅膀，我们要进入这样的意境了，好吗？想象作者所创设的这个意境是什么。来，我们来一起读这首诗。

（学生齐读）

到这儿，课堂已经进行了一半，S 老师也将第 4、5 段的语言进行了全面的分析。每一个问题的提出都在将学生与文本拉近，与作者的感情拉近，从语言中开始慢慢地品味作者的心情，为接下来的课文意境分析奠定了分析基础。

二、品味语言意境

课文呈现出的文本语言是学生与作者对话的基础，通过对文本语言的品味，可以探究作者创设的意境。

（1）老师为什么要准备这样的 PPT 背景颜色和背景音乐？

内容会化成心里的一道风景，随着文字的变化，情绪也会产生微妙的变化。在熟读作者文字的基础上，对作者的描写有了一个清晰的认识，同学们此时心中都有了一个模糊的“荷塘月色”，这只是简单的、机械的，并没有多少情感在里面，可能还不能体会作者为什么要写这篇文章，写这篇文章的真正含义是什么，只简单地认为这是一篇景物描写的抒情散文。S 老师的处理方式是首先在听觉和视角上给同学们以展示，在基本常识的基础上处理问题，再经过一番谈论后得出答案，想象作者构出了一个什么样的意境。

S 老师：同学们听出来老师配的是什么背景音乐了吗？用的什么乐器？

全班同学：《二泉映月》，二胡。

S 老师：是二胡吗？二胡拉出来悲悲戚戚的。

全班同学：笛子。

S老师：首先同学们的这个感觉是对的，没说成是西洋乐器。我们的配乐要和课文意境结合，题目是《荷塘月色》。荷和月是我国比较传统的古典意象，但是用箫啊这些好像还不是特别合适，因为课文里“亭亭舞女的裙”和“梵婀玲上奏着的名曲”是有一些西方文化的，而且“亭亭舞女的裙”的那个“裙”是比较舒展的、圆的、亭亭玉立。第二个，同学们看老师的这个背景选的是什么颜色的？

全班同学：蓝色。

S老师：这个灵感老师来自什么地方？从刚才的“薄薄的青雾浮起在荷塘里”，老师看到一个中英文对照，把“青雾”翻译成蓝色（blue）。老师觉得特别好，“青”在字典里有三种意思：绿色、灰色和蓝色，在这儿哪个更合适是——

全班同学：蓝色。

S老师：为什么？

全班同学：夜光下的颜色。

S老师：蓝色显得——

全班同学：比较深沉、宁静。

S老师：很美。如果选绿色就稍微亮了一些，灰色又稍微暗了一些，而这个蓝色就刚好。而且blue还有一层意思，翻译成英文的时候，蓝色有什么意思啊？

全班同学：悲伤的、忧郁的。

S老师：我今天心情有点不好，blue。那为什么背景颜色用blue呢？因为作者告诉我他心情不好，在文中直接告诉我们了，哪一句呢？

全班同学：“这几天心里颇不宁静”。

S老师：对，第一句就告诉我们了，大家一起读，哪一句啊？

（学生齐读）

S老师：当然了，“颇不宁静”嘛，心情就比较忧郁了，所以老师就用了这个。

S老师在备课很充分，每一个道具都是经过静心思考的，在课堂上用起来也顺手。从最直观的感觉入手，在同学们的第一印象中埋下感情的种子，继而与课文文本联系：“这几天心里颇不宁静”。学生既懂得了文本内容，又在感觉上体验到了作者的微妙感受，可以说是与作者产生共鸣了。S老师的提问也是随着作者的情感走的，可以说每一个问题都不难，比较照顾大多数的学生，只要熟悉文本就能回答，对于有些太难的S老师也是化简了，一步一步地得到答案的，化难为简的方式让学生积极主动去思考，提高注意力。当得到老师想要达到的要求后，S老师又抛出一个问题。

（2）作者“心里颇不宁静”是通过哪些词语表现的呢？

有了作者心情感受的认知，同学们对这个问题就很好理解了。既然是词语表现，肯定要从文中找答案了，而且课文一开始就说“颇不宁静”，看来答案得从课文一开始处就找寻，老师也在提醒同学们应该怎么找寻答案。

S老师：作者“心情颇不宁静”在一开始就非常明显地告诉我们了，点明了。

但是，作者的情感有一个脉络，先是告诉我们心情不好，接下来他这个心情不好就隐秘、隐微了起来，作者的情感由显而隐。那么，同学们，现在我们就来找作者“颇不宁静”的心情是通过哪些词语表现的。我们分组谈论，右边找 1～3 段，中间找 4、5 段，左边的找最后 3 段，大家谈论，最后选一个代表来说说。（边等边浏览同学们勾画的）找出最具代表性的，最能体现作者心情的，老师看同学们勾画了许多。好，各组选一个代表来大家说说。

A 同学：“幽僻”“寂寞”“淡淡”。

B 同学：“苍茫”。

C 同学：“黑影”。

D 同学：“虽然是满月，天上却有一层淡淡的云，所以不能朗照；但我以为这恰是到了好处——酣眠固不可少，小睡也别有风味的”。

S 老师：哪里体现？

E 同学：“淡淡的云”就是作者的心里笼罩着淡淡的忧愁，“酣眠”就是宁静。

S 老师：这儿的“酣眠”是什么？

F 同学：比喻。

S 老师：指什么？本体是什么？和前面的“虽然是满月，天上却有一层淡淡的云”，所以这儿的“酣眠”是指“朗照”，“小睡”指“一层淡淡的云”。还有吗？

G 同学：“树缝里也漏着一两点路灯光，没精打采的，是渴睡人的眼。但热闹是它们的，我什么也没有。”

H 同学：“今晚若有采莲人，这儿的莲花也算得“过人头”了；只不见一些流水的影子，是不行的。这令我到底惦着江南了。”这句就是写出了作者的思乡之情，说明他思念自己的故乡。

S 老师：同学们看到结尾了，老师说刚才作者的情感原先是直接点名的“心里颇不宁静”——显，后面作者把心情隐秘起来了——隐，我们要把握的是这种隐微的情感。“到底惦着江南了”也是直接表达出来的，我们就看作者把这些情感怎样寄托在景物身上来表达出来的。同学们刚才都找得很好，从“一层淡淡的云”“薄薄的青雾浮起在荷塘里”感觉到作者的心头笼罩着一层淡淡的哀愁。我们看，“颇不宁静”的心情是全文的基调，既笼罩全篇，又碎在了各处，从开头到结尾同学们都能找到这种“颇不宁静”的心情。那么我们经常说景就是情。同学们请看，这儿“一层淡淡的云”表面上是写“云”，“薄薄的雾”是写“雾”，但是何尝不是作者的情感、心情呢？同学们，至于“颇不宁静”的这个心情到底是什么原因呢？历来众说纷纭，因为这篇文章有 70 多年了，仁者见仁，智者见智。刚才同学们提到有思乡之情、有当时大的环境原因，1927 年写的，表达了对反革命政变的愤懑。诸如此类，都是别人对它的解读。我们还是要走进文本来倾听作者的心声，那么多阐释纷纷扰扰，很可能在这里头茫然、走丢，我们不如直接走进文本倾听作者的心声。

（板书：对“4·12”反革命政变的愤怒；思想之情；家庭生活的不和谐；作为知识分子面对人生十字路口而产生的苦闷、彷徨……）

三、感受作者情感

意境是作者用情感浇筑的，从作者创设的情境中可以感受到作者的情感，与作者产生共鸣，做作者的知音。

1. 作者有什么样的内心活动？

我们要知道作者的内心活动才能了解作者此时心里在想什么，自己的感受如何。S老师在前面提问的基础上进一步走进作者的心里，提出直接面对作者的内心活动。

S老师：同学们看，这篇课文哪一自然段我们可以看出作者的内心活动啊？

全班同学：第3自然段。

S老师：好，老师想请一位同学来朗读一下。班长是哪位啊？

（班长站起来）

S老师：班长，你好！你来朗读一下可以吗？现在你就是朱自清，大家感受一下。

全班同学：好。（开始朗读）

S老师：读进去了，非常好，大家鼓掌。（掌声）找出来作者内心活动的段落，接下老师就对段中的重要句子，最能体现作者的内心感受的句子加以重要分析。

2. 最能体现作者内心活动的句子是哪句？怎么分析？

S老师：同学们看‘我且受用这无边的荷香月色好了”，作者有一段内心的独白，他说“我什么都可以想，什么都可以不想，白天一定要想的一定要做的，我现在都可以不想”，能不能听出言外之意？这儿也有一些隐微的情感，同学们能不能感觉得到他这种情感的律动啊？他说自己是一个自由的人，那在这儿有什么言外之意？

全班同学：白天的有些话可能必须要说。

S老师：非常好，你和歌德想的一样，歌德也是这样说的，歌德说：“一个人如果宣称自己是自由的，我们同时就可以感觉到他是被限制的”。有没有这种感觉，我现在是一个自由的人，同学们我们就可以揣摩出他背后的意思了，平时自由吗？是不自由的。所以，我们看一下今天这个晚上，他到这个荷塘，一个人静静地走，月下漫步，月下徘徊，这时候我们感觉他是一个自由的人，而且仿佛到了一个另一世界。这里的另一世界，就是我们课文中介绍的什么地方？大家一起说。

全班同学：荷塘。

S老师：就是荷塘，就是月色下的荷塘，或者荷塘月色这个美景，这个世界。现在老师要问一个问题了，这个荷塘是作者日日走过的荷塘啊，为什么此时此刻才感觉这片天地是我的？大家商量一下，为什么？

F同学：因为此时就他一个人，平时可能有别的人。

S老师：就是感觉一个人在这个地方，这一片天地就是我的。是这样吗？比如说这个礼堂一会儿就是你一个人，你能不能感觉到这一片天地就是我的？就是因为这个吗？

F同学：还有他的心情不好、这个荷塘是在月色下，所以感觉和平时不一样。

S老师：我们哪位同学来评价一下这位同学说的话？

H同学：我觉得作者是因为此时心情不好，所以才感觉到的，是触景生情吧。

S老师：作者心情不好，“颇不宁静”，但是到了另一世界？

H同学：作者的另一世界就是荷塘，作者在此时的心情下来到了荷塘，所以心情就会变得平静一点。

S老师：就看到了这么宁静的荷塘美景感觉心情也变得舒畅。是这个吗？还有哪位同学来说一下？为什么他感觉这片荷塘是自己的？

H同学：自己所处的年代不同。

S老师：还是联系到社会背景，不管怎么说还是和自己的心情有关，主要是心情不一样。那么也就是说，今天这一片荷塘有作者情感的介入，有作者生命的化入，作者是全身心地投入，而且这一片荷塘是作者“内心的眼”所看到的荷塘，也就是说，有一个词叫作“心如工画师”。我们的心是可以作画的，但是心里“颇不宁静”，做出来的画可能也是比较朦胧迷离的，而且既有心照，这片荷塘的景色也是由当时心情的投影，也就是说荷塘的这个美景正是作者当时心理的外化，心和物是交融的，情和景是交融的，这儿有他生命的化入。在这一层意义上，这里的另一世界何尝不是作者的内心世界？可能这个问题稍微难，我们稍微引申一下。

四、与作者产生共鸣

S老师：同学们，接下来我们再回答一个问题。另一世界相对于什么？为什么叫另一世界？相对于文中的哪个？

全班同学：现实世界。

S老师：现实世界在文中是通过什么被具体化的？同学们看，一开始作者从什么地方出来到了荷塘？是不是一开始就写“曲曲折折的荷塘上面了”？

全班同学：不是。

S老师：那是什么啊？大声说！

全班同学：在家里。

S老师：在家里推门进去，是吧？最后又怎么？

全班同学：回到了家。

S老师：带上门出去，最后又回到了家里，而且，同学们看这儿“我且受用这无边的荷香月色好了”，同学们品一下这个“且”什么意思，这片宁静只是什么？

全班同学：暂时的。

S老师：只是暂时的，他还要再回到现实世界。（板书：现实世界——家，另一世界——荷塘）作者一开始从家轻轻地带上门出去，来到这一片静谧的荷塘：另一世界，在这儿得到了片刻的宁静，感觉自己是一个自由的人，但是又被蝉声和蛙声所打断、所粉碎。作者在这时候就又一次感叹“热闹是他们的，我什么也没有”，这种超脱现实而不得的一种无奈的叹息，带上门出去后又推门进去，那么这样，这篇文章里这个“家”就有了非常丰富的意蕴，这个家可能就是一个现实世界的化身。同学们，这篇文章给我们营造了一个这样宁静的荷塘，这一片自己的天地，但是作者最后还是回到了现实世界。就好像李白的《梦游天姥吟留别》一样，梦游天姥山很漂亮的，好像自己到了神仙世界一样的，那么美好，但是梦幻般消失啊。另一世界是非常美的，但是梦幻般的美好又梦幻般地消失，那么，可能老师感觉这就是经典的魅力，这一片自由的天地何尝不是我们每一个人内心的渴求呢？是吗，同学们，向往吗？

全班同学：向往。

S老师：非常神往这一片天地。那么这一声叹息也是我们很多很多人对现实的一种无奈啊。如果同学们能对荷塘月色心驰神往，为这篇课文最后回到现实想超脱现实而不得有一声轻轻的长叹，我感觉就够了。

结　语

在《荷塘月色》这篇散文中，S老师的问题都是比较浅显的，很多都是比较简单的问题。老师照顾了大部分学生。在一问一答的过程中，老师还逐步提点，对于回答错了的同学，老师也没有加批评，只是让下一位同学来回答，以此来纠正。每一个问题的导出都是根据提问来达到的，不管问题难不难，都增加了学生在课堂上思考的时间。从整堂课可以看出S老师的教学思路：先是品味语言，品味作者语言非常美。然后想象出了一个什么样的意境，然后揣摩作者这种隐微的情感，做作者的知音。最后，可能会随作者创设的情景为之神往又为之叹息，跟他产生共鸣。本案例中使用的问题探究式教学法对今天语文课堂中存在的问题有一定的积极作用，但在使用的过程中还是存在着不足之处，有待研究者继续深究。

【案例思考题】

1. 在问题探究式教学法的使用过程中，怎么保证每一个问题都能用到实处？
2. 对于不同的文本，问题探究式教学法的使用策略有什么不同？
3. 问题探究式教学法的“问题”怎么才算恰到好处？
4. 对于人多的班级是否有效？

【案例使用说明】

1. 适用范围

适用对象：中小学老师，师范教育专业本科生、硕士生。

适合课程：老师教学技能、老师专业发展、中学语文课程教材教法。

2. 教学目的

（1）积累关于问题探究式教学法的知识和经验；

（2）掌握问题探究式教学法的方法及策略；

（3）形成问题探究式教学法的使用有效性意识，增强分析相关问题、解决问题的意识与能力。

3. 要点提示

（1）相关理论

问题探究式教学法理论；

老师专业发展理论：

老师知识和老师能力。

（2）关键知识点

提问的有效性探究，影响问题探究式教学法的因素，提高问题探究式教学法的使用策略，当前的语文教学名师课堂问题探究式教学法的范例。

（3）关键能力点

整体了解影响课堂问题探究式教学法的因素，寻找改善当前问题探究式教学法现状的策略，以促进老师指导作用与学生主体意识的发挥。

（4）案例分析思路

通过分析 L 中学高中语文课堂的提问中的方法，引导学员进一步思索如何能促进课堂上的问题探究，并以此来提高教学效率，也为学员对当前的课堂问题探究的有效性有所了解，日后可以尽量规避这些不良因素。

4. 教学建议

时间安排：中学标准课 3 节，120 分钟。布置和预习 1 节，上课讨论 2 节。

环节安排：提前 1 周利用一节时间布置预习内容→学生分为 4 ~ 6 个小组→小组查阅资料自由思考讨论→各组集体或派代表回答问题→上课展示汇报→老师点评。

人数要求：60 人以下的班级教学。

教学方法：小组讨论为主，讲授点评为辅。

工具选择：摘要卡片、多媒体、案例打印资料。

组织引导：老师布置任务清晰，预习要求明确。

提供给学生必要的参考资料。

学生课上讨论需要及时指导评价并给出建议。

活动设计建议：

（1）课前计划 3 节课，要求学生课前预习，搜集相关知识点和能力点的资料。

（2）上课前做好教学准备。将桌椅分组摆成弧形，为每个小组准备编号和姓名的桌签。每个小组提供一张小组讨论记录表，包括每个人的发言记录和综合的观点。老师准备好点评的资料和提纲。

（3）下课后老师根据课堂效果及时总结得失，以便改进后续的教学行为。

5. 推荐阅读

[1] 施良方. 课程理论：课程的基础、原理与问题[M]. 北京：教育科学出版社，1996.

[2] 王尚. 姜乐仁. 启发式教学法浅谈[M]. 武汉：湖北人民出版社，1981.

[3] 李晓文. 王莹. 教学策略[M]. 北京：高等教育出版社，2002.

[4] 郑金洲. 探究式学习[M]. 福州. 福建教育出版社，2005.

Y老师的“访谈”口语交际课教学探索

王敏[①]

【摘　要】听话与说话是人类运用语言进行社会交际的最基本的能力。口语交际能力是现代信息社会中人们必不可少的生存与发展的条件，是高中语文课程的一大板块，然而在教学实践中，口语交际教学没有得到应有的重视，所以加强口语交际教学就显得尤为重要。在目前“文化热”“国学热”的社会大背景下，M中学Y老师从对口语交际的研读和理解出发，采用独特的口语交际教学方法，以说传意，形成了高中语文口语交际的教学新方式。本案例主要是对Y老师在实施“访谈”的口语交际教学时，力求体现情境性、互动性、开放性、实践性的一次自主创新的尝试所进行的描述和展示。

【关键词】口语交际教学；访谈；方法

背景信息

在我国，中小学“升学本位主义”较为严重，口语交际教学出现偏差，教学内容和考试内容以升学为导向的现象还很普遍，只重视知识点的传授而忽视学生人文素质的培养；重老师主导而轻学生探索；教学形式程序化、单一化，忽略学生的情感特征的现象也频频出现。口语交际教学也是语文课程的一大板块，但长期以来却一直没有得到应有的重视，主要表现在教学中没有安排和设计足量的口语交际内容和活动，没有在教学中很好地实施，因而导致学生的口语交际能力比较薄弱。大语文教育环境下的这一问题，如何突破和改变就显得十分关键。

《普通高中语文课程标准（2017年版）》（以下简称“新课标”）中“必修课程学习要求”写道：“增强人际交往能力，在口语交际中树立自信，尊重他人，文明得体，仪态大方，善于倾听，敏捷应对。注意口语的特点，能根据不同的交际场合和交际目的，恰当地进行表达。借助语调和语气、表情和手势，增强口语交际效果。学会演讲，做到观点鲜明，材料充实、生动，有说服力和感染力，力求有个性和风度。在讨论或辩论中积极主动地发言，恰当地应对和辩驳。朗诵文学作品，能准确把握作品内容，传达作品的思想内涵和感情倾向，具有一定的感染力。”人教版高中语文教科书的编写充

---

① 作者简介：王敏，女，黑龙江拜泉人，黔南民族师范学院2018级学科教学（语文）专业方向研究生；导师：陈永娥副教授。

分体现了“新课标”的理念，尤其是在“表达与交流”方面进行了创新性的改变，对“口语交际”这一板块的编写，内容丰富，形式多样，既密切联系了“阅读与鉴赏”“梳理与探究”的内容，使其与之交融整合，竭力追求语文综合能力和语文素养的培养，又发挥了口语交际的相对独立性。口语交际内容的安排与其他形式的内容结合，详略得当且突出重点，同时充分地体现出口语交际的特点，利于口语交际的教学目标的实现，促进口语交际评价的内容、原则、方法的提高。

必修一至五中“表达交流”板块一共编写了五个口语交际专题：朗诵、演讲、讨论、辩论和访谈，在“阅读鉴赏”和“梳理探究”中也编写了与口语交际有关的练习。

“实用性阅读与交流”是“新课标”列出的 18 个学习任务群之一，可以说，实用性是其任务的最终目的。访谈作为交际的一种形式，它的实用性显而易见。可以提高学生理解知识、解决问题的能力，培养学生口语表达的能力。一节有效的“访谈”口语交际课既要学有所成，也要学以致用，这充分体现了“实用性”的特点，也是“新课标”的价值目标和价值取向。

访谈是交流、表达情感的一种有效途径，且十分贴近生活，如对成功人士的访谈、对竞赛者赛后的访谈、对娱乐圈中明星的访谈、对科研的调查访谈、电话访谈等。访谈的形式较多，这就更加体现出访谈“灵活性”“多样性”和“实用性”的特点了。

访谈前要做好充分的准备，这是访谈成功的必备要素之一。“访谈的准备工作主要包括：确立访谈目的、选择和了解访谈对象、设计访谈问题、选择布置访谈环境和准备记录工具等。访谈话题应紧扣访谈目的；选择访谈对象必须考虑访谈目的和实际情况；确定访谈对象后，应广泛搜集相关资料，充分了解受访者。设计访谈问题时应注意所提的问题应围绕访谈话题，具体明确，尊重受访者。”①

D 中学是位于贵州省黔南布依族苗族自治州的一所公立省级示范性高中，建校于 1905 年，历史悠久，文化底蕴颇深。D 中学积累了丰厚的文化底蕴和丰富的教学经验，坚持以人为本，坚持诚信待人，坚持教学改革，提倡教学方法百花齐放、各展所长，凝练了“立志、崇实、担当”的校训，形成了严谨求实的优良作风。D 中学多年来一直把学生全面发展放在首位，一切从学生的现实需求出发，在当地颇有名气和声望。

Y 老师是 D 中学工作两年的一名语文老师。“新课标”颁布后，这位年轻的语文老师立即认真研读，在分析和研读口语交际的相关内容时产生了很多新想法和新认识，也有很多自己的思考，对口语交际教学进行了一番思考与尝试。

① 普通高中课程标准实验教科书语文必修 5[M]. 北京：人民教育出版社，2006.

案例正文

一、现状探索

（一）问题所在

语言是人们进行沟通交流的主要方式，人们借助语言继承和传递人类文明，同时也对政治、经济、文化的发展产生重要影响。对于中学生，语言运用不仅是学习初始阶段必须掌握的技能，也影响着学生的语文素养。从多角度、多层次理解语言运用的内涵、价值，有助于提高中学生学业水平，促进教育发展和实现人的全面发展。听、说、读、写都是语言运用的重要方面，但在实际的语言课堂教学中，无论老师还是学生，大多只注重读、写，而忽视听、说。讲究口语交际教学艺术，提高口语交际教学效果，对学生口语交际学习进行高质高量地指导，培养学生的口语交际能力，这既是语文教学的需要，也是每一位语文老师的职责。

虽然 Y 老师从事教育教学工作刚刚两年，但她对语文教学充满激情。然而每到口语交际课，她就非常苦恼，因为学生们不积极参与到课堂中，不表达交流。于是 Y 老师开始思考是什么原因阻碍了口语交际教学的实施？

口语交际教学的实施为什么如此困难呢？Y 老师猜想可能既有外部因素也有内部因素。外部因素在于社会、学校和学生，内部因素就在于老师自身了。于是 Y 老师听其他老师的口语交际课，总结自己前几次的口语交际教学情况等，经过一段时间的努力探索，发现口语交际教学存在的问题主要有以下几点：

（1）社会、学校和老师普遍只重阅读和写作教学，忽视口语交际教学；

（2）老师教学方法老套，课堂教学效果不好；

（3）高考试题中涉及的题目少，分值少，老师和学生都不重视；

（4）高中阶段，更多学生变得沉默，不愿意或不敢表达和交流。

（二）原因分析

谈话是人们最常用的交际方式之一。年轻的 Y 老师平时和学生的交流还是很多的，但毕竟不能顾及每一名学生，于是课下与几名平时不爱发言的学生谈话。Y 老师问道："你们在口语交际课上怎么不爱发言啊？"几名学生你看看我，我看看你，没有人回答。Y 老师紧接着补充："我们不仅是师生，更是朋友，老师只是做个小调查，你们不必紧张，有什么就说什么。"听到这番话后，他们好似放下了心理包袱。一名男同学说："老师，口语交际课太无聊了，我不感兴趣。"Y 老师面带微笑点点头。又有一名男同学说："口语交际课的内容高考又不考，这个时间还不如多背一下古诗词呢。"Y 老师还是没有说什么，继续认真地听着学生的话。这时一名害羞的女生小声地说："老师，老师，我紧张，口语交际课上不敢表达，怕说错了同学们笑话我。"Y 老师用鼓励的眼神看着他们，师生之间的交流比较顺利。

Y 老师回想自己上高中时的语文口语交际课的情景，自己也曾是那个不敢表达的学生。高中上语文课时就存在的这些问题和原因，现在竟依旧存在。她想要转变口语交际教学的形式。

于是，Y 老师决心要提高口语交际教学的课堂效果和培养学生的口语交际能力。她通过反思自己上课的不足、向有经验的老老师请教、查找网上的相关资料、观看优质课的教学视频、查阅理论书籍等方式，分析、归纳造成高中语文口语交际课存在问题的原因主要有以下几方面：

（1）受高考影响，学校、老师、学生和家长都不重视；

（2）老师口语交际知识薄弱，专业素养不高；

（3）学生受自身生理、心理因素影响。

Y 老师不甘心，“新课标”中“学习任务群 6——思辨性阅读与表达”和“学习任务群 7——实用性阅读与交流”都强调了口语表达的重要性，但实际的教学中却难以落实。Y 老师始终秉承着“老师主导性与学生主体性相结合”的教学实践原则，以及“新课标”的基本理念。经过她的认真研究和探索，拟定了新的教学方案。她决定在 A 班级上一次“访谈”的口语交际课，一改往日死气沉沉的口语交际课堂氛围，激发学生的学习兴趣，培养学生的口语交际能力。

星期一的晚自习，Y 老师来到 A 班级，给学生们展示了口语交际在生活中的重要性的例子。

案例 1：

在贵州，很多人早餐选择吃粉，因而，大大小小的粉店随处可见。在进入粉店吃粉的客人中，有的要加煎蛋，有的要加豆干。所以，在客人点餐时，服务员也大多要问一句：“需要加煎蛋或豆干吗？”客人只能回答“要煎蛋/豆干”或“不要”，店主额外盈利的概率只有 50%。有一位聪明的店主想获得更多的利润，他想出一个好办法，让服务员换一种问法：“请问，您是放一个煎蛋，还是放一个豆干？”这样的话，把顾客的回答范围限定为“一个煎蛋”或“一个豆干”之间选择，利用这个提问和顾客无意之中的回答，大大增加了店主额外的效益。

Y 老师说道：“从这个例子中可以看出，提问也是需要技巧的，巧妙地设计提问可以增加经济效益。”

案例 2：

某公司招聘管理人员，有三位女孩应聘。总经理问他们：“你们三位各有什么特长？”

第一位女孩回答：“嗯……我……我没什么特长。”

第二位女孩回答：“我会弹钢琴，我从小就喜欢音乐，后来爸爸给我买了架钢琴，还给我请了一位老师，到现在已经学了快五年了。”

第三位女孩回答：“我也会弹钢琴，弹得还相当不错。我还会拉小提琴、弹吉他，我还会唱歌、绘画、裁缝、美容化妆，还会剪纸、叠纸人呢！”[①]

Y 老师说：“大家猜想一下总经理录取哪位女孩呢？”有的同学说第二位，有的同学说第三位。最后 Y 老师说：“总经理听了三位女孩的介绍，最终录取了第二位女孩。显然第一位女孩言语木讷，词不达意；第三位女孩言语过多，显得夸夸其谈；而第二位女孩表达准确、适度、可信，所以她被录用就在情理之中了。”[②]Y 老师又说：“这个例子说明，在交际中，恰当的口语表达能够让人占有一定的优势，得到较好的交际效果。较好的口语交际能力既是一个人言语表达的体现，也是其展现综合素质的方式。口语交际能力所体现的优势还有交往能力、沟通能力、表达能力、理解能力等，集中地反映出交际者思想的广度和深度。”Y 老师说完，很多学生都感叹没想到口语交际的影响力如此之大，口语交际的作用是不可低估的。

随后 Y 老师给学生们布置了预习任务，给学生们两天的准备时间，让学生们查阅有关“访谈”的相关资料，选择访谈对象并设计访谈问题，同时也做好成为被访谈者的心理准备。学生们都积极响应。看着学生们的兴趣被调动起来了，Y 老师觉得这次口语交际课的效果一定不错，这也给了 Y 老师一定的鼓舞。

二、解决策略

（一）创设情境

星期四的上午第三节课是 A 班级的语文课。Y 老师说：“过些天我们学校就要开运动会了，参加运动会的有你们，也还有我和其他老师。如果有校园小记者问你这次运动会上有什么收获，或者问运动员比赛的感受，或者问某位老师对这次运动会的感受，这就是对新闻事件的访谈。如果几年后你成了一位有名气的人，有人对你的成长之路很感兴趣，或者想向你咨询成功的经验，就需要对你进行人物专访。[③]或者你以后成为一名记者，也可以对他人进行采访，想不想先体验一下这些感觉呢？那我们今天就来举办一场‘超级访谈’节目。”

Y 老师采用这种开场方式，是想营造具有真实感的访谈现场氛围，将平时学生惧怕的口语交际变得更具有生活性。同时，为了调动学生的积极性，提高学生的参与度。同学们欢呼雀跃，Y 老师看到学生们眼睛一亮，露出喜悦的表情，大多数学生的兴趣都被调动起来了，Y 老师对这堂课也更有信心了。

---

① 朱一华．谈谈口语交际教学的重要意义[J]．阅读与鉴赏·教研，2007（10）．
② 朱一华．谈谈口语交际教学的重要意义[J]．阅读与鉴赏·教研，2007（10）．
③ 李苑芳．你的首场采访秀——“访谈”教学案例[J]．语文学习，2018（9）．

（二）案例指引

Y 老师先让学生们分享自己课前查找的有关“访谈”的资料，为接下来的“超级访谈”做好铺垫。

P 同学：访谈是咨询、获取信息的一个常用方法。访谈之前要做好充分的准备，包括访谈的内容和形式等；访谈中要注意语音、语速和语调；访谈后要做好整理等。

T 同学：访谈是应用写作研究的重要文体之一。

Q 同学：访谈要简明扼要地说明访谈目的，语速要控制好，不要过于啰唆，也不要过于主动，自己不能帮忙下结论等。

听了学生们的分享，Y 老师对于学生们的充分准备感到惊奇，同时也对他们的回答做出了相应的反馈。

Y 老师：同学们有没有过访谈的经历呢？

随后，Y 老师播放了一段《杨澜访谈录》的访谈视频，之所以节选《杨澜访谈录》，是因为这个访谈节目十分具有代表性，是我国电视上较早推出的访谈类节目，可以在直观地让学生们感受“访谈”的特点。学生们看得很入神，有的同学还拿出笔记本做笔记。

展示视频让学生在整体上感知到了访谈的技巧，对访谈有了初步的了解。Y 老师带领学生们重点感受访谈的问题设计，例如开场的问候、问题与问题之间的衔接、结尾的总结等。学生们回想刚刚看的视频以及做的笔记，你一言我一语，发表自己的理解和看法。

A同学：访谈前要做好充足的准备，既要选定好时间和地点，也要详细地拟定访谈提纲，这是访谈成功的前提。

B同学：在准备访谈的时候，要思考对被访者所提的问题，也可以寻求他人的帮助，集思广益，确保提出的问题有价值。

C同学：访谈时要随机应变，根据被访者的回答及时调整问题，灵活应对突发情况。

Y 老师根据学生们的发言，适时给予引导。让 Y 老师最为惊喜的是，这些技巧都是学生自己总结的，而不是自己硬塞给他们的。学生们的发挥超出了 Y 老师的预想，学生们的积极性和参与度也提高了。

（三）初次尝试

学生们最期待的环节终于到来了。

Y 老师：请一名“小记者”上台，访谈的对象是台下的任意一名同学，请这两名同学都坐在讲台的椅子上，台上已经为你们摆好了道具。访谈者与被访谈者的选择采取自愿原则，我宣布“超级访谈”现在开始。

Y 老师话音刚落，同学们就跃跃欲试，第一排的小记者率先跑到讲台上。他手握麦克风，坐在椅子上，校队健将 L 同学是他访谈的对象，L 同学也已经坐好，小记者 A 与第一位“名人”的访谈就这样开始了。

小记者 A：你觉得在校队训练辛苦吗？

L 同学：有时还是比较累的，但是我得到了锻炼，让我的运动技能有了提升。

小记者 A：你会一直坚持下去吗？或者说以后从事和体育相关的职业吗？

L 同学：我会坚持下去的，我想考一所体育大学，进行更专业性的学习。我未来想当一名体育老师，我会朝着这个目标努力的。

教室里，一场真情而别开生面的“访谈”正在进行。学生们带着“小记者”与“名人”的激情逐渐进入访谈角色，开始了“超级访谈”的展示。他们模仿电视上的访谈节目，谈话过程中有问有答。小记者 A 用笔记录，台下还不时爆发出阵阵赞许的掌声。第一组访谈结束后，为了场面更活跃，一位小主持人上台插播：“现在是广告时间，广告之后精彩继续。”台下有的同学说起电视上的广告词，有的同学还模仿了起来。Y 老师对学生们新意的“广告表演”和积极参与的热情感到吃惊。

三分钟休息过后，小记者 B 和被访者也上台了。被访者是热爱班级的劳动委员，虽然她平时不爱讲话，但是每天的卫生检查她都非常认真负责。当她坐在台上的那一刻，从她的神情中可以看出她的紧张和害怕。在小记者 B 的引领下，在 Y 老师和同学们的目光鼓励下，她费力地表达着。尽管她有的地方说得词不达意、语序混乱，但是台下的同学们并没有嘲笑她，而是时不时地为她鼓掌。Y 老师想到，之前有学生还担心表达不好被同学嘲笑的情景完全没有发生，这是多么和谐的交流氛围啊！Y 老师也没有想到会有这么好的“访谈”效果。

又有几组学生接连上台进行访谈，他们有的访谈了和朋友交往的感受，有的关于影视剧的评价，有的关于兴趣爱好，还有的关于学习方法。学生们既交流了生活兴趣，又交流了学习经验。Y 老师陶醉于眼前的交流，学生们今天的表现让她出乎意料，这令她感到欣慰，因为从这次“访谈”口语交际课她看到了学生们的另外一面，说明她的这次“访谈”口语交际课取得了一定的成效。

Y 老师看了一眼手表，距离下课还有 10 分钟。她走上讲台，对学生们的访谈表示赞赏。学生们根据刚刚的访谈，结合教材提示，和 Y 老师共同总结了访谈的技巧。Y 老师说：“同学们课下整理今天的访谈记录，没有上台展示的同学，自己设计好访谈的问题，可以课下继续‘访谈’，也是做好记录，我们下节课一起交流分享，说说‘访谈’带给你的感受。”

学生们这次的积极性很高，Y老师听班主任反馈说学生们课下也在有声有色地进行“访谈”活动，拿着小本子，礼貌地访问着事先选好的对象。Y老师听了班主任的话，心里暗暗高兴，对达到自己预想的口语交际课效果有了更多的信心。

（四）再次尝试

周五下午第一节课又是A班级的语文课，学生们早早地来到教室，每个人桌上都摆着访谈录，已经迫不及待地想开始上课了。Y老师说：“这节课请同学们自愿举手，读一下自己的访谈录，然后说说自己在这次访谈活动中的感受。”Y老师给学生们两分钟思考时间，经过上次课的铺垫，举手的学生很多。

Z同学：我在这次“访谈”口语交际活动中扮演的是小记者，我在课下对W同学进行了访谈，访谈的主题是“学习英语的方法”，内容是……访谈后我学到了很多学习英语的方法，可以应用到以后的英语学习中。虽然我在访谈前纠结了很久，始终不敢行动，但我克服了心里的恐惧感，鼓起勇气大胆地迈出了第一步，聊着聊着我就不害怕和W同学的交流了。

（Y老师和学生们为他鼓掌）

Y老师：你真棒！你勇于克服困难，能够与同学交流，这就是进步！希望你继续保持，相信你一定会越来越棒的！

B同学：我对数学老师进行了访谈，访谈后我从数学老师那里学到了一些学习数学的方法，这对我的数学成绩提高会有很大的帮助。

Y老师：B同学访谈的对象不是限于同学，而是将视角转向了访谈老师，我们大家一起鼓励他。

（师生一起为B同学鼓掌）

H同学：老师，我的访谈对象也不是同学，我是访谈了我的爸爸。他平时忙于工作，我们很少交流，昨天晚饭后趁他不忙，我对他进行了采访。我们交流了一个小时，具体的访谈内容我就不说了。我之前一直认为他不关心我，但是从交流中，我发现我的很多事他都是知道的，原来他只是不善于表达他对我的爱与关心。这次访谈拉近了我们父子之间的距离，以后我要多和他交流。

Y老师：你的思路也很开阔，希望你继续保持，并能和你的爸爸很好交流。

F同学：我的访谈录有点长，我就和大家分享一下我觉得精彩的部分吧。我是小记者，我同桌E同学是被访者1，G同学是被访者2。F同学问：作为班长，当有同学不想参加大合唱怎么办？你是如何调动那些同学的呢？E同学答：我会先去了解他们不想参加的原因，主动帮助他们解决存在的问题，并鼓励他们，和他们说明这是体现我们班团结的时刻，尽量用真情感动他们，使他们愿意参与其中。F同学问：作为副班长，你是如何协调与班长的工作的呢？G同学答：我会配合班长的工作，有什么问题我们都会商量，尽量做到最好，为同学们服务。F 同学说：你们很尽责，真是两位好班长啊！

教室里同样响起了掌声。

Y 老师：你不仅做到了和被访者的交流，还从被访者那里学到了与其他人沟通的技巧和方法，如认真倾听、尊重他人、诚恳真挚等，很不错！F同学与其他同学的访谈有什么不同？

D 同学：F 同学的访谈对象不是一个人，是两个人。

Y 老师：对，F 同学不局限于访谈一个人，而是想到访谈对象可以是多人，这点值得我们学习，所以我们的思维要灵活。

S 同学（举起了手）：老师，可以借你的手机用一下吗？我列了一个访谈提纲，我想通过电话访谈的形式对社区的工作人员进行访谈，最近我们社区在做“垃圾分类”的宣传，我想让同学们也了解一下这方面的知识。

（Y 老师微笑着将她的手机递给了 S 同学）

S 同学接过手机后，看着本子上的号码，拨通了社区工作人员的电话，开始了她的访谈……又是一阵掌声。

Y 老师：真是一位细心的小记者啊！采用电话访谈的形式，也让同学们学到了“垃圾分类”的知识，真不错！

C 同学：我是被访者，小记者 Q 访问关于“成长中的困惑“的话题，以下是我们的访谈内容……我可以流畅地说出我想表达的意思，对自己的表现还是很满意的。

Y 老师：很好！你可以和小记者流利地交流，并且在表达时很有逻辑性，继续保持。

学生们很积极，明显比以前上课更活跃了。随着一个又一个同学的分享、交流，教室里不时传出阵阵掌声。

这节口语交际课效果也不错，不知不觉又快到下课时间了。Y 老师评价这节课上学生们的表现并总结“访谈”口语交际课上应掌握的相关知识和表达技巧，这节课在愉悦的氛围中结束了。

三、反思展望

“访谈”活动被安排在人教版高中语文必修五中，学生学习这本教材时已经是高二了，可以说对口语交际的学习有了一定的基础。

高中语文口语交际可以结合阅读和写作中的内容进行，如朗读、讨论和口头作文等，以培养学生的听辨、听记、听说、听评等能力，促进学生读写能力与听说能力融为一体。Y 老师的第二节口语交际课就很好地体现出这一点，在教研讨论中得到了其他语文老师的赞许，Y 老师自己也觉得这点做得还不错。

“访谈”是口语交际的一种形式，它让学生获得了一种成就感和满足感，那就是交际的体验和感悟。学生们不仅能提高自己的口语交际能力，而且获得了书本上学不到的成长经历和人生感悟，从精神上和心理上都获得了慰藉和满足。在“访谈”口语交际课中，师生体会到了口语交际的互动性、开放性、情境性和实用性。同时，在教学中创设的平等、和谐的课堂氛围和情境，对学生们学习效果的影响也是非常深远的。有效的语文教学在于老师的正确引导，也在于学生们的积极参与，更在于学生能够学以致用。在这样和谐的氛围中，培养了学生良好的语文素养和道德修养，这也就是 Y 老师探索之路的意义所在了。

Y 老师的口语交际教学的探索之路，是一路坎坷与质疑，一路掌声和赞扬交织而成的。但是观其根本来看，Y 老师通过这次“实用性阅读与交流”的教学实践，也就是这次“访谈”口语交际课，她颇有收获。在 Y 老师的不断努力和身体力行下，A班的学生们原来的不爱思考、发言、交流的情况，有了逐步改善，不但上课氛围比以前活跃了，而且课下还经常看到他们在交谈，和其他老师的交流也变多了，班级中的口语交际氛围也较之前有了改善。教研室语文组的其他老师也慢慢尝试，让学生更喜欢口语交际课，口语交际能力也可渐渐提升。Y 老师的实际教学效果是让学生既学到知识，又提高能力，把学习知识和提高能力有机结合起来。知识有乐趣，学习有兴趣，这种口语交际教学方法有益于学生成长，也值得语文老师借鉴。

Y 老师进行反思，她意识到在口语交际课上对学生的评价较少，结合多方理论知识与实践经验，Y 老师认识到，高中语文的课程对多数学生来说难度较大，很多学生内心畏惧，加之高中学生的心理与生理的发展，在口语交际过程中容易产生紧张情绪，害怕同学笑话自己说得不好。针对这种问题，语文老师应采取的评价原则要以表扬鼓励为主，有意识地培养学生交际的信心，让学生从想说到敢说，从能说到会说。

老师首先要注意听，在认真倾听的过程中发现学生口语表达时的优点，并能够及时给予肯定和鼓励，让学生从内心激发出口语交际的潜能。当学生的表达有不足之处时，老师要适时予以引导，如：“慢慢说，相信你能说得更好。”“你说得很好，但在……稍加注意就更好了。”“你可以再读一遍题目，说得再具体一点吗？”“你说得很好，如果你能坚持不懈地练习，一定会有很大的进步。”老师用一种以人为本的评价态度，用恰当、自然的评价语言，为学生营造一种轻松、和谐的氛围，帮助学生创立自信心，克服心理障碍，从而产生口语交际的欲望。这样的评价可以让每位学生都有机会说，让学生感受到口语交际的语言魅力。鼓励的关键，是要让学生树立信心，而不是一味地指出学生的不足。老师要为学生的进步感到高兴，让学生感受到口语交际能影响周围人，体验口语交际的快乐。

情感的交流、心灵的沟通、思维的发散、素养的培养、能力的提升等都体现在口语交际教学的过程中。因此，在高中语文口语交际评价的过程中，要结合实际内容，老师可适当地融入审美元素，注意学生高尚的审美素养的培养和高雅的谈吐修养的追求。老师可以创设平等开放的口语交际评价情境，并以欣赏的态度认真倾听，让学生放下心理包袱，能逐渐敢说、能说、爱说。老师要运用恰当的语言，结合学生的具体情况来评价，融入审美元素来评价学生。在加强高中语文口语交际训练的同时，又丰富了口语交际的评价形式，也培养了学生高尚的审美情操，让学生在愉悦中交际，有利于培养学生的人文素养。

结　语

在社会高速发展的今天，倾听与表达是我们运用语言进行社会交际的最根本的能力。口语交际能力是现代信息社会中人们必不可少的生存与发展的条件。口语交际是高中语文教学中的重要内容之一，但在实际的高中语文教学中，由于多方面的原因，高中语文口语交际教学被忽视，而口语交际的评价更是没有受到重视。如果老师评价语言得体恰当，评价内容丰富多彩，评价原则多元综合，评价方法合理，能够极大地激发学生对口语交际学习的热情。

交流之中学交流，在中学阶段口语交际教学理应成为语文老师关注的重点。无论是教学中抑或是平时交谈中，口语交际的学习都应该以学生为主体，让学生的交流意愿成为交流的出发点，从现实生活中挖掘交际话题，抓住具有实际意义的交际内容，创设身临其境的交际情境和和谐的交际氛围，这样才能使学生学会以文明得体的言谈举止、豁达坚定的自信心，表现灵活、敏捷的思维力，展示五彩缤纷的情感世界，从而获得善于倾听、乐于交际、文明表达的交际素养。

为了造就一个有效的高中语文口语交际课堂，提高高中语文口语交际教学的效果，就要营造一个良好的氛围，结合高中语文口语交际教学的实际情况，充分利用相关的教学资源，采取多样的、灵活的口语交际教学和评价的形式、方法，不断提升高中语文口语交际教学的有效性。

Y 老师通过对于高中语文口语交际教学的思索和反思，找到解决口语交际教学中的重难点问题，分析成因和老师心路历程，知晓口语交际学习的必要性和重要意义，引导学生敢于口语交际、喜欢口语交际，更好地对中学培养学生口语交际能力提供借鉴。教学实践显示，Y 老师的口语交际教学方法紧扣语文核心素养，能够在全面发展的基础上对学生倾听、口语表达、阅读、写作等能力进行培养，有助于培养学生语文综合能力。

本案例虽然对高中语文口语交际教学有一定的积极作用，但在如何衡量和评价学生的口语交际的标准上仍有欠缺，是否适用于所有的高中语文教学，以及对其他的有效方法的思考与探索，还需继续研究和探索。

【案例思考题】

1. 高中语文口语交际教学容易被忽视的原因是什么？
2. 运用本案例的方法，学生的口语交际能力是否会提高？
3. 可以运用哪些口语交际的教学方法来培养学生的口语交际能力？
4. 如何对学生的口语交际情况进行测量和评价？

【案例使用说明】

1. 适用范围

适用对象：中学语文老师，汉语言文学专业、语文教育和语文课程教学论及相关专业专科生、本科生、研究生。

适合课程：（1）中学一线“语文”课程；

（2）大中专“中学语文教材教法”课程；

（3）教育专业学位研究生课程：“课程与教学论”“语文课程与教材分析”“语文教学设计与案例分析”“语文学科基础与前沿问题”等。

2. 教学目的

（1）明确当前口语交际教学的现状；

（2）提出符合新课标的口语交际教学策略；

（3）掌握口语交际的技能，培养口语交际能力。

3.关键要点

（1）相关理论

教学理论；

口语交际理论；

老师专业发展理论。

（2）关键知识点

口语交际的现状、导致口语交际尴尬境遇的因素、口语交际的训练、口语交际教学的有效策略、口语交际的评价方法。

（3）关键能力点

从宏观上了解当前高中教育现状，了解高中语文教学优势与不足，找到解决现有难题的突破口，深入了解中学生心理状况，因势利导地引导学生进入学习状态，让学生充分参与教学，充分发挥“老师主导性与学生主体性相结合”的教学原则，体现师生平等，课堂教学收放自如。

（4）案例分析思路

通过 Y 老师对于中学语文口语交际教学的思索和反思，找到解决口语交际教学中的重难点问题，分析成因和老师心路历程，口语交际学习的重要性和必要性，引导学生敢于口语交际、乐于口语交际，更好地对中学培养学生口语交际能力提供借鉴。教学实践显示，Y 老师的口语交际教学法紧扣语文核心素养，能够在全面发展的基础上对学生倾听、口语表达、阅读、写作等能力进行培养，有助于培养学生语文综合能力。

4. 教学建议

时间安排：中学标准课 2 节，90 分钟。

环节安排：提前两天让学生准备材料→观看视频和文字案例→学生进行“访谈”→交流分享→师生共同总结。

人数要求：50 人左右的班级教学。

教学方法：以学生口语交际能力培养为目标，留给学生充足时间，老师适时进行引导。

工具选择：多媒体。

组织引导：老师设置情境，要求明确；

学生存在问题时及时给予建议与帮助。

活动设计建议：课前计划 1 节课，要求学生课前准备相关材料。第一节课上课前做好教学准备，讲台上放好桌子和椅子，以及相关道具。课上“访谈”展示，老师适时引导。第二节课交流分享，老师予以点评。

5. 推荐阅读

[1] 魏书生. 语文教学探索[M]. 郑州：河南大学出版社，1990.

[2] 李景阳. 语文教学论[M]. 西安：陕西师范大学出版社，2006.

[3] 潘新和. 新课程语文教学论[M]. 北京：人民教育出版社，2005.

[4] 任新华. 新课标背景下中学语文口语交际教学的思考与探索[J]. 中学课程资源，2017（9）.

[5] 舒安娜. 交际礼仪的产生及其历史演变[J]. 郑州大学学报，1996（3）.

Z 老师口语交际教学之路探究

张星雨[①]

【摘　要】 口语交际是一种教学策略和方式，是听话、说话能力在实际交往中的应用，在当今社会的地位越来越重要。中学生培养口语交际能力可以提高他们的分析、判断、概括、归纳等思维能力，分析问题和解决问题的能力，也可以培养他们的人际交往能力，丰富自己的情感，提升个人修养。培养中学生具有良好的口语交际能力是语文教学中的重要任务，但由于高考的影响，学业的压力，老师和学生忽视了口语教学的重要性，真正去重视并认真探索口语交际教学方法的老师少之又少。Z 老师十分重视口语交际的地位，针对口语教学现状提出了一些新的方法。本案例从“开口说”“投身演”“走心评”三个环节，阐述 Z 老师口语交际教学的探索之路。

【关键词】 口语交际；口语交际教学现状；口语交际教学策略

背景信息

口语交际从字面上来看是由两部分组成的，既“口语”和“交际”。口语是指口头语言，与书面语相对。交际就是人与人之间的往来，是一种互动性的活动。口语交际是指，人与人之间借助口语进行交往、互动，它是指人们在日常生活中，根据特定的语境，为实现某种目的、借助语言进行的交流互动活动，它具有互动性、情境性、真实性的特点。而口语交际教学是指在特定的教学实践活动中，引导学生去学习口语交际知识，学习口语交际的技巧和方法，培养学生的口语交际能力。

《普通高中语文课程标准》(2017 年版) 中学科核心素养包括了“语言建构与运用”“思维提升与发展”“审美鉴赏与创造”和“文化传承与理解”四个部分，其中“语言建构与运用”就要求学生在丰富的语言实践中，通过主动的积累、梳理和整合，逐步掌握祖国语言文字特点及其运用规律，形成个体语言经验，发展在具体语言情境中正确有效地运用祖国语言文字进行交流沟通的能力。同时，在课程目标中“语言表达与交流”中，要求学生能够凭借语感和对语言运用规律的把握，根据具体的语言情境和不同的对象，运用口头和书面语言文明得体地进行表达与交流；能将具体的语言文字作品置于特定的交际情境和历史文化情境理解、分析和评价。由此，我们可以知道，

① 作者简介：张星雨，女，陕西省延安市人，黔南民族师范学院 2018 级学科教学（语文）专业方向研究生；导师：白红兵教授。

口语交际对于中学生来说确实是至关重要的。

当今社会，口语交际越来越重要，公司招聘、学校自主招生或者是其他类型的考核都会有面试。在面试的过程中，口语交际能力低下的人容易失去机会。在学习生活中，每个人也都离不开口语交际。所以不管是社会的需要、课标的规定，还是自身的发展，都要求老师在教学过程中注重对学生口语交际能力的培养。

受高考的影响，老师在教学过程中只注重阅读和写作能力的培养，高中语文课堂教学中口语交际所占比重仍不大，老师对于口语交际的教学过于死板，学生对口语交际课不感兴趣，对口语交际能力的培养重视度不高，口语交际能力普遍偏弱。

X 中学是位于陕北一所高级中学，学生整体属于中等水平，基础偏弱。Z 老师是 X 中学的一名老老师，是语文学科的学科带头人。在认真学习《普通高中语文课程标准》（2017 年版）后，深深认识到口语交际对中学生的重要性，认真学习，刻苦钻研，决心为传统的口语交际教学模式开辟一条新的道路。

案例正文

一、发现问题

新课标颁布后，口语交际能力作为语文教学的一个重要目标，理念已经被众多语文老师所接受，但是受传统教学模式影响，口语交际教学状况仍旧不容乐观。为了扭转口语交际教学弱化、边缘化的现状，提高学生的口语交际能力，Z 老师在上课之余开始在全校范围内对口语交际相关课程进行现场听课，并做好相应的听课笔记，在课下虚心同经验丰富的老老师进行讨论研究，Z 老师做了大量的调查研究后，发现以下问题：

第一，口语交际在教材中所占比例不大。高中语文必修五本课本中口语交际一共出现五次，每本书围绕一个重点进行。必修一是朗诵，必修二是演讲，必修三是讨论，必修四是辩论，必修五是访谈。口语交际的版块相较于教材其他内容来说，所占比例不大，在“高考”的压力下，老师没有更多的课时为学生开设口语交际课，学生也没有更多的机会去锻炼自己的口语交际能力。

第二，老师的重视程度不够。许多语文老师都能认识到口语交际教学的发展趋势，但是对学生口语交际能力的培养重视度不够。首先，老师在认识上认为学生日常的交流已经能够满足口语交际的教学目标，运用口头语表达情感是没有问题的，所以无须特别训练和培养。其次，受语文考试内容的影响非常大，语文考试只能考查学生的写作与阅读能力，于是老师把大量的时间放到了语文知识的教学，更直接地去提高学生的成绩，忽视了对学生口语交际能力的培养。最后，老师自身口语交际教学能力欠缺，在传统的教学模式影响下，老师擅长对学生读写技能的传授，而却没有接受过系统的、专业的口语交际教学的训练，因此不能更好地指导学生。

第三，学生而言缺乏表达的信心和能力。长期的教学实践研究表明，在高中语文口语交际的教学过程中，有些学生，上课听课效率低，一个简单的话语，需要老师重复多遍才可以理解。有些学生，在与父母、同学交流时特别积极，挺爱说话，但是一见到生人就紧张起来，不讲话了，或者还没开口说话，脸就红了。这些初中生由于自身存在的诸如自卑、胆怯等心理障碍，缺乏表达的信心和能力，不能积极、主动地参与到口语交际教学活动中，从而对其心理产生了一定的不利影响。

第四、教学活动形式单一。在高中的口语交际教学活动实施中，大部分老师的教学模式是老师照稿念，教学方法单一，并不能引起学生们的兴趣，老师将口语交际训练仅仅放在了对某篇课文的探讨和交流中，学生听老师教授一些口语交际的方法和技巧，但并没有实际的去锻炼自己的口语交际能力。同时，老师对于学生进行的口语交际没有做出很好的评价，久而久之，学生就对口语交际课堂产生了厌烦感。

功夫不负有心人，Z 老师做了大量的调查研究后，终于发现了其中的问题，Z 老师作为学科带头人，深深认识到了口语交际对于学生发展的重要性，Z 老师认为要提高学生的口语交际能力，首先老师自身就得重视起来，老师必须具备较好的口语交际能力，或者掌握一些口语交际的方法和技巧，于是 Z 老师充分利用假期在网上搜索录制的相关口语交际教学视频进行听课学习，并做好相应的听课笔记，购买了相关书籍进行口语交际教学理论化学习，并参加了口语交际的培训班，对自己进行了培训。Z 老师坚信经过自己的长期学习，在日后的口语教学课程中，学生们的口语交际能力一定会有一个较大的转变。

二、解决问题

（一）“开口说”

Z 老师认为，学生们平时在上口语交际课时之所以鸦雀无声主要是因为两个原因：一是老师在教学过程中忽略了学生的“主导”地位，课堂呈现了“满堂灌”的现象。二是老师在上课时所选的话题学生不理解，不贴近学生的平时生活，导致学生不知如何“开口说”。掌握这两个原因后，Z 老师认为紧扣这两个问题去教学，一定能转变学生对口语交际的态度。

终于到了一周一次的口语交际课，为了使学生在课堂上勇敢的“开口说”，Z 老师特别认真地准备，Z 老师认为学生只会对熟悉的东西感兴趣，Z 老师经过调查，掌握学生的兴趣点后结合课程目标，将这堂课的主题确定为《介绍自己喜欢的一首歌》，要求学生介绍一首自己喜欢的、内容积极向上的歌曲，先朗诵自己喜欢的歌词，然后告诉大家为什么喜欢。

Z 老师：同学们，你们平时喜欢听歌吗？

全班同学：喜欢。（声音洪亮，异口同声）

Z 老师：看来，同学们平时都喜欢听歌，那同学们，在你们平常听的歌中，有没有那么几首是你特别难忘的？

全班同学：有。（声音洪亮，异口同声）

Z 老师：对的，一首好的歌词就是一首好诗，它会为你启开珍藏的记忆，也会让你畅想未来。那么，同学们，你们愿意将自己喜欢的歌曲分享出来，并告诉大家为什么喜欢这首歌曲么？

全班同学：可以。（声音小）

Z 老师：那么哪位同学先来为大家介绍自己喜欢的歌曲呢？

没有人举手，课堂没有按照 Z 老师的预设发展着。Z 老师为了缓解尴尬的气氛，说道："看来同学们比较害羞，那么老师就先为大家介绍老师喜欢的歌曲吧！" Z 老师用标准的普通话声情并茂地朗诵：

长大后我就成了你
小时候，我以为你很美丽，
领着一群小鸟，飞来飞去，
小时候，我以为你很神奇，
说上一句话也，惊天动地，
长大后我就成了你，

才知道那间教室，
放飞的是希望，守巢的总是你。
长大后我就成了你，
才知道那块黑板，
写下的是真理擦去的是功利。

Z 老师接着说："老师喜欢这首歌的原因是，老师在小时候觉得老师特别了不起，学生都认为老师说的话都是真理，都想以后成为老师。但是，等到真正成为老师后，才体会到老师的辛苦，懂得了老师所要肩负的责任，而这首歌就将老师的这种奉献精神淋漓尽致地表现了出来，所以老师特别喜欢。那么，接下来有哪位同学愿意分享自己喜欢的歌曲呢？"

结果和刚才一样，并没有人举手，只有少数同学在座位上窃窃私语。学生并不配合，课堂进展并不顺利，但课还是要继续上，Z 老师按照原计划点了几个同学分享。终于熬到了下课，Z 老师留了作业，让在课堂上没有发言的同学将自己喜欢的歌曲及原因以文字的形式表达出来。

Z 老师通过反馈的作业情况发现，同学们都是有自己的想法的，而且每个人的想法都不同,那么为什么没人愿意站起来在课堂中展示呢？于是 Z 老师为此专门召开了《为何不敢“开口说”》的主题班会。在班会上 Z 老师倡导大家踊跃发言，希望学生们可以表达出自己内心的真实想法，有问题大家一起改正，有困难大家一起克服。学生们这下炸开了锅，一个男同学站起来说道：“我平时喜欢听歌，也有自己喜欢的歌，也特别愿意与同学们分享，但是，我怕我普通话说不好，分享过程中夹杂着方言，怕同学们笑我。”说完，一群学生一起附和道，说自己也是这样。有的同学说自己不敢在同学们面前发言，会紧张到说不出话来。有的同学说，怕自己组织的语言不好，同学们不理解。这些原因 Z 老师都认真地一条一条地写在了本子上，原来精心准备是输给了这些细节。

接下来，Z 老师在日后的学习生活中，利用早读的时间，让同学们用普通话认真、大声地去朗读课文，有意识地去提高学生们的普通话水平，利用课前三分钟让学生站在讲台上组织流畅的语言去分享自己喜欢的文章、自己的爱好、自己在生活中遇到的有趣的事情，等等，鼓励学生开口，让学生有信心、有勇气开口说。经过一个多月的训练，学生们的口语交际能力有所提高。功夫不负有心人，在接下来的口语交际的课堂上，同学们踊跃发言，课堂进展十分顺利。

（二）“投身演”

情境是口语交际教学的重要因素，也是语文工具性价值的体现，单纯的口语交际由于其熟悉的特性很容易让人感觉到枯燥。口语交际不仅仅锻炼学生表达能力，更锻炼学生心理、语言、知识、手势等多方面的综合能力。

Z 老师认为，口语交际不仅仅是朗诵、讨论、辩论等语文教材中设定好的内容，而是让学生在一个动态情境中，灵活把握人物关系和人物特点，更形象地掌握其中的知识点。Z 老师决定将口语交际与课文内容相结合，以编排课本剧的形式让学生更形象的掌握其中的知识点。

编排课本剧既可以调动学生们的积极性，又有助于掌握课文内容，还可以提高学生的口语交际能力，学会对人物情感的掌控，这可是好处多多啊，于是 Z 老师早早地将下次口语交际课的任务布置下去，让学生自己组织，自己当导演，全身心地去投入剧情当中去。同学们接到这个任务时特别的兴奋，大家根据自己的意愿分为了两个组，并推选出了一个主持人，将演出分《孔雀东南飞》和《祝福》两个部分，然后就紧锣密鼓地开始准备了。为了和人物贴合，同学们还在课下找了很多视频和书本的资料去丰富人物。大家兴致很高，每天中午都能看到学生利用课余时间去排练，班长还特意请来了学校摄影组的同学为他们拍照，在同学们的精心准备下，演出就要开始了。

第一组:《孔雀东南飞》选段

旁白：汉末建安，庐江县柳树村村口住着刘氏家，刘家丽质、貌若天仙，十七岁嫁给同县府焦仲卿，引起全文……

刘兰芝：呀！我就是传说中美貌与智慧并重、温柔与体贴化身——刘兰芝，我十三能织布，十四能裁衣，十五弹箜篌，十六诵诗书……

（全班同学哄堂大笑）

焦母（拄拐杖，吼道）：死哪！赶紧做饭！

兰芝（低眉顺眼并给婆婆行礼）：婆婆……我这就给你做饭，今咱吃面汤，行吗？

焦母（面朝兰芝，气壮）：面条……面条，太滑！

兰芝（委曲求全）：……咱吃包？

焦母（顿顿拐）：包……包，太腻！

兰芝（声音哽咽）：……吃饼？

焦母（白了兰芝一眼）：行！行！烙饼太硬！

兰芝（泪水充满眼眶，强忍着不流）：婆婆，您想吃啥？我给您做。

焦母（怒斥）：算了吧，笨婆娘，我焦家娶你连饭都不会做，真的是笨死了！

（兰芝听后黯然转身坐在椅子上哭，等待仲卿回来）

第二组:《祝福》选段

四爷（气愤）：快把东西弄干净，不干不净，祖宗怎么会吃？

四婶（嫌弃）：祥林嫂怎么会这样了呢？倒不如那时不留她！

四爷这种伤风败俗的人，以后是不可再用了。

四婶：唉……（摇头）

新（和蔼地）：祥林嫂，你回房休息吧。你在这，四叔不高兴。

祥林嫂（拉住新）侄少爷，你读过书，你给我说说，一个人死了后，还有没有灵魂；死掉的一家人，都能见面吗？

新（很惶然，迟疑地）：这个……也许有吧，你想见……

祥林嫂：（伤心地）我想我的阿毛，可怜的阿毛……（哭泣）

新：可是，还有……（屋内喊：阿新……）四叔叫我了，我……你先回屋歇着吧！（边走边回望）

祥林嫂：不，不，不要……阿毛……（踉踉跄跄地退下场）

画外音（阎王爷要把你锯开两边……你的罪啊，下辈子也赎不完……伤风败俗的谬种……可恶、可恶、可恶……）鞭炮声、祝福声由强渐弱，在漫天的飞雪中，祥林嫂拄着拐杖，提个破篮子，衣衫褴褛、跌跌撞撞地走着。

祥林嫂：这世上到底有没有魂灵（倒下）……告诉我，到底有没有魂——灵——

（幕闭）

同学们的表演非常精彩，非常成功，在这准备、排练、表演的过程中，同学们需要了解课文内容，协调同伴关系，真真实实地在现实情境中锻炼了自己的口语交际能力。主持人能够灵活地把控全场，表演者倾尽全力，表演生动形象。这样的活动使得学生对语文的学习更加积极，学习效果更加显著，学生的口语交际能力也在潜移默化中得到提升。

（三）“用心评”

在以往的口语交际教学课堂中，老师往往对学生的口语交际活动不予评价，学生不知道自己的口语交际能力在哪些方面有优势，哪些方面还有所欠缺，久而久之就会产生了厌烦感。Z 老师认为口语交际活动的完成需要用心评价，但老师不是唯一评价者，应该采用多元的评价模式。这种模式在这堂课就得到了运用。

Z 老师：同学们，你们觉得你们刚才的演出精彩吗？

学生（异口同声，充满信心）：精彩。

Z 老师：老师也觉得特别精彩，那么有哪位同学可以说说精彩在哪里，或者是哪里还存在不足吗。

（因为学生自己参与了此次演出，所以特别积极地举手回答）

A 同学：我觉得“焦母”演得特别好，将不喜欢刘兰芝、处处为难刘兰芝演得特别形象，使焦母这个人物特点在我的脑海中印象加深了。

B 同学：我觉得刘兰芝演得挺好，但是还存在一些不足，同学在出演时对课文进行了改编，非常有新意，但是我觉得好像与原文中刘兰芝的形象有些偏差。

C 同学（祥林嫂的扮演者）：我觉得我演得稍微欠缺了些，没有演出祥林嫂当时那种害怕、无助感，下次有机会，我会演得更好。

学生们非常热烈地讨论着、用心评价着这次演出的优缺点。Z 老师听了非常欣慰，感觉自己的努力没有白费。学生通过自我评价、相互评价，其实更容易发现自己在口语交际方面的长处和不足，优点大家可以一起学习，缺点大家可以一起改正，不但增加了学生之间的亲密度，而且在评价的过程中潜移默化地提高了口语交际能力。显然，Z 老师的这堂课是成功的。

结　语

口语交际是人与人之间最基本的交流手段，具有良好的口语交际能力，是现代公民的基本素养。口语交际对于中学生来说能够增进学生的思考判断能力，陶冶学生的情操，帮助学生更好地表达自己的情感，提升学生的个人修养，所以中学语文教育中最不能忽视对学生口语交际能力的培养。老师在日常的教学过程中应该注重对学生口语交际能力的培养，认真地、用心地去探索、去开创口语交际教学的新方法，改变传统口语交际课堂枯燥乏味的教学模式，让学生真正对口语交际感兴趣，重视对自身口语交际能力的培养，更好地提高学生的口语交际能力。

【案例思考题】

1. 导致口语交际教学边缘化的主导原因是什么？

2. 学生通过“开口说”“投身演”“走心评”几个方面是否真正能够转变学生对口语交际厌恶的心理？

3. 在口语交际教学中对于“开口说”这一环节，应该怎样去完善，使得更好衡量学生对于口语交际技能的掌握？

4. 除了 Z 老师提出的“开口说”“投身演”“走心评”的口语交际教学方法以外，还有那些口语交际教学方法？

5. Z 老师新的口语交际教学方法在当今社会存在哪些不足？

【案例使用说明】

1. 适用范围

适用对象：中学语文老师，师范教育专业本科生、硕士生。
适合课程：中学语文，中学语文教育教学，口语交际教学。

2. 教学目的

（1）明确当前口语交际教学边缘化的现状；
（2）提出符合新课标的口语交际教学策略；
（3）多方面培养学生口语交际能力。

3. 要点提示

（1）相关理论
口语交际教学理论；
老师专业发展理论；

老师知识与老师能力。

（2）关键知识点

口语交际教学当前面临的尴尬境遇，导致口语交际教学尴尬境遇的因素，突破传统口语交际教学的误区，口语交际教学的有效策略。

（3）关键能力点

了解口语交际教学边缘化的因素，寻找改善当前口语交际教学现状的策略，以推崇课堂上学生主体地位的恢复与老师教学中主导能力的发挥。

（4）案例分析思路

通过 Z 老师在对口语交际教学实施的有效策略进行探索的过程中，Z 老师从思想到行动、从社会到学校、从老师到学生进行了一系列分析调查当前导致口语交际边缘化的主客观因素，并寻找出相应的教学策略——“开口说”“投身演”“用心评”。明确显示出口语交际教学应该紧扣语文核心素养要求，不应该单单只培养学生的任何一个方面，应该在全面发展的基础上进行个性的培养。

4. 教学建议

时间安排：中学标准课 5 节，225 分钟。引导学生“开口说”2 节，课本剧表演 2 节，评价课 1 节。

环节安排：提前 1 周利用课余时间让同学们预习内容→学生分为两个小组→小组查阅资料，自行组织课本剧→课本剧表演→针对表演进行评价。

人数要求：50 人左右的班级教学。

教学方法：以学生个性发展为主，但要求不能脱离教材，老师只在学生出现困惑时进行点评

工具选择：多媒体

组织引导：老师布置任务清晰，预习要求明确。

学生存在问题时及时给予建议与帮助。

活动设计建议：

（1）课前计划 5 节课，要求学生课前预习，自行组织课本剧表演。

（2）上课前做好教学准备。将桌椅分散在四周形成一个弧形，为每个小组准备编号，在表演结束后全体进行评价。

（3）表演结束后老师询问学生在表演中存在的问题，并当场引导学生回到课本中来解决。

5. 推荐阅读

[1] 王荣生. 听王荣生教授评课[M]. 上海：华东师范大学出版社，2007.

[2] 王志凯，王荣生. 口语交际案例剖析与教案研制[M]. 南宁：广西教育出版社，2004.

[3] 李春喜．口语交际的理论与实践[M]．福州：福建师范大学出版社，2003.
[4] 李海林．言语教学论[M]．上海：上海教育出版社，2002.
[5] 李仲师．口语交际艺术与技巧[M]．长春：长春出版社，1990.
[6] 马志强．口语交际艺术[M]．北京：中国社会科学出版，2007.

X 老师在语文教学中培养学生批判性思维的探索

韩飞扬[①]

【摘　要】批判性思维是高级思维，是创新思维的基础。世界各国都非常重视批判性思维的培养，我国新课标也明确指出要“培养创新精神和合作精神”“发展想象能力、思辨能力和批判能力”。本案例主要描述了 X 老师在我国应试教育的大背景下是如何在阅读、写作教学过程中培养学生的批判性思维能力的。

【关键词】批判性思维；阅读教学；写作教学

背景信息

随着社会的发展，全球化进程日益加速，铺天盖地的信息里，如何判断信息的虚实，如何应对事件的冲击，如何调整自己的情绪……成为我们要面对的挑战，批判性思维的重要性就凸显了出来。

“批判性”（critical）源自古希腊文 kriticos，意为“辨明和判断的能力”。这种能力是一种技能和态度，它超越学科界限，任何问题都可以从批判性思维的视角来审视。

关于批判性思维的研究，在西方最早源于苏格拉底的“产婆术”。此后，经柏拉图、亚里士多德一路发展至今。20 世纪 30 年代，美国的实用主义教育家杜威强调培养学生的“探究”和“反思性思维”；20 世纪 50 年代，心理学家布鲁纳倡导“发现教学法”；20 世纪 60 年代，美国兴起“批判思维”运动；20 世纪 90 年代后，西方人认为批判思维不仅是一种思维方式，还是人格的自我完善。在我国，关于批判性思维的研究最早源于春秋时期名家代表人物公孙龙的“白马非马说”。此后，关于这方面的研究甚少，直到 20 世纪 80 年代才有学者涉足。到了 21 世纪，关于批判性思维的培养被提到一个前所未有的高度，最明显的标志是新课标明确提出教学的培养目标之一就是要培养学生的批判性思维。不仅是中国，其他国家也把批判性思维的培养作为非常重要的教育目标。

虽然世界各国都把批判性思维的培养作为一个非常重要的教育目标，我国新课标也明确提出教学要培养学生的思维能力，但许多地方的学校教学仍存在“高考考的就讲，不考的就不讲”的现象。语文的工具性与人文性完全被割裂，工具性遥遥领先，

---

① 作者简介：韩飞扬，女，广东人。黔南民族师范学院 2016 级学科教学（语文）方向研究生；导师：余成林教授。

人文性被人为放置到末尾甚至抛弃。21 世纪是信息爆炸的世纪，是人才竞争较任何时代更为激烈的世纪，如果教育仅仅是训练学生考试做题，那么质疑、发现、创新将难觅踪迹。

在这样的背景下，M 中学的 X 老师根据新课标要求，决定进行语文教学的新尝试。

M 中学是一所位于广东省二线城市的普通公立学校。学校除了本地生源外，还有外来务工人员随迁子女入学，因此学生的基础知识、能力水平参差不齐。而学生家长的教育观念、对事物的认知也存在差异。

X 老师是一个有着 8 年教龄、教学能力相对成熟的语文老师，其所带班的语文成绩在学校名列前茅。X 老师是怎么实施教学改革的呢？

案例正文

一、实践

（一）在阅读教学中培养批判性思维

思想指导行动，理论指导实践。X 老师决定培养学生的批判性思维能力后，查阅了相关书籍，发现关于批判性思维的研究虽然古今中外都有，但究竟什么是批判性思维却没有一条放之四海而皆准的定义。不过，通过阅读，X 老师总结出批判性思维至少具有以下几个特点：第一，独立性，即个体在思维过程不易受他人的影响或暗示，不人云亦云，且能做出富于个性的判断。第二，分析性，可以根据事实或条件不断进行分析、验证、肯定或扬弃。第三，反思性，即对反思的反思，就是个体对自己的心理过程、心理状态、目标任务、认知策略等的认识。第四，全面性，可以在思考或反思时进行全方位、多角度的审视，并适时进行修正。第五，创新性，即对已有的东西进行批判、辩明，从而得出新的东西。换句话说，在教学过程中，着意培养学生这几方面的能力，则是在培养学生的批判性思维能力。此外，X 老师还认真翻阅了老师教学指导总纲：《高中语文课程标准》（2017 年版，下文称新课标）。新课标明确把语文的核心素养归结为四方面：语言建构与运用、思维发展与提升、审美鉴赏与创造、文化传承与理解。同时，新课标还指出要在发展语言文字运用能力的同时，推进思维结构的发展，提高思维能力，增强思维的深刻性、严密性、批判性。换言之，培养学生的批判性思维已被新课标列为教学目标，也即变换教学方法着力培养学生的批判性思维势在必行。但如何教才能培养学生的批判性思维呢？X 老师经过几天准备后，在文本阅读教学过程中运用以下方式做了尝试。

1. 巧用提问

提问是一门艺术，恰当的提问不仅能推动课堂的进程，同时还能激发、训练、培养学生的思维品质。在上《氓》这篇课文时，X 老师在导入阶段就运用了提问法。

X 老师：诸位现在正处在青春洋溢的年纪。记录青春萌动、爱情美好的作品似乎数不胜数。请问大家知道哪些关于爱情的诗句呢？

A 同学：我欲与君相知，长命无绝衰。山无陵，江水为竭，冬雷震震，夏雨雪，天地合，乃敢与君绝。

B 同学：白居易《长恨歌》“在天愿作比翼鸟，在地愿为连理枝。天长地久有时尽，此恨绵绵无绝期。”

C 同学：《蒹葭》。这诗中有这样的句子：“蒹葭苍苍，白露为霜。所谓伊人，在水一方。”

D 同学：《关雎》。“关关雎鸠，在河之洲。窈窕淑女，君子好逑。”

学生们七嘴八舌地回答着，X 老师微笑着扫视全场并适时把控了教学方向。

X 老师：大家都非常踊跃，回答得非常好。我们今天要学的课文也与爱情有关，题目叫《氓》。《氓》这篇文章和大家刚才回答的诗文有什么不同之处？带着这个问题去阅读文章，可以从形式、内容、思想等方面去考虑。

（过了十分钟左右，有学生开始举手）

A 同学：《氓》的句子和我们刚才回答的诗文有个很明显的不同，就是《氓》通篇都用四个字来表达，而其他的有些是三个字，有些是四个字。

X 老师：可以说清楚点吗？

A 同学：像“我欲与君相知，长命无绝衰”，前一句是六个字，后一句是五个字，而且这首诗还有三个字的，所以长短不一。

X 老师：嗯，这是从句式结构上看出来的不同。其他同学还有没有别的看法？

B 同学：我认为《上邪》是抒情性的，而《氓》好像是在讲一个故事。

X 老师：用个词来表达，这是从什么来看的？

B 同学：内容。

X 老师：嗯，对。还有其他看法吗？

C 同学：我觉得作品的时代背景不同……

在学生们踊跃回答完他们所认为的不同后，X 老师把话题收了回来，说明爱情是个永恒的主题，不管时间如何流逝，人们都在以不同的方式去书写它。然后，她再借着这个总结把学生带入《氓》的深入学习过程。

尽管这次课比较有效，但 X 老师意识到这和以往的教学没有太大的差别，因为都是老师在提问，学生回答。爱因斯坦说过：“提出一个问题比解决一个问题更重要。”新课标也鼓励提升学生发现问题、解决问题的能力。那在教学中能不能促使学生提出问题，然后自己解决问题呢？X 老师经过一番构思，决定在另一个班进行尝试。

X 老师：各位同学，今天我们学习新课。（转身在黑板上写《氓》，接着指着

“氓”字说）这就是我们要学习的课文标题。大家先不要翻开书，说一说，你看到这个题目，想到些什么？或者说你有什么疑问或问题？

学生陷入沉思。一两分钟后开始有人举手。

A 同学：就是不知道这个题目该读 méng 还是读 máng。

B 同学：这是一个人名呢？还是一个地名？或者这是一个事件的标记性结果？

C 同学：为什么只用一个字而没有其他的修饰词呢？

X 老师发现，运用这种提问方式，学生们的踊跃度比运用前一种方法的踊跃度更高，而且由于是自己提出的问题，他们的主动学习欲望也更强。这让 X 老师大为欣喜，并在细节教学方面继续运用这种提问方式。

X 老师：《氓》里有一句话“士之耽兮，犹可说也。女之耽兮，不可说也！”。这是一个结论性句子，面对这样的结论，你有什么看法？或者你能提出什么质疑来？

A 同学：这个女子为什么会这样说？

B 同学：这个说法放在当下社会还具有适用性吗？

C 同学：这是不是在隐性承认男女不平等是合理的？

一个开放性问题激发学生提出了各种各样的与文本相关的问题。不仅如此，它还让学生自行拓展了“知人论世”中的 “世”。以往一提“知人论世”，通常只提作者所处的时代背景，目的是让学生理解作者所表达的思想、情感。但学生问题的发出，则将作者所处的过往之“世”与学生自己所处的当下之“世”结合进行对比。这是一种思维的提升，因为它由前启后进行了对比分析，再得出结论。

X 老师经过尝试发现，这种提问方式完全可以用在导入阶段、课中讲授阶段、课文总结阶段，并且大多数课文都可以采用这种方式进行提问，如《烛之武退秦师》《荆轲刺秦王》《陈情表》等。X 老师把这种提问方式称为抛砖引玉式提问法。这种提问法与传统提问法的区别在于：传统提问法是老师运用自己提出的问题这块砖，引出学生回答的内容这块玉。X 老师第二次尝试的提问法是通过老师提出的问题这块砖，引出学生提出另一个与文本相关的问题这块玉，然后在结合文本与当下社会生活的前提下，解决自己的问题。这是质的不同。

抛砖引玉式提问法有两个明显的优势：第一，促使学生独立、主动学习。因为问题是学生自己提出来的，也将由学生自己去解决。为了解决这个问题，学生要自行阅读文本并思考。第二，启发学生发散性、多角度思考，具有一定的头脑风暴特点。首先，面对同一个提问，不同的学生可以提出不同的问题；其次，不同的问题可以有不同的解答，这对学生的思维来说，具有很大的冲击性。虽然问题都由学生自己提出，但所有问题都必须以文本为基点，以逻辑为要求，即所有问题及回答都要有可以说得通的依据。

当然，在使用这种方法前，X 老师也曾有过顾虑：如果学生提的问题毫无价值或与文本相差甚远怎么办？那岂不是浪费时间？结果，经过不断实践发现，这是大多数学生可以自行解决的问题，因为学生在提出自己的问题后，要进入仔细阅读文本这一环节。当学生仔细阅读文本后，自然就能发现自己的问题毫无价值或与文本相差甚远，这样学生就会放弃原有问题再重新自我追问。换句话说，不管学生提出的问题是否有价值意义，他们都已经认真读过了文本，因为判断的做出要以认真阅读完文本为前提，所以，不存在浪费时间一说。当然在实际操作中，还是有部分学生哪怕认真读完文本也仍不能发现自己所提问题的不足或谬误，这就需要通过集体的力量来纠错、完成。

2. 小组合作

维果斯基的发展理论认为儿童围绕适宜的任务所进行的相互作用能促进儿童对概念的掌握。之所以能如此是因为儿童间的相互合作是彼此都在最近发展区内操作，从而促进了生长。据此，从维果斯基的发展理论看，年龄相近但水平程度不同的学生可以在合作中取长补短，加深对问题的理解，最后使学习质量得以提升。从思维发展角度看，高中生的思维处在从经验型向理论型过渡阶段，虽然其思维的独立性、概括性、批判性都有所发展，但仍存在片面性、表面性的情况，而小组合作则可以促进这种思维的完善、全面。从语文的学科性质看，作为人文性与工具性的融合，语文教学不仅要使学生能够领会文章的美与内涵，还要让学生掌握运用语言本身进行言语活动的各项技能，而这些技能的获得不能只靠单向授课来完成。小组合作教学则可以从听、说、读、写的角度去训练学生的能力，从而提高学生的语言实践技能。

基于以上理论，X 老师在采用抛砖引玉式提问法的同时，也运用了小组合作教学法。但在运用此法之前，她首先按“组内异质，组间同质”即小组成员按学习成绩的优、良、中、后进的级别以及情感融合度来搭配，每组成员最多不超过 6 个。组与组之间则按学生的家庭背景、个性、性别等的不同来分配。其次，引导小组成员商讨、决定各个组员的工作责任。这两点完成后才展开最关键的一步——引导学生确立学习目标或问题。

在学习目标（问题）的确立上，X 老师制定了如下标准：

（1）不能脱离所学文本。

（2）能激发人去思考或答案不唯一。

（3）能提高理解水平或让理解深入。

（4）具有一定的创造性。

（5）以上四个条件，第一个必须做到，其余三个要满足其中两个。

由以上标准可知，学生对学习目标（问题）的选定不是随心所欲、恣意而为的，他们所确立的学习目标或提出的问题，不仅不能脱离所学的文本内容，还应具有更深层的意义，比如可以促使人从更多的角度去思考等。

X 老师除了在学生学习目标上进行确立标准外，还对学生的学习次序做了如下要求：

（1）各个组员先独立思考，确立自己的目标（问题）。

（2）各组员展示自己的目标（问题），并阐述理由，其他组员对此进行评论、纠正。

（3）小组成员进行辩论确定自己本组的一个共同学习目标，并为解决它而共同努力。

（4）组员共同推选一个代表阐述本组的学习目标及探索学习所得，并接受其他组员的质疑或评判。

从以上步骤可知，X 老师的教学理念虽然让学生有了很大的自由度，但他们的学习也不是为所欲为、毫无章法的，而是遵循一条很明显的步骤线进行和展开。

> A同学：这是一首叙事诗，因为有很清楚的事件发展，所以我把文章的发展脉络当成自己的学习目标。
>
> B 同学：我认同 A 同学的想法。
>
> C同学：我把修辞当成我的学习目标，我还没搞得清楚“兴”是怎么回事。这文章里有没有用到“兴”呢？记得老师说过《诗经》里的作品都喜欢用“赋比兴”的表现手法。
>
> ……
>
> X 老师：下面我们请第二小组的代表来阐述自己的组目标及理由。
>
> 二组代表：我们组的学习目标是《氓》这篇文章的叙述线索。因为我们认为这是一首叙事诗，理由是文章开头很清楚的写了男的求爱，女的拒绝但又许以日期；文章后面写他们两个分开了；中间讲女的是怎么嫁过去的。所以有起因、经过和结果，因此是叙事诗。只是它的叙事线索可能不止一条……

以上是 X 老师在上《氓》这篇课文时运用小组合作教学法的教学片段。从上可看出，学生们可以自己找到相对有价值的学习目标。

但是，凡事都可能有例外，假如所有小组定的学习目标之和都不能达到教学的指定目标，怎么办呢？对此，X 老师也找到了自己的解决方案。

以《氓》为例，《氓》是《诗经》中的作品，具有文学常识的学生都知道《诗经》里的多数作品都采用赋比兴的表现手法，所以很容易把赋比兴作为自己的学习目标；《氓》是叙事诗也是很容易看出来的，所以把叙事线索、情感变化等作为学习目标也是很容易的。至于工具性类的，诸如字词句的理解那就更不用说了。然而对于文章表达的意义指向，或说读这篇文章要从中汲取什么等，学生就不易想到。此外，对于文章的细节问题，学生也容易忽略。比如《氓》这篇文章为什么会重复提到“淇水”？文章中为什么对男子的称呼不断变换？面对这些问题，X 老师就充分发挥作为老师的主导性作用，通过旁敲侧击的方式把学生带向问题。比如，在称呼方面，她这样表达：“大家有没有注意，整篇文章好像有不同的称谓？”学生一听，自然会去浏览全文，当看到确有不同称谓时，除了惊叹，自会产生“为什么”的疑问。接着，他们自然而然就会去寻找答案。

除了以上问题外，在实际的操作中 X 老师发现，即使老师已给了提示，以帮助并促使学生独立思考，从而提出自己的问题，也仍有组员不得要领或不作为、滥竽充数。要解决这个问题，老师在学生进入独立阅读文本并思索的时候就要密切关注每一位学生，并在组间进行巡视，以便能及时帮助或督促学生进入状态。X 老师还发现，如果小组成员架构一直是稳定的，有些组员就会出现依赖、懒惰心理。为了消除组员的这些心理，X 老师在小组初分成功后，以月为单位，对小组成员进行重新拆组，原则仍是“组内异质、组间同质”。

（二）在写作教学中培养批判性思维

作文，一直是语文教学的老大难问题。学生畏惧作文，作文内容“假大空”是一直存在的现象，因此要通过写作教学来培养学生的批判性思维则是一个更高难度的挑战。对于写作难、难写作、学生不愿写的问题，很多文章都有探讨过，总结的原因大致包括以下几方面：学生的课余生活过于单调；课业过多导致学生阅读量下降，因而文思枯竭；老师布置的作文内容令学生提不起兴趣；老师教法单一等。面对这些情况，X 老师设想出了一套自己的作文教法，并将其付诸实践。实践内容大致如下：

1. 在出题方式上做改变

学生怕作文或无法作文和生活的单调是有关系的。以当下的教育现状，要学生大量的参与课外活动显然也不现实。因此，X 老师把命题或半命题作文，改为提供有争议性的文字材料、图片、视频等材料类作文，至于题目则由学生自拟。关于文字材料的来源，可以是书上的一个故事，也可以是当下播报的事件，甚至可以是学生的日常状态。这种做法，不仅可以克服学生无内容可写的现象，还为学生如何积累素材提供了范例。

2. 在教法上做改变

传统的作文教学，通常遵循这样的程序：老师讲解如何作文—布置作文—学生作文—老师批改—老师评讲。这个程序有它的合理性，但它不能更多地发挥学生的主动性。于是 X 老师决定做一个改动：首先用一两次课，向学生全面讲授议论文（高中以议论文为主）的理论知识。然后，再按“出题—学生审题—学生作文—学生批改—学生评讲—老师评讲”的流程进行作文教学。

X 老师：“各位同学，这次作文课我们换一种上法。请看 PPT 段。

PPT 展示：秋日的夜晚，古希腊哲学家泰勒斯在草地上观察星星。他仰望星空，不料前面有一个深坑，一脚踏空，掉了下去。水虽然仅没及胸部，离地面却有二三米，上不去，只好高呼救命。一个路人将他救出。他对那人说：“明天会下雨！”那人笑着摇头走了，并将泰勒斯的预言当作笑话讲给别人听。第二天，果真下了雨，人们对他在气象方面的知识如此丰富赞叹不已，有人却不以为然，说泰勒斯知道天上的事情，却看不见脚下的东西。

2000年后，德国大哲学家黑格尔听到这个故事，想了想，说了一句名言：“只有那些永远躺在坑里从不仰望高空的人，才不会掉进坑里。”

要求：

（1）请用这个材料写一篇议论文。角度自选，题目自拟。

（2）每个人需独立思考、独立书写，不得商量、交流，限时45分钟完成。

（45分钟后）

X老师：请各组组长把作文收上来，再分发给其他组的组员进行批改。批改思路请大家看PPT。

PPT展示：批改思路如下

1. 看题目

（1）看题目是否具有完整性。文章题目要能清楚完整的表述，如果不能需进行修改并给出理由。

（2）看题目是否具有明确性。文章题目要能明确反映中心论点，不能顾左右而言他。

（3）看题目是否具有文采。文章题目的措辞用字除准确外，最好能给人眼前一亮之感。

2. 看开头

（1）看开头是否开门见山提出中心论点。

（2）看开头提出的论点是否明确、突出、自然。

（3）看开头所提出的论点是否紧扣材料。

（4）看是否对所引用材料进行了概括处理。

3. 看中间

（1）看中间论述所选取的论据是否恰当、合理。

（2）看中间论述所选取的论据是否与中心论点一致。

（3）看中间论述所选取的论据是否具有说服力。

4. 看结尾

（1）看结尾是否重申论点，也可以是提出警醒或发出号召、呼吁。

（2）看结尾表述是否简洁、明了。

5. 看书写

如有无错、漏字，就看标点符号的使用、文字书写是否符合规范等。

学生各自批改完后，再将自己批改的作文在组内交叉传阅，然后选出最好的一篇进行组内集中评改，最后把作文交还给作者本人。学生拿到自己已被批改的作文后，需认真阅读自己的文章内容及他人的批注。待大多数同学都阅读完自己的文章后，X 老师才开始从审题立意方面讲解此次材料作文的写法，并把要求学生重新誊写自己的作文当成一次作业来布置。最后，把写得好的文章贴在班里的板报墙上，以供大家学习。

通过实践，X 老师发现，运用这种教学方式具有以下优势：首先，培养了学生的独立自主性。因为每个学生都要经过独立构思、独立作文、独立批改的阶段。其次，培养了学生的合作精神及批判思维。因为每一个学生都将交叉阅读数篇被改过的文章，从中可以看到不同的立意、观点和批改意见；每一个学生都将参与同一篇文章的评改，从中感受不同观点的碰撞与交锋。

虽然，这种教学方式的好处显而易见，但是运用两节课的时间去写和讲一篇作文还是太费课时。于是，X 老师在学生们经过一次训练后，就把学生独立作文和独立批改作文的环节以作业形式来让学生去完成，在课堂上则从组内交叉传阅环节开始，直到老师评讲环节。整个环节的完成，需控制在一节课 40 ~ 45 分钟内，如此既节省了课时，又让学生获益。

3. 建立微信公众号

X 老师意识到，学生们的课外活动着实不太丰富，但在网络遍布、智能产品普及的当下，高中生们看的书也许并不多，但上网一定不少。X 老师认为，与其让学生们白白浪费时间去刷些没营养的网页，还不如让他们在有限的时间里去看自己同学的网页，以提高学习能力、提升思维品质。由此，X 老师叫自己班的学生以组为单位申请微信公众号，公众号的维护、更新由小组组员共同完成。具体操作如下：

（1）向学生提基本要求

① 要求每位组员自取网名，作为发表或转载文章的第一作者或转载者的署名使用。

② 要求每个小组的公众号每月定期更新至少 1 次，更新日期由小组成员共同决定。

③ 小组与小组间的更新日期不能相同。

④ 任何一个小组的公众号内容更新后，其他小组成员都需前往查阅并留言评论。

（2）向学生提作品要求

① 体裁不限、内容不限，可以是文字、图片、视频作品，但所有作品需符合以下要求中的其中一个：

A. 具有积极的价值追求

B. 能体现当代公民责任感

② 除诗歌外，其余文字原创作品字数需 500 字以上。

③ 转载作品需说明转载理由并做相应点评。

④ 视频和图片作品需说明创作理由。

（3）奖项

设立最佳创意奖、最佳小组合作奖、最佳个人点评奖、最积极点评者奖。凡获奖个人和团体得奖小组成员，不仅能在学期结束获得奖品，还能在学业成绩上获得相应提分。

在实际操作中，有些小组的学生采用轮流写或转载作品的方式进行公众号更新，有些采用共同协作的方式去完成，比如视频的发布就涉及拍摄、剪辑、配音、字幕等。甚至有些小组一篇文章的完成都由不同的成员共同书写完成。这样的协作，必定涉及更多的沟通和相互阅读，如此才能使文章显得流畅。

通过实践，X 老师发现运用以上方式，学生的创作热情更高涨，因为学生在写作内容上具有更多的选择性、在处理方式上具有更多的灵活性。与此同时，通过留言方式进行点评，每个学生都将看到同一作品里的几十个不同的评论，甚至是对评论的评论。如此，其思维的拓展性、延伸性、交互性都明显增强。

二、反　思

虽然 X 老师的教法取得明显的教学效果，学生们在课堂上的活跃度明显提高，但是仍有不少老师、家长对这种授课方式表示担忧，毕竟高中要面临的是高考，学校里的大多数老师从高一开始就按高考的考试要点、考试形式进行授课，像 X 老师这样让学生找寻自己的学习目标，花费大量的时间去让学生提升自己的思维广度和深度，于高考而言，有何裨益呢？对此，X 老师没有妥协，她深信，发展学生的思维比直接让学生获得知识更重要。只是为了授课任务的顺利完成，她在运用教学法时做了适当的调整，同一篇文章，一次课只用一次引出学生问题的抛砖引玉式提问法和小组合作法。再者，良好的教学效果不是只由一两个教学法就可以完成的，所以根据实际需要，她做了相应的变通。

结　语

素质教育虽获得万众期待和欢呼，但应试教育在颇受诟病的当下仍屹立不倒。素质的呼唤，面对分数的追求，仍显得苍白无力。事实上，X 老师的教学方式恰恰是素质教育的体现，也是新课标的目标。她通过阅读、写作课堂，采用新式提问法和不同于传统小组合作的教学法，有效地提高了学生的学习主动性、独立性、自觉性，同时也培养了他们的团结协作精神、拓展了他们的思维、培育了批判性思维习惯，这不正是素质教育的需求，也是当下社会对公民基本素质的需求吗？虽然本案例所提供的 X 老师的教法确实提高了学生对语文学习的兴趣，但是在高考指挥棒仍具有强大作用的当下，如何既不让学生失掉今天——高考，又不让学生没有明天——拥有思维智慧去分辨是非善恶、营造美好生活的能力，仍是教育工作者需要用心思考的问题。

【案例思考题】

1. 如何理解批判性思维?

2. 在阅读教学中,除运用小组合作法、提问法外,还有哪些方法可以培养学生的批判性思维?

3. 运用建立微信公众号的方式促进学生写作从而培养学生的批判性思维,每个学生真实参与公众号更新的可信度有多高?

4. 如何看待本案例中,X 老师所设置的、促进学生自己提出新问题的问题表达方式?

【案例使用说明】

1. 适用范围

适用对象:硕士生、博士生,教育研究者,大学、中学、小学校长及一线老师。

适合课程:教育学,学校文化,有效教学,老师专业发展。

2. 教学目的

(1)积累关于有效教学方面的知识和经验;

(2)了解和掌握批判性思维教学培养的方法及策略;

(3)形成使用、分析和评价案例的能力;

(4)培养系统思考如何有效教学以及教学着重为学生未来潜能发展的思维能力。

3. 要点提示

(1)相关理论

发展理论:最近发展区;

建构主义理论:知识观、学习观、学生观、老师观;

杜威教育理论:教育即生活,生活即教育;

陶行知教育理论:教学做合一;

人本主义心理学理论:以人为本;以生为本;

老师专业发展理论:老师情感、老师观察、老师跨专业知识、老师创新能力。

(2)关键知识点

批判性思维,批判性思维课堂教学,批判思维课外培养实施举措。

(3)关键能力点

批判性思维课堂教学组织、实施能力。

(4)案例分析思路

通过 M 中学 X 老师在阅读和写作教学过程培养学生批判性思维的教学片段,学习和掌握培养学生批判性思维的教学方法和策略,分析其可行的原因和不足,为中小学乃至大学在培养学生批判性思维方面提供范例。

4. 教学建议

时间安排：大学标准课 4 节，180 分钟。布置和预习 2 节，上课讨论 2 节。

环节安排：提前四周利用一节课时间布置预习内容→学生分为 5 个小组→小组查阅资料、走访学校和课下讨论→各组形成解决问题方案→上课汇报→课上学生研讨→老师点评。

适合范围：30 人的班级教学。

教学方法：案例教学讨论为主，讲授点评为辅。

工具选择：多媒体、案例打印资料、录音笔、录像机。

组织引导：老师布置任务清晰，预习要求明确；

提供给学生必要的参考资料；

给予学生必要的调查技能训练，便于调查工作展开；

对学生课下讨论进行及时指导并给出建议；

活动设计建议：

（1）课前计划两节课，要求学生完成案例阅读，搜集相关知识点和能力点的资料，走访案例学校或者情形类似的学校。

（2）上课前做好教学准备。将桌椅分组摆成弧形，为每个小组准备编号和姓名的桌签。每个小组提供一张小组讨论记录表，包括每个人的发言记录和综合的观点。同时，通知相关人员做好录像或者录音工作。老师准备好点评的资料和提纲。

（3）下课后老师及时总结案例教学的得失，以便改进后续的教学行为。

5. 推荐阅读

[1] 叶圣陶. 叶圣陶语文教育论集[M]. 北京：教育科学出版社，2015.

[2] 夏丏尊，叶圣陶. 文心[M]. 北京：三联书店出版社，2008.

[3] 陶行知. 中国教育改造[M]. 北京：人民出版社，2008.

[4] 杜威. 民主与教育——汉译经典丛书[M]. 薛绚，译. 南京：译林出版社，2012.

[5] 马斯洛. 人性能达的境界[M]. 林方，译. 云南：云南人民出版社，1987.

L 老师培养学生语文核心素养的探索之路

——以婉约词教学为例

龙 燕[①]

【摘 要】语文核心素养是新课改背景下对学生语文学习提出的综合要求，培养学生语文核心素养是当前语文老师的重要任务之一。语文核心素养的培养是一个缓慢的过程，其培养过程长，见效慢，要求学生树立一种终身学习的理念。本案例之所以以婉约词为例，探索语文核心素养的培养之路，是 L 老师经过深思熟虑后决定的，这是基于目前婉约词教学存在的一些问题，L 老师希望通过这样的方式，引起一线老师对婉约词教学的重视，同时探索出一条多元化的婉约词教学之路。本案例将呈现 L 老师培养学生语文核心素养的全过程。

【关键词】语文核心素养；婉约词；教学

背景信息

语文核心素养是学生语文能力的综合体现。《普通高中语文课程标准（2017 年版）》中明确指出，语文学科核心素养是学生在积极的语言实践活动中积累与构建起来，并在真实的语言运用情境中表现出来的语言能力及其品质；是学生在语文学习中获得的语言知识与语言能力，思维方法与思维品质，情感、态度与价值观的综合体现。语文学科核心素养主要包括“语言建构与运用”“思维发展与提升”“审美鉴赏与创造”“文化传承与理解”四个方面。

词，是中国古代诗歌的一种。经常听到的说法是唐诗、宋词、元曲，但并不是说词是在宋代才有的，词始于南朝梁，形成于唐，五代十国后开始兴盛，到宋达到顶峰，故而俗称宋词。词在形式上的特点是“调有定格，句有阕”。

婉约，顾名思义委婉含蓄。婉约词是一种配乐演唱的新诗体，从其出现之日起，便跟音乐相辅相成。“婉约”一词最早出现在《文心雕龙》之中，刘勰以“睿旨幽隐，经文婉约，丘明同时，实得微言”来评价《春秋》，这里的“婉约”是“幽隐”的意思。最早将“婉约”概念从诗文批评中借来评论词的是明朝的张綖，他开始强调词的含蓄委婉风格。

① 作者简介：龙燕，女，贵州三穗县人，黔南民族师范学院 2019 级学科教学（语文）专业方向在读研究生；导师：白红兵，黔南民族师范学院教授。

提到婉约词，大多数人首先想到的一定是李清照、柳永、李煜等著名词人，进而脑海中浮现出类似“胭脂泪，相留醉，几时重，自是人生长恨水长东”之类凄婉、悲凉的场面。在进行婉约词教学时，老师大多分析其意境、语言、词人情感。不可否认，进行诗歌教学时，分析这些是必不可少的，但并不仅仅是讲这些就够了。《普通高中语文课程标准（2017年版）》学习任务群中多次提及诗歌教学，体现了诗词学习的重要性，而通过诗词的学习，学生能够提高语文综合能力，培养语文核心素养。

S中学是贵州省黔东南州某县城的一所高级中学，也是当地唯一一所招收高中生的学校，该校学生水平良莠不齐，有来自乡镇中学的学生，有直接由县中学升上来的学生，学生水平差距较大，学生基础普遍较薄弱。L老师是一名由S中学毕业最后又回到S中学进行语文教学的新进语文老师，其思维与该校语文老师存在一定差异，在经过观察了解，及对《普通高中语文课程标准（2017年版）》的认真学习，深深认识到诗歌教学的重要性，同时也看到S中学语文组在婉约词教学这一块存在的一些问题，通过认真学习，不断革新，决心为婉约词教学开辟一条新的道路。

案例正文

一、发现问题

新课改背景下，培养学生语文核心素养是语文教学的一个重要任务。L老师决定从婉约词教学入手，在教学中培养学生的语文核心素养。为何要将婉约词教学作为切入点呢？这是因为在L老师长期观察下，发现婉约词教学存在一定的问题，学生在学习过程中无法很好地掌握知识点，学习效果不明显，故而L老师想以婉约词教学为切入点，力图改善婉约词教学现状，进而培养语文核心素养。婉约词教学存在的问题具体如下。

第一，传统的教学方法无法满足现今语文核心素养的培养。提起诗歌的教学，大多数老师首先想到的是让学生多读，其次就是讲解意象，最后是体会作者情感，诗歌的教学方法千篇一律。而无论是叙事诗、抒情诗、格律诗、怀古诗，抑或是豪放词、婉约词，都是用同样的方式进行教学。不可否认，这些老师在教学内容选择这方面还是进行了一定的调整，但是很少有老师会在诗歌教学时涉及言语形式，也就是没有将重心放在如何理解运用语言文字这一块，更别说进行思维的训练与发展了。

第二，学生对婉约词认识不深，甚至出现误解现象。经L老师观察了解，发现婉约词在中学阶段，甚至是整个学习阶段都没有豪放词那么受重视，也没那么多学生喜欢。喜欢婉约词的大部分是女生，仅个别男生会喜欢婉约词。他们认为婉约词多写女儿情长、离愁别绪，多是伤春悲秋，情感基调以悲为主，读起来难免觉得有些小气，格局不高，没有豪放词那种气吞山河的气势。

造成这个局面的原因有两种，一是在课堂上老师讲解不深入，在教学过程中，老师没有将婉约词的相关知识点讲解透彻，故而学生无法很好地掌握；二是学生没有认真学习。这里的认真学习并不只针对课堂上的学习，老师在课堂上所讲解的知识点是十分有限的，针对这些知识点不可能面面俱到，这就要求学生必须养成自主学习的良好习惯，课后针对这些未理解的知识点，可以请教老师，也可以自己查询相关资料。

第三，在高考中占比不大，老师和学生都不够重视。婉约词在人教版高中语文必修教材中出现在必修四第二单元。该单元以宋词为主，共收录柳永、苏轼、辛弃疾、李清照等大家的八首宋词，其中婉约词四首，豪放词四首。在人教版高中语文必修教材与选修教材中，共出现二十一首词，而婉约词占三分之二，共十四首，可见其在教材中所占比例并不低。L 老师收集整理了最近一年的语文高考试卷，发现涉及婉约词的考点并不多。

高考不考，老师在教学过程中自然也不会太重视，老师认为学生能基本理解词义，把握作者情感即可。学生在高中阶段学习任务繁重，老师没有着重讲解的地方，很少有学生会主动去学习理解，也正是在这样的背景下，形成了学生对婉约词的重视度不高的现象。

这些问题，有 L 老师在教学过程中观察发现的，也有 L 老师在跟其他地区、学校一线老师交流探讨过程中发现的，还有 L 老师在跟学生交流的过程中发现的。面对这些问题，L 老师感觉内心十分矛盾，他既想革除弊病，探索一条多元化的诗歌教学之路，为婉约词的教学出一份力，又害怕自己能力不足，力量微弱，无法冲破传统的教学模式。经过一番纠结及认真思考后，L 老师决心探究一条适合婉约词的教学方法，在婉约词的教学过程中培养学生的语文核心素养。

光说不行，L 老师决定从自身做起，L 老师在网上收集了一些一线老师关于婉约词教学的优质课程观摩学习，认真研读《普通高中语文课程标准（2017 年版）》，一有机会就去听其他老师的课，积累经验，跟一些一线老师保持联系，针对教学中的一些问题进行交流。在不断学习、积累的过程中，L 老师茅塞顿开，终于找到了一条适合婉约词的教学之路。这个教学方法主要是围绕语文核心素养的四个方面展开的。这个方法是 L 老师的设想，是一个理想化的东西，在实施的同时，需要根据具体问题具体分析，进而在教学中完善。

二、教学探索

在不断摸索学习中，学期已然过半，L 老师所教的高二年级 D 班恰好上到了必修四第二单元《柳永词两首》，L 老师决定先用《雨霖铃》来实践一下他探索的教学方法。为何先上《雨霖铃》而非《望海潮》，这是因为 L 老师认为《雨霖铃》中所表达的离愁别绪、离别之苦更符合婉约词的特点，他决定先攻克典型性较强的这一篇，看一下教学效果如何，再做调整，针对其他篇目设定不同的教学方案。

《雨霖铃》是一首十分典型的婉约词，也是婉约派代表词人柳永的经典之作。这首词将惜别时的真情实感表达得缠绵悱恻、凄婉动人，堪称抒写别情的千古名篇。

鉴于之前观察了解到的情况，L 老师决定先从作者入手，让学生了解作者，做到知人论世，进而初步认识何为婉约词。“同学们可能对柳永不是特别熟悉，初中阶段没有学过他的作品，但是喜欢词的人必然会对柳永有所了解。柳永是北宋著名词人，当时流传着‘凡有井水饮处，皆能歌柳词’，可见柳词之魅力。柳永（约 984 年—约 1053 年），原名三变，字景庄，后改名柳永，字耆卿，因排行第七，又称柳七，是北宋婉约派最具代表性的人物之一。其词多写城市风光和歌姬生活，特别擅长写羁旅行役之情。柳永是第一位对宋词进行全面革新的词人，也是两宋词坛上创用词调最多的词人。柳永大力创作慢词，将敷陈其事的赋法移植于词，同时充分运用俚词俗语，以适俗的意象、淋漓尽致的铺叙、平淡无华的白描等独特的艺术个性，对宋词的发展产生了深远影响。”

L 老师继续说道：“提起柳永，贴在其身上的标签必然有婉约派，柳永的婉约词大家可能还没有了解，但是婉约词我们之前学过，你们还记得学过哪些吗？”

刚开始班上的同学都沉默不语，把头能埋多低就埋多低，生怕老师点到自己。

L 老师也察觉到了同学们对这一块不是很了解，但是他并不着急，他给予学生适时的引导，说道：“大家回忆一下‘莫道不销魂，帘卷西风，人比黄花瘦’这类词句，看看有没有印象？”

这个时候下面响起来“哦，原来是这个”之类的声音，接着开始了讨论。

这个时候 L 老师抓住时机，继续问道：“大家读这一类的词有什么感觉？”

同学们依然只是在自己的座位上窃窃私语，没有人站起来。L 老师向大家投去鼓励的眼光，终于有一个女同学站了起来。她说道：“读这类词给人一种很朦胧的感觉，初读是一种悲切之情，深究之后才能渐渐明白作者想要表达的情感。读多了之后难免会受其影响，会有种‘感时花溅泪，恨别鸟惊心’的感觉。”

L 老师接着问道：“那与‘会挽雕弓如满月，西北望，射天狼’‘马作的卢飞快，弓如霹雳弦惊’这类的词句比起来，你们更喜欢哪一种呢？”

这时候一个男生马上起来说道：“我比较喜欢后面这一种，这类词有一种豪情壮志，能勾起内心深处的男儿血气。”

L 老师在同学们发言完毕后，总结道：“婉约词的题材多为惜春悲秋、伤离恨别，这是人性觉醒在文学中的表现，其实质是人对时光的珍惜，对生命的挚恋，对生活的热爱。婉约词有大家所说的朦胧、悲切之情，它不若豪放词那般热气蓬勃，但也能直击心灵，只要其所抒之情真切，所达之意明了，那么其格局必然也不低。婉约词更注重的是情感的表达，强调含蓄之风。”

（一）疏通文义，把握情感

L 老师让大家先把课本翻到 35 页，接着说道："诗歌的学习就是要多读，只能读了，才能培养语感，才能掌握诗歌的情感。我所说的，是综合了一些专家学者的研究成果，再加上自己的一些认识，而你们只有自己读过，才能有自己的理解。现在大家先自由读一下这首词，要抓准字音，把握节奏。"

同学们开始读起来，有的同学读得声情并茂，有的同学边读边用笔勾画着什么，有的同学小声地读。

很快大家都读了一遍，这时候 L 老师要求学生齐读这首词。为了让学生读准字音，正确把握节奏，L 老师将《雨霖铃》用多媒体呈现出来，并让大家在课文中划分好停顿的地方，呈现效果如下：

雨霖铃

柳　永

寒蝉/凄切，对长亭晚，骤雨/初歇。都门/帐饮/无绪，留恋处，兰舟/催发。执手/相看/泪眼，竟无语/凝噎。念/去去，千里/烟波，暮霭/沉沉/楚天阔。

多情/自古/伤离别，更那堪，冷落/清秋节！今宵/酒醒/何处？杨柳岸，晓风/残月。此去/经年，应是/良辰好景/虚设。便/纵有/千种风情，更与/何人/说？

在同学们都读完之后，L 老师用多媒体播放音频版《雨霖铃》，让同学们感受这首词的停顿之处，品味语言，体会其中包含的情感。

在读了三遍之后，同学们对这首词有一定的了解，接着再来品味词的语言。L 老师先是让同学们画出词中出现的意象，然后再大家一起来学习。

L 老师使用多媒体放映出"寒蝉凄切，对长亭晚，骤雨初歇"，然后让学生根据其中意象来理解这一句描写了什么。

有了刚刚的课堂互动，同学们的积极性较刚开始上课时高了很多。短暂思考了一下，便有同学举手发言。

A 同学：这里面有"寒蝉""长亭""骤雨"这三个意象，从"寒蝉"便能够知道描写的季节是秋天，而"长亭"多用于描写分别，"骤雨"则表明了此时的情景是刚刚下过大雨，从这就可以知道描写的是秋天离别之时。"

B 同学：这里的"骤雨初歇"描写的是大雨刚刚停下来，为离别之情更添一份感伤。

L 老师对两位同学的回答表示认同，表扬了他们。接着 L 老师补充道："蝉是出现夏末秋初，在这里它首先是表明了季节，而秋后的蝉是活不了多久的，再添一个'寒'字，使之更为悲凉。这句词描绘了一幅长亭外骤雨刚刚停下，蝉声悲鸣的景象，此景更显离别的悲凉之情，氛围多含悲戚之意。”

接着 L 老师使用多媒体放映“都门帐饮无绪，留恋处，兰舟催发。执手相看泪眼，竟无语凝噎”。接着 L 老师提问：“这一句又表达了什么样的情感呢？”

经过刚刚的回答，再加上老师的肯定，现在已经有同学跃跃欲试了，L 老师环顾四周，点了一个平时不是特别积极，相对来说有一点内向的 Q 同学来回答这个问题，他希望多给 Q 同学一些锻炼的机会，让他学会表达，找到信心。

Q 同学有点羞涩地站了起来，用不是特别自信的口吻说道：“这一句中，我只找到了‘兰舟’这一个意象，这句话给我感觉就是有些依依不舍，但又无可奈何，最后只能相顾流泪。”

L 老师先是对 Q 同学的回答表示肯定，给予他鼓励，接着又问道：“你是从哪里感受到依依不舍和无可奈何的呢？”

Q 同学沉思了一会儿，说道：“我是从‘留恋处、兰舟催发’这里感受到的，词人留恋，不舍，不想离去，但是船家却又在催促着，要走了，词人自然也只能跟着走了，所以说是无可奈何。”

L 老师：“回答得很好呢，长亭外的送别宴也无心享用，而心中纵有无限留恋不舍，当船家催促时，却又不得不走。再结合上一句的所描绘的场景，就有了‘执手相看泪眼，竟无语凝噎’的场景。”

接着 L 老师用多媒体放映出“念去去，千里烟波，暮霭沉沉楚天阔”，说道：“这一句，描绘的又是怎样的场景呢？”

Z 同学立马就举手了，他答道：“这一句是词人所想象出来的，他想着他去的地方，是无边的江水，云雾是浓重的，天空是广阔的。”

L 老师：“描绘的确实是这样一幅天地广阔，江水无边的场景，那么词人将它放在这个位置有什么作用呢？单单只是写景吗？”

同学们只是在下面交流，没有人起来发言，但是依稀听到有同学说是不仅仅是写景，还抒发了词人的情感。

L 老师接着说道：“刚刚听到有同学小声说，不仅是写景还有抒情，在诗歌里景和情通常都是相互联系的，写景很多时候就是为了抒情，那么在这里抒发了词人怎样的情感呢？”

L 老师继续引导：“结合前面的内容，词人是十分悲凉的，是留念的，不舍的，但同时也是无可奈何的。再结合即将要去的地方，词人对自己的前途是迷茫的，而这种江水无际，暮霭沉沉，海阔天空的场景让词人更加找不到方向。现在大家再想想，能体会到词人所要表达的情感了吗？”

同学们经过讲解似乎明白了一些，有的同学虽然依旧存在困惑，有的同学则想要证实是否和自己所想一致。W 同学站了起来，说：“那是否可以理解为词人面对这次离别内心十分不舍，却又无计可施，他前途未卜，内心的愁绪也如同这江水，这楚天一样无边无际，心情则如同云雾沉沉？”

L 老师对该同学的理解感到十分意外，也倍感欣慰，虽然这个班级的底子不是很好，但是同学们大多勤奋好学，思维也转变得快。他说道："可以这样理解，这一句在这里起到连接上文、引出下文的作用。如果单单拿出来理解是理解不通的，结合上文，词人由眼前所见之景，联想到之后的情景，所要表达的就是他内心迷茫不知、愁绪万千的情感。"

L 老师继续放映"多情自古伤离别，更那堪，冷落清秋节"，说："自古以来多情的人的是感伤离别，我也一样，只不过'更那堪'，又恰逢冷落凄清的秋天，为这离别更添愁绪。突出的是离别逢秋，愁绪更浓。"

接着 L 老师放映"今宵酒醒何处？杨柳岸，晓风残月"，说道："这一句受很多人称赞，究竟好在何处？为什么有那么多人称赞？分为四人一组讨论一下，大家可以从意象出发，认真品读。"

同学们前后相互讨论交流着，声音先是很大，接着慢慢变小，直至没有。这时 L 老师提出让大家起来分享一下讨论结果，不一会儿就有学生举手了。

H 同学：从这一句中，我们小组找到了"杨柳""晓风""残月"这几个意象，"杨柳"多用于送别诗中，而"柳"与"留"同音，有留之意，"晓风"则给人一种冷清、凄凉的感觉，"月"表团圆，而"残月"则表不团圆，分别之意。

J 同学：这里为词人更添了一层凉意，晓风、残月皆有破败凄凉之意，营造了一种离别的愁绪，让词人更添愁思。

K 同学：这一句是寓情于景，情景交融，写景为了抒情，抒发词人心中依依不舍，却又无可奈何，以及对前途迷茫的情感。

L 老师对同学们的回答十分满意，他完全没有想到同学们的理解能力这么好，课堂氛围也不错。他先鼓励了这些发言的同学，对他们的回答表示肯定，接着再进行总结。

L 老师用多媒体放映出这首词的最后一句"此去经年，应是良辰好景虚设。便纵有千种风情，更与何人说"，说道："现在请大家谈谈词人为什么要以这一句作为结尾。"

此时学生的学习兴趣并不是很高，没有学生主动发言，仅有一些小声的议论声。L 老师也不着急，继续引导同学："词人是在跟心爱之人依依告别，我们先来体会一下这一句的情感，此去相别，即使是良辰美景于我而言都如同虚设，纵有千种风情，万种情意，我也无人诉说啊！这一句表达的是怎样的情感呢？"

F 同学：词人对离别的不舍之情，离开之后有种食不知味的感觉。

L 老师：是啊，词人仅用这一句就表达了"余恨无穷，余味不知"的感情，同时这也是全词感情的一个高潮部分，词人以孤寂落寞之情收束全诗，既突出了前景渺茫，又表露出余恨无穷的哀怨。

L 老师：整首词到这里已经可以说是学完了，学生对词的大意，以及词人想要表达的情感都有了一定的把握。接下来我们继续学习这首词的表达技巧，了解其学习意义。

（二）以语言为基础，培养学生语言理解与运用能力

L 老师让同学们四人为一组，前后桌自己交流学习，探讨："这首词在语言方面有何特点？"

同学们都在交流学习，L 老师边走边观察同学们讨论的情况，遇到不怎么讨论，或者不会的时候会走过去加以引导，渐渐地讨论声音变小了。L 老师鼓励已经有想法的同学站起来分享他们的讨论结果。

T 同学：我觉得这首词的语言十分优美，画面感强。

L 老师：读这首词确实可以联想出画面感，语言也是十分优美，那么它优美在何处呢？

T 同学：（思考了一会儿）我比较喜欢"杨柳岸，晓风残月"这一句，像杨柳、晓风、残月这样的语言读起来十分上口，透过这些意象又能感觉到词人内心的愁思愁绪。

L 老师：（给予 T 同学赞扬的眼神）还有没有其他想法呢？有要补充的吗？

M 同学：表达情感十分准备，像寒蝉、长亭、杨柳、残月这类语言，表达出一种十分悲凉、凄切的离别之情。

L 老师对学生的回答给予了肯定，在大家都发言完毕之后，做了一个总结："这首词的语言十分优美细腻，用词恰当，能够很好地表情达意。比如刚刚同学提到的'杨柳'，其泛指送别，出自《诗经·采薇》'昔我往矣，杨柳依依'。我们在学习的时候，不仅仅要理解，还应该要学会运用，我们不仅要学习婉约词这种准确恰当而又优美无比的表达方式，还要学会加以运用，可以运用于平时的表达交流，也可以运用于写作。在表达观点时必须要有很强的说服力，表达观点要求准确、突出、鲜明；在引经用典时一定要追根溯源，找到其最早的出处；而在表达情感时，可以适当运用一些唯美细腻的语言表达自己的情感，不能总是一味地运用简单朴素的语言。同时我们还可以学习婉约词这种借景抒情的表达方式，无论是环境还是人物，都是为了给后文充分抒发自己的感做铺垫和衬托。语言方面就讲到这个地方，希望大家学过之后不要就丢下了，而是要运用起来。"

（三）基于文本，促进思维拓展

L 老师：现在我们一起来看一看这首词有哪些意象？

全班同学：寒蝉、长亭、骤雨、兰舟、酒、杨柳、晓风、残月。

L 老师：大家都找得十分准确，我们再一起来看看这些意象，"寒蝉、长亭、

骤雨、兰舟”这些意象有什么特点？

B 同学：这些都是词人看到的意象，是实景。

L 老师：（点了点头）那“酒、杨柳、晓风、残月”这些意象呢？

H 同学：这都是词人想出来的，是虚景。

L 老师：（微笑着点了点头）前面一部分是写实景，后一部分是写虚景，那么词人是怎样将其联系起来的呢？

这时候课堂上声音小了很多，没有同学主动举手，只有一两个声音念道：“念去去，千里烟波，暮霭沉沉楚天阔。”L 老师向发出声音的同学投去鼓励的目光，接着说道：“这里词人巧妙地运用了‘念去去，千里烟波，暮霭沉沉楚天阔。’这一句将实景逐渐转向虚景，起到承上启下的作用。”

接着 L 老师又说道：“柳永在上阕中运用‘寒蝉’‘长亭’‘骤雨’‘兰舟’四个意象渲染了离别时凄凉的意境，又在下阕连用‘酒’‘柳’‘晓风’‘残月’四个愁情意象烘托出离别后的悲凉意境，上下阕虚实的结合，中间运用一句话来连接上下文，使得这首词的结构十分完整，富有逻辑性。词人以离别前、离别时和离别后三个时段为序铺叙离别的场面和情境，有条不紊地展开叙事抒情，结构饱满。而这也正是我们要学习的地方，不管是说话还是写作，都需要条理清晰，逻辑结构完整。不知道大家有没有这样的感觉。大家先一起来读一下这首词，再仔细地感受一下其中的情感以及蕴含的逻辑思维。”

（四）学习诗词，传承优秀传统文化

L 老师：学习了这首词，大家对婉约词有了一个大致的了解，大家总结一下婉约词有哪些特点呢。

Z 同学：语言优美、富有意境、结构完整、逻辑性强。

J 同学：读起来十分顺口。

X 同学：十分含蓄。

L 老师对学生的回答十分满意，给予同学们鼓励。他看了一下手表，发现没多少时间了，便总结道：“婉约词是中国古代文学优美风格的代表，其语言美、音韵美、意境美、情感美，感人之切，动人之深，将‘诗中有画、画中有诗’的境界完美的展现。而婉约词在语言、结构、意境、风格等艺术表现方面也十分讲究。面对这样的诗词我们要多读、多学、多品。”

（五）巧留作业，促进学生审美发展

作业是辅助老师检验学习成果的一种手段，不仅可以巩固课堂所学的知识，也可以知道学生对于知识的掌握程度。L 老师想，仅靠这一节课学生是无法培养审美能力的，而婉约词的教学不能仅仅局限于课堂。因此在课堂快要结束时，L 老师布置了课后作业：运用所学知识，课后自己先学习柳永的另一首词《望海潮》，从语言出发，读准字音，把握节奏，体会情感，学会运用文中表达方法。

结 语

语文核心素养的培养不是一朝一夕就能完成的事，也不是说仅仅依靠婉约词的教学就能培养学生的语文核心素养，笔者希望通过婉约词的教学，能够促进学生的语文核心素养的培养。婉约词因题材受限以及多表达个人生活情感而不被人重视。又因年代久远，不容易被理解而使学生产生反感情绪，学习效果并不好。笔者希望通过此次探索能够让学生体会人物因时因事而产生的复杂心理，感受婉约词的语言美、思维美、情感美和文化美，进而培养学生的语文核心素养。

【案例思考题】

1. 婉约词教学存在一系列问题的主要原因是什么？

2. 学生通过这样的教学方式，是否能够正确地认识婉约词，以及提高对婉约词的重视？

3. 婉约词教学中“疏通文义，把握情感”这一环节是否存在问题？应该怎样去完善才能使学生更好地理解知识点，从而达到培养语文核心素养的最终目的？

4. 除了 L 老师案例中的婉约词教学方法以外，还有哪些婉约词的教学方法能够促进学生的语文核心素养的培养？

【案例使用说明】

1. 适用范围

适用对象：中学语文老师，师范教育专业本科生、硕士生。

适合课程：中学语文，中学语文教育教学，戏剧教学。

2. 教学目的

（1）明确当前婉约词教学存在诸多问题的现状。

（2）提出符合新课标的婉约词教学策略。

（3）在帮助学生理解文义，把握情感的基础上，帮助学生培养语文核心素养。

3. 要点提示

（1）相关理论

语文核心素养；

婉约词相关理论；

老师专业发展理论；

老师知识与老师能力。

（2）关键知识点

培养学生语文核心素养是当前语文教学的一大任务，面对当前婉约词不受重视，学生无法正确理解的现状，L 老师力求以培养学生语文核心素养为基础，力图改善婉约词教学现状，探索一条促进学生语文核心素养的婉约词教学之路。

（3）关键能力点

了解婉约词教学现状，寻找改善当前婉约词教学现状的策略，以促进学生语文核心素养的培养。

（4）案例分析思路

通过 L 老师在基于语文核心素养培养的前提下，对婉约词教学实施的有效策略进行探索的过程中，L 老师从思想到行动、从社会到学校、从老师到学生进行了一系列分析调查，了解到当前语文核心素养培养的重要性，发现婉约词教学存在的问题，寻找出一条基于语文核心素养培养的婉约词教学之路。

4. 教学建议

时间安排：中学标准课 2 节：80 分钟。穿插背景，疏通文义 1 节，如何培养学生语文核心素养 1 节。

环节安排：提前 1 周利用早读课让同学们预习内容→学生分为 10 个小组→小组查阅资料，提前预习，了解婉约词。→课堂上与同学们一起疏通文义→培养学生语文核心素养→将所学知识运用于实际→针对知识点进行考察。

人数要求：50 人左右的班级教学。

教学方法：以学生个性发展为主，但要求不能脱离文本，老师提出问题，学生自主、合作、探究学习，老师在学生有疑问时帮助解答，老师承担引导者的角色。

工具选择：多媒体。

组织引导：老师布置任务清晰，预习要求明确。

学生存在问题时及时给予建议与帮助。

活动设计建议：

（1）课前计划 2 节课，要求学生课前预习，课堂中认真探讨，积极回答问题。

（2）上课前做好教学准备。老师对学生现阶段对婉约词的认识，及对语文核心素养的培养方面有一个了解。

5. 推荐阅读

[1] 胡益民，杨景龙. 婉约词精华评析[M]. 北京：解放军出版社，2002.

[2] 王荣生. 语文科课程论基础[M]. 北京：教育科学出版社，2014.

[3] 王国维，范雅. 人间词话[M]. 南京：江苏人民出版社，2016.

[4] 中华人民共和国教育部制订. 普通高中语文新课程标准[S]. 北京：北京师范大学出版社，2017.

[5] 陈立红. 婉约词全鉴[M]. 北京：中国纺织出版社，2017.

X老师运用抛锚式教学法优化应用文写作教学的探索之路

雷梓兰[①]

【摘　要】应用文是一种实用性很强的文体，可以说我们在现实生活中离不开应用文，但是，由于各种考试中较少涉及应用文写作，应用文教学在高中教学中颇不受重视，老师多采用“讲格式+举范文+模仿写”的教学模式，企图让学生通过写作知识和范文的学习提高写作技能。而这种灌输式学习方式，不利于调动学生的积极性，不利于知识内化，易导致课堂教学死气沉沉。这一局面使熟悉教育学理论的X老师忧虑万分，他博览教育学书籍，将焦点放在建构主义教学理论体系下的抛锚式教学法，力图将这一教学法运用于应用文写作教学中，继而探索出一套“创设情境—提出问题—自主学习—合作学习—效果评价”的“五步教学法”，从而克服惰性知识，使学生真正掌握这一实用性文体。本案例全景式地描述了X老师的探索过程。

【关键词】应用文；抛锚式教学法；高中写作

背景信息

应用文一词语出清代刘熙载的《艺概·文概》：“文有辞命一体”，“辞命体，推之即可为一切应用之文”。但是目前关于应用文的概念，写作界并没有形成严格统一的定义，一般来讲，应用文是指“各级党政机关、企事业单位、社会团体以及人民群众在日常生工作、生产和学习中，办理公务及个人事务，或沟通关系所使用的具有直接实用价值、使用惯用格式的一种文书”。

应用文最突出的特点是其实用性，它主要为解决日常生活、工作、学习中的问题而产生，是为与特定对象进行沟通而写，强调实用价值。正是应用文独有的实用性，决定了其教法与其他文体的教法有所区别，应当理论联系实际，以帮助学生解决实际问题为纲。

纵观国内应用文教学现状，老师多采用“讲格式+举范文+模仿写”的教学模式，企图让学生通过写作知识和范文的学习来提高写作技能。而这种学习方式，相较于提高学生解决实际问题的能力来说，更重视理论知识的传授。长此以往，学生不能领会

---

① 作者简介：雷梓兰，女，四川绵阳人，黔南民族师范学院2019级学科教学（语文）专业方向在读研究生；导师：白红兵，黔南民族师范学院教授。

这一文体的独特魅力，学习积极性受到打压，导致课堂教学死气沉沉。X 老师对这一现状忧虑万分，他是 A 中学一位年轻老师，对于教育事业有着饱满的热情，不足之处是欠缺经验，对教材的整体把握和课堂的驾驭能力还有待提升；优势是有理想、有热情、有闯劲，喜欢阅读教育学书籍，用理论来武装自己，坚信优秀的老师要学会使用科学的教学方法，且乐于尝试各种方法，目前教法尚未定型。通过查阅大量书籍，他将目标聚焦于建构主义理论下的抛锚式教学方法。

抛锚式教学法的核心要素是“抛锚”。何为“抛锚”？提起这样一个词语，人们的第一反应大多是“汽车抛锚”。在《汉语大词典》中，抛锚的解释为“投锚水中使船或其他水上浮动工具泊定”。在教育领域里，我们所要研究的“抛锚”是与“投锚于水中使船或其他水上浮动工具泊定”这样的意思相关联的。这种教学方法是指在实际情境或模拟的真实情境中提出一个问题，这一问题被比喻为“锚”，学习和教学活动都是围绕着“锚”来进行的，如同轮船被锚固定一般。抛锚式教学的主要目的是将学生置于一个完整、真实的学习背景中，学生产生学习的需要，并通过自主、合作学习的方式，来完成从识别目标到提出再到达到目标的全过程。

X 老师检索到这一教法的关键词“真实情境”“合作学习”“自主学习”，惊奇地发现这一教学方法不仅与应用文的文体特征相吻合，还契合新课标“自主、合作、探究”的教学理念，他为此感到兴奋不已。

通过进一步深入了解该教法，他将“抛锚式”教学过程具体分解为“抛出问题、学生自主学习、老师辅助指导、学生成员之间进行合作解决问题、展示学习成果，老师进行点评”等步骤。X 老师认为在高中语文应用文写作教学中适合将“抛锚式”教学法分解为如下步骤：

（1）围绕教学目标，创设情境。

（2）提出问题，抛设“锚点”。

（3）自主学习，形成个性体悟。

（4）合作学习，对话交流。

（5）成果展示，师生评价。

经过慎重考虑，X 老师决定尝试将该教法运用于他所在的 A 中学。A 中学是位于贵州地区的一所文化底蕴深厚、历史悠久的高中。学校秉承“一切为了学生，为了学生的一切”的教育宗旨，在全校师生员工的努力下，近年来 A 中学高考升学率屡创新高，呈现明显的上升趋势，给了全体老师极大鼓舞。

案例正文

一、发现问题

应用文是一种具有较强实用性的文体，它在人们的社会生活中占有重要的地位。人们可以利用应用文进行事务处理、信息传递和情感交流等，高中生的日常学习生活离不开应用文。应用文写作教学是高中语文教学中不可缺少的重要组成部分，培养高中生应用文写作的能力是语文老师应该承担的责任。

然而，X 老师观察发现，许多学生在面对应用文写作时无从下笔。为此，他对这一问题产生了浓厚的兴趣，不禁思考：造成应用文写作窘境的原因是什么？通过调查，发现原因是多方面的：教材的编排不合理、高考引导不够、学生缺乏兴趣、老师不够重视等。作为一名一线老师，X 老师暂时不能改变宏观大局，但是他善于反观自身，通过完善应用文写作的教学方法来提高语文教学水平、调动学生的积极性，也有助于形成自己独特的魅力和教学风格。

传统的灌输式教学采用“讲格式+举范文+模仿写”的教学模式，试图让学生通过写作知识和范文的学习来提高写作技能，片面追求分数的提高导致学生解决实际问题的能力有所欠缺。

如果不做任何改革，仅以升学为唯一导向，无疑与新课标的要求背道而驰，也不利于学生的长足发展。为此，X 老师力求在应试需求和素质教育中找到一个平衡点，既要把升学需求放在首位，又要提高学生处理实际问题的能力。

在这一价值取向的指引下，X 老师满心憧憬地走上了变革之路，但是这条道路却比想象中更加崎岖。抛锚式教学法是通过创设一个完整的、真实的情境，学生在这一情境中发现问题并产生学习的需要，并通过小组合作的方式解决问题。运用这种教学方法无疑有利于提高学生解决实际问题的能力，可是应用文是一种格式性很强的文体，有其特定的格式、称谓、语气。面对这一现象，是否传统的讲解教学更为适宜呢？X 老师陷入了沉思。

在深深地思索之后，X 老师茅塞顿开：实践与理论并不冲突！抛锚式教学法并不是只注重学生实际能力的培养，也贯穿了理论知识的学习，老师并不是完全退居幕后，而是起到“脚手架”的作用。学生在自主学习、小组合作的过程中会迸发各种奇思妙想，这是被允许的。但同时老师应当讲解应用文的标准格式，进行理论知识的传授。这样做或许比传统课堂更耗费时间，但“理论+能力”比“单纯理论”更能让学生举一反三，比如他们掌握了写请假条的方法，也就容易写求职信、申请书等。

抛锚式教学法这一几十年前的教学方法与当今的新课标提倡的理念出奇吻合，因此前人在此基础上也做了大量探索，将这一教学方法应用于数学、物理、英语等学科领域，但语文应用文写作方面的研究却屈指可数。

X 老师深知这是一种机遇，也是一种挑战！

二、教学探索

适逢在 D 班讲授求职信，X 老师决定以此作为他的初步探索，X 老师按照抛锚式教学法的理论将教学过程分为以下五个步骤：

（一）创设情境——锚的设定

抛锚式教学模式中的“锚”应该是与本课学习紧密关联的真实且亟须解决的问题，且应用文具有一定的实用性，所以X老师选择了现实生活中具有一定实用性的真实案例。他向学生提供了该市××学校招聘语文老师的一则真实的广告，学生快速浏览广告，提取关键信息，回答有关招聘信息的相关问题。

他说道：“同学们！现在假设你们是应聘者，请你们告诉老师，你们读到了什么信息呢？”招聘广告的文字简明扼要，这对高中学生来说非常容易，不一会儿，同学们便踊跃发言。

A同学说道：“这是一则招聘语文老师的广告，并且对应聘者提出了一定的需求，首先需要是师范学校毕业的汉语言文学专业学生，其次需要是本科及以上学历，再有必须取得老师资格证。”X老师随即在黑板上板书“招聘职位”“招聘要求”几个字并表示A同学回答得很好，其他同学可以做适当补充。

B同学说道：“除了A同学说的几点外，广告还告诉我们以何种方式来提交简历。”X老师补充板书——“简历提交方式”，并说道：“看来作为应聘者，同学们都具有初步筛选信息的能力，可是××中学是我们该市的一所重点中学，应聘该校的语文老师竞争是非常激烈的，满足这些基本条件还不足以让你们脱颖而出，如果我是面试官，还希望听听你们个人对于该职位的看法，然后择优录用。“同学们恍然大悟，随即开始窃窃私语：“原来还有这么多门道啊！看来想要成功应聘可没有那么简单。”X老师见同学们已经明白自己的要求，随即在黑板上板书：

（1）你是否愿意应聘该岗位？为什么？

（2）你认为你适合该岗位吗？

（3）如果你要应聘该岗位，你需要准备什么？

然后让同学们分组讨论。

（二）确定问题——小组讨论交流

X老师将全班学生进行分组，五人一组，一人当“面试官”，其余学生当“应聘者”。“应聘者”要先介绍自己的基本信息、优点、缺点，“面试官”再根据招聘要求随机发问。抛锚式教学法提倡自主学习的学习方式，在小组讨论中，老师充当的是“脚手架”，不能把解决问题的答案直接告诉学生，而是给学生提供有关的材料、工具等，以暗示解决问题的线索。

X老师遵循这一要求，鼓励学生展示与交流学习成果。十分钟后，挑选一到两个小组汇报他们的讨论情况，随后让全班学生总结汇报应聘的原因及优势，他再将关键词写在黑板上。同时，提示学生在求职时，应围绕自己的优势、能力、特长等方面，以免小组讨论过于宽泛，脱离重点。

（三）讨论协作学习——自由写

在小组合作交流以后面，同学们都已经将自己深度带入该角色中，他们惊奇地发现原来写作课是如此有趣。C 同学说道："以前只把写作当成一项任务，当把自己当成应聘者之后，我就想把自己的想法一股脑全部写出来，这样我才能打败其他的竞争对手。" D 同学接着说："以前不觉得应用文有这么重要，现在才发现不学好应用文以后连工作都找不到！"大家听完 D 同学的发言哈哈大笑，是啊！离开应用文，我们将寸步难行。

X 老师做好以上铺垫以后，就到了真正动手写的步骤。同学们个个急不可耐。他告知学生首先要列出大概提纲，思考心中想对心仪的企业说的内容。写完后，小组内相互探讨、评析，将各自不同的观点加以整理、总结。在写作的过程中，X 老师发现了一些存在的问题，经过情境式学习后，同学们不再像以前一样无话可说，但是，有的同学写作内容过于冗长，他强调应用文要做到语言简练，严格限定了字数。在写作的过程中，他发现了一些好的句子，就大声读出来并写在黑板上。通过"好句"的朗读与板书，鼓励学生修改和调整自己所列出的内容。在合作学习这一环节结束后，他补充提示学生注意信件的基本格式（标题、称呼、正文等）。

（四）自主学习——阅读相关材料，总结求职信写作特点

抛锚式教学法的特点是不直接把知识灌输给学生，而是让他们自主学习，这样掌握的知识才会深深扎根在学生的头脑里。即使像应用文这样的文章，X 老师也让同学们先自主进行探索，然后自己再加以总结。他先让学生阅读课本中的样信，并为学生提供几封优秀的求职信函，要求学生在阅读这些材料时总结求职信函的语言特点（指出一些可以借鉴的表达方式）、结构特点（个人简介、应聘职务、求职信息来源和动机、个人联系方式、对职务的理解、期望和要求）和语气特点（诚恳、自信、礼貌、尊重），再根据同学们所反馈的信息加以总结，将这些知识整理归纳成理论性知识传授给学生。

X 老师惊奇地发现，有了前面的种种铺垫，在面对这样枯燥的理论知识时，同学们非但没表现出厌学情绪，反而还积极请教老师，怎样才能使自己的求职信更加尽善尽美，获得面试官的注意。整个课堂活力满满，学生们思想高度集中。X 老师心想："看来同学们真的已经入戏了！"在这样愉快的氛围中，第一堂课结束了。

（五）效果评价

第二天 X 老师很早来到教室，大部分同学都在，经询问，他了解到大家基本上都搞清楚上节课所学内容，个别同学提出几个问题，经老师解释也不再疑惑。看样子效果不错，高中同学的理解能力完全能够适应这种深度的教学内容。

X 老师将上节课大家的求职信都收集起来，并且满脸笑意地说道："平时大家的作文都是老师在改，今天咱们换一种方式，让大家先自我评价，然后互相评价，最后老师再来评价评价。"

"啊！"同学们惊呼。

抛锚式教学法强调评价方式的多样性，对于老师来说，通过听学生的成果汇报可以了解学生的学习是否达成了教学目标，思考是否出现了偏差，认知是否发生了变化，情感是否得到了熏陶等，一旦出现"否"的情况，老师就要想出对策对学生进行补偿学习，及时加以纠正，保证教学效果。

对于汇报者来说，当众发言可以锻炼表达能力，让自己体会到受他人尊重和得到他人肯定的快乐，从而提升自己的成就感和对语文学习的信心。而对于其他学生来说，通过听同伴的发言可以增强他们的集体荣誉感，分享他人的思考成果，得到反思和再一次学习的机会，从而加深对课文的理解和感悟。这样的环节不仅让老师得到了调整教学的机会，也让学生当了一回自己学习的管理者和监控者。

这样新颖的评价方式还是首次出现在语文课堂，同学们丈二和尚摸不着头脑。X 老师见状，随即给出评价标准：

（1）求职信格式是否正确、人称是否正确。

（2）语气是否得体，有没有使用礼貌用语。

（3）文章是否有说服力，能否打动用人单位。

有了标准的指引，同学们便很快踊跃发言。评价结束后，X 老师让同学们再次进行修改，完成写作。每个小组向全班推荐本组最好的作品，要求说明推荐理由、标出写得最好的句子。

最后选出有代表性的作品，在全班品读、评价，与全体学生一起进行修改并给出意见与建议。X 老师将全班同学的作业汇集成册，作为班级的"小档案"进行传阅。同学们拿到这样一本档案，都激动满满，这是第一本作品集啊！真希望以后能多出现这样的新式课堂。

结　语

当前高中语文应用文写作教学一直是老大难问题，由于应用文独特的文体特征即格式的标准化，老师多采用"讲格式+举范文+模仿写"的教学模式，这样的教学模式确实有利于快速地掌握写作方法。但是，应用文是一种实用性很强的文体，这就决定了老师在教学过程中应当理论联系实际，这样才能切实提高学生解决实际问题的能力。

X 老师由于在读书期间深入研究了教育学理论，他创造性地将建构主义理论下的抛锚式教学法与应用文写作有机结合，尤其是提出"五步教学法"，并将其运用于高中语文课堂，极大地提高了学生的学习积极性；缺点是该理论比传统课堂更耗费时间，且要求授课老师有较强的课堂管控能力，要想向其他老师推广也有一定难度，这对老师的理论素养提出更高要求。

X 老师深知这一难题，他向校长提出三个请求：

一是申请每月组织一次“语文写作实践课”，以班为单位创设模拟社会，活动主题涉及招聘、辞职、请假等，让学生们走出课堂，融入社会。

二是申请公开课，希望通过若干次面向全校语文老师的公开课推广他的写作教学方法，力图使所有老师能够熟练掌握和应用；

三是经过精心准备后录制公开课视频，上传至网络供所有老师共享，与全国所有中学语文老师共同探讨，加以改进，争取形成一套行之有效的应用文写作教学方法。

【案例思考题】

1. 什么是“抛锚式教学法”？
2. 传统应用文写作教学法有何弊端？
3. 抛锚式教学模式为何能与应用文写作相结合？
4. 抛锚式教学法在应用文写作中具体分为几个步骤？分别是什么？
5. 除了 X 老师提出的教学方法以外，还有那些更好的教学方法？
6. X 老师的教学法还存在哪些不足？

【案例使用说明】

1. 适用范围

适用对象：初高中语文老师，语文教育师范类本科生、教育类硕士生。

适合课程：学生写作能力提升、老师写作教学的探索与发展。

2. 教学目的

（1）提升学生的写作能力；

（2）提高学生的写作兴趣；

（3）培养老师组织写作教学内容的能力，进行有效的写作课堂教学；

（4）培养学生的实践能力，提高语文综合素养。

3. 要点提示

（1）相关理论

建构主义学习理论：建构主义认为，理想的学习环境应该包括情境、协作、会话和意义建构四个部分。

情景认知理论：情境认知理论认为，知识寓于情境之中，并在情境、活动和其所在文化中不断得到发展。

人本主义学习理论：人本主义学习理论的核心是尊重学习者的主体地位和独立的人格，强调把学习者当作具有自我感情的独特的人，学习者应被置于教育的中心位置。

（2）关键知识点

充分利用应用文的文本特征，并与抛锚式教学法相结合，实现“理论+实践”式教学。

（3）关键能力点

促进学生实践能力，提高写作技能和语文综合素养，提升学生举一反三的能力。

（4）案例分析思路

X 老师的基于博览教育学书籍，将焦点放在建构主义教学理论体系下的抛锚式教学法，力图将这一教学法运用于应用文写作教学中，继而探索出一套“创设情境—提出问题—互助对话—自主学子—合作学习—成果展示”的“六步教学法”，从而克服惰性知识，使学生真正掌握这一实用性文体的写作。

4. 教学建议

时间安排：高中标准课 2 节 80 分钟。

人数要求：40 人左右的班级教学。

教学方法：讲授法，练习法。

工具选择：多媒体。

组织引导：

（1）老师布置任务清晰，练习要求明确，重点突出。

（2）提供给学生必要的参考资料。

（3）学生课下讨论需要及时指导并给出建议。

活动设计建议：

（1）要求学生在课前预习，搜集相关知识点和信息资料。

（2）上课前做好准备，将桌椅分组摆放，为每个小组准备编号和姓名的桌签。每个小组提供一张小组讨论记录表，包括每个小组的发言记录和综合观点。同时，通知相关人员做好录像或者录音工作，老师准备好点评的资料和提纲。

（3）下课后，老师及时总结案例教学的得失，以便改进后续的教学行为。

5. 推荐阅读

[1] 陈雁. 抛锚式教学模式在高职商务英语写作教学中的应用[J]. 教育教学论坛，2019.

[2] 邓欣悦. 高中语文应用文写作现状及对策研究[J]. 苏州大学学科教学（语文），2017.

[3] 李弘历. 李汉东. 抛锚式教学模式在高校应用文写作教学中的构建[J]应用写作，2008.

[4] 刘丽. 建构主义学习理论与中学语文阅读教学[D]. 武汉：华中师范大学，2008.
[5] 刘涛. 浅析抛锚式教学模式[J]. 剑南文学（经典教苑），2012（04）：20.
[6] 刘洋，钟志贤. 论抛锚式教学模式[J]. 江西教育科研，2005（02）：1.

后记

寒来暑往，白驹过隙，数载春秋转瞬即逝，对比当初接触案例教学时的迷茫与彷徨，而今有了些许笃定与从容，其中凝聚了我校 2016 级到 2018 级教育硕士研究生全体同学的汗水和所有研究生导师努力，黔南这个文化、教育相对落后地区也有了与研究生教育前沿接轨的契机。

案例教学对于整个教育硕士研究生教育领域都是新鲜事物，对它的理解也存在一段时间的众声喧哗，莫衷一是。视其为课堂实录者有之，视其为教学设计者有之，视其为教学片段者有之……

2018 年 11 月教指委在西南大学举办案例教学观摩会议，我们首次见识到案例教学的具体操作过程，对案例教学有了全新的认识，明确了教学案例的撰写方法。

这之后案例撰写侧重于教学过程的情境化和典型化，以解决中学语文教学具体问题为目的。为此，所有同学在顶岗实习过程中认真观察、思考、总结，尊重既有教学方式的同时，发现其中尚待解决的问题，提出建设性意见，与导师沟通、协商、优化，最终形成定型的案例。

……

再次感谢所有老师和同学的付出！